法学精品课程系列教材　　吴汉东　总主编

作者简介

刘茂林 男，1963年生，湖北天门人。法学博士，二级教授。中南财经政法大学博士生导师，宪法学与行政法学学科带头人、博士生导师组组长，湖北警官学院院长，《荆楚法学》主编。兼任湖北省法学会副会长，中国法学会宪法学研究会副会长，中国法学会立法学研究会副会长，教育部公安学类专业教学指导委员会副主任委员，并担任马克思主义理论研究和建设工程《宪法学》课题组主要成员，司法部国家法律考试命题委员会专家。研究领域为宪法学和立法学，是国内宪法社会哲学理论的代表学者，在《中国法学》《法学研究》等刊物上发表学术论文100余篇，出版专著10余部。1998年获"教育部资助优秀年轻教师基金"资助，先后被评为湖北省跨世纪中青年学术骨干、湖北省有突出贡献的中青年专家、全国优秀教师等，2004年获国务院政府特殊津贴。曾获国家级教学成果二等奖，教育部人文社会科学二等奖。

普通高等教育"十一五"国家级规划教材

中国宪法导论

（第三版）

刘茂林 著

An Introduction to Chinese Constitution

图书在版编目(CIP)数据

中国宪法导论/刘茂林著. —3版. —北京：北京大学出版社，2022.4
法学精品课程系列教材
ISBN 978-7-301-32902-3

Ⅰ.①中… Ⅱ.①刘… Ⅲ.①宪法—中国—高等学校—教材 Ⅳ.①D921
中国版本图书馆CIP数据核字(2022)第030695号

书　　　名	中国宪法导论（第三版） ZHONGGUO XIANFA DAOLUN(DI-SAN BAN)
著作责任者	刘茂林　著
责 任 编 辑	邓丽华
标 准 书 号	ISBN 978-7-301-32902-3
出 版 发 行	北京大学出版社
地　　　址	北京市海淀区成府路205号　100871
网　　　址	http://www.pup.cn
电 子 信 箱	law@pup.pku.edu.cn
新 浪 微 博	@北京大学出版社　@北大出版社法律图书
电　　　话	邮购部 010-62752015　发行部 010-62750672　编辑部 010-62752027
印 刷 者	北京溢漾印刷有限公司
经 销 者	新华书店
	730毫米×980毫米　16开本　29.75印张　583千字 2005年3月第1版　2009年6月第2版 2022年4月第3版　2022年4月第1次印刷
定　　　价	59.00元

未经许可，不得以任何方式复制或抄袭本书之部分或全部内容。
版权所有，侵权必究
举报电话：010-62752024　电子信箱：fd@pup.pku.edu.cn
图书如有印装质量问题，请与出版部联系，电话：010-62756370

第三版前言

党的十八大以来，中国特色社会主义进入新时代。在全面深化改革进程中，围绕坚持和完善中国特色社会主义制度、推进国家治理体系和治理能力现代化所作的系统安排，构成对新时代宪法发展的深刻阐释，有力推进和保障着宪法实施。特别是2018年《宪法修正案》的通过，对新时代中国特色社会主义制度的发展与完善进行了确认，为国家治理现代化提供了更为充分和完备的价值基础、制度框架与法治保障。与此同时，国家治理现代化也在促进宪法本身现代化。

本次教材修订的主要内容涉及以下几个方面。第一，在坚持上一版教材体例的基础上，对应中国特色社会主义事业"五位一体"总体布局，增加了"国家基本社会制度"与"国家生态文明制度"两章内容。其中，将上一版教材"国家基本文化制度"中的部分内容调整至"国家基本社会制度"中予以阐释。第二，本次教材修订充分反映了2018年宪法修改的精神与内容，全面梳理了新时代国家各项制度建设取得的新变化。其中，2018年《宪法修正案》的内容已经在相关章节中予以及时更新，新时代国家政治、经济、文化、社会、生态等各领域产生的其他重大发展变化与实践探索也得到本次教材修订的密切关注及必要呈现。第三，本次教材修订对各章的附录即前沿问题、参考文献、思考题进行了更新与调整。其中，针对前沿问题，一方面补充了相关领域的最新与热门讨论主题；另一方面适当更新与补充了原有讨论主题中的学界观点，删减了少部分已不具有前沿性的讨论主题。第四，本次教材修订还将已发现的一些疏漏作了必要补正。

另外，本书的修订工作得到了校内外多位专家、老师的相助，他们对教材修订稿提出了宝贵意见，在此表示诚挚谢意。特别是王广辉、胡弘弘、江登琴、陈新、秦小建、江国华、潘红祥、赵谦、陈焱光、袁周斌、陈明辉、唐冬平等。此外，博士研究生王鸾鸾、杨磊、刘凯威、朱鹏程，硕士研究生程振海、汪亚枫等也参与有关修订工作，在此一并感谢。

距离上一版教材出版已十年有余，尽管作者从未放松对中国宪法问题的思考和对中国宪法学研究的参与，但将这种长期的思考与研究结合中国宪法重大发展变化并以教材的方式呈现在诸位读者面前，仍然是一件颇有些艰巨的任务。这也决定了本次教材修订虽耗时良久且作者满怀诚意，但仍无可避免地存在一些疏漏与不足之处，还望读者不吝赐教。

刘茂林

2021年7月1日于晓南湖畔

目 录

绪论 …………………………………………………………… (1)

第一章 宪法原理 …………………………………………… (8)
　第一节　宪法的概念 ……………………………………… (9)
　第二节　宪法的结构 ……………………………………… (22)
　第三节　宪法的作用 ……………………………………… (42)
　第四节　宪法的制定与修改 ……………………………… (44)
　第五节　宪法秩序 ………………………………………… (50)

第二章 宪法的历史发展 …………………………………… (81)
　第一节　宪法的历史发展概述 …………………………… (82)
　第二节　旧中国宪法的产生和演变 ……………………… (94)
　第三节　中华人民共和国宪法的产生和发展 …………… (104)

第三章 国家性质 …………………………………………… (127)
　第一节　国家性质概述 …………………………………… (128)
　第二节　我国的国家性质 ………………………………… (132)
　第三节　我国的政党制度 ………………………………… (142)
　第四节　政治协商制度 …………………………………… (153)

第四章 政权组织形式 ……………………………………… (164)
　第一节　政权组织形式概述 ……………………………… (165)
　第二节　我国的政权组织形式 …………………………… (170)
　第三节　我国的选举制度 ………………………………… (181)

第五章 国家结构形式 ……………………………………… (205)
　第一节　国家结构形式概述 ……………………………… (205)
　第二节　我国的国家结构形式 …………………………… (208)
　第三节　我国的地方制度 ………………………………… (219)

第六章 国家基本经济制度 ………………………………… (238)
　第一节　国家基本经济制度概述 ………………………… (239)
　第二节　社会主义公有制经济 …………………………… (242)
　第三节　非公有制经济 …………………………………… (250)
　第四节　我国的经济体制和基本经济政策 ……………… (252)

第七章　国家基本文化制度……………………………………………（261）
  第一节　国家基本文化制度概述…………………………………（262）
  第二节　我国宪法规定的文化制度………………………………（264）
  第三节　社会主义精神文明建设…………………………………（267）

第八章　国家基本社会制度……………………………………………（276）
  第一节　国家基本社会制度概述…………………………………（277）
  第二节　基本社会制度的内容……………………………………（281）
  第三节　法治社会建设……………………………………………（287）

第九章　国家生态文明制度……………………………………………（296）
  第一节　生态文明制度概述………………………………………（297）
  第二节　我国生态文明制度的基本内容…………………………（301）
  第三节　生态文明制度的实施……………………………………（303）

第十章　公民的基本权利和义务………………………………………（309）
  第一节　公民的基本权利和义务概述……………………………（310）
  第二节　公民基本权利和义务的历史发展………………………（316）
  第三节　我国公民的基本权利……………………………………（319）
  第四节　我国公民的基本义务……………………………………（337）
  第五节　我国公民基本权利和义务的特点………………………（341）

第十一章　国家机构……………………………………………………（354）
  第一节　国家机构概述……………………………………………（356）
  第二节　国家权力机关……………………………………………（363）
  第三节　国家主席…………………………………………………（377）
  第四节　国家行政机关……………………………………………（379）
  第五节　国家军事机关……………………………………………（386）
  第六节　国家监察机关……………………………………………（387）
  第七节　国家审判机关和检察机关………………………………（392）
  第八节　民族自治地方的自治机关………………………………（404）
  第九节　特别行政区的国家机关…………………………………（406）

第十二章　基层群众性自治组织………………………………………（426）
  第一节　基层群众性自治组织概述………………………………（427）
  第二节　居民委员会………………………………………………（434）
  第三节　村民委员会………………………………………………（436）

第十三章　国家标志……………………………………………………（447）
  第一节　国旗………………………………………………………（448）

第二节　国徽……………………………………………（453）
　　第三节　国歌……………………………………………（456）
　　第四节　首都……………………………………………（458）
参考文献……………………………………………………（462）
缩略语………………………………………………………（467）
第二版后记…………………………………………………（470）

绪　　论

内容提要

宪法学是一门以宪法为主要研究对象,由宪法原理、中国宪法学、外国宪法学、比较宪法学和宪法史学等分支学科构成的学科体系。宪法学是法学的一个分支学科,属于社会科学的范畴。从宪法的存在形式看,成文宪法、观念宪法和现实宪法构成了宪法学的研究范围。作为一门法律科学,宪法学有其特定的理论体系、研究方法和价值与功能。

关键词

宪法学　研究范围　理论体系　研究方法　社会功能

宪法学是一门以宪法为主要研究对象的法律科学,属于社会科学的范畴。宪法是一种极其重要、十分复杂、涉及面很广的政治法律现象,基于不同的认识目的,学者们在研究宪法时必然会有不同的侧重点和采取不同的研究方法,因此便产生了宪法学的许多分支学科。宪法学就是由这样一些分支学科构成的关于宪法的理论体系。就宪法学在中国的研究而言,这些分支学科主要有宪法原理、中国宪法学、外国宪法学、比较宪法学和宪法史学等。近些年,随着宪法学研究范式的转换和对现实的宪法问题的关注,宪法学的分支学科在逐渐增多。

本书是一本主要以介绍和研究中国宪法,特别是现行《宪法》为主的宪法学教科书。它旨在帮助高等院校法学专业的学生和广大的政治学、宪法学初学者了解有关中国宪法的理论与实践的基本情况,并为进一步深入研究宪法学,特别是中国宪法学和学习研究其他部门法学打下良好的基础。因此,系统、深入并有针对性地介绍和探讨中国宪法的理论与实践及其前沿问题,是本书的基本追求。这一任务的实现,一方面需要客观地介绍中国宪法产生、发展的历史和宪法的内容,吸收已有的中国宪法研究的成果;另一方面还要根据高等法学教育的培养目标以及中国宪法发展和法治建设的实际需要,对现有宪法教科书的内容和形式作相应的调整,以满足高等法学教育的需要。为此,本教科书在研究范围、内容安排以及研究方法等方面作了一些新的尝试,以便充分体现宪法学的价值和社会功能，更好地满足宪法学的教学需要。

一、宪法学的研究范围

不言而喻，宪法特别是中国宪法是本书的研究对象。作为宪法学研究对象之外延的研究范围或领域，究竟应该包括哪些内容呢？笔者认为，一国宪法就其存在形式而言，一般表现为成文宪法（这里指以宪法文件形式存在的宪法）、观念宪法（以观念形态存在的宪法，如宪法要求、宪法评价）和现实宪法（在现实社会关系中存在并调整着国家某些根本社会关系的规范，如宪法惯例）。对于中国宪法研究来说，应对中国的成文宪法、观念宪法和现实宪法进行必要的介绍和探讨，否则不能真正了解和认识中国宪法。就成文宪法而言，主要包括宪法典和宪法性法律；对观念宪法来说，主要是体现宪法要求和宪法评价的各种宪法观念，特别是宪法的思想和理论、公众的宪法意识以及在此基础上生成的宪法文化；对现实宪法来说，主要是存在于现实政治生活中的宪法惯例、宪法习惯以及它们生长并发挥作用的政治经济和文化环境。由于宪法典最集中地记载和体现了宪法精神、宪法原则和宪法规范，因此，历部《中华人民共和国宪法》，特别是现行《宪法》及其修正案，是本书研究范围中最重要的内容。

二、宪法学的理论体系

是否有独特的概念范畴以及在此基础上建立起来的理论体系，是衡量一门科学是否成熟的标志。探讨建立科学的宪法学理论体系，本身就是宪法学研究的任务。因此，我国宪法学界关于宪法学的逻辑起点、基石范畴、范畴及其关系的研究，对于建立科学的宪法学理论体系具有重要意义。笔者认为，宪法学的理论体系，从内容上看应由宪法的基本理论，包括宪法原理和宪法史论；宪法学中的国家理论，包括国家构成的理论、国家权力理论和国家责任理论；公民与公民宪法权利理论；以及从国家、公民及其关系中衍生出来的具有宪法意义的相关问题的理论等部分构成。

本书中的基本理论部分包括两章。一章为**宪法原理**。它以宪法的内在逻辑和现实运行过程为线索，从阐释近现代宪法的概念这一最基本的宪法学理论问题出发，对宪法的含义、本质、分类和结构，宪法的制定与修改，宪法秩序进行了介绍和分析，并有针对性地探讨了中国宪法的指导思想（基本精神）和基本原则、中国宪法的作用、中国宪法的适用和宪法监督等问题。另一章为**宪法的历史发展**。它以宪法产生与发展的历史阶段为线索，分析了近现代宪法产生的一般条件和发展阶段，总结了旧中国宪法问题和立宪运动的历史经验和教训，并通过介绍中华人民共和国历部宪法的制定背景、内容和特点，勾画了新中国宪法发展进程的历史轨迹，以及宪法发展的一般趋势和中国宪法发展的特定走向。

本书中的国家理论部分包括国家性质、政权组织形式、国家结构形式、国家基本经济制度、国家基本文化制度、国家基本社会制度、国家生态文明制度、国家机构和国家标志等,共9章。本部分的各章主要介绍和探讨我国现行宪法的有关规定,以阐明我国的国家构成、国家权力和国家责任。其中,在**国家性质**一章中,主要通过分析我国现阶段的政权结构、阶级关系,来阐明国家的阶级构成和由其决定的社会主义制度的合理性与科学性。在**政权组织形式**一章中,通过介绍、分析人民代表大会制度,从宏观和整体意义上,即从宪法体制的层面阐明了国家机关和国家权力的总体构成,以及国家权力的横向配置和在此基础上形成的同一级国家机关的相互关系。在**国家结构形式**一章中,通过分析我国单一制国家结构形式的合理性,阐明了国家权力的纵向配置、上下级国家机关间的关系以及由此形成的各具特色的地方制度。在**国家基本经济制度**、**国家基本文化制度**、**国家基本社会制度**、**国家生态文明制度**四章中,通过介绍、分析现行宪法规定的相关制度,阐明了国家的经济、文化、社会以及生态文明构成,国家、国家权力在经济生活、文化生活、社会生活、生态文明建设中的地位和作用,以及国家和其他宪法主体参与经济活动、文化活动、社会建设、生态文明建设所应遵守的基本准则。在**国家机构**一章中,通过分析和介绍国家机构的概念和我国国家机构的组织与活动原则,阐明了我国国家机构的构成、国家机关的性质、职权和责任。**国家标志**是国家构成的形象表达方式和象征,这一章通过介绍现行宪法和有关法律规定的国家标志制度,分析和揭示了我国国家标志所表征的国家性质、国家构成。

在公民和公民权利部分,本书设有**公民的基本权利和义务**一章。在该章中,介绍了有关公民基本权利和义务的基本知识,着重分析了我国公民基本权利和义务的内容、特点以及公民基本权利与自由的实现途径,并阐述了现阶段进一步完善我国公民宪法权利体系的设想及其对于人权保障的意义。

在国家、公民及其关系中衍生出来的具有宪法意义的相关问题的理论部分,本书只设有**基层群众性自治组织**一章。这当然不是说相关问题只有基层群众性自治组织这一个。其实从理论上看,政党制度、政治协商制度都应属于这一领域的问题,只是在中国特定的语境下,政党制度、政治协商制度在国家性质一章讲述更为合适而已。在基层群众性自治组织一章,主要通过介绍居民委员会和村民委员会制度,阐明了现行宪法设立基层群众性自治组织的必要性和意义。

针对宪法教学的特点和初学宪法学时了解宪法典的重要性,在不影响宪法学体系科学性的前提下,本书在理论体系和内容安排上尽可能与我国现行宪法典的结构保持一致。

三、宪法学的研究方法

任何一门学科都有特定的研究方法和手段,这是由该门学科的研究对象的特殊性所决定的。马克思主义辩证唯物主义和历史唯物主义是研究中国宪法的方法论,本书在介绍和探讨宪法的基本理论和中国宪法的有关问题时,主要是通过运用下列具体方法来贯彻和体现这一方法论的基本要求的。这些方法也是通过本书学习宪法学的读者应注意的学习方法。

第一,阶级分析与经济分析相结合的方法。法是阶级社会特有的现象,宪法作为法的一种极其重要的形式,也是与阶级社会的特定时期相联系的,因此不对宪法进行阶级分析,就不能认清宪法的阶级本质及其在国家生活和社会生活中的作用。同时,宪法作为一种政治法律现象,是上层建筑的重要组成部分,由特定的经济基础决定,并对其产生反作用。不对宪法进行经济分析,就不能认识宪法产生于近代的社会经济原因,也就不能真正认识宪法。贯彻阶级分析与经济分析相结合的方法,有助于防止片面的阶级分析和纯经济分析的极端倾向。实际上,阶级本身就是一个经济的范畴,但只作阶级分析,在我国当前的政治、经济和社会等条件下,不可能全面、准确地理解和认识中国宪法和宪法学的问题;只进行经济分析,将会犯"经济决定论"的错误。这两种倾向都不利于对宪法学的研究和学习,因此,本书提倡将两者结合起来。

第二,历史分析与社会学分析相结合的方法。宪法是一种有自身历史发展过程的社会现象,但宪法并不是孤立存在的,它总是与特定历史时期的政治、经济、文化等社会现象紧密联系,并在相互制约、相互影响的过程中发展变化。因此,揭示宪法产生、发展、变化的规律,一方面,必须对宪法进行历史分析。所谓历史分析,正如列宁所说:"就是不要忘记基本的历史联系,考察每个问题都要看某种现象在历史上怎样产生、在发展中经过了哪些主要阶段,并根据它的这种发展去考察这一事物现在是怎样的。"[①]另一方面,又要对宪法进行社会学的分析,即将宪法置于特定时期的政治、经济、文化、社会和生态文明建设的关系之中,运用社会学的研究方法,分析、考察宪法与政治、经济、文化、社会以及生态文明建设的关联及其对宪法发展和发挥作用的影响。

第三,理论联系实际的方法。理论联系实际是马克思主义认识论的基本要求,是一切科学研究必须遵循的准则。在不同的科学研究领域,理论联系实际的机制是各不相同的。对于我国宪法学的研究来说,理论联系实际,一是要把有关宪法的理论、学说、知识同宪法特别是中国宪法的历史和现状相联系,建立、健全和发展有中国特色的宪法理论。二是要把宪法的规定,尤其是我国现行宪法的规定同我国现阶段的政治、经济、文化等因素以及人们对宪法的要求、评价结合起来,不断完善我国的宪法制度,推进我国社会主义民主和法治建设。

第四,比较研究的方法。比较研究的方法是研究宪法的传统方法。比较宪

[①] 《列宁选集》第4卷,人民出版社1995年版,第26页。

法学就是运用比较研究的方法研究宪法所获得的体系化的理论成果,它是宪法学的重要分支学科。对于中国宪法研究来说,比较研究的方法要求:(1) 把中国宪法同外国宪法相比较,吸收外国制宪的经验和成果,进一步丰富和完善我国的宪法及其理论;(2) 将我国不同历史时期的宪法进行比较,总结我国宪法制定和实施的历史经验,为进一步完善我国的宪法及有关制度服务。在当今政治多元化和经济一体化的国际背景下,比较宪法学的研究对于我国宪法和宪法学的发展具有特别重要的意义。

进入新时代,我国经济、政治、文化等因素发生巨大变化,中国法治建设进入了新的历史时期,中国宪法的观念、制度也在发生深刻变化。学习、研究中国宪法必须以习近平中国特色社会主义思想为指引和遵循,才能更科学、更准确地理解中国宪法新发展。

四、宪法学的社会功能

任何一门学科都有其特定价值和社会功能。宪法学的社会功能主要表现在三个方面:(1) 它能为有关宪法理论与实践方面的工作提供相应的知识和专业技能;(2) 它能为学习和研究其他部门法学提供方法论的帮助,即具有一定的方法论的意义;(3) 它具有教育的作用,有助于培养正确的宪法和法治观念。希望本书能进一步帮助读者认识和了解宪法学的价值和功能,为提高法律从业人员的职业素养和法律技能发挥一定的作用。

一、前沿问题

1. 关于宪法学学科性质的探讨

有关宪法学学科性质的研究,主要涉及以下几个问题:(1) 宪法学的学科属性,即宪法学是法学的分支学科,还是政治学的分支学科,抑或是法学和政治学的边缘学科的问题。(2) 宪法学的功能属性,即宪法学是理论法学,还是应用法学的问题。(3) 宪法学的学科地位属性,即在法学体系中宪法学是基础法学还是部门法学,以及宪法学与法学的其他分支学科的关系问题。(4) 宪法学与哲学、经济学、历史学等相关社会科学学科的关系问题。

2. 关于宪法学体系的探讨

多年来,我国宪法学界一直致力于宪法学体系的科学探讨,并在不断地向纵深推进。有关研究现已形成三个相互关联的问题:(1) 宪法学的基础理论体系,即宪法学的基础理论由哪些内容构成;(2) 宪法学的逻辑体系,即有关宪法学的逻辑起点、基石范畴、范畴及其相互关系;(3)宪法学的学科体系,即宪法学由哪些分支学科组成。

3. 关于宪法学研究方法的探讨

自20世纪80年代中期起,我国宪法学就开始关注宪法学研究方法。关于宪法学研究方法的研究,主要涉及以下问题:(1)在宪法学研究中借鉴、引进其他学科的研究方法,如系统论的方法、实证分析的方法、法经济学分析方法、结构主义的方法、法教义学方法等。(2)反思中国宪法学的研究方法,并致力于探讨宪法学独特的基本研究方法。就前者而言,主要集中在对阶级分析方法的必要性、合理性和局限性的分析与检讨。就后者而言,一方面是创造性地提出了社会权利或法权分析等方法,并进行了必要的论证;另一方面是对现有宪法学研究方法的整合,提出了经济——阶级分析等方法。(3)建构宪法学的研究方法体系。宪法学研究方法是主观和客观相结合的辩证统一,不可避免地具有多样性的特点,各种研究方法也存在内在的关联性。因此,建构宪法学的研究方法体系也是宪法学研究的前沿性问题之一。一般认为,该体系由方法论、基本方法和具体方法构成。

4. 关于宪法学发展趋势的探讨

关于宪法学发展趋势的探讨,宪法学界尚未达成共识,主要的观点有:(1)从宪法学整体的走势上看,有学者认为本土化、综合化、政策化和国际化是宪法学的发展趋势;(2)从研究领域上看,宪法学将主要围绕中国宪法体制、基本权利保障与新发展、国家机构的基础原理与改革分析、宪法实施程序及合宪性审查制度的构建等基本问题展开;(3)从研究的理论旨趣上看,宪法学将更关注民生和基层社会生活。

二、参考文献

1. 恩格斯:《反杜林论》,载《马克思恩格斯选集》第3卷,人民出版社1995年版。
2. 刘茂林主编:《宪法教程》,法律出版社1999年版。
3. 莫纪宏:《现代宪法的逻辑基础》,法律出版社2001年版。
4. 童之伟:《法权与宪政》,山东人民出版社2001年版。
5. 王守昌、车铭洲:《现代西方哲学概论》,商务印书馆1983年版。
6. 徐秀义、韩大元主编:《现代宪法学基本原理》,中国人民公安大学出版社2001年版。
7. 张庆福主编:《宪法学基本理论》,社会科学文献出版社2015年版。
8. 周叶中主编:《宪法》,高等教育出版社2020年版。
9. 中国宪法学研究会:《中国宪法学三十年(1985—2015)》,法律出版社

2015年版。

10. 李忠夏:《宪法变迁与宪法教义学——迈向功能分化社会的宪法观》,法律出版社2018年版。

11. 刘茂林:《对我国宪法学体系的科学探讨》,载《青年法学》1985年第1期。

12. 刘茂林:《也谈宪法学体系的重构》,载《法学研究》1995年第5期。

13. 童之伟、刘茂林:《论构建成熟的马克思主义宪法学》,载《法商研究》1996年第4期。

14. 周叶中、周佑勇:《宪法学理论体系的反思与重构》,载《中国法学》2001年第4期。

15. 刘茂林:《中国宪法学的困境与出路》,载《法商研究》2005年第1期。

16. 江国华:《中国宪法学的研究范式与向度》,载《中国法学》2011年第1期。

17. 叶海波:《我国宪法学方法论争的理论脉络与基本共识》,载《清华法学》2013年第3期。

18. 韩大元:《中国宪法学研究三十年(1985—2015)》,载《法制与社会发展》2016年第1期。

三、思考题

1. 试述宪法学在法学体系中的地位。
2. 试述宪法学的意义。
3. 试述宪法学方法的更新及其意义。
4. 试述宪法学研究范围的拓展。

第一章 宪法原理

"宪法"一词有着丰富的内涵,但作为近现代一种特有的政治法律现象却有其质的规定性。从宪法与其他法律的区别来看,可将宪法的这种质的规定性界定为:宪法是国家根本法。宪法的表现形式和存在状态具有多样性,宪法分类是认识和了解这种多样性的基本范畴。从表现形式看,可依不同的标准将宪法分为成文宪法和不成文宪法、刚性宪法和柔性宪法以及民定宪法、钦定宪法和协定宪法等;从宪法的存在形态看,可将宪法分为成文宪法、观念宪法和现实宪法。从内在构成要素看,宪法是由宪法规范、宪法原则和宪法精神构成的具有内在有机性的统一体;从形式构成要素看,宪法是由宪法典、宪法性法律和宪法惯例、判例构成的具有外在和谐性的统一体。宪法就是由这些内在要素和外在要素组成的结构,宪法结构的理论就是要解构宪法的构成要素及其相互关系。宪法作用或功能是宪法价值的具体表现,指的是宪法对其他社会现象的影响。宪法作用的发挥必须具备一定的条件,主要有宪法自身的完善、良好的社会环境和切实的实施。宪法创制有两种基本形式,即宪法制定和宪法修改。就宪法制定而言,从理论层面看,主要涉及制宪主体和制宪权两个问题;从制度层面看,则主要包括制宪机关和制宪程序两方面的内容。

宪法秩序是宪法实施的整体目标和追求,是整合宪法实施的主要环节和相关要素并进行整体描述和分析的宪法学范畴。宪法秩序指的是宪法实施所形成的一种社会秩序,它是基于人们对一定社会规律的认识,通过制宪确认该社会所需要的"一致性、连续性和确定性",形成一种宪法上的(应然)秩序,再通过宪法的各种调整手段,将宪法上的(应然)秩序转变成实际(实然)社会秩序。从形式上看,宪法秩序表现为成文宪法、观念宪法和现实宪法的耦合,即宪法秩序是由成文宪法、观念宪法和现实宪法构成的具有协调性与和谐性的统一体。从内容上看,宪法秩序一方面表现为宪法体制在有效地运行,即各种宪法主体在以政治、经济、文化等为内容的社会交往(关系)中,按照宪法的实体性与程序性规定,各尽其责,各得其所。这是宪法秩序的宏观方面。另一方面表现为公民的基本权利得到宪法的确认,并得到尊重与保障,从而为公民所实际享有。这是宪法秩序的微观方面。宏观上的宪法体制与微观方面的公民权利,两者相辅相成,共同构成了一定国家或社会的宪法秩序。应然的宪法秩序转化为实然的宪法秩序的过程,即宪法秩序的实现,也可以称为宪法实现。宪法实现指的是现实宪法经过观念宪法的抽象,通过一定的立法(制宪)程序上升为成文宪法,然后成文宪法再经过观念宪法的评价作用来调节现实宪法的一个循环过程。它由两个环节构成,其一是成文宪法适应、反映现实宪法的过程,它要求成文宪法忠实地反映现实宪法,以保证二者的适应性;其二是成文宪法规范和调节现实宪法的过程,其核心是现实宪法对成文宪法的适应。

宪法适用、宪法解释和宪法监督是宪法秩序实现的重要环节。宪法适用是指宪法授权的国家机关运用宪法的精神、原则和规范解决宪法冲突和宪法纠纷的活动。由于宪法体制不同,各国宪法适用的制度也不相同。在我国现行宪法体制下,宪法适用是全国人民代表大会和地方各级人民代表大会及其常委会的专门工作。宪法解释一般是指依据一定的标准或原则对宪法(包括宪法原则、规范和条文等)所作的说明。按照现行宪法的规定,我国宪法解释权由全国人民代表大会常务委员会行使。宪法监督是由宪法授权的或宪法惯例认可的机关,以一定方式进行合宪性审查,取缔违宪事件,追究违宪责任,从而保证宪法实施的一种宪法制度。我国宪法监督制度属于立法机关监督体制。实践表明,它符合我国的宪法体制,但也存在着不足。因此,进一步完善我国宪法监督制度具有重要意义。

关键词

宪法　宪法分类　成文宪法　现实宪法　观念宪法　宪法结构　宪法规范
宪法原则　宪法精神　宪法典　宪法性法律　宪法惯例　宪法判例　宪法作用
宪法制定　宪法修改　宪法秩序　宪法关系　宪法适用　宪法解释　宪法监督

第一节　宪法的概念

一、宪法的含义

(一)"宪法"释义

1. 古代西方"宪法"的含义

近现代宪法观念是从西方传入中国的,探讨"宪法"词义,应从西语开始。关于西方宪法的含义,英文 constitution 或 constitutional law 较之西语中其他语言的宪法一词,更能说明问题。因为 constitution 或 constitutional law 来源于拉丁语 constitutio 一词,而拉丁语不仅是一种古老的西方语言,而且还一度是西方各国进行宗教活动、哲学和科学研究的共同书面语言。拉丁语 constitutio 一词,意为组织、规定、确立、敕令等。"宪法"一词在古代西方主要有以下几种与法律有关的含义:(1)在古希腊,宪法是法律的一种。亚里士多德(Aristotle)曾将古希腊各城邦的法律分为宪法和普通法律。亚里士多德的《政治学》就是以对希腊各城邦宪法的研究为基础的①,而且他还编辑过《一百五十八国宪法》一书,保留至今的《雅典政制》可能是其中的一部分。② 在古希腊,宪法是关于城邦组织和权限的法律,主要包括有关公民资格、公民权利和义务的法律以及城邦议事机构、行政机构和法官的选任、权限、责任的法律。③ 可见,古希腊的宪法有些类似于近现代的组织法。(2)在古罗马,宪法或宪令是指古罗马皇帝所颁布的诏书、谕旨、敕令等,经常出现在罗马的法律和法学著作中。由查士丁尼皇帝钦定的、并被赋予法律效力的《法学总论》的序言中,曾 4 次使用"宪令"一词④,都是在上述意义上使用的。(3)在中世纪,"宪法"是用来表示教会和封建主特权以及他们与国家关系的法律。前者如 12 世纪英王亨利二世曾用《克拉伦敦宪法》(The Constitutions of Clarendon)来规定英王与教士的关系;后者如 1215 年英王约翰所颁布的《大宪章》(Magna Carta),就是规定英王与英国贵族、诸侯及僧侣关系的具有法律效力的文件。

2. 中国古籍中"宪""宪法"的含义

中国是文明古国,古籍浩如烟海,"宪"或"宪法"被广泛使用,择其要者如下:(1)《尚书·说命》:"监于先王成宪,其永无愆。"其意为,根据先王的旨意制定典章、法度,将永无过错。"宪"即典章、法度。(2)《管子·七法》:"有一体之治,故能出号令,明宪法矣。"其意为,国家只有统一进行治理,才能发号令,使天下人明白法律。(3)《周礼·秋官·小司寇》:"宪,刑禁。"汉郑玄注曰:"宪,表也,谓悬之也。"(4)《康熙字典》释"宪"曰:"悬法以示人,曰宪,从害省从心目,观于法象,使人晓然,知不善之害接于目,怵于心,凛乎不可犯也。"从以上可以看出,"宪"或"宪法"在中国古籍中有两种用法,其含义不同,但又有一定联系。在前两例中,作为名词使用,指的是一般的法律、法度。由于古代中国诸法合体,民刑不分,而法又以惩罚性的刑法为主,即所谓"法,刑也",古代"宪""宪法"主要是指刑法。在后两例中,作为动词使用,指的是颁布法律。

比较古代中西方关于"宪法"的含义,可以发现"宪法"一词都具有法律的意思,所不同的是,在西方宪法被视为与普通法律不同的法律,类似今天的组织法;在中国则没有此种区别。近现代意义的宪法概念,正是在这种与普通法律不同

---

① 〔法〕勒内·达维德:《当代主要法律体系》,漆竹生译,上海译文出版社 1984 年版,第 7 页。
② 〔美〕乔治·霍兰·萨拜因:《政治学说史》(上册),盛葵阳等译,商务印书馆 1986 年版,第 120 页。
③ 顾准:《希腊城邦制度》,中国社会科学出版社 1986 年版,第 19 页。
④ 〔古罗马〕查士丁尼:《法学总论——法学阶梯》,张企泰译,商务印书馆 1989 年版,序言。

的法律的意义上发展起来的,并用"宪法"这一符号来表示这种新的法现象,且其内容与组织法还有一定关系。

(二) 近现代意义的宪法

近现代意义的宪法是资产阶级革命的产物。毛泽东指出:"讲到宪法,资产阶级是先行的,英国也好,法国也好,美国也好,资产阶级都有过革命时期,宪法就是他们在那个时候开始搞起来的。"① 这里所谓的宪法便是近现代意义的宪法。那么,近现代意义的宪法是什么呢?

尽管学者对宪法有不同的理解,但将宪法界定为国家根本法则是共识。这种近现代的宪法观念,是将宪法置于一定国家的法律体系中,对宪法区别于同一体系中其他法律的属性所进行的抽象,表明了宪法在该法律体系中的地位。斯大林指出:"宪法并不是法律汇编。宪法是根本法,而且仅仅是根本法。"② 毛泽东也说:"一个团体要有一个章程,一个国家也要有一个章程,宪法是一个总章程,是根本大法。"③

宪法是国家的根本法。它表明宪法是国家法律的一种,是国内法,与同一法律体系中的其他法律相比,宪法的根本法属性主要表现在三个方面:

1. 宪法规定的内容和调整的社会关系不同于其他法律

宪法规定的内容是国家社会制度和政治制度的基本原则,即国家的根本问题,主要包括国家性质、政权组织形式、结构形式、经济制度以及公民基本权利和义务等内容。例如,1947年《意大利共和国宪法》规定了国家生活的基本原则、公民的基本权利与义务和共和国的国家结构。④ 我国现行宪法在总纲中规定了国家的政治制度、经济制度、文化制度、社会制度和生态文明制度,并列专章规定了公民的基本权利和义务。由此可见,宪法规定的国家根本问题的内容极其广泛,涉及整个国家生活的各个重要领域。其他法律则不同,它们规定的内容是国家生活中一般性的问题,而且只涉及国家和社会生活的某一方面,例如民法规定的是一定范围内的财产关系、人身关系。因此,可以说宪法规定的内容较之其他法律更为重要和广泛。

宪法不仅规定的内容不同于其他法律,而且在规定范围广泛的国家根本问题的方式上,也与其他法律有所不同。这主要表现为宪法多采用原则性和纲领性的方式规定国家有关根本问题,其他法律则以较为具体的方式(实体性与程序性较为明确)规定有关内容。例如我国现行《宪法》第12条规定:"社会主义的公共财产神圣不可侵犯",就是一条旨在保护公共财产的原则性规定。刑法、民法

---

① 《毛泽东文集》第6卷,人民出版社1999年版,第326页。
② 《斯大林选集》下卷,人民出版社1979年版,第409页。
③ 《毛泽东文集》第6卷,人民出版社1999年版,第328页。
④ 姜士林等编译:《世界宪法全书》,青岛出版社1997年版,第1246—1258页。

等法律对有关保护公共财产的规定,与此形成鲜明的对照,显得十分具体。例如,我国刑法规定,国家工作人员利用职务上的便利,贪污数额特别巨大,并使国家和人民利益遭受特别重大损失的,处无期徒刑或者死刑,并处没收财产。这也表明,宪法规定的内容虽然重要、广泛,但仍不能代替其他法律,它们各自有自己的作用和功效。

受宪法规定内容的影响,宪法调整的社会关系也不同于其他法律。法是社会生活和社会关系最重要的规范和调整手段,宪法与其他法律的区别不仅存在于静态的内容规定上,而且也体现在对社会关系进行动态调整的过程中。宪法所调整的社会关系是国家生活中最基本的社会关系,而其他法律所调整的只是一般社会关系。我们可以根据内容将全部社会关系分为政治关系、经济关系、文化关系、社会关系(包括以血缘与婚姻为纽带形成的家庭关系)和生态关系。我们还可以按每一类社会关系中各子关系在该类社会关系中的不同地位,将它们分为基本社会关系和一般社会关系。例如,我们可以将经济关系分为基本经济关系和一般经济关系。宪法和其他法律可能都调整经济关系,所不同的是宪法调整的是基本经济关系,例如所有制关系、分配关系等。民法、经济法等法律是在宪法调整的基本经济关系的指导下,对发生在生产、分配、交换、消费过程中的一般的经济关系进行调整。

2. 宪法的效力高于其他法律

法律效力是指法律借助于国家权力所具有的强制性和约束力。在一个法律体系中,由于立法机关不同,法律规定的内容和调整的社会关系的不同,法律效力也各不相同。因此,法律效力的高低、大小是衡量一部法律在法律体系中的地位的重要标志。宪法具有最高法律效力,现已为世界上各成文宪法国家所公认和接受,并且是宪法作为根本法的又一重要属性。我国现行《宪法》在序言中明确指出,宪法"是国家的根本法,具有最高的法律效力"。《日本宪法》规定,宪法为国家最高法律,凡与宪法条款相冲突的法律、法令、诏敕等一律无效。1958年《法国宪法》规定:"被宣布为违反宪法的规定,不得予以公布,亦不得施行。"

宪法的最高法律效力主要表现在以下三方面:(1)宪法是其他法律的立法依据和立法基础,没有宪法依据和宪法授权,则不能制定法律。美国宪法规定,依据合众国宪法制定的合众国法律为全国最高法律,即使与州的宪法或法律相抵触,各州法官仍应遵守,这是因为合众国法律有联邦宪法为依据。在我国,依据有关法律规定,宪法以外的其他法律包括基本法律、法律、行政法规和地方性法规。这些法律往往开宗明义地宣布,本法是以宪法为依据制定的。例如,《民法典》第1条规定:"为了保护民事主体的合法权益,调整民事关系,维护社会和经济秩序,适应中国特色社会主义发展要求,弘扬社会主义核心价值观,根据宪法,制定本法。"宪法与其他法律的这种关系,被形象地喻为母子关系,即宪法为母法,其他法律为子法。(2)即使其他法律有宪法上的立法依据,但其内容和精神也不得与宪法的精神、原则和规范相抵触,否则无效或部分无效。对此,我国《宪法》作了明确的规定:"一切法律、行政法规和地方性法规都不得同宪法相抵触。"根据我国宪法规定,全国人民代表大会常务委员会有权撤销与宪法相抵触的行政法规和地方性法规。(3)宪法是一切国家机关、社会团体和公民的最高行为准则。这是宪法具有最高法律效力的间接表现。因为宪法具有最高法律效力是将宪法与其他法律的效力相比较而言的,在一切法治国家,任何国家机关、社会团体和公民都必须严格遵守法律,而法律又是以宪法为依据制定的,不得同宪法相抵触,很显然是所有国家机关、社会团体和公民的最高行为准则。所以,我国《宪法》序言明确指出:"全国各族人民、一切国家机关和武装力量、各政党和各社会团体、各企业事业组织,都必须以宪法为根本的活动准则,并且负有维护宪法尊严、保证宪法实施的职责。"这也从一定程度体现了宪法具有最高法律效力。

3. 宪法的制定和修改程序不同于其他法律

宪法规定的是国家根本问题,具有最高法律效力,从而决定了宪法的制定和修改程序较之其他法律更为严格。宪法严格的制定和修改程序主要表现在:(1)宪法制定和修改的机关,往往不是普通立法机关,而是依法特别成立或组成的机关。宪法的制定机关称为制宪机关,制定宪法的权力称为制宪权,不同于一般立法权。因此,很多国家都成立专门机关从事制宪和修宪工作。例如,1787年美国宪法是由 55 名代表组成的制宪会议制定的;我国现行《宪法》是由 1980 年 9 月成立的宪法修改委员会对 1978 年《宪法》修改而制定出来的。(2)宪法规定了通过或批准宪法的特别程序。一般而言,通过或批准宪法及其修正案的程序不同于其他法律的通过、批准程序,主要有三种情形:其一是由制宪或修宪机关以绝对多数通过。例如,美国宪法修正案要经过 3/4 的州议会或制宪会议批准后,才能发生效力。我国现行宪法规定,宪法的修改,由全国人民代表大会常务委员会或者 1/5 以上的全国人民代表大会代表提议,并由全国人民代表大会以全体代表的 2/3 以上的多数通过。其二是要求交公民表决。例如,1946 年的法国《宪法》的制定,其重要程序之一就是由人民投票通过宪法。其三是要求在制宪或修宪机关通过后,再由公民表决才能最后通过。例如,1958 年的法国《宪法》规定,宪法修正案由共和国总统基于内阁总理的建议,或由议会议员提出,经国会两院以相同的措辞表决通过,对宪法的修改需由公民复决通过,才能最后确定。其他法律的通过、批准程序,则没有这样严格的要求。

应该指出的是,并不是所有的近现代意义的宪法都同时具有上述三个属性或特点,因此宪法学上有实质意义上的宪法和形式意义上的宪法之说。凡是只具有根本法内容上之属性的宪法,称为实质意义上的宪法,又称广义宪法;凡是同时具有根本法形式上之属性,即规定有最高法律效力、有严格的制定或修改程序的宪法,称为形式意义上的宪法,又称狭义宪法。

  此外,也有学者将近现代意义宪法界定为政治法。宪法是政治法(有的称为国家法)的观念,主要是从近现代特别是近代意义的宪法,在内容和作用上不同于其他法律而对其属性所作的揭示。宪法是政治法的属性,在西方学者的著作中往往表述为对权力的规范与制约;对国家体制的规定;对政府机构的职能、活动以及政府与公民关系的调整以及将宪法视为管理国家的规范。例如《美国百科全书》中写道:"宪法性法律是规定一个国家被承认为独立国家的政府体制,确定其职权并对其权力的行使加以限制的法律。"德国《梅耶百科辞典》则云:"一个国家的宪法是对其政治权力的划分。"① 美国学者巴塞洛缪的观点比较典型地反映了西方学者对宪法作用的政治属性的描述,他指出:"宪法是治理国家的根本法和基本原则的总体,宪法规定政府体制、政府及其所属各部门和官员的一般职能和权限,以及为何行使这些职权。"② 对于宪法作用的政治属性,我国宪法学者一般比较一致地表述为"宪法乃是民主制度的法律化"的基本形式。③

  那么,宪法是如何对民主制度进行法律化的呢?第一,确认已有的民主事实。毛泽东指出:"世界上历来的宪政,不论是英国、法国、美国,或者是苏联,都是在革命成功有了民主事实之后,颁布一个根本大法,去承认它,这就是宪法。"④ 第二,建立民主的国家制度。其中主要包括:直接或间接地确认社会各阶级在国家政治生活中的地位;确认国家机构组织与活动的原则、职权和程序等。第三,确认国家与公民的基本关系及其基本原则。第四,宣布法律面前人人平等和保护公民权利。应该明确的是,宪法并不是民主制度法律化的唯一形式,而只是最重要、最基本的形式。

二、宪法的阶级本质

  关于宪法的阶级本质,列宁曾指出:"宪法的实质在于:国家的一切基本法律和关于选举代议机关的选举权限等等的法律,都表现了阶级斗争中各种力量的实际对比关系。"⑤ 具体言之,宪法的阶级性主要表现在以下方面:

  (一)宪法是阶级斗争的结果和总结

  宪法发展的历史已经充分表明,宪法是由阶级斗争中取得胜利,并掌握了国

---

① 转引自上海社会科学院法学所编译:《宪法》,知识出版社1982年版,第52、41页。
② 转引自同上书,第41页。
③ 吴家麟主编:《宪法学》,法律出版社1980年版,第28页。
④ 《毛泽东选集》第2卷,人民出版社1991年版,第735页。
⑤ 《列宁全集》第17卷,人民出版社1988年版,第320页。

家政权的统治阶级以国家或人民的名义制定的。应该明确的是,这里的阶级斗争不是一般意义上的阶级斗争,而是近现代社会的阶级斗争,即资产阶级反对封建主阶级、无产阶级反对资产阶级与封建主阶级的阶级斗争。资产阶级宪法是资产阶级取得反对封建主阶级的胜利,推翻了封建政权后制定的;社会主义宪法是无产阶级取得革命胜利,建立无产阶级专政政权后制定的。因为,如果阶级斗争不出现一个阶级胜利了成为统治阶级并建立了国家政权,另一个阶级失败了成为被统治阶级并失去了国家政权的结果,就不能制定宪法。即使制定了所谓宪法,也不能在国家主权范围内施行,并拥有普遍的、最高的法律效力。这样的宪法,并不是真正的宪法。

但是,这种阶级斗争结果的出现,并不意味阶级斗争的终结和消失,因为它不可能从根本上消除阶级斗争的经济根源,因此,阶级斗争还会在新的社会条件下,以新的方式和内容继续下去。新生的统治阶级为保护本阶级的利益,维护来之不易的政权,确保在未来的阶级斗争中立于不败之地,还必须将过去阶级斗争的经验教训反映到宪法里,以根本法的形式予以确认和固定。我国现行《宪法》在序言中指出:"本宪法以法律的形式确认了中国各族人民奋斗的成果……"这里的"成果"当然包括了各族人民奋斗的成功经验。

(二)宪法是统治阶级意志和利益的集中体现

宪法与其他法律一样,都是在阶级斗争中取得胜利,掌握国家政权的阶级以国家或人民的名义制定的,因此,宪法和其他法律所表达和反映的同样也只能是统治阶级的利益和意志。所不同的是,宪法作为国家根本法,在反映统治阶级利益和意志时有自己的特点,宪法更集中、更全面地反映了统治阶级的利益和意志。这可以从两方面予以说明。

1. 宪法所反映和体现的统治阶级利益和意志,不是统治阶级在国家生活和社会生活中某一方面的利益和意志,而是统治阶级在国家生活和社会生活中涉及各个领域和方面的整体意志和利益。这种整体意志和利益是统治阶级系统化了的政治、经济、军事、宗教、伦理道德、文化、法治等诸方面的利益和意志的统一体,是上述方面的意志和利益的协调反映。这是由宪法规定的内容和调整的社会关系范围的广泛性决定的。因此宪法作为根本法必须对国家生活和社会生活进行全面的规范、广泛的调整。于是统治阶级在政治、经济、军事、文化等方面的利益和意志,必须在宪法中得到反映,而且宪法作为一种根本法律规范体系,其基本精神、基本原则、具体规范乃至条文的一致性必然要求对上述各方面利益和意志进行协调和系统化,防止互相矛盾、相互抵触的现象出现。

2. 从阶级结构上看,宪法是统治阶级内部各个阶级、阶层利益和意志的集中反映,而不是一个或某几个阶级、阶层利益和意志的反映。在阶级社会里,不仅有统治阶级与被统治阶级之分,而且在统治阶级和被统治阶级内部,又因在劳动组织中所起的作用不同和经济利益的差别而形成不同的阶级或阶层。无论是一个阶级作为统治阶级,还是由几个阶级联合组成统治阶级,其内部都可分为若干不同阶级或阶层。因此,作为根本法,宪法不可能只反映统治阶级内部某一个或某几个阶级或阶层的利益和意志,而必须协调统治阶级内部各阶级的利益和意志。这是被近现代制宪史所证实的规律。例如,在美国宪法的制定过程中,出席 1787 年制宪会议的 55 名代表分别属于或代表当时四个不同的统治阶级或阶层,即公债利益集团、动产利益集团(包括从事土地投机的动产利益集团和生息动产利益集团)、工业航运利益集团、奴隶主利益集团。[①] 在制宪会议上,他们从各自的阶级、阶层利益出发,就有关中央行政首长的产生、国会两院的组成以及奴隶问题等达成妥协,最终通过了宪法草案。制宪过程中争吵和妥协的过程,就是统治阶级内部各阶级、阶层的利益和意志协调的过程,同时也是各阶级、阶层的利益得到兼顾的结果。统治阶级内部各阶级、阶层的利益和意志就是这样予以集中体现的。

宪法之所以要集中体现统治阶级内部各阶级、阶层的利益和意志,根源于宪法的民主性。宪法宣布的民主原则,无论是否具有普遍的适用性,但对统治阶级内部来说总是真实的。因此,统治阶级内部的各阶级、阶层都可以在一定程度上要求将自己的利益和意志反映到根本法中。宪法严格的制定和修改程序,又为宪法集中反映统治阶级内部各阶级、阶层的利益和意志提供了根本法的程序上的保证。因为在大多数情况下,对于宪法所要求的绝对多数通过甚至公民复决,统治阶级内部的各个阶层和阶级往往不易单独做到。当然归根结底还是由统治阶级根本利益的一致性决定的。

(三) 阶级力量对比关系的变化是宪法发展变化的重要因素

阶级力量对比关系的变化成为宪法发展变化的重要因素,这主要是由宪法同国家政权的密切关系所决定的。阶级力量对比关系的变化,必然影响国家政权,必然导致宪法赖以存在的政治基础和维护力量的变化,从而引起宪法的变化。从宪法发展历史考察,阶级力量对比关系变化影响宪法变化,主要有这样几种情况:第一,当阶级力量对比关系发生质的变化时,必然导致不同类型宪法的出现。第二,阶级力量对比关系的变化改变了统治阶级内部阶级结构,以前处于支配地位的阶级或阶层被其他阶级或阶层及其联盟取而代之,这时往往要制定同一类型的新宪法。第三,阶级力量对比关系的变化虽然加强或减弱了统治阶级的力量,但不足以改变统治阶级内部的阶级结构,这时宪法的变化往往以修改宪法方式进行。因为在这种情况下,统治阶级无论变得更加强大,或者力量受到

---

① 〔美〕查尔斯·A.比尔德:《美国宪法的经济观》,何希齐译,商务印书馆 1984 年版,第 104—106 页。

削弱,都尚不足以引起宪法规定的宪法体制的变化,只需要调整宪法的某些内容和规定,以适应阶级力量对比关系的变化。

应该指出的是,宪法随着阶级力量对比关系的变化而变化,并不否认其他社会因素,特别是其他各种政治力量对比关系变化对宪法变化所产生的影响。只不过在阶级社会里,特别是在阶级矛盾比较复杂和阶级对立比较严重的社会里,其他社会因素对宪法变化的影响,都直接或间接地通过阶级斗争而最终实现。还应该指出的是,在我国现阶段,由于阶级和阶级关系状况的变化,"人民"的范围空前扩大,宪法所反映的主要是人民内部各种政治力量对比关系。

三、宪法的分类

(一) 宪法分类概述

所谓宪法分类,是指依据一定标准对宪法进行的划分和归纳。科学的宪法分类,首先应该有严格、明确和统一的分类标准。宪法分类的标准一般是宪法所具有的一个或者几个属性,至于究竟是按一个属性还是几个属性作为标准对宪法进行分类,取决于对宪法进行某种分类的目的。现有的宪法分类可以从逻辑方法和分类标准上进行考察:

1. 从宪法分类的逻辑方法上看,宪法分类主要有两分法和三分法两种。所谓两分法,是按照一个标准将宪法分为两个类别,其中一个类别所具有的某个或某些属性,正是另一个类别宪法所不具备的属性。两分法是宪法分类中最常见的分类模式。成文宪法与不成文宪法,刚性宪法与柔性宪法,近代宪法与现代宪法,平时宪法与战时宪法,资产阶级国家宪法与无产阶级国家宪法等,都属于这种模式。三分法是指按照一定标准,将宪法分为三个类别,其属性各不相同。如将宪法分为民定宪法、钦定宪法和协定宪法以及所谓一权宪法、三权宪法和五权宪法等,都属于这一种。

2. 从宪法分类的标准上看,宪法分类有形式上的宪法分类和实质上的宪法分类。形式上的宪法分类,一般是以宪法形式上的某一属性或特征为分类标准而对宪法所进行的分类,并以此为出发点,进一步探讨所分不同类别宪法其他属性的异同、优缺点。形式上的宪法分类有其历史必然性,它有助于认识宪法形式上的某些特点。[①] 形式上的宪法分类主要包括下列分类:(1)成文宪法与不成文宪法;(2)刚性宪法与柔性宪法;(3)民定宪法、钦定宪法和协定宪法;(4)形式上的宪法与实质上的宪法或狭义宪法与广义宪法;(5)近代宪法与现代宪法;等等。实质上的宪法分类,又称宪法的类型,它是以宪法的阶级本质为分类标准对宪法进行分类的理论。宪法类型的理论是将马克思主义阶级分析方法和国家学

---

① 何华辉:《比较宪法学》,武汉大学出版社 1988 年版,第 32—33 页。

说的理论运用到宪法分类的理论成果。它将宪法分为资产阶级国家宪法和无产阶级国家宪法,第一次将宪法分类奠定在科学的基础之上,除了能比较深刻地揭示宪法的本质之外,还能避免形式分类的一些意义含混之处。①

还有一些其他的宪法分类,如将宪法分类分为传统分类,詹姆斯·布莱斯(J. Bryce,又译为白赉士)分类法,新分类法②;传统的形式上的分类,实质上的分类,西方学者新的宪法分类③;等等。这些分类,都是宪法分类理论的宝贵内容,具有一定的参考价值。

(二)几种主要宪法分类的评介

1. 成文宪法与不成文宪法。将宪法分为成文宪法(Written Constitution)和不成文宪法(Unwritten Constitution),由英国宪法学家布莱斯首创,其法理源于古罗马法。在罗马法中已有了"不成文法"的概念,系指没有文书记载的法律,即习惯法。1884年布莱斯在牛津大学讲学时,提出了此种分类。按照布莱斯的理论,所谓成文宪法,或称文书宪法(Documentary Constitution),是指以一种或几种书面文件表现出来的宪法。布莱斯曾对成文宪法备加颂扬。④ 而1875年制定的《法兰西第三共和国宪法》,则被视为是以几种书面文件表现出来的成文宪法的典型。该宪法由《关于政权组织的法律》(1875年2月25日通过)、《关于参议院组织的法律》(1875年2月24日通过)和《关于政权机关间关系的法律》(1875年7月16日通过)三部法律组成。这种由几种书面文件构成的成文宪法,又被称为复式成文宪法。1789年美利坚合众国宪法被认为是最早的以一种书面文件表现出来的成文宪法。不成文宪法或称"普通法"的宪法("Common Law" Constitution),是指有关国家根本问题的宪法规范,散见于普通法律、惯例和传统中的宪法。英国宪法一般被认为是不成文宪法的典范。正如荷兰宪法学家亨利·范·马尔赛文(Henry van Maarseveen)和格尔·范·德·唐(Ger van der Tang)所指出的:"英国没有规定其政治制度的基本规则和结构的成文宪法,也没有任何法律被赋予比其他的法律或规则更高的法律效力。"⑤英国宪法的主要渊源有:制定法(如1701年的《王位继承法》)、普通法(如有关国王特权方面的)、宪法惯例(如内阁对平民院负连带责任)和宪法学者的权威意见。新西兰宪法往往也是被作为不成文宪法被引证的,因为有些学者仍然坚持认为英王室和毛利族酋长所签订的《威坦哲条约》以及有关风俗习惯和惯例,形成了威斯特敏

---

① 何华辉:《比较宪法学》,武汉大学出版社1988年版,第35页。
② 龚祥瑞:《比较宪法与行政法》,法律出版社1985年版,第37—45页。
③ 何华辉:《比较宪法学》,武汉大学出版社1988年版,第29—31页。
④ 肖蔚云等编著:《宪法学概论》,北京大学出版社1982年版,第26页。
⑤ 〔荷〕亨利·范·马尔赛文、格尔·范·德·唐:《成文宪法的比较研究》,陈云生译,华夏出版社1987年版,第57页。

斯特模式独一无二的新西兰版本。①

关于成文宪法和不成文宪法的分类,其分类标准是宪法形式上是否有类似"宪法"等名称,而别于本国其他法律的书面文件,目的在比较两种宪法的异同及优缺点。许多资产阶级宪法学者认为,成文宪法的特点在于内容含义明了确定,公民权利易受保障,政治常识较低的人也能运用,不易被宪法适用者曲解;不成文宪法富有弹性,适用性较强,能够被较好地运用以化解宪法争端,并且一般不会出现成文宪法时常面临的宪法危机。尽管这样,这种分类的缺陷仍然是显而易见的,因此成文宪法与不成文宪法的界限并不很明确,据此而得出的有关优缺点并不能令人信服。所以有学者认为,"应当抛弃把宪法分为成文宪法和不成文宪法这种分类"而代之以更好的区分方法:"哪些国家有成文宪法,哪些国家没有成文宪法或者哪些国家有宪法,哪些国家没有宪法。"②

2. 刚性宪法和柔性宪法。刚性宪法(Rigid Constitution)和柔性宪法(Flexible Constitution)的分类,也是由英国宪法学家布莱斯首创的。1884年(一说是1901年)布莱斯在《历史与法理学研究》(*Studies in History and Jurisprudence*)一书中,提出了刚性宪法和柔性宪法的概念,并作了最初的界定。他依据的标准是宪法有无严格的修改程序,认为刚性宪法是指具有严格修改程序的宪法。布莱斯把刚性宪法比作固体,谓其条文不易发生更改。柔性宪法则相反,布莱斯喻其为液体,指的是宪法修改机关及其程序与其他法律没有区别的宪法。按照此种分类,美国宪法和英国宪法分别为这两种宪法的典型。布莱斯认为,刚性宪法较稳定,柔性宪法较灵活,他格外推崇英国的柔性宪法。然而学者们对此有不同看法,如有人认为刚性宪法虽较稳定,但难于修改,容易引起革命;有人则认为柔性宪法修改无一定之规,不利于社会秩序的稳定。这种对两种宪法的不同看法,是对布莱斯有关分类理论的一个间接评价,说明此种分类的客观性与科学性是有限的。因为此种分类仍然给人们对刚性宪法和柔性宪法的评价留有太大的主观倾向的空间。这一点应归咎于其分类方法的形式主义,忽视了宪法发展变化的真正动因——社会经济发展及其外部表现,即阶级力量的对比关系。西方学者在对刚性宪法与柔性宪法分类进行评价时指出,其不利因素首先在于,它虽然能告诉我们有关宪法的一些情况,但它是有限的。因为它把世界上绝大多数国家的宪法归入"刚性宪法"的类型,而把其他一个或两个国家的宪法归入"柔性宪法"的分类体系,不能使人们知道有关宪法的更多的内容。其次,刚性宪法和柔性宪法的概念本身不可避免地会引人误解,导致产生刚性宪法比柔性宪

---

① 〔荷〕亨利・范・马尔赛文、格尔・范・德・唐:《成文宪法的比较研究》,陈云生译,华夏出版社1987年版,第59页。
② 〔英〕K.C.威廉:《论宪法的分类》,甘藏春等译,载《中外法学》1987年第2期。

法修改的频繁程度要少一些的想法。但事实往往不是这样,因为宪法修改容易与否不仅取决于宪法中规定的修改程序,而且取决于政治共同体中主要的政治和社会团体,以及在宪法中规定的政治权力的组织和权力分配能使他们满意和默认的程度。① 本书认为这种评价是有一定道理的。

3. 民定宪法、钦定宪法和协定宪法。民定宪法、钦定宪法和协定宪法的分类,是以制定宪法的机关的不同性质作为划分标准的一种宪法分类。民定宪法是由人民直接投票表决(公决)或由人民选举的代表组成的机关(如制宪会议、代议机构)制定和通过的宪法。就内容而言,民定宪法一般奉行主权在民的宪法原则,世界上绝大多数国家的宪法都属于这一类。钦定宪法是指由君主或以君主的名义制定和颁布的宪法。钦定宪法奉行的基本准则是君权神授和主权在君的原则。法国国王路易十八颁布的宪章、1848年意大利宪法、清朝的《十九信条》等都是十分典型的钦定宪法。协定宪法,顾名思义是指由君主和人民双方进行协商而制定和颁布的宪法。协定宪法往往是在新生的资产阶级无足够的力量推翻君主政治,而封建君主又不能一如既往地实行专制统治的情况下,双方进行妥协的产物。由于社会发展和政治进步,君主立宪政体连同王统主义作为一种政治时尚的时代已一去不复返了,就世界发展趋势而言,钦定宪法失去了赖以存在的政治基础。因此,与钦定宪法相对的民定宪法以及协定宪法三者间区别的意义也不再有价值了,"现在这种老式的'提法'已经被人们忘却了"②。

4. 资产阶级国家宪法和无产阶级国家宪法。把宪法分为资产阶级国家宪法和无产阶级国家宪法,即宪法类型的理论,是按照宪法的经济基础和阶级性对宪法所作的分类,是马克思主义宪法学对宪法分类理论的卓越贡献。宪法类型的理论以宪法的阶级属性作为宪法分类的标准,将宪法分类的理论奠定在阶级分析的基础之上,在宪法学上具有重要意义。根源于阶级属性不同的两种宪法的主要差别有以下几个方面:(1) 两种不同类型宪法保护的生产资料所有制的性质不同。资产阶级国家宪法保护生产资料的私有制,将私有财产神圣不可侵犯作为最高原则。例如,《美国宪法第五修正案》明确规定:"未经正当程序不得剥夺任何人的生命、自由或财产,凡私有财产非有适当赔偿,不得收为公有。"无产阶级国家宪法保护生产资料的社会主义公有制及以其为核心的社会主义经济制度,并对社会主义经济制度作了比较详尽的规定。例如,《朝鲜宪法》第70条规定:"国家和合作团体的财产神圣不可侵犯。"③我国宪法也明确规定,生产资料的社会主义公有制是我国社会主义经济制度的基础,并宣布社会主义公共财

---

① 〔英〕K.C. 威廉:《论宪法的分类》,甘藏春等译,载《中外法学》1987年第2期。
② 龚祥瑞:《比较宪法与行政法》,法律出版社1985年版,第38页。
③ 姜士林等编译:《世界宪法全书》,青岛出版社1997年版,第201页。

产神圣不可侵犯。(2)两种不同类型宪法对其阶级本质所持的态度不同。资产阶级国家宪法用一些极其抽象的超阶级的概念掩盖和模糊宪法的阶级本质。例如,《法国宪法》第 3 条规定:"国家主权属于人民,人民通过自己的代表和通过公民复决来行使国家主权。任何一部分人或个人都不得擅自行使国家主权。"①无产阶级国家宪法则公开表明自己的阶级本质,明确规定社会主义国家是无产阶级专政的国家,是广大劳动人民当家作主的国家。例如,我国《宪法》第 1 条第 1 款规定:"中华人民共和国是工人阶级领导的、以工农联盟为基础的人民民主专政的社会主义国家。"(3)两种不同类型的宪法对待民族问题的立场不同。资产阶级国家宪法对待民族问题采取的是歧视和压迫的态度。美国宪法最初将黑人列为其他人口,而不属于"自由民",5 个黑人才拥有 3 个真正的投票权。社会主义类型宪法无一例外地奉行民族平等的原则,1918 年苏俄宪法和 1924 年苏联宪法明确规定禁止民族压迫,实现各民族的友爱合作。我国宪法不仅规定了民族平等原则,而且还进一步规定了解决民族问题,实现民族平等的民族区域自治制度。(4)资产阶级国家宪法和无产阶级国家宪法还在国家政权组织形式及组织活动的原则、对待公民权利与义务的基本态度以及法治原则等方面,存在着许多差别。

(三)宪法分类的新探讨

列宁曾经指出:"当法律与现实脱节的时候,宪法是虚伪的;当它们一致的时候,宪法便是真实的。"②列宁的这一论述具有方法论的意义。从方法论上看,作为法律的宪法(一般称为成文宪法),无论它与现实"脱节"抑或"一致"都表明在成文宪法之外有一个客观宪法的存在。列宁称之为现实宪法。

对于成文宪法,现有的宪法学理论已经为我们提供了比较全面的知识,因此可以将成文宪法作为分析其他种类宪法的出发点和立足点。成文宪法在近现代被赋予国家根本法的含义,就其实质意义而言,即是规定和调整国家统治体制及公民基本权利之基础的法律。无论它是以统一的法典形式表现出来,还是以其他形式散见于其他规范性法律文件之中,都能以具体的规范或明确的条文为我们所感知。在这里,我们赋予了传统分类中的成文宪法以新的内容,扩大了成文宪法的范围。

现实宪法无论在历史上还是在逻辑上都先于成文宪法而存在,是活生生的现实存在。一方面,在人类历史迈入近现代以前,或者在人类还不知晓运用制宪这种文明方式来规范有关以国家与公民关系为核心的一系列基本社会关系之前,现实宪法就已存在。自从有了国家,就产生了政府同公民管理与被管理的关系,有了在此基础上形成的统治体制和相应的公民权(只不过是没有这样的概

---

① 姜士林等编译:《世界宪法全书》,青岛出版社 1997 年版,第 885 页。
② 《列宁全集》第 17 卷,人民出版社 1988 年版,第 320 页。

念)。另一方面,即使人类发明了制宪这种近代文明方式,在很大程度上也是对现存的现实宪法的描述,只不过此种描述含有大量此种关系应该是怎样的新内容。成文宪法与现实宪法的区别,除了存在的形式不同外,内容上也有明显的差别。它反映了制宪者的价值观和对现实宪法一种变革的希望。

不仅如此,宪法还有另外的一种存在形式,并对国家政治生活起着巨大的作用。我们知道成文宪法是统治阶级根本利益和意志的反映,并不是全体社会成员意志的法律化。那些尚未上升为成文宪法,涉及国家统治体制和公民权方面的意志与上升为成文宪法的意志,在意识形态中的矛盾冲突始终存在。这种上升为成文宪法的意志和没有上升为成文宪法的意志以及两者在意识形态领域中的矛盾冲突,就是宪法的另一种存在方式,即观念宪法,它是与成文宪法和现实宪法相对而言的。它对成文宪法和现实宪法都有巨大影响。从形式上看,观念宪法既可以明确的概念范畴所构成的思想体系表现出来,例如在英国权威的宪法学思想也被视为宪法的一种渊源;也可以特有的政治传统和习惯表现出来;还可以不是很稳定的带有浓厚情感色彩的心理活动的方式存在。但就其内容而言,观念宪法可以概括为两个方面:其一是基于对现实宪法的认识和理解而提出的宪法成文化的立宪要求,简称为宪法要求;其二是在领会和掌握成文宪法的条文和含义的基础上,参照宪法要求而对成文宪法所进行的评价,简称为宪法评价。观念宪法从内容上看,是宪法要求和宪法评价的有机统一体。虽然不同的个人或团体可能有完全不同的宪法要求和宪法评价,但观念宪法要求全体社会成员,包括个人、团体,特别是社会政治组织在一定社会条件下,具有相同的宪法价值观,形成大体一致的观念宪法。

综上所述,当把宪法视为一种规定和调整国家统治体制和公民权或者说国家(政府)同公民关系(以及以此为核心的其他基本社会关系)的准则、规则时,可以其表现形式或存在方式为标准,将宪法分为现实宪法、观念宪法和成文宪法。对宪法进行这种分类的意义在于:使宪法学研究更侧重于宪法结构的分析,因为任何一个国家的宪法,都是以这三种形式存在着;有助于宪法学者在研究某一个国家的宪法时明确研究对象和范围,即宪法学应以国家统治体制和公民基本权利为主要研究对象,同时对现实宪法、观念宪法和成文宪法进行研究;便于考察宪法的运行机制(如何从现实宪法中产生宪法要求,以及宪法要求如何上升成为成文宪法,对成文宪法的评价又是怎样影响现实宪法的)和宪法的实现过程。

第二节　宪法的结构

一、宪法结构的含义

所谓结构是指作为一个整体而存在的事物的诸组成要素及其相互关系,或称为一个系统、一个整体、一个集体。结构主义认为,结构"就是由具有整体性的若干转换规律组成的一个有自身调整性质的图式体系"。这是一个极其抽象的概念,但却道明了一般结构所具有的三个特点:整体性、转换性和自身调整性。① 但是,任何一个事物又不是孤立存在的,结构根源于事物的普遍联系之中,一个事物既有内部结构,同时又在与其他事物的关系中组成了另一个事物(更大的系统和集体)的结构。前者称为事物的内部结构,后者称为事物的外部结构。

因此,我们可以说宪法的结构就是构成宪法的诸要素及其相互关系。宪法结构也有内部结构和外部结构之分。宪法内部结构是构成宪法的若干内在要素及其相互关系,宪法外部结构是指宪法与其他要素在组成更大社会系统中的相互关系。② 本书这里所探讨的宪法结构主要是指宪法的内部结构,或者说是狭义的宪法结构。考察宪法结构的主要任务在于分析构成宪法的基本要素,探讨这些基本要素间的相互关系(地位和作用)。

宪法是国家的根本法,是有关国家根本问题的法律规范的总和。毫无疑问,这些有关国家根本问题的法律规范即宪法规范是构成宪法的基本要素。由于宪法规范相互间关系和作用不同,表现形式不同,宪法规范在构成宪法中的地位不一样,从而决定了对宪法结构的不同描述。从宪法规范相互间关系看,有些宪法规范能够单独调整一定社会关系而成为宪法的构成要素;有些宪法规范则需要同其他规范一起组成一个宪法原则或基本原则,才能完成调整一定社会关系的任务从而成为宪法的构成要素;但对整个社会关系进行全面系统的一般性调整(即不只是调整某一个社会关系或某一类社会关系),则又不是一个宪法规范或者一个宪法原则所能够胜任的,而必须由许多宪法规范、原则以及由它们所构成或体现的宪法精神(指导思想)来完成。从这个意义讲,宪法是由宪法规范、宪法原则和宪法精神(指导思想)三个不同层次的要素所构成的结构体系。宪法规范、宪法原则和宪法精神(指导思想)是宪法结构的内在构成要素。

从宪法规范的外部表现来看,有些宪法规范以宪法典的形式表现出来,有些宪法规范在其他法律文件或称为宪法性法律中表现出来,还有些宪法规范以惯例和习惯的形式存在。由于宪法规范是宪法构成的基本要素,因此,宪法典、宪法性法律以及宪法惯例都是宪法结构的外在构成要素,即从宪法形式上(渊源上)看,宪法是由宪法典、宪法性法律(制定法)和宪法惯例或判例等构成的结构体系。

---

① 〔瑞士〕皮亚杰:《结构主义》,倪连生、王琳译,商务印书馆1984年版,译者前言,第2页。
② 例如,在法律体系这个更大的系统中,宪法与其他法律的关系就属于宪法外部结构的问题。——作者注

对于成文宪法(多指传统分类意义上的成文宪法)来说,其外在构成要素有宪法典、宪法性法律和宪法惯例或判例;其中宪法典是最重要的构成要素,宪法性法律和宪法惯例或判例是比较次要的构成要素,从某种意义上说它们是对宪法典的补充。对于不成文宪法来说,其外在构成要素主要是宪法性法律(制定法)、宪法惯例和宪法判例,没有宪法典的形式。但无论是成文宪法还是不成文宪法,其内在结构要素都是一样的,都是由宪法精神(指导思想)、宪法原则和宪法规范三者构成的。

综上所述,宪法结构存在于成文宪法与不成文宪法之中,探讨宪法结构不能只探讨成文宪法的结构,还应该对不成文宪法的结构也进行研究;尽管宪法典是成文宪法的主要构成要素,但对其结构的研究却不能局限于对宪法典的章节结构进行研究,还应对宪法性法律、宪法惯例、宪法判例给予应有的重视。因此本书认为,宪法精神(指导思想)、宪法原则和宪法规范或判例以及宪法典、宪法性法律和宪法惯例,都是研究和了解宪法结构的基本范畴。

二、宪法规范

宪法规范是宪法结构的基本要素和最基本的构成单位,因而是研究宪法结构最重要的范畴。

(一)宪法规范的含义

宪法规范又称宪法规则,它既是社会规范的一种,又与刑法规范、民法规范、诉讼法规范等并列,被合称为法律规范。[①] 作为一种特殊的法律规范,宪法规范是国家的根本性法律规范。就宪法规定的内容和调整的社会关系而言,宪法规范是指由国家制定或确认的宪法主体参与国家政治、经济、文化等方面的基本社会关系时所应遵循的根本行为准则。宪法规范存在于一切宪法渊源之中,并且在这些宪法渊源中发生作用。宪法规范作为法律规范的一种,具有法律规范的一般特性,这些特性主要有:(1)宪法规范作为一种特殊的法律规范,它所表达的是社会关系的知识模型,目的在于重复适用,而不是只适用一次。(2)宪法规范是通过赋予社会关系主体权利和设定相应义务的方式,实现对社会关系的调整。(3)宪法规范具有普遍的约束力和国家强制性,并受社会占统治地位的道德观念支持。(4)宪法规范具有确定的形式。从逻辑结构上看,一般由有固定关系(规律性)的三个要素构成:假设——宪法规定所拟定的适用于某一行为模型的前提条件;处理——宪法规范本身所指明的允许做、禁止做或要求做一定行

---

① 应指出,关于法律规则与法律规范是否为同一概念,学界有争议(参见张文显主编:《法理学》,高等教育出版社2018年版,第115页)。此处笔者仍将宪法规范和宪法规则视为同一概念。

为的指令;制裁——宪法规范中所包含的对违反处理指令应承担的宪法责任。①从宪法规范相互间关系看,各种宪法规范形成了比较稳定的联系,构成了宪法规范体系,即宪法结构。

(二) 宪法规范的种类

宪法是由宪法规范构成的规范体系或结构。对宪法规范进行分类的意义在于:其一,我们无法逐个研究大量的宪法规范,通过按一定标准分类,可以比较好地弄清具有相同性质的某一类或某几类宪法规范的特点、作用及相互关系;其二,通过宪法规范的分类研究,有助于分析宪法的结构;其三,通过对宪法规范进行分类,还可以为宪法的制定、修改、解释以及对宪法进行评价和提出宪法要求,提供技术帮助。

宪法规范的分类,同其他法律规范的分类一样,可以按不同标准进行。

1. 按照宪法规范对宪法主体行为的引导作用不同,可将宪法规范分为授权性宪法规范、义务性宪法规范、禁止性宪法规范和确认性宪法规范。

宪法规范作为一种行为准则,其目的和作用在于指导宪法主体在一定条件下能做什么,不能做什么,必须做什么。授权性宪法规范、禁止性宪法规范、义务性宪法规范和确认性宪法规范,就是根据宪法规范对一定宪法行为特定的指导作用(及其倾向性)而对宪法规范所进行的分类。

宪法规范中的授权性规范,是宪法中大量存在的一种规范。授权性宪法规范既不要求宪法主体作出某种行为,也不直接禁止宪法主体作出某种行为,而是授予宪法主体作出或者要求他人作出或不作出某种行为的权利能力或可能性。根据授权性规范的授权对象(宪法关系的主体)不同,可将其分为三类:一是授予国家机关职权的规范;二是授予公民权利的规范;三是授予社会团体权利的规范。

宪法中的义务性规范,也是一种重要的宪法规范。义务性宪法规范的特点在于,告诉和要求宪法主体必须以积极作为的形式履行一定的义务。最典型的义务性宪法规范是宪法中有关公民基本义务的规定。当然也可以将义务性宪法规范按其规范的对象(宪法关系主体)分为有关国家机关、公民和社会团体的义务性规范。

在宪法结构中涉及授权性宪法规范和义务性宪法规范的数量较多,这当然不是说禁止性宪法规范不重要,而是因为近现代宪法以确认权利为其主要特色,尤其是现代宪法基于人权的保护和现代社会特别要求人们参与社会关系,因而在对社会关系进行调整时,运用授权性宪法规范和义务性宪法规范相对来说要

---

① 对法律规则的逻辑结构,法学界有不同的看法,主要有三要素和二要素说两种。参见张文显主编:《法理学》,高等教育出版社 2018 年版,第 116 页。

多一些,禁止性宪法规范要少一些。这与禁止性宪法规范的特点也有关系。禁止性宪法规范的特点在于其禁止宪法主体作出一定行为或者明确要求宪法主体抑制一定的行为。禁止性宪法规范除可按上述分类方法分为禁止国家机关一定行为的规范、禁止公民一定行为的规范和禁止社会团体一定行为的规范外,还可按禁止性宪法规范针对的行为主体是一个还是几个,分为特别禁止性宪法规范和一般禁止性宪法规范。前者是禁止某一类宪法主体从事某种或某几种行为的宪法规范。例如,我国《宪法》第36条第3款规定:"……任何人不得利用宗教进行破坏社会秩序、损害公民身体健康、妨碍国家教育制度的活动。"这就是一条禁止公民从事有关活动的特别禁止性宪法规范。后者是禁止某几类宪法主体从事某种或某几种行为的宪法规范。例如,我国《宪法》第1条第2款规定:"社会主义制度是中华人民共和国的根本制度。……禁止任何组织或者个人破坏社会主义制度。"这一规定则是一条一般禁止性宪法规范。在宪法中一般禁止性规范又多于特别禁止性规范。

应该指出的是,为了明确各种宪法规范主体的指导作用,宪法中往往还有一种不同于以上三种宪法规范的宪法规范。它不直接对宪法主体可做什么、必须做什么、不准做什么进行指令,但却通过确认一定事物、一种制度的性质和宪法主体的身份性质,从而对宪法主体的行为在宏观上进行引导。这种宪法规范就是确认性宪法规范。例如,我国《宪法》第1条第1款规定:"中华人民共和国是工人阶级领导的、以工农联盟为基础的人民民主专政的社会主义国家",就是一条确认性宪法规范。它引导宪法主体从事与该性质相一致的行为,不从事与该性质不一致的行为。

2. 按照宪法规范的确定性程度,可将宪法规范分为确定性宪法规范和非确定性宪法规范。

一般认为,明确规定某一行为规范,无须援引其他法律规范内容的,是确定性规范;与确定性规范相对而言,没有明确规定行为规范的内容,而只是指明由某一机关加以规定或者由某一法律予以规定的,是非确定性规范。

宪法规范绝大多数是确定性规范,上述禁止性宪法规范、义务性宪法规范,都是确定性宪法规范,涉及公民权利的授权性宪法规范也是确定性规范。宪法中非确定性规范比较少,这是因为宪法规定和调整的国家根本问题与根本社会关系,必须是清楚的、明确的,这些根本问题往往由宪法直接规定而不应由其他机关或其他法律予以规定。一般是在涉及国家根本问题和基本社会关系,由于政治、经济、文化等方面的条件尚不完全具备,或因在立法技术上存在较大困难,而在宪法中又不得不作规定的情况下采用非确定性宪法规范。例如,我国《宪法》第31条规定:"国家在必要时得设立特别行政区。在特别行政区内实行的制度按照具体情况由全国人民代表大会以法律规定。"这一条文所表达的就是一个非确定的宪法规范,对其规范对象——特别行政区制度——本身并没有作出明确规定。

(三) 宪法规范的结构特点

宪法是国家根本法,宪法规范有不同于其他法律规范的特点。[①] 宪法规范除了具有宪法区别于其他法律规范的特点外,在考察宪法结构时,还应特别关注下列特点:

1. 在宪法结构中,大量的宪法规范往往由授权性宪法规范和义务性宪法规范相结合而构成,形成了权利—义务性宪法规范。这种权利—义务性宪法规范是体现权利义务相结合的宪法原则的主要规范形式。权利—义务性宪法规范在我国宪法中主要被运用于两个方面:其一,在宪法规定公民权利义务时,经常使用这类规范,如我国宪法规定的"中华人民共和国公民有受教育的权利和义务"等。其二,授予国家机关职权的宪法性规范,也属于这种权利—义务性宪法规范。虽然法律条文没有从权利和义务两方面分别表达,但被授予的职权本身就包含着权利和义务两个方面的内容。

2. 确认性宪法规范与禁止性宪法规范结合使用,也是宪法规范的结构特色之一。确认性宪法规范是宪法规范中颇具特色的一种,在宪法中大量使用确认性规范是宪法在规定内容上的特色。同时我们还可以发现,在宪法中确认性宪法规范和禁止性宪法规范也往往是一并使用的,并且一般先以确认性规范明确于前,再以禁止性规范禁止于后。我国《宪法》第 4 条第 1 款规定:"中华人民共和国各民族一律平等。国家保障各少数民族的合法的权利和利益,维护和发展各民族的平等团结互助和谐关系。禁止对任何民族的歧视和压迫,禁止破坏民族团结和制造民族分裂的行为。"这就是一个典型的例子。类似的情况,在我国现行宪法总纲中就有不少。

3. 从宪法规范的逻辑结构上看,宪法规范具有弱制裁性的特点,有的宪法学者甚至称为无制裁性。[②] 宪法规范的弱制裁性主要表现在:一方面,宪法规范往往不具备司法上的适用性,缺乏直接的司法强制力。有宪法学者认为:"宪法规定之大部分,均不能由法院强制执行,若有违反,亦无法以制裁之。"[③]宪法规范中的制裁要素直接体现在宪法条文中的比较少。另一方面,对违宪行为大多数是通过政治途径予以解决的,以法律途径解决的为数不多。从宪法史的角度看,宪法规范的弱制裁性或无制裁性,在 18、19 世纪表现得比较充分,而在现代宪法中其制裁性似有逐步增加的趋势。这种进步应归功于违宪审查制度的完善

[①] 这些特点包括宪法规范的广泛性、宪法规范的根本性、宪法规范效力的最高性和宪法规范的原则性等。参见吴杰:《论宪法规范的特点》,载《中国法学》1987 年第 6 期。

[②] 林纪东:《比较宪法》,台湾五南图书出版公司 1980 年版,第 13 页。

[③] 同上。

与宪法诉讼制度的建立。①

4. 宪法规范具有纲领性的特点。法律规范对行为主体的引导,并不仅仅是给予一种机械的、无目的的行为模式,而是在行为模式的背后潜藏着对一定社会秩序的有目的的追求。这一点在宪法规范,特别是我国宪法规范中体现得尤为充分。因为我国宪法不仅大量规定并反映了这种倾向,而且还直接以具体的规范明确表达了追求的目标。表达和反映这种追求目标的宪法规范,显然具有纲领性的特点。刘少奇在论及1954年《宪法》时指出:"宪法不去描写将来社会主义建成以后的状况,但为了反映现在的真实情况,就必须反映正在现实生活中发生的变化以及这种变化所趋向的目标,如果不指明这一点,现实生活中的许多事情就不可能理解。我们的宪法之所以有一部分条文带有纲领性,就是由于这个原因。"②我国的制宪实践证明了这一点。有西方学者甚至以此为标准,将宪法分为纲领性宪法和确认性宪法。③

5. 宪法规范具有稳定性的特点。宪法规范的稳定性主要表现在:其一,对成文宪法来说,一般规定了严格的制定和修改程序,宪法规范一经确定,往往不易变动;其二,对于不成文宪法来说,以宪法习惯、惯例存在的大量宪法规范,是在长期政治发展中形成的,除非有重大的历史变革,宪法主体一般不会破坏惯例。宪法规范的稳定性,根源于宪法调整的基本社会关系的稳定性,同时宪法规范的纲领性也有助于加强这种稳定性。

三、宪法的基本原则

对于宪法的基本原则或称宪法原则,我国宪法学界曾在现行宪法颁布后进行过较为集中的讨论,但在宪法原则是什么、我国宪法有哪些原则等关键问题上并没有形成共识。④ 21世纪以来,宪法学界对宪法的基本原则的探讨有了新的进展,主要表现为:一是致力于对宪法原则概念的界定。如有学者认为,宪法原则是指构成宪法规范和宪法行为之基础或本源的综合性、稳定性原理和准则,是宪法的灵魂或者说是宪法的精神实质。⑤ 亦有学者认为,宪法的基本原则是指人们在制定和实施宪法的过程中必须遵循的最基本的准则,是贯穿立宪和行宪的基本精神。⑥ 二是对宪法原则的种类、特点和功能进行了初步探讨。三是在比较宪法学的意义上,形成了对宪法基本原则的共识,即认为宪法基本原则主要

---

① 邹文海:《比较宪法》,台湾三民书局1977年版,第31页。
② 刘少奇:《关于中华人民共和国宪法草案的报告》(1954年9月20日)。
③ 龚祥瑞:《比较宪法与行政法》,法律出版社1985年版,第42页。
④ 徐秀义:《近年来我国宪法学重要理论问题讨论综述》,载《中国社会科学》1985年第5期。
⑤ 徐秀义、韩大元主编:《现代宪法学基本原理》,中国人民公安大学出版社2001年版,第184页。
⑥ 周叶中主编:《宪法》,高等教育出版社2020年版,第84页。

有人民主权原则、基本人权原则、权力制约原则和法治原则。[①]

本书认为宪法的基本原则或宪法原则,是宪法在调整社会关系时所采取的基本立场和准则。不同发展时期的宪法、不同国家的宪法、不同内容的宪法所确认和体现的宪法原则是不相同的。一部宪法基本原则的多少,取决于该宪法对其所调整的社会关系的分类。在了解宪法的普遍性原则的基础上,还应该对我国宪法的原则特别是现行宪法的原则进行研究。我国现行宪法所调整的基本社会关系大致上可分为几类,即政治关系、经济关系、文化关系、社会关系、生态关系和法律或法制关系[②]。与此相适应,现行宪法也有以下基本原则:一切权力属于人民的原则,社会主义公有制原则,社会主义精神文明原则和宪法至上原则。

（一）一切权力属于人民的原则

我国《宪法》第 2 条第 1 款规定:"中华人民共和国的一切权力属于人民。"这是一切权力属于人民的宪法原则的根本法依据。一切权力属于人民是宪法在调整国家同人民关系(这一政治关系)时所采取的基本立场,它的思想基础是主权在民的学说。因此,在有些宪法和学术论著中,这一原则往往被直接表述为"主权在民"的原则。一切权力属于人民或主权在民原则,是近现代宪法普遍奉行的一个基本原则,所不同的只是在对这一原则的理解以及这一原则的实现途径(即在调整国家同人民关系时所运用的方式)上存在着差异。

近代意义的主权观念为让·博丹(Jean Bodin)首创。博丹认为,主权是公民和臣民之上的最高权力,具有三个特点,即主权具有最高性、永久性和不受法律限制性。[③] 法国启蒙思想家卢梭抛弃了博丹主权观念中的王权因素,创立了主权在民的学说。卢梭以自然权利和社会契约论为理论基础,认为人民的公意在国家中表现为最高权力,主权是公意的具体表现,人民是国家最高权力的来源,主权属于人民。卢梭认为,人民主权的基本特色在于主权的不可转让性和不可分割性。卢梭并以此为基础,论述了人民主权的实现形式,他反对代议制而主张直接民主,反对分权制而认为人们所能拥有的最好体制莫过于把行政权与立法权结合在一起的体制。尽管西方国家宪法没有完全采用卢梭的学说,但不能否认他的学说是近现代西方国家宪法的思想基础之一。

虽然社会主义国家宪法确认了一切权力属于人民,采用了主权在民的思想,但对主权在民的思想则有不同于西方国家宪法的理解,这种不同主要表现在:(1)将主权在民的学说奠定在马克思主义国家学说的基础之上,抛弃了卢梭的社会契约论的思想,具有真正的科学性;(2)将主权在民的"民"(人民)理解为掌

[①] 参见前引徐秀义、韩大元主编书和周叶中主编书。
[②] 法律或法制关系在这里指法律与法律或各种法律制度间的关系。
[③] 王世杰、钱端升:《比较宪法》,中国政法大学出版社 1997 年版,第 28 页。

握国家政权的统治阶级及其同盟者,而不是泛指一国之内的全体公民。

不仅如此,国家的一切权力属于人民或主权在民的原则作为调整国家与人民关系的宪法原则,其实现途径和方式在西方国家和社会主义国家之间也有很大差异。西方国家主权在民原则在调整国家与人民关系时,主要是通过代议制和分权制得以实现和贯彻的;社会主义国家一切权力属于人民的原则主要通过人民代表大会制和民主集中制得以实现。

在我国,一切权力属于人民的宪法原则主要是通过下列途径实现的:(1)通过确认国家的人民民主专政性质,保障一切权力属于人民的宪法原则的实现;(2)通过确认社会主义经济制度,从而奠定这一原则的社会主义经济基础;(3)通过宪法确认中华人民共和国武装力量属于人民,将国家一切武装力量置于人民的掌握和监督之下,捍卫国家主权,防止国内外敌对势力颠覆,保障一切权力属于人民的宪法原则的实现;(4)广大人民通过全国人民代表大会和地方各级人民代表大会行使国家权力,实现一切权力属于人民;(5)根据宪法规定,我国人民还可依据有关法律规定,通过其他各种民主途径和形式,如职工代表大会、工会等,管理国家事务和其他社会事务,从而将一切权力属于人民的宪法原则贯彻于国家与社会生活的各个领域;(6)宪法确认了广泛的公民基本权利及其保障措施,以体现和促进一切权力属于人民的宪法原则的实现。

为了顺利调整国家与人民的关系,使一切权力属于人民的宪法原则得到真正实现,我国宪法还就国家机关之间的关系(特别是人民代表大会和同级其他国家机关间的关系)和公民与公民之间的关系作了规定和调整。对于前者,宪法确认了民主集中制原则,确立了各级人民代表大会在同级国家机关中的核心地位;对于后者,宪法规定了中华人民共和国公民在法律面前一律平等的原则,建立了公民与公民之间的新型关系。这些规定有助于一切权力属于人民的宪法原则的真正实现。

(二)社会主义公有制原则

生产资料的社会主义公有制是社会主义国家经济制度的基础,也是社会主义国家宪法在调整和确认经济关系时的基本原则。社会主义公有制原则作为一项宪法基本原则,是社会主义国家宪法区别于资本主义国家宪法的主要标志之一。列宁在论及资本主义国家宪法时指出:"以前所有一切宪法,以至最民主的共和宪法的精神和基本内容都归结在所有制这一点上。"[①]这一论述精辟地揭示了资本主义国家宪法的本质属性。社会主义国家的宪法都十分明确地、全面地规定了生产资料的社会主义公有制以及以此为基础的社会主义经济制度。因此,我们也可以说,社会主义国家宪法的精神之一和基本内容是公有制的问题。

---

① 《列宁选集》第4卷,人民出版社1995年版,第122页。

例如,1936年苏联《宪法》第4条规定:"苏联的经济基础是由于消灭资本主义经济体系、废除生产工具与生产资料私有制和消灭人对人的剥削,而确立起来的社会主义经济体系和生产工具与生产资料社会主义所有制。"①原《罗马尼亚社会主义共和国宪法》规定:"罗马尼亚国民经济是建立在生产资料的社会主义所有制的基础之上的社会主义经济","生产资料的社会主义所有制是:国家所有制——其财产属于全体人民,或者合作社所有制——其财产属于各个合作社"。②《朝鲜宪法》也有类似规定,如"朝鲜民主主义人民共和国生产资料属于国家和合作团体所有"。③

我国是人民民主专政的社会主义国家,我国历部宪法都对社会主义公有制作了明确规定。例如,1954年《宪法》规定:"中华人民共和国的生产资料所有制现在主要有下列各种:国家所有制,即全民所有制;合作社所有制,即劳动群众集体所有制;个体劳动者所有制;资本家所有制。"该《宪法》还规定:"国营经济是全民所有制的社会主义经济,是国民经济中的领导力量和国家实现社会主义改造的物质基础。国家保证优先发展国营经济。"从这两条规定中可以看出,1954年《宪法》对生产资料所有制的规定,既体现了过渡时期的生产资料所有制的结构特色,又着重强调了社会主义公有制及以其为基础的社会主义经济的地位和作用。我国现行宪法对社会主义公有制原则的规定,主要表现在以下几个方面:(1)宪法明确规定中华人民共和国经济制度的基础是生产资料的社会主义公有制。(2)宪法确认了我国社会主义公有制的两种形式即全民所有制和劳动群众集体所有制。(3)宪法规定一些重要自然资源,如矿藏、水流、森林、山岭、草原、荒地、滩涂等自然资源以及土地(重要生产资料)以属于国家所有为主。(4)宪法规定了公有制的基本要求,即"消灭人剥削人的制度,实行各尽所能、按劳分配的原则"。(5)宪法规定了在社会主义初级阶段以公有制为主体的经济制度和以按劳分配为主体的分配制度。(6)宪法公开宣布"社会主义的公共财产神圣不可侵犯",明确规定"国家保护社会主义的公共财产"。禁止任何组织或者个人用任何手段侵占或者破坏国家的和集体的财产。

(三) 社会主义精神文明原则

社会主义精神文明是现行宪法在确认我国文化制度,调整各种文化关系时的基本立场和准则。作为现行宪法的一个基本原则,社会主义精神文明在宪法中得到了充分体现。现行宪法在序言中指出,国家的根本任务之一就是要"把我国建设成为富强民主文明和谐美丽的社会主义现代化强国,实现中华民族伟大

---

① 姜士林等编译:《世界宪法全书》,青岛出版社1997年版,第874页。
② 北京大学法律系宪法教研室编:《宪法资料选编》第3辑,北京大学出版社1981年版,第2页。
③ 姜士林等编译:《世界宪法全书》,青岛出版社1997年版,第198页。

复兴"。可见,作为文明重要内容的精神文明,是我国社会主义建设的重要方面。现行宪法还在总纲中明确使用了精神文明的概念,《宪法》第 24 条规定:"国家通过普及理想教育、道德教育、文化教育、纪律和法制教育……加强社会主义精神文明的建设。"此外,宪法在规定文化、教育、科学、卫生、体育等制度方面和在规定公民基本权利与义务时,也反映了社会主义精神文明这一宪法基本原则的要求。

社会主义精神文明是我国现行宪法所特有的一个基本原则,是现行宪法的特色之一。社会主义精神文明是现行宪法在确认文化制度、调整文化关系上的基本原则。从宪法规定文化制度方面的历史来考察,可以发现,早期的宪法主要规定政治问题和公民的基本权利与义务,很少规定文化方面的问题。在宪法上没有规定和建立系统的文化制度,就不可能有调整文化关系的宪法基本原则。这种状况一直延续到第一次世界大战结束,出现了社会主义类型的苏俄宪法为止。1918 年的苏俄宪法以马克思主义国家学说为指导,除了规定政治制度和公民的权利自由外,还规定了社会经济制度和文化方面的问题。以 1919 年的《德国魏玛宪法》为标志,资本主义国家的宪法也开始注意文化方面的内容。如魏玛宪法对教育和学校作了专章规定,并涉及思想道德方面的内容。但是直到我国现行宪法颁布实施之前,无论社会主义类型宪法,还是资本主义类型宪法,都没有提出精神文明的概念,更没有将精神文明作为调整本国文化关系的宪法基本原则。所以,社会主义精神文明原则是我国现行宪法的基本特色之一。

(四)宪法至上原则

健全社会主义法治是现行宪法规定的国家根本任务之一。因此,现行宪法在规定国家的基本政治制度、经济制度、文化制度、社会制度和生态文明制度的同时,还规定了国家的法律制度,建立起了我国现行的法律体系,并确定了调整各种法律(广义)和法律制度间关系的基本原则,这就是宪法至上的原则。宪法至上原则作为一个确认法律制度、调整法律及法律制度间关系的宪法基本原则,主要是指宪法是一个国家法律制度和法律体系的核心和基础,具有最高法律效力,国家的一切法律和法律制度都不得与宪法和宪法制度相冲突,其他法律和法律制度间的关系,包括法律效力等级,均由宪法予以规定和调整。现行宪法在序言中明确指出:"本宪法以法律的形式确认了中国各族人民奋斗的成果,规定了国家的根本制度和根本任务,是国家的根本法,具有最高法律效力。"这是宪法至上作为现行宪法基本原则的宪法依据。

按照现行《宪法》和《立法法》的规定,我国现行法律体系是由宪法、基本法律、法律、行政法规和地方性法规等构成的统一整体。《宪法》第 5 条第 3 款明确规定:"一切法律、行政法规和地方性法规都不得同宪法相抵触。"这些规定都是宪法至上原则在宪法中的具体表现。此外,"全国各族人民、一切国家机关和武装力量、各政党和各社会团体、各企业事业组织,都必须以宪法为根本的活动准则,并且负有维护宪法尊严、保证宪法实施的职责"等的规定,也体现了宪法至上的精神。

应该指出的是,宪法至上原则作为法治的基本要求,不单只是一个调整法律与法律制度间关系的宪法基本原则,而且还是一个内涵丰富的政治原则,这是由宪法的政治属性决定的。现在,"依法治国,建设社会主义法治国家"已被1999年《宪法修正案》第13条确立为我国的基本治国方略。为了贯彻和实现这一方略,树立宪法至上的精神尤其具有重要意义。依法治国的核心和关键是依据宪法治理国家,法治国家首先是或者最重要的是具有宪法秩序的国家。

随着中国经济社会的飞速发展和宪法实践的推进,宪法也将"社会文明"与"生态文明"纳入调整范围,并将它们提升到宪法基本原则的高度。未来它们也将发展成为宪法在调整社会关系时所采取的基本立场。

四、宪法的基本精神

宪法的基本精神或称宪法精神,在我国习惯用"宪法的指导思想"来表达。宪法的指导思想是国家占统治地位的意识形态和特定时代精神在宪法中的反映。因此,不同意识形态的国家以及其在不同历史时期的宪法的指导思想不同。在我国,由于中国共产党的性质及其在国家中的地位,使得宪法的指导思想与党在不同历史时期的基本路线具有十分密切的联系,党的基本路线往往直接表现为宪法的指导思想。

(一)我国宪法指导思想的发展变化

1954年《宪法》是以党在过渡时期的总路线为指导思想的。1954年《宪法》在序言中写道:"从中华人民共和国成立到社会主义社会建成,这是一个过渡时期。国家在过渡时期的总任务是逐步实现国家的社会主义工业化,逐步完成对农业、手工业和资本主义工商业的社会主义改造。"这就是以根本法确认党的过渡时期总路线,从而将其上升成为宪法的指导思想。

1975年《宪法》同样是以党在当时的总路线和政策为指导思想的,该《宪法》序言指出:"社会主义社会是一个相当长的历史阶段。在这个历史阶段中,始终存在着阶级、阶级矛盾和阶级斗争,存在着社会主义同资本主义两条道路的斗争,存在着资本主义复辟的危险性,存在着帝国主义、社会帝国主义进行颠覆和侵略的威胁。"在此基础上,1975年《宪法》强调"必须坚持中国共产党在整个社会主义历史阶段的基本路线和政策,坚持无产阶级专政下的继续革命"。这"两个坚持"在1975年《宪法》中得到了比较充分的体现,从而成为该宪法的指导思想。

1978年《宪法》是特定历史条件的产物,它虽然对1975年《宪法》进行了否定,但还不够彻底、不够全面。在宪法的指导思想方面表现为,一方面要把国家的中心工作转移到"在本世纪内把我国建设成为农业、工业、国防和科学技术现代化的伟大的社会主义强国"的工作上来;另一方面又要"坚持无产阶级专政下的继续革命,开展阶级斗争",使宪法在指导思想上陷于自相矛盾的状态。这是1978年《宪法》必须全面修改的主要原因。

1980年9月,第五届全国人大第三次会议接受了中共中央关于修改宪法和成立宪法修改委员会的建议,并着手起草现行的1982年《宪法》。正如彭真同志在1982年《宪法》修改草案报告中指出的:"宪法修改草案的总的指导思想是四项基本原则。"1982年《宪法》在序言中明确指出:"中国各族人民将继续在中国共产党领导下,在马克思列宁主义、毛泽东思想指导下,坚持人民民主专政,坚持社会主义道路,坚持改革开放,不断完善社会主义的各项制度,发展社会主义民主,健全社会主义法制,自力更生,艰苦奋斗,逐步实现工业、农业、国防和科学技术现代化,把我国建设成为高度文明,高度民主的社会主义国家。"可以看出,当时起草的宪法是以四项基本原则为总的指导思想的,并且强调了要不断完善社会主义制度和进行现代化建设,把建设高度文明、高度民主作为国家的奋斗目标。

(二)现行宪法的指导思想与党在初级阶段基本路线的关系

现行宪法的这一指导思想,既是对我国制宪经验的高度概括,又体现和反映了自1978年开始的改革开放的要求,顺应了时代潮流的发展。1987年中国共产党第十三次全国代表大会提出了党在社会主义初级阶段的基本路线,即坚持以经济建设为中心,坚持四项基本原则和坚持改革开放。这一基本路线与确立在宪法序言中的宪法指导思想是一脉相承的,它们都来源于党的十一届三中全会以来的路线、方针和政策,来源于我国人民在社会主义初级阶段的伟大实践。同时,还应该看到,党在初级阶段的基本路线是在我国改革开放深入发展的新阶段提出的,这期间我国"经历了从农村改革到城市改革,从经济体制改革到各方面体制的改革,从对内搞活到对外开放的波澜壮阔的历史进程"[①]。党的初级阶段的基本路线正是在这种新历史进程中,在符合现行宪法指导思想精神的同时对现行宪法指导思想所作的最新的、最具政治权威的诠释,它使得宪法的指导思想更加符合变革中的社会现实。

从这种角度看待现行宪法的指导思想和党在初级阶段基本路线的关系的意义在于:其一,宪法是随着时代的发展而变化的,现行宪法指导思想(包括其内容和表达形式)也将随着时代变化而发展,将党在初级阶段的基本路线视为对宪法

---

① 江泽民:《加快改革开放和现代化建设步伐,夺取有中国特色社会主义事业的更大胜利——在中国共产党第十四次全国代表大会上的报告》(1992年10月12日)。

指导思想的诠释,正好体现了这种发展。其二,在现行宪法指导思想与党在该时期基本路线之间建立起了符合我国政治传统的逻辑联系。关于这一点,应该作一些说明。现行《宪法》修订于1982年12月,它与1982年9月中国共产党第十二次全国代表大会的精神是一致的。这次代表大会提出了"把马克思主义的普遍真理同我国的具体实际相结合起来,走自己的道路,建设有中国特色社会主义"①的思想,确定了分两步走,在20世纪末实现国民生产总值翻两番的目标。可以看出,虽然我们已经开始了中国特色社会主义的可贵探索,但并没有形成中国特色社会主义的理论以及在此基础上产生的基本路线。因此在1982年《宪法》中,宪法的指导思想背后似乎缺乏一条明晰的党的基本路线,这与我国前几部宪法的制宪经验有一些不协调。党的十三大在十二大的基础上,系统地论述了我国社会主义初级阶段的理论,明确概括和全面阐发了"一个中心,两个基本点"的基本路线,从而为现行宪法指导思想提供了党的基本路线的支持。

党的第十四大报告重申了党在社会主义初级阶段的基本路线,指出:"我们要在九十年代把有中国特色社会主义的伟大事业推向前进,最根本的是坚持党的基本路线,加快改革开放,集中精力把经济建设搞上去。同时,要围绕经济建设这个中心,加强社会主义民主法制和精神文明建设,促进社会全面发展。"②因此,我们可以说,现行宪法的指导思想虽然在内容和表述方式上可能还会有所发展,但基本精神将适用于我国社会主义初级阶段整个历史时期。第八届全国人大第一次会议通过的《宪法修正案》第3条恰好说明了这一点。它肯定了建设有中国特色社会主义理论的指导地位,较为完整地表述了党的基本路线,从而使现行宪法的指导思想更加明确。1997年9月,中国共产党召开了第十五次全国代表大会,会议以高举邓小平理论伟大旗帜,把建设有中国特色社会主义全面推向21世纪为主题,确立了邓小平理论的党的指导思想地位。经中共中央建议,第九届全国人大第二次会议对我国宪法序言有关指导思想的部分再次进行了修正,强调了我国社会主义初级阶段的长期性,确立了邓小平理论的宪法指导思想地位。2004年3月,第十届全国人大第二次会议通过的《宪法修正案》将"三个代表"重要思想确立为宪法指导思想的重要组成部分。2018年3月第十三届全国人大第一次会议通过的《宪法修正案》确立了科学发展观、习近平新时代中国特色社会主义思想的宪法指导思想地位。

(三)现行宪法指导思想在宪法正文中的表现

宪法的指导思想贯穿于整个宪法之中,除了以条文明确表述外,往往还会通

---

① 江泽民:《加快改革开放和现代化建设步伐,夺取有中国特色社会主义事业的更大胜利——在中国共产党第十四次全国代表大会上的报告》(1992年10月12日)。

② 同上。

过宪法的其他构成要素(原则、规范)表现出来。我国现行宪法的指导思想除了在序言和有关的宪法修正案中作了明确、全面的表述外，还在宪法正文的具体规定中得到了进一步体现，现择其要点作一些列举。

1. 关于四项基本原则

四项基本原则是现行宪法总的指导思想。宪法分别就社会主义、人民民主专政、马克思主义和毛泽东思想等内容作了规定。关于社会主义道路，《宪法》规定，社会主义制度是中华人民共和国的根本制度。《宪法》还规定："中华人民共和国的社会主义经济制度的基础是生产资料的社会主义公有制，即全民所有制和劳动群众集体所有制。社会主义公有制消灭人剥削人的制度，实行各尽所能、按劳分配的原则。"《宪法》宣布："社会主义的公共财产神圣不可侵犯。"这些规定都十分鲜明地体现和反映了宪法坚持社会主义道路的立场。关于人民民主专政，《宪法》第1条第1款明确规定："中华人民共和国是工人阶级领导的、以工农联盟为基础的人民民主专政的社会主义国家。"从而确认了我国政权的人民民主专政的性质，坚持了人民民主专政的立场。宪法在总纲中对文化制度的规定，充分体现了坚持马克思主义、毛泽东思想的立场。例如，《宪法》第24条规定中指出，要普及理想教育，要在人民中进行爱国主义、集体主义和国际主义、共产主义的教育，进行辩证唯物主义和历史唯物主义的教育，反对资本主义的、封建主义的和其他的腐朽思想。关于中国共产党的领导，《宪法》总纲中规定："中国共产党领导是中国特色社会主义最本质的特征。"此外，宪法序言也肯定了中国共产党的领导地位，并把坚持党的领导同坚持马克思列宁主义、毛泽东思想、邓小平理论、"三个代表"重要思想、科学发展观、习近平新时代中国特色社会主义思想和坚持人民民主专政，坚持社会主义道路一起作了规定。

2. 关于改革开放

改革开放是新的历史时期最鲜明的时代特色，也是我们时代精神的主流。我国的改革开放从党的十一届三中全会起步，到党的十二大召开以后全面展开。现行《宪法》是在党的十二大召开之后全面修订的，一方面它总结了十一届三中全会以来改革开放的历史经验，以根本法的形式吸收了四年改革开放的成果；另一方面，又根据党的十二大的精神，为全面深入的改革开放提供了根本法保障。关于前者，在宪法中主要表现在以下几个方面：第一，改变了过去单一的所有制结构，允许在公有制占主导地位的前提下多种所有制的存在和发展；第二，在逐步认识到了价值规律作用的基础上，强调了在国民经济管理过程中的市场作用；第三，实行政企分开，允许企业有经营管理的自主权；第四，确认改革开放中出现的外资企业、中外合资经营企业和中外合作经营企业的宪法地位；第五，宪法允许实行各种不同形式的社会主义责任制；第六，在政治领域，主要是吸收了机构改革的成果，恢复了人民民主专政的提法，并进一步完善了人民代表大会制度等。关于后者,在《宪法》中主要表现为:第一,《宪法》在序言中将不断完善社会主义的各项制度,发展社会主义民主和健全社会主义法治作为国家的战略目标予以确认;第二,《宪法》在第 14 条中明确规定,要完善经济管理体制和企业经营管理制度,改进劳动组织,以不断提高劳动生产率和经济效益,发展社会生产力。

正是在党的十二大精神和宪法关于改革开放的指导思想指引下,我国的改革开放事业不断向广度和深度发展。党的十二届三中全会通过的《关于经济体制改革的决定》,提出了我国社会主义经济是公有制基础上的有计划商品经济的论断,突破了将计划经济与商品经济对立起来的传统观念,将我国的经济体制改革推向了一个新的发展阶段。随后,党中央相继决定对科技体制和教育体制进行改革,提出了政治体制改革的目标和任务,等等。这些改革开放措施既是对宪法的有效实施,更重要的是又丰富和发展了宪法。例如,1988 年 4 月第七届全国人大第一次会议对《宪法》第 10 条所作的修正,既适应了经济发展对土地使用的需求,又以国家根本法认可了所有权和经营权分离的理论和实践。在现行宪法实施的多年中,宪法正是这样不断吸收改革开放的成果,并为改革开放的深入发展提供了根本法的保障。这表明,作为改革开放产物的现行宪法,它不会终结改革开放,相反,改革开放是它的指导思想和生命,现行宪法必将随着改革开放的深入而不断丰富和发展。党的十八大以来,我国的改革开放事业已经进入攻坚期和深水区,标志着我国改革开放进入了一个崭新的发展阶段,同时也为改革开放提出了一个新的目标模式。面对新形势新任务,必须继续推进全面深化改革,构建高水平的社会主义市场经济体制。全面深化改革和社会主义市场经济的理论和实践也必然会丰富和发展宪法关于改革开放的内容,因此宪法还将会以修正案等方式吸收社会主义改革开放中理论和实践的新内容。

3. 关于以经济建设为中心

中国共产党在十一届三中全会上抛弃了"阶级斗争为纲"的"左"的错误方式,确定把党和国家的工作中心转移到经济建设上来,实行改革开放的方针就是转移工作重点的表现和要求。为了适应这种转变,现行宪法抛弃了 1978 年《宪法》中的一些"左"的东西,在序言中写道:"今后国家的根本任务是……集中力量进行社会主义现代化建设。"《宪法》第 14 条的规定也反映了国家的工作中心转移到了经济建设方面。应该说明的是,作为党的基本路线组成部分的"以经济建设为中心"是在党的十三大提出的,尽管现行宪法没有使用"以经济建设为中心"的提法,但不能否认它与宪法的有关规定在精神上的一致性。

五、宪法典

宪法典的结构是宪法典所规定的内容如何进行排列和组合,以构成统一的书面文件,也就是篇章的排列顺序。世界上并没有统一的宪法典结构模式,影响宪法典结构的因素主要有历史条件、民族习惯和文化传统以及对其他国家宪法典的借鉴。从宪法典的体例上看,有的国家宪法典由篇、章、节、条构成,如1918年的苏俄宪法;有的由章、节、条构成,如我国历部宪法;有的由单一的条构成,如美国宪法。从宪法典整体结构上看,大致由序言和正文两个部分构成。另外,由于宪法修正案是对成文宪法(宪法典)的修正和补充,其内容和形式不能脱离宪法典而单独有意义地存在,因而从一定意义上看,宪法修正案是宪法典的重要组成部分,是宪法典的结构要素。

(一)宪法序言

世界上绝大多数国家的宪法都有序言。据统计,在142部宪法中,有序言的有96部,没有序言的有46部。在有序言的96部宪法中,写明"序言"等字样的有53部,无"序言"字样的有43部。[①] 一部宪法是否存在序言,主要是由制宪者的需要和制宪时的历史条件以及宪法规范的特点决定的。因为有些国家生活的根本性问题有时往往不宜以宪法规范的形式在条文中表达,但又不能不对这些根本问题在宪法中有所反映,以表明某种立场或态度,于是宪法序言就产生了。

各国宪法序言的长短不一。美国宪法序言只有短短数语;原南斯拉夫宪法序言则洋洋万言,是世界上最长的宪法序言;我国现行宪法序言有一千余字。序言的内容,主要是记载国家的斗争历史(更多的是宪治史)、建国宗旨和国家的奋斗目标以及制宪经过、目的和宪法指导思想。我国现行宪法的序言,涉及这样几个内容:(1)简述国家斗争历史和20世纪以来具有重大历史意义的四件大事;(2)规定了社会主义初级阶段国家的根本任务;(3)确认四项基本原则和改革开放;(4)强调了宪法的地位和作用。

关于宪法序言的效力问题,我国宪法学界存在三种不同认识:其一,认为宪法序言不具有法律效力;其二,认为宪法序言不具有一般的法律效力,但其中有些规定具有法律效力;其三,认为宪法序言具有法律效力。本书认为,宪法序言法律效力的有无,应从序言内容是否反映了宪法的内在结构要素考虑,而不能单从宪法典的形式结构去说明。凡是反映宪法内在结构要素(指导思想、基本原则、宪法规范)的序言就具有法律效力。

(二)宪法正文

宪法正文又称宪法本文,是宪法典的主要组成部分。宪法正文一般涉及社会制度、国家制度的基本原则,公民的基本权利和义务,国家机关的组织与活动的基本原则,国徽和首都等国家标志以及宪法监督、修改程序等内容。因规定的内容不同,宪法正文可由下列部分构成:

---

① 〔荷〕亨利·范·马尔赛文、格尔·范·德·唐:《成文宪法的比较研究》,陈云生译,华夏出版社1987年版,第115页。

1. 总纲。总纲在宪法典中又称总则、基本原则,例如我国宪法就有"总纲"一章,1972年《芬兰宪法》有"总则"一章。总纲部分的内容十分重要,它规定的是国家根本制度、基本原则、重要方针和基本国策。我国宪法在总纲中规定了国家性质、根本政治制度、国家结构形式、社会主义经济制度和文化制度以及法律制度的基本原则。总纲在宪法典正文中一般是第一章或前面的部分。

2. 公民基本权利与义务。公民基本权利与义务是宪法的重要内容,宪法一般用专门的部分规定公民的基本权利、基本义务以及有关公民基本权利与义务的一般准则。这一部分在宪法典中通常放在总纲之后、国家机构之前。我国现行宪法改变了前几部宪法的结构,将公民基本权利与义务一章提到国家机构之前,其意义在于强调保障公民的基本权利。从理论上讲,近现代宪法奉行的是主权在民的原则,该原则最基本的要求之一是保障公民的权利,只有在明确宪法体制和公民的基本权利后,才能在此基础上建立符合宪法体制要求、保障公民基本权利的国家机构,所以将公民基本权利部分安排在国家机构部分之前,是恰当的。

3. 国家机构。国家机构也是宪法的重要内容,这一部分包括各种国家机关的性质、组成、职权、活动原则等内容。我国现行《宪法》中的国家机构部分占有很大篇幅,分别规定了中央国家机关、地方国家机关(民族自治地方的自治机关与自治权)。

4. 国家标志。国家标志主要包括国旗、国徽、首都、国歌等,宪法一般只对国旗、国歌、国徽、首都进行简洁的规定。我国历部宪法都是在最后部分规定国家标志的,例如,现行《宪法》的第四章(最后一章)就是专门规定国旗、国歌、国徽、首都的。

5. 宪法的修改和宪法保障。世界上许多国家的宪法都有专门章节规定这一部分内容。

(三)宪法修正案

宪法修正案是对宪法典进行补充和修正的法律形式。宪法修正案是由有权对宪法进行修改的机关,依照宪法规定的程序修改宪法的结果,往往以单独的形式附于宪法典之后,或将其内容融于宪法典之中,而成为宪法典的组成部分。我国现行《宪法》规定,宪法的修改,由全国人民代表大会常务委员会或者1/5以上的全国人民代表大会代表提议,并由全国人民代表大会以全体代表的2/3以上的多数通过。按照《宪法》的规定,全国人民代表大会已对现行《宪法》作了5次修改。第一次是1988年4月12日由第七届全国人大第一次会议所作的修改,共2条;第二次是在1993年3月29日由第八届全国人大第一次会议修改通过的宪法修正案,有9条;第三次是1999年3月15日第九届全国人大第二次会议对宪法的修改,通过了6条修正案;第四次是2004年3月14日第十届全国人大第二次会议通过的宪法修正案,共 14 条;第五次是 2018 年 3 月 11 日第十三届全国人大第一次会议通过的宪法修正案,共 21 条。《中华人民共和国宪法修正案》现有 52 条,主要是对宪法典的序言、总纲、国家机构部分的修改,其内容和意义将在本书有关章节中予以介绍和说明。

六、宪法性法律、宪法惯例和宪法判例

宪法性法律、宪法惯例和宪法判例也是宪法结构外在形式的要素,探讨宪法结构也不能忽视宪法性法律、宪法惯例和宪法判例的作用和地位。

(一) 宪法性法律

宪法性法律一般是指有宪法规范存在其中,但形式上又不具备最高法律效力以及严格制定和修改程序的法律文件,或者说宪法性法律是内容涉及国家根本问题的某一方面,但又不具备成文宪法形式要件的规范性文件。当然,对宪法性法律还有其他不同的理解。例如在英国,宪法性法律是指"对宪法的所有各种解释的总体","包括来自所有和生活在宪法之下,并受其规定约束的人们对宪法提供的全部理论和实践"[1]。在美国,虽然宪法性法律被认为是"规定一个国家被承认为独立的国家的政府体制,确定其职权并对其权力的行使加以限制的法律"[2],但实际指的就是宪法。根据我们对宪法性法律的定义,它主要有三个特点:(1) 宪法性法律是由国家立法机关制定的法律文件,不同于宪法惯例;(2) 宪法性法律规定的内容是国家根本问题,但不是根本问题的全部,只是某一个或某一方面的根本问题,如规定公民的某一项基本权利或某一国家机关的组织和职权等;(3) 宪法性法律的法律效力低于宪法,其制定程序与其他法律相同,没有特别要求。

宪法性法律在成文宪法和不成文宪法的形式结构中的地位和作用是不一样的。在成文宪法结构中,宪法性法律是次于宪法典的宪法形式结构要素,虽然是不可缺少的,但起的仅仅是对宪法典的补充作用。在不成文宪法结构中,由于不存在严格意义上的成文宪法(宪法典),宪法性法律是不成文宪法结构中的成文形式,具有重要的意义,它是绝大多数宪法规范、宪法原则和宪法指导思想的载体。

在我国,宪法性法律主要是涉及国家组织、公民基本权利、国家标志等内容的法律文件,包括组织法、选举法、集会游行示威法、国旗法、国徽法、民族区域自治法、香港特别行政区基本法和澳门特别行政区基本法等。

(二) 宪法惯例

宪法惯例是不成文宪法结构的外在形式要素和重要的宪法渊源,成文宪法

---

[1] 上海社会科学院法学所编译:《宪法》,知识出版社 1982 年版,第 2—3 页。
[2] 同上书,第 34—37 页。

国家也越来越认识到它的存在及作用。它是指国家在长期政治生活实践中形成的,涉及有关国家根本问题,调整相应基本社会关系,并为公民普遍承认的,有一定约束力的习惯和传统。

宪法惯例(Conventions of the Constitution)是不成文宪法的主要结构形式之一,它在不成文宪法国家(如英国)的政治生活中起着事实上的决定性作用。不认识到这一点,就不能了解不成文宪法。例如法国著名比较法学家勒内·达维德指出:如果局限于考虑严谨的法而不顾"宪法惯例",即不顾理论上承认其具有"法律"的性质但统治着英国政治生活的习惯,那就是以一种荒谬的方式描述英国宪法。① 由此可见,宪法惯例在英国政治生活中的作用和在英国宪法结构中的地位。

在我国,宪法惯例越来越引起学者们的关注。尽管我国有内容丰富、结构完整的宪法(典)和大量的宪法性法律,但宪法惯例却顽强地生长着,并在国家政治生活中发挥着越来越明显的作用。这是因为,在现行宪法体制下,国家政治生活中的有些方面不宜在宪法里进行规定,或在宪法中规定的条件尚未完全成熟,有关政治活动只得援遵先例,久而久之便形成宪法惯例。我国现有的宪法惯例主要有:为便于政协参政议政,全国人大往往同全国政协同时举行会议;有关国家重大问题的决策,形成了先由政协及各民主党派和各人民团体进行协商、讨论,再由国家权力机关依法决定的惯例;等等。

(三) 宪法判例

判例或判例法是普通法系国家特有的一种法律渊源,是指法院可以援引作为审理同类案件依据的具有普遍约束力的法院判决。法院判决之所以能成为判例法,首先是因为判例中隐含着法律原则和法律规范;其次是由于普通法系的国家秉承着"遵从先例"的司法传统。

宪法判例是涉及宪法问题,具有宪法约束力,并能为法院援引作为审理同类案件或为其他宪法主体所遵循的法院判决。宪法判例是普通法系国家宪法重要的形式构成要素,1803年美国联邦最高法院首席大法官马歇尔对马伯里诉麦迪逊案的判决是最著名的宪法判例之一。马歇尔在该判决中宣称,所有制定成文宪法的人们都是想要制定国家的根本的和最高的法律,"因此,这种政府的理论必定是:与宪法相抵触的立法机关法案是无效的"。他强调:"确定法律是什么是司法机关的权限和职责","把规则适用于具体案件的人们,必定有必要对规则进行阐释和解释。假如两个法律相互冲突,法院必须决定哪一个适用。如果一部法律是违宪的,而该法与宪法都适用于同一案件,那么,法院要么无视宪法适用该法;要么无视该法,适用宪法。"司法职责的本质在于,"法院必须决定这些相互

---

① 〔法〕勒内·达维德:《当代主要法律体系》,漆竹生译,上海译文出版社1984年版,第363页。

冲突的规则中的哪一个管辖该案"。"假如法院认为宪法高于任何立法机关的普通立法,那么,管辖该案的应该是宪法而不是立法机关的普通法案。"[①]该判例的意义在于确立了以下宪法规则:(1)宪法有最高法的地位,与宪法相冲突的法律无效;(2)法院有解释法律和不适用违宪法律的权力;(3)法院有权对国会的立法进行司法审查。这些宪法规则是美国宪法的重要组成部分,具有普遍的宪法效力。

第三节 宪法的作用

一、宪法作用概述

(一)宪法作用的含义

宪法的作用亦称宪法的功能,它指的是在一定的条件下宪法对其他社会现象所产生的影响。宪法作用具有以下特点:

1. 宪法作用是宪法价值的体现,并以宪法价值为指向和目的。虽然各种法律具有一般的法的价值,但不同的法律在不同的历史时期又有各自特殊的价值取向。宪法是国家根本法,自由、平等、民主、人权以及相应的社会秩序是其基本价值。宪法作用的目的就是要把其他社会现象纳入这种价值构造的秩序中。凡是与这种价值取向相一致的,受到宪法的保护,否则就受到限制和排斥。

2. 宪法作用虽然以国家政权的强制力为后盾,但宪法作用往往以宪法主体对宪法的认同而自觉遵守得到实现。宪法规范的弱制裁性可以说明这一点。

3. 宪法作用具有历史性的特点。宪法作用的历史性指的是在不同的历史条件下,宪法对其他社会现象产生影响的方面和程度不一样。但就一般而言,宪法对政治生活的作用优于对其他社会生活的作用。

(二)宪法作用的条件

影响宪法作用的条件是多种多样的,但大致可以分为三个方面,即宪法自身的完善、良好的外部社会环境和切实的实施。

宪法自身完善,从宪法的结构要素看,首先要求宪法的指导思想、基本原则和宪法规范协调一致。其次是要求宪法典、宪法性法律和宪法习惯构成严密的宪法规范体系,将整个基本社会关系纳入宪法调整的范围。另外还要有完善的宪法监督制度,对各种违宪事件能够进行及时有效的处置。

宪法作用的良好的外部社会环境,首先是国内政治稳定。它要求宪法体制能有效运作,公民基本权利能被公民正常享有。其次是经济有序,表现为物价稳

---

① 焦洪昌、李树忠主编:《宪法教学案例》,中国政法大学出版社1999年版,第7—8页。

定、市场繁荣，政府能有效地进行宏观调控。再次是和平的国际环境，即国家不受来自其他国家的威胁而终止宪法秩序并进入战时状态。此外，完善的法制也是宪法作用得以有效发展的重要条件。

在宪法具备了自身完善和良好的外部社会环境的条件下，宪法作用的发挥还有赖于宪法的切实实施。宪法的切实实施包括两个方面的内容，一是国家机关、社会团体和公民个人要严格遵守宪法，按照宪法的规定行使权利，履行义务；二是宪法的适用机关要及时有效地解决宪法纠纷，取缔违宪事件。

（三）宪法作用的种类

对宪法作用有许多不同的分类。如有的学者把宪法作用分为限制作用、巩固作用、统一作用和宣传作用[①]；有的学者根据宪法作用的对象把宪法作用分为对经济制度的作用、对政治制度的作用、对文化制度的作用和对法制的作用。[②] 根据马克思主义社会结构的理论，本书认为，将宪法的作用分为对经济基础的作用和对上层建筑其他组成部分的作用，较为合理。

二、宪法对经济基础的作用

宪法是上层建筑的组成部分。宪法对经济基础的作用，是在经济基础决定宪法的前提条件下，对经济基础的反作用。宪法通过对自己赖以建立的经济基础的保护来实现这种反作用。宪法对经济基础的保护主要表现在以下几方面：

（一）宪法确认生产资料的所有制形式

无论是资本主义类型的宪法，还是社会主义类型的宪法；也无论近代宪法，还是现代宪法，宪法都以国家根本法的形式确认与自己性质相适应的生产资料所有制形式。资本主义类型的宪法往往通过宣布"私有财产神圣不可侵犯"来确认私有制的合法地位，并以国家根本法予以保护。社会主义国家建立在生产资料公有制的基础之上，因此宣布"公有财产神圣不可侵犯"，并规定实行社会主义制度。

（二）宪法确认并实行一定的经济体制和经济政策

经济管理体制和经济政策是一定经济基础的要求和反映。随着经济的发展和国家对经济干预的增加，第一次世界大战以后制定的宪法往往对经济管理体制和经济政策作了相应的规定。这些规定都是对宪法赖以存在的经济基础的保护。例如，《意大利宪法》规定："宪法规定适当计划，并实行监督，使公营与私营经济均以此为指导，向社会共同目标前进"等等，即是有利于保护资本主义经济

[①] 龚祥瑞：《比较宪法与行政法》，法律出版社1985年版，第33页。
[②] 张庆福主编：《宪法学基本理论》，社会科学文献出版社2015年版，第193—200页。

基础的经济政策和体制。又如我国现行宪法规定发展社会主义市场经济,则是有利于发展和保护我国社会主义公有制经济的经济体制。

应该指出的是,宪法对经济基础的确认与保护,客观上将产生两种不同的后果:一是在宪法确认和保护的经济基础与社会生产力发展相适应时,宪法能有效地促进经济的发展;二是在宪法确认和保护的经济基础与生产力发展不相适用时,宪法则限制和妨碍经济的发展。

三、宪法对上层建筑其他组成部分的作用

宪法对上层建筑其他组成部分的作用,主要表现为对国家政权、法制建设的保护和促进作用。

(一)巩固和保护国家政权

宪法对国家政权的巩固和保护作用,首先是宪法直接和间接地规定国家政权的性质。资产阶级国家宪法一般不明确规定国家政权的性质,而通过宣布所谓自由、平等、博爱等抽象原则间接反映国家政权性质,如《法国宪法》第2条第4款的规定[①]。社会主义国家宪法则直接规定国家的性质,例如我国《宪法》规定:"中华人民共和国是工人阶级领导的,以工农联盟为基础的人民民主专政的社会主义国家。"其次是规定国家机关的组织活动原则,巩固和保护国家政权。如美国宪法规定实行三权分立的原则,我国宪法规定实行民主集中制原则。

(二)健全法律制度

宪法是国家根本法,宪法对健全法律制度的作用主要表现为:为立法提供宪法依据;调整各种法律间的关系,促进法制的统一性;促进法律的实施。

此外,宪法对伦理道德也起着保护的作用。例如,我国现行宪法对精神文明建设的规定,就极大地促进了我国社会主义道德水平的提高和发展。

第四节 宪法的制定与修改

一、宪法的制定

(一)宪法制定的含义

宪法制定,又称制宪,一般而言指的是制宪主体创制宪法的一种活动。严格地讲,明确宪法制定的含义还必须弄清制宪主体、制宪权以及它与其他创制宪法活动(形式)的关系。

---

① 姜士林等编译:《世界宪法全书》,青岛出版社1997年版,第885页。

1. 制宪主体

制宪是一种主权行为,制宪主体应该是国家主权的所有者。按照主权在民的理论,制宪主体理所当然是人民。正如埃马努埃尔·约瑟夫·西耶斯所说:"如果我们没有宪法,那么必须制定一部:惟有国民拥有制宪权。"① 从制宪史上看,许多国家的宪法都接受了这种理论,《美国宪法》《德国基本法》和《日本宪法》在序言中都明确表明了制宪权主体是国民,并规定了国民行使制宪权的方式。应该指出的是,西耶斯所谓的人民并不是公民全体,而是法国的第三等级,即正在成为统治阶级的法国资产阶级。这是其一。其二,近代以来的宪法历史表明,人民作为制宪主体往往并不直接行使制定宪法的权力,而是通过或主要是通过间接民主的形式制定宪法。于是,人民作为制宪主体总是通过特定的机构如制宪会议等进行制定宪法的工作。因此,制定宪法的组织、机构并不是真正的制宪主体,在宪法学理论上一般将之称为制宪机关。②

2. 制宪权

制宪权或称宪法制定权是指制定宪法的权力。从法理上讲,宪法是组织国家的根本法,制宪权在逻辑上先于国家,是不以国家和国家权力的现实存在为前提的本源性权力。从这种意义上看,制宪权不同于现存的国家权力,因而不同于基于国家权力配置产生的立法权、行政权和司法权等具体的权力形态。从宪法制定的实际情况来看,制宪权无论在理论上还是在实践上都应具有以下特点:(1)制宪权是主权性权力,具有崇高性,不受宪法更不受其他法律的限制和约束。国家权力及其具体形态是主权的表现或派生的权力,应该受宪法和法律的严格约束。(2)制宪权主体的包容性决定了制宪权在政治上的正当性。作为制宪权主体的人民,不管其阶级性如何,总是被特定时期的政治共同体(国家)所认同或接受。(3)从制宪权行使的结果上看,它具有法律上的权威性。宪法是制宪权追求的目的和必然的结果,宪法的根本法地位反映了制宪权的权威性。(4)从社会政治共同体(国家)的构成上看,制宪权具有排他的统一性或唯一性。即在一个主权国家,只有一个具有政治上正当性(合法性)的制宪权。

3. 宪法制定与其他创制宪法活动的关系

宪法制定作为一种创制宪法的活动,与其他创制宪法的活动既有联系又有区别。宪法创制是创设和变更宪法规范的活动,主要包括宪法制定、宪法修改和宪法惯例的形成、宪法判例的创设等形式。③ 宪法制定与上述宪法创制形式一样都能导致宪法规范的产生或变化,不同之处主要在于:(1)宪法制定是制宪权

---

① 〔法〕西耶斯:《论特权——第三等级是什么?》,冯棠译,商务印书馆1991年版,第56页。
② 徐秀义、韩大元主编:《现代宪法学基本原理》,中国人民公安大学出版社2001年版,第38页。
③ 亦有学者认为宪法创制由宪法制定、宪法修改和宪法解释三个部分构成。参见许崇德主编:《宪法》,中国人民大学出版社1999年版,第30页。

最直接、最典型的运用,最能从本质上反映制宪权的性质;其他的宪法创制形式对制宪权的运用和表现则较为间接,并停留在表象层面。(2)宪法制定是最完整、最健全的创制宪法的活动。一方面宪法创制作为一种创设宪法规范的活动,具有过程性的特点。宪法制定既包括获得政治上的正当性(合法性)的环节,又包括获得法律上合法性的那些环节。其他的宪法创制活动和形式,就过程而言,主要是表现在获得法律上合法性的那些环节。另一方面,宪法制定的结果是成文宪法,没有成文宪法或者该成文宪法不能生效的所谓宪法制定,是不完整的或是没有意义的,而其他的宪法创制活动在结果上都不具有这种完整性。(3)宪法制定是独立的创制宪法的活动,其他的宪法创制活动和形式具有派生性和补充性的特点。由于宪法制定的结果是成文宪法,而其他创制宪法的活动主要是对成文宪法的完善和补充,必须以成文宪法的存在为前提,因而没有独立性,只具有派生性和补充性。从形式上看,其他的宪法创制活动更接近于立法。

(二)宪法的制定机关和程序

1. 制宪机关

如前所述,制宪主体往往并不直接行使制宪权制定宪法。通常的做法是根据制宪的需要成立专门的制宪机关,从事宪法的制定工作。考察各国的制宪情况,制宪机关大致有以下三种情况:(1)在夺取政权的革命胜利后,或根据革命过程中颁布的纲领性文件,或直接以人民的名义组织制宪机关,如制宪会议、宪法大会等制定宪法。(2)在摆脱殖民统治以后,根据获得独立的有关政治文件或过渡性法律组织制宪机关制定宪法,如1949年印度宪法的制定。(3)在国家政治转型过程中,根据国家政治转型的需要,成立宪法制定机关,在旧宪法的体制外重新制定宪法,如《法国宪法》的制定。制宪机关在制定宪法过程中,有的拥有完整的制宪权,可以直接通过宪法,有的则没有完整的制宪权,需要经过特别的批准程序。制宪机关在制定宪法时,有的还要成立宪法的起草机构,负责宪法文本的起草工作。宪法的起草机构,如宪法起草委员会,是宪法的制定机关的工作机构,不享有宪法制定权,其成员一般由任命产生,不具有民意性。

从宪法的规定来看,有些国家宪法对宪法的制定机关作了明确的规定,如《美国宪法》第7条规定:"经九个州制宪会议的批准,即足以使本宪法在各批准州成立。本宪法……经出席各州在制宪会议上一致同意后制定。"更多的国家的宪法则没有在宪法中规定制宪机关,只是提及宪法的制定。如《日本宪法》只是在序言中指出:"日本国民通过正式选出的国会代表而行动,为了我们及我们的子孙,确保各国人民合作之成果及我国获得自由之惠泽,决心根绝因政府行为而再度酿成战祸,兹宣布主权属于人民,并确定本宪法。"

2. 宪法的制定程序

宪法的制定程序是宪法制定的重要组成部分。从各国制宪实践看，宪法的制定程序主要包括下列环节和步骤：(1) 组织制宪机关，设立宪法起草机构；(2) 提出或公布宪法草案；(3) 讨论、审议并完善宪法草案；(4) 通过或批准宪法；(5) 颁布宪法并确定其生效的日期。从宪法规定看，凡是宪法规定了制宪机关，宪法都或多或少地涉及宪法的制定程序；凡是宪法没有规定制宪机关的，则没有或很少有相应的程序规定。

（三）我国宪法的制定

中华人民共和国的成立标志着以中国共产党为代表的中国人民事实上成为我国宪法的制定主体。《共同纲领》指出："中国人民由被压迫的地位变成为新社会新国家的主人"，并规定"中华人民共和国的国家政权属于人民"。《共同纲领》遂成为保证人民拥有制宪权政治正当性（合法性）的纲领性文件。不仅如此，《共同纲领》还为我国宪法的制定创造了条件，作了制度上的准备。《共同纲领》规定："人民行使国家政权的机关为各级人民代表大会和各级人民政府"，"国家最高政权机关为全国人民代表大会"，"在普选的全国人民代表大会召开以前，由中国人民政治协商会议的全体会议执行全国人民代表大会的职权，制定中华人民共和国中央人民政府组织法，选举中华人民共和国中央人民政府委员会，并付之以行使国家权力的职权"。

1953年1月13日中央人民政府委员会第二十次会议通过了《中央人民政府委员会关于召开全国人民代表大会及地方各级人民代表大会的决议》，该《决议》决定："于1953年召开由人民用普选方法产生的乡、县、省（市）各级人民代表大会，并在此基础上接着召开全国人民代表大会。在这次全国人民代表大会上，制定宪法。"为此，《决议》还决定成立中华人民共和国宪法起草委员会，以毛泽东为主席，由朱德、宋庆龄、李济深等32人组成。1954年6月，宪法起草委员会通过的宪法草案在中央人民政府委员会第三十次会议上通过，随后在全国广泛征求人民的意见。1954年9月15日，第一届全国人民代表大会第一次会议胜利召开，制定宪法是此次会议的首要任务。1954年9月20日，第一届全国人民代表大会第一次会议通过了《中华人民共和国宪法》。

从我国宪法的制定过程来看，全国人民代表大会通过宪法，表明全国人民代表大会是我国宪法的制定机关，代表人民行使制宪权。由中央人民政府委员会决议成立的宪法起草委员会负责宪法的起草工作，表明宪法起草委员会是制宪机关的工作机构。中央人民政府委员会组织宪法起草委员会，决议通过宪法草案并交全国人民讨论，表明在过渡时期中央人民政府委员会亦具有宪法起草工作机关的若干属性。就制定程序而言，经过了组织起草委员会、通过草案、通过宪法等环节。

二、宪法的修改

（一）宪法修改概述

1. 宪法修改的概念

一般而言，宪法修改是指由宪法规定的机关按照宪法规定的程序对宪法进行变更的一种制宪活动。宪法修改有以下几个特点：(1) 宪法修改的机关是宪法授权的特定机关。宪法是国家根本法，是国家基本政治制度、社会制度和法律制度的法律基石。宪法的修改是牵一发动全身的事，只有宪法授权的修改机关才能对宪法进行修改。从各国宪法的规定来看，宪法的修改机关主要有两种情形：一是宪法授权的特定国家机关，主要是国家的立法机关；二是根据宪法修改的需要，宪法专门设立的宪法修改机关。(2) 宪法修改必须严格按照宪法规定的程序进行，而且宪法修改的程序较一般法律的制定和修改程序更为严格。(3) 宪法修改是对作为国家根本法的宪法进行变更的活动，其变更或修改的对象是具有根本法形式特征的宪法，既包括宪法规范的内容变更，也包括宪法规范形式的变更。

必须指出，宪法修改是宪法制定的一种派生，它本身是由制宪权决定的，因此宪法的制定主体、宪法的制定机关在理论上也应该享有宪法的修改权并能修改宪法。

2. 宪法修改的程序

虽然也有少数国家的宪法不规定宪法修改和宪法修改程序的情形，但大多数国家的宪法都规定了宪法的修改机关及程序。这里仅就各国宪法修改程序的一些具有共性的方面予以介绍。

(1) 提案程序。修宪提案是宪法修改的第一步，各国宪法大都对宪法修改的提案主体和程序作了规定。如《美国宪法》第5条规定，国会在两院2/3的议员认为必要时，应提出本宪法的修正案，或者根据2/3的州议会的请求召开制宪会议，提出修正案。

(2) 先决投票和公布修宪草案的程序。先决投票是在将宪法修正案的草案提交宪法修改机关审议之前，由有关机关予以表决，以决定是否正式向宪法修改机关提出。如希腊宪法规定，宪法修正案应特别指明拟修的条文，并规定有关修改的决定，应经相距至少一个月的两次投票表决通过后，始得正式提交下届国会审议。公布修宪草案是指在修宪提议成立后，宪法修改机关审议通过前，依据宪法规定将宪法修正案的草案予以公布的修宪程序。荷兰、比利时等国宪法都有这方面的规定。

(3) 宪法修正案的通过程序。宪法修正案的通过程序是宪法修改机关审议、表决、批准宪法修正案的程序。拥有宪法修改提案权的机关依法将宪法修改草案提交宪法修改机关后,宪法修改机关应根据宪法规定的程序予以审议。如《意大利宪法》规定,议会在审议宪法修改草案时必须进行两次审议,而且两次审议之间应间隔一定的时间方能通过。宪法修正案的表决是宪法修改机关在审议后以投票等方式决定是否通过修正案的程序。各国宪法具体规定的标准不同,但要求绝对多数通过则是基本做法。如《卢森堡宪法》规定,宪法修正案的通过,须议会 3/4 的议员出席并以 2/3 以上的多数同意通过[①]。宪法修正案的批准是指宪法修正案依法定程序通过后,按照宪法的规定要由特定机关批准或须经全民公决后方能生效的程序。如丹麦、荷兰等国宪法规定,议会通过宪法修正案后,须经国家元首批准才能生效[②]。《意大利宪法》规定,宪法修正案通过后,按法定程序要求公决的,要进行全民公决,如未经多数有效票通过不得发布[③]。

(4) 宪法修正案的公布程序。宪法修正案通过、批准后,还必须经过法定的公布程序才能正式生效实施。从宪法规定的公布的具体情形看,各国宪法修正案的公布程序不尽相同。如宪法修正案的公布机关,有的国家是由元首公布,有的是由代表机关公布,有的则由行政机关公布。至于公布的方式、时间,各国的做法也很不一致,这里不一一赘述。

(二) 我国宪法的修改

1. 我国的宪法修改制度

1954 年《宪法》对我国宪法修改制度从两个方面作了规定:一是规定了宪法修改的机关是全国人民代表大会;二是规定了宪法修改的通过程序,明确要求宪法的修改由全国人民代表大会以全体代表的 2/3 的多数通过。1975 年《宪法》只规定了全国人民代表大会有修改宪法的职权,没有对相关程序进行规定。1978 年《宪法》对宪法修改的规定与 1975 年《宪法》基本相同。

现行宪法在继承 1954 年《宪法》关于修改宪法的规定的基础上,对宪法修改制度有了新的发展。根据现行宪法的规定,我国的宪法修改制度包括三个方面的内容:(1) 规定了宪法修改的机关是全国人民代表大会。(2) 规定了宪法修改的提案主体。宪法的修改由全国人民代表大会常务委员会或者 1/5 以上的全国人民代表大会代表提议。(3) 规定了宪法修改的通过程序。宪法的修改由全国人民代表大会以全体代表的 2/3 以上的多数通过。此外,从现行宪法的五次修改来看,中国共产党中央委员会的宪法修改建议对我国宪法修改制度和宪法修改实践具有重要意义。有学者认为,中国共产党中央委员会提出修改宪法的建议的做法,应作为我国宪法修改方面的一个惯例。[④]

[①] 姜士林等编译:《世界宪法全书》,青岛出版社 1997 年版,第 985 页。
[②] 同上书,第 789、933 页。
[③] 同上书,第 1256 页。
[④] 王广辉:《新时期中共中央的修宪建议形式及其完善》,载《法商研究》1998 年增刊。

2. 我国宪法修改的实践

自 1954 年《宪法》制定以来，随着社会政治经济文化的发展和变化，我国宪法共经过了 3 次全面修改，7 次部分修改。

第一次全面修改是对 1954 年《宪法》的修改，通过并颁布了 1975 年《宪法》。1954 年《宪法》是在当时历史条件下一部比较好的宪法，但在 1956 年社会主义改造完成后，宪法中的许多规定与我国社会的实际情况不相适应了。1958 年实行人民公社化后，宪法规定的一些政治经济制度实际上已被修改和弃置。但因种种原因，宪法一直没有进行修改。1975 年第四届全国人民代表大会第一次会议按照宪法规定的程序对 1954 年《宪法》进行了全面修改，通过了 1975 年《宪法》。第二次全面修改是对 1975 年《宪法》的修改，通过了 1978 年《宪法》。1976 年 10 月，粉碎"四人帮"反革命集团后，我国开始步入一个新的历史时期，1975 年《宪法》存在的问题亟待修改。1978 年第五届全国人民代表大会第一次会议对 1975 年《宪法》进行了全面修改，通过了 1978 年《宪法》。第三次全面修改是对 1978 年《宪法》的修改。党的十一届三中全会标志着我国进入了改革开放的历史时期，经过四年改革开放的实践，我国社会关系发生了深刻的变化，1982 年第五届全国人民代表大会第五次会议对 1978 年《宪法》进行了全面修改，通过了 1982 年《宪法》，即现行宪法。

我国宪法的 7 次部分修改分别是：(1) 1979 年第五届全国人民代表大会第二次会议对 1978 年《宪法》若干规定的修改。这次会议通过了《关于修改〈中华人民共和国宪法〉若干问题的决议》，对 1978 年《宪法》作了 8 个方面的修改。(2) 1980 年第五届全国人大第三次会议对 1978 年《宪法》再次作了修改。这次会议通过了《关于修改〈中华人民共和国宪法〉第四十五条的决议》，将第 45 条修改为："公民有言论、通信、出版、集会、结社、游行、示威、罢工的自由"，取消了原第 45 条中"有运用'大鸣、大放、大辩论、大字报'的权利"的规定。(3) 后 5 次部分修改是分别于 1988 年、1993 年、1999 年、2004 年和 2018 年以宪法修正案的形式对现行宪法所作的修改，共通过了 52 条《宪法修正案》。

第五节 宪法秩序

一、宪法秩序概述

改革开放以来，我国进入社会转型时期，如何处理好稳定与发展的关系，便涉及了宪法秩序的问题。[①] 然而在我国现有的宪法理论中，既缺乏明确的宪法

---

① 蒋碧昆、刘茂林：《论公民权利与社会安定》，载《政法学刊》1991 年第 2 期。

秩序的术语,也没有较为系统的有关宪法秩序的理论,这不能不说是我国宪法学的一大缺憾。① 有鉴于此,首先应对宪法秩序的含义与构成有个大致的了解。

(一) 宪法秩序的含义与构成

从最一般意义上看,秩序是与无序相对而言的,它指的是"在自然界与社会进程运转中存在着某种程度的一致性、连续性和确定性"②。毫无疑问,宪法秩序是一种社会秩序,它是基于人们对一定社会规律的认识,通过制宪对该社会所需要的"一致性、连续性和确定性"进行确认,形成一种宪法上的(应然)秩序,再通过宪法的各种调整手段,而将宪法上的(应然)秩序所变成的实际(实然)社会秩序。所谓宪法秩序,既可指前者,即应然的宪法秩序,也可能指后者,即实然的宪法秩序。

对应然的宪法秩序,只要考察一国宪法的规范体系(包括成文的和不成文的),就可以大致有所了解。问题的关键在于如何判断一个国家或社会是否存在实际的宪法秩序。这就涉及宪法秩序的构成问题。鉴于我们认为宪法是以成文宪法、观念宪法和现实宪法三种形式存在着,因此,一定社会的宪法秩序从形式上看表现为该社会三种形式宪法的协调与和谐。虽然从历时性的角度看,不同时期、不同国家宪法秩序的内涵不尽相同,有的以个人主义为核心;有的以国家主义为立场;有的则既不是以个人主义为核心,亦不是以国家主义为立场,而是采取一种既有社会进步与发展的广阔空间,也为公民个人的完善与实现留有充分自由的原则,但从形式上看它们都有三种形式宪法相互协调与和谐的特色。这正如亚里士多德所说,城邦的宪法是一种"生活的模式"而不是一种法律结构,求得这种共同生活的和谐是它的基本思想③。因此考察一个国家的宪法秩序,不能只注重成文宪法,也不能只对成文宪法进行研究,而应该进一步考察现实宪法、观念宪法是否与之协调与和谐,是否形成了一个具有耦合关系的统一体。这是因为,近代民主政治的历史表明,作为一种法律形式的成文宪法往往被作为民主的标签而使用,现实宪法在特定的社会条件下有时也可能被迫与成文宪法相一致,只有观念宪法才表现出了不屈不挠的个性并维系了政治过程的连续性(这种连续性是秩序的表现)。

成文宪法是宪法秩序的第一个要素。无论将成文宪法理解为统治阶级集中意志的法律化,还是把它看成是社会成员间以及社会成员与政府间的契约,都表明人类社会发展到了一个能够理解个人与社会或者公民与国家相互关系的根本

---

① 如日本宪法学形成了系统的宪法秩序理论,东京大学出版会1980年出版的小林直树的《宪法秩序的理论》一书,是日本宪法学界宪法秩序理论研究的代表性著作。参见何勤华:《当代日本法学——人与作品》,上海社会科学院出版社1991年版,第180页。

② 〔美〕E.博登海默:《法理学——法哲学及其方法》,邓正来译,华夏出版社1987年版,第207页。

③ 〔美〕乔治·霍兰·萨拜因:《政治学说史》(上册),盛葵阳等译,商务印书馆1986年版,第33页。

所在的程度;意味着对个人自由与社会发展相协调的追求,并希望借助具有最高法律效力的根本法以实现此种追求,即通过规范游离于这种追求之外的行为,改变既存的现实宪法中个人完善与社会发展不协调的因素。世界上几乎所有成文宪法都规定了基于这种追求的国家统治体制与基本公民权。成文宪法的目的是指向现实宪法的,希望现实宪法在一定程度上服从于体现在成文宪法中的目的规律而发展。然而成文宪法的历史和现状都表明,现实宪法按照成文宪法的目的规律的发展,往往不是顺利的。

现实宪法是宪法秩序的核心,是衡量宪法秩序的第一层次的标准。现实宪法既是观念宪法、成文宪法的客观依据,又是成文宪法规范和调整的客体,因此宪法秩序是围绕着现实宪法展开的。宪法秩序的形成是一个过程,这个过程表现为:从现实宪法发端,经过观念宪法的作用而形成一定的宪法要求,到成文宪法的规范化与一体化,再经过观念宪法的评价与认同后作用于现实宪法这样一个循环。这种追求、形成宪法秩序的过程,可称为宪法实现。既然现实宪法是一种现存的客观实在,那么人们一般就可以根据经验判断成文宪法与现实宪法是否协调一致,并据此进一步判断宪法秩序存在与否。因为一个国家的现实宪法与成文宪法不一致时,肯定不会出现宪法秩序,除非观念宪法通过宪法评价赋予了成文宪法新的内容和意义,而国家宪法监督机关又不认为该新内容违宪。当现实宪法与成文宪法一致时,亦不能简单认为宪法秩序就存在。政府与公民的行为特别是公民行为,有时并不完全受观念宪法的调节,而是受外力作用不得已而为之。此种情形下,可能出现现实宪法与成文宪法的一致,但是这种一致并不能说明有宪法秩序存在。对于宪法秩序来说,仅有现实宪法和成文宪法的一致仍然是不够的。

观念宪法是宪法秩序的关键因素,没有观念宪法就不会有成文宪法,没有观念宪法的作用,就不会形成真正的宪法秩序。这就意味着根据经验判断的现实宪法与成文宪法的一致可能是一种虚伪的一致。在理想的宪法实现过程中,观念宪法的协调功能举足轻重:一方面,它基于现实宪法的固有特性,产生相应或一定的宪法要求,作为成文宪法产生的前提;另一方面,按一定价值准则对成文宪法进行评价,而且这种评价直接对人们参与社会关系的行为起着指引与导向作用。对成文宪法的不同理解与评价,导致宪法主体参与现实宪法的行为各不相同,从而使得现实宪法与成文宪法的协调出现故障。特别是从法律属性上看,成文宪法虽然具有最高法律效力,但与其他法律规范相比,宪法的监督与实施有其自身的特点,因此对于成文宪法的遵守,一方面要靠国家权力的强制予以保证,另一方面还要靠培养宪法观念(要求和评价),既能在辨别测试现实宪法的基础上,及时提出宪法要求,为宪法成文化作准备,又能对成文宪法进行认同与评价。可见培养宪法观念是观念宪法的重要内容,是形成宪法秩序的关键步骤。

只有形成了统一的观念宪法,才能一方面及时提出宪法要求,制定或修改成文宪法,使成文宪法适应现实宪法,保持成文宪法的稳定性。这种稳定性是以宪法秩序为目标,以现实宪法和观念宪法为参照物的。它是一种动态的稳定,是在观念宪法的作用下,成文宪法与现实宪法的适应。它是相对于现实宪法和观念宪法来说的。就其本质而言,是指成文宪法在与现实宪法和观念宪法构成宪法秩序的过程中位置的平衡性。适应现实宪法和观念宪法的发展要求,而对成文宪法进行变动或修改,也是成文宪法稳定性的表现形式。反之,如果成文宪法不适应这种要求而不修改,则不能认为是稳定的,只能被看成是对宪法秩序的破坏。另一方面,通过观念宪法的认同,将体现在成文宪法中的"目的律"化为宪法主体有目的的行为,改造现实宪法,使之服从成文宪法,以实现成文宪法的目的,这也是宪法秩序得以形成不可缺少的环节,否则成文宪法将失去应有的作用。由此可见,观念宪法中的宪法要求和宪法评价,无论是在成文宪法适应现实宪法的过程中,还是在成文宪法对现实宪法的规范与引导过程中,都起着调节作用,因而成为宪法秩序的构成要素。应该指出的是,上述情况是较为理想状态下三者的协调关系,实际情况可能是大量宪法要求不能通过立法程序变成具有普遍约束力的成文宪法规范,即使宪法要求是绝大多数人意志的反映。在这种情况下,宪法评价对现实宪法的指导作用则更为突出。

从内容上看,宪法秩序一方面表现为成文宪法所确认的政治体制、经济体制和文化体制在有效地运行,即各种宪法主体在以政治、经济、文化为内容的社会交往(关系)中,按照宪法的实体性与程序性规定,各尽其责,各得其所。这是宪法秩序的宏观方面。另一方面,则是公民的基本权利得到宪法的切实确认,并得到尊重与保障而为公民实际享有。这是宪法秩序的微观方面。

应该指出的是,宏观上的宪法体制与微观方面的公民权利,两者又是相辅相成的,共同构成了一定国家或社会的宪法秩序。宪法体制在宏观上组织发展社会政治、经济和文化生活的同时,为从整体上保障公民权利提供了前提条件,而且与政治体制、经济体制和文化体制相对应的公民基本政治权利、经济权利以及文化权利能否实现,又是衡量宪法体制是否有效运行的重要标准。这是一个方面。另一方面,宪法确认的公民基本权利在倾向于实现一系列具体的公民基本权利的同时,又能促进宪法体制的运行,以实现宪法秩序。因为对于宪法体制而言,公民权利不仅仅是其目的之一,而且是其运行的原动力和润滑剂。没有宪法体制的有效运行,就没有宪法秩序,而没有公民基本权利的实现,宪法体制的有效运行又是不可想象的。因此,任何将宪法秩序仅视为宪法体制的有效运行,而把公民权利与宪法秩序对立起来的观点都是不正确的。不仅如此,公民权利对于宪法秩序的意义还在于:(1)公民权利及其所体现或反映的宪法原则,决定了宪法秩序的性质。没有公民权利就没有近现代民主政治。君主政治下的秩序是以王位继承的世袭和皇权的一统天下为标准的,以财产权利为核心、以自由权利为特点的资本主义国家的公民权决定了资本主义国家的宪法秩序是为有产者的财产和自由服务的性质,提供的是资本统治的社会秩序。我国宪法所规定的公民权利及其所体现的一切权力属于人民的原则,社会主义原则,权利和义务相一致的原则,决定了我国宪法秩序是旨在实现法律面前人人平等的社会主义社会秩序。(2)公民权利的范围及其实现程度,在一定意义上反映了宪法秩序的稳定程度和状态。这是因为任何宪法秩序的政治基础都是民主政治,而作为一种政治形态的民主政治,并不仅仅意味着政治上的民主,而且还包含经济生活和文化生活的民主,体现民主的公民权利越广泛,宪法秩序的稳定程度则越高。另外,公民权利作为宪法秩序的重要内容,它的实现过程也就是构成动态平衡的宪法秩序的过程。

(二)宪法秩序的实现

宪法秩序的实现,即指应然的宪法秩序转化为实然的宪法秩序的过程。从这种意义而言,宪法秩序的实现也可称为宪法实现。宪法实现除了包含宪法秩序形成过程外,还包含在一定社会条件下存在宪法秩序的意义。应该说明的是,宪法实现与宪法实施、宪法适用等概念具有重要区别。宪法实施和宪法适用在我国宪法学中并无严格界定的内涵,通常是指宪法主体按照成文宪法的规定所从事的一定行为,有时也指基于成文宪法的规定而形成的某种制度。就前一种含义而言,虽然两者都没有明确地体现出该行为的持续性与阶段性,但不排除它们包含了过程性的特点。尽管这样,无论如何也不能认为宪法实施、宪法适用意味着宪法秩序的存在,即使同是对过程的描述,宪法实现与宪法实施和宪法适用也大异其趣。

作为一个过程,宪法实现指的是现实宪法经过观念宪法的抽象,通过一定的立法(制宪)程序上升为成文宪法,然后成文宪法再经过观念宪法的评价作用来调节现实宪法的循环过程。它由两个环节构成。一个环节是成文宪法适应、反映现实宪法的过程,它要求成文宪法忠实地反映现实宪法,以保证二者在一定时期的适应性。从这个环节上看,宪法实现要求具有一部在某种程度上体现本国政治传统,符合民族文化特色的成文宪法。因为现实宪法在某种程度上说是该政治传统和民族文化历史演绎的结果,它们所带来的政治习惯和政治伦理观不知不觉地影响着公民对国家的现实态度,调整着国家与公民以及公民间的关系。即使从宪法体制上看不出现实宪法中的传统因素,这种作用亦不能低估。成文宪法如不反映这种因素,必然导致成文宪法与现实宪法的不协调。在这个环节上,宪法实现具有双重任务:(1)建构宪法要求的发现、提出和评定机制,及时掌握社会成员的宪法要求,特别是全社会带有倾向性的宪法要求。(2)建构适应性较强的、吸收反映社会倾向的宪法要求的立法(制宪)体制,或者通过修改成文宪法吸收宪法要求，或者通过对成文宪法的有权解释来完成这种吸收，从而保证成文宪法与现实宪法的适应。

宪法实现的另一个环节，是成文宪法规范和调节现实宪法的过程，其核心是现实宪法对成文宪法的适应。在这个环节上，宪法实现的任务在于如何形成统一的宪法价值观，在对成文宪法进行认同评价的基础上，使全体社会成员的行为与成文宪法规范相一致，从而保证现实宪法与成文宪法相协调，完成宪法实现的过程，形成一定社会的宪法秩序。前面曾提到的"宪法实施""宪法适用"只不过是宪法实现的这一环节的某种具体活动或与该种具体活动相联系的制度。事实上，由于不可能完全形成统一的宪法价值观，因而全体社会成员的行为与宪法规范完全一致只是一种理想，有意或无意违反宪法将是不可避免的，因此，在宪法实现的这一环节，加强宪法监督也是不容忽视的重要内容。

应该指出的是，虽然我们可以从逻辑上将宪法实现分为两个环节，但在实际的宪法秩序实现过程中，二者的界限无论在时间上还是在内容的衔接上并没有这样分明。在观念宪法的作用下，成文宪法和现实宪法往往是相互适应的（例如在成文宪法的实施过程中，发现成文宪法的某些规定已经阻碍了它对宪法秩序的追求，需要进行修改），在这种情况下，宪法实现的两个环节是交织在一起的。

通过对宪法秩序的含义、构成及其实现过程的分析，我们不难发现宪法秩序具有这样几个特点：合法性；动态性；过程性。从内容上看，民主的政治秩序是宪法秩序的核心，它表明了公民同国家与社会的和谐。

应该说明的是，宪政受到了中国宪法学界的广泛关注，而在本书中却没有直接讨论宪政问题，甚至很少使用宪政这一概念，这主要是基于以下几个方面的考虑：第一，宪政、宪政理论主要是政治学的概念和理论，宪法学者所论及的宪政只是宪政的边沿问题，如宪法与宪政的关系、宪政对宪法的需求等问题。宪政、宪政理论的核心问题是从政治学的角度对国家权力、人权与公民权利的关注，虽然与宪法关系密切，但与宪法学的视角和理论侧重点是有区别的。宪政理论及其所研究的问题，应该是宪法学的社会哲学理论的重要来源和关注的领域，但宪政理论要成为宪法学的理论，不应该忽视概念和理论范式的转换。这一点，并没有引起中国宪法学者的足够重视。第二，从宪法、宪法学的角度看，宪政及其理论的局限性是本书不使用宪政概念的重要原因。宪政及其理论的局限性主要有：（1）传统的宪政及其理论所表达的是近代的政治理念，因此不能反映和表达现代政治理念。新宪政论似乎意识到了这一点，本着为美好社会进行制度设计的理论宗旨，力图克服传统宪政及其理论的局限性，积极倡导"宪政整体"[①]观，但

[①] 〔美〕斯蒂芬·L.埃尔金等编：《新宪政论——为美好的社会设计政治制度》，周叶谦译，生活·读书·新知三联书店1997年版，第40页。

新宪政论仍然停留在社会生活的政治领域。(2)就其与宪法的关系而言,从宪法学的角度看宪政及其理论对应的是近代宪法,即政治法,宪政及其理论不能涵盖现代宪法的全部内涵和内容。无论从静态的制度层面,还是从动态的社会生活层面,宪政及其理论都不能描述和解释宪法特别是现代宪法及其运行与实施的状态。(3)就宪政产生的文化背景看,宪政是西方文化的产物,有其独特的价值、语境和话语。宪政及其理论在中国还没有形成特定的语境和话语系统,比较而言,宪法及其理论在中国已经有了特定的语境,并初步形成了自己的话语系统。在宪法学中,使用没有经过话语转换的"宪政"概念,会影响和冲淡宪法学在中国已有的语境和话语体系,制约中国的宪法学的健康发展。本书使用宪法秩序概念及其理论则能够克服和避免这些问题。

二、宪法关系

宪法关系是宪法学基本范畴之一。在前面的有关章节中我们已经涉及有关宪法关系方面的问题,特别是宪法秩序从内容上看,无论是宏观上的宪法体制的有效运行,还是微观方面的公民权利的确认与实现,都表现为一系列宪法关系。宪法秩序的实现,无非也是宪法关系的顺利调整,在宪法实现的前一环节,即是宪法对各种社会关系的宪法设定,在后一环节,即是把现实社会关系纳入这种宪法设定中,以形成一定的宪法秩序。因此,不分析宪法关系,就不可能认识宪法和宪法秩序。

(一)宪法关系的含义

法律关系是法律规范在调整人们行为的过程中形成的法律上的权利义务关系,法律关系是一种特殊的社会关系,属于思想关系的范畴。宪法关系是法律关系中最主要、最基本的一种,这是由宪法的性质及其所调整、规定的社会关系决定的。本书认为,在现有的条件下揭示宪法关系的含义重点在于尽可能详尽地列举宪法关系与其他法律关系的不同特点。虽然我们也可以将宪法关系界定为宪法规范在调整人们行为过程中形成的基本权利义务关系,宪法关系同样是一种特殊社会关系,也属于思想关系的范畴,但却不能对认识宪法关系的含义提供新的东西。作为一种最基本、最重要的法律关系,宪法关系的特点在于:

1. 宪法关系是由宪法所规定和调整的社会关系。就这些社会关系本身而言,它们是基本的社会关系,涉及社会生活的各个方面,包括基本政治关系、基本经济关系、基本文化关系等。宪法所调整的基本社会关系即宪法关系是由宪法所确认的基本权利义务构成的。这些基本权利义务既可表现为公民的基本权利与义务,也可表现为国家的权力与责任。对于作为国家代理人和象征的国家机关来说,则表现为职权,它是权利与义务的统一。可见,宪法关系作为一种社会关系,并不是社会关系的全部,而只是基本的社会关系,但也不是某一社会的基本社会关系的全部或整体,而是由宪法规定和调整的那部分基本社会关系。宪法关系也不是一般意义的权利义务关系,而是由宪法设定的基本权利义务关系。就这种意义而言,我们可以说,宪法关系是由宪法调整的,以基本权利与义务为内容的基本社会关系。

2. 同其他法律关系一样,宪法对基本权利与义务的法律设定,并不能产生现实的宪法关系(只有在法律形式与社会内容相联系时,才会形成具体的宪法关系),而必须基于一定的法律事实。就宪法关系而言,作为其法律事实的主要是宪法主体的行为。例如国家机关的立法行为、管理行为;公民的行为,如选举、游行示威等。按照产生法律关系的行为是合法还是非法,可将法律关系分为建立权利性的法律关系和保护性的法律关系。前者在于说明权利的正常实现与义务的正常履行,后者的目的在于实现法律责任或恢复被破坏的法律秩序。有些法律关系,如刑法关系就是保护性法律关系;有些法律关系既包括建立权利性法律关系,也包括保护性法律关系,如民法关系。宪法关系同样包括建立权利性宪法关系和保护性宪法关系,所不同的是宪法关系主要是或者大量是建立权利性的宪法关系。这是因为:一方面,宪法调整的基本社会关系及其内容的基本权利与义务,是必须得到遵守的,而且应该能够得到遵守;另一方面,虽然有大量违反宪法的行为存在,但这些行为并不一定都能导致宪法关系的发生。其原因一是许多违反宪法的行为并不是违宪行为,它们所导致的是其他法律关系。例如非法剥夺他人生命,侵犯了公民的生命权(人身权之一),是违反宪法的行为,但同时也违反了刑法,构成了犯罪,它所直接产生的法律关系是刑事法律关系。二是宪法规范结构本身的弱制裁性与保护性法律关系的目的要求不尽一致,因而往往不能形成保护性宪法关系。应该指出的是,这并不是说就不存在保护性的宪法关系,我们不同意那种"保护性法律关系几乎从来不在宪法领域内产生"的观点。按照我国现行宪法的规定,下列几种情况可能产生保护性宪法关系:(1)因违宪行为(包括违宪的立法行为)而产生的宪法关系;(2)因人大代表违法而遭罢免的宪法关系;(3)因选举违法而被撤销的宪法关系;(4)因国家机关的违法管理行为造成公民和组织财产损失而产生的国家赔偿的宪法关系等。

3. 宪法关系以原有法律关系为主,以派生法律关系为辅助,这是宪法关系区别于其他法律关系的又一特点。所谓原有法律关系是指调整实际(现实)存在的社会关系的那类法律关系,如经济法律关系;派生法律关系是指依赖于法律调整而产生的社会关系的那类法律关系,如诉讼程序法律关系。由于宪法是对既存民主事实以及经济关系和文化关系的确认,是阶级斗争的结果和总结,因而宪法所调整和确认的基本社会关系往往是先于宪法规范而存在的,由宪法规范对这些既存基本社会关系的规定与调整而形成的宪法关系,必然属于原有法律关系的范畴。当然也有一些宪法关系是基于宪法规范的规定和调整而产生的社会关系,虽然这种社会关系也是基本社会关系,或者服务于某种基本社会关系,但却不能脱离宪法规范的调整而独立存在,如违宪审查或司法审查的宪法关系。因为没有宪法规定或宪法惯例的认可,就不可能有违宪审查制度而形成该种社会关系。很显然,这样的宪法关系是派生法律关系或派生宪法关系。

4. 宪法关系具有政治性的特点,有关国家权力的分工与制约,国家的意识形态以及公民与国家的关系。宪法所调整的基本社会关系既有纯粹的基本政治关系,如国家政治体制方面的一系列具体关系,也包括带有政治性色彩的其他基本社会关系,如基本经济关系、基本文化关系。在我国,基本经济关系要遵循和符合社会主义公有制原则,在这里社会主义公有制原则就不单纯是一个经济原则,也是一个政治原则。宪法关系的政治性特点是由宪法是政治法的特殊属性使然。其他法律关系虽然不排除某种政治色彩,如服务于一定的政治目的和需要,但其本身则不具有宪法关系那样鲜明的政治性(宪法本身以政治关系作为调整对象,甚至可以认为,宪法关系就是政治关系,而不论其具体内容是涉及经济还是涉及文化)。

从上述宪法关系的特点,可对宪法关系有一个大致的了解。宪法关系的特点还有一些表现在宪法关系的主体、内容等方面,要对宪法关系进行深入的了解,特别是认识宪法关系对实现宪法秩序的意义,还必须分析宪法关系的主体和内容。

(二) 宪法关系的主体

宪法关系的主体,简称宪法主体,是指参与宪法所调整的基本社会关系,并享受宪法赋予的权利,履行宪法规定的义务的公民和组织。由于宪法规定的内容和调整的社会关系在不同时期、不同国家不尽相同,宪法关系的主体也因不同时期、不同国家而有所不同。例如,在单一民族国家,由于不存在民族关系的宪法调整,民族一般不是宪法主体;而在多民族国家,民族关系是宪法调整的一个重要领域,因而民族是不可忽视的一个宪法主体。又如,近代宪法因近代政党尚未产生,也往往不存在近代意义的其他结社,政党及类似社会组织不是宪法关系的主体;而在现代宪法中对政党及结社十分重视,政党及有关社会团体则成为重要的宪法主体。

根据我国现行宪法的规定,我国宪法关系的主体有:国家、公民、地方、国家机关及其公务人员、选民、选举委员会、企事业组织、政党、社会团体、武装力量及其组织、基层群众性自治组织、民族、人民等。[①] 从宪法主体的角度看,宪法关系实际上就是发生在上述主体之间的基本权利义务关系。这些关系主要包括:国家与公民之间的关系;国家与各种社会团体、组织之间的关系;国家机关之间的

---

① 王向明:《试论宪法关系和宪法规范》,载《当代法学》1988年第3期。

关系;中央与地方的关系等。

上述宪法主体,我们大致可以将其分为三类:国家及其组织和工作人员(公务员);公民及公民全体(人民)与具有共同语言文化及生活习惯的部分公民(民族);社会团体,主要包括政党、人民团体和各种群众组织等。以这种宪法主体的分类为依据,可将我国宪法关系分为以下几种:公民同国家的宪法关系;公民与社会团体的宪法关系;国家与社会团体的宪法关系。

从现代宪法的角度看,国家、公民和社会团体是宪法最基本也是最重要的主体。这里我们仅就作为宪法主体的国家、公民和社会团体作一些分析。

1. 国家。国家作为宪法关系的主体,往往是在与公民和社会团体的相互关系中而存在的。国家从本质上而言,是阶级专政的工具,但作为宪法主体并不是抽象存在的,它有自己的机构、权力和责任。在宪法中虽然也有在一般意义上使用的国家概念,如"中华人民共和国的一切权力属于人民""国家保障各少数民族的合法的权利和利益……""国家维护社会主义法制的统一和尊严"等,但更多的是涉及具体的国家机关,即国家的权力和责任在宪法中大量地以国家机关的职权及其相应责任所体现。

2. 公民。公民作为宪法主体,既指作为个体的个人,也指公民全体或某一部分。也就是说,公民既可以其个人的名义参与宪法关系,如行使宪法规定的公民基本权利,也可以一部分公民和全体公民的组成者身份参与宪法关系。应该指出的是,对于后者,往往是以民族、人民等名义参与宪法关系或直接表现为民族、人民等宪法主体。在一般情况下,公民作为宪法主体,其权利能力并没有限制,而行为能力则有明确或不明确的限制。这种限制,有的表现为对一定年龄的要求,如选举权要求年满18周岁;有的表现为对意志能力的要求,虽然在宪法中对意志能力的要求一般没有明确规定,但这是一种不言而喻的要求。

3. 社会团体。社会团体作为一种独立的宪法主体存在是在现代宪法中才有的。作为一种宪法主体,社会团体是介于国家与公民之间的,它有自己的组织、权利和责任,并以自己的名义参与宪法关系。社会团体作为宪法主体而存在的法律依据是宪法赋予公民的结社自由,结社一经合法成立,便可成为宪法主体。这就是说,某一社会团体能否成为宪法主体,其前提条件之一是要有合法的地位。政治团体,特别是政党是最重要的一种作为宪法主体的社会团体。我国现阶段的政党制度是中国共产党领导的多党合作制,作为宪法主体的中国共产党的重要性,不仅表现在它与国家的关系中,而且表现在它与民主党派和普通公民的关系中。在与国家的关系方面,中国共产党是执政党,要对国家进行领导,同时也要遵守宪法和法律,在宪法和法律的范围内活动。在同民主党派的关系方面,中国共产党处于领导地位,各民主党派要接受中国共产党的领导,在此前提下中国共产党处理同各民主党派的关系要遵循"长期共存、互相监督、肝胆相照、荣辱与共"的原则。在与公民的关系方面,可从两种情况分别予以考察,对于党员公民来说,要服从和遵守党的决议、决定与纪律,并依照党章规定享受权利并承担相应义务;对于非党员公民来说,由于中国共产党是执政党,其路线、方针、政策有些直接表现为国家的法律、政策,有些是国家政策和法律的政治基础与思想渊源,因此,非党员公民也要遵守中国共产党的路线、方针、政策,接受其领导。

(三) 宪法关系的内容

任何法律关系都是一定社会内容和法律形式的统一体,就一般意义而言,分析法律关系的内容,既要了解法律关系包含和调整的社会关系的内容,又要考察法律关系主体所享有的权利和承担的义务及其相互关系。

对宪法关系来说,由于宪法规定的内容和调整的社会关系的特殊性,宪法关系的社会内容比其他任何法律关系都要复杂得多。它不是单纯的某一方面的社会内容,而是综合地涉及社会生活各个方面的内容,包括政治、经济、文化、生态等社会关系。并且宪法关系的社会内容不是全部政治、经济、文化、生态等关系,而仅仅是其中那些最基本的政治、经济、文化关系(有关内容已在前面有关章节作了说明)。

与此相适应,各种宪法主体参与宪法关系时享有的权利与承担的义务也不是一般意义上的权利义务关系,而是涉及政治、经济、文化等内容的基本权利和义务及其相互间的关系。对于作为宪法主体的公民来说,在参与不同社会内容的宪法关系时,分别享有基本政治权利、经济权利、文化权利及其他基本权利,并承担相应的基本义务(具体见有关章节)。对国家及其机关来说,则表现为宪法为不同性质国家机关设定的各种职权以及直接为国家设定的权力和责任。应该指出的是,宪法为国家机关设定的各种职权,是国家机关以自己或国家的名义参与不同宪法关系时的基本权利与义务的统一体。一方面,职权具有权利的性质,国家机关可以在法定条件下,依法定程序行使宪法赋予的职权,从而具有国家强制性,其他宪法主体必须履行一定义务,以便其实现;另一方面,职权同时具有义务的性质,国家机关必须在法定条件下,依法定程序积极有效地行使宪法赋予的职权,否则便是不作为的渎职,应承担相应的政治和法律责任。

三、宪法意识

宪法意识或宪法观念,是宪法的观念形态,我们也称之为观念宪法,其重要性在于它既是宪法实现的基本环节,又是宪法秩序的构成要素。因此在宪法研究中,给予宪法意识应有的关注是十分必要的。

(一) 宪法意识的含义

我们在分析宪法秩序的构成和宪法实现的环节时,曾将观念宪法(或宪法观念、意识)简单地看成是宪法要求和宪法评价的统一体。虽然宪法意识包含了这两个方面的内容,但并不意味它们就是宪法意识的全部,因此,从揭示宪法意识的含义的要求来看,还必须作更加全面和深入的探讨。

宪法意识是一种特殊的社会意识,其意识客体是一种特定的法律现象——宪法。因此,了解宪法意识的内容、过程、层次,既要从认识论和心理学的一般原理出发,又要落脚到宪法这种特定的法现象上。从心理学上看,意识是人自觉的心理活动,表现为认知、情感和意志三个过程,并且此过程与意识主体(群体或个体)的个性心理特征紧密相连。从这种意义讲,宪法意识是与宪法主体的个性心理特征(品质)相连的、宪法主体有关宪法现象的认知、情感和意志的总和。也就是说,由于个性心理特征的不同,不同宪法主体的宪法意识不同,即不仅国家(及其机关)、社会团体和公民有不同的宪法意识,而且不同国家机关,不同的社会团体以及各个公民之间的宪法意识也有差异。从认识过程上看,各种宪法主体对宪法现象的认识都经过认知、情感和意志三个过程,而宪法意识则是这些过程中各种不同心理活动的总和。因此,了解宪法主体在宪法现象认识过程中的各种心理活动,对于我们考察宪法意识具有重要意义。

从宪法意识的内容上看,存在于认知、情感、意志过程中的心理活动主要包括三个方面的内容:宪法知识,包括对宪法现象的知晓、理解与把握;宪法评价,包括对宪法现象的情感、评价和态度(认同与否);宪法要求,包括对宪法现象的意愿、要求和期待。宪法意识就是由宪法知识、宪法评价、宪法要求三个内容构成的。无论从全社会(整体)或者是从个别宪法主体来考察宪法意识都应包括这三个方面的内容。

从宪法意识的层次上看,表现在宪法主体对宪法现象的认知、情感、意志过程中的心理活动也有三个层次,即宪法心态、宪法观念(狭义)、宪法理论。也就是说,宪法意识是以宪法心态、宪法观念(狭义)、宪法理论三个层次的心理活动的形式与结果存在的。所谓宪法心态是指宪法主体对宪法现象认识过程(认知、情感、意志)中的直接心理反映的一种心理活动(状态)。宪法心理的特征在于具有直观性、自发性、潜意识性和滞后性等特点,是最表层次的宪法意识。所谓宪法观念(狭义)指的是宪法主体在认识宪法现象的过程中所形成的有关宪法的尚未系统化的思想,亦可称为宪法思想。与宪法心态相比,宪法观念具有自觉性和思考性的特点,它在宪法意识中处于中间层次,并有一种向宪法理论升华和过渡的趋势。所谓宪法理论是指宪法主体在对宪法现象的认识过程中所形成的系统化的宪法思想体系,它有一套完整的范畴体系和严格的逻辑结构。宪法理论处于宪法意识的最深(高)层次,对宪法心态、宪法观念(狭义)以及有关宪法的实践活动(制定、修改、解释和适用宪法)具有一定指导意义。但是,并不是所有的宪法主体的宪法意识都能达到宪法理论这样一个层次。一般而言,只有某些特定的宪法主体,如宪法学家才能达到这个层次。

从上述分析中可以看出,宪法意识作为一种心理活动有认知、情感、意志三个过程,其意义在于说明宪法意识作为一种认识活动,具有过程性的特点。宪法意识由宪法知识、宪法评价、宪法要求三个内容(部分)构成,其意义在于说明宪法主体是否有宪法意识以及宪法意识是否全面。宪法意识表现为宪法心态、宪法观念(狭义)、宪法理论三个层次,其意义在于说明宪法主体的宪法意识的水准和程度。

(二) 我国宪法意识的现状

本书认为,科学地描述我国宪法意识的现状应包括以下内容:了解、描述我国几种基本宪法主体(国家及其机关和工作人员、公民、社会团体)的宪法意识;了解、描述我国宪法知识、宪法评价、宪法要求的状况;了解和描述我国宪法主体的宪法心态、宪法观念、宪法思想的状况和动态,并在此基础上,建立科学的指标体系,运用科学方法对我国社会的宪法意识进行整体描述。此外还要确定时间界限,以便对宪法观念进行历史性的比较。但是在宪法学研究的现有条件下,由于我们缺乏必要的实证材料,只能根据一些较为零散的材料对我国宪法意识的现状作一些粗线条的描述。

1982年《宪法》实施至今,我国政治、经济、文化各方面都有很大发展,全社会的宪法意识也随之经历了一个由觉醒、发展到全面提高的过程。这一过程可以"一·五"普法为界限分为前后两个阶段。"一·五"普法前是我国社会宪法意识觉醒、发展的阶段;"一·五"普法开始至今,则是我国社会宪法意识全面提高并不断强化的阶段。

1982年《宪法》的制定和颁布,标志着我国社会宪法意识的觉醒。这首先表现为我国人民在对十年动乱的痛苦反思中明确地认识到了宪法在国家政治、经济生活中的重要性。其次表现为我国人民认识到不仅要有宪法,而且要有一部符合我国实际并能够切实得到贯彻实施的宪法。再次表现为我国人民认识到了宪法监督在保障宪法实施中的重要性。这些内容在1982年《宪法》中都有较为充分的体现。不仅如此,随着在全国范围内开展有组织地学习讨论宪法以及在法学界掀起的对新宪法学习与研究的高潮,我国社会的宪法意识有了长足发展。有关人士于1985年在北京地区的调查结果显示,在395个人中,系统读过宪法的有47人,占11.7%;看过一遍的有143人,占36.2%;随便翻过的有62人,占15.7%;读过一部分的有61人,占15.4%;没有读过的有71人,占18%;其他的有11人,占2.8%。从这里可以看出,一方面被调查的绝大多数人读过或接触过宪法,这无疑是一个进步;另一方面也说明还有相当多的人对宪法的了解是极其有限的。关于这一点,我们还可以从同一调查中被调查者对"您认为人民行使国家权力的机关是谁"的回答中得到若干说明。在395人中,回答是"各级党组织"的有 32 人,占 8.1%;回答是"各级人民政府"的有 107 人,占 27.1%;回答是"全国人大和地方各级人大"的有 202 人,占 51.1%;回答是"各级政协"的有 15 人,占 3.8%;回答"不清楚"的有 30 人,占 7.6%;其他和未填的有 9 人,占 2.3%。可见被调查者对我国宪法中规定的国家权力归属问题,就一般而言有了较为清楚的认识。

这一阶段,我国社会宪法意识的发展还表现在公民权利意识的增长。公民权利意识的增长主要体现在两个方面:一是能够较准确地了解宪法规定的有关权利的内涵,例如,在同一调查中有"您怎样理解言论自由?它是否有保障?"的问题,其中回答"不违反法律就能享受"的有 240 人,占 60.8%。二是能够对宪法规定的权利进行比较正确的评价,从"您认为我国宪法规定的公民权利是否真实,能否享受到"的问题回答中可以说明这一点。该问题有五个供选答案,其内容、填写人数和百分比分别为:(1) 全部是真实的和能够享受的,132 人填写,占 33.3%;(2) 大部分是可以享受和实现的,194 人填写,占 49.1%;(3) 不清楚,39 人填写,占 9.9%;(4) 其他,3 人填写,占 0.8%;(5) 大部分是不可能享受的,26 人填写,占 6.6%。可见,有近 90%的被调查者能就宪法规定的权利是否真实、能否享受到进行评价或判断[包括(1)、(2)、(5)三项],而不能进行有关评价的仅占 10%强[包括第(3)、(4)两项]。另外,在能对有关权利进行评价的近 90%的被调查者中,有 194 人能比较正确地进行评价,占被调查者总数的 49.1%。① 由此可见,较之"一·五"普法前,我国社会的宪法意识已有了较大的发展。但是,我们还必须看到我国社会宪法意识从整体上而言,还比较低,与我国政治经济的发展需要相比,还有一定距离。有人曾就宪法在公民心目中的地位做过调查,据称"公民议论最多的"和"公民个人最感兴趣的"两项中,宪法都处于最末位。

1985 年 11 月 22 日,第六届全国人大常委会第十三次会议通过了《全国人民代表大会常务委员会关于在公民中基本普及法律常识的决议》。该决议决定从 1986 年起用 5 年左右的时间,有计划、有步骤地在一切有接受教育能力的公民中,普遍进行一次普及法律常识的教育。"一·五"普法决议要求,普及法律常识的内容要以宪法为主;大学、中学、小学以及其他各级各类学校,都要设置法制教育的课程,或者在有关课程中增加法制教育的内容,并列入教学计划。自 1986 年以来,我国的法制宣传教育已经开展了多年,每五年为一个周期,已经完成了七次大规模普法活动,其中作为国家根本大法的宪法在每次普法决议中都被置于突出位置。2021 年 6 月 10 日,第十三届全国人大常委会第二十九次会议通过了《全国人民代表大会常务委员会关于开展第八个五年法治宣传教育的决议》。该决议指出,突出重点内容,深入宣传宪法和宪法相关法,全面落实宪法

---

① 以上调查数据参见严显生:《我国公民"宪法意识"调查》,载《政治学研究》1986 年第 1 期。

宣誓制度,加强宪法实施案例宣传,阐释好宪法精神和"中国之治"的制度基础。经过国家发起的历次法治宣传教育,全国各族人民尤其是各级干部(特别是领导干部)和青少年不断接受到全面系统的宪法知识教育,全社会的宪法意识得到了全面提高和强化,具体表现在:(1)宪法的知名度位于各种法律的前列,这表明宪法的根本法地位与性质已被广大人民所认识。(2)我国公民越来越重视宪法赋予公民的民主权利,如积极参加县、乡两级人民代表大会代表的选举,参选率逐年提高等。(3)各级国家机关充分认识到了各自的宪法地位,努力依法行使职权,特别是各级人大及其常委会的地位越来越受到重视,并在社会主义民主和法治建设中发挥着十分重要的作用。

（三）宪法意识的培养

伴随着资本主义代议政治和商品经济而来的近代宪法意识,首先产生于欧洲、美洲的先发展国家。19世纪中晚期,具有新思想的少数中国知识分子出于民族自强的目的提出了"变法""维新"的主张,开始有宪法观念的传播。随着"戊戌变法"的失败,这一刚刚萌芽的新观念受到无情的摧残,几乎被绞杀。进入20世纪,虽然中国的资产阶级革命派提出了不少革命主张,但他们的思想家要么没有专门的宪法思想,要么有若干民主的思想却被淹没在反帝反满的情绪中了。先进阶级的思想家尚且如此,这个阶级以及其他民众的宪法观念如何便可想而知了。辛亥革命的最终失败与近代宪法观念的缺乏也不无关系。及至"五四运动"提出了"民主""科学"和"反帝""反封建"的口号,特别是中国共产党成立后,提出了彻底的民主革命纲领,才为宪法观念的成长提供了正确的政治思想基础。但是由于民主革命任务的艰巨性,有关宪法的思想、观念只存在于少数思想家、学者的书斋中和某些大学的讲坛上,它们没有也不可能真正融会于时代精神的主流之中。新中国的成立开辟了中国历史的新纪元,为新的宪法观念的产生、成长提供了政治基础、思想基础和认识对象——宪法。四十多年的经验教训和我国宪法意识的现状表明,大力培养社会主义宪法观念仍然具有紧迫的现实意义和深远的历史意义。在我国改革开放的历史条件下,培养宪法主体的宪法观念,本书认为主要应该从以下几个方面着手：

1. 加强社会主义民主政治建设,大力发展社会主义市场经济。这是培养社会主义宪法意识的政治、经济基础。宪法意识作为一种特殊的社会意识,必须以一定的社会存在为基础,并决定于该社会存在。对于我国社会的宪法意识来说,我国社会主义民主政治和市场经济就是决定宪法意识的社会存在。因此,加强社会主义民主政治建设、发展社会主义市场经济是培养我国各种宪法主体和全社会宪法意识的根本措施和最重要的基础。

2. 加强宪法的权威性,维护宪法的严肃性,培养宪法至上的观念。宪法至上既是一个政治原则,又是一个法治原则,宪法至上的观念是近代宪法意识的重要内容。宪法至上观念的有无与强弱,是衡量一个社会、一个宪法主体有无宪法意识及其强弱的标志。只有加强宪法的权威性,维护宪法的严肃性,才能产生对宪法的神圣感与崇敬的心情,才能培养宪法至上的观念。为此必须做到:(1) 公开取缔、撤销违宪立法;(2) 禁止、杜绝违宪行为;(3) 依法追究各种违宪责任。2014年11月1日,第十二届全国人大常委会第十一次会议表决通过决定,将12月4日设立为"国家宪法日"。2018年通过的《宪法修正案》第40条规定,《宪法》第27条增加一款,作为第3款:"国家工作人员就职时应当依照法律规定公开进行宪法宣誓。"国家宪法日的设立与宪法宣誓制度的建立,对加强宪法的权威性与严肃性,培养宪法至上的观念具有重大意义。

3. 通过各种民主的政治实践,锻炼公民的参政、议政能力,培养公民的宪法意识。我国是人民民主专政的社会主义国家,民主不仅体现在国家制度中,而且还体现在基层社会生活中。只有在国家生活和基层社会生活中充分发扬民主,使公民能够依法行使各种民主权利,并承担相应义务,才能有效地、直接地培养公民的宪法意识。这是因为,作为一种特殊认识活动的宪法意识,其唯一来源只能是民主的政治实践。对一般公民来说,作为其行使权利、履行义务的民主政治实践活动主要有:(1) 县、乡两级人大代表的选举与罢免活动;(2) 依法进行的结社、集会、游行、示威活动;(3) 对国家机关及其工作人员的批评、建议、揭发、检举以及申诉、控告活动;(4) 依法参与村民委员会与居民委员会的各种自治活动;(5) 依法参与工会、职工代表大会的活动。

4. 持续加强宪法知识的教育与普及,推动和促进宪法意识向深层次、全方位的方向发展。国家发起的法制宣传教育对宪法意识的强化所产生的推动与促进作用,已为世人所公认。截至目前,党和国家已经连续顺利实施七个五年普法规划,"八·五"普法也已经正式启动,这对推动和促进各种宪法主体的宪法意识向深层次、全方位发展,具有重要的战略意义。这是因为,一方面接受宪法知识教育的过程,本身就是一个认识宪法、形成宪法意识的过程,对全体社会的成员进行宪法知识教育以及宪法知识普及,有助于促进整个社会宪法意识向高(深)层次的方向发展。另一方面,宪法知识本身既是宪法意识的内容,又是宪法意识中其他内容的前提,没有起码的宪法知识,就不可能有较高水平的宪法评价与要求,更不可能形成宪法观念(狭义)和宪法理论。因此,必须全面系统地进行宪法知识的教育与普及,并作为一项经常性的工作来抓。

5. 加强宪法理论的研究,建构我国的社会主义宪法文化。就狭义的法文化而言,宪法文化是一种观念形态的法文化,与宪法意识具有十分密切的关系。一方面,宪法主体有关宪法的认知、情感、意志活动总是与一定社会经历史积淀而形成的有关宪法的固有心理、习惯、思维模式相联系,或者说宪法主体总是在一定宪法文化的氛围中形成自己的宪法心态、宪法观念、宪法理论的,它不能摆脱宪法文化的影响。另一方面,宪法意识又赋予宪法文化以新的时代内容,并作为宪法文化的构成部分对今后的宪法意识产生影响。从这种意义上看,宪法文化又是宪法意识的一种特殊形式的层次,即是与宪法心态、宪法观念(狭义)、宪法理论既有联系又有区别的宪法意识形式。由于宪法理论在宪法意识中具有特别重要的地位,加强宪法理论研究,也就是对宪法意识的培养与提高。同时宪法理论又是宪法文化的载体,并构造着宪法文化,宪法文化又促进宪法意识的提高。因此必须加强我国的宪法理论研究,从建构宪法文化的目的出发,克服宪法学研究中的各种短期行为倾向。在我国宪法学理论研究中,既要吸取一切宪法文化的精华,又要批判资产阶级宪法文化中的糟粕,这是建构我国社会主义宪法文化、培养社会主义宪法意识的必然要求。

四、宪法的适用

对处于社会转型时期的中国来说,宪法适用是一个具有紧迫现实意义的理论课题。因为一方面,现行宪法颁布以来,我国的改革开放已经走向全面深化的关键时期,出现了许多新情况、新问题,给宪法的实施带来了不少困难,因而需要从理论上予以阐明。另一方面,我国现有宪法学理论中,有关宪法适用的内容仍然十分贫乏,完全不能适应这种要求。因此,这里仅就宪法适用的含义、原则、方式作一些初步介绍。

(一)宪法适用的含义

宪法适用是法的适用的一种特殊形式,就法的一般理论而言,宪法适用是与遵守宪法的禁止性规定(禁令等)和行使宪法规定的权利、履行宪法规定的义务相并列的一种宪法实现途径。当各种宪法主体遵守宪法的禁止性规定(表现为按照宪法的规定从事某种不作为)和行使宪法规定的基本权利、履行宪法设定的基本义务(表现为依照宪法规定从事某种积极行为)时,一般不存在宪法适用问题。只有当宪法的禁止性规定得不到遵守和对宪法规定的权利与义务产生了分歧,以及违背宪法的禁止性规定和不履行宪法设定的义务而应承担的宪法责任得不到落实时,才涉及宪法适用的问题。宪法适用同其他法的适用一样,是一定国家机关对宪法实现所进行的有目的的干预。因此,不能将宪法适用简单地看成是对宪法的遵守。那种以为宪法适用是"国家机关、国家工作人员、政党、社会组织和公民运用宪法规范调整社会关系的有意识的活动"[1]的观点,即使是从所谓广义的法的适用的立场上看,也是不准确的。同样,那种认为法的适用只存在于行政执法领域和司法领域,而不承认宪法具有适用性,将宪法适用排斥在法的适用之外的观点也是不妥当的。

---

[1] 甘藏春:《我国宪法在改革中的适用》,载《北京大学学报(哲学社会科学版)》1986年第3期。

在我国现行宪法体制下,宪法适用是全国人大和地方各级人大及其常委会的重要工作。按照宪法的规定,全国人民代表大会和地方各级人民代表大会及其常委会,除严格遵守宪法,行使宪法赋予的职权外,还负有一项特殊使命,即监督宪法实施、保证宪法在本行政区域内的遵守和执行。由于全国人民代表大会及其常委会的性质和地位,使其成为我国宪法适用的最重要的机关。

全国人大及其常委会主要通过下列方式和途径适用宪法:宪法解释,宪法监督等。地方各级人大及其常委会作为宪法的适用机关,其适用宪法的方式主要是依据宪法的规定,撤销同级政府和下级人大及政府不符合宪法的决定、决议等。

在我国现行宪法体制下,司法机关不是宪法的适用机关,我国宪法没有司法适用性或直接的司法适用性。这是由我国宪法体制和宪法规范的特点决定的。在人民代表大会制度中,全国人民代表大会作为最高国家权力机关既有制宪权,又有立法权,其他国家机关要接受全国人民代表大会的监督,而不能监督全国人民代表大会;在地方国家机构的组织与活动中也是如此。也就是说,司法机关(人民检察院和人民法院)既不能解释宪法,也无权进行宪法监督,更不能对权力机关的立法活动进行监督。人民检察院虽然是国家的法律监督机关,但在我国宪法中,"宪法"和"法律"是两个严格区别的概念。因此,检察机关不是宪法监督机关,而宪法的司法适用只有当司法机关是宪法监督机关时才存在。

(二)宪法的司法适用问题

如前所述,在我国现行宪法体制下,我国宪法不具有司法适用性,人民法院和人民检察院不是宪法适用的主体。但是,从比较宪法学和宪法体制完善的需要角度,特别是从宪法监督制度的发展趋势来看,我国应对宪法的司法适用问题给予应有的重视。

第一,从世界范围看,宪法的法律性得到了普遍承认,宪法的司法适用日益普及。自近代意义的宪法产生以来,在相当长的时期,宪法被视为政治宣言和纲领,表达和反映的是人们的政治信念和政治追求,很少有人把宪法作为法律对待,即使马歇尔大法官在著名的马伯里诉麦迪逊案中适用了美国宪法以后,在欧洲大陆,宪法适用的问题也尚未提出。① 进入20世纪,特别是第二次世界大战后,美国的司法审查制度终于在欧洲大陆有了回应,欧洲版本的司法审查制度——宪法法院纷纷建立,现已成为一种潮流。随着宪法是法的观念日益深入人心,宪法的司法适用也已成为一项专门制度,发挥着保障宪法和公民权利的重要作用。相应地,宪法学也已成为一门具有很强应用性的法律科学,宪法的司法

---

① 其重要意义之一在通过司法宣布宪法是法,而且是最高法。参见宋冰编:《程序、正义与现代化——外国法学家在华演讲录》,中国政法大学出版社1998年版,第206页。

适用则是它的一个重要研究领域。

第二，从我国的情况来看，宪法的司法适用问题，已成为宪法学不能回避的问题。长期以来，我国的司法机关（主要是人民法院）在其裁判或有关法律文书中是不能引用宪法的，即宪法不存在司法适用问题。改革开放以来，特别是实施依法治国战略后，出现了一些不容忽视的具体的宪法纠纷（或冲突）。如选举纠纷；在行政诉讼中，法院在适用法律法规时，发现地方性法规彼此冲突，甚至与法律或宪法冲突；公民基本权利受到侵犯而无具体法律规定予以救济等。针对这些问题，学者们提出了建立宪法诉讼制度的设想。因此，宪法学应该关注宪法的司法适用性问题。

第三，更为重要的是，使宪法具有司法适用性，是维护和加强宪法权威性的关键所在，如何建构我国的宪法司法适用制度，对于完善宪法监督制度，实现社会主义法治都具有极其重要的意义，宪法学不能等闲视之。

第四，应该特别指出的是，宪法的司法适用是宪法成为严格意义上的"法"的重要途径。美国宪法成为联邦最高法，其违宪审查制度的建立对此起到了推波助澜的作用；欧洲大陆国家的宪法成为根本法得益于其宪法诉讼制度的建立。中国宪法要成为真正的国家根本法，不得不考虑建立中国宪法的司法适用制度。

五、宪法的解释

（一）宪法解释的含义

宪法的解释或称宪法解释，一般而言，是指依据一定的标准或原则对宪法的条文（包括宪法原则、规范等）所作的说明。依据宪法解释的主体性质和宪法解释的后果（是否具有法律效力）可将宪法解释分为正式解释和非正解释两种。正式解释又称有权解释，是指由宪法授权的机关或宪法惯例所认可的机关依据一定的标准或原则对宪法条文所作的具有法律效力的说明。正式解释的特点在于：宪法解释的主体是特定的国家机关；这种解释本身具有法律上的约束力。这种约束力既可以表现为立法上的具有普遍意义的强制性，又可表现为司法上的特殊的强制力，这种区别根源于宪法解释主体的性质。正式的宪法解释，往往同一国宪法体制相联系。非正式解释又称无权解释，系指非特定的机关、团体和个人对宪法条文所作的说明，该说明没有法律上的约束力。宪法学对宪法所作的解释，即宪法的学理解释是非正式宪法解释的一种，比较典型地反映了非正式宪法解释的特点。

宪法解释的目的主要在于：阐明宪法规定的含义，保证宪法的准确适用；维护法制统一和宪法尊严；弥补宪法因时代变迁而产生的不足，以便宪法以合宪的形式较好地发展。至于非正式的宪法解释则是一定宪法要求、宪法评价的一种表达形式，反映宪法主体对宪法的认识，对正式的宪法解释可以起到一定的参考和借鉴作用。

（二）宪法解释的体制和方法

宪法解释制度最早起源于美国。随着成文宪法的国际化，世界上其他国家也相继建立了宪法解释制度，形成了三种不同的宪法解释体制，即立法机关解释宪法的体制、司法机关解释宪法的体制和专门机关解释宪法的体制。

立法机关解释宪法的体制是由具有立法和制宪权力的国家机关作为宪法解释的机关，并按立法程序对宪法进行解释的制度。在这种体制下，宪法解释权只能由立法机关行使，其他任何机关或个人对宪法作出的解释均为非正式解释；宪法解释必须按立法程序进行，立法机关既可主动对宪法进行解释，又可应其他机关或政党等的请求进行解释。从宪法解释的形式上看，宪法解释既可单独以立法机关的决议、决定的形式出现，也可寓于立法机关的立法文件之中。宪法解释具有普遍的约束力。司法机关解释宪法的体制是由普通司法机关行使宪法解释权，并按司法程序对宪法进行解释的制度。在这种体制下，经宪法授权或宪法惯例认可的普通司法机关享有宪法解释权，其他国家机关或社会团体对宪法的解释属非正式解释。按司法程序对宪法进行解释，一般遵行不告不理的原则；宪法解释寓于审判之中，只具有司法性质，即只解释法律问题而不直接涉及政治问题；该解释只对审理的某一具体案件产生法律效力，一般没有普遍的约束力。专门机关解释宪法的体制是由依据宪法或其他宪法性法律的授权而专门成立的机关行使宪法解释的权力，宪法解释具有专门性、权威性。一个国家采取何种宪法解释制度，主要是由宪法体制、政治传统等因素决定的。

宪法解释的方法也是宪法解释制度的重要内容，一国宪法解释制度的完善与否，很大程度上取决于宪法解释方法的合理性、合法性和科学性。就一般而言，宪法解释的方法主要有法学的文义方法、历史解释方法、论理解释方法、体系解释方法、目的论的方法等传统解释方法。宪法解释方法是实现宪法解释目的的手段，只要符合宪法解释的原则，有助于明确宪法内容，在法定程序下的宪法解释方法都是可行的。

（三）我国的宪法解释体制

我国的宪法解释体制属于立法机关解释宪法的体制。这种宪法解释体制首先是由 1978 年《宪法》予以确认和建立的。该《宪法》规定，全国人民代表大会常务委员会有权"解释宪法和法律"，从而第一次以根本法的形式确认了我国宪法解释的机关为全国人大常委会。在此以前的历部宪法都没有关于宪法解释的规定，这是宪法的一个缺陷。我国现行宪法再次以根本法的形式确认了全国人大常委会有权解释宪法，这是对我国制宪历史经验的总结，符合我国的实际情况。

全国人大常委会是全国人大的常设机关，是我国最高权力机关的重要组成部分。由全国人大常委会解释宪法，其优越性在于：全国人大作为国家最高权力机关,既有制宪权,又有立法权,全国人大常委会解释宪法,使得我国宪法解释具有立法性质,拥有普遍的约束力;由权力机关的常设机关解释宪法,能使宪法解释成为一种具有连续性、经常性的工作,能比较好地适应宪法适用过程中不断出现的新情况的需要;全国人大常委会比其他国家机关(从宪法体制上看)更能了解宪法原意和精神,因而其解释更能符合宪法的要求。这里还必须指出,在我国人民代表大会制度的宪法体制下,由于全国人大实际上享有制宪权、宪法的修改权和立法权,尽管宪法没有规定全国人大有解释宪法之权,但我们认为,全国人大拥有不言而喻的宪法解释权。因为全国人大有权行使它认为应该由它行使的一切其他职权,即只要全国人大愿意,它就有解释宪法之权。另外,在立法机关解释宪法的体制下,解释宪法的方式主要是立法,事实上,全国人大的立法其中很多就是对宪法的解释。

六、宪法监督

宪法监督既是宪法实施的一种形式,又是保障宪法实施的重要制度。有效的宪法监督不仅直接实施着宪法,而且还为宪法的有效遵守和以其他方式实施宪法提供了保障。宪法监督涉及的理论问题和实践问题很多,这里仅就我国宪法监督的特点,进一步加强和完善我国宪法监督制度等主要问题作一些介绍和探讨。

(一) 我国宪法监督制度的主要特点

宪法监督是由宪法授权或宪法惯例认可的机关,以一定方式进行合宪性审查,取缔违宪事件,追究违宪责任,从而保证宪法实施的一种宪法制度。宪法监督制度主要包括三个方面的内容,即宪法监督的机关、宪法监督的方式和对违宪的制裁措施。我们可以从这三个方面考察我国宪法监督的基本特点。

1. 从宪法监督的机关看,我国宪法监督属于代表机关监督体制。宪法监督制度首先产生于美国,其后,凡是实行成文宪法的国家,都相继实行了宪法监督,并日益朝着多样化、专门化和制度化的方向发展,大致形成了三种宪法监督体制。一是以美国为代表的、以普通司法机关作为宪法监督机关的宪法监督制度,通常称为司法审查制度;二是以英国和苏联为代表的、以代表机关(或权力机关)作为宪法的监督机关的宪法监督制度;三是以法国、联邦德国为代表的、以专门设立的机关如宪法委员会、宪法法院为宪法监督机关的宪法监督制度。

按照现行宪法的规定,我国宪法的监督机关是全国人民代表大会,可见我国宪法监督属于代表机关的监督体制。这种宪法监督体制首先是由 1954 年《宪法》确立的。与 1954 年《宪法》相比,现行宪法的规定又丰富和发展了我国的宪法监督体制,授予了全国人大常委会以宪法监督之权。此外,现行宪法在规定我国宪法监督制度时,还有另一个特点,即强调地方各级人民代表大会及其常委会有保证宪法的本行政区实施之职责。由此可见,我国宪法监督形成了以全国人大及其常委会为核心,包括地方各级人大及其常委会在内的宪法监督机关网络,共同履行着宪法监督的神圣职责。

2. 从合宪性审查的方式上看,我国宪法监督采取事前审和事后审相结合的方法。一般而言,不同的宪法监督体制都有与之相适应的宪法监督方式,大体上可分为两大类,一是事前审,一是事后审。所谓事前审,就是在法律生效之前就对其合宪法性予以审查的一类宪法审查方法。法国宪法委员会进行的宪法监督主要是以这种方式进行的。所谓事后审,是在法律业已生效的情况下,因宪法纠纷而对该法律进行审查的一类宪法审查方法。

我国宪法监督制度从实际出发,兼采了事前审和事后审两种方式,形成了我国宪法监督方式上的特色。其中事前审表现为对有关地方性法规的备案、批准,我国《立法法》第 98 条和有关法律对此作了专门规定。事后审表现为全国人大有权撤销全国人大常委会的违宪立法,全国人大常委会有权撤销国务院违反宪法的行政法规、决定和命令以及地方人大及其常委会制定的地方性法规和决议。根据《立法法》第 99 条的规定,国务院、中央军事委员会、最高人民法院、最高人民检察院和各省、自治区、直辖市的人民代表大会常务委员会认为行政法规、地方性法规、自治条例和单行条例同宪法或者法律相抵触的,可以向全国人民代表大会常务委员会书面提出进行审查的要求,由常务委员会工作机构分送有关的专门委员会进行审查、提出意见。其他国家机关和社会团体、企业事业组织以及公民认为行政法规、地方性法规、自治条例和单行条例同宪法或者法律相抵触的,可以向全国人民代表大会常务委员会书面提出进行审查的建议,由常务委员会工作机构进行研究,必要时,送有关的专门委员会进行审查、提出意见。根据《立法法》第 100 条规定,全国人民代表大会专门委员会、常务委员会工作机构在审查、研究中认为行政法规、地方性法规、自治条例和单行条例同宪法或者法律相抵触的,可以向制定机关提出书面审查意见、研究意见;也可以由宪法和法律委员会与有关的专门委员会、常务委员会工作机构召开联合审查会议,要求制定机关到会说明情况,再向制定机关提出书面审查意见。制定机关应当在两个月内研究提出是否修改的意见,并向全国人民代表大会宪法和法律委员会、有关的专门委员会或者常务委员会工作机构反馈。全国人民代表大会宪法和法律委员会、有关的专门委员会、常务委员会工作机构根据规定可以向制定机关提出审查意见、研究意见,制定机关按照所提意见对行政法规、地方性法规、自治条例和单行条例进行修改或者废止的,审查终止。全国人民代表大会宪法和法律委员会、有关的专门委员会、常务委员会工作机构经审查、研究认为行政法规、地方性法规、自治条例和单行条例同宪法或者法律相抵触而制定机关不予修改的,应当向委员长会议提出予以撤销的议案、建议,由委员长会议决定提请常务委员会会议审议决定。

3. 从对违宪的制裁措施上看，我国采取了撤销违宪法律、不批准违宪法案和罢免违宪责任者的职务等措施监督宪法实施。违宪的制裁措施是宪法监督的核心内容，没有制裁措施的宪法监督，不成其为宪法监督；没有切实有效的制裁措施的宪法监督，是不健全的宪法监督制度。世界各国的宪法监督都十分注重对违宪制裁措施的规定。就一般而言，违宪制裁措施大致有这样一些：撤销违宪法律；宣布违宪法律无效；允许宪法主体不受该违宪法律约束或者不适用该法律；不允许通过具有违宪性的法案，并责令立法机关修改；以弹劾、罢免等措施追究违宪行为的责任者。各国根据本国的宪法传统和宪法体制选择适用不同的违宪制裁措施，以形成切实有效的宪法监督制度。

具体来说，按照现行宪法和有关法律的规定，我国宪法监督的违宪制裁措施主要包括：

（1）撤销与宪法相冲突的法律和地方性法规，撤销有关机关的违宪决定。这种制裁措施是与事后审方式配套使用的，具体有以下几种情况：其一，全国人大有权改变或撤销全国人大常委会的违宪决定；其二，全国人大常委会有权撤销国务院制定的同宪法相抵触的行政法规、决定和命令；其三，全国人大常委会有权撤销省、自治区、直辖市国家权力机关制定的同宪法相抵触的地方性法规和决议。此外，地方各级人大有权撤销其常委会的不适当决定、撤销本级人民政府不适当的决定和命令，地方各级人大常委会有权撤销下一级人大及其常委会的不适当的决议和撤销本级人民政府的不适当的决定和命令，其中有些"不适当"是因为违宪，也应视为违宪制裁措施。

（2）不批准违宪法案。这种制度是与事前审查方式相适应的一种违宪制裁措施。凡是以报上级批准作为法律制定必经程序，并影响该法律生效，而不予批准又是因为违反宪法的，"不批准"可视为对违宪法案的一种制裁。按照现行宪法和有关法律的规定，运用"不批准"违宪制裁措施有下列两种情况：其一，全国人大常委会因自治区人民代表大会制定的自治条例和单行条例违宪而不予批准；省或自治区人民代表大会常务委员会因自治州、自治县制定的自治条例和单行条例违宪而不予批准。其二，省、自治区的人民代表大会常务委员会因省、自治区人民政府所在地的市和经国务院批准的较大的市的人民代表大会制定的地方性法规违宪而不予批准。应该指出的是，按照有关特别行政区基本法的规定，特别行政区立法须报中央人民政府批准，但因批准与否并不影响该特别行政区立法的生效，故在此种情况下"不批准"不具制裁性，不是违宪制裁措施。

（3）罢免违宪责任者的职务。我国宪法和有关法律对罢免问题作了规定，但对罢免国家领导人的原因未作明确规定，毫无疑问，国家领导人违宪应该是被罢免的一种情况。因此，罢免只有是在因国家领导人违宪的条件下，才能成为一种违宪制裁措施。

此外,在我国宪法监督的实践中,还有监督机关责成违宪机关纠正违宪行为的做法。责成纠正也可视为一种违宪制裁措施。

(二)加强和完善我国的宪法监督制度

虽然现行宪法总结了我国宪法监督的正反两方面的经验教训,建立了我国的宪法监督制度,但毋庸讳言,我国的宪法监督制度还不够完善。如何适应我国民主政治发展和法制建设的要求,进一步加强和完善我国的宪法监督制度,仍然是一项紧迫的工作。

我国目前的宪法监督制度存在的不足之处主要有以下几点:

1. 缺乏专门的宪法监督机关。虽然我国宪法规定由全国人大及其常委会行使宪法监督权,有助于加强宪法监督的权威性,但是全国人大及其常委会并不是专门从事宪法监督的机关,使得宪法监督没有成为一种专门化和经常性的工作,妨碍了宪法监督制度作用的发挥。各级地方人大及其常委会在进行宪法监督的过程中,也有类似的不足。

2. 监督方式单一,具有较大的局限性。我国宪法监督采取事前审和事后审相结合的方式,有其优越性。但同时还应看到,现有的监督体制侧重于对法律、法规的合宪性进行监督,对其他具体行为的合宪性监督则不够有力;侧重于对国家机关的监督,而往往忽视对其他宪法主体的监督。

3. 违宪制裁措施的制裁性或惩罚性不够强,使得宪法监督缺乏应有的严肃性和强制性,降低了宪法监督的权威。无论是撤销违宪法律、法规,还是不批准违宪法律、法规,从严格的意义上讲,都不具备制裁性。虽然罢免具有一定的制裁性,但它本身并不是一项专门的违宪制裁措施,因而在对违宪责任者的制裁中所起作用并不太大。

针对上述不足,党的十九大报告明确要求,加强宪法实施和监督,推进合宪性审查工作,维护宪法权威。为此,本书作者提出以下几点建议:第一,吸收其他宪法监督体制的长处,设立专门的宪法监督机关,建立一元多轨的宪法监督体制。在这种宪法监督体制下,全国人大仍然是宪法监督的最高权力机关,同时另设一个隶属于全国人大的宪法监督委员会专门从事宪法监督工作,此外还可以授权人民法院通过诉讼程序审理一些具体的宪法纠纷案件,从而形成一种多种途径、多种方式的宪法监督体系。第二,建立宪法诉讼制度,允许公民依法控告违反宪法侵犯公民基本权利的行为。第三,加强对违宪责任者的制裁措施,使其承担相应的宪法责任,特别是要明确这种责任的政治后果。例如,规定因违宪被罢免职务的,在一定时间内不允许再度担任国家机关的领导职务等。第四,加强对政治团体和其他社会团体活动的合宪性审查,确保其社团活动在宪法允许的范围内进行。

一、前沿问题

1. 关于宪法概念的探讨

宪法的概念一直是宪法学界研究的重要问题。有学者从历史的角度对宪法概念进行了考证,认为"宪法"是古代汉语中的词汇,传入日本后,经由明治维新加入了从西方传来的新的内涵和外延,清末维新时又传入中国,从而完成了"宪法"一词在中国从"典章制度"到国家根本大法的转变。学者们也从不同的角度对宪法概念进行了界定,主要有以下几种观点:(1)宪法的实质是分权,以此调整社会主要的利益关系。(2)宪法是分配社会权利并规范其运行的国家根本法。(3)宪法就是调整立政关系,即人们在确立国家重要制度和决定国家重大事情过程中所形成的人与人之间的关系的法律规范体系。对宪法的定义应围绕国家政权形成的社会关系这个核心,应以"立政"作为表示宪法中心内涵的一个重要概念。(4)宪法应被定义为调整公民权利和国家权力之间基本关系的部门法,是国家的根本大法。(5)公民权利和国家权力是基本的宪法事实,公民权利和国家权力之间的关系是宪法关系最基本的内容,公民权利与国家权力的关系问题是宪法得以实现的最基本的内容。笔者认为,将宪法定义为国家根本法具有历史的、文化的和逻辑上的局限性。作为克服上述局限性的尝试,笔者认为,宪法乃是人为了自己的生存和发展有意识地组织政治共同体的规则,以及由该规则所构建的社会秩序。这一定义表明:人的生存和发展是宪法的目的和终极追求;宪法并不必然地同国家联系在一起,国家只不过是宪法组织的一种政治共同体;人是社会的动物,政治共同体使人成为人,组织政治共同体的规则因此具有根本性;宪法作为规则是一个具有根本性的法的规范体系,该体系可以用我们关于宪法结构的观点去解释;宪法同时是一种社会秩序,即宪法秩序,只有作为规则的宪法与作为社会秩序的宪法的统一,才有符合宪法概念的宪法的存在。

2. 关于宪法规范方面的探讨

宪法学界有关宪法规范的研究和讨论,主要集中在以下几个方面:

(1) 关于宪法规范的特点

宪法规范具有纲领性、原则性和弱制裁性等特点,是宪法学界关于宪法规范特点的主流观点。除本书所持宪法规范的结构特点的观点外,在宪法学界还存在着两种相对立的观点。一是认为宪法规范不具有规范性,也就没有制裁要素,只是一般纲领性、原则性的规定,只有通过一般的法律才能实现。一是认为宪法规范中有制裁因素,宪法责任与一般法律责任是两个不同的问题,因而不能将宪法规范的作用方式及责任形式完全等同于其他法律规范。承担违宪责任的制裁要素在宪法之中有明确规定,这是法律制裁性的必然要求。具体表现为宪法监督机关或者适用宪法的国家机关对违反宪法的行为所采取的措施,例如撤销、宣布无效、罢免、弹劾等。

(2) 关于宪法规范与现实的关系

随着社会的发展,宪法规范和现实的关系,引起了学者的较多关注。宪法规范应随着社会的发展而发展,宪法规范与社会现实之间是动态与静态、主观与客观的辩证的统一,是学者们的共识。有关问题的探讨主要集中在宪法规范应如何随着社会的发展而发展以及如何化解二者冲突这两个领域。对于前者,有学者认为,从社会变迁和社会转型的角度看,宪法和宪法规范的变易性以及宪法的至上性都是宪法作为现代民主法治国家的根本法所蕴含的两个重要的价值要素。宪法的适时变更,使宪法适应处于不断流变中的社会生活的需要,这是充分发挥宪法对社会根本制度的法律安排的功能,保持宪法至上权威的必要。对于后者,有学者认为,宪法规范与现实的冲突是宪法运行过程中存在的正常现象。在急剧的社会变革过程中,宪法规范与现实之间的矛盾显得更为集中和突出,建立一种合理的机制有效地预防与解决宪法运行中出现的宪法规范与现实的冲突,是建设法治国家的基本要求。

3. 关于宪法基本原则的讨论

关于宪法的基本原则,20世纪80年代初期曾有较多的讨论,但对宪法基本原则深层的理论问题关注较少。近年来学者们对宪法基本原则进行了深入的探讨,内容集中在宪法原则的分类方面,主要有三种观点:

一种观点认为,宪法制度必须以反对特权为目的来设计相应的手段性措施,宪法原则应该是决定宪法形式和内容的基本价值准则,可以以目的和手段为标准,将宪法原则分为"目的性的宪法原则"和"手段性的宪法原则"两类。前者要求所有的宪法制度设计必须服务于"反对特殊的权力原则""反对特殊的权利原则"和"反对特殊的权势原则",凡是不符合这三个"目的性的宪法原则"要求的宪法制度都具有不正当性。后者解决产生各种特权现象的制度可能性问题,它又可以分为首要性原则和辅助性原则两个层面。首要性原则是以突出宪法的权威为核心的,包括人民主权、宪法至上、剩余权力和剩余权利等原则;辅助性原则以突出立法机关制定的法的权威为核心,包括法律优先、法律保留、依宪授权、依法行政和人权的司法最终性救济等原则。

另一种观点认为,宪法的基本原则可分为两大类:一是公理性原则,指的是其价值具有较高程度的适应性,任何一个实行法治的国家都必须加以遵循的宪法原则,包括人民主权原则、法治原则、权力制约原则等。二是政策性原则,是指特定国家或特定时期为实现某一具体目标而确认的,容易受到国家的性质以及政治、经济、文化变迁影响的宪法原则,主要包括公有制、社会主义、民主集中制、三权分立等。在一个国家的宪法中,公理性基本原则和政策性基本原则结合在一起,才能构成一个国家宪法基本原则的整体。

第三种观点认为,正当程序原则已经得到世界各国的普遍认可,应当作为我国宪法的一项基本原则。正当程序原则既有程序性限制的因素,也有实质性限制的因素。它要求程序合法、主体平等、过程公开、决策自治和结果合理,对一国的宪法秩序具有法治建构、权力控制和人权保障的功能。

4. 关于宪法的价值、功能和作用的探讨

(1) 关于宪法价值。有关宪法价值问题的研究是最近几年宪法学的理论热点之一,可谓众说纷纭,但从研究的领域看则主要集中在宪法价值的含义和本质两个方面。关于宪法价值的含义,学者们一般从主体关系的角度进行探讨,但对于宪法价值究竟是什么则没有一致的看法,大体上可以分为主观说和客观说两种观点。主观说有代表性的观点认为,宪法价值可以定义为满足人类需要和社会发展需要的评价。客观说认为,宪法价值是潜含着主体价值需要的宪法在与主体相互作用过程中对主体发生的效应。本书持客观说,认为宪法价值是宪法所固有的能满足宪法主体需要的属性。关于宪法价值的本质,宪法学界有民主、公平和人权等几种不同的观点。本书认为,宪法价值的本质乃是宪法所固有的能满足宪法主体需要的本质属性,或称宪法的核心价值或目的价值,指的是宪法具有的满足人类生存和发展需要的属性。

(2) 关于宪法的功能和作用。有关宪法的功能和作用,近来的研究也很多,但不够深入,其中比较前沿的问题主要有:一是在宪法的功能和作用的含义方面,有两种基本观点。一种观点认为宪法的功能是由宪法本质决定的宪法应该具有的作用;另一种观点认为,宪法的功能即作用,是指宪法对其他社会现象的影响和效用。二是探讨宪法价值、宪法功能和宪法作用的关系,认为价值决定功能,功能表现价值,功能是应然的作用,作用是功能的现实化。还有的是探讨宪法在社会转型时期的作用和功能。

5. 关于宪法制定与修改问题的探讨

有关宪法制定的研究,虽然涉及的问题较多,但研究却不是很深入,前沿性问题可归纳为两个:一是围绕宪法制定权的研究,探讨宪法制定的正当性;二是基于我国的社会现状,探讨我国是否需要重新制定一部新的宪法。

宪法修改是近几年宪法学关注的热点问题。有关研究的前沿问题主要有:一是宪法修改的合理性问题,涉及宪法修改的必要性、可行性和成本等;二是宪法修改制度和技术的完善问题;三是宪法修改与宪法稳定的关系问题;四是鉴于现行宪法的5次修改都是由中国共产党中央委员会提出修改宪法的建议后,宪法修改才进入修改宪法的程序,关于中国共产党中央委员会修改宪法的建议是否能成为我国的一个宪法惯例遂成为宪法学研究的一个引人关注的问题。

6. 关于宪法秩序问题的探讨

本书作者在《宪法学与宪法秩序》一文中在国内宪法学界最早提出了宪法秩序的概念,并作了初步论证。随后,宪法秩序的概念在有关文章、教材和论著中的使用日渐增多,宪法秩序的含义、宪法秩序的要素及其构成、宪法秩序的实现等问题也成为宪法学界的前沿问题。但总的来看,有关研究还有待进一步深入。

7. 关于宪法适用问题的探讨

长期以来,我国法学界关于宪法适用有两种观点:一种观点认为我国宪法不具有适用性,这主要是法理学者的看法;另一种观点认为我国宪法具有适用性,宪法监督等就是对宪法的适用,宪法学者一般持此种观点。近年来,宪法的司法适用问题不仅引起了宪法学者的广泛关注,而且司法界也表现出了浓厚的兴趣。有关问题的研讨主要集中在以下几个方面:(1)探讨我国宪法不能进入司法领域的原因。从制度层面看,我国宪法不具有司法适用性是一个不争的事实,其原因何在,学者们从不同的角度进行了分析。笔者认为,主要原因有三:一是宪法体制使然;二是宪法结构要素的局限;三是宪法传统、宪法观念的束缚。(2)探讨我国宪法司法适用性的必要性和可行性。就必要性而言,学者们的观点可以概括为两个方面:一是宪法的司法适用是宪法成为真正的"法"之必需;二是宪法的司法适用是保障公民宪法权利之必需。此外,笔者还认为宪法司法适用是宪法体制科学化及其合理、高效运作不可或缺的因素和环节。就可行性而言,也有两个方面的观点:一是从宪法的发展看,宪法的司法适用是宪法发展的趋势;二是许多国家建立了具有本国特点的司法适用制度。笔者认为,在我国现行宪法体制下,可以建立一种对有关公民宪法权利纠纷在穷尽其他法律救济手段后,由司法机关通过宪法诉讼的方式予以裁判的司法适用制度。

8. 关于宪法解释问题的探讨

我国宪法学界探讨宪法解释问题的文章不少,内容几乎涉及宪法解释的所有领域。但由于我国宪法解释实践相对滞后,有关研究缺乏应有的针对性,呈现出一种虽众说纷纭却无学术交锋的状况。从理论与实际相结合的角度看,有关宪法解释探讨的前沿性问题,可以归纳为以下几个方面:(1)关于宪法解释的主体问题。就正式解释而言,宪法解释的主体是宪法授权或宪法惯例认可的有权对宪法进行解释的国家机关。除全国人大常委会外,我国宪法解释是否存在或需要其他解释主体,是一个有争议的问题。主要有三种观点:一是认为全国人大有不言而喻的宪法解释权,是宪法解释主体;二是认为应将法院作为宪法解释主体,由宪法监督机关进行监督;三是认为可以考虑设立专门的宪法解释机关。(2)关于宪法解释的对象问题。有关宪法解释的对象问题,我国宪法学界主要有三种不同的观点,即宪法典说、宪法规范说、宪法原则性条文说。笔者认为,就宪法与法律区别的意义而言，宪法解释的对象应是狭义的宪法，即宪法典。具体而言，包括宪法典的形式结构要素，如编、章、节、条、款、项和修正案及其相互关系，以及以宪法典为载体的宪法规范、宪法原则和宪法精神。(3) 宪法解释与宪法制定和宪法修改的关系。有学者在制宪权、修宪权与解释权的关系中讨论了宪法解释的界限，认为这三者在宪法的产生与实现中，分别起着不同的作用，制宪权与修宪权的作用范围构成了宪法解释的界限。宪法解释必须在宪法秩序的基本精神和宪法文字的可能含义的范围内进行，以调和社会现实和宪法规范之间的"正常的冲突"，但制宪权与修宪权也不可能侵入解释的作用范围，应避免频繁修宪。(4) 关于我国宪法解释制度的完善问题。除了上述有关研究涉及我国宪法解释制度的完善以外，有学者还提出了应尽快制定一部《宪法解释法》的主张。

9. 关于宪法监督问题的探讨

长期以来，宪法监督问题是我国宪法学界关注和探讨的最热门话题之一，研究涉及宪法监督的概念、宪法监督的必要性、宪法监督的主体、宪法监督的对象与内容、宪法监督的原则、宪法监督的方式与程序、我国宪法监督制度的完善等许多领域。笔者认为，有关研究的前沿性问题主要有三个方面：(1) 从我国宪法监督制度的实际情况出发，从理论上澄清宪法监督与相关制度的关系，特别是与宪法保障、司法审查等的区别。(2) 进一步加强对违宪问题的研究，包括对违宪主体、违宪方式、违宪结果、违宪构成和违宪责任等方面的研究。对违宪问题研究的不深入，是我国宪法监督制度设计和制度选择的瓶颈。(3) 关于我国宪法监督制度的完善问题。宪法监督制度的完善是有关宪法监督问题研究的目的和落脚点。笔者认为突破现行宪法体制，另起炉灶的方案其制度成本非常高，并且缺乏现实的可行性。可以从违宪的两种基本形态，即立法违宪和一般行为违宪出发，分别构建立法违宪监督制度和行为违宪监督制度，然后建立二者的整合机制，从而形成我国的宪法监督制度。我国宪法规定的宪法监督制度基本上是一种立法违宪监督制度。《立法法》的有关规定已使立法违宪监督制度有了相应的完善，特别是有关程序方面的规定尤其有意义，宪法学理论需对其进行进一步研究。笔者认为，我国的立法违宪监督制度在监督主体、监督对象、监督方式、监督程序、违宪责任等方面已初具规模。根据 2018 年通过的《宪法修正案》第 44 条的规定，《宪法》第 70 条第 1 款中的"法律委员会"修改为"宪法和法律委员会"。学界对这一变化寄予了厚望。就立法违宪监督而言，设立专门的立法违宪监督机构，其意义其实并不很大。如果说有意义的话，其意义也只在于它们作为全国人大及其常委会的工作机构。因此，完善我国的宪法监督制度的关键，是要尽快建立行为违宪监督制度，并建立打通行为违宪监督制度与立法违宪监督制度的机制。而建立行为违宪监督制度，应与宪法的司法适用制度一并予以考虑，并在实践中逐步完善。建立打通行为违宪监督制度与立法违宪监督制度的机制,则可以通过修改《立法法》来完成。

二、参考文献

1. 陈云生:《民主宪政新潮——宪法监督的理论与实践》,人民出版社1988年版。
2. 李步云主编:《宪法比较研究》,法律出版社1998年版。
3. 李龙:《宪法基础理论》,武汉大学出版社1999年版。
4. 李忠:《宪法监督论》,社会科学文献出版社1999年版。
5. 刘茂林主编:《宪法教程》,法律出版社1999年版。
6. 童之伟:《法权与宪政》,山东人民出版社2001年版。
7. 王世杰、钱端升:《比较宪法》,商务印书馆1997年版。
8. 徐秀义、韩大元主编:《现代宪法学基本原理》,中国人民公安大学出版社2001年版。
9. 张庆福主编:《宪法学基本理论》,社会科学文献出版社2015年版。
10. 周叶中主编:《宪法》,高等教育出版社2020年版。
11. 韩大元编:《现代宪法解释基本理论》,中国民主法制出版社2006年版。
12. 刘茂林:《宪法学与宪法秩序》,载《法治时代》1991年第1期。
13. 董和平:《论宪法的价值及其评价》,载《当代法学》1999年第2期。
14. 范毅:《论宪法精神的概念》,载《现代法学》2004年第2期。
15. 韩大元、张翔:《试论宪法解释的界限》,载《法学评论》2001年第1期。
16. 胡弘弘:《试论宪法解释》,载《现代法学》1995年第5期。
17. 胡锦光:《论宪法规范的构成要素》,载《法学家》1998年第4期。
18. 廖克林:《宪法在社会转型中的地位与作用》,载《中国法学》1996年第3期。
19. 刘茂林:《论宪法结构的涵义与宪法规范的结构特点》,载《法商研究》1995年第4期。
20. 刘茂林:《宪法究竟是什么》,载《中国法学》2002年第6期。
21. 刘茂林:《转型社会的宪法稳定观》,载《法商研究》2004年第3期。
22. 莫纪宏:《论宪法原则》,载《中国法学》2001年第4期。
23. 戚渊:《论宪法关系》,载《中国社会科学》1996年第2期。
24. 汪进元:《论宪法的正当程序原则》,载《法学研究》2001年第2期。
25. 王广辉等:《宪法基本原则论》,载《法商研究》2001年第5期。
26. 吴家清:《论宪法价值的本质、特征与形态》,载《中国法学》1999年第2期。

27. 王锴:《制宪权的理论难题》,载《法制与社会发展》2014年第3期。

28. 刘茂林、陈明辉:《宪法监督的逻辑与制度构想》,载《当代法学》2015年第1期。

29. 翟国强:《转型社会宪法修改的模式与功能》,载《法学评论》2020年第2期。

三、思考题

1. 何谓近现代意义的宪法？其特点何在？
2. 试析宪法的分类及其意义。
3. 如何理解宪法的本质？
4. 什么是宪法的结构？其内在构成要素有哪些？
5. 宪法规范有哪些主要特点？
6. 简析宪法的作用。
7. 试述我国的宪法修改制度及其完善。
8. 评析现行《宪法修正案》。
9. 如何理解宪法秩序及其实现？
10. 试析宪法关系的特点。
11. 什么是宪法适用？我国宪法司法适用的必要性和可行性何在？
12. 试析宪法解释对我国宪法实施的意义。
13. 什么是宪法意识？我国公民宪法意识的培养有哪些主要途径？
14. 试析宪法监督、宪法保障和司法审查的区别。
15. 试论我国宪法监督制度的完善。

第二章 宪法的历史发展

　　作为国家根本法的宪法并不是从来就有的,而是近代资产阶级革命的产物。考察英、美、法等国家宪法产生的具体情形,可以发现近现代宪法产生的一般社会条件,即近现代宪法产生是以比较发达的商品经济、较为完备的民主政治和民主的、大众的、科学的文化为经济、政治和思想文化条件的。英国宪法是世界上最早的宪法,是不成文宪法的典范;《美国宪法》是世界上第一部成文宪法;1791年《法国宪法》是欧洲大陆的第一部成文宪法,在内容上确立了公民的基本权利和自由。

　　从英国宪法产生至今,近现代意义宪法三百余年的历史发展,可以以1918年第一次世界大战结束为界限划分为近代宪法和现代宪法两个时期。以英、美、法等国宪法所代表的近代宪法,从世界范围来看,主要有以下几个特点:(1)确立了主权在民原则,民主共和是宪法的主流;(2)宪法强调公民权利,特别是自由权利,具有自由主义色彩;(3)国家权力受到限制,国家的作用主要被限制在政治生活领域,宪法具有政治法的特色;(4)从形式上看,成文宪法被普遍采用;(5)宪法基本上是近代西方的一种政治法律现象。

　　1919年的德国《魏玛宪法》的出现和1918年《苏俄宪法》的颁布,标志着现代宪法的产生。现代宪法的发展,可以以第二次世界大战结束为标志分为两个阶段。前一阶段的宪法发展主要表现为现代宪法的产生和近代宪法向现代宪法的转型。进一步民主化是这一阶段宪法发展的主流,但也有逆流。后一阶段的宪法发展情况比较复杂,有些国家的宪法在战后继续朝着现代宪法转型;有的国家对宪法发展中出现的逆流进行清理,使宪法重新回到了民主、人权及和平的发展道路上;社会主义国家宪法和新兴民族国家具有鲜明民族主义特色宪法的制定和颁布,丰富和发展了宪法的内涵和形式。考察现代宪法的发展,可以发现一些历史事件如罗斯福新政、战后盟国对德国的改造等对现代宪法发展产生过重要影响,在宪法发展史上具有重要意义。现代各国宪法的发展虽然各具特色,但都表现出宪法一些普遍的发展趋势,主要有:行政权的扩大、人权保障的加强、宪法监督制度的完善等。

　　鸦片战争后近代西方的宪法观念开始传入中国,经戊戌变法和预备立宪,中国始有近代意义的宪法性法律的出现。纵观旧中国宪法的产生和演变过程，可以将旧中国宪法的变化过程分为清末和民国两个时期，其中民国时期又可分为南京临时政府、北洋军阀政府、广州武汉国民政府和南京国民政府四个阶段。旧中国宪法的演变，表现为三种不同的政治力量围绕三种不同的宪法——从晚清皇帝、北洋军阀政府一直到国民党政府所炮制的宪法文件和宪法，如《钦定宪法大纲》《重大信条十九条》《中华民国约法》、1923年的《中华民国宪法》和1947年的《中华民国宪法》等；中国民族资产阶级所向往的资产阶级民主共和国宪法，如1912年的《中华民国临时约法》；以工人阶级为领导的广大人民群众所要求的人民共和国的宪法，如革命根据地制定的宪法文件——所展开的斗争。这三种不同的宪法主张及其所依附的势力之间的斗争，共同演绎了旧中国宪法产生和演变的历史过程。

新中国成立后，根据当时的形势和各个历史阶段的不同国情，人民共和国先后颁布了《共同纲领》、1954年《宪法》、1975年《宪法》、1978年《宪法》和1982年《宪法》。1982年《宪法》是我国的现行宪法，随着改革开放的发展，经过了1988年、1993年、1999年、2004年和2018年5次修改。

随着社会主义市场经济体制的全面确立，在改革和新的国际环境下，我国宪法呈现出明显的发展趋势，具体表现为：政府行政权力在客观上将受到一定程度的限制，行政指导在政府对经济管理的过程中将显得日益重要；以人民法院审判权为核心的司法权将得到进一步发展；中国共产党领导的多党合作与政治协商制度在实践中将得到进一步加强和发展；公民基本权利也将得到重大发展；宪法监督制度将进一步完善。

关键词

近代宪法　现代宪法　英国宪法　美国宪法　人权与公民权利宣言　法国宪法　魏玛宪法　苏俄宪法　钦定宪法大纲　十九信条　临时约法　天坛宪草　中华民国宪法　训政时期约法　五五宪草　1946年中华民国宪法　共同纲领　1954年宪法　1982年宪法

第一节　宪法的历史发展概述

一、近代意义宪法的产生

近代意义的宪法首先产生于英国、美国和法国等欧美先发展国家，分析英美法等国宪法产生的具体情形，有助于探寻宪法产生的一般条件和规律。

（一）英国宪法的产生

17世纪上半叶，英国的政治经济关系出现了前所未有的新变化。一方面，经过圈地运动，商品经济已相当发达，手工工场遍布城乡，劳动分工越来越细，毛纺、采煤、炼铁、玻璃、造纸等工商业部门发展很快，资本主义商品经济关系已取代封建经济关系，作为阶级的资产阶级已经形成；另一方面，在上层建筑领域，斯图亚特王朝却致力于强化专制王权，封建贵族在社会生活的各个领域享有许多特权，妨碍了商品经济的自由发展。这就不可避免地出现新的生产关系与原有上层建筑的矛盾，英国资产阶级革命终于在1640年爆发，直到1688年结束，历时近五十年，大致经过了内战阶段、共和国阶段、克伦威尔军事独裁阶段和"光荣革命"四个时期。英国宪法就是在这个过程中逐步产生的。从内容上看，它扩大了议会的权力，确立了议会至上的宪法原则；限制了王权，奠定了议会制君主立宪政体；规定了公民的基本权利，强化了权利保护措施。从形式上看，先后通过了一批宪法性法律和创设了一些宪法惯例，主要有：(1) 1628年的《权利请愿书》(Petition of Right)；(2) 1679年的《人身保护法》(Habeas Corpus Act)；(3) 1689年的《权利法案》(Bill of Rights)；(4) 1701年的《王位继承法》(Act of Settlement)。英国资产阶级革命的过程及其特殊性决定了英国宪法产生的特点：(1) 英国宪法是在革命过程中逐渐产生的，是由一系列宪法性法律积累而成，在形式上表现为不成文宪法；(2) 革命的不彻底性和妥协性致使王权及其所代表的制度外壳被保留下来；(3) 旧的法律如1215年的《大宪章》(Magna Carta)等成为新宪法的组成部分；(4) 英国宪法不具有根本法的形式特征。

（二）美国宪法的产生

1775年英属北美殖民地爆发了反对宗主国的独立战争，次年7月4日发表了《独立宣言》(Declaration of Independence)，北美13个殖民地宣布脱离英国。1777年11月15日，大陆会议通过了《邦联条例》(The Articles of Confederation)。《邦联条例》规定美国是由北美13个州联合组成的美利坚合众国，各州保持主权、自由和独立，各州议会选派代表组成邦联国会。邦联国会经9个以上的州同意，可行使宣战、媾和、派遣和接受大使、决定海陆军编制等权力。《邦联条例》建构的国家结构形式是一种较为松散的国家联盟，虽然起到了建国立宪的作用，但很快就不适应新的国家政治经济发展和对外关系的需要，因此，建立一个中央政府以有效协调国内各种关系（特别是州际关系）势在必行。1787年5月25日制宪会议召开，有12个州的55名代表与会，在经过历时3个多月的激烈斗争后终于达成妥协，通过了宪法草案。1789年3月4日，第一届联邦国会集会，宣布《宪法》生效。美国《宪法》由一个序言和7条正文构成，确立了分权制衡、联邦主义、代议制政府等原则，规定了宪法修改的程序，并于1791年通过了一个由10条宪法修正案组成的《权利法案》，规定公民的基本权利。

综上所述，美国宪法的产生经历了从《独立宣言》到《邦联条例》再到《美国宪法》的过程。独立战争的性质和独立后的州际关系，使美国宪法的产生具有以下特点：(1) 独立战争首先是反对英国殖民统治的战争，其思想基础是"天赋人权"理论，独立战争的许多领导人本身就是启蒙时代的代表人物，独立战争使"天赋人权"思想广泛流传并深入人心，从而为美国宪法奠定了坚实的思想基础。(2) 独立战争将斗争矛头直指英国国王，虽然是斗争策略，但却具有一定的反封建色彩，美国宪法确立的彻底的共和制与之不无关系。(3) 州际关系的不协调和独立战争后国内各种政治关系的矛盾冲突，暴露了《邦联条例》所建构的体制的缺点，《美国宪法》的重要目的就是要克服这种日益明显的不足，并通过实行联邦制成功地予以了克服。

（三）法国宪法的产生

法国宪法是法国大革命的产物。1789 年 7 月 14 日巴黎市民武装起义，攻占巴士底狱，法国大革命开始，直到 1799 年雾月政变后执政府的诞生而告结束。法国大革命经历了第一次革命（1789—1791 年）；第二次革命（1792 年）；非常共和国（1792—1795 年）和宪法共和国（1795—1799 年）等几个阶段。在革命的每一阶段都有作为革命纲领和革命成果的宪法性文件和宪法的颁布，其中最有代表性的有：1789 年的《人权与公民权利宣言》（简称《人权宣言》）、1791 年《宪法》、1793 年《宪法》、1795 年《宪法》和 1799 年《宪法》。法国大革命的性质、进程和特点决定了法国宪法产生的特点：(1) 法国大革命是彻底的资产阶级革命，法国宪法充分贯彻了进步的资产阶级的宪法要求，确立了人民主权原则、保护公民权利和自由原则、三权分立原则和共和制原则。(2) 随着大革命的深入，法国宪法的产生经历了从宣布一般原则到制定君主立宪宪法，最后到颁布共和制宪法的过程。(3) 法国大革命深受启蒙思想影响，启蒙思想家的观点不仅是革命的指导思想，而且被写入宪法，使宪法置身于人权、民主、法治的思想氛围中，有了深厚的思想基础。

（四）近代意义宪法产生的条件

英美法等国近代意义宪法的产生这些伟大事件已成为历史，从现象上看它们都直接产生于各具特色的资产阶级革命之中，因而不难发现它们是资产阶级革命的产物和结果。然而，资产阶级革命之所以会导致一种新的法现象的产生，引人深思。综观英美法等国宪法产生的具体情形，可以发现近代意义宪法产生的一般条件，主要有以下几个方面：

1. 比较发达的商品经济是近代意义宪法产生的经济条件。商品经济是与自然经济、产品经济（计划经济）相对而言的一种经济形态。在商品经济条件下，生产者之间、生产者与消费者之间，只有通过商品交换才能取得联系，才能进行生产和消费。价值规律是商品经济最基本的经济规律，等价交换和自由竞争是商品经济的基本要求。然而,一方面,等价交换的实现不仅取决于商品价值是否等价,还取决于商品所有者的社会地位是否平等,一切等级、特权以及维护这种等级特权的社会制度都与商品经济不相容。因此,在商品生产和商品交换过程中必然自发产生平等观念。另一方面,自由竞争要求不断提高生产效率,降低生产成本,而这一点只有当劳动力和生产原料在市场中能够自由买卖时才能做到。因此,商品的自由竞争必然导致自由观念的产生,且只有在较为发达的商品经济条件下,平等自由的观念才会普及并为全社会所接受。较为发达的商品经济一般表现为:(1) 商品化的程度较高,所有的劳动产品,甚至劳动力都能成为商品进入市场,进行平等自由的交换;(2) 形成了国内统一的大市场,商品能在全国范围内自由流通;(3) 建立了统一的市场规则体系。一句话,只有当商品经济已处于社会经济的主导地位,伴随商品经济的平等自由观念才会成为时代精神。近代意义宪法正是以平等自由精神为思想基础和价值追求的,所以较为发达的商品经济是近代意义宪法产生的经济条件。应该指出的是,由于这种较为发达的商品经济,首先表现为资本主义商品经济,所以近代宪法首先产生于资本主义国家。

2. 较为完备的民主政治是近代意义宪法产生的政治条件。民主政治是与君主政治相对的一种政治形态,近代以来的民主政治是较为完备和成熟的民主政治。一方面,它以平等自由精神为目标和追求;另一方面,它有较为完备的制度形式。最为重要的是它以发达的商品经济为经济基础。随着商品经济的发展,作为先进生产关系代表的资产阶级逐渐在经济生活中处于支配地位,日益不满其在政治和其他社会生活中的无权地位。因此,他们在同以国王为代表的封建贵族的斗争中,不断地将获得的政治权利以法律的形式制度化。随着资产阶级革命的爆发和最终取得胜利,资产阶级需要将有利于自己的政治体制和政治权利及自由,以具有最高法律效力的宪法固定下来。正是在这种意义上,才有宪法是资产阶级革命的产物之说。

3. 民主的、大众的和科学的文化是宪法产生的思想文化条件。伴随着近代商品经济和民主政治的发展而发展起来的近代思想文化,虽然是西方文化长期演化的结果,但与传统西方文化相比则具有一定的先进性和进步性。因为它是民主的文化,与专制思想文化相对立而服务于商品经济和民主政治;它是大众的文化,具有世俗性和平民性的特点,是对贵族思想文化的否定,并且肯定了文化权利和精神生活的平等性;它是科学的文化,是对各种神秘文化的否定,形成了较为合理和科学的自然科学和社会科学体系,促进了政治经济的发展。近代民主的、大众的和科学的文化,对宪法的产生起了重要作用。首先,近代资产阶级的文化革命对近代宪法的产生起到直接的促进作用。宗教改革是资产阶级文化革命的重要内容,它按照资产阶级的要求,以宗教改革的形式对封建制度的精神支柱进行批判,确立了反映资本主义精神的资本主义新教伦理和个人的宗教信仰自由观念,为清除宪法产生的宗教障碍作出了贡献。思想启蒙运动也是资产阶级文化革命的重要组成部分。启蒙思想家高举理性的大旗,运用自然法理论的武器,用科学批判神学,用人权反对专制,使自由、平等、博爱等思想观念得以传播和普及,为宪法的产生创造了思想条件。其次,近代资本主义文化为宪法的产生提供了理论和技术条件。随着社会生产力的发展,社会分工越来越细,客观上要求法律以部门法的形式对社会关系进行分门别类的调整,这必然导致旧的诸法合体的法律形式解体;另一方面,社会又在分工的基础上走向新的综合,它要求用法律对社会关系进行更深入、更系统的整体调整,因而需要有一种法律凌驾于其他法律之上,对社会关系进行统一调整,这种法律就是作为国家根本法的宪法。近代社会科学,特别是政治学、社会学和法学为完成这一过程提供了理论和技术支持。可以说,没有资产阶级的文化革命、没有近代的社会科学,特别是法学和职业法学家的创造性劳动,就不会有近代意义的宪法。正是从这种意义上说,近代文化是宪法产生的重要思想条件。

二、宪法的发展

从宪法产生至今,近现代意义的宪法经历了三百余年的发展历史,大致可以以 1918 年第一次世界大战结束为界限分为两个时期,即近代宪法和现代宪法。①

（一）近代宪法的发展

英美法三国宪法的产生,特别是法国宪法的产生,对宪法的发展具有重要意义。一方面,法国宪法具有彻底的民主精神,是内容和形式都比较完备的近代宪法。另一方面,法国位于欧洲大陆,又是其政治经济中心,法国大革命的影响波及整个欧洲大陆。在法国大革命的影响下,欧洲大陆各国纷纷制定宪法,先后制定了约三百余种。② 不仅如此,受英美法宪法的影响,北美和亚洲的一些国家也制定了宪法,使整个 19 世纪成为宪法的世纪。近代宪法的发展可以以 1848 年革命为标志分为两个阶段:第一阶段从 18 世纪末到 19 世纪中叶,第二阶段从 19 世纪中叶到第一次世界大战结束。第一阶段的宪法大致可分为两类:一是为数较少的民主共和制宪法,如美国宪法、法国 1793 年雅各宾派的宪法以及智利、乌拉圭等国宪法;二是占绝大多数的君主立宪制宪法,这类宪法又可分为英国式的君主立宪制宪法,如法国 1791 年宪法和比利时的 1831 年宪法,以及法国波旁型的君主立宪制宪法。第二阶段的宪法绝大多数是美国式的共和制宪法和英国

---

① 李步云主编:《宪法比较研究》,法律出版社 1998 年版,第 121 页。
② 王世杰、钱端升:《比较宪法》,中国政法大学出版社 1997 年版,第 21 页。

式的虚君制宪法。其共同特点是承认主权在民原则,废除君主制或对君主的权力加以严格限制。少数封建势力强大的国家,则以前一时期法国波旁型宪法为蓝本,颁布主权在君的钦定宪法。1871年的德国宪法和1889年的日本宪法,就是这类宪法的典型。

由于英美法三国宪法具有的典型性,这里仅以这三者为例说明近代宪法的发展。

1. 英国宪法的发展。"光荣革命"最终确立的英国君主立宪制,极大促进了英国资本主义的发展,到19世纪40年代,英国完成了工业革命,社会关系发生了重大变化。一方面,工业资产阶级越来越壮大,另一方面工业无产阶级也随之发展起来,资产阶级同无产阶级的矛盾上升为社会的主要矛盾,英国进入自由资本主义发展时期。这一时期宪法的发展主要表现在以下几个方面:(1)责任内阁制逐步形成;(2)议会至上的宪法原则确立;(3)政党制开始兴起。19世纪末至20世纪初,英国由自由资本主义向帝国主义转型,表现在宪法发展方面则是议会至上的信条受到挑战,议会制度开始走向衰落,内阁成为国家权力的核心;在政党制度方面,政党在宪法体制运行中的作用越来越大,政党把持政治,形成了政党政治的特色。

2. 美国宪法的发展。美国宪法的发展,是通过宪法修正案、宪法解释和创设宪法惯例等方式实现的。1789年宪法生效后,作为对宪法的补充,1791年通过了10条修正案,内容都涉及公民权利,被称为《权利法案》。南北战争前,分别于1798年和1804年颁布生效了宪法第十一修正案和宪法第十二修正案。南北战争期间及以后分别于1865年、1866年和1870年颁行了宪法第十三、十四和十五修正案。到第一次世界大战结束期间,又先后通过宪法第十六、十七、十八、十九修正案。这些修正案的内容以涉及公民权利的居多,除《权利法案》外,还有南北战争修正案和有关妇女选举权的修正案,迄今一共有27条宪法修正案。联邦最高法院的宪法解释、宪法判例以及政党、总统和国会所创立的宪法惯例,对美国宪法发展也起着重要作用。如联邦最高法院对联邦主义的解释所阐明的默示权力,以及以总统为中心的内阁惯例等都发展了美国宪法。

3. 法国宪法的发展。1799年的《法国宪法》为拿破仑第一帝国的建立埋下伏笔,1804年拿破仑称帝,共和宪法实际上变成了君主立宪宪法。1814年波旁王朝复辟,路易十八继位,颁布了一个钦定宪法,法国宪法从形式到内容成了彻头彻尾的君主立宪宪法。1848年巴黎人民发动"二月革命",建立了第二共和国,颁布了第二共和国宪法。宪法赋予总统以很大权力,由模仿英国的内阁制转而效法美国的总统制。1851年12月,路易·波拿巴发动政变,解散国民议会,并修改宪法,进一步扩大了总统的权力。1852年11月波拿巴建立第二帝国。后因在普法战争中失败,第二帝国被第三共和国取代。1875年国民议会陆续通过的《参议院组织法》《公共权力组织法》和《公共权力关系法》构成第三共和国宪法。这个宪法一直存续到二战后第四共和国建立及其宪法的颁布。法国近代宪法是在共和制与君主立宪制之间的斗争中发展起来的,除了国内政治力量的对比关系外,欧洲的国际关系也是宪法发展变化的主要因素。

4. 近代宪法的主要特点。从世界范围来看,由英美法等国宪法所代表的近代宪法,主要以下几个特点:(1) 确立了主权在民原则,民主共和是宪法的主流;(2) 宪法强调公民权利,特别是自由权利,具有自由主义色彩;(3) 国家权力受到限制,国家的作用主要被限制在政治生活领域,宪法具有政治法的特色;(4) 从形式上看,成文宪法被普遍采用;(5) 虽然亚洲的日本等国也出现了宪法,但在整个近代,宪法基本上仍然是西方的一种政治法律现象,局限于西方文化圈的范围内。

(二) 现代宪法的发展

1. 现代宪法的产生

第一次世界大战的结束,在宪法发展史上具有重大意义,战后新成立的国家都采行成文宪法和普选制度,甚至战前已建立民主制的国家,民主政体也有许多新的进展。宪法在发生转化,并已迈入现代宪法的门槛。1919 年的德国《魏玛宪法》和 1918 年《苏俄宪法》的颁布,标志着现代宪法的产生。

1919 年 2 月魏玛共和国成立,同年 7 月国民议会通过了宪法。由于宪法在魏玛制定,史称《魏玛宪法》。该《宪法》共两篇 181 条。第一篇规定联邦的组织与职能,第二篇规定国民的基本权利与义务以及过渡条款。《魏玛宪法》宣布主权在民,确立了内阁制共和政体;规定德国是联邦制国家,联邦中央权力得到加强;宪法还规定了范围广泛的公民权利。作为现代宪法的标志,魏玛宪法的意义在于:(1) 通过对私有财产权的限制,使近代宪法中的自由主义精神受到抑制,社会公共福利受到重视和倡导;(2) 议会权力受到一定限制,行政权力扩大的趋势被宪法认同;(3) 宪法赋予国家广泛干预社会经济和文化的权力,所谓管得越少的政府就是越好的政府的观念已趋于过时;等等。所有这些,都标志着宪法在现代时期的发展走向,从而使《魏玛宪法》具有划时代的意义。

十月革命的胜利和俄罗斯社会主义联邦苏维埃共和国的建立,标志着一种新型的现代宪法——社会主义宪法的产生。1918 年 7 月,第五次全俄苏维埃代表大会通过了《俄罗斯社会主义联邦苏维埃共和国宪法(根本法)》。作为一种新型的现代宪法,《苏俄宪法》的意义在于:首先,它突破了资产阶级宪法和宪政的局限性,使宪法成为无产阶级实现民主和组织国家政权的根本法;其次,它第一次系统地规定了经济制度,扩大了宪法的调整范围,使宪法由传统的政治领域进入到社会经济生活领域;最后,苏俄宪法推动了社会主义类型宪法的发展。此外,苏俄宪法还使宪法突破了西方文化的范围,开始成为世界文化现象。

2. 现代宪法的发展

现代宪法的发展,可以以二战结束为标志分为两个阶段。前一阶段的宪法发展主要表现为现代宪法的产生和近代宪法向现代宪法的转型。进一步民主化是这一阶段宪法发展的主流,但也有逆流,如法西斯德国对《魏玛宪法》的破坏,意大利法西斯体制的建立等。后一阶段宪法发展主要表现为四个方面:(1) 有些国家的宪法在战后继续朝着现代宪法转型,如法国宪法随着第五共和国宪法的颁布实施才最终完全实现转型。(2) 对宪法发展中出现的逆流进行清理,成功实现了对法西斯主义及其体制的改造,使德国、意大利、日本等国的宪法回到了民主和平的道路。(3) 随着社会主义国家的建立,社会主义宪法纷纷制定和颁布,并以鲜明的特色丰富和发展着宪法。(4) 随着殖民体系的崩溃,民族国家的民族主义宪法以其民族主义特色成为宪法大家庭中不可缺少的一员,既回应了近代"民族的宪法"[①],又丰富和发展了民族主义宪法的内涵。

在现代宪法的发展过程中,产生了许多具有代表性的宪法,发生了一些对宪法发展具有重要影响的宪法事件,这里仅选择最具代表性的宪法和事件进行介绍。

(1) 罗斯福新政与美国现代宪法。就形式而言,美国并无所谓现代宪法,美国宪法还是1789年生效的那部《美国宪法》,只不过美国社会的发展,特别是罗斯福新政赋予美国宪法以新的时代内涵,从而使其具有了现代品质。罗斯福在20世纪30年代经济危机和大萧条时当选美国总统,为摆脱危机,他开创性地采取了一系列被称为新政的有关复原、救济和改革立法等措施,其中包括紧急银行法、农业调整法、全国产业复兴法等。为推行新政,罗斯福总统对司法机关的改革更是具有"宪法革命"的意义。[②] 新政对美国宪法的影响主要表现在:第一,总统的行政权进一步扩大,议会赋予总统广泛的委托立法权;第二,在联邦与州的关系上,联邦中央的权力得到强化;第三,政府广泛干预社会经济事务。罗斯福新政使美国宪法完成了向现代宪法的转型,并为二战后宪法的发展铺平了道路。

(2) 盟国对德国的占领与联邦德国基本法。1945年纳粹德国战败,无条件投降,同盟国占领德国,根据欧洲协商委员会的决议,美、英、法、苏四国分区占领并管理占领事务,以便彻底解除德国武装力量,肃清军国主义,在民主的基础上改造德国的政治体制。1948年6月,美、英、法三国在其占领的德国西部建立了联邦德国政府,并着手起草基本法。1949年2月,制宪会议完成了基本法草案,并于5月8日通过了《德意志联邦共和国基本法》。《德国基本法》是以《魏玛宪法》为蓝本制定的,在恢复《魏玛宪法》规定的宪法体制的道路上,又有新发展,如

---

① 〔英〕John A. Hawgood:《现代宪法新论》,龙大均译,商务印书馆1946年版,第135页。
② 李步云主编:《宪法比较研究》,法律出版社1998年版,第141页。

加强议会和内阁总理的权力,削弱总统的地位等。由于是在德国战败并被盟国占领的特殊条件下制定的,因而基本法具有明确的国际化倾向,表现为对国家主权的限制和明确规定国际法优越于国内法,从而体现了现代宪法的一个重要发展趋势。

(3) 苏联的成立和1936年的苏联《宪法》。十月革命后,在沙俄帝国废墟上建立的许多共和国,以1918年的《苏俄宪法》为蓝本制定了宪法。1922年苏俄联邦、南高加索联邦、乌克兰、白俄罗斯召开全权代表会议,讨论成立苏维埃社会主义共和国联盟(苏联)的有关事宜,12月30日联盟苏维埃第一次代表大会召开。大会通过了关于各共和国以主权国家身份加入苏联的有关决议,宣告苏联成立。1924年制定了第一部《苏联宪法》,1936年制定了第二部《苏联宪法》。1936年《苏联宪法》的全称为《苏维埃社会主义共和国联盟宪法(根本法)》,由13章146条组成。1936年的《苏联宪法》是在1924年《苏联宪法》的基础上修改而成的,它对1918年《苏俄宪法》和1924年《苏联宪法》的发展,表现在三个方面:其一,前两部宪法是过渡时期的宪法,而1936年《苏联宪法》是社会主义宪法;其二,宪法所规定的选举制度进一步民主化;其三,1936年《苏联宪法》准确反映了苏联社会的政治、经济和思想文化发展水平,全面展示了苏联社会的基本面貌。1936年《苏联宪法》在宪法发展史上的意义还在于,它是社会主义宪法的代表性作品,以后各国制定的社会主义类型宪法都受到了它的深刻影响。

(4) 新兴民族国家的宪法。两次世界大战有力地打击了殖民帝国,使德意日等国受到了削弱,但在1945年的时候,英国、法国、荷兰、比利时和葡萄牙等国家仍然统治着世界上相当部分的人口。在以后的20年间,殖民帝国和殖民体系完全崩溃,最后的殖民帝国葡萄牙也在1975年瓦解了,与之相伴随的是新兴民族主义国家的诞生。这些国家在政治上的一般做法是制定宪法、设立国民代表大会、建立现代选举制度、成立独立的司法机关、强调民族独立和国家主权,其中较有代表性的是亚洲的印度和印度尼西亚等国。这些国家宪法的制定与颁布,使宪法在世界范围内更为普及,从而掀起了新一轮的制宪热潮。虽然一些新兴民族国家的宪法历经坎坷,但它们在维护民族独立与自由,在探索与本国特点相适应的宪法与宪法体制模式方面,推进了现代宪法在内容、形式乃至精神方面的发展,因而具有重要意义。

三、宪法的发展趋势

近代意义宪法的产生及其发展历史表明,宪法是人类文明高度发达的产物,是特定社会政治、经济和思想文化条件综合作用的结果;宪法是基于人类生存发展的需要,并以保障基本人权为目的,对人类社会进行制度安排的基本形式,经历了由单一的政治制度安排到包括政治、经济、文化等在内的全方位制度安排的过程;宪法所要解决的基本问题是政治共同体(国家)内公共权力与个人权利关系问题,并因采取的方式不同而形成不同的宪法体制;随着人类社会的发展,人类对人权认识的不断深化,宪法也会不断地发展变化,而起直接作用的国家内部各种政治力量(主要是各阶级各阶层力量)对比关系的变化,同时也受国际关系的影响,有时国际的影响甚至起着主要作用。宪法的发展趋势就是在上述因素作用下有规律的发展走向。本书认为,一般而言,宪法的发展趋势主要表现在以下几个方面。

(一)宪法在国家权力方面的发展呈现出两方面的趋势

1. 从宪法对近代社会进行制度安排的角度看,在传统的政治领域,宪法对国家权力的配置,一方面表现为加强行政权力,使行政权力呈扩大趋势;另一方面表现为国家权力向中央集中,中央集权的趋势日渐明显。

前者是宪法对国家权力的横向配置,在世界范围内大致为两种模式,一是三权分立式,如美国的分权制衡制和英国的议会内阁制;二是议行合一式,如苏联的苏维埃制。但不管哪一种模式,在近代宪法时期,行政权没能处于国家权力的核心地位,即使在美国分权制衡制下,以总统权力为代表的行政权也不过处于与立法权和司法权均势的地位。在现代宪法时期,行政权出现上升趋势,在奉行议会主权的议会内阁制国家,有的议会主权受到了行政权的挑战,如英国;有的则改议会内阁制为总统制,如法国。在分权制衡的美国,行政权率先打破权力均势格局,在权力的运作过程中逐步处于核心位置。在有些苏维埃式的国家,国家权力机关仅仅存在于宪法的规定之中和宪法的理论上。各国行政权的扩大表现为:(1)行政权干预立法权,如美国总统频繁使用否决权;(2)紧急命令权,如法国宪法对紧急命令权的规定;(3)委托立法权,即行政机关经委托享有一定的立法权。行政权的扩大现在还有进一步发展的态势,如俄罗斯现行宪法规定的总统权力就是明显的例子。

后者是宪法对国家权力进行纵向配置方面的发展趋势。宪法对国家权力的纵向配置一直存在中央集权和中央分权两种模式。所谓国家权力向中央集中的趋势主要表现在三个方面:(1)在中央集权的国家,国家权力的重心在中央,虽然有的国家在宪法中也有地方分权、地方自治的规定,但地方分权的程度、地方自治的范围均由中央定夺,地方分权、地方自治并不具有实际意义。(2)在奉行地方分权并以此为基础实行地方自治的国家,如英国,中央对地方的干预越来越多。"英国政府对地方制度的每一次改革,都是削弱地方政府,使地方依赖中央的程度越来越大。"[①]地方自治往往受到三个方面的中央干预,即立法监督、行政监督和财政监督。(3)在联邦制国家,联邦中央的权力在理论上和宪法的规定

---

① 曾广载编著:《西方国家宪法和政府》,湖北教育出版社1989年版,第463页。

上是有限的,但在现实的联邦与成员国或州的关系上,联邦中央的权力越来越大,这种现象在美国表现得尤为突出。

2. 随着国家权力进入社会经济和文化生活领域,宪法对经济和文化方面的规定越来越多,并因而在宪法中形成基本经济制度和文化制度,而且内容日益丰富和完备。社会主义国家宪法自不待言,资本主义国家宪法的这种趋势也十分明显。从1919年《魏玛宪法》设立"经济生活"专章,到1949年《德国基本法》对有关公民教育、财产等基本权利的规定和社会化(第15条)的规定,以及用专章对财政问题的规定(第15章),再到1982年《葡萄牙宪法》中第二编"经济组织"和第一编第3章"经济、社会与文化方面的权利与义务"的规定,可以看出,宪法对教育、文化的规定已成为宪法的重要内容;宪法已不再仅仅是政治法,而是内容更为全面丰富的"社会法"。

(二) 宪法越来越重视公民基本权利的保护

从公共权力与个人权利的关系来看,宪法在组织配置公共权力的同时,对公民基本权利的保护日益重视,公民基本权利的范围进一步扩大。主权在民是宪法的基本原则,也是调整公共权力和公民权利相互关系的基本准则。随着国家权力进入社会生活中的经济和文化领域,主权在民原则通过在经济和文化生活中的相应方面设定公民的基本权利以制约国家权力。

公民基本权利范围的扩大首先表现为宪法对经济和文化权利的规定,这是对以往宪法只规定政治权利和自由权的发展。如1981年《哥斯达黎加宪法》第7章专门规定公民"教育与文化"方面的权利,并将其置于公民的"政治权利与义务"之前。[①] 1982年《洪都拉斯宪法》在第三章"原则宣言、权利与保障"中,用专节(第8节)对教育和文化方面的权利作了规定。[②] 其次是宪法对社会权利的规定。社会权利一般是指公民政治、经济、文化权利之外的其他基本权利,各国宪法对社会权利的规定范围也不尽相同,但核心内容是家庭、婚姻、社会保障。如《哥斯达黎加宪法》第5章"社会权利与保障"主要规定的是家庭、婚姻、劳动时间以及雇主与劳动者的关系和社会保险,宪法强调公民的社会权利及利益不得放弃。[③] 再次,表现为对环境权的规定。改善人类生存和发展的环境,是人类对人权内涵揭示的新的重要成果。为了有效治理因工业化造成的环境问题,越来越多的国家对环境保护作了专门规定,环境权成为一项新的公民基本权利。据不完全统计,当今世界已有四十多个国家的宪法对环境保护作了规定,其中大多数是20世纪70年代以后规定的。[④] 最后,宪法强调权利的保障。现代宪法在设

[①] 姜士林等编译:《世界宪法全书》,青岛出版社1997年版,第1506—1507页。
[②] 同上书,第1588—1589页。
[③] 同上书,第1505—1506页。
[④] 张庆福主编:《宪法学基本理论》,社会科学文献出版社2015年版,第330页。

定公民基本权利的同时,还对权利的实现规定了保障措施,如 1936 年的《苏联宪法》①。现在这种做法已成为一种较为普遍的趋势,如 1982 年《葡萄牙宪法》在规定每一种权利的同时都对该权利的保障作了规定②。《葡萄牙宪法》公民权利与义务篇第二章为"权利、自由与保障",其三节的标题分别为"权利、自由与人身保障""参政的权利、自由与保障""工人的权利、自由与保障",从中可见宪法对权利保障之重视。

(三)加强宪法保障,建立专门的宪法监督机关成为一种潮流

随着"宪法是法律而不仅仅是政治宣言"观念的普及,加强宪法实施和保障的呼声越来越强而有力,各国纷纷建立宪法保障制度。1920 年奥地利在欧洲率先设立宪法法院,被誉为美国司法审查制度的欧洲版本,随后法国也设立了宪法委员会。二战后,德国、法国、日本等国也建立或进一步完善了本国的宪法监督制度。从众多国家的宪法监督制度来看,专门机关监督宪法实施,已成为一种潮流,其中采用宪法法院又是它的主流,目前世界上已有八九十个国家设有宪法法院,如俄罗斯、波兰、葡萄牙等。

(四)宪法发展的国际化趋势进一步扩大

近代宪法产生以来,人类社会国际交往日益频繁与密切。对于宪法的产生和发展而言,正如美国宪法和法国宪法的产生过程所表明的,国际关系具有重要意义,两次世界大战后宪法的发展情形也进一步证实了这一点。二战以来的全球化趋势,特别是经济的一体化,对宪法发展产生了重要影响,表现为宪法发展的国际化趋势。

具体而言有以下几个方面:第一,对国际法的直接承认和接受。国际法是国家间关系的准则,各国近代宪法基于国家主权观念,对国际法往往采取较为保留的态度。现代宪法对国际法的态度有了明显改变,采取了直接接受的态度。如《德国基本法》规定:"国际法的一般规则是联邦法律的组成部分,它们优先于法律,并且直接为联邦领土上的公民创设权利和义务。"③日本、法国、意大利、葡萄牙等国的宪法均有类似规定。第二,对国家主权作有条件的限制。随着第二次世界大战后传统主权观念的变化,并基于国际合作的需要,许多发达国家,特别是欧盟国家都通过宪法对国家主权作了有条件的限制。如《德国基本法》规定联邦可以通过法律将部分主权让与国际机构。④ 1946 年《法国宪法》规定:"法国同意,基于相互之条件,为了组织及保卫和平,对其主权加以必要的限制。"⑤第三,

---

① 姜士林等编译:《世界宪法全书》,青岛出版社 1997 年版,第 879—880 页。
② 同上书,第 1074—1076 页。
③ 同上书,第 794 页。
④ 同上书,第 793 页。
⑤ 参见该宪法序言。

人权是国际法的一个重要领域,围绕人权问题签署了许多公约,其中主要有《世界人权宣言》《公民权利和政治权利国际公约》《经济、社会和文化权利国际公约》等。许多国家加入国际人权公约,体现了在公民基本权利领域的国际化趋势。第四,从宪法国际化趋势的方式上看,过去主要通过政治手段,如战后对战败国家进行强制性的改造,使其直接国际化。现在则主要是在经济一体化的进程中,由国家制定和修改宪法来顺应国际化趋势。第五,欧盟宪法现象的出现,还预示着宪法发展的一种新的国际化趋势的到来。

（五）宪法形式上的发展趋势

近代意义的宪法有较为完备的法律形式,宪法典是最重要的渊源。现代宪法在形式上的发展表现为:第一,宪法渊源的多样化趋势。一方面国际法成为宪法的重要渊源;另一方面,在成文宪法的国家,其他法律渊源,如宪法性法律、宪法惯例、宪法判例也受到了广泛重视。第二,宪法修改较为频繁。一方面是因为社会发展较快,社会关系活跃,从而导致宪法修改频繁;另一方面,现代社会的人们基于共同利益的需要,对许多问题较容易达成共识。此外,宪法修改程序较之以往的宪法规定有了简化的趋势①,在程序上为宪法修改提供了方便。

第二节 旧中国宪法的产生和演变

一、清末近代宪法的出现

鸦片战争失败后,中国逐步沦为半殖民地半封建社会,民族矛盾上升为社会的基本矛盾,救亡图存成为社会的根本问题。主权的逐步丧失、封建经济的日益破产、洋务运动的失败、维新思想的传播和革命派的压力,迫使清王朝不得不采取变法的应对之策。这一切构成了近代意义宪法在清末出现的主要社会背景和条件。其中维新思想的传播和变法对清末近代宪法的出现具有重要意义,前者是思想条件,后者是直接原因。

（一）维新思想的产生与传播

维新思想是中国近代思想史上的一种重要思潮,以学习西方,反对侵略,改良政治为基本主张,最早可以追溯至林则徐、魏源等改革派的思想,在同治、光绪年间发展成为维新思想。早期的代表人物主要有王韬、薛福成、马建中和郑观应等人,后期集大成者有康有为、梁启超、谭嗣同和严复等人。林则徐是近代中国睁眼看世界的第一人,在广州主事期间,组织翻译了《四洲志》等书,介绍外国的情况和外国人对中国的看法。龚自珍、魏源主张"更法""师夷长技以制夷"。郑

---

① 张庆福主编:《宪法学基本理论》,社会科学文献出版社2015年版,第338页。

观应等人主张维护国家主权,发展民族资本主义经济,改革政治,实行"君民共主"和议会制。甲午战争后洋务运动彻底失败,维新思想高涨,并演化成一种社会运动。康有为、梁启超、谭嗣同、严复等人,主张维新变法,被称为维新派。维新派以进化论和资产阶级政治哲学为思想武器,以君主立宪为维新变法的基本主张,同顽固派和洋务派展开论战,认为只有维新变法,走西方资本主义的道路,才能实现民族独立和国家的富强。维新派一方面通过上书的形式请求清朝统治者变法,另一方面通过办报纸、建学会、开学堂广泛宣传维新思想,培养维新人才。据不完全统计,在1896—1898年间,维新派在全国各地先后设立学会、学堂和报馆达三百多所。① 维新思想在近代中国具有思想启蒙和思想解放的意义,并直接催生了戊戌变法。

(二) 戊戌变法与预备立宪

1. 戊戌变法。维新思想的广泛传播逐渐形成为一种不断高涨的维新运动。1898年1月28日(戊戌年正月初七)康有为第六次上书,提出维新变法的政治纲领,建议效法日本推行新政。同年6月1日,光绪皇帝颁布"明定国是"诏书,宣布变法。9月21日,慈禧太后下令囚禁光绪,搜捕维新派重要人物,变法失败。戊戌变法历时103天,史称"百日维新"。维新期间,维新派通过光绪皇帝颁布了一系列变法诏令,主要内容有以下几个方面:(1) 在经济方面,设立农工商总局,保护工商业,奖励发明创造;设立矿务总局,修筑铁路,开采矿产;举办邮政,裁撤驿站;改革财政,编制国家预算。(2) 在政治方面,改革行政机构,裁汰冗员;提倡官民上书言事。(3) 在军事方面,裁减旧军队,训练海陆军,推行保甲制度。(4) 在文化方面,改革科举制度,废除八股文;设立学堂,学习西学;设立译书局,翻译外国新书;准许自由创立报馆和学会;派留学生出国。可以看出,戊戌变法是一次前所未有、内容涉及广泛的社会改革,虽然没有直接提及设议院、立宪法,但其变法主张与近代宪法的精神是相近的。戊戌变法虽然失败了,但它却将宪法问题历史地摆在了中国社会发展的面前,开启了中国立宪运动的先河,在中国立宪史上具有重要意义。

2. 预备立宪。戊戌变法失败后,中国社会危机进一步加剧。随着义和团运动的失败和《辛丑条约》的签订,西方列强加速了对中国殖民化的进程。随着资本主义经济的发展,民族资产阶级出现在了近代中国的政治舞台上,举起了革命的旗帜。清廷的一些督抚大员也从日俄战争中感受到了宪法、宪政的好处,认为只有实行立宪才能应付危局。1905年10月,清廷派五大臣分赴日本、欧美考察政治,出洋考察的大臣于次年回国,密陈实行立宪的三大好处,即"皇位永固""外患渐轻""内乱可弭",建议朝廷仿行宪政。1906年9月1日,清廷发布《宣示预

---

① 白寿彝总主编:《中国通史》第19册,上海人民出版社1999年版,第249页。

备立宪谕》,宣布"仿行宪法","参用各国成法,妥议立宪期限",以达"大权统于朝廷,庶政公诸舆论","立国家万年有道之基"的目的。并决定先从改革官制入手,逐步厘定法律、兴办教育、整顿武备、普设巡警,作为实行宪政的预备。立宪派人士亦大受鼓舞,纷纷行动起来,成立了如预备立宪公会、宪政筹备会等许多团体,以响应和督促清廷早日实行立宪。预备立宪期间,清廷的预备举措主要有:公布中央官制改革方案(1906年11月);颁布《钦定宪法大纲》;宣布预备立宪的期限为九年;设立资政院和各省谘议局,并颁布了《资政院章程》《谘议局章程》等法律法规;在立宪派的压力下,缩短了预备立宪期限,定于宣统五年召开国会;成立第一届责任内阁(1911年)等。由于预备立宪的目的在于维护君权,第一届责任内阁实为皇族内阁,立宪派认为此举"不合君主立宪国公例",要求另组内阁,遭到清廷拒绝,致使预备立宪及其所代表的立宪运动破产。预备立宪将设国会、立宪法提上了议事日程,并着手筹备,反映了社会发展的某种必然,具有一定的积极意义。但在当时的社会条件下,预备立宪及其所追求的君主立宪政体,已与进步的革命派的宪法要求相距甚远,因此其失败也是必然的。

(三)《钦定宪法大纲》和《十九信条》

1.《钦定宪法大纲》。《钦定宪法大纲》是预备立宪的产物,于1908年8月以光绪皇帝的名义颁发。《钦定宪法大纲》由"君上大权"和作为附录的"臣民权利义务"两部分组成,共计23条,体现了清廷所理解和接受的关于宪法的观念,即"宪法者,所以巩固君权,兼保护臣民者也"。"君上大权"有14条之多,主要内容为:宣布"大清皇帝统治大清帝国万世一系,永永尊戴";"君上神圣尊严,不可侵犯"。君主享有颁行法律、发布议案、召集及解散议院、设官制禄、黜陟百司、统帅军队、宣战、媾和、订约、派遣与认受使臣、宣告戒严、爵赏恩赦、总揽司法等大权。"当紧急时,皇帝还有权以诏令限制臣民之自由"。这些条文以日本1889年帝国宪法为蓝本,是日本宪法的翻版,只是删去了对天皇权力限制的有关部分。"臣民权利义务"有9条,以附录的形式出现,列举了臣民的言论、著作、出版、集会、结社及呈诉等自由和臣民当兵、纳税、守法等义务。

《钦定宪法大纲》是中国历史上第一部具有近代意义宪法性质的宪法文件,它的颁布标志着近代意义的宪法在中国的出现。就其出发点和本质而言,《钦定宪法大纲》的虚伪性、欺骗性和反动性昭然若揭。但历史地看,《钦定宪法大纲》也存在一些积极意义,主要有:(1)它规定的立宪君主政体较专制君主政体具有进步性;(2)它以根本法的形式列举"君上大权",具有君权法定和君权有限性的意味;(3)它列举臣民的权利和义务,从而赋予了"臣民"一些近代公民的内涵。

2.《十九信条》。1911年10月,辛亥革命爆发,慑于革命的压力和即将爆发的京畿兵变,宣统皇帝下诏"罪己",仅用三天时间就出台了一部宪法性文件——《重大信条十九条》(简称《十九信条》),并宣布立即实行。这是清王朝最后一部宪法性文件。《十九信条》的基本内容有:(1)宣称大清皇统万世不易,皇帝神圣不可侵犯;(2)确立了皇权有限的原则,规定"皇帝之权以宪法规定者为限";(3)设立国会,行使立法和议决之权;(4)实行责任内阁制,赋予内阁总理较大的职权;(5)确立了皇帝、国会、内阁和裁判机关分权制约的原则;(6)确立了宪法地位高于皇室大典的原则,规定"皇室大典不得与宪法相冲突"。

从内容上看,《十九信条》建立的是一种君主立宪政体下的议会内阁制的政权组织形式,相比《钦定宪法大纲》的有关规定是一种进步。从形式上看,《十九信条》初步确立了有关宪法的制定、修改、颁布和地位的制度,从而在中国宪法史上第一次使宪法具有了形式上的根本法的意味。因此,《十九信条》的宪法史意义不可忽视。必须指出,《十九信条》是在武昌起义爆发后,清廷为保全皇统而作出的无奈选择,又缺少有关公民或臣民权利与自由的规定,其实质上的意义十分有限。清王朝的灭亡是对《十九信条》最好的历史评价。

二、民国宪法的演变

(一)南京临时政府的宪法

武昌起义后,在不到一个月的时间内有13个省和上海市宣布独立。为谋求军事与政治上的统一,各省代表在汉口租界举行会议,通过了《中华民国临时政府组织大纲》。1912年1月1日,孙中山在南京就任临时大总统,中华民国成立。2月12日,清帝退位,统治中国两千多年的君主制度结束。3月11日,孙中山在南京颁布《中华民国临时约法》。4月1日,孙中山正式解除临时大总统职务。随后临时政府迁往北京,南京临时政府结束。《中华民国临时政府组织大纲》和《中华民国临时约法》是南京临时政府时期最重要的宪法性法律和宪法。

1.《中华民国临时政府组织大纲》。1911年11月30日,各省代表在汉口租界举行第一次会议,决定起草《中华民国临时政府组织大纲》(以下简称《临时政府组织大纲》),选举马君武等三人为起草员,并于12月3日在武汉通过,1912年1月2日在南京重订。《临时政府组织大纲》分临时大总统、参议院、行政各部和附则四章,共21条,主要内容有:(1)规定了临时大总统的产生、职权,确立了临时大总统既是国家元首,又是政府首脑的法律地位。临时大总统由各省都督府代表选举产生,有统治全国和统帅海陆军之权。临时大总统经参议院同意行使宣战、媾和、缔结条约、制定官制官规、任命国务员和外交专使、设立临时中央裁判所等权力;在行政各部的辅佐下,行使行政权;对参议院议决事项,有否决权,可要求参议院复议。(2)规定了参议院的组织、职权和相关的会议制度,确立了参议院一院制的组织形式和立法机关的法律地位。参议院由各省都督府派三名代表组成,议长由议员以记名投票的方式选举产生。参议院有同意权、立法权、议决权和调查权等职权。(3)规定设立外交部、内务部、财政部、军务部和交通部等行政各部,辅佐临时大总统办理各部事务。(4)规定了国民议会的召集和《临时政府组织大纲》的施行期限。

从内容上看,《临时政府组织大纲》有以下特点:(1)确立了总统制的共和政体;(2)初步建立了总统与参议院的分权与制约关系;(3)地方在组织中央政府和参与中央政治方面具有重要作用和地位;(4)临时政府组织不够完备,缺乏必要的民主性,临时性与过渡性的特色较为鲜明。

《临时政府组织大纲》是中华民国第一部宪法性法律,对于临时政府的产生和运作发挥了重要作用,对整合革命力量和加速清王朝的灭亡具有重要意义,是中华民国成立的法律标志和依据。

2.《中华民国临时约法》。根据《临时政府组织大纲》的规定,临时参议院于1912年1月28日举行第一次会议。在国内外反动势力的压力下,为兑现在清帝退位和袁世凯赞同共和的条件下,把政权交给袁世凯的承诺,参议院选举袁世凯为临时大总统。以孙中山为首的资产阶级革命派,为了制约袁世凯的专制野心,决定由参议院制定临时约法。在孙中山的主持下,参议院举行会议,讨论约法问题,决定组织编辑委员会,由法制局局长宋教仁主持起草临时约法。编辑委员会经过33天的起草,作了两次修改,3月8日由临时参议院审议通过。3月11日,孙中山以临时大总统的名义公布,定名为《中华民国临时约法》(以下简称《临时约法》)。

《临时约法》分总纲、人民、参议院、临时大总统副总统、国务员、法院、附则七章,共56条。《临时约法》的内容主要有:(1)规定"中华民国之主权,属于国民全体","中华民国由中华人民组织之",体现了"主权在民"的原则。(2)规定中华民国是统一的多民族国家。如规定"中华民国领土,为二十二行省,内外蒙古,西藏,青海"。(3)规定了人民享有的权利和义务,确立了中华民国人民一律平等的原则。如规定中华民国人民享有人身、居住、言论、出版、集会、结社、通信、迁徙、信仰、保有财产和营业等自由;有请愿、诉讼、考试选举及被选举的权利;有纳税、服兵役等的义务和"中华民国人民,一律平等,无种族、阶级、宗教之区别"。(4)规定中央国家机关的组织、职权及其相互关系,确立了三权分立的原则。《临时约法》规定了参议院、临时大总统副总统、国务员、法院的产生、职权。《临时约法》对上述机关关系的规定,如参议院选举和弹劾总统,总统和司法总长任命法官,法官审判弹劾后的总统,总统可以否决参议院的决议等,体现了三权分立的精神。(5)规定了《临时约法》严格的修改程序和效力。《临时约法》的修改,由参议院议员2/3以上,或临时大总统提议,经参议院4/5以上议员出席,出席议员3/4通过方可增修。《临时约法》规定,该约法与宪法有同等效力。

从《临时约法》作为法的内容和形式上看,它主要有以下特点:(1)《临时约法》虽然没有直接以宪法命名,但符合宪法的实质要件和形式要件,实际上就是一部宪法,可以说是中国历史上的第一部宪法。《临时约法》制定的特殊背景和目的以及对更完备宪法的期待,是其没有以宪法命名的重要原因,同时也是《临时约法》具有临时性的原因。因此,准确地说,《临时约法》是一部临时宪法。(2)《临时约法》对主权在民原则和国民权利与义务的规定,在法律上奠定了民国共和政体的民主基础。这既是它不同于以往的宪法性文件、宪法性法律的特点,也是其革命的进步性的表现。(3)《临时约法》从法律上确立了三权分立的政权组织形式的原则,突出了对总统权力的制约。就前者而言,《临时约法》在《临时政府组织大纲》的基础上,通过对法院组织和职权的规定,将参议院与总统的分权与制约关系发展为参议院、总统与法院的三权分立与制约关系。就后者而言,首先必须指出,《临时约法》所规定的政权组织形式仍然是总统制。史学界和法史学界普遍流行的关于《临时约法》"在国家体制上,采行内阁制"[1]和"由总统制改为内阁制"[2]的观点[3]是对《临时约法》的误解。内阁制或议会内阁制的主要特点是议会产生内阁,内阁对议会负连带责任。《临时约法》规定临时大总统任命国务员,国务总理及各总长均为国务员,国务员辅佐临时大总统负其责任。因此,《临时约法》采行的仍然是总统制而不是内阁制。其次需要指出,《临时约法》突出了对临时大总统权力的制约,目的是防范和限制即将就任大总统的袁世凯,其措施有:一是参议院选举临时大总统,参议院有弹劾临时大总统之权;二是临时大总统任命国务员须得参议院同意;三是临时大总统提出法律案、公布法律和发布命令,须国务员副署;四是国务员受参议院弹劾,大总统应免其职。(4)《临时约法》对人民权利和自由的规定,较之以往的规定,内容更完备,地位更突出。(5)《临时约法》在制度设计和立法技术方面存在许多不足之处。如,对中央与地方的关系和地方政府组织没有作规定;对临时大总统的弹劾程序存在规定不清楚的立法技术问题。

《临时约法》是中国宪法史上第一部具有较为完备的近现代宪法特征,并发挥了一定宪法作用的临时宪法。它是中华民国共和政体正当性和合法性的宪法表现,从而使存废《临时约法》成为共和或专制的分水岭。它具有妥协性,主要是资产阶级革命派和封建官僚妥协的产物。这种妥协具有双重意义,一方面加速了清王朝覆灭和民国共和政体的建立;另一方面又使得宪法和共和政体的发展,走上了一条极其艰难和曲折的道路。

(二)北洋军阀政府时期的宪法

临时政府迁往北京后,先后为袁世凯及其所属不同派系的北洋军阀所控制

---

[1] 白寿彝总主编:《中国通史》第 19 册,上海人民出版社 1999 年版,第 827 页。
[2] 张晋藩主编:《中国法制史》,中国政法大学出版社 2002 年版,第 339 页。
[3] 也有宪法学者持这种见解。参见姜士林等编译:《世界宪法全书》,青岛出版社 1997 年版,第 18 页。

和操纵,民国宪法的演进进入了北洋军阀政府时期。在这一时期,有关宪法或宪法性法律的制定和修改活动十分频繁。北京临时参议院制定了《中华民国国会组织法》《参议院议员选举法》《众议院选举法》。国会成立后,国会两院制定了《互选起草委员规则》,成立宪法起草委员会,着手正式宪法的起草,并制定了《大总统选举法》《中华民国宪法草案》。袁世凯解散国会后,取而代之的约法会议制定了《中华民国约法》。第一次直奉战争后,直系军阀控制北京政权,1923年曹锟贿选为总统,颁布了《中华民国宪法》。第二次直奉战争曹锟兵败被囚,奉系控制的北京政权改称为临时执政府,段祺瑞任总执政。1925年执政府组织"国宪起草委员会",另行起草了一部《中华民国宪法草案》。上述宪法、宪法草案和宪法性法律影响较大的有1913年的《中华民国宪法草案》、1914年《中华民国约法》和1923年的《中华民国宪法》。

1.《中华民国宪法草案》。《中华民国宪法草案》,又称《天坛宪草》,因起草工作在天坛祈年殿进行而得名。1913年7月,由参众两院各选30名委员组成的宪法起草委员会成立,着手宪法的起草,并议定45天内完成。起草工作分大纲和条文两部分进行,决定先将宪法重要内容编为大纲,然后分别章节,系以条文。10月底,宪法起草委员会三读通过《天坛宪草》全案,11月1日,将草案提交宪法会议讨论,第一届国会起草宪法草案的工作初步完成。1916年8月国会复会,议决组织宪法会议,修订《天坛宪草》,继续制宪。到1917年1月宪法会议共开了24次审议会,完成初读。进入二读后,因国会再度被解散而终止。

《天坛宪草》分为国体、国土、国民、国会、国会委员会、大总统、国务院、法院、法律、会计、宪法之修正及解释,共11章113条。总的来看,《天坛宪草》是《临时约法》的继续,并在一些方面发展了《临时约法》的精神和规定,主要表现在以下几个方面:(1)《天坛宪草》是以《临时约法》为依据进行起草的;(2)立法、行政、司法三权分立的体制更为明确,进一步强化了对大总统权力的制约;(3)设立参众两院和国会委员会,国会组织更为完善;(4)强调国务员对众议院负责,已具有议会内阁制的意味,初步形成了一种总统制与议会内阁制相结合的混合制政权组织形式;(5)设会计一章,对税收、预算、审计等制度作了规定,具有创新和发展的意义。由是,并加上它对以后的宪法制定和起草产生过相当影响,因此《天坛宪草》在近代中国制宪史上具有一定的地位。

2.《中华民国约法》。袁世凯为实现其政治野心,极尽诋毁《临时约法》和阻挠宪法制定之能事,先是要求国会缓议一切议案,先选总统;继而解散国会,摒弃《天坛宪草》;最后另组由他控制的约法会议,炮制了《中华民国约法》。《中华民国约法》,又称《民三约法》或《袁氏约法》,1914年3月由袁世凯向约法会议提出《增修约法案》,经约法会议起草和袁世凯"手定"而成,5月1日公布,并正式废除《临时约法》。《中华民国约法》共十章,依次为:国家、人民、大总统、立法、行政、司法、参政院、会计、制宪程序、附则，计68条。《中华民国约法》的根本目的是无限扩大总统权力，削减国会的权力，与《临时约法》相比，它的主要特点是实行总统独裁制。《袁氏约法》的出笼，彻底否定了民国的共和制度，为袁世凯复辟帝制作了法律和制度准备。

3. 《中华民国宪法》。1922年第一次直奉战争后，直系军阀控制北京政权，国会再度复会，黎元洪重任大总统。次年，曹锟逼黎元洪辞职，贿选为大总统，于双十节就职，并同时举行宪法公布典礼，颁布了《中华民国宪法》，史称"贿选宪法"。有学者认为，《中华民国宪法》是1913年国会制宪活动的延续和结果。[①] 事实上，受贿国会议员于1923年10月5日选举曹锟为大总统后，将《中华民国宪法草案》在三天内完成二读与三读程序，交曹锟予以公布。《中华民国宪法》是中国制宪史上颁布的第一部正式成文宪法，是在《天坛宪草》的基础上修订而成的，与《天坛宪草》相比较，增加了"主权""国权"和"地方制度"三章，条文增加到了141条。从内容和形式上看，《中华民国宪法》基本上可以算是一部比较完备的宪法。1924年，段祺瑞下令撤销《中华民国宪法》，并宣布《临时约法》失效，《中华民国宪法》可悲地退出了历史舞台。

（三）南京国民政府时期的宪法

在反对北洋军阀统治的过程中，广东逐渐成为革命中心，1925年国民政府在广州成立，史称广州国民政府。随着北伐战争的顺利进行，1926年国民政府北迁武汉，称为武汉国民政府。1927年蒋介石在上海发动四·一二反革命政变，并于4月18日在南京成立国民政府。至此，国民革命失败，中国宪法的演变进入南京国民政府时期。到中华人民共和国成立，南京国民政府的宪法演变历经22年，可分为军政、训政和宪政三个阶段。其间，1931年的《中华民国训政时期约法》、1936年的《中华民国宪法草案》和1947年公布的《中华民国宪法》，最能反映该时期宪法演变的基本情况。

1. 《中华民国训政时期约法》。1931年5月12日，国民党一手操办的"国民会议"通过了《中华民国训政时期约法》，简称《训政时期约法》，它是南京国民政府的一部宪法性法律。《训政时期约法》除一简短序言外，有总纲、人民之权利义务、训政纲要、国民生计、国民教育、中央与地方之权限、政府之组织、附则8章，共89条。《训政时期约法》有以下特点：(1) 从基本精神上看，《训政时期约法》以法律的形式确立了国民党的一党专政。它规定："训政时期由中国国民党全国代表大会代表国民大会行使中央统治权"，"国民党全国代表大会闭会时，其职权由国民党中央执行委员会行使之"。(2) 从立法指导思想上看，《训政时期约法》在一定程度上反映了孙中山先生的宪法思想。孙中山先生的宪法思想主要可以

[①] 荆知仁：《中国立宪史》，台湾联经出版事业股份有限公司1984年版，第253页。

概括为三点,即三民主义的理想、以权能分离为基础的五权宪法的架构和建国三时期。这些思想在《训政时期约法》中都或多或少有所体现。(3)《训政时期约法》规定国民政府设行政院、立法院、司法院、考试院和监察院,五权分立的政府架构初步形成。(4)《训政时期约法》设"国民生计""国民教育"专章,规定了该时期的经济制度、基本经济政策和教育制度、基本文化政策。(5)《训政时期约法》在"总纲"中,对民国的国旗和首都作了规定,这在民国制宪史上还是第一次。(6)《训政时期约法》形式上具有宪法属性,但缺乏必要的民主性。民主性的缺乏体现在除了强调以党治国,南京国民政府实为国民党政府外,还表现为对人民权利的诸多限制和国民大会的虚化。

2. 1936年的《中华民国宪法草案》。迫于舆论的压力,为摆脱内忧外患的困境和兑现国民党"还政于民"的承诺,根据《训政时期约法》的规定,南京国民政府立法院于1933年1月组成以孙科为首的四十余人的宪法起草委员会,着手宪法的起草工作。1936年5月5日,国民政府正式公布《中华民国宪法草案》,史称《五五宪草》。

《五五宪草》除一简短引言外,内容分为总纲、人民之权利义务、国民大会、中央政府、地方制度、国民经济、教育、宪法之施行及修正,共8章,148条。《五五宪草》具有下列特点:(1)起草过程长,且为国民党一党所操纵。《五五宪草》的起草工作历时三年多才完成,历经国民党四届五中全会、四届六中全会、五届一中全会的多次议决,最后在五届一中全会执委会的宪法审议委员会的审查和修改后,才由国民政府予以公布。(2)将国体定位为"三民主义共和国"。(3)规定了较为广泛的人民权利和诸多限制措施,采行"民权之间接保护"①原则。(4)在人民与政府的关系方面,主张政权与治权的分离,设立国民大会,人民直接行使或通过国民大会间接行使政权,包括选举、罢免、创制和复决四权;政府行使治权。(5)在中央政府的组织上,实行总统制和五权分立的政府组织体制。(6)在中央和地方的关系上,实行均权制和县地方自治制度。(7)对国家领土和有关经济、教育的规定,在当时具有一定的积极意义。

3.《中华民国宪法》。抗战胜利后,中国宪法发展一度呈现出良好的发展局面。《双十协定》的签订、政治协商会议的召开、政协《关于宪草问题的协议》的通过、宪草审议委员会的组成,为民主建国和宪法的制定提供了政治和法律基础。但是,国民党先是违反政协协议,提出五项宪法修改原则;接着是破坏《双十协定》,发动全面内战;最后是撕毁政协协议,于1946年11月15日非法召开"国民大会"。"国民大会"在没有共产党、主要民主党派和爱国民主人士参加的情况下,于12月25日通过了《中华民国宪法》。1947年1月1日,《中华民国宪法》

---

① 荆知仁:《中国立宪史》,台湾联经出版事业股份有限公司1984年版,第421页。

公布,同年12月25日施行。

《中华民国宪法》分总纲、人民之权利与义务、国民大会、总统、行政、立法、司法、考试、监察、中央与地方之权限、地方制度、选举罢免创制复决、基本国策、宪法之施行及修改,共14章,175条。与《五五宪草》相比,该宪法的主要特点有:(1)在中央政权组织形式上,采行总统制与责任内阁制相结合的混合体制。(2)在中央与地方的关系上,实行单一制下的地方分权制和省县地方自治制度。(3)在"基本国策"一章中,除规定国民经济和教育文化外,还增加了国防、外交、社会安全、边疆地区等内容。(4)从形式上看,较大幅度地增加了章节和条文。

由于《中华民国宪法》是在国民党违背政协《关于宪草问题的协议》和撕毁政协协议的条件下通过和颁布的,因此它缺乏政治上的正当性和合法性。早在1946年12月21日,中国共产党就发表声明,宣布中国人民和中国共产党对这部宪法将不予承认。这部宪法公布两年多后即随国民党反动统治的垮台而被人民所抛弃。

三、人民革命根据地的宪法性文件

由于蒋介石背叛国民革命,在南京成立了国民政府,中国共产党被迫走上农村包围城市,武装夺取政权的道路,先后在各革命根据地建立了人民政权。从中华苏维埃共和国到陕甘宁边区政府,革命根据地在不同历史时期相继颁布了若干宪法性文件,其中最重要的有《中华苏维埃共和国宪法大纲》《陕甘宁边区施政纲领》和《陕甘宁边区宪法原则》。

1.《中华苏维埃共和国宪法大纲》,简称《宪法大纲》。1931年11月第一次全国工农兵代表大会通过,1934年1月第二次全国工农兵代表大会作了修改和补充。《宪法大纲》共有17条,主要内容是:(1)确认革命政权的性质即工农民主专政,任务为反对帝国主义和封建主义,保证苏维埃区域工农民主专政的政权和达到它在全中国的胜利;(2)规定工农兵代表大会是政权的组织形式,其组织活动原则是民主集中制;(3)规定工农劳动人民在政治、经济、文化各方面的基本权利,凡是工农劳动者阶级、阶层都有参政权以及言论、出版、集会、结社、信教的自由,都享有劳动、生存、受教育的权利,男女平等;(4)宣布民族平等,规定外交政策的基本原则,宣布中华民族的完全自由与独立,不承认帝国主义在华的一切特权。

《宪法大纲》是中国历史上由人民代表机关正式通过并公布施行的第一部具有新民主主义性质的宪法性文件。尽管它的内容还不够完备,体例也不够健全,还存在照搬苏联模式的缺陷,但由于它是在中国共产党领导下制定的,总结了革命人民创建革命政权的经验,体现了中国人民反帝反封建的革命意志和争取民主自由的愿望,确认了人民革命斗争的成果,指明了革命发展的方向和奋斗目标,因此,它同资产阶级的以及旧中国反动政府制定的一切"宪法""约法",有本质上的区别。《宪法大纲》的颁布实施为以后的民主建设和制宪工作提供了宝贵的历史经验。

2.《陕甘宁边区施政纲领》。1941年11月,陕甘宁边区第二届参议会通过的《陕甘宁边区施政纲领》,由序言和21条组成,其内容为:(1)规定边区政府的主要任务;(2)规定抗日人民的权利;(3)规定实行民主建政,实行"三三制"原则;(4)规定对地主、资本家的经济政策,以促进经济发展;(5)规定民族平等和自治的政策。此外,还就司法制度、税收、教育、卫生、对待俘虏、武装部队、妇女地位等问题作了规定。这些内容对革命根据地的政权建设和法制建设都具有重大意义。

3.《陕甘宁边区宪法原则》。1946年4月,在延安召开的第三届边区参议会第一次会议上通过了《陕甘宁边区宪法原则》(简称《宪法原则》)。它反映了当时中国面临两种前途与命运的形势,体现了中国共产党提出的建立一个自由、民主、独立的新民主主义国家的原则。它共有5个部分,计25条,主要内容包括:(1)规定了新民主主义的政权组织形式,即各级人民代表会议制;(2)首次以专章将司法作为重要内容加以规定,确立了司法机关的地位和独立审判原则;(3)确认人民的权利自由,即法定的政治、经济、文化和武装自卫的权利以及物质上的保障;(4)进一步肯定并完善了《陕甘宁边区施政纲领》所确认的民族自治政策;(5)规定了基本经济制度和主要经济政策。《宪法原则》的制定和实施,不但对巩固新民主主义政权、推动人民解放战争的胜利起了积极作用,也为新中国成立后的法制建设积累了有益经验。

总结旧中国宪法演变的历史经验,正如刘少奇所说:"一百多年以来,中国革命同反革命的激烈的斗争没有停止过。这种激烈的斗争反映在国家制度的问题上,就表现为三种不同的势力所要求的三种不同的宪法。"[①]这三种不同的宪法是从晚清皇帝、北洋军阀政府一直到国民党政府所炮制的伪宪法,中国民族资产阶级所向往的资产阶级民主共和国宪法,工人阶级领导的、以工农联盟为基础的人民共和国的宪法。它们在立宪背景、制宪主体、内容、性质、实现程序等方面各有特色,共同演绎了旧中国宪法产生和发展的历史过程。

第三节 中华人民共和国宪法的产生和发展

经过长期而曲折的革命斗争,中国人民终于在中国共产党的领导下取得了反对帝国主义、封建主义和官僚资本主义的决定性胜利,1949年10月1日,中

---

① 《刘少奇选集》下卷,人民出版社1985年版,第138页。

华人民共和国成立。人民掌握了国家政权，需要通过自己的法律对之加以保护和巩固。根据当时的形势和新中国成立后各个历史阶段的国情特点，我国先后颁布了《中国人民政治协商会议共同纲领》、1954年《宪法》、1975年《宪法》、1978年《宪法》和现行的1982年《宪法》。

一、《中国人民政治协商会议共同纲领》

在新中国诞生之时，由于辽沈、平津、淮海三大战役的胜利，国民党反动政权的灭亡已成定局，但人民解放战争的军事行动尚未结束，土地制度的改革在广大新解放区尚未进行，广大人民群众的认识与组织程度还有待进一步提高，因而普选的各级人民代表大会没有召开。这些特定的历史条件决定了制定国家宪法的条件不够成熟，然而又急需有一部宪法性文件，以规范和统一全国人民的行动并指导当时各项重大任务的进行。

在中国共产党的号召和领导下，作为人民民主统一战线组织形式的中国人民政治协商会议第一次全体会议，于1949年9月在北京召开，由它代行全国人民代表大会这一最高国家权力机关的职权。这次全会通过了起临时宪法作用的《中国人民政治协商会议共同纲领》(简称《共同纲领》)，选出了中央人民政府委员会，作为行使最高国家权力的常设机关。对于《共同纲领》的性质和作用，毛泽东当时说得非常明确，这是我们国家现时的根本大法，是检查工作、讨论问题的准则。[1]

《共同纲领》包括序言和7章一共60条，它总结了我国人民百年来反帝反封建反官僚资本主义的革命斗争经验，主要内容包括以下四个方面。

（一）确认国家性质和任务

在《共同纲领》序言中规定:"中国人民民主专政是中国工人阶级、农民阶级、小资产阶级、民族资产阶级及其他爱国民主分子的人民民主统一战线的政权，而以工农联盟为基础，以工人阶级为领导。"在总纲部分规定:"中华人民共和国为新民主主义即人民民主主义的国家，实行工人阶级领导的、以工农联盟为基础的、团结各民主阶级和国内各民族的人民民主专政，反对帝国主义、封建主义和官僚资本主义，为中国的独立、民主、和平、统一和富强而奋斗。"

（二）确认政权组织和原则

《共同纲领》规定:"中华人民共和国的国家政权属于人民。人民行使国家政权的机关为各级人民代表大会和各级人民政府。各级人民代表大会由人民用普选方法产生之。"各级政权机关一律实行民主集中制。"在普选的全国人民代表大会召开以前，由中国人民政治协商会议的全体会议执行全国人民代表大会的

---

[1] 《毛泽东文集》第6卷，人民出版社1999年版，第77页。

职权,制定中华人民共和国中央人民政府组织法,选举中华人民共和国中央人民政府委员会,并付之以行使国家权力的职权";"在普选的地方人民代表大会召开以前,由地方各界人民代表会议逐步代行人民代表大会的职权";还规定在全国人民代表大会召开之后,中国人民政治协商会议可以就有关国家建设事业的根本大计及其他重要措施,向全国人大或中央人民政府提出建议案。

(三) 赋予人民权利和义务

《共同纲领》规定人民享有选举权和被选举权;享有思想、言论、出版、集会、结社、通讯、人身、居住、迁徙、宗教信仰、示威游行的自由及男女平等权利;同时还规定国民有保卫祖国、遵守法律、爱护公共财产、应征公役和缴纳赋税的义务。

(四) 规定国家的大政方针

1. 经济政策。《共同纲领》规定:国家"经济建设的根本方针,是以公私兼顾、劳资两利、城乡互助、内外交流的政策,达到发展生产、繁荣经济之目的"。规定了五种经济成分即国营经济、合作社经济、农民和手工业者的个体经济、私人经济、国家资本主义经济,其中,国营经济为社会主义性质的经济;合作社经济、农民和手工业者的个体经济、私人资本主义经济和国家资本主义经济都要在国营经济领导下,分工合作,各得其所,以促进整个社会经济的发展。

2. 文教政策。《共同纲领》规定:"人民政府的文化教育工作,应以提高人民文化水平,培养国家建设人才,肃清封建的、买办的、法西斯主义的思想,发展为人民服务思想为主要任务";还规定发展自然科学、奖励优秀的社会科学著作,发展文学艺术和扫盲事业,改革旧的教育制度、教育和教学法,提倡国民体育,发展卫生事业,保护新闻自由和发展新闻出版事业。

3. 民族政策。《共同纲领》宣布,我国各民族一律平等,中华人民共和国应成为各民族友爱合作的大家庭。在少数民族聚居地区,实行民族区域自治。各少数民族有发展其语言文字,保持和改革其风俗习惯及宗教信仰的自由,人民政府应帮助各少数民族发展政治、经济、文化、教育等各项建设事业。

4. 外交政策。《共同纲领》规定,国家外交政策的原则是保障本国独立、自由和领土主权的完整,拥护国际的持久和平和各国人民间的友好合作,反对帝国主义的侵略政策和战争政策。

5. 军事政策。《共同纲领》规定,加快部队建设以巩固国防等。

《共同纲领》的贯彻实施,对新中国成立初期国家的政治、经济、文化和社会生活起了很好的作用。它巩固和发展了人民民主专政,完成了民主革命的历史遗留任务,恢复和发展了长期被破坏的国民经济,为国家的社会主义改造和建设事业创造了良好的前提条件,而且加强了革命法制和反对帝国主义的斗争。

二、1954 年《宪法》

《共同纲领》公布实施后,我国人民在中国共产党领导下,进行了土地改革、镇压反革命和抗美援朝的伟大斗争,1953 年又开始实施国民经济建设的第一个五年计划,使得新中国的状况发生了巨大变化。在《共同纲领》的基础上制定宪法,确认和巩固新中国成立以来所取得的胜利成果和基本经验迫在眉睫。1953 年中央人民政府委员会第 20 次会议决定成立宪法起草委员会。1954 年 3 月,毛泽东主席向宪法起草委员会提交了中共中央拟定的宪法草案初稿,该初稿被接受后,在广泛征求各方面意见并进行修改的基础上,交付全国人民进行了两个月的讨论。1954 年 9 月 20 日,在北京召开了第一届全国人民代表大会第一次全体会议,通过了《中华人民共和国宪法》,由主席团加以公布后实施。

1954 年《宪法》由序言、四章共 106 条组成,其内容可概括为下列几个方面:

1. 以根本法的形式确认国家在过渡时期的总任务及其步骤,即逐步实现国家的社会主义工业化,逐步完成对农业、手工业和资本主义工商业的社会主义改造,各族人民通过和平道路消灭剥削和贫困,建设繁荣幸福的社会主义社会。

2. 规定了国家的根本性质是工人阶级领导的、以工农联盟为基础的人民民主国家,并确认了以中国共产党为领导的各民主阶级、各民主党派、各人民团体的广泛的人民民主统一战线的地位。

3. 规定国家的一切权力属于人民,民主集中制的人民代表大会制度为国家的基本政治制度,是我国的政权组织形式;规定我国统一的多民族的国家结构形式,各少数民族聚居的地方实行民族区域自治,各民族自治地方都是国家不可分离的部分;各民族一律平等,实行民族团结,禁止对任何民族的歧视和压迫。

4. 确认生产资料所有制的四种主要形式:国家所有制即全民所有制,合作社所有制即劳动群众集体所有制,个体劳动者所有制和资本家所有制。规定社会主义性质的国营经济是国民经济中的领导力量和国家实现社会主义改造的物质基础,应优先发展;合作社经济是社会主义或半社会主义经济,国家保护合作社的财产,鼓励、指导和帮助合作社经济的发展;国家依法保护个体劳动者的生产资料所有权,指导和帮助他们改善经营,并且鼓励他们根据自愿原则向合作社经济过渡;国家依法保护资本家的生产资料和其他资本的所有权。对资本主义工商业采取利用、限制和改造的政策,鼓励和指导它们通过不同形式的国家资本主义经济,逐步向全民所有制过渡。

5. 规定公民享有广泛的权利和自由。基本权利和自由包括:平等权,包括法律面前人人平等,民族平等和男女平等。政治权利和自由包括选举权和被选举权、言论、出版、集会、结社、游行、示威,以及控告违法失职的国家机关工作人员的权利和自由;人身自由权利包括人身自由,住宅不受侵犯,通信秘密受法律保护,居住和迁徙的自由;社会经济文化权利包括劳动权、休息权、获得物质帮助权、受教育权,从事精神产品生产的自由,宗教信仰自由以及因受行政侵害而要求赔偿权。国家为公民权利的行使提供必需的物质便利,同时要求公民履行所要求的义务,即遵宪守法,爱护和保卫公共财产,遵守劳动纪律和公共秩序,尊重社会公德以及依法纳税和服兵役。

6. 在国家机构方面,宪法规定各级人民代表大会为国家权力机关,国务院和地方各级人民委员会是国家权力机关的执行机关,是行政机关,人民法院是国家的审判机关,人民检察院是国家的法律监督机关。各级人民代表大会组织监督、罢免其他国家机关的组成人员,其他国家机关向它负责。

1954年《宪法》是《共同纲领》的继承和发展,在新中国宪法史上具有重要意义。它根据当时全国人民的共识,确定了建设社会主义制度的道路和目标;它以人民民主原则作指导,确立了适合国情的国体和政体,并且较完整地规定了公民的基本权利和义务。这部宪法在起草过程中,受到了社会广泛关注,领导人重视,全民讨论,广泛征求意见,较为深入人心。在宪法施行的最初三四年里,1954年《宪法》在国家生活和社会生活中发挥了重要作用,大大促进了社会主义事业的发展。作为新中国历史上第一部社会主义宪法,1954年《宪法》在我国社会发展进程中的重要作用不可否认,特别是1954年《宪法》所确立的基本原则和精神对1982年《宪法》的修改也产生了深远影响。

三、1975年《宪法》

1973年8月党中央决定筹备四届人大并修宪,"四人帮"利用其窃取的部分权力参与工作,图谋进行"权力再分配",将会议一直拖延了近两年,直到1975年1月才召开。就在这届全国人大一次会议上,通过了1975年《宪法》。

这部宪法是在"左"的思想指导下修改完成的,加上"四人帮"的干扰和破坏,1975年《宪法》存在着严重的"左"倾错误和缺陷,主要表现在:(1)把"以阶级斗争为纲"作为指导思想,强调"坚持无产阶级专政下的继续革命";(2)在国家机构的性质和制度设置上也存在许多问题,如规定"全国人民代表大会是中国共产党领导的最高国家权力机关";(3)在对公民权利义务的规定方面,1975年《宪法》将公民的权利和义务合并,并将义务写在权利之前,缩减了权利,加重了义务;(4)从宪法典的篇幅上看,1957年《宪法》的总条文仅有30条,比1954年《宪法》减少了76条,把必须规定的内容大量地删减,如此简短疏漏,使宪法成了大纲性的文件。不仅如此,一些条文如标语口号,甚至用毛泽东语录作为条文,出现了一些概念和文辞上的含糊不清。

四、1978 年《宪法》

1976 年粉碎了"四人帮"反革命集团,结束了长达十年的"文化大革命",我国进入新的历史时期,作为"文革"产物的 1975 年《宪法》,显然已不能适应新时期发展的需要。于是 1978 年 3 月 5 日第五届全国人大第一次会议通过了修改后的《宪法》即 1978 年《宪法》,这是我国颁布的第三部宪法。

1978 年《宪法》共有 4 章 60 条,在宪法典结构上和 1954 年《宪法》、1975 年《宪法》相同,包括序言和总纲,国家机构,公民的基本权利和义务,国旗、国徽、首都等几个部分。在条文的数量上,比 1975 年《宪法》增加了一倍。更新的内容主要有:(1) 确认国家的新历史时期总任务,即在 20 世纪内实现工业、农业、国防和科技的社会主义现代化;(2) 强调要充分发扬社会主义民主,保障人民参与国家管理,管理各项经济事业和文化事业,监督国家机关和工作人员;重视社会主义法制建设,恢复设置人民检察院,加强其法律监督职能;(3) 注重科学、教育事业在国家社会主义四化建设中的地位和作用,规定了大力发展科学、教育事业的基本方针和政策;(4) 取消 1975 年《宪法》中的某些错误规定,如"全面专政"等,恢复了 1954 年《宪法》中曾经规定而被 1975 年《宪法》所取消的某些国家机关及其职权,使国家机关的组织和职权较为完备和具体;(5) 丰富了公民享有政治、经济和文化教育权利方面的内容。

但是,1978 年《宪法》是在粉碎"四人帮"反革命集团后不到一年半的时间里修改颁布的,党的十一届三中全会尚未召开,全面拨乱反正受到许多影响和制约,因此这部宪法仍然具有较为浓厚的"无产阶级文化大革命"的色彩。诸如其在序言中仍然肯定"文革"的"成就",仍然坚持"以阶级斗争为纲"的指导思想和"无产阶级专政下继续革命"的理论;在地方国家机关中仍保持"革命委员会"的名称;在公民的基本权利部分,规定"四大"(大鸣、大放、大辩论、大字报)作为公民的一项基本权利。这样就使宪法本身存在着尖锐的对立与矛盾,坚持以阶级斗争为纲与四个现代化、肯定"文革"与大批冤假错案的平反昭雪同时并存。由于这些缺陷的存在,因而在通过并公布实施后不久,就先后对它进行了两次部分修改,以适应现实生活发展的需要。1979 年 7 月 1 日,第五届全国人大第二次会议通过了《关于修改〈中华人民共和国宪法〉若干规定的决议》,决定在县和县以上的地方各级人民代表大会设立常务委员会,将县级人大代表的产生方式由间接选举改为直接选举,将地方各级革命委员会改称地方各级人民政府,将上级人民检察院同下级人民检察院的监督关系改为领导关系。1980 年 9 月 10 日,第五届全国人大第三次会议又通过了《关于修改〈中华人民共和国宪法〉第四十五条的决议》,决定删除人民基本权利中"有运用'大鸣、大放、大辩论、大字报'的权利"的规定。

五、1982 年《宪法》

1978 年《宪法》颁布不久，我国发生了具有历史意义的几件大事：一是关于真理标准问题的讨论，确立了实践是检验真理的唯一标准这一马列主义的基本观点；二是 1978 年 12 月，中国共产党召开了十一届三中全会；三是 1981 年 6 月，党的十一届六中全会通过了《关于建国以来党的若干历史问题的决议》；四是 1982 年 9 月，党的第十二次全国代表大会确定了全面开创社会主义现代化建设新局面的战略决策。所有这些为修宪工作提供了明确的指导思想和理论基础。

1980 年 9 月，第五届全国人大第三次会议接受中共中央提出的《关于修改宪法和成立宪法修改委员会的建议》，决定成立宪法修改委员会，主持修改宪法工作。宪法修改委员会经过几个月的工作，提出了《中华人民共和国宪法修改草案》，决定提请第五届全国人大第五次会议审议。1982 年 12 月 4 日，第五届全国人大第五次会议举行全体会议，表决并通过了《中华人民共和国宪法》。同日，由大会主席团公布实施。

1982 年《宪法》是新中国颁布的第四部宪法，其结构体系依次是：序言，总纲，公民的基本权利和义务，国家机构，国旗、国徽、首都，共分 4 章，计有 138 条。1982 年《宪法》有以下重要特点：

1. 1982 年《宪法》总的指导思想是坚持四项基本原则。即坚持党的领导，坚持人民民主专政，坚持社会主义道路，坚持马列主义、毛泽东思想。1982 年《宪法》第一次把它作为一个统一不可分割的整体，明确写入宪法，使之成为宪法总的指导思想。

2. 把社会主义现代化建设确认为今后国家的根本任务，规定经济制度，倡导经济体制改革。1982 年《宪法》总结了新中国成立以来特别是社会主义改造完成以后，没有将工作重点及时转移到经济建设上来的教训，在序言中明确规定："今后国家的根本任务是集中力量进行社会主义现代化建设"，"逐步实现工业、农业、国防和科学技术的现代化，把我国建设成为高度文明、高度民主的社会主义国家"，这就用根本法的形式把国家工作重点的历史性转变固定了下来，同时也意味着今后国家的一切工作，都要围绕社会主义现代化建设这个重点，要为这个中心服务。宪法关于经济制度的规定及倡导经济体制改革的精神主要表现在：从中国生产力的实际水平出发，规定了以公有制为基础的多种所有制形式和以按劳动分配为主体的多种分配形式；肯定了各种形式的责任制；重视市场调节的重要作用；赋予全民所有制企业和集体所有制企业不同范围的经营自主权；规定了政府机构管理经济的职能等，从而有利于我国经济体制改革的深入进行。

3. 重视政治制度建设和国家机构的合理设置，倡导政治体制改革。宪法既规定了人民民主专政的国体、人民代表大会制的政体、统一的多民族国家结构形式等制度,又规定了颇具特色的爱国统一战线和特别行政区等内容。在国家机构的设置上有所创新和发展,充满改革精神,这主要体现在:(1)扩大全国人大常委会的职权,完善其组织,如规定其享有立法权,增设专门委员会,以及规定常务委员不得担任其他国家机关的职务,以加强人民代表大会制度;(2)为健全国家机构恢复了国家主席的建制;(3)设立中央军事委员会领导全国武装力量,以确立军队在国家体制中的地位;(4)实行行政首长负责制,以提高工作效率;(5)为加强地方政权建设,县级以上各级人大设立常委会,省级人大及其常设机关享有地方性法规的制定权;(6)恢复设立乡政权,改变乡村人民公社的政社合一体制,并把作为群众性自治组织的城市居民委员会和农村村民委员会列入宪法之中;(7)规定部分国家领导人的限任制,即连续任职不得超过两届,以废除领导职务的终身制。此外,宪法还规定,一切国家机关和武装力量、各政党必须在宪法和法律的范围内活动,并负有维护宪法尊严,保证宪法实施的职责,一切违反宪法和法律的行为,必须予以追究。这些规定的目的在于:使全体人民能够更好地行使国家权力;使国家机关能够更好地领导和组织社会主义建设事业,使各个国家机关更好地分工合作、相互配合,使之充满活力,富于实效。

4. 高度重视社会主义文化制度和精神文明建设。1982年《宪法》在序言中还把建设高度文明的社会主义国家确定为国家的根本任务和奋斗目标之一。社会主义文明包括物质文明和精神文明,精神文明包括科学文化建设和思想道德建设两个方面的内容。总纲第20条到第23条,集中规定了文化建设的有关内容;第24条规定了思想建设的方式和内容,并将它贯穿于各级国家机关的职权和公民的基本权利义务之中。把文化制度和精神文明建设写入宪法,这是1982年《宪法》的显著特征之一。

5. 发扬社会主义民主,健全社会主义法制。1982年《宪法》规定:"中华人民共和国的一切权力属于人民"。这是我国国家制度的核心内容和根本准则。为了保证人民充分行使当家作主的权利,宪法加强了全国人大及其常委会的建设,加强了地方国家权力机关的建设;规定人民依法享有通过各种途径和形式,管理国家事务、管理经济和文化事业、管理社会事务的权利;规定设立村民委员会、居民委员会这一基层群众性自治组织,并且把"公民的基本权利和义务"一章,从原来的第三章改为第二章,突出了人民是国家主人的地位,赋予公民广泛而真实的权利自由。为了切实保障人民民主,必须把民主建设和法制建设结合起来,使民主法律化、制度化。为此,宪法在序言中宣告了自身的最高法律地位和最高法律效力。第5条又明确规定"国家维护社会主义法制的统一和尊严","一切法律、行政法规和地方性法规都不得同宪法相抵触","一切国家机关和武装力量、各政党和各社会团体、各企业事业组织都必须遵守宪法和法律,一切违反宪法和法律的行为,必须予以追究","任何组织或者个人都不得有超越宪法和法律的特权"。

1982年《宪法》在实践过程中,已经过5次部分修改,通过了52条宪法修正案,分述如下:

1988年4月12日第七届全国人民代表大会第一次会议通过了两条《宪法修正案》,第1条修正案增加规定允许私营经济的合法存在,对私营经济的性质、地位和采取的措施也作了规定:"国家允许私营经济在法律规定的范围内存在和发展。私营经济是社会主义公有制经济的补充。国家保护私营经济的合法的权利和利益,对私营经济实行引导、监督和管理。"第2条修正案修改了《宪法》第10条第4款,规定"土地的使用权可以依照法律的规定转让"。

随着经济的发展和改革的深入,1993年3月29日第八届全国人民代表大会第一次会议又通过第3条至第11条《宪法修正案》。这次修改案的主要内容是:序言第七段增加"我国正处于社会主义初级阶段""根据建设有中国特色社会主义的理论"和"坚持改革开放"等内容,并将原来的"高度文明、高度民主"改为"富强、民主、文明";序言第十段末尾增加"中国共产党领导的多党合作和政治协商制度将长期存在和发展";将"国营经济"改为"国有经济","国营企业"改为"国有企业";将"农村人民公社、农业生产合作社",改为"农村中的家庭联产承包为主的责任制";把原来规定的计划经济改为"社会主义市场经济",将原来规定的"国家通过经济计划的综合平衡和市场调节的辅助作用,保证国民经济按比例地协调发展"改为"国家加强经济立法,完善宏观调控";将县、不设区的市、市辖区的人民代表大会每届任期由原来的三年改为五年。

1997年召开的中国共产党第十五次全国代表大会,高举邓小平理论伟大旗帜,总结我国改革开放和社会主义建设的新经验,对建设有中国特色社会主义事业的跨世纪发展作出了全面部署。由于十五大决议中的有关内容已经对宪法的规定有所发展,因此,中共中央建议全国人大常委会以党的十五大报告为依据,对宪法的部分内容作适当修改,1999年3月15日第九届全国人民代表大会第二次会议通过了第12条至第17条《宪法修正案》,主要包括如下内容:(1)在宪法序言第七自然段,增加"邓小平理论"的内容,相应地将"根据建设有中国特色社会主义的理论"修改为"沿着建设有中国特色社会主义的道路",并将"我国正处于社会主义初级阶段"修改为"我国将长期处于社会主义初级阶段",增加"发展社会主义市场经济"的内容。(2)《宪法》第5条增加规定:"中华人民共和国实行依法治国,建设社会主义法治国家。"(3)《宪法》第6条增加规定:"国家在社会主义初级阶段,坚持公有制为主体、多种所有制经济共同发展的基本经济制度,坚持按劳分配为主体、多种分配方式并存的分配制度。"(4)《宪法》第8条第1款增加规定:"农村集体经济组织实行家庭承包经营为基础、统分结合的双层经营体制。"相应地删去"家庭联产承包为主的责任制"的提法。(5)《宪法》第11

条增加规定:"在法律规定范围内的个体经济、私营经济等非公有制经济,是社会主义市场经济的重要组成部分。"相应地删去个体经济、私营经济是"社会主义公有制经济的补充"的提法,同时将本条的其他文字修改为"国家保护个体经济、私营经济的合法的权利和利益。国家对个体经济、私营经济实行引导、监督和管理。"(6)将《宪法》第 28 条中的"反革命的活动"修改为"危害国家安全的犯罪活动"。

随着我国社会的进一步发展,2004 年 3 月 14 日第十届全国人民代表大会第二次会议通过了第 18 条至第 31 条《宪法修正案》,主要内容如下:(1)将"三个代表"的重要思想、"三个文明"协调发展载入宪法,丰富了现行宪法精神的内涵;(2)将"社会主义事业的建设者"作为爱国统一战线的组成部分,扩大了爱国统一战线的范围;(3)将"尊重和保障人权""公民的合法的私有财产不受侵犯""国家为了公共利益的需要,可以依照法律规定对公民的私有财产实行征收或者征用并给予补偿"以及"国家为了公共利益的需要,可以依照法律规定对土地实行征收或者征用并给予补偿"等载入宪法,进一步强调了对人权和公民基本权利的保护;(4)增加了"国家建立健全同经济发展水平相适应的社会保障制度"的规定,为我国建立完善的社会保障制度提供了宪法依据;(5)将"戒严"修改为"紧急状态",为我国建立完善的紧急状态制度提供了宪法基础;(6)明确将《义勇军进行曲》作为国歌,首次载入宪法,完善了我国国家标志的宪法制度。此外,2004 年的《宪法修正案》还对乡镇人民代表大会的任期、国家主席的职权等内容作了修改。

根据国家和社会建设发展的需要,特别是中国特色社会主义事业的长足发展,2018 年 3 月 11 日第十三届全国人民代表大会第一次会议通过了第 32 条至第 52 条《宪法修正案》,主要内容如下:

(1)确立科学发展观、习近平新时代中国特色社会主义思想在国家政治和社会生活中的指导地位,并加强党的领导。在《宪法》第一章"总纲"第 1 条第 2 款后增写一句,内容为"中国共产党领导是中国特色社会主义最本质的特征"。(2)丰富完善国家发展目标和国家发展历程。在《宪法》序言中,将宪法序言第七自然段中"推动物质文明、政治文明和精神文明协调发展,把我国建设成为富强、民主、文明的社会主义国家"修改为"推动物质文明、政治文明、精神文明、社会文明、生态文明协调发展,把我国建设成为富强民主文明和谐美丽的社会主义现代化强国,实现中华民族伟大复兴"。与此相适应,在第三章"国家机构"第三节第 89 条第 6 项"领导和管理经济工作和城乡建设"后,增加"生态文明建设"的内容。将宪法序言第十自然段中"在长期的革命和建设过程中"修改为"在长期的革命、建设、改革过程中";将宪法序言第十二自然段中"中国革命和建设的成就是同世界人民的支持分不开的"修改为"中国革命、建设、改革的成就是同世人民的支持分不开的"。(3)完善依法治国和宪法实施举措,将《宪法》序言第七自然段中"健全社会主义法制"修改为"健全社会主义法治"。在《宪法》第一章"总纲"第27条增加第3款:"国家工作人员就职时应当依照法律规定公开进行宪法宣誓。"(4)充实完善爱国统一战线和民族关系。将《宪法》序言第十自然段中"包括全体社会主义劳动者、社会主义事业的建设者、拥护社会主义的爱国者和拥护祖国统一的爱国者的广泛的爱国统一战线"修改为"包括全体社会主义劳动者、社会主义事业的建设者、拥护社会主义的爱国者、拥护祖国统一和致力于中华民族伟大复兴的爱国者的广泛的爱国统一战线"。将《宪法》序言第十一自然段中"平等、团结、互助的社会主义民族关系已经确立,并将继续加强"修改为"平等团结互助和谐的社会主义民族关系已经确立,并将继续加强"。与此相适应,将宪法第一章"总纲"第4条第1款中"维护和发展各民族的平等、团结、互助关系"修改为"维护和发展各民族的平等团结互助和谐关系"。(5)增加倡导社会主义核心价值观的内容。将《宪法》第一章"总纲"第24条第2款中"国家提倡爱祖国、爱人民、爱劳动、爱科学、爱社会主义的公德"修改为"国家倡导社会主义核心价值观,提倡爱祖国、爱人民、爱劳动、爱科学、爱社会主义的公德"。(6)增加有关监察委员会的各项规定。在《宪法》第三章"国家机构"第六节后增加一节,作为第七节"监察委员会",就国家监察委员会和地方各级监察委员会的性质、地位、名称、人员组成、任期任届、领导体制、工作机制等作出规定,并对宪法中的相关条款进行相应修改。(7)增加设区的市制定地方性法规的规定。在《宪法》第三章"国家机构"第100条增加第2款:"设区的市的人民代表大会和它们的常务委员会,在不同宪法、法律、行政法规和本省、自治区的地方性法规相抵触的前提下,可以依照法律规定制定地方性法规,报本省、自治区人民代表大会常务委员会批准后施行。"(8)修改全国人大专门委员会的有关规定,其中将法律委员会修改为宪法和法律委员会。此外,2018年《宪法修正案》还对国家主席任职、和平外交政策等内容作了修改。

1982年《宪法》的5次部分修改,及时确认了改革开放和社会主义现代化建设过程中取得的成果和经验,从而使宪法更加符合发展变化了的社会关系和改革开放的新需要,增强了宪法的适应性和生命力,集中体现了改革开放的巨大成就和社会主义现代化建设的重大成果,有利于宪法功能和作用的发挥,有利于维护宪法权威和保证宪法实施。

六、我国宪法的发展趋势

随着社会主义市场经济体制的确立,在全面深化改革推动下的宪法发展有了更为明确的走向。具体而言,主要有以下几种趋势。

1. 中国共产党的领导将得到进一步保障,党依宪执政的水平将得到进一步提升。党的十九大报告提出"中国特色社会主义最本质的特征是中国共产党领导"的重要论断,深刻揭示了中国共产党领导与中国特色社会主义之间的内在统一性。2018年通过的《宪法修正案》把"中国共产党领导是中国特色社会主义最本质的特征"写入《宪法》第1条第2款,从社会主义本质属性的高度确定党在国家中的领导地位,将坚持党的领导上升到国家根本制度层面,使之具有更强的制度约束力和更高的法律效力。在《宪法》总纲规定的国家根本制度中充实"中国共产党领导是中国特色社会主义最本质的特征"的内容,使宪法"禁止任何组织或者个人破坏社会主义制度"的规定内在地包含禁止破坏中国共产党的领导的内涵,进一步强化了党的领导地位的法律权威,从而使宪法为坚持和加强党的领导提供有力法律保障。与此同时,"中国共产党的领导"写入宪法总纲,也对党的领导与执政的科学性、合法性提出更高要求。《中国共产党章程》规定:"党必须在宪法和法律的范围内活动。"习近平总书记指出:"新形势下,我们党要履行好执政兴国的重大职责,必须依据党章从严治党、依据宪法治国理政。"①因此,宪法不但是党治国理政的依据,还是党必须遵守的准则。"坚持依宪治国、依宪执政,就包括坚持宪法确定的中国共产党领导地位不动摇,坚持宪法确定的人民民主专政的国体和人民代表大会制度的政体不动摇"②,以此实现党的领导、依法治国、人民当家作主的有机统一。

2. 政府行政权力在客观上将受到一定程度的限制,行政指导在政府对经济管理的过程中将显得日益重要。我国的行政权一向比较发达,政府凭借着行政权力不仅以各种形式的计划管理国民经济,而且还运用十分健全的行政组织直接参与企业的经营活动。市场经济体制确立后,虽然也需要政府对经济的宏观调控,但政府对企业经营活动的参与和直接干预将有所减弱。1993年的《宪法修正案》将"国营企业"改为"国有企业"的主旨,在于说明国家仅仅是企业的所有者,而不一定就是企业的经营者。这样更为彻底地强调所有权和使用权(包括经营权)的分离,既是市场经济的客观需要,也是政府行政权力受到一定限制的依据。在现有条件下,政府行政权力受到的限制主要来自下列方面:(1)立法限制。权力机关通过有关立法赋予企业更多独立自主的经营权,相应地限制了政府习惯性地干预企业经营活动的做法。(2)获得经营自主权的企业,特别是民营企业,对政府不当干预的抵制。(3)经济组织和企业还可通过行政诉讼等途径,借助司法监督的权威,对政府的非法干预进行排斥并获得救济。(4)政府的自律性措施,如中央政府对地方政府干预企业经营活动的限制等。在这种情况

---

① 习近平:《关于〈中共中央关于全面推进依法治国若干重大问题的决定〉的说明》,载《人民日报》2014年10月29日,第2版。
② 习近平:《坚定不移走中国特色社会主义法治道路,为全面建设社会主义现代化国家提供有力法治保障》,载《求是》2021年第5期。

下,除必要的宏观调控外,政府经济职能主要靠政府行之有效的行政指导得以实现。行政指导的性质、作用、方式、途径等方面的问题,将成为宪法和行政法领域引人注目的问题。

3. 以人民法院审判权为核心的司法权将得到扩大与加强。事实上,从这一意义上讲,司法权的扩大与加强,与政府行政权受到相应限制是相对的。早期的以人民法院审判权为核心的司法权的扩大与加强是在经济体制转型过程中实现的。在计划经济体制下,经济纠纷主要通过隶属于政府的企业主管部门或综合经济管理部门(如经委),以行政手段予以解决,即便是民事纠纷,也有不少以行政手段为解决方式。在市场经济体制下或在向市场经济体制的过渡中,一方面是经济纠纷会大量增加,另一方面是经济组织既不愿也无法从政府方面获得经济纠纷的有效解决,只有寻求司法途径。这就在客观上要求进一步扩大法院的经济审判职能,加强经济审判组织。实际上,人民法院的经济审判职能和组织,是改革开放后出现的新事物,并随改革开放的深入不断进行扩大和加强。司法权的扩大与加强还表现在人民法院不仅获得了对行政案件的审判权,而且在司法实践中,随着公民、法人和其他组织宪法意识的提高,法院对行政案件的审判权也得到充实和强化。随着社会主义市场经济的不断成熟与完善,司法机关在知识产权保护、环境公益诉讼等领域的重要职能将不断凸显。在新一轮的司法体制改革的推动下,围绕以审判为中心的诉讼制度改革,人民法院独立行使审判权将得到进一步强化与保障。

4. 中国共产党领导的多党合作与政治协商制度在实践中将得到进一步加强和发展。《宪法修正案》第4条确立的"中国共产党领导的多党合作和政治协商制度将长期存在和发展"的宪法制度,是我国政治体制改革最重要的成果之一,同时也反映了该项制度进一步发展的趋势。《宪法修正案》第4条规定这一制度具有深远的意义:(1)它使我国多党合作的政党关系有了明确的宪法调整,预示着中国共产党与各民主党派、各民主党派之间将在中国共产党领导下,在国家政治、经济、文化等方面更广泛深入地合作。(2)中国共产党的领导是多党合作的前提,在多党合作的政党制度下,中国共产党对国家和各民主党派的领导将会得到进一步加强。(3)中国共产党对民主党派的领导,将通过对统一战线的领导和在政协中的强有力作用而得到加强。我国政党制度中的多党合作,是建立在民主党派性质的改变及其承认并接受中国共产党的领导基础之上。但是,这种领导不能被理解为中国共产党可以直接干预民主党派的内部事务和把自己的意志强加于民主党派。由于多党合作和政治协商制度的长期存在和发展,客观上要求中国共产党的领导,因此,中国共产党对民主党派的领导,就只能通过加强对统一战线的领导和强化在政协中的地位和作用来实现。(4)民主党派的参政将会朝着进一步制度化的方向发展。随着社会主义市场经济的发展,民主党派所联系的那部分社会成员,在同全国人民根本利益一致的前提下,不可避免地要形成特殊的利益要求。在民主政治下,表达与实现这种要求的最佳途径莫过于通过各自的党派参政。民主党派参政的进一步制度化,主要表现为两个方面:一是现有一系列民主党派参政的制度将随着有关宪法制度的发展而进一步法律化,成为国家政治制度的重要组成部分。二是多党合作和政治协商丰富多彩的政治实践,可能创制新的宪法惯例,从而使中国共产党领导的多党合作和政治协商制度进一步制度化。

5. 公民基本权利也将得到重大发展。市场经济的本质是自由经济,它不仅要求给予经济组织以更多的自由经营权利,而且更重要的是赋予公民更多的自由权利。从我国目前的实际情况看,公民基本权利的发展,将主要呈现在以下几个方面:(1) 财产所有权已成为我国公民的一项基本权利。以前,虽然宪法也明确规定国家保护公民的合法收入、储蓄、房屋和其他财产的合法所有权以及公民的私有财产的继承权,但没有给予公民私有财产的所有权以应有的宪法地位。现行宪法的第四次修改,明确规定"公民合法的私有财产不受侵犯"等内容,使公民财产所有权有了宪法的根本保障,符合我国权利发展的要求。(2) 迁徙自由在条件成熟时,也会成为公民一项基本的人身自由权。1954年《宪法》规定了公民有迁徙自由权,现行宪法从当时的实际情况出发,没有将其列入公民的基本权利。从某种意义上看,这是计划经济体制的必然结果。在市场经济体制下,经济的发展需要自由劳动力,而迁徙自由是自由劳动力不可缺少的条件。可以说,迁徙自由是市场经济的客观要求在公民权利方面的反映之一。(3) 政治权利将进一步得到认同,并更加现实地为公民所实际享有。在计划经济体制下,公民政治权利与现实利益间存在一定的差距,公民参与政治的积极性缺乏经济利益的激励,使宪法规定的公民政治权利的许多方面被虚置或只有形式上的意义。在市场经济条件下,通过市场的纽带作用,公民的经济利益同政治权利将紧密地联系在一起。公民只有有效地参与政治,才能从根本上使政治决策体现和反映其经济利益,这样宪法规定的政治权利才会被公民认同和重视,最终为公民所实际享有。

6. 宪法监督制度将进一步完善。现行宪法规定了较前几部宪法更为健全的宪法监督制度,但从宪法监督的实际看,我国宪法监督制度仍有待进一步完善。市场经济从某种意义上看是法治经济,而法治必须以宪法的全面有效实施为根本出发点。宪法全面有效地实施,则有赖于健全的宪法监督制度。在现行宪法体制下,完善我国宪法监督制度,主要有两个方面内容:(1) 进一步健全全国人大及其常委会从事宪法监督的机构和职能;(2) 建立由人民法院审理具体宪法纠纷案件的宪法诉讼制度。

一、前沿问题

1. 关于宪法的产生条件的探讨

宪法的产生条件和宪法的概念紧密相关,对宪法概念的不同界定,必然会形成对宪法产生条件的不同理解。

一种观点认为宪法是近代资产阶级革命的产物,它要求资本主义为其提供经济、政治和法律基础才得以产生。这种宪法产生的"三条件说"是宪法学界的主流观点。对于宪法为何只能在资本主义社会产生这一问题,传统上有两种解释:(1)宪法是对民主事实的确认,是民主的制度化和法律化。在奴隶制、封建制社会里不可能有宪法,宪法只能是资产阶级革命的产物。(2)资本主义社会在政治、经济和法律形式方面具备了制定根本法的条件。近年来,宪法产生的文化条件日益引起学者们的关注,认为宪法是人类社会政治法律文化发展的必然结果,是资产阶级及其政治思想家对古代政治法律文化继承和超越的结果,是将人权、法治、三权分立等原则法律化的结果。

另一种观点认为,实质意义上的宪法是有关社会制度、国家制度基本原则以及政府根本组织的一系列规范之总和,古代早已有之。宪法和国家是同时产生的,没有宪法的国家是不可想象的。苏联学者契尔金的观点较有代表性,他认为"事实上的宪法是从国家和政权形成以后就已存在,而法律上的宪法作为一种特定的文件是在社会发展到一定阶段上才产生的"①。因此宪法是人类文明长期发展和积淀的结果,其产生的条件也没有近现代意义上的宪法的条件那样严格和具体。也正是在此意义上,有学者指出,宪法是人为了生存和发展有意识地组织社会共同体的规则,以及由该规则所构建的社会秩序。在近代以前,虽然不存在以自然法思想和社会契约论为基础的宪法,但并不能因此就否认古代存在某种意义上发挥组织社会共同体功能的宪法。遵循宪法历史发展的观念,作为一个历史进程,在人的生存和发展的进程中,需要不断地建立和完善与人的生存和发展相适应的社会共同体,作为组织共同体规则的宪法也需要不断地健全和完善。

还有一种观点则从近代资本主义国家宪法的产生历程及其历史基础考察宪法产生的条件,这在比较宪法学的研究中较为常见。为此,有学者指出,近代宪法产生的基本条件是市场经济的形成、市民阶级的出现,以及政治国家和市民社

---

① 〔苏联〕契尔金:《宪法与政治制度》,周伟等译,四川大学出版社1988年版,第9页。

会的分离。立足于英国宪法产生标志，有以 1215 年《自由大宪章》颁布、以 1688年"光荣革命"确立资产阶级统治等不同观点。当然也有学者进一步指出，对英国宪法形成于何时的判断就不能按照成文宪法的产生途径进行分析，英国宪法的产生是长期政治历史演变的自然造就，而非人们有意识的构造。

2. 关于宪法发展阶段划分的探讨

有学者通过对几百年来宪法发展规律的总结，提出了立宪规律的价值取向，认为立宪在不同的历史时期有不同的侧重点，宪法发展大致经历了从人权立宪到政治立宪再到经济立宪，并正在向知识立宪过渡的漫长的演进过程。这种观点隐含了将宪法发展划分为四个阶段的看法，但没有具体的时间界线。本书认为，如果从严格的根本法的角度理解宪法，可以将宪法的发展分为近代宪法和现代宪法两个发展时期。

如何认识美国 1787 年宪法的历史意义及当今美国宪法的转型发展，学者们亦有不同研究，最具代表性的首推布鲁斯·阿克曼教授在其《我们人民：奠基》中对以 1787 年宪法为基础的美国历史上的三次"宪法时刻"的深入分析。在阿克曼看来，美国宪法史上出现过三次高级立法时刻，即建国初期、重建时期（中期共和国）以及新政时期（现代共和国）。阿克曼认为应当抛弃以法院为中心的职业叙事，代之以整全主义的视角，尤其是总统、国会与法院之间的对话，还必须在政治科学家、历史学家、哲学家和法律人之间建立起桥梁，以便求得对美国宪法的整全主义理解。

中国宪法的产生晚于西方宪法，但自鸦片战争起宪法的观念传入中国已有近两百年的历史，从"清末立宪"开始的立宪实践也逾百年。笔者认为，中国宪法的发展应以新中国的成立为界线，分为旧中国的宪法和新中国的宪法两个时期，前者是中国宪法的近代时期，后者为中国宪法的现代时期。

此外，结合宪法发展的研究，学者们还对宪法学发展的阶段也进行了划分。一种观点以阶级实质为标准，认为我国宪法学发展的前半期为资本主义的宪法学，后半期为社会主义的宪法学，即马克思主义的宪法学。另一种观点是根据宪法学产生发展的社会历史进程，将宪法学的发展分为四个阶段：输入期（1902—1911 年）、形成期（1911—1930 年）、成长期（1930—1949 年）和现代中国宪法学时期（1949— ）。其中现代中国宪法学时期又经历了初创时期、曲折发展时期、停滞时期和恢复与发展时期四个阶段。也有学者以新中国成立以来的宪法发展历程为考察重点，指出我国宪法经历了从相对自发立宪建政，到比较自觉修宪改革，再到相当自信行宪复兴的历程，大略上形成了自"立宪建制—有宪无治"，到"修宪改革，依宪治国"，再到"良宪善治，行宪复兴"的过程。

3. 关于对旧中国宪法的评价

（1）对《钦定宪法大纲》的评价。对《钦定宪法大纲》的性质，有学者认为它是近代中国历史上"第一个宪法性文件",还有学者认为它是第一部具有资产阶级性质的宪法;也有学者认为它并不是第一部宪法,只是宪法的起草原则。

《钦定宪法大纲》最终归于失败,对此的评价也有不同的观点:否定观点认为,《钦定宪法大纲》由于制宪者的阶级局限性从根本上决定了这是一场立宪骗局。学者们进而指出,是"内忧外患迫使清政府走上为自救的无可奈何的改革之路",虽然披着立宪的外衣实为皇权宣言书,是借宪政之名行独裁之实。肯定观点认为清末立宪明确了君主的权力,改革封建法律制度实行适度分权,承认臣民的权利与自由,这在客观上反映了社会的进步与发展,标志着中国宪法文化从观念的启蒙层面渐已走到制度层面的初步试验阶段,《钦定宪法大纲》已初具近代意义宪法的特色。笔者认为,对这个文件的历史评价大多数著作都失之于简单化,对此应加以具体的历史的分析。该宪法大纲未付诸实施未免是一种缺憾,但结合当时的社会制度、历史条件分析,清王朝的腐朽并不是该大纲失败的唯一原因;而对该大纲内容的评价也不能简单地将其定性为"反动的",其实较之以往的封建专制,它的确发生了一系列质的变革,在一定程度上反映了民族资产阶级的某些利益和要求。

对《钦定宪法大纲》的评价引发的是对我国宪法、宪法文化价值的深层次的思考。我国的宪法是继受西方的,而且这种继受是被动的。之所以要引进西方的宪法,原因也在于中国的仁人志士受传统的儒学文化道器说、体用说的影响,把宪法作为民族复兴、国家富强的"器"引进中国,坚持的是富国强兵的工具主义宪法价值观。这对于拯救民族于危难之际是合理的选择,但也体现了对宪法核心价值的背离。对于背离的原因,学者认为主要是未能妥善解决好文化的人类性与民主性、法律的世界化与本土化的矛盾,偏执于民族性和本土化的一端,就会导致对宪法的核心价值的漠视和偏离。《钦定宪法大纲》的失败不全在于清廷的"欺骗",更重要的是近代中国缺乏成熟的社会条件,单靠一些思想和言论是难以将宪法推行于中国的,要突破理念与社会现实之间存在的隔膜,还需其他社会条件的支持。

(2) 对《中华民国临时约法》的评价。多数学者和宪法学著作都对《临时约法》作了较高的评价,认为它具有资产阶级共和国宪法的性质,是旧中国唯一的民主宪法文件,否定了存在于中国的两千多年的封建专制制度,以根本法的形式确立了主权在民、人人平等、权力分立等民主原则,树立了民主观念,对中国以后的发展影响深远。但由于封建势力的强大,民族资产阶级力量的薄弱,加之其他社会条件不成熟等多方面因素的影响,《临时约法》没有提出反帝反封的纲领。

也有学者提出,这本身就是一个充满矛盾的文件:建立了代议制,但并未形成普通民众政治参与的通道;实行国家权力的分立制,但其分配方式却含混不清;回避了中央与地方的权力关系;规定了约法的严格修订程序,但没有设置实施约法的专门机构。其实这种矛盾既是革命本身矛盾的再现,也是当时中国复杂社会条件的反映。

(3) 对1947年《中华民国宪法》的评价。这部宪法是在抗日战争结束后,蒋介石为维护自己的独裁统治在大陆地区制定的第一部也是最后一部正式宪法。该宪法同《五五宪草》的实质基本相同,打着宪政的旗号却干着独裁的勾当:名为国会制和责任内阁制,实则为总统制;名为地方自治,实为中央集权,实际上维护的是大地主、大资产阶级和帝国主义的利益。"人民无权,独夫集权"是这部宪法的实质。也有学者认为这部宪法关于人民权利的规定虽然在实质上是虚伪的,但在内容上却是清末立宪以来所有政府制定的宪法文件中最为具体的。笔者认为这部宪法较之清末、北洋军阀时期制定的宪法,无论在宪法内容上还是在立宪技术上都有很大的提高,但由于"制宪国大"和宪法本身缺乏政治正当性和合法性,因而是反民主的,从而不被人民所广泛认同。

4. 对旧中国立宪活动的反思

旧中国的立宪活动可谓频繁,制宪主体也颇为多样,但在近代中国历史上都不过是昙花一现、过眼云烟。但我们也不可简单地否定其意义,虽然引进西方的宪法文本未能在价值层面上直接触动"中体",事实上也未达到"富国强兵"的目标,但这是中国法律现代化的开端,中国几千年一脉相承的法律传统受到了现代化的影响,也启蒙了人们的法律意识。

也有学者立足于清末预备立宪的阶段性划分,认为这是宪法阶段论的最早实践,将立宪分为"预备立宪"与"正式立宪"两个阶段。晚清立宪的所有纷争都是围绕着"中国立宪是否需要预备阶段"这样一个主题而展开,立宪尽管以失败而告终,但"立宪预备"之思路却给其后的立宪实践以深刻的启迪,我国现行宪法的"社会主义初级阶段论"特别是1993年《宪法修正案》将国家奋斗目标设定为三个递进层次,更是集中体现了这一思路。

通过对旧中国立宪活动的反思,我们可以总结出对待外来法律文化的策略和正确态度:对外来先进的法律文化,采取拒斥的态度是愚蠢的,简单的移植也易落入"东施效颦"的陷阱,而且也是难以奏效的。因为法律制度的生成有历史性、地域性的要求,它需要一定的文化传统、合理的社会结构的支持。移植外来法律制度,关键在于将两种不同的文化整合到一个社会历史环境之中。理解了这一点,就不难解释为何旧中国的立宪活动以失败而告终,以及新中国为何对外国的宪法采取如此谨慎的态度了。

5. 对《共同纲领》的评价

对于《共同纲领》在新中国立宪史上的地位和作用,学者们普遍给予较高的评价,认为《共同纲领》是中国立宪史上的一个划时代的文献,它的贯彻实施对新中国成立初期国家的政治、经济、文化和社会生活起了很好的作用。它是一部新民主主义性质的起"临时宪法"作用的宪法性文件,承续了民主革命时期革命根据地的政权建设经验,记录了中国人民革命斗争的胜利成果,确立了新中国社会制度和国家制度的基本原则,指明了新中国成立初期的革命和建设目标,规定了各方面的基本政策。

也有学者从制宪史的角度出发,认为无论是从制宪权的内容还是从制宪权主体的角度出发,其连续性需要从1949年新中国成立及其通过的《共同纲领》的正当性原理当中去寻找。《共同纲领》是未来制宪的根本承诺,也奠定了人民当家作主、人民代表大会制度的历史基础。

6. 对1954年《宪法》、1975年《宪法》和1978年《宪法》的评价

(1) 对1954年《宪法》的评价。对1954年《宪法》的性质,有人认为它是中国历史上第一部社会主义类型的宪法;有人认为它还不是一部完整的社会主义类型的宪法,而只是一部过渡类型的宪法。后者是大多数学者所赞同的观点。之所以说1954年《宪法》在新中国宪法史上是一部很好的宪法,因为它是民意的真正体现,经过了慎重起草的过程,领导人重视,全民讨论,广泛征求意见,较为深入人心。在内容上,确立了社会主义制度及其道路和目标;它以人民民主原则作指导,确立了适合国情的国体和政体,并且比较完整地规定了公民的基本权利和义务;也有学者认为1954年《宪法》不但结合了中国经验,而且参考了国际经验以及某些世界宪法惯例,在当时确立了一些很好的制度,如明确规定国家保护个体劳动者的生产资料的所有权,公民在法律面前一律平等,人民法院独立进行审判只服从法律等。也有学者认为1954年《宪法》所构建的宪法制度和宪法结构,为以后的宪法制定提供了模式和方向,在新中国立宪史上具有开创性的地位。在实施后的三四年,1954年《宪法》在国家政治生活和社会生活中起了显著作用,大大促进了社会主义事业的发展。

当然,这部宪法也有不足之处:在内容上,受苏联宪法模式的影响具有计划经济的色彩;没有规定有效的宪法监督机制,宪法制度不够健全;在实施中,由于社会主义改造的提前完成,宪法中的一些规定与社会现实严重脱节,产生了宪法稳定性的问题;法律虚无主义和人治思想盛行,宪法并未真正树立起宪法权威,为后来这部宪法在"文革"中遭到破坏和废弃埋下了隐患。

(2) 对1975年《宪法》的评价。由于1975年《宪法》颁布于"文革"的中后期,学者们对这部宪法的批评较多。学者们指出这部宪法虽然保留了社会主义宪法的外壳和形式,但它在事实上严重破坏了社会主义制度。也有的认为它从内容到形式都反映了十年动乱的现实政治,有悖于宪法的基本要求,是一部极不完善的宪法,是中国宪法史上的一段弯路。还有的认为它完全是从政治需要的角度制定的,违背了宪法的基本原则与精神,是对社会主义民主法制的破坏。

20世纪90年代以来,学者们对1975年《宪法》的评价更加客观公正,在进

行批判的同时也实事求是地指出了其中存在着一定的合理性：这部宪法确认了国家经济制度和政治制度的社会主义原则；在关于全国人大及其常委会立法权、对外政策以及罢工自由等个别内容的规定方面，较1954年《宪法》也有进步；这部宪法的制定本身反映了人民要求结束动乱，恢复宪法秩序的愿望。

(3) 对1978年《宪法》的评价。1978年《宪法》是在粉碎"四人帮"反革命集团后，为适应形势发展的需要而制定的。这部宪法继承了1954年《宪法》的一些基本原则，在一定程度上纠正了1975年《宪法》的缺陷，有利于国家的法制建设重新步入正轨。在肯定的同时，学者们指出，它没能彻底纠正1975年《宪法》的错误，对"左"倾路线的批判还不够深入，对国家机构、经济制度以及公民权利的规定还不够科学。还有学者指出，就当时的实际情况而言，可以认为这是一部"过渡性"的宪法，在内容上既有正确的一面又有不足的一面；它的制定是完全必要的，后来的修改也是完全必需的。

7. 1982年《宪法》的认识评价及其发展

自1982年《宪法》颁布实施迄今已走过了几十年的历程，如何在规范与现实的关系中科学认识1982年《宪法》是全面推进法治、维护宪法权威的首要问题。(1) 对于1982年《宪法》文本，学者们认为这是最好的一部宪法，是1954年《宪法》的继承和发展，是改革开放的产物，不仅忠实地记载了十一届三中全会以来党的基本路线和基本政策，还为今后我国国家生活各个方面进行全面、系统和有序地改革提供了宪法基础。通过宪法修正案既适应了社会发展的需要，为我国的改革开放和社会主义现代化建设事业提供了有力的宪法保障，也充分体现了宪法的时代特征和共产党与时俱进的优秀品质。(2) 回顾宪法实施的几十年及其成就，学者们予以高度评价，认为公民的宪法意识普遍增强，社会主义民主意识和实践水平提高，社会主义民主范围进一步扩大；人民代表大会制度日益完善，已逐步显现其优越性；社会主义法律体系逐步健全。

在人类已经迈入21世纪的今天，在肯定1982年《宪法》的同时，学者们也立足于国家建设发展的需要，指出1982年《宪法》需要根据社会发展予以发展完善的地方。有学者指出现行宪法具有浓厚的计划经济体制的特点，某些方面和改革开放、社会主义市场经济不相适应，对宪法的小修小补已经不能适应我国宪法的发展，要为全面修改宪法做好理论上的准备；把全面修宪的立足点定为一部能在较长时间内不需要修改的宪法，成为国家权力的常态规则；在立宪思想、立宪基本原则、立宪模式方面展开全面、深入的讨论，特别要确认深刻反映中国国情并同世界进步趋势相一致的基本立宪原则；增强宪法的规范性、程序性和应用性，着眼于建立中国宪法实施机制和监督机制的可操作性。

8. 宪法的发展趋势

对宪法未来发展趋势的研究，不仅是宪法学研究的重要课题，也是适应时代发展要求的客观需要。有学者从宪法的性质、形式和内容三个方面对宪法的发展趋势进行了勾画：按照马克思主义社会发展规律的原理，提出社会主义类型的宪法终将完全取代资本主义类型的宪法，而且前者也将随着国家的消亡而不复存在；在形式上大多数国家都采用了成文宪法，结构更加严谨，语言更加准确精炼；在内容上的变化将有十个方面之多，如经济制度、教育科学文化、保护环境、国际关系、议会权力和行政权力、公民民主权利自由、宪法保障制度、紧急权、政党地位以及宪法修改程序等具体规定上都有相应的发展。

对我国宪法发展趋势的预测应建立在对现有宪法的批判地继承的基础之上，对于我国1954年《宪法》、1975年《宪法》和1978年《宪法》的制定和修改过程，我们必须进行历史的、系统的分析和比较，力求从历史与社会发展的角度解释中国宪法发展的特殊道路与宪法的文化内涵。在对历史总结的同时，还要以发展的眼光对"21世纪中国的宪法向何处去"这个问题作出科学、理性的回答。除与世界潮流保持一致外，中国宪法的发展趋势还有由国情决定的自身的特点：

首先，在宪法价值观上，宪法的发展需要科学的价值观的支持，这是必须加以重视的问题。考察我国宪法发展的历史不难发现，我国的宪法价值观中传统的实用主义、工具主义的宪法观占主导地位，随着社会的发展它必将被价值主义、民主主义宪法观所代替。宪法的制定和实施不仅仅应作为国家富强的工具，而且更应作为一种民主的理念深植人心。增强全民的宪法意识是改善宪法运作环境的前提和基础。在国际交流和合作不断加强、世界一体化的今天，更应处理好本土化与国际化、民族性与世界性的关系，吸收借鉴先进国家的宪法理论和实践，建构和发展适合我国国情的宪法体系和制度。

其次，在内容上，宪法的发展也是很明显的。在公民的基本权利自由方面，宪法要根据社会的发展对现有的公民权利体系予以补充和调整，加强公民基本权利的保护机制，在理论上明确基本权利的价值，寻求其获得基本权利地位的形式，妥善解决国家机构改革和调整中出现的问题。宪法语言的规范化将进一步提高，要注意宪法学与政治学的界分，特别是在规范解释学的意义上推动宪法学的发展。

最后，宪法的运行机制将会进一步健全，尤其是依法治国方略的推行、社会主义市场经济的进一步发展都要求宪法在运行中为其提供法治的具体模式和宪法支持。宪法要随着社会的发展而发展，就要完善适应社会变化的应变机制，要综合利用宪法解释、宪法惯例等多种手段。宪法要真正实施，确立和维护宪法的至上权威，建立和发展宪法保障制度是学者们的共同呼声。有学者提出要及时将民众关注的司法审查制度、宪法进入诉讼等方面的问题纳入宪法体系之中。建立宪法保障制度是毋庸置疑的，但具体的机构设置、工作方式以及工作程序等方面的问题还有待深入研究，这也是今后宪法发展的方向。

二、参考文献

1. 《马克思恩格斯选集》第1—4卷,人民出版社1995年版。
2. 马克思主义理论研究和建设工程重点教材《宪法学》(第2版),高等教育出版社、人民出版社2020年版。
3. 姜士林等编译:《世界宪法全书》,青岛出版社1997年版。
4. 〔古希腊〕亚里士多德:《政治学》,吴寿彭译,商务印书馆1997年版。
5. 〔美〕萨拜因:《政治学说史》,盛葵阳等译,商务印书馆1986年版。
6. 〔美〕帕尔默、科尔顿:《近现代世界史》,杨慧娟等译,商务印书馆1988年版。
7. 许纪霖等主编:《中国现代化史》,生活·读书·新知三联书店1995年版。
8. 荆知仁:《中国立宪史》,台湾联经出版事业股份有限公司1984年版。
9. 〔美〕费正清主编:《剑桥中华民国史》,中国社会科学院历史研究所编译,上海人民出版社1991、1992年版。
10. 〔美〕费正清主编:《剑桥中国晚清史》,中国社会科学院历史研究所编译,中国社会科学出版社1993年版。
11. 张晋藩、曾宪义编:《中国宪法史略》,北京出版社1979年版。
12. 蒋碧昆编著:《中国近代宪政宪法史略》,法律出版社1988年版。
13. 曾广载编著:《西方国家宪法和政府》,湖北教育出版社1989年。
14. 文正邦等:《共和国宪政历程》,河南人民出版社1994年版。
15. 许崇德:《中华人民共和国宪法史》(第2版),福建人民出版社2005年版。
16. 张晋藩:《中国宪法史》(修订本),中国法制出版社2016年版。
17. 韩大元主编:《中国宪法学说史研究》,中国人民大学出版社2012年版。
18. 吴宗慈:《中华民国宪法史》,法律出版社2013年版。
19. 王人博:《宪政文化与近代中国》,法律出版社1997年版。
20. 王名扬:《英国行政法》,中国政法大学出版社1987年版。
21. 王名扬:《法国行政法》,中国政法大学出版社1988年版。
22. 王名扬:《美国行政法》,中国法制出版社1995年版。
23. 〔日〕杉原泰雄:《宪法的历史——比较宪法学新论》,吕昶等译,社会科学文献出版社2000年版。
24. 〔法〕托克维尔:《旧制度与大革命》,李焰明译,译林出版社2014年版。
25. 〔德〕卡尔·施米特:《宪法学说》,刘锋译,上海人民出版社2016年版。
26. 〔美〕布鲁斯·阿克曼:《我们人民:奠基》,汪庆华译,中国政法大学出版社 2017 年版。

27. 秦前红:《宪法变迁论》,武汉大学出版社 2002 年版。
28. 王广辉等编著:《比较宪法学》(第 2 版),武汉大学出版社 2020 年版。
29. 何俊志:《从苏维埃到人民代表大会制——中国共产党关于现代代议制的构想与实践》,复旦大学出版社 2011 年版。

三、思考题

1. 试述宪法产生的一般条件及其对宪法实施和发展的意义。
2. 试析近代宪法和现代宪法的时代特点。
3. 试析中国近代宪法产生的社会条件及其对中国宪法发展的影响。
4. 试析《共同纲领》在新中国制宪史上的地位。
5. 1954 年《宪法》有哪些基本特点?对 1982 年《宪法》的影响主要有哪些?
6. 为什么说现行宪法是一部符合我国国情的中国特色社会主义宪法?
7. 试述我国宪法发展的趋势。
8. 现行《宪法》第五次修改的主要内容有哪些?

第三章 国家性质

国家性质是国家的根本问题,是整个国家制度的核心。作为国家根本法的宪法与国家性质关系密切,宪法是作为适应近现代国家维护阶级统治需要而产生的,近现代各国都将国家性质作为宪法的重要内容之一加以规定。只是有的国家宪法真实明确地规定国家的阶级性质,而有的国家以一般抽象的词句掩饰或不真实地加以规定。

我国的历部宪法都对国家性质作了明确具体的规定。现行《宪法》第1条从四个方面对我国的国家性质作了规定:我国是工人阶级领导的、以工农联盟为基础的人民民主专政的社会主义国家。社会主义制度是我国的根本制度;中国共产党的领导是中国特色社会主义最本质的特征;人民民主专政是我国国家政权的性质;禁止任何组织或者个人破坏社会主义制度。人民民主专政以工人阶级为领导、以工农联盟为基础,包括对人民民主和对敌人专政两个方面的内容,并有一个广泛的统一战线作为政治基础。人民民主专政实质是无产阶级专政,但与无产阶级专政相比,它又有一定的特殊性,是具有中国特色的无产阶级专政。现行《宪法》序言中指出要进一步继续巩固和发展爱国统一战线,进一步发挥人民政协的重要作用,这是对人民民主专政的政权基础的加强;通过宪法修正案强调了中国共产党领导的多党合作和政治协商制度将长期存在和发展。

中国共产党领导的多党合作是我国的政党制度。中国共产党的领导是我国政党制度的核心,多党合作是其特色。共产党领导的多党合作主要体现在两个方面:一是在国家生活中,共产党是执政党,民主党派是参政党;二是在政协制度中,共产党处于领导地位,民主党派参与其中,形成了领导与合作关系。

政治协商制度是具有中国特色的社会主义政治制度的重要组成部分。中国人民政治协商会议是我国统一战线和政治协商的组织形式。

关键词

国家性质 社会主义国家 党的领导 人民民主专政 政党制度 多党合作 统一战线 政治协商制度

第一节 国家性质概述

一、国家性质的概念

国家性质即指国家的根本属性。国家的根本属性是什么,是一切有关国家的理论必须探究和回答的问题,也是宪法和宪法学不能回避的问题。迄今为止,国家理论关于国家性质的解释可谓众说纷纭。按照学者们的分类,能自成体系并具有较大影响和代表性的主要有三种学说:契约论、掠夺论(剥削论)和"暴力潜能"分配论。有着悠久历史的社会契约理论,是一种用契约观点解释国家起源及性质的国家理论。社会契约理论假定在国家出现以前,人类处于自然状态之中,受自然法的支配和制约,并享有自然权利,为克服自然状态的不足,人们通过订立契约,相互转让一部分权利,并由此产生公共权力和国家。按照社会契约理论,国家是社会契约的产物,是人们自由意志一致的结果,是为社会全体成员提供平等服务的社会组织。霍布斯、洛克、卢梭等是社会契约理论的主要代表人,但他们的契约理论又各不相同。掠夺论或剥削论认为国家是掠夺或剥削的产物,是统治者掠夺和剥削被统治者的工具。马克思主义国家理论也被西方一些学者归入这一理论。[①]"暴力潜能"分配理论是由制度变迁理论研究学者、美国的道格拉斯·C.诺思教授倡导的一种关于国家性质的国家理论。诺思认为契约论和掠夺论"两种理论都是不全面的","暴力潜能"是国家的重要属性,"暴力潜能"在社会成员间的不同分配产生不同性质的国家,要么是契约性国家,要么是掠夺性国家。"契约论假定主体间暴力潜能的平等分配,而掠夺论假定不平等的分配","正是'暴力潜能'分配理论使两者统一起来"。[②] 本书认为将国家性质的理论概括为上述三种,对于了解国家性质的各种理论具有一定的参考价值,但将马克思主义国家性质的理论简单地纳入掠夺论或剥削论,并没有真正把握马克思主义国家性质理论的科学性以及它在国家理论中的重要意义。

马克思主义国家理论认为,任何国家的实质都是阶级专政。国家性质指的是国家的阶级本质,即在一个国家中各阶级在国家政治生活中的地位。马克思主义经典作家认为,"国家无非是一个阶级镇压另一个阶级的机器"[③],"是一个阶级对另一个阶级统治暴力的机关或机器"[④]。马克思主义国家理论从三个方

[①] 〔美〕道格拉斯·C.诺思:《经济史中的结构与变迁》,陈郁等译,上海三联书店1991年版,第22页。
[②] 同上。
[③] 《马克思恩格斯选集》第3卷,人民出版社1995年版,第13页。
[④] 《列宁选集》第4卷,人民出版社1995年版,第31页。

面论证了国家的阶级性质:(1)从国家的产生来看,国家是阶级矛盾不可调和的产物。国家不是从来就有的,它是人类社会发展到一定历史阶段的产物。在原始社会,氏族是最基本的社会细胞,它是以血缘关系为纽带而构成的社会组织,不需要也没有凌驾于社会之上的公共权力,因而也没有国家。随着生产力的发展、剩余产品的出现和社会分工的形成,产生了私有制和阶级,社会分裂为两个对立的阶级,即奴隶主和奴隶。阶级的产生,使社会矛盾转化为不可调和的阶级矛盾和阶级斗争,氏族制度已不能适应变化了的社会,作为新的社会组织——国家便应运而生了。列宁对此作了精辟的论述:"国家是阶级矛盾不可调和的产物和表现。在阶级矛盾客观上达到不能调和的地方、时候和条件下,便产生国家,反过来说,国家的存在证明阶级矛盾不可调和。"①(2)从国家的组织来看,国家是统治阶级的组织。国家不是抽象的存在,它是有组织的暴力机器,是由军队、监狱、警察、法庭等组成的不同于氏族组织的新的社会组织。国家虽然在表面上是整个社会的组织,但实际是掌握在经济上处于剥削地位的统治阶级的手中。军队、监狱、警察、法庭等公共权力机关和组织,都由统治阶级的成员充任和把持。因此,恩格斯指出:国家"照例是最强大的,在经济上占统治地位的阶级的国家,这个阶级借助于国家而在政治上也成为占统治地位的阶级,因而获得了镇压和剥削被压迫阶级的新手段"。②(3)从国家的作用和职能来看,国家主要是统治阶级进行阶级统治的工具。国家职能是国家活动的基本方面,国家作用是国家职能的具体表现。国家职能一般分为对内职能和对外职能。对内职能是国家职能的主要方面,对外职能是对内职能的延伸。剥削阶级国家的对内职能主要是运用暴力镇压被统治阶级的反抗,社会主义国家的对内职能在剥削阶级被消灭前,主要是镇压国内反动阶级和反动势力的反抗和破坏活动。可见,国家是统治阶级进行阶级统治的工具。

国家性质在我国宪法学和政治学中也被称为国体,即用"国体"这一概念来指称国家性质。那么国家性质即国体又是如何表现的呢?对此,毛泽东指出,"国体问题……它只是指的一个问题,就是社会各阶级在国家中的地位"③。这就是说国家的阶级性是通过各阶级阶层在国家中的不同的社会政治经济地位予以表现的,包括两个方面的内容:其一是统治阶级与被统治阶级的统治与被统治关系;其二是统治阶级内部各阶级阶层之间的领导与被领导以及各种联盟与协作关系。

国家性质在国家制度中具有重要地位。国家制度是一个国家的统治阶级通

---

① 《列宁选集》第3卷,人民出版社1995年版,第114页。
② 《马克思恩格斯选集》第4卷,人民出版社1995年版,第172页。
③ 《毛泽东选集》第2卷,人民出版社1991年版,第676页。

过国家的法律、政策等确立的有关国家本质和国家形式的制度的总和,主要包括国体、政体、政权组织形式和国家结构形式等方面的内容。在国家制度中,国家性质即国体与国家形式的关系是内容和形式的关系,国家性质是国家制度的内在的质的规定方面,它最终决定国家形式,政体、国家政权组织形式和国家结构形式等国家制度形式方面的内容,它们反映和体现了国家性质。因此国家性质是整个国家制度的核心,在国家制度中处于重要地位。

二、国家性质与宪法的关系

宪法是国家根本法,宪法与国家具有十分密切的关系,也被称为国家法。国家性质是国家的根本属性,宪法同样与国家性质有着十分密切的关系。国家性质与宪法的关系主要表现在以下两方面:

(一)宪法的产生是近现代国家维护阶级统治的需要

我们知道作为国家根本法的宪法是近代才有的一种法的形式,它首先是资产阶级革命的产物。资产阶级在取得反对封建地主阶级的革命胜利后,为了维护革命成果,巩固本阶级的政权,将在革命中提出的"主权在民""法律面前人人平等"等革命口号作为宪法原则在宪法中进行了确认,并赋予其最高法律效力。资产阶级需要通过法律使其政权合法化,而宪法则是资产阶级国家政权合法化的最好形式。无产阶级在取得了反对资产阶级革命的胜利后,也继承了宪法这一近代人类文明成果,制定了自己国家的宪法,一方面通过宪法使无产阶级国家政权合法化,另一方面利用宪法来反对敌对阶级的颠覆破坏,巩固新生的政权。宪法作为近现代国家维护阶级统治的产物,其性质和内容取决于近现代国家的性质,即有什么性质的国家就有与之相适应的性质和内容的宪法。

(二)规定国家性质是近现代宪法的重要内容

由于宪法是为适应近现代国家维护阶级统治需要而产生的,因此近现代世界各国宪法都把国家性质作为宪法的重要内容之一进行了直接或间接的规定。由于各国奉行的国家理论和具体国情不同,近现代宪法对国家性质的规定的方式不尽相同,综观各国宪法的规定,大致可分为两种情形:

第一种是明确地规定国家的阶级性质。例如,1918年《苏俄宪法》明确规定,俄国为工兵农代表苏维埃共和国,中央和地方全部政权均归苏维埃掌握。当时的苏维埃俄国的阶级状况也确实如此。我国历部宪法对我国国家性质的规定也是真实明确地反映了我国当时存在的阶级关系状况。社会主义类型国家的宪法,在马克思主义国家学说的指导下,大都能真实地在宪法中明确规定国家的阶级性质。第二种是掩饰或不真实地规定国家的阶级性质。宪法掩饰国家的阶级性质,是指宪法没有直接明确规定国家的阶级性质,而是以一般抽象的词句来表示国家的性质。例如法国1789年的《人权与公民权利宣言》规定人民主权原则,并宣称法律是人民公意的体现,整个主权原本寄托于国民。1919年德国《魏玛宪法》规定:"主权出自人民。"近代资产阶级国家宪法都是以这种方式来表现国家阶级性质的。宪法不真实地规定国家阶级性质是指在宪法中虽然明确规定了国家的阶级性质,但却不是对国家阶级性质和客观存在的阶级关系状况的真实反映。许多第三世界国家的宪法也属于这一类。

三、我国宪法对国家性质的规定

我国是中国共产党领导的人民民主专政的社会主义国家,在马克思主义国家学说的指导下,我国历部宪法都对国家性质作了明确规定。

1949年9月,在中国共产党倡导下召开的中国人民政治协商会议第一届全体会议通过了起临时宪法作用的《共同纲领》。《共同纲领》对当时我国的国家性质作了全面明确的规定。《共同纲领》在序言中指出:"中国人民民主专政是中国工人阶级、农民阶级、小资产阶级、民族资产阶级及其他爱国民主分子的人民民主统一战线的政权,而以工农联盟为基础,以工人阶级为领导。"《共同纲领》第1条明确规定:"中华人民共和国为新民主主义即人民民主主义的国家,实行工人阶级领导的,以工农联盟为基础的、团结各民主阶级和国内各民族的人民民主专政,反对帝国主义、封建主义和官僚资本主义,为中国的独立、民主、和平、统一和富强而奋斗。"

1954年《宪法》是中华人民共和国的第一部宪法,1954年《宪法》根据过渡时期我国阶级关系的特点和状况,对我国的阶级性质作了明确的规定。1954年《宪法》第1条规定:"中华人民共和国是工人阶级领导的、以工农联盟为基础的人民民主国家。"第2条规定:"中华人民共和国的一切权力属于人民。"

1975年《宪法》和1978年《宪法》是在"文革"极"左"思想影响下制定的。在无产阶级专政下继续革命这一错误理论的指导下,1975年《宪法》规定:"中华人民共和国是工人阶级领导的以工农联盟为基础的无产阶级专政的社会主义国家。"1975年《宪法》对国家性质的规定是明确的,但是不切合国家实际的阶级状况。1978年《宪法》接受了1975年《宪法》的有关规定,这种不合实际的规定没有得到纠正。

1982年制定的现行《宪法》对我国国家性质的规定,是建立在党在不同时期对我国阶级关系和阶级斗争的状况所作的实事求是的科学分析的基础之上的。现阶段,我国剥削阶级作为阶级已经消灭,但是阶级斗争还将在一定范围内长期存在。中国人民对敌视和破坏我国社会主义制度的国内外敌对势力和敌对分子,必须进行斗争。现行宪法在总结以往宪法对国家性质规定经验的基础上,对我国国家性质进行了明确全面的规定。首先,1982年《宪法》第1条明确规定了"中华人民共和国是工人阶级领导的、以工农联盟为基础的人民民主专政的社会主义国家"。其次,《宪法》还在序言中对人民民主专政的政权基础作了规定,指出将进一步继续巩固和发展爱国统一战线,进一步发挥人民政协的重要作用。最后,现行宪法强调了中国共产党领导的多党合作和政治协商制度将长期存在和发展。应该指出的是,虽然 1982 年《宪法》在表述上恢复了 1954 年《宪法》的人民民主专政的提法,但二者所反映的国家性质却是有差异的,不能将两部宪法所规定的国家性质混为一谈。

第二节　我国的国家性质

一、社会主义制度是我国的根本制度

社会主义制度不是凭空产生的,它有科学的指导思想作为理论支撑。马克思、恩格斯在参加工人运动的实践中,在吸收借鉴人类优秀思想成果的基础上创立了科学社会主义理论,成为创建社会主义制度的理论基础。应当指出的是,马克思、恩格斯通过创立唯物史观和剩余价值学说,克服了空想社会主义的根本缺陷,为整个社会主义理论体系奠定了科学基础。中国共产党人继承并发展了这一理论体系,他们把马克思列宁主义的基本原理同中国的具体实践结合起来,形成了毛泽东思想、中国特色社会主义理论和习近平新时代中国特色社会主义思想,为中国革命、建设、改革提供了强大的思想武器。在它们的指导下,中国共产党人建立和完善了中国特色社会主义制度。在党的领导下,中国特色社会主义制度为中国政治稳定、经济发展、文化繁荣、民族团结、人民幸福、社会安宁、国家统一提供了有力保障,彰显了巨大优越性和强劲生命力。

1. 社会主义制度的主要特点

马克思、恩格斯对社会主义的政治、经济和文化均有过描述,但按照科学社会主义的理论概括,社会主义制度有以下几个主要特点:(1) 社会主义实行生产资料公有制以及计划生产体制。马克思、恩格斯认为,私有制是造成资本主义社会一切社会不公的根源,无产者只有废除一切私有制才能解放自己,"废除私有制甚至是工业发展必然引起的改造整个社会制度的最简明扼要的概括。"① 因此,生产资料必须由全社会共同占有,而且为了配合社会化的大生产,生产部门需要按照共同的计划、在社会全体成员的参加下来经营。(2) 社会主义实行按劳分配原则。在社会主义阶段,劳动还是人们的谋生手段,生产力发展水平还不足以实现按需分配。因此,可行的措施是在生产资料社会主义公有制条件下,对社会总产品作了各项必要的社会扣除以后,按照各人提供给社会的劳动的数量

---

① 《马克思恩格斯选集》第 1 卷,人民出版社 1995 年版,第 237 页。

和质量分配个人消费品,多劳多得。"每一个生产者,在作了各项扣除后,从社会领回的,正好是他给予社会的。他给予社会的,就是他个人的劳动量。"①(3)社会主义实行无产阶级专政的国家统治。无产阶级专政是消灭剥削的必要手段。没有无产阶级专政,工人阶级就不可能镇压剥削阶级的顽固反抗,就不可能建立新社会。②无产阶级专政也是发展社会生产力、最终实现人类自由发展的途径。"无产阶级将利用自己的政治统治,一步一步地夺取资产阶级的全部资本,把一切生产工具集中在国家即组织成为统治阶级的无产阶级手里,并且尽可能快地增加生产力的总量。"③

2. 我国处于社会主义初级阶段

《宪法》规定:"我国将长期处于社会主义初级阶段。"这是对我国根本制度和国情的基本判断,也是中国共产党在继承和发展马克思主义经典作家关于社会主义发展阶段理论的基础上,在长期社会主义建设实践的过程中,从社会性质上对我国国情所作的全局性、总体性判断,是我们党的一个重大理论创新。马克思认为,建立共产主义社会是从低级到高级、从不完善到完善的过程,他将共产主义社会区分为"第一阶段"和"高级阶段"。他还指出:"在资本主义社会和共产主义社会之间,有一个从前者变为后者的革命转变时期。同这个时期相适应的也有一个政治上的过渡时期,这个时期的国家只能是无产阶级的革命专政。"④他们的一系列设想为后人继续探索社会主义发展阶段明确了方向。列宁在领导俄国社会主义建设过程中深化了马克思的关于社会阶段理论的认识。他提出用社会主义社会与共产主义社会代替原来的共产主义社会。他意识到,社会主义本身也有一个发展过程,需要分阶段逐步过渡,并提出"初级形式的社会主义""发达的社会主义""完全的社会主义"等概念。马克思、列宁关于社会阶段的理论划分,为中国共产党认识和处理我国的社会制度提供了理论依据。新中国成立以后,经过长期的探索,中国共产党对于我国社会制度的认识逐渐清晰。1999年通过的《宪法修正案》第12条将"我国将长期处于社会主义初级阶段"写入宪法。因此,宪法规定我国社会主义建设的根本任务是"沿着中国特色社会主义道路,集中力量进行社会主义现代化建设"。

3. 中国特色社会主义进入新时代

随着我国经济社会的发展和现代化水平的提高,中国特色社会主义进入了新时代,这是我国社会主义建设的新的历史起点。中华民族迎来了从站起来、富起来到强起来的伟大飞跃。进入新时代,我国社会的主要矛盾已经转化为人民

---

① 《马克思恩格斯选集》第3卷,人民出版社1995年版,第304页。
② 《马克思恩格斯选集》第1卷,人民出版社1995年版,第12页。
③ 同上书,第293页。
④ 马克思:《哥达纲领批判》,人民出版社1992年版,第21页。

日益增长的美好生活需要和不平衡不充分的发展之间的矛盾。虽然当前我国已经全面建成了小康社会,经济实力显著增强,但人民美好生活需要日益提高,不仅对物质文化生活提出了更高要求,而且在民主、法治、公平、正义、安全、环境等方面的要求日益增长。同时,我国社会生产力水平总体上显著提高,社会生产能力在很多方面进入世界前列,更加突出的问题是发展不平衡、不充分,这已经成为满足人民日益增长的美好生活需要的主要制约因素。因此,应当以宪法为根本依据,以人民利益为最高价值取向,在中国共产党领导下,在马克思列宁主义、毛泽东思想、邓小平理论、"三个代表"重要思想、科学发展观、习近平新时代中国特色社会主义思想指引下,坚持人民民主专政,坚持社会主义道路,坚持改革开放,不断完善社会主义的各项制度,发展社会主义市场经济,发展社会主义民主,健全社会主义法治,贯彻新发展理念,自力更生,艰苦奋斗,逐步实现工业、农业、国防和科学技术的现代化,推动物质文明、政治文明、精神文明、社会文明、生态文明协调发展,把我国建设成为富强民主文明和谐美丽的社会主义现代化强国,实现中华民族伟大复兴。

二、中国共产党的领导是中国特色社会主义最本质的特征

2018年通过的《宪法修正案》第36条将"中国共产党的领导是中国特色社会主义最本质的特征"写入宪法,使中国共产党的宪法地位更加明确。这是对中国最高政治领导力量的根本法认可,具有最高法律效力。同时也揭示了中国特色社会主义最根本的属性,即中国共产党的领导与中国特色社会主义是一个统一的整体,党的领导是中国特色社会主义的应有之义。

1. 中国特色社会主义制度的确立是通过中国共产党的领导实现的

社会主义在不同的国家有不同的实现途径,在宪法上也会有不同的表现形式。中国特色社会主义制度的确立是通过中国共产党的领导实现的。宪法"序言要有,写历史,写马列主义、毛泽东思想,写中国共产党的领导,这不是主张问题,而是历史事实。"[①]1949年,以毛泽东为代表的中国共产党领导中国各族人民,在经历了长期的艰难曲折的武装斗争和其他形式的斗争以后,终于推翻了帝国主义、封建主义和官僚资本主义的统治,取得了新民主主义革命的伟大胜利,建立了中华人民共和国。从此,中国人民掌握了国家的权力,成为国家的主人。在党的领导下,我国社会逐步实现了由新民主主义到社会主义的过渡,完成了生产资料私有制的社会主义改造,消灭了人剥削人的制度,确立了社会主义制度。工人阶级领导的、以工农联盟为基础的人民民主专政得到巩固和发展。因此,《宪法》在序言部分确认了中国共产党的历史成就和历史地位。

---

① 《彭真年谱》第5卷,中央文献出版社2012年版,第106页。

2. 中国共产党是中国特色社会主义事业的领导核心

党的十九大报告指出:"党政军民学,东西南北中,党是领导一切的。"从范围上看,党的领导贯穿于中国特色社会主义事业"五位一体"总体布局和"四个全面"战略布局,体现在改革发展稳定、内政外交国防、治党治国治军各领域各方面各环节;从地位上看,中国共产党是国家治理体系的核心,党总揽全局、协调各方,"形象地说是'众星捧月',这个'月'就是中国共产党。"① 党在中央和地方各级党委和同级各种组织中发挥着核心领导作用;从方式上看,党的领导包括政治领导、思想领导以及组织领导等,通过它们并运用法治思维和法治方法实施党对国家和社会的领导。可见,党的领导是全面的、系统的、整体的,是中国特色社会主义制度的最大优势。

我国宪法是为发展中国特色社会主义事业而立的宪法,从宪法已有内容来看,中国特色社会主义政治制度、经济制度、文化制度、社会制度、生态文明制度等都已载入宪法,它们是为发展中国特色社会主义事业而设立的制度。反观之,在中国特色社会主义事业发挥着核心作用的党的领导更应当载入宪法正文之中。2018年通过的《宪法修正案》第36条把"中国共产党领导是中国特色社会主义最本质的特征"写入宪法,正是这种必要性的表达。从宪法的表现形式看,社会主义制度和中国共产党的领导两者一前一后、一体两面。它意味着中国特色社会主义制度的建设必须依靠中国共产党领导才能实现,而中国共产党的领导就是为了发展中国特色社会主义事业。总之,"宪法从社会主义制度的本质属性角度对坚持和加强党的全面领导进行规定,有利于在全体人民中强化党的领导意识,有效把党的领导落实到国家工作全过程和各方面,确保党和国家事业始终沿着正确方向前进。"②

3. 中国共产党必须在宪法和法律的范围内活动

中国共产党是中国特色社会主义事业的领导核心,是中国最高政治领导力量。但作为宪法主体,它必须在宪法和法律的范围内活动。《宪法》第5条第4款规定:"一切国家机关和武装力量、各政党和各社会团体、各企业事业组织都必须遵守宪法和法律。一切违反宪法和法律的行为,必须予以追究。"同时,与一般政党不同,中国共产党是执政党。作为执政党,必须依宪执政,履行执政党的宪法义务和承担执政党的宪法责任。为此,中国共产党必须要不断加强执政能力建设,坚持从严治党,提高执政能力和水平。

---

① 习近平:《中国共产党领导是中国特色社会主义最本质的特征》,载《求是》2020年第14期。
② 全国人大常委会办公厅编:《中华人民共和国第十三届全国人民代表大会第一次会议文件汇编》,人民出版社2018年版,第184页。

三、人民民主专政是我国国家政权的阶级性质

《宪法》第1条规定:"中华人民共和国是工人阶级领导的、以工农联盟为基础的人民民主专政的社会主义国家。"宪法明确规定了我国国家政权的阶级性质是人民民主专政。

1. 人民民主专政的理论发展

人民民主专政是以毛泽东为代表的中国共产党人从中国革命和中国社会的实际情况出发,创造性地运用马克思主义国家理论特别是无产阶级专政理论的产物。在新民主主义革命时期,毛泽东十分重视革命政权建设和对政权性质的探讨,在总结土地革命时期工农兵政权、抗日战争时期的抗日民族统一战线政权性质的基础上,在1948年发表的《将革命进行到底》一文中首次使用了人民民主专政的概念。1949年6月,毛泽东发表了《论人民民主专政》,对人民民主专政进行了全面的论述,指出:"团结工人阶级、农民阶级、城市小资产阶级和民族资产阶级,在工人阶级领导之下,结成国内的统一战线,并由此发展到建立工人阶级领导的以工农联盟为基础的人民民主专政的国家"[①],"对人民内部的民主方面和对反动派的专政方面,互相结合起来,就是人民民主专政"[②]。在社会主义革命和社会主义建设时期,毛泽东在《关于正确处理人民内部矛盾的问题》等著作中,针对社会主义和社会主义建设的新情况,对人民民主专政理论进行了深入阐述,促进了人民民主专政的理论和制度的发展。"文化大革命"期间,人民民主专政的理论和制度遭到了歪曲和破坏,具有中国特色的人民民主专政的理论和制度被误解、被取代,致使有关我国国家性质的问题在思想上和制度上造成了混乱。党的十一届三中全会后,人民民主专政的理论和制度得到了恢复,邓小平理论在新的历史条件下在许多方面丰富和发展了人民民主专政的理论。党的十五大报告中指出:"我国实行的人民民主专政的国体和人民代表大会制度的政体是人民奋斗的成果和历史的选择,必须坚持和完善这个根本政治制度"[③]。党的十八大以来,以习近平为核心的党中央强调继续坚定不移地走中国特色社会主义政治发展道路。党的十九大报告中指出:"我国是工人阶级领导的、以工农联盟为基础的人民民主专政的社会主义国家,国家一切权力属于人民……发展社会主义民主政治就是要体现人民意志、保障人民权益、激发人民创造活力,用制度体系保证人民当家作主。"可以看到,当前发展社会主义民主必须坚持具有鲜明中国特色的人民民主专政的宪法理论和制度。

[①] 《毛泽东选集》第4卷,人民出版社1991年版,第1472页。
[②] 同上书,第1475页。
[③] 江泽民:《高举邓小平理论伟大旗帜 把建设有中国特色社会主义事业全面推向二十一世纪》,人民出版社1997年版,第34页。

2. 人民民主专政的主要内容

根据我国人民民主专政国家制度建设的经验,人民民主专政指的是工人阶级领导的、以工农联盟为基础的,对人民实行民主、对敌人实行专政的一种国家政权。人民民主专政的国家政权包含了以下几个方面的内容:

(1) 人民民主专政的国家政权以工人阶级为领导。人民民主专政以工人阶级为领导,是由工人阶级的先进性和肩负的历史使命决定的。工人阶级是先进生产力的代表,具有严密的组织纪律性,富于革命的彻底性。革命、建设、改革的实践证明,"我国工人阶级不愧是久经考验的立场坚定的革命领导阶级"[1]。

(2) 工农联盟是人民民主专政的阶级基础。农民是工人阶级的天然盟友,工人阶级能否取得并巩固自己的政权的关键是能否同农民建立巩固的工农联盟。马克思在总结巴黎公社经验时指出,公社失败的重要原因之一就是没有得到巴黎城外的农民的援助。列宁指出,无产阶级专政的"最高原则就是维护无产阶级同农民的联盟,使无产阶级能够保持领导作用和国家权力"[2]。毛泽东也指出:"人民民主专政的基础是工人阶级、农民阶级和城市小资产阶级的联盟,而主要是工人和农民的联盟,因为这两个阶级占了中国人口的百分之八十到九十。推翻帝国主义和国民党反动派,主要是这两个阶级的力量。由新民主主义到社会主义,主要依靠这两个阶级的联盟。"[3]这表明,工农联盟在我国具有特别重要的意义。

(3) 人民民主专政包括对人民民主和对敌人专政两个方面的内容。任何一个国家政权,都包含对统治阶级内部实行民主和对敌对阶级实行专政两个方面。对统治阶级内部的民主是实现对敌对阶级专政的前提和基础,而对敌对阶级的专政则是对统治阶级内部实行民主的保障。所不同的是,人民民主专政是对大多数人的民主和对少数人的专政。对人民实行民主就是要使人民成为国家的统治阶级,由人民按照有利于实现管理国家权利的原则组织国家政权组织,并依法享有广泛的民主权利和各种公民权利。对敌人实行专政就是对作为人民对立面的那些敌视和破坏我国社会主义制度和人民民主专政国家政权的敌对势力和敌对分子,一方面依法不让他们享有人民所享有的民主权利,另一方面对他们的违法犯罪行为依法予以打击和制裁。民主和专政是人民民主专政相辅相成、不可偏废、对立统一的两个方面。所以,"人民的民主同对敌人的专政分不开"[4]。

(4) 统一战线是人民民主专政的重要特色。人民民主专政不同于无产阶级专政的重要特点在于人民民主专政有一个广泛的统一战线作为它的政治基础。

---

[1] 《邓小平文选》第 2 卷,人民出版社 1994 年版,第 135 页。
[2] 《列宁全集》第 32 卷,人民出版社 1958 年版,第 477 页。
[3] 《毛泽东选集》第 4 卷,人民出版社 1991 年版,第 1478—1479 页。
[4] 《邓小平文选》第 2 卷,人民出版社 1994 年版,第 175 页。

中国革命、建设、改革的特点决定了中国的工人阶级必须在不同的历史时期根据革命、建设、改革的任务同其他阶级、阶层结成广泛的统一战线，才能赢得革命、建设、改革的成功。在新民主主义革命时期，统一战线是无产阶级同农民阶级、城市小资产阶级、民族资产阶级以及反动阶级中可以合作的阶层的特种形式的阶级联盟。在社会主义革命时期，统一战线是工人阶级领导的以工农联盟为基础的劳动人民同可以合作的非劳动人民之间的联盟。它包括两个联盟：一是工人阶级同劳动人民的联盟，即工农联盟；二是工人阶级同非劳动人民的联盟，主要是同民族资产阶级的联盟。生产资料所有制的社会主义改造完成后，我国进入了大规模的社会主义建设时期，我国的统一战线也发展到一个新的时期。这个时期的统一战线，是一个爱国者的统一战线。这一时期爱国统一战线是由中国共产党领导的，由各民主党派和各人民团体参加，包括全体社会主义劳动者、社会主义事业的建设者、拥护社会主义的爱国者和拥护祖国统一的爱国者组成的政治联盟。爱国统一战线包括三个联盟：一是社会主义劳动者的联盟，它由工人阶级、农民阶级和广大知识分子组成；二是社会主义建设者的联盟，它由民营科技企业的创业人员、受聘于外资企业的管理技术人员、个体户、私营业主、中介组织的从业人员、自由职业人员组成；三是以爱国为政治基础的广泛的联盟，包括拥护社会主义的爱国者和拥护祖国统一的爱国者。党的十八大以来，中国特色社会主义进入了新时代。新时代的国家目标是奋力实现中华民族伟大复兴的中国梦。《宪法》序言更加详细地指出："中国各族人民将继续在中国共产党领导下……把我国建设成为富强民主文明和谐美丽的社会主义现代化强国，实现中华民族伟大复兴。"为实现民族伟大复兴的中国梦，我国的统一战线也进一步发展为包括全体社会主义劳动者、社会主义事业的建设者、拥护社会主义的爱国者、拥护祖国统一和致力于中华民族伟大复兴的爱国者的最广泛的爱国统一战线。

新时代的爱国统一战线在最大限度地为实现"两个一百年"奋斗目标、实现中华民族伟大复兴的中国梦服务，为维护社会和谐稳定、维护国家主权安全利益服务，为保持香港澳门长期繁荣稳定、实现祖国完全统一服务。

3. 人民民主专政真实地反映了我国政权的性质

人民民主专政是工人阶级领导的以工农联盟为基础的，对人民实行民主、对敌人实行专政的一种国家政权。现行宪法将我国的国家性质确认为人民民主专政主要是因为，人民民主专政真实全面地反映了我国现阶段的阶级状况和阶级关系的内容。

（1）社会主义改造基本完成以后，我国的阶级关系发生了变化，剥削阶级丧失了赖以存在的经济基础，作为一个阶级已经不复存在，他们中的绝大多数已成为人民的一分子。人民的范围空前扩大，包括全体社会主义劳动者、社会主义事业的建设者、拥护社会主义的爱国者、拥护祖国统一和致力于中华民族伟大复兴的爱国者,他们构成了现阶段国家的统治阶级,作为被统治阶级的只是极少数敌对势力和敌对分子。

(2) 人民民主专政反映了我国统治阶级内部关系的变化。随着我国统治阶级与被统治阶级关系的变化,在统治阶级内部,各个阶级、阶层的状况和相互关系也相应发生了一些变化。首先,作为领导阶级的工人阶级状况发生了重大变化。新中国成立后,我国的工人阶级已经不再是作为无产者意义上的无产阶级了,他们已经在经济上掌握着生产资料,成为了新型的工人阶级。随着生产力的发展和社会主义现代化建设的进行,工人阶级不仅在数量上壮大着队伍,而且政治素质和文化素质也在不断提高,作为工人阶级政党的中国共产党也日益成熟和壮大。其次,农民阶级已经成为社会主义新型农民,不再是小生产者,他们同工人阶级的差距正在缩小,并逐渐表现为仅仅是社会分工的不同。特别是在社会主义市场经济的条件下,农业生产和农村经济日益被纳入全国统一的大市场,随着农民市场经济意识的增强,农民将日益成为人民中一个自觉的阶级。最后,知识分子已成为工人阶级的一部分。在现阶段,他们是工人阶级中最有个性的一个阶层,随着知识经济时代的到来,他们的地位和作用将更加重要。因此,在有关工人、农民、知识分子的阶级、阶层相互关系中,民主的方面更加突出。人民民主专政对民主的强调恰好反映了这种阶级阶层状况及其关系的最新变化。

(3) 人民民主专政准确地反映了我国政权民主和专政两方面内容的关系。任何政权都包含了对统治阶级内部实行民主和对敌对阶级实行专政两个方面的内容。人民民主专政不仅包含了这两方面的内容,而较之其他性质的政权更突出了民主的方面。人民范围的扩大必然使得民主在民主与专政的关系中成为主要方面。必须指出,在现代国家,民主和法治是不可分割、紧密联系在一起的两个因素,对民主重视就意味着要求加强法治。因此,在人民内部的工人、农民和知识分子的民主关系必然表现为法治关系。与此相应,作为对被统治阶级的专政,尤其在专政对象仅仅是少数敌对势力和敌对分子的情况下,专政和统治也应表现为法律制裁,而无需采取群众运动性的阶级斗争方式。因此,今天加强社会主义法治,建设社会主义法治国家也是人民民主专政的应有之义。

4. 人民民主专政的实质即无产阶级专政

《宪法》在序言中指出:"工人阶级领导的、以工农联盟为基础的人民民主专政,实质上即无产阶级专政。"这种规定一方面可以表明人民民主专政与无产阶级专政之间的关系,另一方面也有助于消除由于现行宪法使用人民民主专政的概念代替原来几部宪法使用无产阶级专政概念而产生的种种疑虑。①

为什么说人民民主专政的实质即无产阶级专政呢？这是因为：(1) 无产阶级专政是马克思主义国家理论的重要组成部分，它是马克思主义经典作家以辩证唯物主义和历史唯物主义为指导创立的科学社会主义理论。人民民主专政是以毛泽东为代表的中国共产党人以马列主义为指导，创立的有中国特色的革命理论，两者有共同的理论基础。(2) 人民民主专政同无产阶级专政一样都是以工人阶级为领导，以工农联盟为基础的国家政权。(3) 人民民主专政与无产阶级专政的国家职能是一致的，即两者都有相同的对内与对外职能。对外职能是防御外国敌人的侵略和颠覆活动，维护世界和平，促进人类的全面发展。对内职能则是镇压敌对阶级的反抗和破坏，组织经济文化建设。(4) 人民民主专政和无产阶级专政的历史使命是相同的，其最终目的都是消灭剥削阶级和剥削制度，实现共产主义。

5. 现行宪法用人民民主专政代替无产阶级专政的意义

既然人民民主专政与无产阶级专政的实质是一样的，那么现行《宪法》用人民民主专政代替无产阶级专政的意义又何在呢？本书认为其意义主要表现在以下几个方面：第一，人民民主专政是马克思主义国家理论同中国社会实际相结合的产物，它比无产阶级专政的提法更符合我国革命和政权建设的历史和现实状况。中国的革命和政权建设经过了新民主主义和社会主义两个时期，从革命时期的红色政权建设到毛泽东发表《论人民民主专政》，从《共同纲领》规定中华人民共和国是人民民主专政的统一战线国家，到现行宪法重新确立人民民主专政的概念，经过了半个多世纪的摸索和总结。毛泽东在《新民主主义论》中写道，"现在所要建立的中华民主共和国，只能是在无产阶级领导下的一切反帝反封建的人们联合专政的民主共和国，这就是新民主主义的共和国"。②"苏联式的，无产阶级专政的""那种共和国"，还不适用于当时的中国。可见，人民民主专政的提法深刻地反映了中国革命和政权建设正反两方面的经验和教训，比无产阶级专政这个"舶来品"更有历史感和现实感。第二，人民民主专政发展了马克思列宁主义关于无产阶级专政的理论，因此，无产阶级专政的概念不能准确恰当地涵盖人民民主专政对无产阶级专政发展的一些新内涵。例如，人民民主专政无论是表现为新民主主义共和国，还是社会主义共和国，都包含几个阶级联合专政的含义，在政治上表现为以统一战线形式存在的广泛的政治基础。关于这一点，无论是马克思和恩格斯创立的无产阶级专政理论，还是列宁发展了的无产阶级专政理论以及苏维埃俄国的政权，都不曾有这种内涵和因素。因此，人民民主专政

---

① 肖蔚云：《我国现行宪法的诞生》，北京大学出版社 1986 年版，第 39—42 页。
② 《毛泽东选集》第 2 卷，人民出版社 1991 年版，第 675 页。

比无产阶级专政的提法更具中国特色,人民民主专政是建设中国特色社会主义的重要方面。第三,同无产阶级专政的提法相比,人民民主专政比较直观地反映了我国政权对人民民主、对敌人专政的两方面内容。虽然无产阶级专政原本也包含了民主和专政两方面的内容,但在符号的形式层面上只有专政,没有提及民主,因而没有直接将民主和专政两层含义都表达出来。因此用人民民主专政的提法能比较好地、不易产生歧义地反映我国政权的性质和职能。

6. 人民民主专政的特点

人民民主专政是无产阶级专政的一种特殊形式,与无产阶级专政相比,人民民主专政有以下几个主要特点:(1)从我国人民民主专政的建立来看,它与农村包围城市,武装夺取政权的中国革命道路相联系,经过了一个由根据地的革命政权,逐步发展壮大到最终建立全国性政权的过程。这个过程为我们的政权建设积累了丰富的经验,打下了坚实的群众基础,储备了较为充足的从事各方面国家管理的干部资源,并为彻底打碎全部旧的国家机器创造了条件。人民民主专政正是经历了这样一个政权建立的历程,从而具有了强大的生命力和巩固的政权基础。(2)从我国人民民主专政的发展阶段来看,它跨越新民主主义革命与社会主义革命、建设、改革两大历史时期,经历了工农民主政权、抗日民族民主政权、新民主主义政权和实质上是无产阶级专政的人民民主专政,先后完成了民主革命的任务和开展了社会主义革命与建设。这是其他无产阶级专政所不可能具有的发展历程。(3)与无产阶级专政相比,人民民主专政在我国有坚实的政治基础,存在着一个广泛的统一战线。这是人民民主专政的优点和特点。在革命实践中,在中国共产党领导下先后建立了反帝反封建的革命统一战线、抗日民族统一战线、反蒋爱国统一战线和社会主义初级阶段的广泛的爱国统一战线。统一战线是以工农联盟为基础的工人阶级与其他可以合作的阶级结成的阶级联盟,在不同的时期,它都是人民民主专政不可缺少的广泛的政治基础。(4)人民民主专政通过和平改造和赎买政策实现了对生产资料所有制的社会主义改造,消灭了地主阶级,改造了民族资产阶级,把他们变成了自食其力的劳动者。由于存在着广泛的统一战线,工人阶级同民族资产阶级的矛盾是人民内部矛盾。国家政权有可能对民族资产阶级进行和平改造和赎买。因此在我国,除了对官僚资产阶级和封建地主阶级实行剥夺剥削者的政策外,对民族资产阶级则成功地实行了和平改造和赎买的政策。(5)从对敌专政的方面看,人民民主专政有两个显著的特点。一是随着人民范围的扩大,专政的对象只是极少数敌视和破坏我国社会主义制度的国内外的敌对势力和敌对分子。二是专政方式采取惩罚管理与思想改造相结合,劳动生产与政治教育相结合的原则,依法定方式和程序进行。

第三节 我国的政党制度

一、政党与政党制度概述

(一)政党的概念

近现代意义的政党是代议政治的产物。马克思主义政党学说认为,政党是一定的阶级、阶层或利益集团为了共同利益,以夺取或控制政权,或影响政治权力的运用而由其先进分子建立的具有一定组织形式的政治组织。政党有下列特点:(1)政党是一定阶级、阶层的政治组织,具有鲜明的阶级性。(2)政党的目的是通过一定形式的政党活动,以夺取或控制政权,或影响政治权力的运用,最终实现特定阶级、阶层的利益。因此夺取或控制政权,或影响政治权力的运用,是政党的基本追求。(3)为了实现上述目的,政党都有集中体现其基本政治目标和政治见解的政治纲领。政党的政治纲领是政党性质的集中反映,是区别不同政党的主要标志。(4)政党是以结社自由为法律基础建立起来的社会政治组织,有一定的组织体系。首先,任何政党都有一整套完整的组织机构,一般是由全国性机构、地区性机构和一些基层组织所组成的组织体系;其次,政治经验丰富,较为成熟的政党都形成了自己的领袖集团,作为政党的领导核心,组织领导政党的政治活动;最后,政党有严格的组织纪律,用以规范和约束政党的组织和成员的活动,以保证政党纲领的贯彻执行。

(二)政党制度的概念和种类

政党制度是国家政治制度的组成部分,是政党活动的产物。政党制度是国家有关政党的组织、政党活动以及政党参与政权的方式和途径等一系列法律、政策和惯例的总和。政党制度主要包括两个方面的内容:一是政党与国家政权的关系,包括政党的法律地位,政党参与国家政权的一些具体规定;二是政党间的相互关系,如有的国家立法规定实行多党制,禁止政党联盟等。①

由于政治传统和阶级结构不同,各国实行的政党制度也不一样,大体上形成了以下几种政党制度:

1. 一党制。一党制是指一个国家的政权完全由一个政党控制,在法律上或事实上都不允许其他政党存在的政党制度。从宪法的规定来看,一党制主要存在于非洲一些民族主义国家。苏联也是实行一党制的国家,其他政治派别被称为持不同政见者,遭到排斥和打击。

2. 两党制。两党制是指一个国家的政权实际上是由两个较大的政党轮流

---

① 参见《巴西联邦共和国宪法》第 152 条的有关规定。姜士林等编译:《世界宪法全书》,青岛出版社 1997 年版,第 1408—1409 页。

把持,虽然存在其他合法的政党,但它们没有或者不可能成为执政党的一种政党制度。美国的政党制度是典型的两党制。

3. 多党制。多党制是指在一个国家中存在着两个以上的政党或政党联盟,通过选举轮流执政的一种政党制度。法国、德国是这种多党制的典型代表。

4. 一党领导的多党合作制。多党合作制是指一个国家中有一个处于领导地位的政党执掌国家政权,其他合法存在的政党作为参政党参与国家政权的新型政党制度。我国实行的中国共产党领导的多党合作制就是这样一种政党制度。

(三) 政党与宪法的关系

政党、政党制度与宪法同属于上层建筑的组成部分,从宪法和政党以及政党制度的历史发展来看,政党、政党制度与宪法的关系,可以从以下方面来分析。

1. 政党作为近现代民主政治的重要组成部分,是基于宪法实施的需要而产生的,是近现代代议制度和选举制度的直接产物。英美法等国是最早产生近代宪法的国家,代议制和选举制是宪法确定的民主制度的核心。因此选举的顺利进行和代议政治的有效运作,是宪法实施的重要方面。在近代早期社会和政府中,并没有严格意义的政党,只有代表资产阶级不同阶层利益的政治派别和政治集团。随着代议制的发展,选举权范围的扩大,这些不同的政治派别为了取得议会选举的胜利,建立自己的政府,便以选区为单位建立了相应的选举组织乃至全国的选举组织,制定了竞选纲领。这样议会和政府中的政治派别才由议会和政府中的政治集团变成了全国性的政党组织,于是近现代意义的政党宣告形成。可见政党是实施宪法的产物。

2. 政党制度是现代宪法的重要内容。政党是宪法实施的产物,但在近代宪法中,都没有直接规定政党制度的内容。近代意义政党产生的宪法依据,只能从宪法规定的公民结社自由中去寻找。这种状况一直持续到作为现代宪法产生标志之一的1919年德国《魏玛宪法》的制定和实施才有所好转,结社自由才有了明确的政治结社的内容。1919年德国《魏玛宪法》规定:"德国人民,其目的若不违背刑法,有组织社团及法团之权","社团得依据民法规定,获得权利能力。此项权利能力之获得,不能因该社团为求其政治上、社会上、宗教上的目的而拒绝之"。[①] 宪法对政党制度有了直接并较为全面的规定,是在二战结束后制定的宪法中。例如,1946年制定的意大利共和国《宪法》第49条规定:"为了以民主方法参与决定国家政策,一切公民均有自由组织政党的权利。"[②] 1949年制定的《德意志联邦共和国基本法》在结社自由的条款之外,专门就政党问题作了规定(第

---

① 姜士林等编译:《世界宪法全书》,青岛出版社1997年版,第819—820页。
② 同上书,第1250页。

21条):"(1)政党参与形成人民的政治意志。可以自由建立政党。政党的内部组织必须符合民主原则。它们必须公开说明其经费来源。(2)凡由于政党的宗旨或党员的行为,企图损害或废除自由民主的基本秩序或企图危及德意志联邦共和国的存在的政党,都是违反宪法的。联邦宪法法院对是否违宪的问题作出裁决。(3)细则由联邦法律规定。"①综观现代世界各国宪法对政党制度的规定,涉及的主要内容包括:(1)采取的政党制度的种类;(2)无产阶级政党在社会主义国家的领导地位;(3)政党与国家之间的关系;(4)规定政党的组织和活动原则;(5)规定政党立法的宪法依据等。由此可见政党制度已成为现代宪法的一个重要内容。

3. 宪法是政党制度化的基本形式。政党、政党制度是国家政治生活的大事,政党政治渗透到了国家政治、经济、文化生活的每一个领域,将政党活动纳入宪法和法律范围内,是法治建设的重要方面。除宪法外,还有组织法、选举法、民法、刑法等法律都有政党方面的规定,这些规定构成了一个国家的政党制度的内容。这些有关法律都是政党制度化的重要形式。宪法是国家根本法,宪法在政党制度化方面起着重要的作用,是政党制度化的基本形式。

二、中国共产党领导的多党合作是我国的政党制度

(一)《宪法修正案》第4条的意义

1993年通过的《宪法修正案》第4条规定:"中国共产党领导的多党合作和政治协商制度将长期存在和发展。"就政党制度而言,这一规定表明:中国共产党领导的多党合作是我国的政党制度;它将长期存在和发展。它的意义主要表现在以下几个方面:

1. 这是宪法第一次对我国政党制度所作的完整表述,是对我国政党制度发展历史和现实状况的科学概括和总结,同时也在成文宪法的层面上认同了政党制度是国家根本问题这一地位。

回顾我国历部宪法对政党问题的规定,可以发现我国宪法对政党制度的规定经过了一个曲折发展的过程。在《共同纲领》中,政党及其相互关系是在统一战线的规定中予以体现的。《共同纲领》规定:"由中国共产党、各民主党派、各人民团体、各地区、人民解放军、各少数民族、国外华侨及其他爱国民主分子的代表们所组成的中国人民政治协商会议,就是人民民主统一战线的组织形式。"根据这一规定,中国共产党和各民主党派都是统一战线的成员和人民政协的参加单位,《共同纲领》没有对中国共产党、民主党派的地位及其相互关系作更为明确的规定。1954年《宪法》序言在两个方面体现了中国共产党的领导地位,一是确认

---

① 姜士林等编译:《世界宪法全书》,青岛出版社1997年版,第793页。

了中国共产党在民主革命和创建中华人民共和国中的领导作用。《宪法》指出："中国人民经过一百多年的英勇奋斗,终于在中国共产党领导下,在1949年取得了反对帝国主义、封建主义和官僚资本主义的人民革命的伟大胜利,因而结束了长时期被压迫被奴役的历史,建立了人民民主专政的中华人民共和国。"二是确认了中国共产党在统一战线中的领导地位,规定"我国人民在建立中华人民共和国的伟大斗争中已经结成了以中国共产党为领导的各民主阶级、各民主党派、各人民团体的广泛的人民民主统一战线。"可见,与《共同纲领》相比,1954年《宪法》在政党制度的规定上有了新的发展,表现为在一定程度上确认了中国共产党对国家的领导。1975年《宪法》分别在序言、总纲和国家机构中都涉及了政党方面的内容。1975年《宪法》对中国共产党的领导作了较多的叙述和规定,与1954年《宪法》规定的不同之处在于:(1)确认了中国共产党在我国社会主义革命和社会主义建设中的领导作用,强调了在整个社会主义历史阶段坚持党的领导的决心和信念。(2)将人民民主统一战线改为革命统一战线,没有提及民主党派,民主党派丧失了应有的宪法地位。(3)在正文中强调了中国共产党的领导。1975年《宪法》在"总纲"中进一步突出了中国共产党对国家的领导,规定"中国共产党是全国人民的领导核心,工人阶级经过自己的先锋队中国共产党实现对国家的领导"。在"国家机构"中规定"全国人民代表大会是中国共产党领导下的最高国家权力机关"。1975年《宪法》对政党制度规定的特点,在于突出中国共产党的领导地位,明确规定了中国共产党对国家的领导权,淡化了民主党派的地位和作用。1978年《宪法》对政党制度的规定,一方面恢复了1954年的有关规定,指出了中国共产党的领导对取得社会主义革命和社会主义建设胜利的意义;另一方面将民主党派的性质界定为爱国民主党派,作为革命统一战线的团结对象进行了确认。1978年《宪法》还有一个特点,就是对党的领导的地位和作用在宪法中作了规定。1982年制定的现行宪法在前几部宪法对中国共产党领导方面的规定的基础上,将中国共产党的领导作为四项基本原则之一进行了规定,另外将统一战线界定为爱国统一战线,恢复了民主党派在统一战线中的地位。

综上可以看出,尽管历部宪法都涉及了中国共产党的领导,但都没有完整地规定我国政党制度。《宪法修正案》第4条弥补了上述不足,是我国政党制度发展和现状的科学概括和总结。应该指出的是,虽然在此之前宪法没有系统完整地规定政党制度,但中国共产党领导的多党合作的政党关系在我国政治生活中却是存在的。特别在十一届三中全会以来,中国共产党领导的多党合作关系逐渐在中国共产党的文件和政策中被制度化了。例如,1989年的《中共中央关于坚持和完善中国共产党领导的多党合作和政治协商的意见》便对有关内容作了专门规定。因此有学者认为,在此以前中国共产党领导的多党合作制度已经成为我国的宪法惯例。① 宪法是国家根本法,宪法规定的内容和调整的社会关系是国家政治、经济和文化生活方面的根本问题和基本社会关系。《宪法修正案》第4条规定中国共产党领导的多党合作和政治协商制度将长期存在和发展,表明我国宪法认同了政党关系和政党制度作为我国的根本问题和根本制度的地位。这在我国民主政治建设中具有重大的现实意义。

2.《宪法修正案》第4条的这一规定表明,由中国共产党领导的多党合作关系所体现的中国共产党、民主党派之间的相互关系是一项重要的宪法关系。中国共产党和各民主党派都是这种政党宪法关系的主体,中国共产党领导的多党合作关系是各政党(党派)必须严格遵守的宪法准则。长期以来,我国政党关系,除了上述有关内容由宪法规定外,政党关系的内容、范围以及处理政党关系的准则和依据都是由政党或党派在各自的政策和文件中予以规定的,没有提升到宪法和法律的层面,没有被很好地纳入宪法和法律调整的轨道。政党关系领域、政党与国家关系领域的法制建设滞后于整个法治建设的步伐。因此,《宪法修正案》第4条的规定,不仅为政党关系提供了宪法准则,也为有关方面的立法提供了宪法依据。有关方面的立法,包括政党法,将会随着我国民主政治建设和法治建设的发展而逐渐制定出台。

3.《宪法修正案》第4条的规定还为有中国特色的政党制度的发展确定和指明了方向。其一,中国共产党的领导将会进一步加强和改善;其二,中国共产党与民主党派、各民主党派之间的合作关系在致力于社会主义事业的基础上,在十六字方针的指导下,将在国家和社会生活更为广泛的领域内得到加强和发展。

(二)中国共产党的领导

中国共产党领导是中国特色社会主义最本质的特征。在政党制度中,中国共产党的领导也是我国政党制度的重要内容和基本方面,是我国政党制度最基本的特征。中国共产党的领导有两个方面的含义:其一是指中国共产党作为领导党和执政党,对国家进行领导,民主党派承认并接受中国共产党在国家政权中的领导与执政地位,参与政权,共同执行和遵守在中国共产党领导下经法定程序制定的国家法律和政策。其二是指中国共产党在政党关系中对民主党派的政治领导。两种意义的中国共产党的领导都包含对各民主党派的领导。不同的是前一种意义的中国共产党领导,是通过共产党和民主党派在国家政权中的不同地位,即共产党是执政党,民主党派是参政党来实现和体现的,中国共产党对民主党派的领导经过了国家政权这个中间环节。后一种意义的中国共产党的领导,是在中国共产党和各民主党派的相互关系中直接实现的。在我国政党制度中,即中国共产党领导的多党合作中的中国共产党的领导,主要指的是这种意义上

---

① 蒋碧昆主编:《宪法学》(第七版),中国政法大学出版社2012年版,第115页。

的中国共产党的领导。

对于这种含义的中国共产党对民主党派的领导,《中共中央关于坚持和完善中国共产党领导的多党合作和政治协商制度的意见》中作了明确规定。该《意见》指出:"中共对各民主党派的领导是政治领导,即政治原则、政治方向和重大方针政策的领导。"[①]"政治原则"是指我国现行宪法所确认的,作为宪法指导思想之一的四项基本原则,即坚持社会主义道路,坚持人民民主专政,坚持中国共产党的领导,坚持马列主义、毛泽东思想。政治原则的领导,就是中国共产党要把各民主党派及全国各族人民的思想、认识统一到四项基本原则上来,共同为建设有中国特色的社会主义而奋斗。"政治方向"是指各民主党派及多党合作制度必须始终不渝地坚持社会主义方向。所谓政治方向的领导就是中国共产党领导和组织各民主党派在多党合作中坚持社会主义方向,通过社会主义制度的自我完善和发展,建设中国特色社会主义的政治、经济、文化,以适应和促进生产力和社会主义社会的全面发展。"重大方针政策"是指关系到我国政治、经济和文化发展,对我国社会主义市场经济建设、民主政治建设和文化建设有重大指导作用的有关党和国家的方针政策。重大方针政策的领导,就是在多党合作中,在中国共产党的主持下,领导各民主党派根据马克思主义的基本原则,从我国的实际情况出发,制定出科学的、合理的、切实可行的重大方针政策,克服民主政治建设、市场经济发展、精神文明建设以及社会主义法制建设中的盲目性和自发性,以便积极稳妥地推行社会主义建设事业。中国共产党对民主党派和多党合作的领导的三项内容,是紧密联系不可分割的一个整体,全面反映和表述了中国共产党对民主党领导的各个方面。政治原则的领导是基础,没有四项基本原则,就没有多党合作的政治基础,中国共产党领导的多党合作就是一句空话,中国共产党对民主党派和多党合作的领导也就没有任何实际意义。政治方向的领导是对民主党派参政议政活动和多党合作方向的把握,是目标。没有社会主义、共产主义政治方向,多党合作就会迷失方向和目标。重大方针政策的领导是党对民主党派和多党合作领导的保证,正确的政治领导要通过科学合理的方针政策去贯彻和实施。因此,重大方针政策的领导直接关系到中国共产党的整个领导的成败。

中国共产党的领导地位是由我国革命、建设、改革的条件和状况决定的,《宪法修正案》第 4 条对中国共产党在政党制度中的领导地位的规定,则是对在历史和现实中形成的党的领导的确认。历史地看,中国共产党的领导地位,是由中国革命的历史奠定的。中国共产党是由马克思列宁主义和毛泽东思想武装起来的无产阶级政党,是中国最革命的阶级——工人阶级的先锋队组织,它一登上中国革命的政治舞台,便改变了中国革命的性质和进程。在民主革命时期,由于中国

[①] 《十三大以来重要文献选编》(中),人民出版社 1991 年版,第 822 页。

共产党参加国民革命,北伐战争取得了巨大胜利,只是由于蒋介石集团叛变,轰轰烈烈的大革命功败垂成。中国共产党领导了土地革命,建立了工农民主政权,点燃了革命的星星之火;领导了抗日民族解放战争,打败日本帝国主义,取得了抗日战争的胜利;领导了反对国民党反动派的斗争,推翻三座大山,建立了新中国。在社会主义革命和建设时期,在中国共产党的领导下,我国顺利地实现了巩固国家政权和进行社会主义改革的任务,开展了社会主义建设,战胜各种挫折和失误,取得了一个个伟大胜利。在新时期,党团结带领中国人民进行改革开放、新的伟大革命,极大地激发广大人民群众的创造性,极大地解放和发展社会生产力,极大地增强社会发展活力,人民生活显著改善,综合国力显著增强,国际地位显著提高,使中国赶上了时代,实现了中国人民从站起来到富起来、强起来的伟大飞跃。从民主党派方面看,在这个历史过程中,只能在中国共产党领导的统一战线中发挥作用。历史证明,中国共产党的领导地位是在长期革命过程中逐步形成的,是由中国革命的历史条件决定的。从现实的国情看,我国是人民民主专政的社会主义国家,人民民主专政的实质是无产阶级专政,中国共产党是我国的领导核心,多党合作是我国政治制度的重要组成部分,必须坚持党的领导。同时,我国又是一个发展中国家,面临着建设中国特色社会主义的艰巨任务,需要有强大的中国共产党的领导,各民主党派也只有在中国共产党的领导下,才能在社会主义事业中继续发挥重要作用。

(三)我国的民主党派

"民主党派"的概念最早是在1945年中国共产党第七次全国代表大会的政治报告《论联合政府》中提出的,毛泽东在《论联合政府》中多次使用"民主党派"的概念。① 在当时,民主党派是以民族资产阶级为主体、带有统一战线和阶级联盟性质的政党。在新民主主义革命时期,各民主党派的社会基础主要是民族资产阶级、城市小资产阶级和他们的知识分子。各民主党派的政治纲领大都带有新民主主义的性质,例如,中国国民党革命委员会在1948年的政治纲领中提出了"推翻蒋介石卖国独裁统治,实现中国独立、民主、和平"的政治主张,并且从民主党派的政治活动基本方面来看,是同中国共产党进行合作的。因此,在新民主主义革命时期,中国各民主党派是以民族资产阶级、城市小资产阶级和他们的知识分子为主要社会基础,主张国家独立、民主、和平、统一,并愿意同共产党合作的政治力量。他们不是单纯的资产阶级政党,是具有统一战线和阶级联盟性质的政党。民主党派在新民主主义革命时期发挥了重要的政治作用。

新中国成立后,特别是在生产资料所有制的社会主义改造完成后,中国各民主党派在各方面都发生了较大变化。(1)民主党派的社会基础发生了深刻的变

---

① 《毛泽东选集》第3卷,人民出版社1991年版,第1037、1055页。

化。随着生产资料所有制改造的完成,资产阶级作为一个阶级被逐步消灭,民族资产阶级中的绝大多数被改造成自食其力的劳动者,知识分子从总体上看已成为工人阶级的一部分。民主党派的社会基础(阶级基础)发生了质的变化,不再具有资产阶级政党的性质。(2)各民主党派都自觉接受中国共产党的领导,以《共同纲领》和宪法为政治纲领。《共同纲领》通过后,各民主党派以《共同纲领》为政治纲领,不再有自己独立的纲领。1954年《宪法》制定以后,各民主党派在自己的章程中明确规定接受中国共产党的领导,以宪法为纲领。(3)各民主党派的组织有了较大的发展。民主党派的组织制度是民主集中制原则,各民主党派都有自己的中央组织、地方组织和基层组织。民主党派遵循"巩固与发展"相结合的组织发展原则,有侧重点地发展了组织。

在现阶段,我国的民主党派都已经成为各自所联系的一部分社会主义劳动者、社会主义爱国者和致力于中华民族伟大复兴的爱国者的政治联盟,他们都是中国共产党领导的为社会主义建设事业服务的政治力量。

我国现有8个民主党派,分别为:中国国民党革命委员会、中国民主同盟、中国民主建国会、中国民主促进会、中国农工民主党、中国致公党、九三学社、台湾民主自治同盟。

中国国民党革命委员会,简称民革,它是由国民党内部的左派和爱国民主力量所组成。国民党内的左派和爱国民主力量曾先后组织和成立了中国民主革命同盟(小民革)、三民主义同志联合会(民联)和国民党民主促进会(民促)等民主派别和组织,并于1948年元旦正式宣布成立中国国民党革命委员会,在政治上和组织上公开同国民党决裂。1949年民革参加中国人民政治协商会议,并于11月在北京召开国民党民主派第二次代表会议,决定民革、民联、民促和国民党其他爱国民主分子统一组成中国国民党革命委员会,民联、民促同时宣告结束。民革的成员及其发展对象主要是原国民党员和与国民党有历史联系的人士。

中国民主同盟,简称民盟。它的前身是中国民主政团同盟。中国民主政团同盟是以统一建国同志会为基础建立的一个政治组织联盟。它由青年党、国社党(后改称民社党)、中华民族解放行动委员会(亦称第三党,后改称农工民主党)、救国会、职教社和乡建派等6个政治组织组成。1944年9月,民主政团同盟改组为中国民主同盟,改变了过去以党派为基础、代表以党派的身份参加民盟的组织原则,成为以个人身份参加的政治组织。1947年国民党宣布民盟为"非法"。在民盟被迫宣布解散之后,民盟的部分成员在香港召开三中全会,提出推翻蒋介石政权,反对美帝侵华政策的口号,走上同中国共产党合作的道路。民盟1949年参加政协,其成员和组织发展对象以教育界为主。

中国民主建国会,简称民建。1945年12月成立,它是当时知识界和实业界的中上层人士,基于爱国主义和维护民族资本立场,反对蒋介石独裁统治,要求参与国事而组织起来的政治派别。1947年10月,国民党在宣布民盟为"非法团体"后,加紧对民建主要成员的监视,民建被迫转入地下。1948年,民建响应中国共产党的五一号召,参加了人民政协。新中国成立后,民建积极推动其成员及其他民族工商业者为恢复国民经济作贡献。民建成员及组织发展对象为原工商业者以及其他从事工商业的人士。1952年,民建成员参加"五反"运动,接受教育,后来在全行业公私合营的过程中又进一步接受社会主义改造,逐渐成为社会主义劳动者的一部分。

中国民主促进会,简称民进,1945年12月成立。民进的创始人是一批主张抗日的爱国民主分子,抗战期间留居上海坚持斗争。抗战胜利后,他们对国民党的政策不满,创办了几个激进的政治性刊物,抨击当局的政策,宣传民主与和平。民进成立时的基本成员是文化、教育、出版界人士和一部分上海工商界爱国人士。民进成立后,积极开展爱国民主活动,在重庆旧政协期间,民进发表了《给政治协商会议建议书》,主张成立民主政府,保障人民的权利自由。1946年8月至10月,民进的进步刊物被国民党封禁。1947年6月,民进被迫转入地下,10月,民进被宣布为"非法"。1948年民进响应中国共产党的五一号召,它的领导人陆续进入解放区。1949年,民进参加人民政协。民进成员以中小学教师和文化出版界的人士为主。民进在社会主义革命和社会主义建设中,特别是在文化教育工作方面发挥了积极的作用。

中国农工民主党,简称农工党,1947年2月由原来的中华民族解放行动委员会改名而来。它的早期组织是1928年由谭平山、章伯钧等组织的中华革命党(第三党)。1930年,中华革命党改名为中国国民党临时行动委员会。1935年11月,中国国民党临时行动委员会改称中华民族解放行动委员会,决定大力发展组织,开展抗日救亡斗争。1947年解放行动委员会为了适应变化了的形势,决定改名为中国农工民主党,进一步确定了党纲和路线方针。1948年,农工党响应中国共产党五一号召,宣布接受中国共产党的领导,1949年参加人民政协。农工民主党主要以医药卫生界人士为联系和发展重点,积极吸收医药卫生工作者参加组织。数十年来,它为社会主义建设做了不少工作。

中国致公党,简称致公党。1925年10月在旧金山召开海外华侨洪门人士的第一次大会,决定成立致公党。洪门是清初存在于民间的"反清复明"秘密组织,后发展至海外,遍及东南亚和美洲各大都市,孙中山的革命活动曾得到海外洪门的大力支持。1931年在香港设中央党部,并在大洋洲、南洋群岛建立地方组织。抗日战争期间,海外致公党募集款项支援祖国抗战。1947年5月,在中国共产党帮助下,中国致公党在香港举行了第三次代表大会,宣告致公党将为中国政治真正民主化而奋斗到底。1948年,致公党响应中国共产党五一号召,1949年致公党领导人陈其尤等宣布愿在中国共产党领导下开展工作,同年致公党参加人民政协。致公党的成员主要是归侨和侨眷。几十年来，中国致公党在政治生活中，特别是在协助党和政府宣传落实侨务政策，促进祖国统一，配合有关部门接待港澳同胞、海外侨胞，协助引进资金等方面做了大量有益的工作。

九三学社于1946年5月成立，"九三"是日本签字投降正式生效的日子。九三学社的前身是1944年由一批爱国忧民的科技界、文化界、教育界知名人士组织起来的民主科学座谈会。1945年，为庆祝抗战胜利，将民主科学座谈会改名为九三座谈会。1946年改组为九三学社，本着"五四"精神，为民主与科学的实现而努力。1949年，九三学社发表拥护中国共产党五一号召及毛泽东八项主张的宣言，并于9月参加人民政协。九三学社的成员主要是科学技术界的高中级知识分子。九三学社对经济建设和国家政治生活中的重要问题积极提出建议，在协助党和政府落实知识分子政策，开展科技咨询服务，参加国际学术活动以及智力支边等方面，作出了贡献。

台湾民主自治同盟，简称台盟，1947年11月成立。1947年台湾"二二八"武装起义失败后，一部分从事爱国民主运动的台湾人士在香港成立台湾民主自治同盟，有组织地开展反对美蒋反动统治的斗争。1948年，台盟响应中国共产党五一号召，发表《告台湾同胞书》，对中国共产党的主张表示坚决拥护，1949年参加人民政协。新中国成立以来，台盟团结盟员及其所联系的群众，积极参加社会主义改造和社会主义建设，为实现大陆和台湾和平统一，反对外国势力侵略台湾作出了贡献。

（四）多党合作

多党合作是我国政党制度的重要内容，也是我国政党制度的基本特点所在。多党合作是指在中国共产党领导下，中国共产党和各民主党派以共同致力于社会主义事业为目标，以四项基本原则为政治基础，在长期的革命、建设、改革实践中逐步建立起来的一种有中国特色的新型政党关系。

中国共产党领导的多党合作所体现的新型政党关系，主要表现在两个方面：(1) 中国共产党和各民主党派都是合法政党，各民主党派在宪法范围内具有政治自由、组织独立和法律上的平等地位。各民主党派都有自己的纲领、章程和组织机构，在政治上可以自由地发表对国家大政方针的意见，提出自己的政治见解和纲领；在组织上可以独立开展活动，自主地决定内部机构、人事安排和组织发展。中国共产党历来重视民主党派的政治作用，尊重民主党派的政治法律地位。《中共中央关于坚持和完善中国共产党领导的多党合作和政治协商制度的意见》指出："民主党派享有宪法规定的权利和义务范围内的政治自由、组织独立和法律地位平等。中共支持民主党派独立自主地处理自己内部事务，帮助他们改善工作条件，支持他们开展各项活动，维护本组织成员及其所联系群众的合法利益和合理要求。"进入21世纪以来，先后印发的《关于进一步加强中国共产党领导的多党合作和政治协商制度建设的意见》《关于加强人民政协工作的意见》《关于巩固和壮大新世纪新阶段统一战线的意见》使得中国共产党和各民主党派的关系进一步制度化、规范化和程序化。(2) 中国共产党在长期与民主党派合作的过程中,形成了"长期共存、互相监督、肝胆相照、荣辱与共"的基本方针。这十六字方针既是对中国共产党与民主党派合作关系经验的总结,又是中国共产党今后处理与民主党派合作关系的基本准则。"长期共存、互相监督"是1956年由中国共产党明确提出的。"长期共存"是指中国共产党与民主党派的合作关系在共同的目标和一致的政治基础上将长期存在,只要阶级没有被最终消灭,共产党领导的与民主党派的合作关系就要存在下去。"互相监督"是指中国共产党和各民主党派在合作关系中相互进行监督,提出意见和批评。应该说明的是,中国共产党是领导党,"互相监督"特别强调民主党派对中国共产党的监督。"肝胆相照、荣辱与共"是1982年中国共产党根据统战工作发展的情况,在"长期共存、互相监督"的基础上提出的一个进一步加强和改善中国共产党与民主党派合作关系的方针。所谓"肝胆相照、荣辱与共"意指中国共产党与各民主党派的合作关系要更加亲密和密切,坦诚以待,成则共荣,败则皆损,因此应该同进退共患难。

中国共产党领导的多党合作的新型政党关系在我国的政治实践中主要有三个方面的内容:政治协商、民主监督、参政议政。

政治协商是指在多党合作的过程中,中国共产党和各民主党派就有关国家、民族和社会发展方面的重大问题进行交流商讨,以便在沟通思想、形成共识的基础上集思广益,作出重大的政治经济决策的一项制度。中国共产党与各民主党派的政治协商在长期的政治实践中基本上形成了政协全体会议协商制度、专题议政性常务委员会会议制度、专题协商会、双周协商座谈会、对口协商、界别协商、提案办理等几种主要协商形式。

民主监督是中国共产党与各民主党派在多党合作的政治基础上,相互提意见和建议,并展开批评的一种重要的多党合作内容。民主监督包括中国共产党对各民主党派的领导与监督和民主党派对中国共产党及其所领导的政权的监督两方面内容,但主要是指后者。在国家政治生活和政党关系中,民主党派的民主监督范围十分广泛,主要包括对宪法和法律、国家的基本政策、国民经济和社会发展规划、国家财政预算决算、党政机关工作人员履行职责等方面的监督。

参政议政即民主参政,是中国共产党和各民主党派的合作关系在政党关系领域里的表现。它是指在中国共产党领导和执政的前提条件下,各民主党派的成员依法定程序进入中央和地方各级国家机关,担任人大代表和一定的国家机关领导职务,即在国家政权中,中国共产党是执政党和领导党,各民主党派为参政党。在我国现阶段,民主党派参政包括:(1) 各民主党派成员通过选举当选全国和地方各级人大代表,参与行使人民代表大会的权力,决定国家的大政方针,进行立法。(2)经各级人民政府首长提名,担任政府及各部门的有关领导职务。(3)在各级司法机关担任一定的领导职务。民主党派参政还有一些其他形式,如政府及各部门可以请民主党派成员兼职、任顾问和参加有关的咨询机构等。

党的十八大以来,以习近平同志为核心的党中央不断加强我国政党制度的全面领导,作出了一系列重大政治判断和重大决策部署,召开了多次重要会议,印发了一系列重要文件,进一步明确了中国特色社会主义政党制度的基本内涵。习近平指出:"中国共产党领导的多党合作和政治协商制度作为我国一项基本政治制度,是中国共产党、中国人民和各民主党派、无党派人士的伟大政治创造,是从中国土壤中生长出来的新型政党制度。"[①]这是把宪法规定的政党制度首次概括为新型政党制度,深刻阐明了我国政党制度的丰富内涵和鲜明特点,并为新时代我国政党制度的发展指明了方向。

第四节 政治协商制度

一、政治协商制度的含义

《宪法修正案》第4条规定:"中国共产党领导的多党合作和政治协商制度将长期存在和发展。"这里的政治协商制度是与多党合作制度并列的一项政治制度。从狭义理解,指的是在中国共产党领导下,以多党合作为基础,由各民主党派、各人民团体、各爱国人士、无党派人士和少数民族代表参加的,以中国人民政治协商会议为组织形式,就国家的大政方针、各族人民社会生活中的重大问题等进行民主、平等的讨论和协商的政治制度。中国共产党领导的政治协商制度是有中国特色社会主义政治制度的重要组成部分,政治协商制度所体现的中国特色主要表现在以下方面:

1. 中国共产党的领导是政治协商制度的重要内容。中国共产党在政治协商中的领导地位是在中国共产党领导中国人民进行革命、建设、改革的斗争中逐渐形成的。中国共产党的领导首先表现为政治协商制度是由中国共产党创立的。早在1945年,国共两党在重庆举行政治谈判,国民党被迫同意召开了由国民党、共产党、民主同盟等政党和党派及社会贤达的代表参加的政治协商会议,史称旧政协。1948年4月中国共产党发表纪念"五一"国际劳动节的口号,"提议迅速召开政治协商会议,讨论并实现召集人民代表大会,成立民主联合政府"。1949年9月21日新政协,即中国人民政治协商会议于北京开幕,历时9天,制定了《共同纲领》,建立了政治协商制度。其次表现为中国共产党在政治协商过

[①] 《习近平在看望参加政协会议的民盟致公党无党派人士侨联界委员时强调:"坚持多党合作发展社会主义民主政治,为决胜全面建成小康社会而团结奋斗"》,载《人民日报》2018年3月8日,第1版。

程中始终起着组织和领导作用。历届政协全国委员会主席都是由中国共产党党员担任的，中国共产党承担了大量的组织领导工作。再次，政治协商的成果主要是中国共产党通过执政党、领导党的作用和影响，运用国家权力制定国家的法律和政策。中国共产党对政治协商作出了重大贡献，发挥了重要作用，坚持中国共产党的领导是人民政协必须恪守的根本政治原则。

2. 政治协商制度是以中国人民政治协商会议为组织形式的政治制度。就广义而言，一切合法存在的政治主体就国家问题和彼此间关系所进行的商讨和意见交换，都可称为政治协商。例如，作为多党合作内容的政治协商便是这样的。狭义的是指政治协商制度中的政治协商，它仅指通过中国人民政治协商会议的组织形式进行的政治协商。中国人民政治协商会议已有七十多年的历史，其组织和有关制度比较健全和完备，在政治协商中发挥了重要作用。

3. 政治协商制度比多党合作制度的范围更为广泛。多党合作制度体现的是一种新型的政党关系，调整的范围限于以政党为主体的各种政治关系。政治协商制度既包括了在中国人民政治协商会议组织形式内作为多党合作内容的政治协商，还包括中国共产党与各人民团体、各爱国人士、无党派人士和少数民族代表的政治协商。

二、政治协商制度的组织

中国人民政治协商会议（简称人民政协）是我国政治协商和统一战线的组织形式，是社会主义民主的重要渠道和专门协商机构，是具有中国特色的制度安排，是一种新型的协商民主。政治协商制度的组织主要是指人民政协的组成和组织系统。

（一）人民政协的组成

人民政协在不同的历史时期具体组成单位不同。第一届政协的代表来自全国各个方面，共有662位代表出席会议，分别代表中国共产党、各民主党派、各人民团体、各地区、人民解放军、少数民族、宗教界、海外华侨等45个单位。从第二届开始，各地区代表和人民解放军代表不再是政协的组成单位。根据现行的《中国人民政治协商会议章程》规定，人民政协全国委员会由中国共产党、各民主党派、无党派人士、人民团体、各少数民族和宗教界代表、台湾同胞、港澳同胞和归国侨胞的代表以及少数特邀人士组成。凡赞成政协章程的党派和团体，经中国人民政治协商会议全国委员会的邀请，可参加人民政协全国委员会。十三届政协全国委员由34个界别构成，分别是：中国共产党、中国国民党革命委员会、中国民主同盟、中国民主建国会、中国民主促进会、中国农工民主党、中国致公党、九三学社、台湾民主自治同盟、无党派人士、中国共产主义青年团、中华全国总工会、中华全国妇女联合会、中华全国青年联合会、中华全国工商业联合会、中国科学技术协会、中华全国台湾同胞联谊会、中华全国归国华侨联合会、文化艺术界、科学技术界、社会科学界、经济界、农业界、教育界、体育界、新闻出版界、医药卫生界、对外友好界、社会福利和社会保障界、少数民族界、宗教界、特邀香港人士、特邀澳门人士、特别邀请人士。

(二) 人民政协的组织系统

人民政协的组织系统包括政协全国委员会和政协地方委员会。

政协全国委员会由主席一人,副主席若干人,秘书长和委员若干人组成。政协全国委员会全体会议每年举行一次,由常务委员会召集。政协全国委员会有下列职权:(1) 修改中国人民政治协商会议章程,监督章程的实施;(2) 选举全国委员会的主席、副主席、秘书长和常务委员,决定常务委员会组成人员的增加或者变更;(3) 协商讨论国家的大政方针以及经济建设、政治建设、文化建设、社会建设、生态文明建设中的重要问题,提出建议和批评;(4) 听取和审议常务委员会的工作报告、提案工作情况报告和其他报告;(5) 讨论本会重大工作原则、任务并作出决议。

政协全国委员会设常务委员会,由政协主席、副主席、秘书长和常务委员组成。政协全国委员会常务委员会行使下列职权:(1) 解释中国人民政治协商会议章程,监督章程的实施;(2) 召集并主持中国人民政治协商会议全国委员会全体会议;每届第一次全体会议前召开全体委员参加的预备会议,选举第一次全体会议主席团,由主席团主持第一次全体会议;(3) 组织实现中国人民政治协商会议章程规定的任务;(4) 执行全国委员会全体会议的决议;(5) 全国委员会全体会议闭会期间,审查通过提交全国人民代表大会及其常务委员会或国务院的重要建议案;(6) 协商决定全国委员会委员;(7) 根据秘书长的提议,任免中国人民政治协商会议全国委员会副秘书长;(8) 决定中国人民政治协商会议全国委员会工作机构的设置和变动,并任免其领导成员。

政协地方委员会包括人民政协省、自治区、直辖市委员会以及政协自治州、设区的市、县、自治县、不设区的市和市辖区委员会。政协的地方委员会每届任期5年,每年至少举行一次会议,其职权主要有:(1) 选举本地方委员会的主席、副主席、秘书长和常务委员;(2) 听取和审议常务委员会的工作报告;(3) 讨论并通过有关决议;(4) 参与对国家和地方的重要问题的讨论,提出建议和批评。政协地方委员会常务委员会主持地方政协委员会的工作,其职权主要有:(1) 召集并主持地方委员会全体会议;每届第一次全体会议前召开全体委员参加的预备会议,选举第一次全体会议主席团,由主席团主持第一次全体会议;(2) 组织实施中国人民政治协商会议章程规定的任务和全国委员会所作的全国性的决议以及上级地方委员会所作的全地区性的决议;(3) 执行地方委员会全体会议的决议;(4) 地方委员会全体会议闭会期间,审议通过提交同级地方人民代表大会及其常务委员会或人民政府的重要建议案;(5)协商决定地方委员会委员;(6)根据秘书长的提议,任免地方委员会的副秘书长;(7)决定地方委员会工作机构的设置和变动,并任免其领导成员。

(三)人民政协的性质

人民政协是我国特有的政治形式和制度,就性质而言,它是统一战线和政治协商的组织形式,既不是政权组织,也不同于一般的人民团体。

政协章程对人民政协是统一战线性质的组织作了明确规定。《共同纲领》规定,中国人民民主专政是以工农联盟为基础、以工人阶级为领导的人民民主统一战线的政权。由中国共产党、各民主党派、各人民团体、各地区、人民解放军、各少数民族、国外华侨以及其他爱国分子的代表们所组成的中国人民政治协商会议是人民民主统一战线的组织形式。从1954年到1982年,人民政协的章程都规定人民政协是统一战线的组织,只是具体提法有所不同。现行宪法以根本法的形式确认:"中国人民政治协商会议是有广泛代表性的统一战线组织。"

政治协商是统一战线的重要职能,人民政协作为政治协商的组织形式是1989年才正式确定的。1989年的《中共中央关于坚持和完善中国共产党领导的多党合作和政治协商制度的意见》明确指出:"人民政协是我国统一战线的组织,也是中国共产党领导的多党合作和政治协商的一种重要组织形式。"进入新时代,人民政协进一步发展为社会主义协商民主的重要渠道,发挥了作为专门协商机构的作用。

人民政协在我国政治生活中发挥着重要作用,但它不是国家政权组织,不是国家机关,也不是一般意义上的人民团体。从地位上看,人民政协全国委员会是我国政治领导体制中的重要组成部分,人民政协主席、副主席被视为国家领导人。这不是一般人民团体可以比拟的。从性质上看,人民团体代表不同社会阶层、行业和团体的利益,其性质具有特殊性,反映的是特定阶层、行业和团体的利益;人民政协则具有广泛性和党派性的特点。人民政协的基本职能为政治协商、民主监督、参政议政;人民团体虽然也参与政治协商、民主监督和参政议政,但这不是它的基本职能。

三、政治协商制度的作用

中国共产党领导的政治协商制度在我国政治经济文化生活各方面发挥着重要作用。政治协商制度是国家治理体系的重要组成部分,是实现党的领导的重要方式,是保证人民当家作主的重要制度设计。政治协商制度有力地推进了我国政治生活的民主化进程,有助于社会主义民主政治的建设;政治协商制度能够集思广益,促进社会主义物质文明和精神文明建设。此外,政治协商制度还对国家大政方针的科学决策具有积极的作用。

一、前沿问题

1. 关于国家的基本理论

(1) 关于国家的起源。在古希腊"国家"一词指的是城邦,在古罗马则指一个城市的全体市民。在我国古代的《尚书·立政》中就有"国家"的说法,诸侯统治的疆域称国,大夫统治的疆域称家,后来统称为国家。

国家起源这个问题是政治学者和社会学者的共同话题,关于国家的起源主要有以下几种观点:一是神意说。其观点认为,国家的存在基于神意,人民不能不服从国家,这种观点在15—17世纪的欧洲为许多君主和政论家所信赖,在中国表现为君主"受命于天"的儒家思想。二是契约说。契约说认为,人类在国家成立之前生活在一种毫无政府、法律的自然状态之下,国家是基于契约而产生的。这种学说开始于欧洲中古时期,盛行于17和18世纪之间。霍布斯认为,人类初期存在一种相互争杀的野蛮状态,后来人民与人民之间自愿成立契约,建立政府。人民有服从政府的义务,政府却可以不受契约的约束,实质上是拥护君主专制。洛克认为,为保护生命财产的安全,人民定约将权力的一部分转让给统治者,由此建立国家,统治者的权力以人民转让的权力为限。这为当时英国的君主立宪政治提供了理论依据。卢梭认为,契约成立于人民与人民之间,契约的条款要求给一切人民以平等的待遇,国民全体或国家成为最高权力的所有者,政府则为国民的雇员,其权力有所限制。三是强力说。其观点认为,国家的产生并不出于人民的理性与意志,纯出自自然。因为人类强弱的差别产生了统治者与被统治者两个阶级。四是其他学说,主要有有机体说、群性说、心理说、实力加心理说等。这些学说一般认为,国家是基于自然而产生的,不同的是有机体说认为国家的产生及进化如同一种有机体物;群性说认为,国家这种组织的产生是由于人类有愿意群营生活的天性;心理说则认为,国家的产生是由于人类有一种共同的利害感觉。实力加心理说认为国家的成立除实力之外还需添加国民心理要素,两者结合才能成立国家。[①] 这几种观点由于其理论自身的片面性和局限性,因此对学术界的影响不大。

(2) 关于国家的构成因素。国家要素说一般有三要素说与四要素说,政治学中影响最广泛的是"国家三要素说"。它认为国家是居住在固定领土上的拥有权力(主权)的一定数量的人口所组成的共同体。构成国家的基本要素是:第一,

---

① 〔日〕美浓部达吉:《宪法学原理》,欧宗祐、何作霖译,中国政法大学出版社2003年版,第125页。

人口,也有学者称之为人民,是生活在特定国度、特定地区的居民,这是构成国家的基本要素,是国家一切活动的基础和基本出发点;第二,领土,居民生息之地,国家行使权力的空间和赖以存在的物质基础;第三,主权,即国家处理对内对外事务的最高权力。这种学说以政治地理意义上的国家来代替作为社会权利和政治权力特殊组织的国家,离开一定的社会经济基础和阶级关系来谈论国家,掩盖了国家是阶级矛盾不可调和的产物,因而不可能说明国家的本质。

主权是国家构成因素中最为重要的概念:第一,主权的起源。主权的概念由博丹首创,而后格老秀斯、霍布斯、洛克、卢梭等学者从不同的角度讨论了主权问题,提出主权在民、主权在君等不同观点,都是以维护国家独立、使其内外不受限制为目的。第二,主权的特点。传统的观点认为主权有两大特性:主权的不受限制性和不可分割性。王世杰、钱端升在《比较宪法》一书中从事实上、道义上、法律上这三个方面论述了主权是否为有限制的权力。其中道义上的限制又有主权无限、主权自限和主权有限三种不同的学说。在将主权界定为"决定国家所属分子与国家自己的权利义务的权力"的基础上,批判了柯尔的主权分割理论,认为即使是在联邦国家主权也没有分割,否则就会陷入混乱之中。① 第三,主权和权力的关系。有学者将国家权力分为两个不同的层次:一是国家的最高权力,即主权;二是国家的一般权力,一般可分为立法权、行政权和司法权。主权是对一般权力的概括和抽象,一般权力派生于主权,二者在本质上是统一的。

(3)关于国家的类型。国家类型主要是以国家的阶级性质和历史发展为根据进行划分的,主要有两种观点:第一,将国家分为四种类型:奴隶制国家、封建制国家、资本主义国家和社会主义国家。这是长期以来的传统观点。第二,以统治者和被统治者人数比例的差异,将其归纳为两种类型:少数人统治多数人的剥削阶级国家和多数人统治少数人的无产阶级专政国家,这为我们判断分析国家是否是实行真正的民主提供了客观依据。

(4)关于国家的本质。对国家本质的不同看法,主要有以下几种观点:第一,非阶级分析方法。古希腊亚里士多德认为国家是最高最广泛的一种社会团体,国家的目的在于谋求最高最广泛的善业;当代资产阶级学者宣扬"普遍福利国家"论,认为城市国家的宗旨是谋求"公共福利";国际共产主义运动中的机会主义宣扬"纯粹民主""自由民主""全民国家"等观点,这些观点都是出于不同目的把国家说成是"全民的"和谋求人民共同利益的组织,掩盖了国家的本质,是对国家本质的歪曲。第二,阶级本质说,这是宪法学界的通说。有的认为国体是阶级性质,是指宪法对社会各阶级阶层的权利义务作出的最基本的规定,它表明在国家中哪些阶级阶层属于统治阶级地位,哪些阶级属于同盟者,哪些阶级处于被

---

① 王世杰、钱端升:《比较宪法》,中国政法大学出版社1997年版,第39页。

统治地位,简言之,就是指国家对哪些阶级实行民主和对哪些阶级实行专政。有的认为国体是指国家性质,即国家的阶级本质,它是由社会各阶级阶层在国家中的地位所反映出来的国家属性。表述虽有所差异,但都认为宪法中的国体是指国家的阶级性,人民民主专政是我国国体的体现。第三,国家主权归属说。学者反对将国体和国家性质、阶级本质等同起来的看法,认为国体的范围要从政治、经济、文化等方面分析,一国的国体取决于国家主权的归属。第四,国家根本制度说。这种学说认为应该区分政治意义上的国家和宪法意义上的国家:在政治学上国家性质与国家本质、国体是同义词,指的是国家的阶级本质;在宪法上,国家性质是通过特定的宪法规范和宪法制度所反映的一国在政治、经济和文化等方面的基本特征,它反映社会制度的根本属性,具体是对客观宪法规范和宪法制度的总结,表现着特定的政治经济和文化制度的基本特征,反映特定国家社会制度的根本属性,因此是指国家的根本制度。本书认为较之第一种观点,后三种学说都有一定的合理性,但还有待完善,国家性质是一特定国家在参与政治、经济、文化生活过程中所反映的该国的本质属性,而阶级本质是最为重要的因素。

(5) 关于国家目的。国家目的是对国家存在的意义的追问。国家目的能够直观反映国家的本质。关于国家目的的研究颇丰,其源头可以追溯至古希腊时期。亚里士多德在《政治学》中首次提出了国家目的的思想,他认为,城邦或政治共同体之目的乃是通过公民之沟通审议而追求最高最广的善。在启蒙思想家的契约学说中,国家因人们订立契约而产生,所以国家的目的就是维护人民的安全与自由。如普芬道夫认为:"家长们之所以愿意放弃他们的自然自由来建立国家,最真实、最主要的目的应该是他想要建立屏障,对抗人给人带来的灾祸。"① 洛克认为:"人们联合成为国家和置身于政府之下的重大的和主要的目的,是保持他们的财产。"② 孟德斯鸠也认为:"一切国家都有一个相同的目的,就是自保,但是每一个国家又各有其独特的目的"。③ 狄骥发展了国家目的学说,将其分为三个方面:① 维护本身的存在;② 执行法律;③ 促进文化,即发展公共福利、精神与道德的文明。他进一步指出:"深入事物的实质,则国家指定的这三项目的可以归结为实现法的唯一目的。"④ 美国政治学者柏哲士(Burgess)以为国家的目的可分为初步的、第二步的和最后的三种。他先说明国家的最后目的,他以为国家的最后目的是在使全人类达到完美的地步,发展世界的文明和在地球上建立美德与伦理的世界。国家的第二步目的是在完成国内民族的特性,发展民族

---

① 〔德〕塞缪尔·普芬道夫:《人和公民的自然法义务》,鞠成伟译,商务印书馆2009年版,第147页。
② 〔英〕洛克:《政府论》(下篇),叶启芳、瞿菊农译,商务印书馆2017年版,第77页。
③ 〔法〕孟德斯鸠:《论法的精神》(上),张雁深译,商务印书馆1983年版,第155页。
④ 《西方法律思想史资料选编》,北京大学出版社1983年版,第637页。

的天才和国民的生活。国家的初步目的是在建立一个政府和自由的制度。迦纳进一步指出:"近代政治科学遵循着国家只是为达到某种目的的一种制度或手段,其本身并非目的。"①他认为国家之原本的目的在于维持组成国家的人民与人民之间的和平、秩序、安全和正义。美浓部达吉则认为国家目的不能像传统政治学科那样以生存、国民的福利、道德的实现等概括的观念说明之。关于国家目的的种种学说对于我们了解国家性质的全貌具有一定的参考价值,但它们美化了资本主义国家制度,掩盖了资本主义的剥削实质。国家的真正目的在于建立一种秩序来抑制阶级冲突,使这种压迫合法化、固定化。

(6)关于宪法与国家性质的关系。近年来,随着宪法学研究的深入,在宪法与国家性质的关系问题上产生了许多新的看法。宪法学者认为:"政体是宪法学范畴……国体是实质性范畴,不是宪法应当涉及的内容,因为法律是形式性的。"②"随着学术的进一步发展,中国宪法学能够成立和成熟的时候,应当逐渐抛弃这些陈旧的范畴。"③这些观点在一定程度上反映了我国宪法学的认识与理论自觉。但同时我们也应该看到,传统政治学强调的国体理论是学习苏联的产物。宪法学上的国家概念是从政治学上的国家概念借用而来的,因此两者之间必然具有密切的联系。在此基础之上,区别政治学上的国家性质与宪法学上的国家性质才更加具有现实意义。具体来说,政治学上的国家性质一般以特定政治哲学为其思想基础,以特定政治现象和制度为其语义背景,它注重揭示国家的政治属性;而宪法学上的国家性质往往以特定法律哲学为其思想基础,以特定宪法现象和制度为其语义背景,它着力反映的是特定的宪法规范和宪法制度。

2. 关于人民民主专政

(1)关于人民民主专政的理论发展。有学者从分析中国的各种社会现象入手,认为现今的中国现实虽然未从根本上改变我国的人民民主专政国体的性质,但至少对现有的理论和制度模式构成了前所未有的挑战:既定的关于国体、国家阶级本质的理论对社会现实缺乏足够的解释力,现有的制度框架对这些现象缺乏包容力。也有学者认为我国的传统宪法学体系是以阶级性为逻辑起点,这是受苏联宪法学理论影响的结果,也是我国长期以来在意识形态的指导思想中信奉"阶级斗争为纲"的反映。随着社会主义市场经济体制的日益完善,这种理论体系与实践的矛盾日益突出。构建以人民主权为逻辑起点的宪法学体系,可以有效地克服上述不足,符合民主宪法的基本精神,有利于指导我国的宪法实践。

---

① 〔美〕迦纳:《政治科学与政府》,孙寒冰译,东方出版社2014年版,第90页。
② "中国宪法学的方法与基本范畴"学术圆桌会议上韩大元教授的观点,载《浙江社会科学》2005年第3期。
③ "中国宪法学的方法与基本范畴"学术圆桌会议上余德鹏教授的观点,载《浙江社会科学》2005年第3期。

(2) 关于人民民主专政的阶级基础。经济、社会的发展和科技的进步带来的是我国原有社会结构的分化和重构,继社会学者的研究之后,许多学者也从宪法学角度进行了研究。人民民主专政的基础发生了变化:工人阶级内部发生变化,工人阶级分化为国有企业工人、城镇集体企业工人、合资合营企业工人、个体私营和外资企业雇工等,知识分子阶层不断扩大,从事制造业的国有企业工人仍是工人阶级的主体;农民阶级不断分化,分化出工人阶级、知识分子以及个体工商户、私营企业主等。有学者提出随着社会主义民主范围的不断发展,"人民"是一个历史概念,除了工人阶级以外,可以团结的阶层、群体都要纳入人民的范围之内。也有学者进一步论述了社会结构的变化和宪法发展的关系,认为中国的社会阶层中存在着上层、中层和下层之分,宪法学研究要及时关注这一变化,宪法也要实现调整和均衡各阶层的利益的功能,这是宪法制度的必要安排和理性选择。

3. 关于我国的政党制度

中国共产党领导的多党合作是我国的政党制度,有关问题的研究主要有以下两个:

(1) 关于《宪法修正案》第4条的意义。《宪法修正案》第4条规定了"中国共产党领导的多党合作和政治协商制度将长期存在和发展",笔者曾以《宪法第4条修正案与我国的政党制度》笔谈的形式论述了这一规定的宪法意义:这是宪法第一次对我国政党制度尤其是政党关系所作的完整表述,是对我国政党制度发展历史和现实状况的科学概括和总结,同时也在成文宪法的层面认同了政党制度和政党关系作为国家根本问题的地位;由中国共产党领导的多党关系是一项重要的宪法关系,多党合作是各党派严格遵守的宪法规则;为有中国特色的政党制度的发展确定和指明了方向,中国共产党的领导将进一步加强和改善;中国共产党与民主党派、各民主党派之间的关系在更广阔的领域得到加强和发展。

(2) 关于政党法治化的问题。在建设社会主义法治国家的大背景下,特别是随着宪法对我国政党制度的明确界定,政党法治化的问题受到了学术界的关注。有关方面的研究,主要集中在两个方面,一是对外国有关政党方面的法律制度及其发展趋势的评介,二是对我国政党法治化的对策研究。关于后者,主要涉及以下几个内容:一是在坚持中国共产党领导的前提下,突出其执政党的地位和职能。笔者认为,党的领导或领导党虽然也包含了执政党的意义,但强调的是党的政治地位和职能;执政党则侧重于党的法律地位和职能,而依法执政是法治对执政党的必然要求。因此,树立执政党的法治观念对政党法治化具有重要意义,是其理论和逻辑前提。二是对政党方面立法的倡导。有关方面的研究主要涉及有关政党立法的必要性、立法形式的选择等内容。笔者认为政党立法必将会是宪法学研究的热门领域。三是对依法治党的研究。有关研究主要涉及"依法治党"概念、人大对政党的监督等问题。

4. 关于我国的政治协商制度

宪法学对政治协商制度的研究,自《宪法修正案》第 4 条颁布以来,宪法学的色彩才开始有所体现。笔者认为,有关研究的学科特色主要有:(1) 对政治协商制度进行宪法学定位,认为它是我国的一项基本政治制度。从政治参与的角度看,比较强调利益集团(如党派)的参与,是对人大制度的参与机制的补充。(2) 将政协制度与多党合作进行区分,突出其作为一项独立政治制度的特色,本书持这种观点。(3) 鉴于政协的法律定位和有关立法不充分,与其现实的政治地位不相适应,有学者对人民政协在宣传体制与法治中国建设中的地位和作用进行了分析①。

5. 关于推进协商民主的发展

党的十八大以来,党中央多次强调要推进协商民主广泛、多层、制度化发展。在此之前学界已就协商民主的概念、定位与功能问题展开过讨论。此后,学界从制度化层面对协商民主进行了更加细致的研究,主要集中在以下几个方面:一是协商民主的制度定位;二是协商民主在宪法体制与国家治理现代化中的作用;三是选举民主与协商民主的关系;四是协商民主的法治进路与展望等。

6. 关于党的领导法治化问题

中国共产党的领导是中国特色社会主义最本质的特征,也是宪法的基本精神。党的领导作为抽象的政治原则必须通过一定的方式贯彻到国家治理实践中。党的领导法治化思想符合宪法思维和宪法理念。推进党的领导制度化、法治化,既是加强党的领导的应有之义,也是法治建设的重要任务。党的领导如何实现法治化,作为一个理论问题,需要从学理上进行分析。有人主张通过传统的国法模式,即以宪法和法律来规范和保障党的领导。有人认为采用国法模式不符合中国现实的国情,主张通过党规模式,即主要依靠党内法规对党的领导制度和体系进行具体规定。有人主张两者兼而采之,即党的领导法治化的复合模式,国法抽象确认、党规具体细化。还有人认为党的领导法治化是一个渐进的法治过程,是在政治发展过程中实现的,不能急于求成。

二、参考文献

1. 恩格斯:《家庭、私有制和国家的起源》,载《马克思恩格斯选集》第 4 卷,人民出版社 1995 年版。

2. 列宁:《国家与革命》,载《列宁选集》第 3 卷,人民出版社 1995 年版。

---

① 马一德:《论协商在中国宪法体制与法治中国建设中的作用》,载《中国社会科学》2014 年第 11 期。

3. 列宁:《论国家》,载《列宁选集》第4卷,人民出版社1995年版。

4. 毛泽东:《论人民民主专政》,载《毛泽东选集》第4卷,人民出版社1991年版。

5. 毛泽东:《新民主主义论》,载《毛泽东选集》第2卷,人民出版社1991年版。

6. 毛泽东:《新民主主义宪政》,载《毛泽东选集》第2卷,人民出版社1991年版。

7. 毛泽东:《在新政治协商会议筹备会上的讲话》,载《毛泽东选集》第4卷,人民出版社1991年版。

8. 邹永贤主编:《国家学说史》,福建人民出版社1999年版。

9. 〔美〕约瑟夫·R. 斯特雷耶:《现代国家的起源》,华佳等译,格致出版社、上海人民出版社2011年版。

10. 刘茂林、杨春磊:《协商民主的宪法进路与展望》,载《江汉大学学报》(社会科学版)2014年第2期。

11. 韩大元:《论党必须在宪法和法律范围内活动原则》,载《法学评论》2018年第5期。

12. 李忠夏:《"中国特色社会主义"的宪法结构分析》,载《政法论坛》2018年第5期。

13. 秦前红、刘怡达:《中国现行宪法中的"党的领导"规范》,载《法学研究》2019年第6期。

三、思考题:

1. 试析宪法与国家性质的关系。
2. 试述现行宪法用人民民主专政表述我国国家性质的意义。
3. 为什么说人民民主专政是具有中国特色的无产阶级专政?
4. 试析宪法与政党的关系。
5. 试析我国政党制度的特点。
6. 我国《宪法修正案》第4条的意义何在?
7. 试析我国政党法治化的意义。
8. 试述政治协商制度在我国民主和法治建设中的作用和意义。

第四章 政权组织形式

内容提要

对于政权组织形式、政体这两个概念,学术界有不同的认识。本书认为政体有广义、狭义之分。广义的政体是指关于国家权力的归属以及基于国家权力运用的需要而设置的相应国家机关,并在这些国家机关间进行权力配置的国家政治制度(政治形式),包含了政权组织形式、国家结构形式所有的内涵。狭义的政体是指国家权力,尤其是有关国家主权归属的制度。政权组织形式是广义的"政体"的下位概念,是指国家权力在国家机关间的配置以及在此基础上形成的国家机关间的相互关系,包括同一级国家机关间的关系和上下级国家机关间的关系。由于国家结构形式已习惯用于指称中央与地方,国家整体与部分间的权力配置关系,而与政权组织形式并列,所以狭义的政权组织形式应该仅指国家权力在同一级国家机关(尤指中央国家机关)间的配置以及由此形成的同一级国家机关间的相互关系。政权组织形式可以根据不同的标准进行分类,按政体的不同划分为共和制政权组织形式、君主制政权组织形式和立宪君主制政权组织形式。

考察政权组织形式和宪法的关系可以发现,政权组织形式既是宪法的基本内容,又是宪法建构政治社会(国家)的方式。因此,从这种意义讲,政权组织形式又可以称为宪法体制。

人民代表大会制度是我国的政权组织形式,是坚持党的领导、人民当家作主、依法治国有机统一的根本政治制度安排。实行人民代表大会制度是历史的必然选择,较之西方国家的三权分立的议会制度,我国人民代表大会制度有无比的优越性。它便于人民管理国家,便于统一行使国家权力,能调动中央和地方的双重积极性,同时保证少数民族参与国家管理的权利,有助于民族平等的实现。人民代表大会制度是我国的根本政治制度,坚持人民代表大会制度是我国民主政治的基本方向,完善人民代表大会制度则是根本目标。坚持人民代表大会制度就是要坚持中国共产党的领导,坚持民主集中制与议行合一的组织原则,坚持一院制的组织形式。完善人民代表大会制度的关键是进一步加强和改善党的领导、完善人民代表大会制度的宪法体制和加强人大的自身建设。

选举制度是代议制度的重要组成部分。选举权的普遍性、平等性、间接选举和直接选举相结合、无记名投票和选举权的保障等是我国选举制度的基本原则。

选举组织依直接选举、间接选举的不同而分别设立,选举程序包括划分选区、选民登记、代表候选人提名、投票、公布选举结果和对代表的罢免以及补选等程序。社会主义市场经济和民主政治的发展也对我国的选举制度的完善提出了新的要求,完善选举竞争机制、扩大直接选举的范围、完善选举诉讼制度等是我国选举制度进一步完善的重要方面。

关键词

政权组织形式 政体 共和制 君主制 立宪君主制 总统制 议会内阁制 委员会制 人民代表大会制度 选举制度 选举原则 选举组织 选举程序

第一节 政权组织形式概述

一、政权组织形式的概念

在我国宪法学中,政权组织形式是一个存在分歧的概念,且这种分歧尚未引起应有的学术关注。主要存在两种观点:第一种观点也是较为普遍的观点认为,政权组织形式即政体,指的是在一个国家内统治阶级采取何种形式去组织反对敌人、保护自己的政权机关。其特点是将政权组织形式与政体两个概念相等同。[①] 第二种观点认为,政权组织形式和政体是两个既有区别又有联系的概念,政体是实现国家权力的一种形式,它是形成与表现国家意志的特殊方式,或是表现国家权力的政治体制。政权组织形式也是一种实现国家权力的形式,但它指的是一个国家实现国家权力的机关组织。二者的主要区别在于政体着重于体制,政权组织形式着重于机关。政体粗略地说明国家权力的组织过程和基本形态,政权组织形式则着重说明国家权力的机关以及各种机关之间的相互关系。[②] 第二种观点的特点是以国家权力为依托,极有意义地辨析了两者的区别和联系。应该指出的是,政权组织形式既然是组织国家政权机关的方式或实现国家权力的机关组织,那么撇开政体与政权组织形式的关系不论,政权组织形式所论及的"国家政权机关"和国家"机关组织",也必然会与宪法学的另一个概念即国家结构形式有着十分密切的关系。因为"国家政权机关"和国家"机关组织"应该包含中央和地方的"国家政权机关"和国家"机关组织",因此国家政权组织形式或政

[①] 大多数宪法学教科书都持这种观点,参见吴杰主编:《宪法教程》,法律出版社 1993 年版,第 93 页;蒋碧昆主编:《宪法学》(第七版),中国政法大学出版社 2012 年版,第 127 页;等等。

[②] 何华辉:《比较宪法学》,武汉大学出版社 1988 年版,第 136、139、144 页。

体应包含国家结构形式在内。有的学者指出:"从广义上说,国家结构也属于国家政体问题。"① 可以看出,明确国家政权组织形式的概念,澄清和消除不应有的含混和歧义,从某种意义上讲就是要界定政体、国家政权组织形式和国家结构形式三者间的关系,这也是科学合理地界定国家政权组织形式这一概念的基本要求。

本书认为,解决这一问题的关键是国家权力,上述三个概念的关系是奠定在国家权力基础上的。这是因为:(1)国家权力的归属及其运用深刻地反映了国家的阶级本质;(2)国家权力(公共权力)的出现及其特性是国家产生和区别于其他社会组织的标志;(3)作为国家的构成要素,国家权力与不同权力主体的关系决定了国家形态的差异;(4)国家权力是上述政体、国家政权组织形式和国家结构形式等概念所共同涉及和包含的因素,它们从不同的侧面和角度描述了国家权力的存在状况;(5)从古今中外学者们对上述概念的界定和使用来看,国家权力是其基点和核心。因此,以国家权力的归属及其配置和运用来界定有关概念,是正确认识这些概念的关键所在。

政体是一个古老的政治学术语。古希腊的许多思想家几乎都有关于政体的论述,其中亚里士多德的政体理论至今仍然影响着人们对政体的认识。亚里士多德最早对政体进行了定义和界定。他认为:(1)政体是城邦一切政治组织,尤其是决定政治的"最高治权"的组织的依据,城邦的最高治权寄托于一定的"公民团体",并由此决定城邦的政体。例如,平民政体的治权寄托于平民,寡头政体的治权寄托于少数贵族。② (2)政体是一个城邦的职能组织,以确定最高统治机构和政权的安排,因此,政体是城邦公职的分配制度,是城邦的最高治权的归属,是政权及其机关如何分配职位和设置的制度。③ (3)各种政体之所以不同,是由于城邦由若干不同部分组成以及这些组成部分之间有不同的配合方式。④ (4)在此基础上,城邦政体被分为六种,即三种正宗政体:君主政体、贵族政体、共和政体和三种变态政体:僭主政体、寡头政体、平民政体。⑤ 以亚里士多德的政体理论为基础,许多政治学家都对政体问题进行了讨论,形成了丰富的政体理论资源,也产生了各种错综复杂的观点。本书认为,政体是关于国家权力的归属以及基于国家权力运用的需要而设置的相应国家机关,并在这些国家机关间进行权力配置的国家政治制度(政治形式)。国家权力的归属,特别是主权的归属问题是政体的核心。从政体的历史发展和现实的存在形式看,正是国家权力尤其是

---

① 张庆福主编:《宪法学基本理论》,社会科学文献出版社2015年版,第383页。
② 〔古希腊〕亚里士多德:《政治学》,吴寿彭译,商务印书馆1983年版,第129—130页。
③ 同上书,第178、182页。
④ 同上书,第181、182页。
⑤ 同上书,第133、134页。

主权的归属，决定了政体的不同。例如，共和政体意味着国家权力和主权属于人民；君主政体则意味着国家权力和主权为君主一个人私有；立宪君主政体则表明国家权力和主权在形式上为君主所有，实际上为人民所有。设置相应的国家机关，并在这些国家机关间进行科学合理的权力配置，也是政体范畴内的内容，它由国家权力或主权归属决定。

政权组织形式是有关国家权力在归属已定的情况下，在不同国家机关之间进行权力配置以保证国家权力有效运用的政治制度。从整体上看，它主要包括三个方面的内容：(1)根据权力运用和实现的需要，依据一定标准对国家权力进行划分；(2)设置相应的国家机关，并配置有关国家权力，从而形成相应国家机关的职权；(3)依据行使权力的性质，确定各种国家机关之间处理相互关系的基本原则等。从国家权力划分来看，它包括两个方面的内容：一是从横向划分国家权力并在同一级国家机关之间进行权力配置，例如，在中央国家机关之间进行权力配置，形成中央国家机关之间的相互关系；二是从纵向划分国家权力，并在上下级国家机关之间进行权力配置，形成中央与地方、地方与地方之间国家机关的相互关系，例如在中央和地方国家机关间进行权力配置。因此，国家权力在不同国家机关间的配置和分配以及各种享有运用国家权力的国家机关之间的关系问题是政权组织形式所要解决的问题。从现有的国家结构形式概念来看，它主要指的是有关国家的中央与地方，整体与部分的相互关系的制度，实质上是一种纵向的国家权力配置关系。因此，从国家权力的配置以及由此而形成的国家机关间的关系来看，国家结构形式应属于国家政权组织形式的一个方面，是国家政权组织形式的组成部分。

综上所述，可以认为，政体概念有广义和狭义两种含义。狭义的政体是指国家权力，尤其是有关国家主权归属的制度。广义的政体除含有狭义政体概念的内涵外，还包含国家权力在国家机关之间的配置及在此基础上形成的国家机关之间的相互关系之内涵。因此，广义的政体概念是一个包括政权组织形式、国家结构形式所有内涵在内的概念，从整体上指称国家有关上述内容的政治制度。政权组织形式是政体的下位概念，基于这种观点，如果没有特别说明，本书一般在狭义上使用政体、政权组织形式和国家结构形式等概念。

二、政权组织形式的种类

政权组织形式因国家的阶级状况、历史传统和政体等的不同而存在着差别。根据不同的标准可以对政权组织形式进行不同分类。例如，以国家性质不同为标准，可将政权组织形式分为剥削阶级国家的政权组织形式和无产阶级国家的政权组织形式；以历史发展为标准，可将政权组织形式分为古代国家的政权组织形式和近现代的国家政权组织形式；以政体的不同为标准，可将政权组织形式分为共和制政体的政权组织形式和君主制政体的政权组织形式以及立宪君主制的政权组织形式。近现代立宪国家所采用的政体主要是共和制和立宪君主制，这里仅就这两种政体下的政权组织形式介绍如下：

(一) 共和制政体的政权组织形式

共和制是近现代立宪国家普遍采用的主要政体之一。共和制是指国家权力，尤其是主权属于人民，作为国家代表的国家元首由选举产生并有一定任期的一种政体。由于国家权力在中央国家机关之间的配置不同，以及建立在此基础上的国家机关相互关系不一样，共和政体下的政权组织形式可分为以下几种：

1. 总统制。在世界范围内，总统制有两种形式：一是以美国为代表的比较典型的总统制；一是以法国为代表的较为特殊的总统制，通常称为半总统制。总统制的特点是总统既是国家元首，又是政府首脑，国家权力依一定原则在总统（政府）、议会和司法机关间进行配置，三者具有较强的独立性，总统和议会均由选民选举产生，总统不对议会负责。总统（政府）行使行政权，议会行使立法权，司法机关行使审判权。半总统制的特点是总统作为国家元首拥有实权，由议会中的多数党组阁成立政府，并对议会负责，议会可以倒阁的一种具有议会制特色的总统制。

2. 议会内阁制。在议会内阁制的国家，国家元首为虚权元首，仅在形式上代表国家。议会由选举产生的议员组成，政府由议会中的多数党或政党联盟组成。政府（内阁）对议会负责，议会可以通过不信任案倒阁，政府也可依宪法程序解散议会，重新组织大选。同总统制一样，议会内阁制也是被普遍采用的一种政权组织形式。

3. 委员会制。委员会制是以瑞士的联邦行政委员会制为代表的一种政权组织形式。在瑞士，国家权力被分为立法权、行政权和司法权三种，立法权由国民院和联邦院组成的联邦议会行使。联邦行政委员会由议会选举7人组成，分别执掌行政委员会所属7个部。行政委员会是一个合议制机构，每周开一次会，法定开会人数为4人，委员会就有关问题平等地进行讨论，以出席会议的委员过半数票通过决定。

4. 人民代表会议制。人民代表会议制是许多社会主义国家采用的政权组织形式。这种政权组织形式一般是由人民选举代表组成统一行使国家权力的代表（会议）机关，代表（会议）机关产生同级其他国家机关，并通过宪法和法律赋予有关国家机关职权，代表机关享有监督其他国家机关之权，这些国家机关有对代表（会议）机关负责之义务。代表机关处于整个国家机关相互关系之核心。实行人民代表会议制的国家在代表（会议）机关的组成等方面也各具本国特点。

(二) 立宪君主制政体的政权组织形式

立宪君主制是一种国家权力在形式上或在一定程度上属于君主个人所有，

君主作为国家元首代表国家,实际上不享有或享有有限国家权力的一种政体。它一般是在资产阶级革命不彻底的政治条件下采用的。由于君主所拥有的权力不同,君主在国家机关权力配置及相互关系中的地位不一样,立宪君主政体下的政权组织形式又可分为两种:

1. 议会君主制。议会君主制是指君主作为国家元首,仅在形式上代表国家,在国家机关的权力配置中不享有实质意义上的国家权力。国家权力主要在议会以及由议会产生的政府和司法机关间进行配置,议会和政府(内阁)关系处于整个国家机关关系的核心。现代英国、日本等立宪君主政体的国家都实行这种政权组织形式。

2. 二元君主制。二元君主制是指君主作为国家元首,尚拥有相当国家权力,君主作为国家机关在整个国家机关权力配置和国家机关相互关系中占有重要地位,议会权力较小,政府对君主负责的一种政权组织形式。一战前的德意志帝国和明治宪法下的日本都是这种政权组织形式。现代国家中只有约旦、沙特阿拉伯等少数国家仍保持这种政权组织形式。

三、政权组织形式与宪法的关系

作为配置国家权力并在此基础上形成的有关国家机关相互关系的制度,政权组织形式同国家一样古老。在古希腊,政制、政体(广义的,包含政权组织形式在内)和宪法,是同一个概念[①],指的是由有关城邦组织、职权及各种城邦组织间关系等构成的体制、制度。因此,历史地看,宪法与政权组织形式有十分深厚的渊源。近现代宪法产生后,政权组织形式是宪法的重要内容,建构民主、科学、高效的政权组织形式是宪法的基本追求之一。法国《人权宣言》指出:"凡权利无保障和分权未确立的社会,就没有宪法",表明以分权为基本原则的国家权力配置及在此基础上的国家机关相互关系,即分权的政权组织形式对于近现代宪法的意义。政权组织形式与宪法的关系,主要表现为两个方面:

1. 政权组织形式是宪法的基本内容。综观世界各国宪法的有关规定,可以发现,宪法中涉及政权组织形式的内容主要有:(1)在规定国家政体的基础上,明确规定在国家机关间进行权力配置的基本原则,宪法要么确立三权分立原则,要么规定民主集中制原则或议行合一原则;(2)设立相应的国家机关并赋予其职权;(3)规定各种国家机关在运用国家权力(职权)过程中的关系,具体表现为国家机关的组织活动原则、程序等。

2. 政权组织形式对于宪法具有重要意义。撇开根本法的形式特征,从内容

---

① 〔古希腊〕亚里士多德:《雅典政制》,日知等译,商务印书馆 1959 年版,译者"译后记";〔古希腊〕亚里士多德:《政治学》,吴寿彭译,商务印书馆 1983 年版,第 129 页。

上看,近现代宪法有两个方面的主要内容,一是保障公民权利,一是建构政治社会。从某种意义上看,宪法的首要任务是建构政治社会,组织规范公共权力比对公民权利的保障更为重要。保障公民权是以国家这个政治社会(公共权力)已经存在为前提条件的。在现代社会,政权组织形式正是宪法建构政治社会(国家)的方式,因此可以说,没有政权组织形式规定的宪法,不能称为宪法。

第二节 我国的政权组织形式

一、我国的政权组织形式是人民代表大会制度

(一)人民代表大会制度的概念

人民代表大会制度的概念可以在三种意义上使用:一是将人民代表大会制度理解为人民代表大会的会议制度,在会议制度的含义上使用该概念。人民代表大会作为国家机关,是以各种会议的形式来行使职权,会议制度具有重要意义。二是将人民代表大会制度理解为关于人民代表大会的制度,或"以人民代表大会为主体的制度"[①],并在这种意义上使用该概念。三是将人民代表大会制度作为我国政权组织形式理解,并在政权组织形式意义上使用人民代表大会制度的概念。在这种意义上使用的人民代表大会制度概念,包含了上述两种意义上的人大制度概念的内涵。

在政权组织形式层面上的人民代表大会制度,是指依据宪法和有关法律的规定,由人民按照一定的原则和程序,选举人民代表组成全国人民代表大会和地方各级人民代表大会,作为国家的权力机关;再由各级权力机关产生同级其他国家机关,这些国家机关要对人民代表大会负责,并接受其监督的一种国家政权组织形式。根据我国宪法的规定,人民代表大会制度具有以下特点:

1. 人民代表大会制度全面反映了人民同国家的关系,体现了主权在民原则。我国宪法规定,中华人民共和国的一切权力属于人民。人民行使国家权力的机关是全国人民代表大会和地方各级人民代表大会。各级人民代表大会只有由人民依法选举产生,才能表明代表机关是代表人民行使国家权力的机关。我国的全国人民代表大会和地方各级人民代表大会正是由人民按照宪法和选举法规定的原则和程序选举产生的。《宪法》规定:"全国人民代表大会和地方各级人民代表大会都由民主选举产生,对人民负责,受人民监督。"所以人民代表大会制度体现了主权在民的原则。

2. 人民代表大会制度突出了人民代表大会的权力机关地位。人民代表大

[①] 何华辉主编:《人民代表大会制度的理论和实践》,武汉大学出版社1992年版,第1页。

会的权力机关地位,首先表现为由人民代表大会统一行使国家权力。这就是宪法规定的,"人民行使国家权力的机关是全国人民代表大会和地方各级人民代表大会"。它不同于三权分立原则下由三个不同国家机关分别行使国家权力的政权组织形式,具体表现为在权力机关与同级其他国家机关的关系中,权力机关处于支配和核心地位;权力机关产生同级其他国家机关,这些国家机关要对权力机关汇报工作,并接受它的监督,而它们不能对权力机关进行监督。人民代表大会在同级国家机关关系中的这样一种支配和核心地位,即使奉行议会至上的议会内阁制国家的议会也是不可比拟的。

3. 人民代表大会制度下的代表机关采取一院制的组织形式。不同政权组织形式的代表机关或代议机关的组织形式是有差别的,大体上有两种模式,即一院制和两院制。所谓一院制指代表机关(代议机关)由单一的代表机关(代议机关)组成,统一行使代表机关(代议机关)的职权,不存在进行权力制约的其他代表机关(代议机关)。所谓两院制是基于阶级利益多元或者地方利益多元参与中央政治决策的需要,分别设立代表不同阶级、阶层或不同地区利益的两个代表机关(代议机关),共同行使代表机关(代议机关)职权的组织形式。英国的两院制大体上是阶级利益多元的反映,美国的两院制则反映了地方利益多元的要求。我国的人民代表大会采取一院制的组织形式,是由我国的政治传统、阶级关系和民族关系状况决定的。它是我国人民代表大会制度在代表机关组织形式方面的特色。

(二) 人民代表大会制度的政治内容

我国政权组织形式是人民代表大会制度,这是由人民代表大会制度所包含的政治内容所决定的。(1)人民代表大会制度不仅表明了我国国家权力的归属,即一切权力属于人民,是一种共和制政体,而且是为了实现一切权力属于人民的原则而建立起来的政治制度。(2) 人民代表大会制度明确了国家权力在人民代表大会与同级其他国家机关间的配置原则。一方面,人民代表大会统一行使属于人民的国家权力,另一方面,人民代表大会产生同级其他国家机关,行使人民代表大会通过宪法和法律赋予的特定范围内的职权。我国宪法和组织法比较全面、具体地列举了各种国家机关的职权。(3) 在这种权力(职权)配置的基础上,形成了以人民代表大会为核心的国家机关关系体系,特别是权力机关与同级其他国家机关之间关系的准则,即权力机关产生同级其他国家机关,它们向权力机关报告工作,并接受权力机关的监督。

二、人民代表大会制度是我国的根本政治制度

人民代表大会制度是我国的政权组织形式和我国的根本政治制度。这实际上是两个不同范畴的命题。前者是从人大制度所包含的政治内容而作出的判

断,后者是将人大制度与其他政治制度比较得出的结论。从人大制度是我国政权组织形式,并不能必然地得出它是国家根本政治制度的结论。政治制度主要是有关公共权力,特别是国家权力运用和实现方面的制度的总称。就内容和调整的社会关系而言,一个国家有许多起不同作用的政治制度,如选举制度、政党制度、工会制度、军事制度、司法制度等。国家政治生活、社会生活的统一性,决定了这些政治制度具有内在的有机联系并构成一定的政治制度体系。在这个政治制度体系中,处于核心地位,发挥着凝聚、协调政治制度体系的作用,支配着整个政治制度运作的是根本政治制度。我国的人民代表大会制度正是这样的一种政治制度。

1. 人民代表大会制度直接全面地反映了我国的阶级本质。我国是工人阶级领导,以工农联盟为基础的人民民主专政的社会主义国家。人民代表大会制度在人民代表大会的组成、人民代表大会与同级其他国家机关的关系以及人民代表大会制度在行使和实现国家权力等方面和环节直接反映了国家的性质。

从人民代表大会的组成来看,人民代表大会是由选举产生的人民代表组成。我国享有选举权和被选举权的公民,都属于人民的范畴。选举的原则、程序为人民充分表达选举意向,将能代表自己的候选人选入各级人大提供了法律保证。在我国历届全国人民代表大会中,工人、农民、知识分子的代表都处于绝对的多数,使人民权力牢固地掌握在人民手中。例如,第十三届全国人民代表大会共有代表2980名,其中一线工人、农民代表468名,工农代表占总数的15.70%;专业技术人员代表613名,占代表总数的20.57%;党政领导干部代表1011名,占代表总数的33.93%;解放军269人,占9.02%;华侨归侨代表39名,占1.30%。可以看出工人、农民、知识分子、党政干部代表人数达到了2/3以上,全面体现了我国的国家性质。

从人民代表大会与同级其他国家机关的关系看,各级人大产生同级其他国家机关,它们向人大报告工作,接受人大的监督。一方面,使政府、监察委、法院、检察院、军事机关掌握在人民信赖并忠实地为人民服务的人的手中;另一方面,也使人民的意志(表现为法律、政策等)能得到有关机关的贯彻和执行。人大与同级其他国家机关的这种关系,充分反映了我国的国家性质。

在人民代表大会制度下,各级人民代表大会以及由它产生的同级其他国家机关在行使国家权力和它们各自职权的过程中,始终处于人民的监督下。这从根本上保证了人民代表大会制度在运行过程中对我国人民民主专政的国家性质的体现。我国宪法规定各级人大代表对人民负责,受人民监督,选举法具体规定了选民和人民对人大代表进行监督的法律程序。宪法赋予公民对国家机关及其工作人员的批评和建议权,申诉、控告或者检举的权利。总之,人民代表大会制度将整个国家机关的组织和活动置于人民的充分监督之下。这有助于人大的组织和活动充分体现人民民主专政的国家性质。

2. 人民代表大会制度产生于我国的革命斗争中,是其他政治制度赖以建立的基础。我国的人民代表大会制度是马克思主义国家学说与我国革命实践相结合的产物。早在第一次国内革命战争时期,在中国共产党的领导和组织下,就产生过一些人民民主政权组织的雏形,如省港罢工中成立的"罢工工人代表大会"、上海工人起义后召开的"上海市民大会"及其选举产生的"上海市民政府"、农民运动中产生的"农民协会"。土地革命时期,在红色根据地成立的苏维埃政权,由全国工农兵代表大会作为中华苏维埃共和国的最高政权机关,建立了一套较为完整的组织体系,具备了一些人民代表大会制度的因素。抗日战争时期的抗日民主政权,由各级参议会和各级人民政府组成,参议会由人民采取"普遍、平等、直接、无记名"的方法选举产生,实行"三三制"的组织原则,使该政权有了广泛的群众基础,为人民代表大会制度的建立积累了经验。在人民解放战争时期,中国共产党倡导建立联合政府,在许多解放区实行人民代表会议制度,为人民代表大会制度的建立创造了条件。《共同纲领》规定:"人民行使国家政权的机关为各级人民代表大会和各级人民政府。各级人民代表大会由人民用普选方法产生之。"这从制度上确立了人民代表大会制度。1954年《宪法》的颁布实施标志着人民代表大会的正式建立。毛泽东同志在总结我国政权组织的经验时指出:"新民主主义的政权组织,应该采取民主集中制,由各级人民代表大会决定大政方针,选举政府。它是民主的,又是集中的,就是说,在民主基础上的集中,在集中指导下的民主。只有这个制度,才既能表现广泛的民主,使各级人民代表大会有高度的权力;又能集中处理国事,使各级政府能集中地处理被各级人民代表大会所委托的一切事务,并保障人民的一切必要的民主活动。"①这是我国最早的关于人民代表大会制度的理论阐述。可见,人民代表大会制度是我国人民在革命斗争中自己创造的政权组织形式,它不以任何其他政治制度作为产生的依据,不依赖其他制度的存在而产生,表现出了在整个政治制度中的基础性地位。

人民代表大会制度确立后,为了贯彻实施人民代表大会制度,我国陆续建立了一系列政治制度,如选举制度、立法制度、司法制度、工会制度等,形成了较为全面的新中国政治制度的体系。这表明了人大制度在中国政治制度中的主导与支配性地位。

3. 人民代表大会制度反映了我国政治生活的全貌。人是政治的动物,参与政治生活是人本质属性的要求。人对政治生活的参与必须通过一定的程序和形式,政治制度则是这种程序和形式的表现和存在方式。政治生活是丰富多彩的,内容涉及许多领域和方面,每一种政治制度都在一定的程度上从不同侧面表现

---

① 《毛泽东选集》第3卷,人民出版社1991年版,第1057页。

政治生活的某一方面。人们正是通过不同的政治制度参与不同方面的政治生活。例如，人们按工会制度参加工会组织，通过履行一定的义务，享有该组织提供的权利；人们可以通过政党制度参与政党活动；等等。在我国，人们只要参加政治生活，就会与人民代表大会制度发生关系，直接或间接地被纳入人民代表大会制度所规范和调整的政治生活之中。这是因为：(1) 人大制度所建构的是国家政治生活，在我国任何政治和政治生活都是在国家这种政治社会内存在和开展活动的，因而受制于国家政治生活。(2) 人大制度支配着其他政治制度，由这些政治制度调节和规范的政治生活也直接或间接地受人大制度调节和规范。(3) 任何人（公民）都将自觉或不自觉地被纳入人大制度所建构和组织的国家政治生活中。

三、人民代表大会制度的优越性

人民代表大会制度产生的历史过程表明，在我国实行人民代表大会制度是历史的必然。人民代表大会制度的实践证明，与西方国家三权分立的议会制度相比较，它有无比的优越性，具体表现在以下几个方面：

1. 人民代表大会制度最能够体现中国共产党的领导和执政理念。中国共产党是国家各项事业的坚强领导核心。坚持党的领导，是党和国家的根本所在，是全国各族人民的根本利益所在。《宪法修正案》第 36 条在《宪法》第 1 条中增了如下内容："中国共产党领导是中国特色社会主义最本质的特征。"这一规定以根本大法的形式确认了中国共产党的领导地位。中国共产党的领导是我们党团结和带领中国人民在长期革命、建设、改革实践中形成的，是历史的选择、人民的选择。没有中国共产党，就没有新中国，就没有中国特色社会主义。中国共产党的领导和执政就是为了支持和保证人民实现当家作主，其主要实现途径和制度载体就是人民代表大会制度。通过人民代表大会制度，使党的路线方针政策和决策在国家治理和国家工作中得到全面贯彻、充分体现和有效执行。实践证明，人民代表大会制度能够把党的主张、人民意志和依法治国有机统一起来，把尊重社会发展规律和尊重人民群众的主体地位有机地结合起来，把为崇高理想而奋斗和为最广大人民谋利益有机地结合起来。

2. 人民代表大会制度便于人民管理国家。我国是人民民主专政的社会主义国家，人民是国家的主人，国家的一切权力属于人民。自有国家以来的人类政治历史表明，人民对国家的管理有两种方式，即直接民主和间接民主。直接民主就是由人民直接管理国家，由全体人民共同作出决策和进行立法，并组织实施的一种管理国家的方式。间接民主是与直接民主相对而言的一种管理国家的方式，是指由人民选举代表以人民的名义管理国家。近现代国家生活的复杂性使得直接民主只能在十分有限的范围内发挥作用，管理国家只能以近现代特有的间接民主方式——代议制来实现。正如列宁所指出的:"没有代表机构,我们不可能想象什么民主,即使是无产阶级民主。"① 我国人民正是通过人民代表大会制度这样一种有中国特色的代表制度来实现对国家进行管理的。所以,《宪法》规定"人民行使国家权力的机关是全国人民代表大会和地方各级人民代表大会"。

我国的人民代表大会制度便于人民管理国家,主要表现在以下方面:(1) 人民代表所具有的广泛代表性,为各阶层、各行业、各民族、各地方不同利益要求的人民参与管理国家提供了制度化的途径。我国宪法规定,凡年满18周岁的公民,不分民族、种族、性别、职业、家庭出身、宗教信仰、教育程度、财产状况、居住期限,都有选举权和被选举权。代表按居住状况或生产单位、事业单位、工作单位选举产生。这样,从制度上保证了在人大中有不同地方、不同行业的代表,因而便于各阶层、各行业、各民族、各地方的人民都能通过自己的代表管理国家。(2) 人民代表大会制度建立了有效的人民同代表保持密切联系的通道和途径,有助于人民管理国家的意志在国家管理中贯彻和实现。一方面,我国宪法和法律规定,人大代表受原选举单位和选民的监督,原选举单位或者选民有权罢免自己选举的代表。另一方面,有关法律要求代表与原选举单位或选民保持密切联系,倾听群众的意见和要求。(3) 人大制度所确立的人大与同级其他机关的监督与被监督关系,将政府、监委、法院、检察院等国家机关间接地置于人民的监督之下。各级人大是人民行使国家权力的机关,人大对同级其他国家机关的监督,间接地体现了人民对政府、监委、法院、检察院等国家机关的监督。(4) 在人民代表大会制度的政权组织形式下,将包括人大在内的所有国家机关直接置于人民的监督下。此外,人大制度在我国已实行几十年,人民对它十分熟悉和珍视,能够比较好地运用它管理国家。

3. 人民代表大会制度便于统一行使国家权力,有效地进行国家管理。我国宪法规定,国家一切权力属于人民,人民行使国家权力的机关是全国人民代表大会和地方各级人民代表大会。人民代表大会制度建立了将人民的权力转换为国家权力,并由全国人民代表大会和地方各级人民代表大会统一行使国家权力的机制。它既体现了主权在民的原则,指明了国家权力的源泉,又比较好地将国家权力集中统一到了国家权力机关手中,国家权力机关能够在充分体现人民意志、反映人民整体利益的基础上行使和运用国家权力。在将人民权力转换为国家权力这个层面上,它比建立在三权分立原则基础上的西方宪法体制更具有一定的优越性。近现代法治国家大都奉行主权在民的宪法原则,在西方国家尤其是实行总统制的国家,人民将属于自己的权力分别通过选举总统和议员,委托给了总

---

① 《列宁选集》第3卷,人民出版社1995年版,第152页。

统和议会,从而将人民权力转换为国家权力。按照三权分立、相互制约的原则,人民统一的意志(多数)、统一的利益(多数)和权力,表现在总统和议会的关系上就可能形成彼此对立、相互冲突的两个方面。这样既不利于人民的意志和利益的贯彻和实现,有时也会妨碍国家权力统一有效的使用。

另一方面,人民代表大会制度根据国家管理的需要,设立了政府(行政机关)、监察机关、审判机关、检察机关等国家机关,在统一国家权力的基础上分别赋予这些机关以行政权、监察权、审判权、检察权等职权,实现了国家权力在国家管理过程中的职权分工。这种权力配置关系,即国家权力机关统一行使国家权力(在国家管理过程中,国家权力机关的国家权力也表现为各级人大的职权),其他国家机关分别行使宪法和法律规定的职权,体现了国家权力统一性与国家机关职权分工制约的统与分的辩证关系,既有利于国家机关在各自的管理领域进行国家管理,又有利于国家管理的统一性,从而最终有效地实现国家管理。三权分立的宪法体制在国家机关职权的分工制约方面,建立了较为合理的权力运行机制,但在统一运用国家权力方面,则缺乏有效的机制。

4. 人民代表大会制度能在保证中央的统一领导下发挥地方的主动性和积极性,从而调动中央和地方的双重积极性。人民代表大会制度建立的国家权力或职权统与分的辩证关系,也表现在中央与地方国家权力或职权的配置方面。一方面,全国人大统一行使(全国)国家权力,表现和代表了全国人民的意志和利益,中央其他国家机关行使各自职权,在中央国家管理过程中实现全国人民的意志和利益;另一方面,地方各级人大统一行使地方国家权力,表现和代表的是各级地方人民的意志和利益,地方其他国家机关行使各自职权,在地方国家管理过程中实现着各地方人民的意志和利益。全国人大与地方人大(以及各级地方人大间)国家管理方面职权的分工,中央其他国家机关与地方其他国家机关(含其他各级地方国家机关间)职权的分工,既能在全国范围实现全国人民的意志和利益,又能在地方实现地方人民的意志和利益。在人民代表大会制度下,中央与地方国家权力的配置关系,既保证了中央对地方的领导,又有助于调动地方的积极性。

5. 人民代表大会制度保证了少数民族参与国家管理,有助于民族平等的实现。我国是多民族国家,保障少数民族公民的民主权利,实现民族平等,是我国宪法的基本原则和追求。人民代表大会制度在组织少数民族参与国家管理方面作了许多规定,开辟了少数民族人民参与国家管理的途径。(1) 全国人大和地方各级人大都应有与其民族关系状况相适应的少数民族代表。在全国人大中,根据选举法的规定,全国少数民族的代表,由全国人民代表大会常务委员会参照各少数民族的人口数和分布等情况,分配给各省、自治区、直辖市的人民代表大会选出。人口特少的民族,至少应有代表1人。在地方人大中,有少数民族聚居的地方,每一聚居的少数民族都应有代表参加当地的人民代表大会。散居的少数民族应选当地人民代表大会的代表,每一代表所代表的人口数可以少于当地人民代表大会每一代表所代表的人口数。在第十二届、第十三届全国人民代表大会代表中,少数民族代表所占的比例均高于其人口数所占全国总人口数的比例。(2)在各级人大中,有相应的少数民族公民担任领导职务。宪法规定,全国人民代表大会常务委员会组成人员中,应当有适当名额的少数民族代表。在地方人大常委会的实践中,也有少数民族代表担任主任、副主任或委员,特别是在民族区域自治地方,法律明确要求由少数民族代表担任主任或副主任。(3)人民代表大会制度还在国家机关的设置以及人民代表大会制度运作等方面为少数民族参与国家管理提供了一定的组织形式。如全国人民代表大会中设立了民族委员会,国务院设有民族事务委员会,少数民族较多的地方人大中设有民族事务机构。这些设置为少数民族参与国家管理提供了条件和保证。此外,在人民代表大会活动中也保证少数民族参与国家管理,如全国人民代表大会通过的《民族区域自治法》确立了民族自治地方的自治权,规定了国家对少数民族的各项政策。总之,人民代表大会制度体现了民族平等的原则,有助于民族平等的实现。

四、坚持和完善人民代表大会制度

人民代表大会制度是我国的政权组织形式和根本政治制度,集中体现了我国政治制度的中国特色。人民代表大会制度是坚持党的领导、人民当家作主、依法治国有机统一的根本政治制度安排,是支撑中国国家治理体系和治理能力的根本政治制度,更是人民奋斗的成果和历史的选择,必须长期坚持和不断完善。

(一)坚持人民代表大会制度

坚持人民代表大会制度的关键在于明确坚持什么和怎样坚持的问题。本书认为坚持人民代表大会制度就是要坚持和维护人民代表大会制度所固有的最本质的东西,并在此基础上完善和发展人民代表大会制度。比较人民代表大会制度与西方国家的代议制度,坚持人民代表大会制度主要是坚持以下几个方面的内容:

1. 坚持中国共产党的领导。坚持党对人大制度的领导是我国人大制度建立、发展的需要。人民代表大会制度是中国共产党领导中国人民在革命斗争中逐渐摸索和建立起来的符合我国特色的根本政治制度,没有中国共产党的领导,就不会有人民代表大会制度。人民代表大会制度的发展也表明,没有中国共产党,人民代表大会制度也不可能健康发展到现在。坚持党的全面领导是我国宪法确立的基本原则,党对国家的领导首先应是对人民代表大会制度的领导,党的领导和活动贯穿于人民代表大会制度所建构的人民同国家关系以及国家权力在国家机关之间进行配置的各个环节的始终,没有党的领导和党对人大制度的参与,人大制度将不能运作。因此,坚持党对人大制度的领导,是人大体制正常运转的需要。坚持党对人大制度的领导,就是要坚持党对人大制度的政治、思想和组织领导,即:(1) 制定路线、方针、政策,指明每一个时期的奋斗目标,确定与人大相适应的工作任务和完成任务的步骤、措施与工作方法,为人大立法和国家机关的活动指明方向;(2) 推荐人大代表和国家机关的干部,从组织上保证党的路线、方针、政策的贯彻执行;(3) 宣传党的路线、方针、政策,向人大代表和国家机关工作人员以及广大群众进行细致的思想工作,使之理解党的路线、方针、政策的精神实质,自觉地以实际行动贯彻执行。党对人大制度的领导的上述三个方面,以路线、方针、政策为主导,其他两个方面都围绕着路线、方针、政策而展开,并服务于路线、方针、政策。

2. 坚持民主集中制和议行合一的组织原则。民主集中制原则是我国宪法规定的国家机关组织活动原则,民主集中制反映了在人民代表大会制度下人民与国家、国家机关间(包括同一级国家机关间和上下级国家机关间)的关系,反映了各种国家机关行使职权的组织原则。议行合一原则是与三权分立相对而言的国家权力配置原则,侧重于调整同一级国家机关间的关系。我国人民代表大会与同一级其他国家机关间的关系,体现了议行合一的原则。民主集中制原则和议行合一原则是人大制度区别于其他代议制度的重要方面,坚持人民代表大会制度必须坚持民主集中制原则和议行合一原则。

3. 坚持一院制的组织形式。在人民代表大会制度下代表机关采行一院制的组织形式,国家权力统一由人民代表大会行使。人民代表大会制度采取一院制的组织形式,是我国的民族关系状况、政权建设的历史和中国共产党对人大制度的领导等因素决定的。实行一院制的组织形式,对于精简国家机关,提高管理效率也具有重要意义。坚持人民代表大会制度必须坚持一院制的组织形式。

(二) 完善人民代表大会制度

人民代表大会制度建立和发展的历史表明,我国的人大制度是在不断完善的过程中逐步发展起来的,大致经历了三个时期:(1) 人大制度的确立及逐步发展的时期(1954年9月到1966年5月);(2) 遭受挫折和破坏的时期(1966年5月"文革"爆发到1976年10月);(3) 逐步恢复和发展的时期(粉碎"四人帮"后,特别是十一届三中全会后到党的十五大召开)。在逐步恢复和发展的这个时期,我国的人民代表大会制度除了恢复1954年《宪法》及有关法律的规定外,还通过宪法的修改以及组织法和选举法的完善,在以下几个方面发展和完善了人大制度:(1) 在县乡两级实行人大代表的直接选举;(2) 县以上地方人大设立常务委员会;(3) 扩大了全国人大常委会的职权;(4) 省级人大及其常委会有权制定地方性法规,并将该权力扩大到设区的市;(5) 加强了各级人大的组织;(6) 统一了地方各级人大的任期,即每届均5年。随着我国进入中国特色社会主义新时代,在社会主义市场经济条件下,着眼于中国特色社会主义民主政治建设和法治建设的需要和促进市场经济的高水平发展,必须进一步完善人民代表大会制度。

1. 加强和改善党对人大工作的领导。中国共产党的领导是中国特色社会主义最本质的特征,是中国特色社会主义制度的最大优势。党政军民学,东西南北中,党是领导一切的。加强和改善党对人大工作的领导是坚持和完善人民代表大会制度的重要环节,也是搞好人大工作的根本保证。针对当前人大工作还存在的薄弱环节,必须坚持用习近平新时代中国特色社会主义思想指导和统领人大工作。善于使党的主张通过法定程序成为国家意志,善于使党组织推荐的人选通过法定程序成为国家政权机关的领导人员,善于通过国家政权机关实施党对国家和社会的领导。同时,要认识到坚持党的领导不是具体工作的包办代替。党组织与国家政权机关无论在性质,还是职能、任务方面都存在诸多区别,它们分别属于两套不同的系统,因此党要尊重和支持人大依法行使职权,支持和保障人大及其常委会依法履行职责。

2. 进一步完善人民代表大会制度的宪法体制。宪法体制是近现代民主政治的组织载体及运作机制的统一体。一般而言,广义的宪法体制应包括两种机制和调整两种关系:第一,调整人民同国家的关系,所奉行的是主权在民原则;第二,调整国家机关间的相互关系,包括同级国家机关的相互关系和上下级国家机关间的关系,尤以中央国家机关间的相互关系和中央与地方的关系最为典型。就中央国家机关间的相互关系而言,宪法体制所奉行的是民主集中制原则或三权分立原则;就中央与地方的关系而言,则有单一制原则和联邦制原则之分。狭义的宪法体制仅指同一级国家机关(尤其指中央国家机关)间的关系及其调整。在人民代表大会制度的宪法体制下,同一级国家机关间的关系调整,遵循的是民主集中制原则和议行合一原则,它们行之有效地克服了三权分立原则的许多弊端,确保了代表机关的权力机关性质和在同一级国家机关中的主导地位,较好地体现了主权在民的原则。但毋庸讳言,民主集中制原则特别是议行合一原则侧重于调整和规范权力机关与同级其他国家机关间的关系,而对同级其他国家机关特别是行政机关与监察机关、行政机关与司法机关以及行政机关与检察机关间的相互关系,还有待进一步完善。我国行政机关与监察机关、审判机关、检察机关的关系只能从它们的性质上去把握,在宪法体制上则是不明确的,可操作性有待加强。宪法虽然也有"人民法院、人民检察院和公安机关办理刑事案件,应当分工负责,互相配合,互相制约"的规定,但公安机关作为政府的一个职能部门,它同审判机关、检察机关的关系并不能全面、普遍地反映行政机关(政府)同审判机关、检察机关的关系,并且这里的"分工负责,互相配合,互相制约"的规定仅仅适用于办理刑事案件,不能对行政机关、审判机关、检察机关间的关系进行具有普遍意义的一般调整。虽然行政诉讼制度有助于弥补我国宪法体制的这一不足,但由于我国行政诉讼制度本身所具有的局限性,由行政诉讼体现的审判机关对行政机关的司法监督原则只能在很有限的程度上弥补我国宪法体制的不完善之处。

因此,在新的历史条件下,完善人民代表大会制度必须健全人民代表大会制度的宪法体制。本书认为较为可行的措施有:(1)赋予人民法院在审理行政诉讼案件时对所适用或参照的行政法规、部门规章、地方政府规章的合宪性、合法性进行审查的职权。凡审判机关认为违反宪法和法律的,应以司法建议的形式上报同级人民代表大会及其常委会并由该权力机关依法予以撤销,或逐级上报到有权予以撤销的人民代表大会及其常委会依法予以撤销。(2)完善人民检察院对同级政府及其部门的行政立法进行监督的职权。检察机关是国家专门的法律监督机关,除了现有的几项监督职能外,还应有对政府的行政立法进行监督的职能。检察机关对同级政府及其职能部门的行政立法的合法性进行监督,即检察机关可依法对同级政府及其职能部门的行政立法进行合法性审查,凡认为是与法律不符合的,检察机关应要求政府及其部门自行撤销和建议同级人大或其常委会予以撤销。(3)建立健全行政诉讼的公诉制度,由检察机关对同级政府及其职能部门的行政违法行为向同级人民法院提起公诉。从我国行政诉讼建立以来的审判实践来看,虽然修改后的《行政诉讼法》规定了行政公益诉讼制度,但还有大量的行政纠纷没有进入行政诉讼程序,致使行政机关及其活动没有受到应有的司法监督。在不告不理原则下,建立在行政诉讼基础上的司法监督成为一种较为消极的司法监督。建立行政诉讼的公诉制度,有助于行政诉讼发挥更主动积极的司法监督作用。另外,建立行政诉讼的公诉制度,还有助于在行政执法领域维护国家法制的统一性。地方各级人民政府及其职能部门具有地方性,从一定意义上讲,它们是地方利益的代表,因而在行政执法领域内不可避免地有地方保护的倾向;而过分主张地方利益的不健康的地方保护主义,是妨碍法制统一性的根源,也是阻碍统一市场形成、妨害市场机制发挥作用的根源。检察机关作为国家法律监督机关,从一定意义上讲具有超然于地方利益的性质和地位,因此建立行政诉讼的公诉制度可以起到维护国家法制统一的作用。

应该指出的是,完善人民代表大会制度的宪法体制的上述措施,关键在于改善和加强审判机关和检察机关在宪法体制中的地位,以保证其在人大制度的宪法体制下的独立行使职权的地位。

3. 进一步加强人大的自身建设。加强人大自身建设,从某种意义上讲就是进一步完善有关人民代表大会的各项制度,使各级人民代表大会真正成为具有高度权威的国家权力机关。进一步加强人大自身建设,主要应采取下列措施:(1)要提高人大代表和各级人大常委会委员的素质。人大代表和人大常委会委员应该具备的素质包括良好的政治素质、道德素质、文化素质、身体素质以及由这些因素所综合体现的参政议政能力。提高代表和委员的素质,要求在选举中要按照国家权力机关的性质选配人大代表和常委会组成人员,选出各方面素质较好、具有一定的社会活动能力和参政议政能力的公民当代表和人大常委会委员。要通过优化代表的知识结构和年龄结构,以及定期组织新当选的人大代表和委员学习有关人民代表大会制度的知识和各种政治法律知识,交流代表和委员活动经验,提高代表素质。(2)要进一步健全各级人大的组织机构。健全人大组织机构一是要根据需要建立健全各级人大的专门委员会,包括增设必要的新的专门委员会,制定和完善各专门委员会的工作制度,在专门委员会中充实有关方面的专家等内容;二是要加强地方各级人大常委会办事机构的建设,设立必要的工作机构和研究机构,配备必要的工作人员。(3)健全各级人大及其常委的会议工作制度。《全国人民代表大会组织法》《地方各级人民代表大会和地方各级人民政府组织法》(以下简称《地方组织法》)以及《全国人民代表大会议事规则》的颁行与修正,为完善人大会议工作制度提供了法律依据。由于议事规则中的诸多内容很原则,还有不少内容尚未涉及,因而必须系统制定相关条例,建立系统全面的议案制度、质询制度、罢免制度等。(4)要切实行使宪法和有关法律赋予人大的各项职权,加强和完善人大对"一府一委两院"的监督。宪法和有关法律赋予了各级人大及其常委会广泛的职权,在人大制度的实践中有些职权的行使往往流于形式。因此,人大如何切实行使有关职权,特别是监督权,是人大制度建设中必须正视的问题。本书认为,各级人大切实行使职权,加强对"一府一委两院"的监督,一方面要提高对人大及其职权的认识,另一方面要建立健全人大行使职权特别是监督权的各项制度,加强有关方面的法治建设,保证人大在行使职权时有具体的规则和程序可以遵循。(5)要进一步完善人大的各种工作制度,如各级人大常委会办事机构的工作制度。

第三节 我国的选举制度

一、选举制度的概念

近现代意义的选举制度是关于选举代表机关代表和某些国家公职人员的各项制度的总和。选举权的确定,选举的基本原则,选举的组织和程序以及选民与当选人的关系构成一个国家选举制度的基本内容。近现代意义的选举制度是资产阶级革命的产物,是伴随着宪法、人权、代议制等资产阶级民主形式而产生的,它是代议制的基本环节和重要内容。选举是与世袭和任命等并列的一种产生国家公职人员和官吏的方法,不同的是,选举是人民(法律上表现为选民)意志的表达,是民主地产生国家公职人员和官吏,组织国家机关的方法。一般而言,选举制度具有下列特点：(1) 选举建立在公民选举权的基础上，是公民行使选举权的行为，公民享有平等的选举权是选举制度的基础；(2) 选举首先是选民选举意志的表达，按照少数服从多数的原则决定代表和公职人员的当选，是选举制度最基本的原则；(3) 从形式上看，选举制度主要是通过法律予以表现的，选举法是集中规定选举制度的法律；(4) 选举制度具有鲜明的阶级性，它不过是为了每3年或6年决定一次究竟由统治阶级中的什么人在议会里代表或压迫人民。

由于阶级关系状况、政治文化传统等的差异，各国的选举制度内容不尽相同，因而表现出不同的特点。在我国，选举制度主要指的是选举全国人民代表大会和地方各级人民代表大会的组织、原则、程序以及方式方法的制度。我国选举制度的特点主要表现为：实行民主集中制原则；采取地域代表制和职业代表制相结合的制度；重视对选举的物质保障和法律保障；等等。

二、我国选举制度的历史发展

我国的选举制度是伴随着我国的革命和政权建设，与人民代表大会制度一起逐渐产生和发展起来的，大致可分为革命根据地时期和新中国成立后两个时期。

革命根据地时期的选举制度，经历了土地革命时期、抗日战争时期和解放战争时期三个发展阶段。在土地革命时期，根据红色政权建设的需要，根据地工农民主政权先后制定了一系列有关选举的法律，如1931年江西革命根据地的工农民主政权制定的《中华苏维埃共和国选举细则》《中华苏维埃共和国选举委员会工作细则》，以及《红军及地方武装暂行选举细则》《苏维埃暂行选举法》等。这些法规主要规定了劳动者的普遍选举权，如规定凡年满16岁的劳动者及其家属都享有选举权和被选举权，剥夺反动分子以及剥削者的选举权；确定了选民对代表的监督权和罢免权；规定了男女平等、直接选举和间接选举相结合、给选举权以物质保障的原则；等等。这些规定为我国人民民主选举制度的形成奠定了基础。在抗日战争时期，为团结一切抗日力量，建立抗日民族统一战线，各抗日根据地革命政权制定了许多有关法律，如《晋察冀边区施政纲领》《陕甘宁边区各级参议会选举条例》《晋察冀边区选举条例》等。这一时期选举制度的主要内容包括：在有选举权和被选举权的基础上按照"三三制"原则分配代表名额；明确了"普遍、平等、直接、无记名投票"的基本原则，只剥夺有卖国行为，经政府缉办在案的，经军法处或法院判决剥夺公民权尚未恢复的人的选举权和被选举权，凡赞成抗日的、年满18岁的人民都享有选举权，包括一切赞成抗日的地主、富农、资本家等剥削分子；规定了对代表的罢免和监督制度；对少数民族参加选举给予照顾等。此时的选举制度在选举权和被选举权范围的确定上比以前更为扩大，促进了抗日民族统一战线的发展和根据地抗日政权的巩固。在解放战争时期，有关选举制度的法律主要是《陕甘宁边区宪法原则》。该宪法原则规定:老解放区仍保留参议会的形式,新解放区逐步建立参议会和临时参议会。随着解放区的不断扩大,在城市和县级政权普遍召开了各界人民代表会议,代表由选举和推选相结合的方式产生。在农村召开了区、乡两级人民代表会议,并组织了人民政府。这一时期选举制度的主要特点是选举权只赋予工人、农民、城市小资产阶级、民族资产阶级和一切反对国民党反动统治、赞成土地改革的人士。总之,革命根据地时期的选举制度建设,为新中国选举制度的建立和发展,创造了良好的条件。

1949年新中国成立后,中央人民政府委员会于1953年颁布了新中国的第一部选举法,即《中华人民共和国全国人民代表大会和地方各级人民代表大会选举法》(简称1953年《选举法》),根据当时的实际情况,对我国选举制度的基本原则、程序和方法作了具体规定,确立了比较完善的选举制度。1953年《选举法》确立的基本原则是:选举权的普遍性原则,除少数地主阶级分子、反革命分子和其他依法被剥夺了政治权利的分子以及精神病患者外,凡年满18周岁的公民都有选举权和被选举权;选举权的平等性原则;直接选举和间接选举并用的原则;无记名投票和举手表决并用的原则等。此外,1953年《选举法》还对各级人大代表的名额、代表的产生、候选人的提名、选举组织和程序、选举经费等作了具体规定。1953年《选举法》的制定和颁布,标志着新中国选举制度的建立,为我国选举制度的发展奠定了基础。

随着社会主义民主政治的发展和我国人民代表大会制度建设的需要,十一届三中全会后,我国于1979年制定了《中华人民共和国全国人民代表大会和地方各级人民代表大会选举法》,并于1982年、1986年、1995年、2004年、2010年、2015年和2020年分别7次进行了修改和完善。1979年的《选举法》与1953年《选举法》相比,主要在两个方面有了新的发展:一是将直接选举扩大到县级人大代表的选举,二是将等额选举修改为差额选举。此外,1979年《选举法》还在下列方面完善了选举制度:(1)各省、自治区、直辖市人大常委会按照法律规定的原则并根据当地的实际情况自行决定各级地方人大代表的名额;(2)明确规定每个少数民族至少应有一名全国人民代表大会的代表;(3)规定在基层直接选举中一律实行无记名投票;(4)将原来按照选民的居住状况划分选区,改为按照生产单位、事业单位、工作单位和居住状况划分选区;(5)规定如果候选人提名过多时,可以进行预选,根据较多数选民的意见,确定正式代表候选人名单;(6)规定各党派、团体和选民,都可以用各种形式宣传代表候选人;(7)明确必须获得选区全体选民或者选举单位全体代表的过半数选票才能当选。

1982年第五届全国人大第五次会议通过的《关于修改〈中华人民共和国全国人民代表大会和地方各级人民代表大会选举法〉若干规定的决议》在下列方面完善了选举制度:(1)规定县、自治县行政区域内,镇的人口特多的或者不属于县级以下人民政府领导的企业事业组织的职工人数在全县总人口中所占比例较大的,经省、自治区、直辖市的人大常委会决定,农村每一代表所代表的人口数同镇或者企业事业组织职工每一代表所代表的人口数之比可以小于4:1直至1:1;(2)规定同一少数民族总人口数不及境内总人口数15%者,每一代表所代表的人口数由原来的10%放宽到15%,并规定此类代表所代表的人口数可以比当地每一代表所代表的人口数少1/2;(3)将1979年《选举法》关于宣传候选人的规定改为"介绍代表候选人的情况";(4)规定获得过半数选票的当选代表的名额少于应选代表名额时,"不足的名额应当在没有当选的代表候选人中另行选举,以得票多的当选,但是得票数不得少于选票的1/3";(5)增加了"地方各级人民代表大会代表在任期内调离或者迁出本行政区域的,其代表资格自行终止,缺额另行补选"的规定。

1986年12月2日,第六届全国人大常委会第十八次会议再次修正《选举法》,在下列方面进一步完善了选举制度:(1)对少数民族和华侨进一步作出照顾;(2)规定乡、民族乡、镇的选举委员会受上一级选举委员会的领导,改变过去受本级人民政府领导的规定;(3)规定直接选举代表时,选区全体选民的过半数参加投票,选举有效,代表候选人获得参加投票的选民过半数的选票即可当选;(4)对罢免代表、补选代表和代表辞职等作了规定。

为了适应市场经济条件下社会主义民主政治发展的要求,1995年2月28日,第八届全国人大常委会第十二次会议再次通过修改《选举法》的决议,将《选举法》由原来的44条扩充为53条,我国现行选举制度得到了进一步完善。修改后的《选举法》:(1)规定在各级人民代表大会的代表中,应逐步提高妇女代表的比例;(2)规定乡、民族乡、镇的选举委员会受上一级人民代表大会常务委员会领导;(3)明确规定了地方各级人民代表大会的代表名额的确定,及其确定和变更的程序;(4)规定省级人民代表大会和全国人民代表大会农村每一代表所代表的人口数4倍于城市每一代表所代表的人口数,进一步缩小城乡差别;(5)规定由全国人民代表大会另行规定香港特别行政区和澳门特别行政区应选全国人民代表大会代表的名额及其产生办法;(6)规定选区的规模大小及各选区每一代表所代表的人口数应大体相等的原则;(7)规定选民名单应在选举日的20天以前公布,并将初步候选人名单公布改为在选举日15天以前公布;(8)规定县以上地方各级人大在选举上一级人大代表时,提名和酝酿代表候选人的时间不少于2天,必要时还可以进行预选;(9)进一步规定代表当选的程序;(10)规定罢免代表的程序和方法;(11)规定代表辞职的程序。

为进一步完善我国的选举制度,2004年10月27日第十届全国人大常委会第十二次会议通过了《关于修改〈中华人民共和国全国人民代表大会和地方各级人民代表大会选举法〉的决定》,从以下几个方面对《选举法》再次进行了修改:

(1)进一步明确了地方各级人民代表大会的代表名额;(2)详细规定了正式代表候选人的产生程序;(3)完善了代表候选人的介绍制度;(4)完善了县、乡两级人民代表大会代表的罢免制度;(5)对破坏选举的刑事责任制度作了进一步的完善。

2010年3月15日,第十一届全国人大第三次会议经表决通过了《全国人民代表大会关于修改〈中华人民共和国全国人民代表大会和地方各级人民代表大会选举法〉的决定》。此次修改是选举法的第五次修改,其初衷是为了落实党的十七大报告中提出的"逐步实行城乡按相同人口比例选举人大代表"的重要建议,也是对2004年修改以来新情况、新问题的系统回应。主要涉及以下十个方面:(1)规定城乡按相同人口比例选举人大代表,规定:全国人民代表大会代表名额,由全国人民代表大会常务委员会根据各省、自治区、直辖市的人口数,按照每一代表所代表的城乡人口数相同的原则,以及保证各地区、各民族、各方面都有适当数量代表的要求进行分配。(2)增加人大代表的广泛性的规定,规定应当有适当数量的基层代表,特别是工人、农民和知识分子代表。(3)增加"选举机构"专章,对选举委员会的产生、回避、职责和工作要求等分别作出具体规定。(4)明确要求接受推荐的代表候选人应当向选举委员会或者大会主席团如实提供个人身份、简历等基本情况。提供的基本情况不实的,应当向选民或者代表通报。(5)规定公民不得同时担任两个以上无隶属关系的行政区域的人民代表大会代表。(6)要求选举委员会应当组织代表候选人与选民见面,由代表候选人介绍本人的情况,回答选民的问题。(7)完善了直接选举中投票选举程序的组织,规定:选举委员会应当根据各选区选民分布状况,按照方便选民投票的原则设立投票站,进行选举;选民居住比较集中的,可以召开选举大会,进行选举。因患有疾病等原因行动不便或者居住分散并且交通不便的选民,可以在流动票箱投票。(8)明确了人大代表辞职的程序,增加规定:对于间接选举的人大代表,常务委员会接受辞职,须经常务委员会组成人员的过半数通过。接受辞职的决议,须报送上一级人民代表大会常务委员会备案、公告。对于县级人大代表和乡级人大代表,县级人大常委会和乡级人大可以分别接受辞职,县级的人民代表大会常务委员会接受辞职,须经常务委员会组成人员的过半数通过。乡级的人民代表大会接受辞职,须经人民代表大会过半数的代表通过。接受辞职的,应当予以公告。(9)明确了对于选民和代表的选举权的保障,规定:全国人民代表大会和地方各级人民代表大会代表的选举,应当严格依照法定程序进行,并接受监督。任何组织或者个人都不得以任何方式干预选民或者代表自由行使选举权。(10)关于对破坏选举行为的调查处理,规定:主持选举的机构或者其他有关机关,发现有破坏选举的行为或者收到对破坏选举行为的举报,应当及时依法调查处理;必要时移送有关机关予以处理。值得注意的是,鉴于一些问题的牵涉面较广及配套制度的滞后等原因,此次修订对于诸如流动人口选举等事宜未作规定。

2015年8月29日,第十二届全国人大常委会第十六次会议经表决通过了《全国人民代表大会关于修改〈中华人民共和国全国人民代表大会和地方各级人民代表大会选举法〉的决定》。此次修改是选举法的第六次修改,主要涉及以下三个方面:(1)要求公民参加各级人民代表大会代表的选举,不得直接或者间接接受境外机构、组织、个人提供的与选举有关的任何形式的资助。违反此规定的,不列入代表候选人名单;已经列入代表候选人名单的,从名单中除名;已经当选的,其当选无效。(2)规定当选代表名单由选举委员会或者人民代表大会主席团予以公布。(3)新增代表资格审查的相关内容,规定:代表资格审查委员会依法对当选代表是否符合宪法、法律规定的代表的基本条件,选举是否符合法律规定的程序,以及是否存在破坏选举和其他当选无效的违法行为进行审查,提出代表当选是否有效的意见,向本级人民代表大会常务委员会或者乡、民族乡、镇的人民代表大会主席团报告。县级以上的各级人民代表大会常务委员会或者乡、民族乡、镇的人民代表大会主席团根据代表资格审查委员会提出的报告,确认代表的资格或者确定代表的当选无效,在每届人民代表大会第一次会议前公布代表名单。且补选产生的代表也需进行代表资格审查。

2020年10月17日第十三届全国人大常委会第二十二次会议通过了《关于修改〈中华人民共和国全国人民代表大会和地方各级人民代表大会选举法〉的决定》,此次最新修改主要涉及以下几个方面:(1)规定了党对选举工作的领导原则;(2)适当增加了县乡两级人大代表数量;(3)规定了省、自治区、直辖市的人民代表大会常务委员会代表名额的情况的备案义务;(4)规定了监察机关对破坏选举的国家工作人员给予政务处分的职权。

三、我国选举制度的基本原则

(一)选举权的普遍性原则

选举权的普遍性原则是指依照法律规定,公民除年龄不足和被法院依法剥夺政治权利外,在法律上不受其他条件限制而享有选举权的一项选举制度的基本原则。选举权的普遍性原则主要表现为享有选举权的公民范围的广泛性。根据宪法和选举法的规定,我国选举权的普遍性原则主要体现在:(1)我国公民享有选举权没有特殊的资格限制条件。宪法和选举法明确规定中华人民共和国年满18周岁的公民,不分民族、种族、性别、职业、家庭出身、宗教信仰、教育程度、财产状况和居住期限,都有选举权和被选举权;但依照法律被剥夺政治权利的人除外。这表明我国对于公民的选举权没有资格的限制。公民享有选举权或参加选举只需要具备三个条件:有中国国籍,是中华人民共和国公民;年满18周岁;依法享有政治权利。除此之外,公民享有选举权再没有其他的限制条件。在外国,公民的选举权往往受到民族、种族、性别、宗教信仰、受教育程度、财产状况和居住年限等因素的限制。例如美国许多州的法律规定,赤贫和领取救济金的公民,一律不参加投票。法国、比利时则要求居住6个月以上才有选举权,泰国甚至规定必须住满20年才有选举权。相比较而言,我国没有这些方面的限制条件。(2)在我国被剥夺政治权利的公民数量甚微,并呈下降趋势,不影响我国选举权的普遍性。选举权是一项重要的政治权利,我国宪法和选举法规定,依照法律被剥夺政治权利的人没有选举权和被选举权。被剥夺政治权利的人没有选举权是各国的通例,但如果被剥夺政治权利的人过多,也会在一定程度上影响选举权的普遍性。从我国的选举实践来看,1953年全国第一次普选时,依法被剥夺选举权的人数只占进行选举的地区人口的1.52%。1981年全国县级直接选举中,被剥夺政治权利的人只占18周岁以上公民人数的0.03%。可见,因被剥夺政治权利而不能享有选举权的人是极少数,不影响我国选举权的普遍性。为了保护有关人员的选举权,在1983年全国人大常委会作出的《关于县级以下人民代表大会代表直接选举的若干规定》中专门就对判处有期徒刑、拘役、管制而没有附加剥夺政治权利的;被羁押,正在受侦查、起诉、审判,人民法院或人民检察院没有决定停止行使选举权利的;正在取保候审或者被监视居住的;正在劳动教养的;正在受拘留处罚的人,均准予行使选举权作了规定。随着我国刑法的修改,附加剥夺政治权利的罪名减少,被判剥夺政治权利的人,将会进一步减少。还应该说明的是,精神病患者不能行使选举权,不列入选民名单,并不意味剥夺其选举权。我国《选举法》第27条第2款规定:"精神病患者不能行使选举权利的,经选举委员会确认,不列入选民名单。"这是因为精神病患者无选举行为能力,将其列入选民名单没有实际意义,所以不列入选民名单。(3)我国选举法有关人民解放军的人大代表单独进行选举,在县级以下人大代表选举期间在国内的旅居国外的中国公民可以参加原籍地或者出国前居住地的选举的规定,有助于我国选举权普遍性原则的实现。(4)我国选举法明确规定各级代表应当具有广泛的代表性,应当有适当数量的基层代表,特别是工人、农民和知识分子代表。这是选举权普遍性在代表结构上的体现。总之,从我国宪法和选举法的规定以及选举的实践来看,我国公民的选举权具有普遍性的特点。

(二)选举权的平等性原则

选举权的平等性原则是指在选举中,一切选民具有同等法律地位,所投选票具有同等法律效力的一项选举原则。选举权的平等性原则的要求主要表现在:(1)除法律规定当选人应具有的条件外,选民平等地享有选举权和被选举权;(2)在一次选举中选民平等地拥有相同的投票权,一般表现为每一选民在一次选举中只有一个投票权;(3)每一代表所代表的选民人数相同;(4)一切代表在代表机关具有平等的法律地位,也在一定程度上体现了选举权的平等性;(5)对在选举中处于弱者地位的选民予以特殊的保护的规定,也是选举权平等性的表现。

我国宪法、选举法对选举及有关问题的规定,体现了选举权平等性原则的要求。首先,我国选举法明确规定,凡年满18周岁的公民,除依法被剥夺政治权利者外,都平等地享有选举权和被选举权。其次,选举法明确规定,每一选民在选举中平等地拥有一个投票权,否定了有的国家采用的复数投票制。再次,按照宪法和有关组织法的规定,在各级人民代表大会中实行合议制,采取民主集中制原则,代表具有平等的法律地位,从而反映了选举代表的选民的平等地位,体现了选举权的平等性。最后,我国选举法还规定了一系列保护弱者实现选举权的特殊保护措施。选举中的弱者系指由于自身条件的限制,不能同其他选民一样正常地、平等地行使选举权的选民,如果不采取特殊保护措施,他们就不能像其他选民一样行使选举权。例如,残疾人、旅居国外的中国公民以及妇女等,在选举中都应有特别保护措施。从某种意义上讲,少数民族由于人口较少,在选举中也可能处于不利的位置,也应享受特殊措施的保护。我国选举法在这些方面均有规定。例如,《选举法》第7条对妇女、归侨以及旅居国外的中国公民的选举作了专门规定。《选举法》第五章对各少数民族的选举也作了专门规定。

应该指出的是,在过去的选举法中,对城市和农村每一人大代表所代表的选民人数是作了差别规定的(历次选举法分别规定了八比一、五比一、四比一的比例)。这些规定反映了当时城乡事实存在的差别,在当时也是具有一定的合理性和必要性。但不能简单地像许多学者所认为的那样,将此视为"一种实际的民主,即通过形式上的不完全平等来达到实质上的平等"。因为,从逻辑上看形式是实质的表现,形式上的不平等一般不会有实质上的平等。从事实上看,如果这是体现了实质上的平等,就不能理解我国选举制度为消除这种不平等所进行的努力和追求。应该承认这是一种选举权在城乡间不平等的表现。为消除这种不平等,我国选举制度作出了不懈的努力。从这个意义上讲,2010年《选举法》修改从制度上确立城乡人大代表选举的"同票同权"是立法的巨大进步。一般认为,城镇化的推进与城乡人口结构比例发生的变化,是实现城乡"同票同权"的现实缘由。但其中更深层次的原因在于,随着农村经济的日益市场化和城乡的统筹发展,"农民"更多指向的是一种从事农业生产活动的职业,城市工人和农民的阶级差别也逐渐丧失原有的阶级内涵,而仅存在社会分工不同的意义。这种社会分工的不同并不足以支撑起政治利益表达话语权的差别对待,相反,作为社会利益载体的人大代表选举,应为这种社会分工所反映的多元利益提供平等的博弈平台。

(三)直接选举和间接选举并用的原则

所谓直接选举是指由选民直接投票选举产生应选的国家代表机关代表和国

家公职人员的一种选举方法。间接选举一般是指由选民选举产生的代表或机关再选举产生应选的代表和国家公职人员的一种选举方法。直接选举直接表达了选民的选举意向,较之间接选举更为民主、更有效率,大多数国家都采用直接选举。

我国宪法规定全国人大代表,省、自治区、直辖市、设区的市、自治州的人大代表,由下一级人民代表大会选举产生,不设区的市、市辖区、县、自治县、乡、民族乡、镇的人大代表,由选民直接选举产生。这就在选举方法上确立了直接选举和间接选举并用的原则。我国选举法规定直接选举和间接选举并用的原则是从我国现阶段政治、经济、文化的状况出发,所作的适应我国情况的对选举方法的制度选择和规定。随着我国政治、经济和文化条件的改善,逐步扩大直接选举的范围,并完全过渡到直接选举,是我国选举制度今后的发展方向和完善的目标。现行选举法将直接选举扩大到县一级,相对于1953年《选举法》来说是一个重大的发展和进步。

(四)无记名投票的原则

无记名投票又称秘密投票,是指选民在选票上只对候选人通过一定的方式表明同意、不同意、弃权等选举意向,而不填写自己姓名以及其他标识选民身份的符号和文字等的一种投票方式。无记名投票包括:(1)秘密填写选票;(2)在选票上不标识选民身份;(3)投票时不显露选举意向等内容。从性质上看,无记名投票相对于记名投票或公开投票(起立、欢呼、唱名、举手)更具有科学性,对于选民真实地、充分地表达自己的选举意向,消除选举中的舞弊现象以及保护选举人的合法权益,具有相当重要的作用。我国《选举法》第40条第1款规定:"全国和地方各级人民代表大会代表的选举,一律采用无记名投票的方法。选举时应当设有秘密写票处。"第2款规定:"选民如果是文盲或者因残疾不能写选票的,可以委托他信任的人代写。"这些规定从法律上确立了无记名投票的原则。与1953年《选举法》根据当时的实际情况,规定的基层选举中可以采用举手投票的方法,也可以采用无记名投票的方法相比较,也是一个客观的进步和发展。

(五)重视选举权的保障

选举权是公民的基本权利,采取一切有效措施保障选举权的实现,对于公民参与国家管理具有重要意义。另一方面,在人民代表大会制度下,选举是组织国家权力机关的唯一方式,是国家政权组织形式的重要内容,公民选举权的实现和选举的正常进行,对于国家同样具有重要意义。所以,我国选举制度一向重视对选举权的保障。根据我国选举法的规定,选举权的保障主要有物质保障和法律保障两方面的内容。选举权的物质保障主要表现为国家对选举提供必要的物质条件,我国《选举法》第8条规定:"全国人民代表大会和地方各级人民代表大会的选举经费,列入财政预算,由国库开支。"这一规定从物质上既保障了选民根据自己的意愿投票,又保障了候选人不因自己经济条件的差别而在选举时受到限制。此外,国家还提供必要的物质设施帮助和支持选举活动。选举权的法律保障,是指为保障公民选举权的实现和选举的顺利进行,专门对破坏选举的行为予以制裁的一种法律制度。我国《选举法》第58条规定:"为保障选民和代表自由行使选举权和被选举权,对有下列行为之一,破坏选举,违反治安管理规定的,依法给予治安管理处罚;构成犯罪的,依法追究刑事责任:(1)以金钱或者其他财物贿赂选民或者代表,妨害选民和代表自由行使选举权和被选举权的;(2)以暴力、威胁、欺骗或者其他非法手段妨害选民和代表自由行使选举权和被选举权的;(3)伪造选举文件、虚报选举票数或者有其他违法行为的;(4)对于控告、检举选举中违法行为的人,或者对于提出要求罢免代表的人进行压制、报复的。国家工作人员有前款所列行为的,还应当由监察机关给予政务处分或者由所在机关、单位给予处分。以本条第一款所列违法行为当选的,其当选无效。"这一规定就是选举法对选民和代表行使选举权的具体和直接保障。除此之外,我国其他法律、法规还从不同的角度、用不同的方式规定了保障选民及代表自由行使选举权和被选举权的措施,如我国《刑法》对破坏选举的行为作了专条的规定。所有这些规定构成了保障选举权的法律制度。

四、我国选举的组织和程序

(一)选举的组织

选举的组织是选举法规定的负责和主持各级人大代表选举工作的机构。我国的选举组织依直接选举和间接选举的不同而分别设立。县级以上各级人大代表的选举,由本级人大常委会作为选举组织负责和主持。县级以下(包括县)的各级人大代表的选举,成立选举委员会负责和主持。我国《选举法》第9条对此作了明确的规定,全国人大常委会、省、自治区、直辖市、设区的市、自治州的人大常委会主持本级人大代表的选举。不设区的市、市辖区、县、自治县、乡、民族乡、镇设立选举委员会主持本级人大代表的选举。人大常委会和选举委员会就是主持选举的组织。

不设区的市、市辖区、县、自治县的选举委员会由本级人大常委会任命;乡、民族乡、镇的选举委员会由不设区的市、市辖区、县、自治县的人大常委会任命。选举委员会的组成人员为代表候选人的,应当辞去选举委员会的职务。选举委员会履行下列职责:(1)划分选举本级人民代表大会代表的选区,分配各选区应选代表的名额;(2)进行选民登记,审查选民资格,公布选民名单;受理对于选民名单不同意见的申诉,并作出决定;(3)确定选举日期;(4)了解核实并组织介绍代表候选人的情况;根据较多数选民的意见,确定和公布正式代表候选人名单;(5)主持投票选举;(6)确定选举结果是否有效,公布当选代表名单;(7)法律规定的其他职责。选举委员会应当及时公布选举信息。

(二)选举程序

按照选举法的规定,我国的选举程序包括:划分选区、选民登记、代表候选人提名、投票、公布选举结果和对代表的罢免、补选以及代表辞职等程序。

1. 选区划分。选区是进行选举的基本单位,是以一定的人口数为基础划分的选举代表的区域。选区的划分应坚持一定的原则,除了方便选民参加选举,保障选民的选举权和被选举权外,还有因选举制度以及选举的特殊要求而确立的原则。据此,《选举法》作了灵活的规定:"选区可以按居住状况划分,也可以按生产单位、事业单位、工作单位划分。"这样既有利于选民选出自己真正满意的代表,加强选民对代表的监督,也能使代表在任期内联系选民,听取选民的意见。选区的大小,按照每一选区选 1 名至 3 名代表划分,在每一选区中,每一代表所代表的人口数应大体相等。

2. 选民登记。它是确认选民资格的行为。选民登记的意义一方面在于它直接关系到公民是否享有选举权和被选举权,另一方面,又有助于确定法定的当选票数,关系到选举的结果。因此,无论对公民还是对国家都很重要,必须严肃认真,做到不错、不漏、不重。根据选举法的规定,选民登记按选区进行,经登记确认的选民资格长期有效。每次选举前对上次选民登记以后新满 18 周岁的公民,以及被剥夺政治权利期满后恢复政治权利的公民,予以登记;对选民经登记后迁出原区的,列入新迁入的选区的选民名单;对死亡的和依照法律被剥夺政治权利的人,从选民名单上除名;精神病患者不能行使选举权利的,经选举委员会确认,不列入选民名单。选民名单应在选举日的 20 日以前公布,实行凭选民证参加投票的,应当发给选民证。对于公布的选民名单有不同意见的,可以在选民名单公布之日起 5 日内向选举委员会提出申诉。选举委员会对申诉意见,应在 3 日内作出处理决定。申诉人如果不服,可以在选举日的 5 日以前向法院起诉,人民法院在选举日以前作出判决。人民法院的判决是最后的决定。

3. 代表候选人的提出。《选举法》第 30 条第 1 款规定:"全国和地方各级人民代表大会的代表候选人,按选区或者选举单位提名产生。"候选人的提出直接关系到代表是否是人民满意的代表以及代表在国家权力机关中能否反映人民的意志,因此,代表候选人提名是选举程序的重要环节。我国各级人大代表候选人的提名建立在广泛征求意见,反映大多数选民共同意愿的基础上,体现了选举的民主性。选举法规定:各政党、各人民团体,可以联合或者单独推荐代表候选人。选民或者代表,10 人以上联名,也可以推荐代表候选人。推荐者应向选举委员会或者大会主席团介绍代表候选人的情况。接受推荐的代表候选人应当向选举委员会或者大会主席团如实提供个人身份、简历等基本情况。提供的基本情况不实的,选举委员会或者大会主席团应当向选民或者代表通报。

选举法规定,全国和地方各级人民代表大会代表实行差额选举,代表候选人的人数应多于应选代表的名额。这直接体现了差额选举的原则。根据选举法的规定,由选民直接选举代表的候选人名额,应多于应选代表名额的1/3至1倍;由县级以上的地方各级人民代表大会选举上级人民代表大会代表候选人的名额,应多于应选代表名额1/5至1/2。

选举法分别规定了直接选举与间接选举候选人的确定程序。由选民直接选举人民代表大会代表的,代表候选人由各选区选民和各政党、各人民团体提名推荐。选举委员会汇总后,将代表候选人名单及代表候选人的基本情况在选举日的15日以前公布,并交各该选区的选民小组讨论、协商,确定正式代表候选人名单。如果所提代表候选人的人数超过上述最高差额比例,由选举委员会交各该选区的选民小组讨论、协商,根据较多数选民的意见,确定正式代表候选人名单;对正式代表候选人不能形成较为一致意见的,进行预选,根据预选时得票多少的顺序,确定正式代表候选人名单。正式代表候选人名单及代表候选人的基本情况应当在选举日的7日以前公布。县级以上的地方各级人民代表大会在选举上一级人民代表大会代表时,提名、酝酿代表候选人的时间不得少于两天。各该级人民代表大会主席团将依法提出的代表候选人名单及代表候选人的基本情况印发全体代表,由全体代表酝酿、讨论。如果所提代表候选人的人数符合《选举法》第31条规定的差额比例,直接进行投票选举。如果所提代表候选人的人数超过《选举法》第31条规定的最高差额比例,进行预选,根据预选时得票多少的顺序,按照本级人民代表大会的选举办法根据本法确定的具体差额比例,确定正式代表候选人名单,进行投票选举。

正式的代表候选人产生后,选举委员会或者人民代表大会主席团应当向选民或者代表介绍代表候选人的情况。推荐代表候选人的政党、人民团体和选民、代表可以在选民小组或者代表小组会议上介绍所推荐的代表候选人的情况。选举委员会根据选民的要求,应当组织代表候选人与选民见面,由代表候选人介绍本人的情况,回答选民的问题。但是,在选举日必须停止代表候选人的介绍。介绍代表候选人的情况,应该全面,包括经历、品德、政治素质、参政和议政能力、文化水平等,使选民和代表能作出符合自己意愿的判断和选择。

4. 投票选举。投票选举是选民以投票的方法,表达选举意向的选举阶段,选民可以投赞成票、反对票,可以另选其他任何选民,也可以弃权。选举法规定在选民直接选举人大代表时,选民根据选举委员会的规定,凭身份证或者选民证领取选票。投票选举由选举委员会主持。各选区设立投票站、流动票箱或者召开选举大会组织投票。在间接选举人大代表时,人大主席团主持选举。

全国和地方各级人大代表的选举投票,一律采用无记名的方法。选举时应当设有秘密写票处。选民如果是文盲或者因残疾不能写选票的,可以委托他信任的人代写。每一选民在一次选举中只有一个投票权,选民如果在选举期间外出,经选举委员会同意,可以书面委托其他选民代为投票。每一选民接受的委托不得超过 3 人,并应当按照委托人的意愿代为投票。

5. 公布选举结果。投票结束后,选举进入公布选举结果阶段。(1)确定选举是否有效。由选民或者代表推选的监票、计票人员和选举委员会或者人大主席团的成员将投票人数和票数加以核对,作出记录,并由监票人签字。每次选举所投的票数,多于投票人数的无效,等于或者少于投票人数的有效;每一选票所选的人数,多于规定应选代表人数的作废,等于或少于规定应选代表人数的有效。同时在直接选举时还必须要求选区全体选民的过半数参加,否则选举无效。(2)依法确定当选人员。选举法规定在直接选举和间接选举时,候选人必须获得参加投票的选民过半数或全体代表的过半数的选票,始得当选。如果获得过半数的代表名额超过应选代表名额时,以得票多的当选。如果票数相等不能确定当选人时,应当就票数相等的候选人再次投票,以得票多的当选。如果获得过半数选票的当选代表的人数少于应选代表的名额时,不足的另行选举,以得票多的当选,另行选举时,根据在第一次投票时得票多少的顺序,按照《选举法》第 31 条规定的差额比例,确定候选人名单。如果只选 1 人,候选人应为 2 人。代表候选人以得票多的当选,但是得票数不得少于选票的 1/3;间接选举时候选人仍必须得到全体代表的过半数选票。(3)由选举委员会或者人大主席团依法确定选举结果是否有效,并将全体代表数、参加选举人数、有效票数、废票数、当选代表得票数和未当选者的得票数予以公布。

6. 对代表的罢免和补选。对代表的罢免既是行使选举权的重要方面,也是人民对代表进行监督最有力的措施。我国《选举法》以专章规定了对代表的罢免问题。按照《选举法》的规定:对于县级的人民代表大会代表,原选区选民 50 人以上联名,对于乡级的人民代表大会代表,原选区选民 30 人以上联名,可以向县级人大常委会书面提出罢免要求。被提出罢免的代表有权在选民会议上提出申辩意见,也可以书面提出申辩意见,然后由县级人大常委会将罢免要求和书面申辩意见印发原选区选民。表决罢免要求由县级人大常委会派有关负责人主持。罢免案须经原选区过半数的选民通过。对于间接选举的代表,在大会开会期间,主席团或 1/10 以上的代表联名,可以提出对本级人大选出的上一级人大代表的罢免案;在大会闭会期间,人大常委会主任会议、人大常委会 1/5 以上组成人员联名,可以向人大常委会提出对该级人大选出的上一级人大代表的罢免案。被提出罢免的代表有权在主席团会议、大会全体会议、人大常委会主任会议、常务委员会全体会议上提出申辩意见,或者书面提出申辩意见。罢免案经审议后由全体会议表决,一般要求在开会期间经过半数代表的通过,闭会期间经人大常委会组成人员的过半数通过。罢免的决议报上一级人大常委会备案。

《选举法》第 57 条规定:代表在任期内,因故出缺,由原选区或者原选举单位补选。如果在任期内调离或者迁出本行政区域,其代表资格自行终止,缺额另行补选。县级以上地方各级人大闭会期间,可以由本级人大常委会补选上一级人大代表。补选出缺的代表既可以采取差额选举,也可以采取等额选举。

此外,我国选举法还规定了代表的辞职程序。《选举法》规定:全国人民代表大会代表,省、自治区、直辖市、设区的市、自治州的人民代表大会代表,可以向选举他的人民代表大会的常务委员会书面提出辞职。常务委员会接受辞职,须经常务委员会组成人员的过半数通过。接受辞职的决议,须报送上一级人民代表大会常务委员会备案、公告。县级的人民代表大会代表可以向本级人民代表大会常务委员会书面提出辞职,乡级的人民代表大会代表可以向本级人民代表大会书面提出辞职。县级的人民代表大会常务委员会接受辞职,须经常务委员会组成人员的过半数通过。乡级的人民代表大会接受辞职,须经人民代表大会过半数的代表通过。接受辞职的,应当予以公告。

五、选举制度的完善

选举制度的发展历史表明,我国选举制度适应社会政治、经济和文化的发展的需要,不断地进行完善,有力地促进了我国民主政治建设。随着社会主义市场经济的深入发展,本书认为选举制度还应在下列方面进一步完善:

1. 实行有较大竞争性的选举机制,确保竞争机制在选举过程中的基础性作用。我国目前选举制度的不足,集中到一点即是选举的竞争性还不充分。充分的竞争机制是社会主义市场经济和民主政治深入发展的必然结果,也是完善差额选举制度的客观需要。将竞争机制引入选举制度可分别从竞争候选人和竞争当选等方面着手制度化。在竞争候选人方面,选举法规定了接受推荐的代表候选人应当向选举委员会或者大会主席团如实提供个人身份、简历等基本情况。除此之外,在这一阶段还应实施以下更能彰显竞争性的制度化措施:(1)应通过预选制度确定正式代表候选人。选举法虽然已经规定了预选程序,但当前它是与"讨论、协商"等程序混合在一起的,只有"讨论、协商"不下的时候预选才能发挥作用。选举法当时规定"讨论、协商"程序的主要原因是考虑到实施预选程序会增加选举工作量。从实践来看,正是这种立法用语极其模糊的"讨论、协商"程序加大了候选人确定过程中的诸多不操作的可能性。随着选民意识的提升及选举实践的深入开展,增加选举工作量的理由已不充分,因此,可以考虑取消在先"讨论、协商"程序,直接采用更能体现选民意志的预选程序。(2)在选举法中明确规定选民或者代表联名推荐的代表候选人与各政党、各人民团体联合或单独推荐的代表候选人具有同等地位,以改变在选举中不重视选民或代表联名推荐的代表候选人的做法。(3)为维护选举的合法性、权威性与严肃性,选举法必须规范候选人组建的竞选团队,限制竞选资金的来源与用途,防止候选人之间的冲突,明确候选人可以进行竞选宣传的渠道、方法及限制,使竞选活动在法治的框架下和平有序地进行。

2. 扩大直接选举的范围,使选举制度更加民主和合理。选举方法是事关选举的民主性和合理性的重要问题,而不是一个简单的选举技术问题。我国选举制度实行直接选举和间接选举相结合的原则,较好地把民主性和合理性统一起来了。市场经济客观上要求在统一的市场范围内进行参与和决策,直接选举比间接选举更能体现市场经济的上述要求。根据市场经济需要扩大直接选举的范围,是进一步完善我国选举制度的又一重要方面。在今天这个发达的信息社会里,信息技术的突飞猛进已经极大地缩小了人与人之间的时空距离,也大大节约了组织选举所耗费的成本。而且各级基层选举实践一直是对公民政治素质和参政能力的生动培训。主客观各方面有利因素的具备,使直接选举的范围从基层推向中层乃至高层有了现实的物质基础和思想准备。当然,扩大直接选举的时机的把握同样值得我们慎重考虑。因为政治常识告诉我们,政治参与的法治化程度是与政治稳定的程度成正比的。所以,我们应当采取审慎的、利国利民的改革步骤,在法治健全和社会理性的基础上扩大直接选举的范围。

3. 完善选举争议的解决机制。随着选举范围的不断扩大和竞争性选举的常态化,选举争议必然呈现与日俱增的复杂趋势。现行将选举诉讼规定在民事诉讼特别程序中的权宜之计,应当向着独立的选举诉讼发展。同时,选举诉讼的受案范围除了目前仅有的选民资格争议,还应当增加选举机构违法行为争议、候选人提名推荐争议、候选人竞选行为合法性争议、选举结果有效性争议等类型,从而为选举工作的全过程提供全面的司法救济。此外,鉴于选举活动兼具法律性与政治性,并且考虑到人民代表大会对选举的主导作用和监督职权,我国的选举争议解决机制应采取审判机关与代议机关相结合的模式,即选举争议先由人民法院审理,对争议事项的处理由各级人大最终确认,以此来保障人民代表大会对选举的最终决定权。

附　录

一、前沿问题

1. 关于政体与政权组织形式的概念

"政体"最早可追溯到亚里士多德等思想家的著作,作为国家制度的重要组成部分,它也是宪法学上的一个重要概念。关于政体的内涵,主要有两大类观点:一是将政体等同于政权组织形式,即统治阶级采取何种形式组织反对敌人、保护自己的政权机关。最早可从毛泽东的《新民主主义论》中找到依据：政体"那是指的政权构成的形式问题,指的一定的社会阶级取何种形式去组织那反对敌人保护自己的政权机关"。① 二是将政体与政权组织形式区别开来,认为二者处于两个不同层次,有联系又有区别。但学者们的出发点、角度不同,对其内涵的界定也有差别：(1) 认为政体和政权组织形式都是实现国家权力的一种形式,不同的是政体着重于体制,粗略地说明国家权力的组织过程和基本形态；政权组织形式着重于机关,说明实现国家权力的机关及各机关之间的相互关系。(2) 认为政体是国家的统治阶级和领导阶级把国家权力委托给谁以及如何委托的问题；政权组织形式是指国家主人及其受委托者采取何种形式或原则去组织行使国家权力的政权机关的问题。也有的认为政体是指关于国家权力在国家机关之间的分配及相互关系的体制,既包括横向的权力关系也包括纵向的权力关系；政权组织形式在实质上是指中央政权组织形式,认为政体包括政权组织形式,政权组织形式只是政体类型的一类。(3) 着眼于国家政权架构,认为政体是宏观上的国家政权架构,是一般意义上、概括意义上的政权架构,包括政权组织形式、国家结构形式、选举制度和政党制度四大部分；政权组织形式是宏观政权架构的微观体系,是特殊意义上、具体意义上的政权架构,政体是政权组织形式的抽象与概括,政权组织形式是政体的具体化。(4) 认为政体指的是一个国家政治体制的主要部分,就是中央政权的体制,立法权、行政权和司法权等的相互关系是政体的本质；而政权组织形式是政体的核心部分。(5) 政体指的是体现国家阶级本质形成的国家权力,表现国家一致的政权结构,包括所有行使国家权力的机关在内,大体上相当于广义的政府。(6) 认为政体要解决的是国家权力所有权在法律上或形式上属于谁的问题,可以分为君主制、民主共和制和寡头制。这种观点源于西方的政治学。(7) 认为政体实质就是一个领袖地位问题,是用法律形式固定的国家领袖人物特别是第一号领袖人物在国家政权组织中的地位,有共和政体和君主制政体之分。(8) 认为政体有广义和狭义之分,狭义的政体是指关于国家权力尤其是国家主权的归属的政治制度；广义的政体是一个包括政权组织形式、国家结构形式所有内涵在内的概念。

2. 关于政体与政权组织形式的分类

由于对政体内涵理解不同,学者们对政体的分类也不尽相同。在政体即政权组织形式的观念中,对政体或政权组织形式的分类,可以从纵向的历史发展和横向的不同国家机关关系两个方面来理解：(1) 纵向上,将人类社会从古至今的政体分为君主制和共和制两大类：君主制包括附属型君主制、专制君主制、等级代表君主制、立宪君主制四种；共和制包括贵族共和制、民主共和制、总统共和

---

① 《毛泽东选集》第2卷,人民出版社1991年版,第677页。

制、议会制共和制、半总统制、人民代表制六种。(2) 横向上，以不同的标准对不同国家的政体进行划分：根据国家权力中国家元首权力的分配，政体可分为君主政体和共和政体；根据国家机关间的横向权力关系，政体可分为总统制政体、议会制政体、委员会制政体、半总统制政体、人民代表制政体和二元制政体等；根据国家机关间的纵向权力关系，政体可分为单一制政体与联邦制政体；根据国家权力纵向分配时中央权力的集中程度，政体可分为中央集权政体与地方自治政体；根据国家权力的分配及其行使是否受宪法的约束，政体可分为民主政体与专制政体；根据国家权力的分配及其行使是否遵循宪法和法律，政体可分为法治政体与人治政体。

在政体不同于政权组织形式的观念下，对政体或政权组织形式的分类，可参见本章第一节的有关观点。

3. 关于政体与国体、国家结构形式的关系

关于国体与政体的关系，主要有以下几种观点：(1) 主流观点，即宪法学界关于国体、政体关系的国体决定说，认为国体与政体之间关系密切，它们相互依存，不可分割，国体是政体存在和发展的基础，政体是国体的体现和反映，对国体具有能动的反作用。(2) 其他观点。有的学者则对国体决定政体这一主流观点提出了质疑，认为以阶级本质划分国家性质是不科学的，在现实生活中必然是政体决定国体，并以民主与专制为标准将政体分为分权政体和集权政体。有的学者认为一个国家采取何种形式组织自己的政权机关与这个国家属于哪个阶级统治并没有必然的联系，是无产阶级还是资产阶级这个阶级本质是至关重要的，至于政权组织形式问题则是无关紧要的。还有的学者以主权为逻辑起点，从过程论的角度论述了国体是主权的归属，政体是主权的运行方式。笔者认为上述几种观点从不同的角度阐述了国体与政体的关系，是对传统观点的一个挑战，但其理论的合理性和科学性有待商榷。我们应当在坚持国体决定政体的前提下，深入研究国体与政体之间的具体变化及其互动关系。

关于政体与国家结构形式之间的关系，主要有两种观点：(1) 主流观点，认为政体与国家结构形式是并行的关系。政体等同于政权组织形式，表现的是国家政权体系横的方面，国家结构形式表现的是国家权力体系纵的方面，都属于国家形式。(2) 其他观点，政体与国家结构形式之间是包容的关系。有的学者认为政体具体包括四个方面的内容：政权组织形式、国家结构形式、选举制度和政党制度。也有的学者认为国家结构形式表现为一种纵向的国家权力分配关系，是政体类型的一类。笔者认为，对政体的理解不同，得出的结论也不同：在政权组织形式的意义上理解政体时，二者是并行的关系；若将政体理解为国家权力产生、分配及其相互关系的体制，国家结构形式作为纵向分配国家权力的方式，应是政体的重要组成部分，甚至是广义的政权组织形式的组成部分。

4. 关于政体或政权组织形式的功能

随着社会学研究方法的发展,有学者将其运用到宪法学研究领域中对政体的功能进行了分析,认为政体的功能主要包括三个方面:政治信息的传播媒体、国家政治生活的载体和民主与效率的调节器。

5. 关于政权组织形式的基本原则

(1) 关于政权组织形式的基本原则的内容。对于什么是政权组织形式的基本原则,宪法学界的观点也不统一,主要有以下几种观点:一种观点认为我国政权组织形式的基本原则是民主集中制,而不是"议行合一"。另一种观点在将我国政权组织形式原则分为根本原则和组织原则两个层次的基础上,指出根本原则是人民主权原则,即"一切权力属于人民",组织原则就是民主集中制。还有一种观点认为我国政权组织形式的组织活动原则是多重的,包括民主集中制、议行合一、社会主义法治、密切联系群众、责任制、精简和效率原则。

(2) 关于"议行合一"原则。"议行合一"原则是我国政权组织形式的基本原则,这是长期以来的宪法学教材和专著的主流观点。近年来也有学者对"议行合一"原则进行了讨论,主要分为肯定和否定两种观点。他们的分歧主要在于:一是关于"议行合一"原则的理论基础。肯定观点认为"议行合一"是体现人民当家作主的民主机制之一,它的最大优点就是将议会制的长处和直接民主制的长处结合起来,以达到自上而下的人民当家作主。否定观点认为"议行合一"并非马克思主义政权建设的基本原理,这只是针对夺取政权和巩固政权而言的,不能始终作为社会主义政权建设的原则。二是关于"议行合一"的职能分立。肯定观点认为"议行合一"并不是权力职能的混同,是把立法的职能和执行的职能在选举的人民代表身上结合起来,社会主义国家政权建设的大趋势从根本上认同了这一原则。否定观点认为这一原则不但否定了立法机关与行政机关的分权,也否定了立法权与行政权的分工,不利于实行权力机关对行政机关的监督。三是关于"议行合一"的意义。肯定观点认为社会主义国家政权建设的实践经验并没有从根本上否定"议行合一"原则,未来不是要取消这一原则,而是要通过制度建设加以完善。否定观点认为社会主义国家政权建设的实践和我国政治体制改革的实践都否定了"议行合一",认为"议行合一"不利于加强人民代表大会的国家权力机关地位和作用,混淆国家机关之间的权力界限,议行分立是社会主义政权建设的一个趋势。四是关于民主集中制和"议行合一"原则的关系。一种观点将"议行合一"原则等同于民主集中制,认为社会主义国家政权组织形式是按照民主集中制原则组织和活动的,实行人民代表制,代表机关都实行"议行合一",既是议事机关又是执行机关。另一种观点认为民主集中制并不等于"议行合一",我国的民主集中制并不否认权力的分工与监督,与西方三权分立不同的是,我国的权力分工是在人民代表大会制度的基础上进行的,其他机关都受人大的领导和监督。还有观点认为议行合一与民主集中制都是作为分权原则的对立物,只不过议行合一能够更好地描述我国国家权力在横向上的分配。

6. 关于坚持人民代表大会制度

人民代表大会制度作为国家的根本制度,是建设社会主义民主政治和法治国家的逻辑起点。近几十年来人民代表大会制度一直是宪法学界关注和研究的热点问题,坚持和完善人民代表大会制度是学者和民众的共识,但是"坚持什么""如何坚持"这些问题仍不是很清晰明确:有的认为就是坚持作为人民代表大会的会议制度;也有的认为就是坚持人民代表大会的制度;还有的认为应坚持人民代表大会制度作为我国的政权组织形式不动摇。

本书认为,在理解人民代表大会制度丰富内涵的基础上,坚持人民代表大会制度不仅是在政权组织形式的意义上,更要认识到它作为我国的根本政治制度不能动摇,具体包括以下几个方面的要求:(1)坚持中国共产党的领导。必须坚持党总揽全局、协调各方的领导核心作用,通过人民代表大会制度,保证党的路线方针政策和决策部署在国家工作中得到全面贯彻和有效执行。(2)坚持国家一切权力属于人民。坚持人民主体地位,支持和保证人民通过人民代表大会行使国家权力。要扩大人民民主,健全民主制度,丰富民主形式,拓宽民主渠道,从各层次各领域扩大公民有序政治参与,发展更加广泛、更加充分、更加健全的人民民主。(3)坚持依法治国。维护宪法和法律权威,使民主制度化、法律化。要通过人民代表大会制度,弘扬社会主义法治精神,依照人民代表大会及其常委会制定的法律法规来展开和推进国家各项事业和各项工作,实现国家各项工作法治化。(4)坚持民主集中制。必须坚持人民通过人民代表大会行使国家权力;各级人民代表大会都由民主选举产生,对人民负责、受人民监督;各级国家行政机关、监察机关、审判机关、检察机关都由人民代表大会产生,对人大负责、受人大监督;国家机关实行决策权、执行权、监督权既有合理分工又有相互协调;在中央统一领导下,充分发挥地方主动性和积极性,保证国家统一高效组织推进各项事业。

7. 关于完善人民代表大会制度

(1)关于完善人民代表大会制度的理论。完善人民代表大会制度,首先要求理论上的更新:一是在理论的出发点上,要反对"借完善人大制度削弱党对人大的领导"和"以三权分立代替人大制度"这两种错误倾向。明确人民代表大会制是社会主义国家的根本制度,民主集中制是根本活动准则;人民代表大会制应以是否完整地贯彻民主集中制原则作为维系其生命力的唯一标准;从完善人民代表大会制的代表制入手,使民主与集中处于良性循环中;国家权力机关要树立与社会主义市场经济相适应的法律观。二是在发展过程上,改革和完善人民代表大会制度是个自我发展的过程,这是量的变化而不是质的飞跃。社会主义初级阶段的规律和我国人大的性质决定了这只能是一个渐进的过程,任何超越或无度都不利于其优越性的发挥。三是在工作重点上,必须健全人大对"一府一委两院"监督制度;密切人大代表同人民群众的联系,健全代表联络机制;更好地发挥人大代表的作用。进一步健全人大组织制度、选举制度和议事规则,完善论证、评估、评议、听证制度;适当增加基层人大代表数量;加强地方人大及其常委会建设;加强宪法的监督与解释工作。

(2) 关于完善人民代表大会制度的具体制度。完善人民代表大会制度是一个系统工程,学者们从人民代表大会的组织、职权以及人大代表素质等多方面提出了完善人民代表大会制度的有益建议。

在组织体制上,加强人大常委会和专门委员会的建设。加强人大常委会的建设,首先要增加人大常委会的人员编制,把知识水平高,办事能力强的人员选拔到人大常委会中来;逐步实现人大常委会组成人员的专职化,提高工作人员的政治、文化和业务素质。其次要建立健全必要的监督约束机制;加强和明确工作委员会的职能和任务;加强人大工作的程序建设,通过工作程序的立法,健全和完善人大工作程序的制度。最后应进一步完善《各级人民代表大会常务委员会监督法》,将上下级人大常委会之间监督与被监督的关系进一步明确化,具体规定上下级之间关于职责的相互分工和合作,更好地发挥宪法所赋予的监督职能。专门委员会的设置是我国人大制度发展的产物,多年来对人大的完善和作用的发挥起到了不可低估的作用。根据社会的发展需要,学者们提出了进一步加强专门委员会建设的建议:在充分发挥专门委员会作用的同时,要充分利用组织特别问题调查委员会的职权来解决国家面临的临时性的重大问题;专门委员会的设置尚待改进,数量应当增加。

在行使职权上,要注重发挥人大常委会和专门委员会的作用。人大常委会的立法权和解释权是学者们关注较多的问题。有学者提出应扩大人大常委会的立法权,赋予其"制定和修改其他的基本法律"的权限,这是社会主义市场经济深入发展的要求,也可以在实践中有效地防止行政机关通过行政授权立法的越权现象。也有学者分析了影响人大常委会在立法中发挥应然作用的因素,认为这既有委员自身的因素也有制度的因素。对策是延长会期,实行大会辩论制,实行听证制度,为委员配备立法助理,组建全国人大常委会研究部,加强服务功能。在专门委员会的职权方面,有学者提出专门委员会应该享有监督权,理由在于《宪法》第70条第2款关于专门委员会职权的规定并不必然排除专门委员会应当享有的监督权;专门委员会的性质和地位决定了其可以行使监督权;法律赋予专门委员会行使立法监督权和执法检查权;专门委员会行使监督权的范围比较广泛;专门委员会行使监督权是人民代表大会及其常委会有效行使监督权的基础和保障。也有反对观点认为,承认专门委员会的立法权和监督权主体地位是不适当的,专门委员会不能成为立法主体和监督权主体,专门委员会的主要职能在于宪法规定的"研究、审议和拟定议案"以及"调查研究"的职权。也有学者根据专门委员会的工作需要及其法律规定的总原则,提出人大专门委员会应该享有调查权,这既是专门委员会的一种工作方法,又是行使权力的一种方式。

在提高人大代表素质方面,有学者认为这是完善人民代表大会制度的重要环节。就途径而言,除了要求通过教育、培训提高人大代表素质之外,更要求制度上的完善,主要是通过完善选举制度选出符合民意、符合社会发展需要的人大代表。

8. 关于人大代表

(1) 关于人大代表的性质。人大代表的性质,主要是通过代表与选民的关系予以体现的,选民身份和利益的多元性决定了代表性质的复杂性。就人大代表与选民的一般关系而言,主要有独立意志说、委托关系说、代表关系说和授权关系说等。从代表的产生看,我国人大代表兼有阶层、行业和地域代表的多重性质。宪法学界对党员代表问题的讨论,也与人大代表的性质有密切关系。

(2) 人大代表的素质。如前所述,人大代表的素质问题关系到人大制度的完善。有关人大代表的素质问题的研究,主要涉及以下几个方面的内容:一是人大代表素质的内涵。有学者认为人大代表的素质包括政治素质和能力素质,政治素质包括:政治原则的坚定性,清明廉洁的纯洁性,执法护法的责任性,人大工作的事业性,联系群众的自觉性;能力素质包括:阅读书信和语言表达能力,社会活动能力,调查研究能力,图谋大事能力。有学者认为人大代表素质包括知政、参政、议政和督政四个方面,建议应对不同级别代表机关的代表候选人的受教育程度提出不同的要求。二是人大代表素质的提高。学术界关于提高代表素质的观点很多,本书认为,代表素质的高低,归根结底取决于选民素质的高低,提高代表素质的关键在于建立健全符合中国现阶段政治、经济和文化状况的选举制度。

(3) 人大代表的构成。人大代表是人民意志的表达者,是人民权力的受托者。人大代表构成比例是否合理直接关系到人民当家作主权利的实现与人大制度作用的发挥。随着人大制度的深入发展,人大代表的身份和构成比例逐渐引起了大家的关注。有人通过实证调研对人大代表的构成及履职状况进行了分析;有人通过研究历史资料梳理出了全国人大代表构成的变迁规律;还有人结合当前实际提出了人大代表结构优化的许多基本思路与对策。本书认为改善代表结构、提高代表素质是坚持和完善人民代表大会制度的重要措施。当前一线工人、农民、知识分子的代表比例虽然得到了较大提高,但是仍然不足以充分反映社会变化过程的实际状况。因此要及时吸纳新兴社会力量,优化人大代表结构、提高人大代表的履职能力,使之能够更好地反映我国社会各阶层的利益和社会结构的变迁。

9. 关于选举制度的基本理论

(1) 关于选举制度的概念。关于选举制度概念的内涵，宪法学界有几种不同的观点：一种观点认为，选举制度是指选举国家代表机关的代表或其他国家公职人员时应遵循的各种制度的总称，包括选举的基本原则、组织、机构、程序、方式和传统习惯等内容。另一种观点认为，选举制度是一个国家选举代议机关的议员或代表和选举其他国家公职人员的原则方法和组织程序的总和。还有人认为，选举制度有古代与近代之分，近代意义上的选举制度是指公民通过一定的民主程序选出代表，组成代议机关来决定国家政治事务的制度。

(2) 关于选举权的若干问题。关于选举权的本质。有关选举权本质的见解主要有天赋人权论、选举权报酬论、社会公务论、公务与权利双重论、阶级协和论等学说。这些学说最大的分歧在于：选举权是公民的一种权利还是公民的一种职务，主要有国家的固有权利说、社会职务说和兼具权利与职务两性说三种观点。近年来有学者从新的角度提出选举权的性质应当建立在"权利"基础上，选举权具有基本性、法定性和政治性，并认为这种权利在现实生活中不应是绝对的。也有学者将选举权的本质界定为：以个人占有物质财富为本质，是公民的基本权利，行使公民选举权的结果将对物质财富的生产和分配起到一定的作用。关于选举权的内容。有两种主张：一种认为选举权和被选举权结合在一起，它们是相互统一的；另一种认为二者是不一致的，被选举权应比选举权有更高的资格要求，有选举权的未必有被选举权。随着社会的发展和政治生活运作的需要，越来越多的学者赞同后一种观点。也有学者认为，选举权包括选举权、被选举权和罢免权。

(3) 关于选举权的限制。有学者从法理的角度提出选举权的内在限制和外在限制。内在限制是选举权本身性质所决定的内在法律界限；外在限制是法律规范根据社会公共利益原则对选举权作出的必要限制。也有学者认为选举权应遵循限制内容的公正性、限制方式的法定性、限制范围的有限性原则。

(4) 关于选举诉讼的问题。政治主义说认为，选举权和被选举权是公民的政治权利，具有高度的政治性，而且选举诉讼的裁判具有政治后果，只能由政治机关来解决；法律主义说认为，选举权和被选举权不仅是公民的基本政治权利，同时也是法律上的权利，是以法律的确认和保护为前提的，应由司法机关来裁决，以法律的方式和途径予以解决。我国学者认为选举诉讼应当是一个相对独立的诉讼，应归于宪法诉讼。本书认为公民享有选举权和被选举权，不仅是公民的一项政治权利，更应是公民的一项法律权利，宪法和具体法律都规定了公民的选举权和被选举权，现在我国是将选举诉讼列在民事诉讼的特别程序里加以规定的，在本质上它是宪法诉讼的重要内容。

10. 关于选举制度的完善

选举制度的完善主要集中在直接选举范围的扩大、竞选机制的引进、差额选举以及候选人的介绍、提名机制等方面：(1) 扩大直接选举的范围。随着社会主义市场经济和民主法治建设的发展，公民权利意识和参政热情的提高，扩大直接选举的范围是大势所趋。学者提出应实行省、市两级的直接选举；也有学者认为应在沿海城市、文化发展较快、人口密集、交通方便、人民群众民主法制观念较强的城市进行省、市人大代表直接选举的试点，逐步向内地有条件的大中城市扩展。(2) 引入竞选机制。我国目前选举制度的不足，集中到一点就是缺乏选拔的竞争活动。我们应该走出"竞选是资本主义国家的政治现象"这一误区，把差额选举与实行竞选结合起来作为我国今后改进选举制度的努力方向。竞争机制引入选举是社会主义商品经济和民主政治深入发展的必然结果，也是完善差额选举制度的客观需要。(3) 改进候选人提名、介绍制度。针对选民或代表联名提名候选人逐渐增多的现象，学者们在肯定其积极意义的同时，也指出了不足。认为联名提名的出发点还是基于本行业、本地区的人选，当选的极少，候选人的介绍方法过于间接、不够直观。学者们提出要适当限制各政党、团体提名，将选民提名一律列入初步候选人名单，平等地对待各政党、团体和选民或代表的联名提名的候选人，根据多数选民意见确定正式代表候选人。针对现阶段候选人介绍存在的主要问题，学者们主张完善候选人介绍制度，主要应从以下几个方面着手：严格规定选举委员会或人大主席团介绍候选人的方式与程序，选举委员会等介绍代表候选人情况应该严格依法进行；选民应对其推荐的候选人的情况以书面形式介绍，规范候选人的介绍内容；组织代表候选人和选民之间的见面和对话，代表候选人进行自我介绍，回答选民的意见和要求，完善代表候选人向选民介绍情况和接触选民的程序。

此外，健全和完善选举纠纷解决机制，完善代表辞职补选程序，严厉打击选举违法行为，更新选举立法理念，也是完善选举制度的重要方面。

二、参考文献

1. 〔英〕J.S.密尔：《代议制政府》，汪瑄译，商务印书馆1982年版。
2. 蔡定剑：《中国人民代表大会制度》，法律出版社2003年版。
3. 董崇山：《政体论》，中国展望出版社1986年版。
4. 何华辉：《比较宪法学》，武汉大学出版社2013年版。
5. 胡盛仪：《中外选举制度比较》，商务印书馆2014年版。
6. 〔古希腊〕亚里士多德：《政治学》，吴寿彭译，商务印书馆1965年版。
7. 周叶中：《代议制度比较研究》，商务印书馆2018年版。
8. 翟志勇：《代议制的基本原理》，中央编译出版社2014年版。

9. 刘以主编:《政体》,延边大学出版社 2007 年版。

10. 柳镛泰:《职业代表制》,社会科学文献出版社 2017 年版。

11. 范进学:《民主集中制宪法原则研究》,东方出版中心 2011 年版。

12. 〔美〕阿伦·李帕特:《选举制度与政党制度》,谢岳译,上海人民出版社 2008 年版。

13. 刘茂林:《政权组织形式及其相关概念解析》,载《法商研究》1998 年增刊。

14. 许崇德、何华辉:《三权分立与议行合一原则的比较研究》,载《法律评论》1987 年第 3 期。

15. 李铁映:《国体和政体问题》,载《政治学研究》2004 年第 2 期。

16. 肖金明:《人民代表大会制度的政治效应》,载《法学评论》2014 年第 3 期。

17. 沈寿文:《论人民代表大会制度国家权力配置功能》,载《法学论坛》2014 年第 3 期。

18. 韩大元:《论全国人民代表大会之宪法地位》,载《法学评论》2013 年第 6 期。

19. 焦洪昌:《如何完善我国人大议事规则——基于欧、美、日的分析与借鉴》,载《中国法律评论》2019 年第 6 期。

20. 杜强强:《议行合一与我国国家权力配置的原则》,载《法学家》2019 年第 1 期。

21. 刘茂林:《人大制度与宪法发展的新课题》,载《中国宪法年刊》2015 年。

三、思考题

1. 试析政权组织形式与相关概念的关系。
2. 如何对政权组织形式进行分类?
3. 试述我国政权组织形式的特点。
4. 如何理解人民代表大会制度是我国的根本政治制度?
5. 如何进一步完善人民代表大会制度?
6. 如何理解选举制度的含义?
7. 我国选举制度有哪些基本原则?
8. 试析我国选举制度的发展趋势。

第五章 国家结构形式

国家结构形式是一种纵向的国家权力分配方式以及由此所形成的中央与地方、地方与地方国家机关之间关系的制度,包括单一制国家结构形式和复合制国家结构形式。我国实行单一制国家结构形式,这是由我国的政治、经济、文化、民族关系、现代化建设和外部条件等多方面因素决定的。在单一制国家结构形式的前提下,我国建立了以有利于民族团结、有利于经济发展、便于人民参加管理国家、照顾历史状况为原则的行政区域划分制度。中央与地方的权力划分是国家结构形式的核心问题。我国中央与地方权力的划分,遵循在中央统一领导的前提下充分发挥地方的积极性和主动性的原则。

我国实行普通地方、民族区域自治地方和特别行政区三种不同的地方制度。普通地方包括省制、市制、县制和乡镇制等几种地方形式,民族区域自治地方又分为自治区、自治州和自治县(旗)三个级别,不同类型、不同层级的地方享有的权力不同。民族区域自治制度是在少数民族聚居的地方设立民族区域自治机关,行使自治权,真正实现少数民族当家作主。特别行政区是在"一国两制"的理论指导下,赋予特别行政区行政管理权、立法权、独立的司法权和终审权,这对于妥善解决历史遗留问题,早日实现祖国的统一大业具有重大意义。

国家结构形式　单一制　复合制　联邦制　邦联制　行政区划　地方分权　地方制度　普通地方制度　民族区域自治制度　特别行政区制度

第一节　国家结构形式概述

一、国家结构形式的概念

马克思主义国家学说认为,国家作为一种社会组织,有两个不同于氏族社会的基本特点:一是建立了"一种已不再直接等同于武装起来的全体人民的公共权力";二是"不依亲属集团而依共同居住地区为了公共目的来划分人民",即以地域划分居民。① 以地域划分居民,必然会在国家这种政治社会内形成国家整体与部分、中央与地方、地域与地域之间的关系。这种关系就是国家结构,即国家整体与部分、中央与地方的关系。国家结构形式则是国家用来调整这种关系的政治制度或政治形式,即国家的统治阶级依据一定的原则和方式划分国家的内部区域,调整国家整体与组成部分、中央和地方以及地方与地方之间关系的制度。从国家权力(公共权力)的建立及其运行来看,国家结构形式实际上是在中央与地方、地方与地方之间纵向地配置国家权力,表现为一种纵向的国家权力配置关系以及由此形成的中央与地方、地方与地方国家机关之间关系的制度。因此,国家结构形式与国家政权组织形式(狭义)构成了国家权力纵横配置与运行体制和国家机关体系。在政治学上,国家结构形式和政权组织形式一般被合称为国家形式,而与国体概念相对应。

一个国家采取何种原则和方式调整其整体与部分、中央与地方乃至地方与地方之间的关系,即实行怎样的国家结构形式,主要由这个国家的政治传统、地理环境、民族关系和意识形态等因素决定,其中政治传统、民族关系是最重要的因素。

二、国家结构形式的种类

综观近代以来的国家结构形式,大体上可分为两种:一为单一制的国家结构形式,一为复合制的国家结构形式。

(一) 单一制

单一制是指由若干不具有独立性的地方,包括普通地方、自治地方和特别地方组成的统一主权国家的一种国家结构形式。单一制国家结构形式在国家纵向权力配置和国家机关间关系方面有如下特点:(1) 从法律制度上看,单一制国家只有一部宪法,有关国家权力的配置和国家机关的设置及相互关系均由该宪法予以规定。(2) 从政权组织形式上看,除有个别特别地方外,中央和地方均采用相同的政府体制,即一般只有一套政府体制。(3) 在权力配置上,地方权力来源于中央的授予,国家权力的重心在中央。(4) 在国际关系中,只有一个国际法主体,其地方一般不能作为国际法的主体参与国际关系。(5) 公民具有统一的国籍。(6) 地方作为国家的行政区域单位,不具有独立性,没有从国家分离出去的权力。

(二) 复合制

复合制是由两个或两个以上的国家,基于共同的目的联合组成国家的一种

---

① 《马克思恩格斯选集》第 4 卷,人民出版社 1995 年版,第 113 页。

国家结构形式。依据国家联合的紧密程度和联合的范围,即在哪些领域进行联合,可将复合制分为邦联制和联邦制两种形式。

邦联制是一种较为松散且联合领域较为单一的国家结构形式,一般是若干国家为了促进或实现某种(些)特殊利益或目的而建立起来的国家联盟的一种国家结构形式。邦联国家没有共同的宪法,也没有共同的国家元首,成员国是独立的主权国家,邦联政府所作出的决议或制定的法律须经各国政府批准才能生效。1781—1789年的美国就是这样的邦联国家。

联邦是由两个或两个以上的国家所组成的统一的联盟国家的一种复合制国家结构形式。联邦制国家有下列特点:(1)有多部宪法,除联邦宪法外,还有成员国或加盟国的宪法。(2)有多套政府体制。在联邦制国家,除联邦中央政府体制外,各成员国或加盟国还都有具有自己特色的政府体制。在联邦制国家,一般不要求成员国或加盟国与联邦政府体制相一致。(3)在联邦制国家,联邦权力来源于成员国或加盟国的让与,一般由联邦宪法以列举的方式规定,剩余权力属成员国或加盟国。(4)联邦制国家,公民有双重国籍,即公民既是联邦的公民(一般在国际法上使用联邦公民资格),又是成员国或加盟国的公民。(5)在国际关系中,有些联邦国家在法律上允许成员国或加盟国作为完全的国际法主体参与国际关系,如苏联的一些加盟共和国便具有这种资格。(6)在有些联邦制国家,成员国或加盟国在法律上拥有脱离联邦的权力。如苏联1977年《宪法》第72条规定:"每一个加盟共和国都保留自由退出苏联的权利。"

三、国家结构形式与宪法的关系

同国家政权组织形式与宪法的关系一样,国家结构形式与宪法的关系也可以从两方面分析。

(一)国家结构形式是宪法的基本内容

国家结构形式是宪法对公共权力进行配置的重要方面,宪法对国家结构形式的规定主要有下列内容:(1)明确规定国家的结构形式。例如,1958年《法国宪法》第2条规定:"法兰西是不可分的、世俗的、民主的和社会的共和国。"1947年《意大利宪法》第5条规定:"统一而不可分割的共和国,承认并鼓励地方自治;在国家各项公职方面实行最广泛的行政上的地方分权;并使其立法原则与立法方法适应地方自治与地方分权的要求。"应该指出的是,综观各国宪法对国家结构形式的规定,可以发现宪法在对单一制结构形式进行规定时有两种方式,一是明确国家的结构形式是单一制,如1945年《印度尼西亚宪法》第1条第1款规定:"印度尼西亚是共和体制的单一国家。"一是宪法在行文上没有使用单一制等概念,但从宪法对中央与地方的关系、国家权力的配置以及对行政区划的规定来看,明确反映了单一制的国家结构形式。如1919年《芬兰宪法》第3条规定:"芬兰共和国的领土不可分割,其边界非经议会同意不得变更。"联邦制国家的宪法对国家结构形式的规定,较之单一制国家的宪法更为明确,如《印度宪法》第1条第1款规定:"印度为联邦制。"(2)在单一制国家,宪法一般规定了中央与地方权力划分的原则或规定实行地方分权。如我国现行《宪法》第3条第4款规定:"中央和地方的国家机构职权的划分,遵循在中央统一的领导下,充分发挥地方的主动性、积极性的原则。"如《意大利宪法》第5条规定:"统一而不可分割的共和国;承认并鼓励地方自治;在国家各项公职方面实行最广泛的行政上的地方分权。"(3)在联邦制国家,宪法一般明确列举了联邦中央的权力。例如,美国宪法对联邦总统、国会和最高法院职权的规定以及联邦与州关系的规定。(4)单一制国家宪法一般都规定了行政区划制度和领土构成单位,如1958年《法国宪法》第72条第1款规定:"共和国的地方单位是市镇、省和海外领地。"(5)联邦制国家宪法一般以列举方式规定了成员国或加盟国。如苏联1977年宪法对加盟共和国进行逐一列举。有些联邦国家宪法还对可能加入联邦的国家或单位以及有关程序作了规定。如1973年的《巴基斯坦宪法》在序言中规定:"目前已纳入巴基斯坦版图的领土和今后可能纳入巴基斯坦版图的领土应组成一个各单位按规定的权力和权限划分实行自治的联邦。"

(二)国家结构形式对宪法具有重要意义

国家结构形式对宪法的重要意义首先表现在它是宪法在组织政治社会中不可缺少的一个方面。近现代意义的民族国家不同于古代城邦式的城市国家,它是完全型态的国家,有一个从地方到中央的国家结构问题,没有国家结构形式的规定,宪法不可能组织近现代意义上的国家这种复杂的政治社会。其次,国家结构形式是宪法对公共权力进行纵向配置的方式,宪法中不规定国家结构形式,就不可能建立完整的国家权力运行机制。这样的宪法至少是不完备的宪法,甚至不能称之为宪法。最后,国家结构形式对国家权力的纵向配置为宪法建立自下而上或自上而下的国家机关及其相互关系打下基础。总之,国家结构形式对于宪法成其为宪法具有重要意义。

第二节 我国的国家结构形式

一、我国实行单一制国家结构形式的必要性

我国是一个有着悠久中央集权传统的单一制国家,多民族及其关系的历史和现状以及近代中国所处的国际环境决定了我国只能实行单一制的国家结构形式,联邦制不符合我国的国情,我国不可能实行联邦制的结构形式。

1. 从政治文化的角度看,我国实行单一制国家结构形式是历史的必然。公

元前 221 年秦军攻陷齐都临淄,结束了群雄割据的状态,形成了"六王毕,四海一"的统一格局,建立了我国历史上第一个中央集权政权。两千多年来,虽然也有"分"的时候,但"统"是主流,各民族人民共同创造了灿烂的华夏文明。汉、唐、元、明、清等朝先后强化了中央集权,特别是自元朝以来七百余年,我国再没有出现大的分裂状态,统一的格局和辽阔疆域保持至今。这样一种持续数千年不散的大一统中央集权的政治格局,有其深刻的原因:(1) 农耕文化及在其基础上形成的儒家"大一统"观念奠定了中央集权的文化底蕴;(2) 宗法制度和官僚制度加固了中央集权的政治基础;(3) 民族融合和对中华民族的认同形成了中央集权国家的民族凝聚力;(4) 较为封闭的地理环境和抵御江河泛滥的需要,为中央集权国家提供了自然条件和驱动力;(5) 近代以来的外族入侵危及了中华民族的生存,自保求存的民族生命本能进一步加强了各族人民的团结。大一统中央集权的政治格局及其内在原因构成了我国政治文化的基本特色,影响和决定了我国对单一制国家结构形式的制度选择。

2. 我国民族关系的现实状况决定了我国选择单一制国家结构形式。自汉朝以来,我国就形成了以汉族为主体的多民族国家。根据 2020 年开展的第七次全国人口普查数据,在已识别的 56 个民族中,汉族人口为 128631 万人,占 91.11%,各少数民族人口为 12547 万人,占 8.89%。与 2010 年相比,汉族人口增长 4.93%,各少数民族人口增长 10.26%,少数民族人口比重上升 0.40 个百分点。

从民族分布来看,少数民族的分布地区广阔而且比较复杂,主要集中在西部、西南、西北等边疆省份。此外,少数民族还形成了大杂居、小聚居的分布状况。各民族之间交错居住,往往一个民族有许多聚居区。如藏族除了在西藏比较集中外,还散居在青海、甘肃、四川、云南等地;回族除了在宁夏、甘肃比较集中外,几乎散居在全国各地;新疆维吾尔自治区除维吾尔族外,还有其他 12 个民族居住;云南省则有二十多个少数民族。我国这样一种民族关系及其分布状况,决定了少数民族不能建立单独的民族国家,因而也不能选择建立在民族国家基础上的联邦制国家结构形式。

3. 社会主义现代化建设需要采取单一制的国家结构形式。在我国这样一个多民族国家,社会主义现代化建设是各民族共同的事业,任何一个民族都不能单独完成社会主义现代化建设的任务。由于历史的原因,各民族政治、经济、文化发展极不平衡,国家的根本任务就是要巩固祖国的统一和民族团结,在统一的祖国大家庭内,发展各民族的政治、经济和文化,逐步缩小和消灭各民族事实上的不平等,实现各民族共同繁荣。要实现这一任务,必须充分利用国家的人力和资源。各少数民族聚居的地区占全国总面积的 60%,资源丰富。汉族居住的沿海和内地人口多,经济文化较发达。建立单一制的国家结构形式可以互通有无、互相合作,发挥各民族的优势,充分利用国家的资源,达到各民族共同繁荣的目的。

4. 我国所处的外部条件要求采取单一制的国家结构形式。我国少数民族基本上分布在祖国的边疆,与其他国家的联系较为便利。在历史上,帝国主义国家为了达到其颠覆和分裂我国的目的,曾经通过各种手段破坏我国的民族关系,制造民族矛盾。直到现在,国外的一些反动势力仍然在我国民族问题上制造事端。为此,我国只有建立单一制的国家结构形式,各族人民才能在中央的统一领导下,团结起来,抵御帝国主义以及其他反动势力的颠覆活动,实现各民族的共同繁荣。

二、行政区域划分

(一) 行政区域划分的概念

行政区域划分,简称行政区划,在我国有关政治学和宪法学的著作和教科书中,对其含义有不同的理解,主要有以下几种:

1. "行政区划,是指行政区域的划分。"[1] 这种观点将行政区划理解为一种对行政区域进行划分的(国家)行为。

2. "行政区划,亦称行政区域,是国家为便于行政管理而分级划分的区域。"[2] 这种观点将行政区划与行政区域等同起来,认为行政区划是一种地域和区域。

3. "行政区划是行政区域划分的简称,即统治阶级为便于进行管理,按照政治、经济人口、民族分布等情况,把国家的领土划分成若干个大小不同区域,并分级设立相应国家机关,以实现国家的任务。"[3] 这种观点的特点在于不仅对行政区划(就形式而言)进行了完整的表述,而且还指明了行政区划与行政区域的关系。但是应该注意的是,这种观点在理解行政区划时,又赋予了它新的含义,即加进了"设立相应的国家机关"的内容。

4. "行政区划即行政区域划分,属于国家结构的范围,它是统治阶级为了实现其专政任务,把国家领土划分为许多大小不同、层次不同的部分,建立系统的国家机关,进行行政管理的一种领土结构。"[4] 这种观点与前一种观点的认识大致相同,其特点在于将行政区划视为一种领土结构。

从上述四种有代表性的观点可以看出,对行政区划的理解涉及两个方面的问题:一是"行政区划"与"行政区域"是否可以等同,即是否有相同的内涵和外

---

[1] 陈嘉陵主编:《地方政府手册》,武汉工业大学出版社1989年版,第8页。
[2] 薄贵利:《近现代地方政府比较》,光明日报出版社1988年版,第15页。
[3] 吴杰主编:《宪法教程》,法律出版社1987年版,第125页。
[4] 吴家麟主编:《宪法学》,群众出版社1983年版,第271页。

延,如果是两个不同的概念,其关系如何;二是"行政区划"与"行政建制"的关系,即是否可以认为"行政建制"是"行政区划"的内容。有些学者已经意识到这一点,指出"行政区域、行政区划、行政单位和政区等概念,在实际工作中和科学研究中常常通用,但也略有区别。可以认为,'行政区域'是静态表述,'行政区划'是动态表述,'行政单位'是一定区域上的行政建制,而'政区'则是行政区域,同经济区域、自然地理区域相区别"①。

  本书认为,将行政区划理解为一种动态的行为和静态的区域都失之偏颇,行政区划与行政区域的区别亦不是一个表达方式不同的问题。按照我国宪法和有关法律的规定,我国立法中在两种不同意义上使用"行政区域划分"的概念:一是将行政区域划分作为某一中央或地方国家机关的职权,如《宪法》第89条第15项规定国务院有权"批准省、自治区、直辖市的区域划分,批准自治州、县、自治县、市的建置和区域划分"。这里区域划分作为一种职权,一般表现为对国家领土进行划分的行为。二是将行政区划作为一种国家制度予以规定,如《宪法》第30条第1款和第2款的规定。这些规定不仅明确了国家行政区划的级别和种类,而且还将行政区域划分与行政区域直接联系在一起。因此本书认为,如果将行政区划理解为一种国家制度,既可以较好地区别行政区划与行政区域的不同,又能较好地反映二者之间的密切联系。

  据此,所谓行政区域划分制度,是指依照宪法和法律的规定,由特定的国家机关按照一定原则和程序,将国家领土划分为不同区域,以便进行管理的一种国家制度。从考察行政区域划分与行政区域的关系来看,区域划分是一种行为,行政区域是这种划分的结果,二者统一于或构成行政区域划分制度。从内容上看,行政区域划分制度包括行政区域划分的机关、原则、程序以及行政区域边界争议的处理等内容。它有以下特点:(1)行政区划是国家的一种有目的的活动,对国家的政治、经济和其他社会生活产生重大影响。(2)行政区划是国家主权的体现,属于国家内政,国际社会应予以尊重,任何国家都不得干涉其他国家的行政区划。(3)国家一般以宪法和法律对行政区划制度作了较为完备的规定,包括行政区划的机关、原则、程序以及纠纷的解决等内容。特别是关于行政区域划分的机关,必须有宪法和法律以及有关法规的授权,其他任何机关无权进行行政区域划分。

  (二)我国行政区划的历史变迁

  1. 新中国成立初期的行政区划。新中国成立初期,我国行政区域划分主要包括两个方面的内容:一是先后建立了大行政区;二是调整省级行政区划。

  (1)设置五大行政区。1949年3月,正式成立东北人民政府,建立东北大行

---

① 刁田丁主编:《中国地方国家机构概要》,法律出版社1989年版,第3页。

政区,下辖辽东、辽西、吉林、黑龙江、热河五省和沈阳、抚顺、鞍山、本溪四市以及旅大行署。1948年8月,在合并晋冀鲁豫和晋察冀两个边区的基础上成立华北人民政府,建立华北大行政区,下辖河北、山西、察哈尔、绥远、平原五省和北平、天津两市。1950年2月,成立华东军政委员会,辖山东、浙江、福建、台湾四省和苏北、苏南、皖北、皖南四个行署以及上海、南京两市。1950年2月,成立了中南军政委员会,下辖河南、湖北、江西、湖南、广东、广西六省。1950年7月,成立西南军政委员会,下辖西康、贵州、云南三省和川东、川西、川南、川北四个行署以及重庆市。

(2)对省级行政区划的调整。新中国成立之前,全国共分35个省和1个地方,新中国成立后改建为40个省级行政单位,其中包括29个省、8个行署区、1个自治区、1个地方和1个地区。1952年各行署区撤销,恢复了江苏、安徽、四川三省,并撤销了平原、察哈尔两省。

2. 1953年至1956年时期的行政区划。1953年至1956年是我国第一个五年计划时期。这一时期行政区划的变化首先表现为五大行政区的撤销。大行政区的撤销经历了两个阶段,其一是将大行政区人民政府或军政委员会一律改为行政委员会,作为中央政府的派出机构,领导和监督地方政府的工作。由于这种建制上的变化,大行政区实际上已不具有行政区划制度上的意义了。其二是为了进一步加强中央的集中统一领导,1954年6月19日中央人民政府委员会第三十二次会议决定撤销大区的行政机构,由中央直接领导省和直辖市等省级行政单位,于是大行政区从形式上也不再成为一级行政区划了。

与大行政区划的调整相适应,省级行政区划也作了较大的变动。1954年撤销了绥远、辽东、辽西、松江、宁夏五省,将绥远划归内蒙古,将辽东、辽西并为辽宁省,将松江并入黑龙江省。1955年又撤销了西康省,1956年撤销了热河省。

这一时期,共有省级区划30个,包括3个直辖市和27个省。

3. 1956年至1965年时期的行政区划。1956年至1965年是人民公社、"大跃进"和经济困难时期,市、县级行政区划的变更和调整出现过较大的反复。由于受极"左"思想的影响,按照"大跃进"和人民公社的要求,一度大量增设新市,大量撤并县级行政区划,使一些市和县的设置与政治、经济发展的需要不相适应。1961年前后,随着贯彻关于国民经济的"调整、巩固、充实、提高"的八字方针,市县行政区划中的上述错误做法得到了某些纠正。市在1956年为171个,1961年增加到206个,县从1956年的2683个减少到1959年的1688个,1965年又恢复到2125个。[①]

4. "文化大革命"时期的行政区划。从1966年到1976年是我国政治生活

[①] 薄贵利:《近现代地方政府比较》,光明日报出版社1988年版,第52页。

极不正常的时期,在行政区划方面表现为行政区划工作经常处于混乱状态。其中涉及面较大的一次省级行政区划的变动是将内蒙古的东部 3 个盟(包括 4 个市、6 个县和 21 个镇)、西部 3 个盟,分别划归辽宁、吉林、黑龙江、甘肃、宁夏 5 个省区。

5. 1976 年到现行宪法颁布前的行政区划。这一时期,随着党的工作重点的转移和"调整、改革、整顿、提高"八字方针的贯彻,我国经济逐步走上健康发展的轨道。适应政治、经济发展的需要,国家调整了部分地方的行政区划,主要有:恢复了内蒙古自治区 1949 年 7 月原行政区划,将当时划归辽宁、吉林、甘肃、黑龙江、宁夏五省区的盟旗等仍划回内蒙古自治区;在云南、甘肃等省设置了 6 个自治县;同时全国还增设了 35 个市。

(三) 我国现行行政区划制度

我国现行行政区划制度是由现行《宪法》和有关组织法等法律、法规规定的,包括以下几个方面的内容:

1. 我国行政区划的种类。按行政区划的行政级别,根据《宪法》第 30 条的规定,我国行政区划可分为:(1) 全国分为省、自治区、直辖市;(2) 省、自治区分为自治州、县、自治县、市;(3) 县、自治县分为乡、民族乡、镇。此外,在直辖市和较大的市还可划分区、县,自治州分为县、自治县、市。

按不同区域所实行的不同地方制度,可将我国行政区划分为:(1) 普通行政区划;(2) 民族自治地方区划;(3) 特别行政区划。

2. 现行行政区划的机关。行政区划的机关是法定的有权变更和批准行政区划的国家机关。我国在不同时期,行政区划的机关不同。

我国现行的行政区划机关是由 1982 年《宪法》和《地方组织法》确定的。根据现行《宪法》和《地方组织法》的规定,我国现行的行政区划机关有:(1) 全国人民代表大会有权设立特别行政区。《宪法》第 31 条规定:"国家在必要时得设立特别行政区。在特别行政区内实行的制度按照具体情况由全国人民代表大会以法律规定。"现行《宪法》还规定,全国人民代表大会有权"决定特别行政区的设立及其制度"。可见,全国人民代表大会作为我国行政区域划分的机关,有权在中华人民共和国领土范围内将某一区域划分为特别行政区。(2) 国务院是省级和县级行政区划的机关。现行《宪法》第 89 条第 15 项规定,国务院有权"批准省、自治区、直辖市的区域划分,批准自治州、县、自治县、市的建置和区域划分"。(3) 省级人民政府是县级以下行政区域划分的机关。现行《宪法》第 107 条第 3 款规定:"省、直辖市的人民政府决定乡、民族乡、镇的建置和区域划分。"可见,省、直辖市人民政府是县级以下行政区划的机关。同时,根据现行《宪法》第 115 条的规定,可理解为民族区域自治地方县级以下行政区划的变更,亦应由自治区人民政府划分。

3. 我国行政区划的原则。根据《宪法》和《地方组织法》的规定以及我国行政区划的历史经验,我国行政区域的划分原则主要有:

(1) 民族团结原则。民族团结是统一的多民族中国社会团结的重要组成部分,不断巩固和深化民族团结是中国特色社会主义建设不断发展的重要保障。落实民族区域自治制度,关键是帮助自治地方发展经济、改善民生。民族区域自治制度是中国共产党长期探索形成的解决国内民族问题、维护民族平等团结的基本政治制度,是国家制度体系和治理体系的重要组成部分。要在维护国家统一和民族团结的基础上,依法保障自治地方行使自治权,帮助支持自治地方解决好本地方的特殊问题。

(2) 有利于经济发展的原则。我国幅员辽阔,地大物博,但社会经济发展却极不平衡。社会主义国家的社会经济职能要求在进行行政区域划分时,应当充分照顾到社会经济发展的需要,尽可能在一定区域内将各种社会经济因素进行综合配置,提高地方的社会经济实力,促进地方社会经济的发展和地方间经济发展的综合平衡。

(3) 便于人民参加管理国家的原则。我国是人民民主专政的社会主义国家,国家的一切权力属于人民,人民是国家的主人。因此,作为一项重要的国家管理制度,行政区域划分必须服从于人民管理国家这一最高原则。人民管理国家既可以直接民主的方式进行,也可以间接民主的方式进行,但都与地域范围有十分密切的关系。如以直接民主的方式进行,行政区域以较小为宜;如以间接民主方式进行管理,行政区域则可以适当大些。

(4) 照顾历史状况原则。行政区划由来已久,它随着国家政治、经济、文化的发展变化而不断发展变化,但这些变化具有较强的历史连续性。这种连续性从形式上看表现为行政区域划分在总体上的相对稳定性。这是自然地理与人文地理相互作用的产物。因此,在进行行政区域划分时,尤其是在进行省、县等行政区域划分时,一定要照顾历史上的行政区划情况,否则会弄巧成拙,达不到行政区划的目的。

还须指出的是,我国的行政区域划分是在单一制国家结构形式的前提下进行的,行政区域划分不得与我国的单一制国家结构相抵触。无论是设立特别行政区还是设立民族区域自治地方,都不能改变我国的单一制国家结构形式。还应该注意的是,有关行政区域划分的上述原则彼此联系,密切相关,并同时对我国的行政区域划分起着指导作用。因此,在进行行政区域划分时不能顾此失彼,否则会达不到行政区划的目的,引起无谓的区划纠纷。为了更好地贯彻上述的原则,以及方便国家对行政区划的管理,根据现行《宪法》《地方组织法》《民族区域自治法》的有关规定制定,并于 2019 年 1 月 1 日开始实施的《行政区划管理条例》,对行政区划的管理原则、管理程序、管理制度以及管理责任作了更为明确与细致的规定。

(四) 行政区域边界争议的处理

行政区域划分对国家政治、经济和文化无疑具有重要影响,特别是由于涉及地方间的利益关系,在行政区划管理过程中存在行政区域边界争议是一种较为普遍的现象。

我国比较重视行政区域边界争议的处理。1981 年 5 月 30 日,国务院发布的《行政区域边界争议处理办法》是我国第一个专门规定行政区域边界争议处理的行政法规。1988 年 12 月 27 日国务院第三十次常务会议又通过了《行政区域边界争议处理条例》,并于 1989 年 2 月 3 日发布实施。此外国务院《行政区划管理条例》等法规也是处理行政区域边界争议的法律依据。

1. 行政区域边界争议的含义。根据有关法律、法规的规定,行政区域边界争议是指省、自治区、直辖市之间,自治州、县、自治县、市、市辖区之间,乡、民族乡、镇之间,双方人民政府对毗邻行政区域界线的争议。从性质上看,行政区域边界争议是一种行政争议,其特点主要有:(1) 争议的内容是行政区域界线;(2) 争议双方是同级人民政府;(3) 争议的原因是毗邻行政区域界限不明确。对于已明确划定或者核定的行政区域界线,必须严格遵守,不得产生争议。这种不得争议的行政区域界线包括:(1) 根据行政区划管理的权限,上级人民政府在进行行政区划时明确划定的界线;(2) 由双方人民政府或者双方的上级人民政府明确划定的争议地区的界线;(3) 发生争议之前,由双方人民政府核定一致的界线。

2. 行政区域边界争议的主管机关和原则。《行政区域边界争议处理条例》第 6 条规定:"民政部是国务院处理边界争议的主管部门。县级以上的地方各级人民政府的民政部门是本级人民政府处理边界争议的主管部门。"可以看出,行政区域边界争议处理虽然是行政区划制度的重要内容,但行政区域边界争议处理的主管部门与行政区域划分的机关是不同的。行政区域边界争议处理的主管部门不是有权进行行政区划的人民政府,而是政府的一个职能部门即民政部门。与行政区域划分相比,行政区域边界争议的处理权限有所下放,表现为县级人民政府的民政部门也是本级人民政府处理边界争议的主管部门。民政部门作为本级人民政府处理边界争议的主管部门,主要职责有二:一是会同有关部门,如土地主管部门等在争议双方当事人参与下进行调解;二是经调解未达成协议的,会同有关部门提出解决方案。但是民政部不是行政区域边界争议处理的决定机关,调解达不成协议的由人民政府决定。

根据《行政区域边界争议处理条例》的规定,处理因行政区域界线争议不明确而发生的边界争议,应遵循下列原则:(1) 有利于各族人民团结的原则;(2) 有利于国家统一管理的原则;(3) 有利于保护、开发和利用自然资源的原则;(4)由争议双方人民政府从实际情况出发,兼顾双方群众的生产和生活,实事求是,互谅互让,协商解决的原则;(5)及时解决边界争议的原则。这些原则,不仅是边界争议主管部门组织调解、提出解决方案以及县级以上各级人民政府作边界争议处理决定时的基本准则,同时也是边界争议双方人民政府在进行协商时所应持的基本立场。

3. 行政区域边界争议的处理依据和程序。行政区域边界争议的处理依据,就管理而言有处理依据和参考依据之分。根据《行政区域边界争议处理条例》的规定,行政区域边界争议的处理依据主要有:(1)国务院(含政务院及其授权的主管部门)批准的行政区划文件或者边界线地图;(2)省、自治区、直辖市人民政府批准的不涉及毗邻省、自治区、直辖市的行政区划文件或者边界线地图;(3)争议双方的上级人民政府(含军政委员会、人民行政公署)解决边界争议的文件和所附边界线地图;(4)争议双方人民政府解决边界争议的协议和所附边界线地图;(5)发生边界争议之前,经双方人民政府核定一致的边界线文件或者盖章的边界线地图。

4. 参考依据是指新中国成立后直至发生争议之前的下列文件和材料:(1)根据有关法律的规定,确定自然资源权属时核发的证书;(2)有关人民政府在争议地区行使行政管辖权的文件和有关材料;(3)争议双方的上级人民政府及其所属部门,或者争议双方人民政府及其所属部门,开发争议地区自然资源的决定或者协议;(4)根据有关规定,确定土地权归属的材料。

5. 按照《行政区域边界争议处理条例》及有关法规的规定,边界争议处理事项及程序步骤主要包括:(1)争议双方人民政府必须采取有效措施,防止事态扩大;(2)争议双方人民政府首先应进行协商解决;(3)经协商未达成协议的,双方应当将各自的解决方案并附边界地形图,报上级人民政府处理;(4)国务院和争议双方的上一级人民政府受理的边界争议,应先由同级民政主管部门组织调解,经调解未达成协议的,再由受理的人民政府作出处理决定;(5)处理边界争议的协议经双方签字生效,上级人民政府解决边界争议的决定自下达之日生效,如涉及自然村隶属关系变更的,应按照《国务院关于行政区划管理的规定》中有关行政区域界线变更的审批权限的程序办理;(6)协议和决定生效后,应按规定实地勘测边界线,并标绘大比例尺的边界线地形图;(7)地方人民政府处理的边界争议,必须按规定履行备案手续;(8)向有关群众公布正式划定的行政区域界线。

(五)我国行政区域划分面临的新课题

随着经济和社会的发展,特别是诸如经济开发区、经济特区以及各种实验区的出现,对我国现行行政区域划分制度提出了新的要求。如何应对经济和社会发展的需要,是完善行政区域划分制度应关注的问题。

三、我国中央与地方的权力划分

（一）中央与地方权力划分的含义

中央与地方间权力划分是国家结构形式纵向配置国家权力的基本内容，也是宪法对国家结构形式进行规定的主要方面。中央与地方权力划分是指宪法和有关法律就国家权力的行使和运用在中央和地方之间的配置，一般表现为中央国家机关和地方国家机关享有不同范围、不同效力的职权。不同国家结构形式的国家，中央与地方权力的划分是不相同的。在联邦制国家，联邦中央权力来源于成员国（州、加盟国）的让与，中央与地方的权力划分表现为成员国与联邦中央间的权力让与关系，即成员国将哪些权力在何种程度上让与给了联邦中央，以及联邦中央在行使这些权力时，成员国应如何配合（支持、服从或协助等）。在单一制国家，中央与地方的权力划分表现为中央通过法律授予地方一定权力或者对地方享有权力的承认和认可。

中央与地方权力的划分，往往被称为地方分权。西方有些政治学家将地方分权的模式分为三种：(1) 政治式的地方分权，存在于联邦制国家，其特点是地方在财政上高度自由，地方政府首长由地方选举产生；(2) 行政式的地方分权，其特点是地方政府的法律基础在于中央政府，地方从属于中央，但并非完全依附中央，在财政上享有部分自主权，地方政府首长有时依选举产生，有时由中央任命；(3) 行政权转让式的地方分权，其特点为地方在法律上根据中央授予的权限从事行政管理，政治上从属于中央，地方首长由中央任命，地方基本上是中央的派出机关。① 这种对地方分权模式的分类，与我们要探讨的我国中央与地方权力划分尚有一定距离，本书在此尝试进行一种新的分类，即按照中央与地方权力划分的原则和程度不同，将中央与地方权力的划分分为三种情况：(1) 实行较为彻底的地方分权原则，并在此基础上实行地方自治。(2) 在中央与地方之间的权力划分上采取均权制的原则，即把国家权力合理地划归中央政府和地方政府，凡涉及全国一致之性质者，划归中央，有因地制宜者，划归地方。国家权力的重心既不倾向于中央集权，又不倚重于地方。(3) 在中央和地方权力划分上，采取相对的地方分权，或曰有限的地方分权，国家权力的重心在中央，但宪法和有关法律也对中央和地方的权力范围作了一定的划分。我国中央与地方的权力划分大致上属于这种情形。

（二）我国中央与地方权力划分的原则

我国是有悠久中央集权传统的单一制国家，中央与地方权力划分，特别是地方权力的范围及性质问题在宪法上往往不是很明确。考察历部宪法的规定，可

---

① 〔日〕村松歧夫：《地方自治》，孙新译，经济日报出版社1989年版，第2—3页。

以发现《共同纲领》的规定比较有特色。《共同纲领》对中央和地方政府职权划分从三个方面作了规定：(1) 要求"中央人民政府应争取早日制定恢复和发展全国公私经济各主要部门的总计划，规定中央和地方在经济建设上分工合作的范围，统一调剂中央各经济部门和地方各经济部门，在中央人民政府统一领导下发挥其创造性和积极性"。(2) 要求在财政方面，"建立预算决算制度，划分中央和地方的财政范围"。(3) 规定各少数民族聚居的地区，按照民族聚居的人口多少和区域大小，分别建立各种民族自治机关，实行民族区域自治制度。与《共同纲领》相比，1954年《宪法》只规定了民主集中制原则，而没有中央和地方权力划分的规定，并且强调"全国人民代表大会是行使国家立法权的唯一机关"。

现行宪法在总结我国中央与地方权力划分的历史经验的基础上，继承和发展了《共同纲领》的有关规定，从我国的国情出发，第一次以国家根本大法的形式明确规定："中央和地方的国家机构职权的划分，遵循在中央的统一领导下，充分发挥地方的主动性、积极性的原则。"为贯彻这一原则的精神，现行《宪法》和《地方组织法》以及其他一些有关法律对中央与地方权力划分作了一系列具有重要意义的规定，择其要者列举如下：(1) 对我国立法体制作了较大改革，赋予地方一定的立法权；(2) 进一步扩大了民族自治地方的自治权；(3) 地方在行政管理、经济建设，如财政等方面享有更多的自主权；(4) 设立特别行政区，赋予其高度的自治权。

(三) 我国中央与地方权力划分的特点

我国中央与地方权力的划分，是一种中央集权下的中央与地方权力划分，这是自上而下的分权（通常被称为权力下放），其特点主要有下列几点：

1. 从中央与地方权力划分的原则来看，其特点表现为"遵循在中央的统一领导下，充分发挥地方的主动性、积极性的原则"。这一原则所体现的特点有两个方面的内容：一是中央同地方权力划分必须以中央的统一领导为前提，这是由我国单一制国家结构形式决定的；二是授予地方一定的权力，以充分发挥地方的主动性、积极性。

2. 我国中央与地方权力划分的特色还在于赋予不同种类的地方国家机关以不同的职权。按照《宪法》《地方组织法》《民族区域自治法》《香港特别行政区基本法》和《澳门特别行政区基本法》的规定，普通行政地方、民族区域自治地方和特别行政区的国家机关，分别享有不同程度和范围的职权。普通行政地方的省、直辖市和省政府所在地的市的人民代表大会及其常委会有一定的地方立法权；地方各级人大及其常委会有权依法决定本地区的重大事项；民族自治地方依法享有自治权；特别行政区则享有高度的自治权。

3. 在我国，中央与地方的权力划分还意味着上下级地方国家机关在管理不同级别行政区域内地方国家事务和地方公共事业方面的权力划分。地方国家机关上下级间有着明确的法定的或事实上的隶属关系,从调动中央和地方的积极性出发,《宪法》和《地方组织法》及有关其他法律分别明确规定了省、市、县、乡镇的人民代表大会及政府的职权。我国中央与地方权力划分中的这一特色,可称之为"层层分权"。

第三节 我国的地方制度

一、地方制度概述

（一）地方制度的含义

地方制度,亦称地方政府制度(system of local government),中华人民共和国历部宪法和法律都没有使用这一概念,但这一概念的使用呈上升趋势。① 地方制度是建立在国家以地域划分居民的基础上的,因此可以认为自从有了国家就有了相应的地方制度。一般而言,地方制度是与中央政治制度相对的一种国家制度,它指的是有关地方国家机关或自治团体的组织、职权以及行使职权的程序的法律、政策、惯例等的总和。亦有人将地方制度表述为"有关如何划分行政区域、如何建立地方国家机关、地方国家机关行使什么职权,地方各级国家权力机关的组织和活动,以及它们同人民群众之间关系等原则的总和"②。这表明：(1)地方制度是国家政治制度的重要组成部分,其性质、内容与形式是由国家的性质决定的。(2)地方制度作为一种普遍存在的社会政治现象,它是与中央政治制度相对而言的。(3)就内容而言,虽然各国不尽相同,但地方制度范围极其广泛。地方制度一般涉及地方国家机关的组织体系、地方国家机关的职权、中央与地方国家机关的相互关系等主要内容。

随着国家历史的变迁,在不同历史时期,地方制度虽然表现了历史的连续性,但仍然存在鲜明的时代特色,特别是近代国家产生后,地方制度发生了革命性的变化,形成了近现代地方制度。近现代地方制度是建立在一定地方分权(或中央与地方权力划分)的基础上,保证地方作为相对独立的政治主体,组织、管理地方事务(包括地方国家事务),参与中央政治并接受中央监督的所有法律、法规、政策、惯例等的总和。例如2015年第十二届全国人大常委会第十五次会议通过的《国家安全法》,其中第40条规定了"地方各级人民代表大会和县级以上地方各级人民代表大会常务委员会在本行政区域内,保证国家安全法律法规的遵守和执行。地方各级人民政府依照法律法规规定管理本行政区域内的国家安全工作。香港特别行政区、澳门特别行政区应当履行维护国家安全的责任。"这

---

① 刘茂林主编：《当代中国地方制度》,中国政法大学出版社1992年版,第3页。
② 魏定仁等：《宪法学》,北京大学出版社1988年版,第259页。

是站在地方分权的角度对于国家安全维护的一种全新解释。

近现代地方制度的特点主要表现为以下几个方面:

1. 现代地方制度的主要目的在于保持地方作为政治主体的相对独立性。这种相对独立性根源于地缘利益的不同,对单一制国家而言,它在于抵御或减弱高度的中央集权(不论其性质如何);在联邦国家,它是成员国家(邦、州)维护有限主权所必需的。

2. 近现代地方制度是建立在地方分权或中央与地方在法律和政治实践中有明确的权力划分的基础上的。可以说,没有地方分权或中央与地方权力划分,即无近现代意义的地方制度可言。

由地方人民依法以民主方式产生地方国家机关或地方公共团体(自治组织),是近现代地方制度在机构产生和组织方面的重要特点。

3. 近现代地方制度改变了过去中央与地方间要么是单纯的行政隶属关系,要么是地方与中央的对立(表现为地方割据)的关系,形成了新型的中央与地方的关系。一方面,中央政治有赖于地方的民主参与;另一方面,地方又得益于中央依法有效的领导与监督。

(二) 我国地方制度的种类

按照地方制度所调整的社会政治关系的内容不同,可把我国地方制度分为地方国家机关组织制度、地方选举制度、地方立法制度、地方财政制度、地方司法制度、地方监察制度对中央政治参与的制度和中央对地方的领导或监督制度等。

按行政区域(地方)实行地方制度的不同,可将我国地方制度分为普通地方制度、民族区域自治地方制度和特别地方(行政区)制度三种不同形态的地方制度。实行普通地方制度的地方,称为普通地方。这种地方不享有优越于其他地方的特殊权力,其权力来自普通法律的授予。在我国,普通地方包括省、市、县、乡、镇等地方。实行特别地方制度的区域,称为特别地方或特区,它们往往在政治、经济、文化的某一方面或几个方面享有优越于普通地方的特殊权力。这些权力一般是由特别法授予的。在我国,特别地方包括香港特别行政区和澳门特别行政区。在我国还有民族区域自治地方,它是实行民族区域自治制度的地方,包括自治区、自治州(盟)、自治县(旗)。

(三) 我国地方制度的特点

由于政治传统不同,特别是国家结构形式、行政区划和中央与地方权力划分的模式不同,各国地方制度存在很大差异。我国地方制度主要有以下几个特点:

1. 由于地缘利益的不同、多民族的民族关系状况和为了解决某些历史遗留问题,我国实行普通地方、民族区域自治地方和特别行政区三种不同的地方制度,使我国地方制度具有多样性的特点。

2. 因行政区划层级较多,我国地方建制亦具有多层次性的特点。在普通地方有省级地方、县级地方和乡镇地方等。同一种地方也有多种层次,如市地方就有直辖市、省辖市和县级市三种。

3. 从中央和地方的权力划分来看,不同类型、不同层级的地方,享有的权力不同。在普通地方没有自治权,只有一定范围和程度的地方立法权(表现为制定地方性法规),民族区域自治地方享有民族自治权,特别地方(行政区)则享有高度的自治权。在不同层级的地方,享有的权力也不一样,如省享有制定地方性法规的权力,县则没有这种权力。

二、普通地方

在我国,普通地方是相对于民族自治地方和特别行政区(地方)而言的一种地方。普通地方在法律上是以宪法和普通法律授权而建立的地方制度,包括省制、市制、县制和乡镇制等几种地方形式。

(一) 省制

省是由省行政区域、省的人民和省国家机关及其职权构成的一种地方。省是相对独立的法律主体,享有一定的宪法地位,并通过省的全国人大代表等参与中央政治。我国现有23个省地方。

1. 省的国家机关设置。根据现行宪法和有关法律规定,省的国家机关主要有省人民代表大会、省人民政府、省监察委员会、省高级人民法院和省人民检察院。省人民代表大会是省的国家权力机关,通过间接选举的方式选举人民代表组成。省人民代表大会设立常务委员会,作为它的常设机构。省人大常委会由本级人大在代表中选举主任、副主任若干人、秘书长、委员若干人组成。省人大还设有法制委员会、财政经济委员会、教育科学文化卫生委员会等专门委员会。省人民政府是省的国家行政机关和省人大的执行机关。省人民政府由省长、副省长、秘书长和厅长、局长、委员会主任组成,实行省长负责制。省人民政府设立必要的工作部门,由省政府报请国务院批准。各省所设立的工作部门不尽相同,大致可分为经济、文教卫生、政法等部门。此外,还有行政直属机构和办事机构。省政府在必要时,经国务院批准,可以设若干派出机关——地区行政公署,监督检查所属地方政府的工作。省监察委员会是省的国家监察机关,对产生其的省级人民代表大会及上一级负责机关国家监察委员会负责。省监察委员会由主任、副主任若干人、委员若干人组成,主任由本级人民代表大会选举,副主任、委员由监察委员会主任提请省人民代表大会常务委员会任免。省高级人民法院是省的国家审判机关,由院长1人,副院长、庭长、副庭长和审判员若干人组成,设有刑事庭、民事庭、经济庭、行政庭、执行庭等审判组织和审判委员会。省人民检察院是省的国家法律监督机关,由检察长1人、副检察长和检察员若干人组成。省人民检察院设立检察委员会,并可根据需要设立检察院分院。省检察院对产生它的国家权力机关和最高人民检察院负责,并接受其领导。

2. 省的权力。省的权力来源于国家宪法和法律的授予,具体表现为省的国家机关的职权,可概括为以下三个方面:(1)根据宪法和法律规定组织省的国家机关的权力。省的相对独立性主要通过组织省的国家机关予以体现。省的人民代表大会由省的人民间接选举代表组成,并由人民代表大会产生省的其他国家机关。(2)拥有一定的地方立法权。省人民代表大会和省人大常委会在不同宪法、法律、行政法规相抵触的前提下有权制定地方性法规,省人民政府可以制定行政规章。(3)拥有一定的财政权和管理省区划内地方事务的权力。省政府按中央预算案的规定,编制省财政预算,明确本级财政年度的收支情况,由省人大审议决定后由省政府及其工作部门组织实施。

(二) 市制

城市地方制度是我国地方制度的重要组成部分,现有直辖市、省辖市(包括自治区、直辖市所辖的市)和县级市三种。它们的宪法地位各不相同,权力也有较大的差异,但在机关设置和城市管理的基本方面则具有相似性。这里仅就这两方面做些介绍,其他问题可参照同级其他地方制度的有关内容。

1. 市的国家机关设置。市都设有人民代表大会、人民政府、监察委员会、人民法院、人民检察院,其构成和运作与同级其他地方大致相同。不同的市的国家机关设置有一定的分别,如直辖市设有中级人民法院和高级人民法院,省辖市设中级人民法院和区人民法院,县级市则只能设基层人民法院等。

2. 市的权力。市制的特点是市的权力突出表现在市政立法和管理两个方面。市级立法又称为城市立法,一般是指享有地方立法权的城市国家机关对城乡建设管理进行的立法活动。按照宪法和有关法律的规定有权制定地方性法规的城市是直辖市,省、自治区人民政府所在地的市,经全国人大及其常委会授权的市,国务院批准的较大的市,设区的市。直辖市的人民代表大会根据本行政区域的具体情况和实际需要,在不同宪法、法律、行政法规相抵触的前提下,可以制定和颁布地方性法规,报全国人民代表大会常务委员会和国务院备案。设区的市的人民代表大会根据本市的具体情况和实际需要,在不同宪法、法律、行政法规和本省、自治区的地方性法规相抵触的前提下,可以制定地方性法规,报省、自治区的人民代表大会常务委员会批准后施行,并由省、自治区的人民代表大会常务委员会报全国人民代表大会常务委员会和国务院备案。此外,市级立法还体现在城市所制定的政府规章中。设区的市、经国务院特别授权的市可以依法制定地方政府规章。

(三) 县制

县是我国具有悠久历史的一种地方制度。现行的县地方是由县的人民、县行政区域、县国家机关及其职能等构成的一种普通地方。

1. 县的国家机关设置。按照《宪法》和《地方组织法》的规定，县设有县人民代表大会、县人民政府、县监察委员会、县人民法院和县人民检察院等县的国家机关。县人大由选民直接选举的人民代表组成，县人大设立人大常委会，作为人大常设机关，县人大是县的国家权力机关。县人民政府由县长、副县长、局长（科长）组成，县长、副县长由县人大选举产生，各局、委、办由县长提名，县人大常委会任命。县人民政府根据工作需要可以设立多个职能部门。县人民政府还可根据需要，经省人民政府批准设立若干区公所，作为派出机关。

县人民法院和县人民检察院是县的国家审判机关和检察机关。县监察委员会是县的监察机关。县监察委员会依照法律规定独立行使监察权，不受行政机关、社会团体和个人的干涉。监察机关办理职务违法和职务犯罪案件，应当与审判机关、检察机关、执法部门互相配合，互相制约。

2. 县的权力。县的权力来源于《宪法》和《地方组织法》的授予，表现为县的国家机关的职权，可以概括为：(1) 组织县级国家机关的权力，即组织县人大、县政府、县监察委员会、县法院、县检察院。(2) 决定本县区域内属于自己权力范围的重大问题的权力。(3) 执行国家法律、法规、国家政策、国家计划、国家预算、上级国家机关的决议和命令的权力。(4) 管理本行政区域内的经济、教育、科学等事业和财政、民政、公安等行政工作，发布决定和命令。(5) 监察权是县监察机关依法行使监察权。(6) 司法权是县审判机关、检察机关适用法律、法规的审判权和法律监督权。

（四）乡镇制

乡镇是我国最基层的一级地方，一般被称为农村基层政权，有乡、民族乡和镇三种形式。乡镇在我国地方制度中占有重要地位。乡镇地方由乡镇人民、乡镇行政区域、乡镇国家机关及其职权所构成。

1. 乡镇国家机关的设置。按照《宪法》和《地方组织法》的规定，乡镇国家机关有乡镇人民代表大会和乡镇人民政府。乡镇人民代表大会由选民直接选举产生，设有主席和副主席1—2人。主席、副主席从乡镇人大代表中选举产生，任期同本级人民代表大会每届任期相同，不得兼任乡镇人民政府的职务。乡镇人民政府设乡长、副乡长，镇长、副镇长，民族乡的乡长由建立民族乡的少数民族公民担任。乡（镇）长由乡镇人大选举产生。

2. 乡镇的权力。根据《宪法》和《地方组织法》的规定，乡镇的权力可由乡镇国家机关的职权概括为：(1) 组织乡镇国家机关的权力。一方面，由选民直接选举乡镇人大代表组成乡镇人民代表大会，另一方面，由乡镇人民代表大会产生乡镇人民政府。(2) 执行权。乡镇国家机关在本行政区域内执行宪法、法律、法规和上级的决议、决定等。(3) 管理权。即乡镇国家机关依法管理本行政区域内的地方国家事务和地方公共事务的权力。

三、民族区域自治地方

(一) 民族区域自治地方的意义

民族区域自治地方是指实行民族区域自治制度的地方。民族区域自治制度是我国在单一制国家结构形式下解决民族问题,实行民族平等,促进少数民族政治、经济、文化发展,实现各民族共同繁荣的一项有中国特色的政治制度。它是指按照宪法与民族区域自治法的规定,在国家统一领导下,在少数民族聚居的地方,设立民族自治机关,行使自治权,管理地方国家事务和民族地方事务,以实现少数民族人民当家作主的一项制度。民族区域自治制度决定了民族区域自治地方有下列特点:(1) 它是区域(地方)自治和民族自治相结合的产物。既不是纯粹的地方自治,也不是单纯民族自治,而是两者在我国特定条件下的结合,一定数量的少数民族的聚居是它的基础。(2) 民族自治机关是聚居的少数民族人民实行自治的机关和组织形式。没有民族自治机关,就不可能真正实行民族区域自治。(3) 自治权是民族区域自治制度的核心,是民族区域自治地方实行民族区域自治的关键。否则,就没有民族区域自治可言。

我国的民族区域自治制度是马克思主义关于民族问题的基本观点和我国民族问题的历史及现实状况相结合的产物,具有客观的必要性:(1) 集中统一的传统是实行民族区域自治的基础。自秦朝建立统一集中的封建国家,在两千多年以来的历史发展过程中,各少数民族先后加入了封建王朝的版图,逐渐融合到中华民族的大家庭中,集中统一的大一统国家成为我国政治上的传统,统一的不可分割的中华民族的国家观念牢固地树立在各民族人民的信仰和追求之中,成为我国实行民族区域自治的基础。(2) 实行民族区域自治,是我国少数民族居住与分布状况的必然要求。在我国辽阔的疆域里,居住着大大小小56个民族。我国各民族在长期生活交往和社会发展过程中,形成了以汉族为主体的、各少数民族大杂居、小聚居的格局。我国根据各民族的分布状况和交错居住的特点,在少数民族聚居区实行民族区域自治,分别建立自治区、自治州、自治县。只有这样才能真正地实现民族平等和民族团结,切实保障少数民族人民当家作主的权利。(3) 实行民族区域自治是民族经济发展的客观要求。我国民族众多,各民族经济发展极不平衡。汉族地区虽人口占多数,技术较先进,经济较发达,但资源相对缺乏。广大少数民族虽人口占少数,地处边区,经济发展相对落后,但资源比较丰富。国家在少数民族聚居区实行民族区域自治,并从物资、财政等方面帮助各少数民族经济的发展,逐步克服和消除经济上发展的不平衡,实现各民族的共同发展、共同繁荣。

我国的民族区域自治制度是我国的一项基本政治制度,适应我国社会和民族关系的实际状况,并逐步发展和完善,具有极大的优越性:(1) 保证了聚居区内各少数民族充分行使区域自治权利。我国是一个多民族国家,由于历史的原因,各民族的政治、经济、文化的发展状况各有差异。这要求建立民族区域自治制度必须符合我国国情,符合少数民族的实际情况。我国的民族区域自治正是遵循了这一原则,根据我国各民族大杂居、小聚居的特点,建立一个或者几个少数民族聚居区为基础的、不同行政地位的民族自治地方,使各少数民族都能够充分行使自治权,行使当家作主的权利。(2) 促进了社会主义民族关系的巩固和发展。我国实行民族区域自治,国家通过宪法和法律赋予少数民族广泛的自治权,而且还在物资、财政等方面帮助少数民族,给予多项优惠政策支持少数民族的发展,确保了少数民族更好地实现民族自治权,同时正确地处理各民族之间的相互关系,使平等、团结、互助、和谐的社会主义民族关系得到了进一步的巩固和发展。(3) 维护了国家的领土完整、统一和独立。中国自秦朝以来一直是一个统一的多民族的中央集权国家。新中国成立以前,各帝国主义国家为了达到侵略中国的目的,不断地在我国边疆地区挑起民族矛盾,制造民族分裂活动,给我国的领土完整、统一和独立带来了极大的危害。新中国成立后,实行民族区域自治政策,各民族自治地方都是祖国领土不可分割的一部分;同时,各民族自治地方享有充分的自治权,成为本民族的主人和国家的主人,增强了民族凝聚力和维护祖国统一的责任感,使国家的统一从根本上得到保证。(4) 促进各少数民族自治地区的政治、经济、文化的发展,实现各民族的共同繁荣和发展。中央在各方面大力帮助各少数民族加速发展经济和文化,各民族相互支援,团结互助。同时,可以最大限度地调动和发挥各少数民族地区的人力、物力等方面的积极因素,消除汉族和各少数民族经济发展的不平衡性,共同发展,走各民族共同繁荣、富裕的道路。

综上所述,民族区域自治制度是符合我国国情的解决我国民族问题的一项基本的政治制度。因此,建立民族区域自治地方,实行民族区域自治,是符合我国社会和民族关系状况的,它将在我国政治、经济和社会发展等方面发挥重要作用。

(二) 民族区域自治地方的种类

按照民族区域自治的民族成分,可将民族区域自治地方分为:(1) 以一个少数民族聚居为基础建立的自治地方,如宁夏回族自治区就是以回族为主体建立的自治地方。(2) 以两个少数民族聚居为基础建立的自治地方,如湖北省的鄂西土家族苗族自治州、贵州省的黔东南苗族侗族自治州等。(3) 以3个或3个以上少数民族聚居为基础建立的民族自治地方,如云南省的双江拉祜族佤族布朗族傣族自治县等。

(三) 民族区域自治地方的自治机关

民族区域自治地方的自治机关是按照《宪法》《地方组织法》《民族区域自治

法》的规定设立的,在少数民族区域自治地方行使民族自治权的国家机关。党的十八大以及十九大均提出要长期坚持、全面贯彻、不断发展民族区域制度,这就证明民族区域自治制度是符合我国国情的好制度。十九大报告①中提到要加大力度支持民族地区发展。中国共产党第十九届中央委员会第四次全体会议通过的《决定》②中也强调要坚持和完善民族区域自治制度。自治机关具有双重属性,一方面它是地方国家机关,行使《宪法》和《地方组织法》规定的地方国家机关的职权;另一方面,它是自治机关,依照《宪法》《民族区域自治法》《立法法》和其他法律的规定行使自治权,管理本行政区域内地方国家事务和本民族的内部事务。

按照《宪法》《地方组织法》《民族区域自治法》的规定,民族区域自治地方的自治机关是指自治地方(包括自治区、自治州、自治县)的人民代表大会和人民政府。我国民族区域自治地方的自治机关作为民族区域自治地方的国家机关,在机关组成方面既有与一般地方国家机关的共同性,又充分体现了民族区域自治的特殊性。在民族自治地方,民族自治机关与一般地方国家机关实行同样的组织原则,即实行民主集中制原则。民族自治地方的人民代表大会都由本地方人民通过直接或间接选举的方法选举人大代表组成,是民族区域自治地方的国家权力机关,对人民负责,受人民监督。民族自治地方各级人民政府是同级国家权力机关的执行机关,由本级人民代表大会选举产生,对本级人民代表大会和上一级人民政府负责并报告工作。在本级人大闭会期间向其常务委员会负责并报告工作。自治区、自治州、自治县的人民代表大会和本级人民政府的任期相同,每届的任期均为5年。根据《宪法》《地方组织法》《民族区域自治法》的规定,民族自治地方的人民代表大会都是由实行区域自治的民族以及居住在本区域内的其他民族的公民按人口比例产生代表组成。在民族自治地方人大的组成中,应以实行区域自治的民族为主体,除实行民族区域自治的民族的代表外,其他居住在本行政区域内的民族也应当有适当名额的代表。人口特别少的其他民族,至少应当有一名代表。自治区、自治州的人大常委会由本级人民代表大会在代表中选举主任1人、副主任若干人、委员若干人和秘书长1人组成;自治县的人大常委会由本级人大在代表中选举主任1人、副主任若干人和委员若干人组成。民族区域自治地方的人大常委会中应当由实行区域自治的民族的公民担任主任或者副主任。民族区域自治地方的各级人民政府的组成人员中,自治区、自治州的人民政府分别由自治区主席、副主席、州长、副州长和秘书长、厅长、局长、委员会

---

① 参见2017年10月18日习近平在中国共产党第十九次全国代表大会上所作的《决胜全面建成小康社会 夺取新时代中国特色社会主义伟大胜利——在中国共产党第十九次全国代表大会上的报告》。
② 参见2019年10月31日由中国共产党第十九届中央委员会第四次全体会议表决通过的《中共中央关于坚持和完善中国特色社会主义制度、推进国家治理体系和治理能力现代化若干重大问题的决定》。

主任等组成。自治县的人民政府由县长、副县长和局长、科长等组成。自治区主席、自治州州长、自治县县长由实行区域自治的民族的公民担任。同时，民族区域自治地方人民政府的其他组成人员和自治机关所属工作部门的干部中，应当合理配备实行区域自治的民族和其他少数民族的公民。另外还规定，民族区域自治地方监察委员会、人民法院和人民检察院虽然不属于自治机关的范畴，但其领导成员和工作人员中，也应当有实行区域自治的民族的人员。

民族自治地方的人民政府分别实行主席、州长和县长负责制。自治区主席、自治州州长、自治县县长分别主持本级人民政府工作，召集和主持本级人民政府全体会议和常务会议，政府工作的重大问题须经政府常务会议或全体会议讨论决定。

这些规定，既体现了民族区域自治制度，又充分贯彻了民族平等和民族团结的原则，对于调动自治地方各民族人民群众的积极性、保障少数民族人民的自治权利、促进各民族共同繁荣和发展有着重大的意义。

(四) 民族区域自治地方的自治权

自治权是民族区域自治制度的核心。所谓自治权，就是民族自治地方的自治机关依照宪法、民族区域自治法和其他法律规定，管理本地方、本民族内部事务的自主权。民族自治地方的自治权既不同于普通行政地方国家机关在中央统一领导下因地制宜地开展工作的自主权，也不同于特别行政区所享有的高度自治权，它是国家为了使少数民族在其聚居区当家作主，自主地管理本地方、本民族的内部事务，促进民族平等、团结和共同繁荣而特别赋予的。民族自治地方的自治机关既是一级地方国家机关，又是民族自治机关，除了行使同级一般地方国家机关的职权外，同时享有广泛的自治权。根据宪法和民族区域自治法的规定，结合我国实行民族区域自治的经验，这些自治权概括起来主要有以下几个方面：

1. 制定自治条例和单行条例。民族自治地方的人民代表大会有权依照当地民族的政治、经济和文化的特点，制定自治条例和单行条例。自治区的自治条例和单行条例，报全国人民代表大会常务委员会批准后生效。自治州、自治县的自治条例和单行条例，报省、自治区、直辖市的人民代表大会常务委员会批准后生效，并报全国人民代表大会常务委员会和国务院备案。自治条例是指由民族自治地方人民代表大会依照宪法和民族区域自治法的规定，制定的关于本地方实行区域自治的组织和活动原则、自治机关的组成、职权以及自治地方有关重大问题的综合性规范文件；单行条例是指民族自治地方人民代表大会根据当地民族的政治、经济和文化的特点，制定的关于某一方面具体事项的规范性文件。

2. 根据本地方、本民族的实际情况，变通执行国家的法律和政策。上级国家机关的决议、决定、命令和指示，如有不适合民族自治地方实际情况的，自治机关可以报经该上级国家机关批准，变通执行或者停止执行；该上级国家机关应当在收到报告之日起60日内给予答复。

3. 安排和管理地方经济建设事业的自主权。民族自治地方的自治机关在国家计划的指导下,根据本地方的特点和需要,制定经济建设的方针、政策和计划,自主地安排和管理地方性的经济建设事业。在坚持社会主义原则的前提下,根据法律规定和本地方经济发展的特点,合理调整生产关系和经济结构,努力发展社会主义市场经济。坚持公有制为主体、多种所有制经济共同发展的基本经济制度,鼓励发展非公有制经济。根据法律规定,确定本地方内草场和森林的所有权和使用权;依照法律规定,管理和保护本地方的自然资源,根据法律规定和国家的统一规划,对可以由本地方开发的自然资源,优先合理开发利用;在国家计划的指导下,根据本地方的财力、物力和其他具体条件,自主地安排地方基本建设项目;自主地管理隶属于本地方的企业、事业组织;依照国家规定,可以开展对外经济贸易活动,经国务院批准,可以开辟对外贸易口岸。与外国接壤的民族自治地方经国务院批准,开展边境贸易。民族自治地方在对外经济贸易活动中,享受国家的优惠政策。

4. 管理地方财政的自主权。民族自治地方的财政是一级财政,是国家财政的组成部分。民族自治地方的自治机关有管理地方财政的自治权。凡是依照国家财政体制属于民族自治地方的财政收入,都应当由民族自治地方的自治机关自主地安排使用;在全国统一的财政体制下,通过国家实行的规范的财政转移支付制度,享受上级财政的照顾。民族自治地方的财政预算支出,按照国家规定,设机动资金,预备费在预算中所占比例高于一般地区。在执行财政预算过程中,自行安排使用收入的超收和支出的结余资金。在执行国家税法的时候,除应由国家统一审批的减免税收项目以外,对属于地方财政收入的某些需要从税收上加以照顾和鼓励的,可以实行减税或者免税。自治州、自治县决定减税或者免税,须报省或者自治区人民政府批准。根据本地方经济和社会发展的需要,可以依照法律规定设立地方商业银行和城乡信用合作组织。

5. 管理本地方的教育、科学、文化、卫生、体育事业方面的自主权。根据国家的教育方针,确立本地方的教育规划、教育体制、教育机构、教育设施等;各级人民政府要在财政方面扶持少数民族文字的教材和出版物的编辑和出版工作;自主地发展具有民族形式和民族特点的各项文化艺术事业;保护和整理民族历史文化遗产,继承和发展优秀的民族传统文化;自主地决定本地方的科学技术发展规划,普及科技知识;自主地决定本地方的医疗卫生事业的发展规划;自主地发展体育事业;依照国家规定,可以和国外进行教育、科技、文化艺术、卫生、体育等方面的交流。

6. 依照宪法规定,组织本地方的公安部队。民族自治地方的自治机关依照国家的军事制度和当地的实际需要,经国务院批准,可以组织本地方维护社会治安的公安部队。

7. 其他方面的职权。根据法律规定,制定管理流动人口的办法;结合本地方的实际情况,制定实行计划生育和优生优育的办法;保护和改善生活环境和生态环境,防治污染和其他公害,实现人口资源和环境的协调发展;在执行职务时,使用当地通用的一种或者几种语言文字,必要时,可以以实行区域自治的民族的语言文字为主。

四、特别行政区

(一) 特别行政区的含义

特别行政区是我国的特别地方。它是指根据我国宪法和有关特别行政区基本法的规定,在我国领土范围内设立的,具有特殊法律地位,实行特别的政治、经济和社会制度的地方。特别行政区"特殊的法律地位"主要表现在:(1) 特别行政区作为国家一个不可分割的地方行政区域,直辖于中央人民政府;(2) 特别行政区作为一个具有相对独立性的政治主体,享有高度的自治权;(3) 特别行政区所实行的各种制度,由全国人民代表大会以专门制定的基本法律确定,这种基本法律具有特别法的性质。所谓"实行特别的政治、经济和社会制度",主要是针对中华人民共和国现行的各种制度而言的。中国政府在中英、中葡联合声明中郑重指出,香港、澳门"现行社会、经济制度不变;生活方式不变"。《香港特别行政区基本法》第5条则更明确地规定:"香港特别行政区不实行社会主义制度和政策,保持原有的资本主义制度和生活方式,五十年不变。"《澳门特别行政区基本法》也有类似规定。因此可以说特别行政区实行特别的政治、经济和社会制度是指资本主义政治、经济和社会制度及其生活方式。

第十三届全国人民代表大会第三次会议通过的《全国人民代表大会关于建立健全香港特别行政区维护国家安全的法律制度和执行机制的决定》,针对关于香港特别行政区国家安全风险凸显,"港独"、分裂国家、暴力恐怖活动等各类违法活动严重危害国家主权、统一和领土完整,一些外国和境外势力公然干预香港事务,利用香港从事危害我国国家安全的活动等情况,依据现行《宪法》以及《香港特别行政区基本法》的有关规定对于香港高度自治、维护国家安全以及健全维护国家安全的机构和执行机制等方面作出明确规定。

设立特别行政区具有现实的和长远的重要意义:(1) 特别行政区的设立是"一国两制"构想的具体化。设立特别行政区是以"一国两制"为立法指导思想和政治基础的。"一国两制"即"一个国家,两种制度",概括地说,是指在祖国统一的前提下,在中华人民共和国领域内,内地实行社会主义制度,台湾、香港、澳门实行资本主义制度,设立特别行政区,实行高度自治。"一国两制"是我国的一项基本国策,是邓小平同志集全党智慧,首先提出来的,旨在解决香港、澳门和台湾问题,实现祖国的和平统一。现行《宪法》第 31 条和第 62 条第 14 项的规定为特别行政区的设立及制度提供了依据。1990 年 4 月、1993 年 3 月,全国人大先后通过了《香港特别行政区基本法》和《澳门特别行政区基本法》。《宪法》和两部《基本法》的制定,为"一国两制"的运作与实施奠定了基本的法治基础。"一国两制"的内容在两部基本法中得到具体化、法律化、制度化。1997 年 7 月 1 日和 1999 年 12 月 20 日,香港和澳门先后顺利回到祖国的怀抱,这是按照"一国两制"的思想实现祖国和平统一大业的重要实践成果,证明了"一国两制"的构想是可行的、科学的。党的十九大报告指出:"香港、澳门回归祖国以来,'一国两制'实践取得举世公认的成功。事实证明,'一国两制'是解决历史遗留的香港、澳门问题的最佳方案,也是香港、澳门回归后保持长期繁荣稳定的最佳制度。"①(2)建立特别行政区有利于祖国的和平统一。"一国两制"构想的提出并付诸实践,也使海峡两岸关系有了重大的进展。特别是香港、澳门问题的成功解决,为最终解决台湾问题创造了日益成熟的条件,积累了实践经验。党的十九大报告指出:"解决台湾问题、实现祖国完全统一,是全体中华儿女共同愿望,是中华民族根本利益所在。必须继续坚持'和平统一、一国两制'方针,推动两岸关系和平发展,推进祖国和平统一进程。"②(3)特别行政区的建立,涉及许多复杂的政治法律问题。它作为当代中国宪法实践的一种崭新模式,极大地丰富了我国宪法的内容,同时也对宪法理论研究提出了新的问题。例如在单一制国家结构中,特别行政区与中央的相互关系问题;宪法在特别行政区的适用问题等。面对错综复杂的国内问题和国际环境,第十二届全国人民代表大会常务委员会第十五次会议通过的《国家安全法》,在维护国家安全的任务、维护国家安全的职责、国家安全制度等方面作出明确规定,坚决维护祖国统一和"一国两制"。第十三届全国人民代表大会常务委员会第二十次会议通过的《香港国安法》中对于香港特别行政区维护国家安全的职责和机构进行明确规定,并针对分裂国家、颠覆国家政权、组织实施恐怖活动和勾结外国或者境外势力危害国家安全等犯罪的惩治也作了详细说明。

(二)特别行政区的特点

特别行政区作为我国地方制度的一种,与普通行政地方和民族区域自治地方相比,具有以下几个鲜明特点:

1. 特别行政区实行的政治制度不同于普通行政地方和民族区域自治地方。按照《宪法》《地方组织法》和《民族区域自治法》的规定,普通行政地方和民族区域自治地方实行的根本政治制度是人民代表大会制度。在特别行政区,按照有

---

① 《十九大以来重要文献选编》(上册),中央文献出版社 2019 年版,第 39 页。
② 同上。

关基本法的规定,实行的是具有分权性质的资本主义政治制度。特别行政区政治制度的这一特点主要是由现行政治制度中的资产阶级代议制政治的因素决定的,表现在特别行政区行政长官、立法机关和司法机关三者的相互关系中。按照《香港特别行政区基本法》的规定,行政长官依法在当地通过选举或协商产生,由中央人民政府任命。行政长官有权签署立法会通过的法案,公布法律;如果立法会通过的法案不符合香港特别行政区的整体利益,可在3个月内将法案发回立法会重议。立法会可以不少于全体议员2/3的多数再次通过原法案,行政长官必须在1个月内签署公布,如果行政长官再次拒绝签署有关法案,经协商仍不能取得一致意见,行政长官可解散立法会。在解散立法会前,须征询行政会议的意见,行政长官在其任期内只能解散立法会一次。行政长官有权任命各级法院法官。立法会是香港特别行政区立法机关,由在外国无居留权的香港特别行政区永久性居民中的中国公民组成。但非中国籍的香港特别行政区永久性居民和在外国有居留权的香港特别行政区永久性居民也可以当选为香港特别行政区立法会议员,其所占比例不得超过立法会全体议员的20%。立法会有权根据政府的提案,审核、通过财政预算;听取行政长官的施政报告并进行辩论;对政府工作提出质询;同意行政长官任命终审法院法官和高等法院首席法官;立法会以全体议员2/3多数通过,可提出弹劾案,报中央人民政府批准。香港特别行政区各级法院是香港特别行政区的司法机关,独立行使审判权,不受任何干涉。虽然香港特别行政区行政长官在整个政治制度中处于核心地位,但基本上仍然是分权的格局。《澳门特别行政区基本法》对政治制度的规定也大致如此。

2. 特别行政区实行的经济制度不同于普通行政地方和民族区域自治地方。按照现行宪法和有关法律的规定,普通行政地方和民族区域自治地方统一实行社会主义经济制度。在特别行政区,按照有关法律规定,实行的是资本主义经济制度。这种制度建立在生产资料私人所有的基础上,社会财富实行按资分配。《香港特别行政区基本法》除了在总则中规定保持香港原有的资本主义制度和生活方式50年不变外,还对有关最能反映其经济制度性质的问题作了专门规定。如《香港特别行政区基本法》第105条第1款规定:"香港特别行政区依法保护私人和法人财产的取得、使用、处置和继承的权利,以及依法征用私人和法人财产时被征用财产的所有人得到补偿的权利。"

3. 特别行政区适用的法律不同于普通行政地方和民族区域自治地方。普通行政地方和民族区域自治地方适用以宪法为核心的有关法律,包括全国人民代表大会及其常委会制定的选举法、地方组织法、刑法、民法、诉讼法以及民族区域自治法,此外还有国务院依法制定的行政法规等。特别行政区适用的法律主要包括(1)宪法;(2)依据宪法制定的特别行政区基本法;(3)依法保留的原有法律;(4)特别行政区立法机关依据特别行政区基本法制定的法律;(5)由特别行政区基本法附则所列举的其他全国性法律。此外,在全国人民代表大会常务委员会宣布战争状态或依法决定特别行政区进入紧急状态后,中央人民政府可发布命令将有关全国性法律在特别行政区实施。

(三) 特别行政区的高度自治权

就我国三种不同地方而言,普通行政地方不享有自治权,民族区域自治地方除有现行宪法第三章第六节规定的权力外,还享有一定范围的自治权。特别行政区与民族区域自治地方相比,则具有高度的自治权,其"高度"性,表现在自治的范围更广泛和程度更高两个方面。就范围而言,特别行政区的高度自治权包括:(1) 全国人大授权特别行政区依照特别行政区基本法的规定,享有行政管理权、立法权、独立的司法权和终审权;(2) 中央人民政府授权特别行政区依照特别行政区基本法的规定,自行处理有关外交事务;(3) 特别行政区还可享有中央授予的其他权力。就程度而言,在立法方面,民族区域自治地方的人民代表大会及其常委会可以制定自治条例和单行条例,但要报全国人大常委会和省级人大常委会批准才能生效;特别行政区立法会制定的法律,只需报全国人大常委会备案即可,无需经过批准,而备案不影响法律生效。在司法方面,民族区域自治地方的人民法院和人民检察院不是自治机关,不享有自治权,其职权与普通行政地方的人民法院和人民检察院相同;特别行政区的司法机关则享有独立的司法权和终审权。在行政管理方面,可对财政权予以说明。民族区域自治地方有管理财政的自治权,但民族区域自治地方的财政作为一级地方财政,是国家财政的重要组成部分,其财政收入和支出由国务院按照优待民族自治地方的原则规定。财政收入多于支出的,定额上缴上级财政;收入不敷支出的,由上级财政补贴。特别行政区的财政独立,其财政收入全部用于自身需要,不上缴中央财政,中央不在特别行政区征税。在外交事务方面,特别行政区可以"中国香港""中国澳门"的名义,在外交事务属于中央人民政府管理的原则下单独同世界各国、各地区及有关国际组织保持和发展经济、文化关系,民族区域自治地方则没有这样的自治权。不仅如此,特别行政区的自治权甚至比其他单一制国家的自治地方和联邦制国家的成员国(邦、州)的权力(就整体而言)范围要广泛,程度要深刻。①

(四) 特别行政区的政治体制的特点

特别行政区的政治体制是特别行政区享有的高度自治权在其各种机关间的配置,有关特别行政区国家机关的设置及其职权的具体内容详见本书第十一章第九节。特别行政区的政治体制的特点主要体现在下列方面:

1. 特别行政区的政治体制贯彻了"港人治港""澳人治澳"的精神,充分体现了特别行政区地方的高度自治特色。与我国其他的行政地方相比较,特别行政

---

① 王叔文主编:《香港特别行政区基本法导论》,中共中央党校出版社1990年版,第34—39页。

区享有高度自治权,包括行政管理权、立法权、独立的司法权和终审权,独立的财政权、货币发行权、出入境管制权等。特别行政区的行政机关和立法机关由特别行政区的居民组成,建立香港、澳门同胞自己的政权,自己管理香港、澳门,自己当家作主。中央人民政府不派遣干部到特别行政区担任公职,实行港人治港、澳人治澳。

2. 特别行政区的政治体制体现了以行政长官领导的、以行政机关为主导的特色。特别行政区既没有采用内地的人民代表大会制和原来的总督制,也没有照搬西方的"三权分立制",而是实行一种独特的,符合香港、澳门实际情况的政治体制。这种体制是以行政长官所领导的政府为主导,奉行司法独立、行政与立法之间相互制衡和相互配合的行政长官制的崭新的模式,既吸收了其他政治体制的优点,又较好地保留了原香港、澳门政制的合理因素,确保了香港、澳门的繁荣和稳定。

3. 特别行政区的政治体制体现了特别行政区司法权独立性的特色。特别行政区的司法权独立于行政权和立法权。特别行政区的法院独立进行审判,不受任何干涉,甚至中央国家机关中的最高人民法院、最高人民检察院对特别行政区司法机关也没有任何指导、监督的权力。特别行政区设立终审法院,享有终审权,以保持特别行政区司法制度的独立性。

(五)特别行政区的国家安全问题

针对香港特别行政区国家安全风险凸显的问题,"港独"、分裂国家、暴力恐怖活动等各类违法活动严重危害国家主权、统一和领土完整,一些外国和境外势力公然干预香港事务,利用香港从事危害我国国家安全的活动。为了维护国家主权、安全、发展利益,坚持和完善"一国两制"制度体系,维护香港长期繁荣稳定,保障香港居民合法权益,根据《宪法》第31条和第62条第2项、第14项、第16项的规定,以及《香港特别行政区基本法》的有关规定,第十三届全国人民代表大会第三次会议通过《全国人民代表大会关于建立健全香港特别行政区维护国家安全的法律制度和执行机制的决定》,该《决定》从六个方面就维护特别行政区国家安全问题作了详细说明。

在《全国人民代表大会关于建立健全香港特别行政区维护国家安全的法律制度和执行机制的决定》基础上,第十三届全国人大常委会第二十次会议举行第二次全体会议、第三次全体会议表决通过了《香港国安法》,该法由总则,香港特别行政区维护国家安全的职责和机构,罪行和处罚,案件管辖、法律适用和程序,中央人民政府驻香港特别行政区维护国家安全机构与附则六个章节组成。《香港国安法》是《香港特别行政区基本法》的特别法,增加了《香港特别行政区基本法》所没有的新内容。

一、前沿问题

1. 关于设区的市地方立法权限

在2018年《宪法修正案》通过之前,设区的市的立法权主要来源于《地方组织法》和《立法法》的规定。2018年通过的《宪法修正案》对《宪法》第100条增加一款,作为第2款:"设区的市的人民代表大会和它们的常务委员会,在不同宪法、法律、行政法规和本省、自治区的地方性法规相抵触的前提下,可以依照法律规定制定地方性法规,报省、自治区人民代表大会常务委员会批准后施行。"关于这一问题目前的前沿问题主要有:(1)地方立法权限划分主要涉及纵横两个方面、多个主体间的立法权限交叉问题;(2)如何选定划分标准是科学界定地方立法主体权限的核心问题。如设区的市人大与常委会之间主要是明确人大的专属立法事项问题,如"特别重大事项"的确定涉及词语概念、认定主体、认定程序等相关问题。设区的市人大及其常委会与市政府之间的立法权限划分主要是立法事项的高度交叉问题,根据《立法法》的规定,无论地方性法规还是地方政府规章都可以为执行法律、行政法规进行立法,而且"应当制定地方性法规但条件尚不成熟的,因行政管理迫切需要,可以先行制定政府规章"。因此,政府规章也可以对自主性立法事项进行紧急规范,但《立法法》又没有对两者进行明确区分。

2. 关于中央与地方关系问题

中央与地方的关系问题始终是宪法的一个永恒话题,学术界虽对这一问题研究较多,但仍存在许多争论。这些争论主要有:(1)民主集中制下的集权与分权问题;(2)单一制与联邦制的争论;(3)采取何种中央与地方纠纷解决机制(宪法诉讼抑或行政诉讼)。而这些争论的解决,对于促进我国中央与地方关系的和谐化、法治化有着重要的作用。

3. 中央对特别行政区自治权的监督问题

2014年,国务院发布了《"一国两制"在香港特别行政区的实践》的白皮书,其中提出"中央全面管治权"的概念,明确了"中央依法履行宪法和香港基本法赋予的全面管治权和宪制责任",以及"中央拥有对香港特别行政区的全面管治权,既包括中央直接行使的权力,也包括授权香港特别行政区依法实行高度自治。对于香港特别行政区的高度自治权,中央具有监督权力",从而提出了中央对特别行政区自治权的监督问题。然而有观点认为这是对"一国两制"的破坏。对此,需要注意以下几个方面:(1)中央的监督权,与中央直接行使的权力,以及中央授予的权力一起构成了中央对香港的全面管治权;(2)中央监督权的理论基础是中央的主权与高度自治权的授权理论;(3)中央监督权的主要机制及其存在的问题。

4. 关于《香港特别行政区基本法》解释提请主体问题

全国人大常委会对《香港特别行政区基本法》的历次解释中,法定提请解释主体与解释实践中实际提请解释的主体存在不一致现象。法定提请解释主体与实际需要不符,是人大释法实践存在争议的原因之一,也导致香港部分群体对中央政府的不理解。在目前的 5 次释法中,由香港特别行政区终审法院主动提请释法的仅有 1 次,其余 4 次或是全国人大常委会主动释法,或采取政治"惯例",由非法定提请主体(如特区行政长官)提出释法请求。对这一问题,有学者认为:根据《香港基本法》第 158 条,全国人大常委会解释基本法的权力应理解为不是全国人大常委会解释其他法律权力的一种延伸,而是基本法确立了一个独立于人大常委会解释其他法律的制度之外的新的法律解释制度;还有学者认为:把《宪法》第 67 条第 4 项作为全国人大常委会解释基本法的根据是不适当的。目前宪法学界对于这一问题研究的模糊状态,是造成这种问题出现的主要原因。

5. 关于民族区域自治制度与国家结构形式的关系问题

民族区域自治制度的确立,创新了国家结构形式理论,丰富了单一制国家结构形式的内容。但是,由于中央与民族自治地方权力配置还不尽合理、科学,自治权在一定程度上被虚置,民族区域自治制度的全面实施还存在许多体制、机制的障碍,引发了人们对现有国家结构形式的质疑。就目前的研究而言,前沿问题主要有:(1)现行国家结构形式下民族区域自治制度的实施状况;(2)现行国家结构形式下民族区域自治制度的完善。

6. 关于中央与地方的权力结构及其关系模式

中央与地方权力结构,在近现代国家,总体上是一种地方分权的态势。有学者认为,从权力结构模式上看,有中央集权制和地方分权制两种。从中央与地方的关系模式上看,有三种情况:一是以剩余权力为理论、分权为基础的联邦制;二是以授予权力为理论、自治为基础的单一制;三是以授予权力为理论、民主集中制为基础的单一制。本书认为,中央与地方的权力结构及其关系是不能分离的。单一制国家的权力重心在中央,地方权力来自中央的授予;联邦制的权力重心在成员国(可视为地方)。从理论上看,单一制国家中央与地方的权力结构及其关系可以分为中央集权制、地方分权制和均权制三种;联邦制国家的权力结构有美国式和德国式两种类型。

7. 地方立法视域下的区域协调治理法治化研究

随着社会和经济的持续发展,传统的行政区划治理模式已经无法对跨区域的公共事务作出有效回应,在原本的行政区划和地方立法权限的视域下进行区域合作是解决跨区域的公共事务的重要举措。对于区域协调治理法治化的路径选择,主要包括以下几个方面:(1)做到对地方立法中过时、不协调的法律法规进行及时清理,并且依法建立起动态化的管理体系;(2)可以建立相应的行政区域划分稳定性与适应性协调机制和地方自主权行使的区域协调机制来进一步协调区域治理问题的法治化;(3)为推进区域协调治理可以根据各个地区的实际发展情形制定适宜的《区域协调治理条例》,等时机成熟可以转化为《区域合作法》来辅助其进行更为规范化的治理。

二、参考文献

1. 薄贵利:《近现代地方政府比较》,光明日报出版社1988年版。
2. 陈嘉陵:《中国民族区域自治制度》,湖北人民出版社1988年版。
3. 甘藏春主编:《中华人民共和国地方制度》,山西人民出版社1995年版。
4. 刘茂林主编:《当代中国地方制度》,中国政法大学出版社1992年版。
5. 〔日〕村松岐夫:《地方自治》,孙新译,经济日报出版社1989年版。
6. 童之伟:《国家结构形式论》,北京大学出版社2015年版。
7. 张庆福主编:《宪法学基本理论》,社会科学文献出版社2015年版。
8. 郑贤君:《地方制度论》,首都师范大学出版社2000年版。
9. 黄志勇:《港澳基本法要论》,暨南大学出版社2012年版。
10. 熊文钊:《大国地方》,法律出版社2008年版。
11. 任进:《当代中外地方制度比较》,人民日报出版社2002年版。
12. 王建学:《作为基本权利的地方自治》,厦门大学出版社2010年版。
13. 赵一单:《央地两级授权立法的体系性思考》,载《政治与法律》2017年第1期。
14. 秦小建:《立法赋权、决策控制与地方治理的法治转型》,载《法学》2017年第6期。
15. 常安:《统一多民族国家的宪制建构——新中国成立初期民族区域自治制度的奠基历程》,载《现代法学》2012年第1期。
16. 邹平学:《论香港特别行政区制度的内容、特征和实施条件》,载《法学评论》2014年第1期。
17. 郝铁川:《从国家主权与历史传统看香港特区政治体制》,载《法学》2015年第11期。
18. 郑毅:《"谨慎放权"意图与设区的市地方性法规制定权实施——基于〈宪法〉第100条第2款的考察》,载《当代法学》2019年第3期。
19. 吴东镐:《我国中央与地方关系的法治化议题》,载《当代法学》2015年第4期。
20. 郑毅:《宪法文本中的中央与地方关系》,载《东方法学》2011年第6期。

21. 周叶中:《论特别行政区制度的地位与作用》,载《政治与法律》2014 年第 1 期。

22. 任广浩:《国家权力纵向配置的法治化选择——以中央与地方政府间事权划分为视角的分析》,载《河北法学》2009 年第 5 期。

23. 王建学:《论地方政府事权的法理基础与宪法结构》,载《中国法学》2017 年第 4 期。

24. 封丽霞:《国家治理转型的纵向维度——基于央地关系改革的法治化视角》,载《东方法学》2020 年第 2 期。

25. 于文豪:《地方政府双重负责的宪法内涵》,载《中国法学》2021 年第 3 期。

三、思考题

1. 试析国家结构形式的概念。
2. 试述国家结构形式与宪法的关系。
3. 如何理解我国建立单一制国家结构形式的必要性?
4. 什么是行政区域划分?我国行政区域划分的特点有哪些?
5. 试析地方制度的概念和特点。
6. 我国中央与地方的权力划分有哪些特点?
7. 我国地方立法有哪些主要形式?
8. 试述我国建立民族区域自治地方的必要性。
9. 试析民族区域自治地方自治权的理论根据和法律依据。
10. 试析"一国两制"的意义。
11. 我国特别行政区的政治体制有哪些主要特点?
12. 试述全面依法治国和全面深化改革背景下的地方立法协调。
13. 试述少数民族地方自治立法权与地方立法权之间的权属划分。

第六章　国家基本经济制度

内容提要

在宪法学中,经济制度是一个存在分歧的概念,它一般是指国家通过宪法、法律、政策等在确认和调整经济关系时所形成的制度。从内容上看,经济制度主要包括确认生产关系、规定经济管理体制和基本经济政策的制度。此外,对公民和其他经济主体经济权利的保护也是国家经济制度的重要内容。因此,本书认为,宪法与经济制度的关系是社会上层建筑构成要素之间的关系,而不是经济基础与上层建筑的关系。我国宪法对经济制度的规定主要有以下几个方面:通过规定国家的根本任务,确立了我国社会主义初级阶段经济制度的目的;确立了以社会主义公有制为主体、多种所有制形式并存的所有制形式;规定了我国现阶段实行以按劳分配为主体、多种分配方式并存的分配制度;规定建立和完善社会主义市场经济体制是我国现阶段经济制度的重要任务。

社会主义公有制经济包括全民所有制经济和集体所有制经济两种,国有经济在国民经济中起主导作用。宪法将"国营经济"改为"国有经济",是社会主义市场经济的客观要求,对市场经济体制的完善和国有大中型企业经营机制的转换具有重要意义。集体经济包括农村集体经济和城镇集体经济两种形式。农村集体经济是我国农村的基本经济形式,实行家庭联产承包责任制和统分结合的双层经营机制是其基本特点。土地是重要的经济资源,我国宪法对土地问题作了专门的规定。

非公有制经济是我国社会主义市场经济的重要组成部分,个体经济、私营经济和三资企业是我国非公有制经济的主要形式。国家鼓励、支持和引导非公有制经济的发展,并对非公有制经济依法实行监督和管理。

我国宪法还规定了我国的基本经济政策。坚持改革开放,进一步完善社会主义市场经济体制;坚持社会主义生产的目的和手段;保护公共财产和公民个人合法财产;公有制企业实行民主管理等是我国的基本经济政策。

关键词

经济制度　公有制经济　国有经济　集体经济　按劳分配　劳动者个体经济　私营经济　市场经济

第一节 国家基本经济制度概述

一、经济制度的概念

在宪法学上,经济制度是一个存在分歧的概念,主要有三种不同的观点。第一种观点也是比较普遍的观点认为:"经济制度即经济基础,是社会发展到一定阶段上的生产关系的总和。"①第二种观点认为:"经济制度是指一国在一定的社会历史发展阶段上的生产关系和在此基础上建立的经济管理体制的总和。"②第三种观点是苏联学者马斯连尼科夫的见解,他认为:"经济制度就是反映所有制的性质和形式、社会生产目的,分配社会产品和管理国民经济原则的国家经济生活制度。"③宪法学中的经济制度是一种法律化了的经济制度,它和经济基础是两个不同性质的概念,作为这样的一种制度,经济制度理应属于上层建筑的范畴。第一种观点把经济制度等同于经济基础,实际上是混淆了上层建筑同经济基础的界限。第二种观点虽然赋予了经济制度新的内涵,但仍未摆脱第一种观点的影响和局限。相比较而言,第三种观点具有较多的合理性,虽然它没有指明经济制度的性质,但从其列举的内容来看,表明这种观点认识到了经济制度与经济基础是有质的区别的。

本书认为,经济制度是国家通过宪法、法律、政策等在确认和调整经济关系时所形成的制度。它具有以下特点:

1. 从形式上看,经济制度是由国家制定和认可的宪法、法律、政策等构成的具有内在联系的制度体系。就其性质而言,它同宪法、法律、政策一样,属于上层建筑的范畴。

2. 经济制度是调整经济关系的制度,它必须与一定的经济关系相适应,并以其为基础和出发点。因此,经济制度虽是国家制定和认可的,但也不是纯粹主观的东西,它必须以一定社会发展阶段的生产关系为客观依据,因为生产关系是一定社会最基本的经济关系。从这种意义上讲,经济制度是主观和客观的统一。

3. 从内容上看,经济制度主要包括两个方面的制度。一是确认生产关系的制度,如生产资料所有制、分配制度等;一是以此为基础建立起的经济管理体制,如计划经济体制或市场经济体制,以及与该经济管理体制有内在联系的基本经济政策。此外,对公民和其他经济主体经济权利的保护,也是国家经济制度的重要内容。

---

① 吴杰主编:《宪法教程》,法律出版社1987年版,第138页。
② 魏定仁、甘藏春:《中华人民共和国宪法教程》,光明日报出版社1988年版,第201页。
③ 〔苏〕库德里亚夫采夫:《苏联宪法讲话》(删节本),刘向文译,群众出版社1983年版,第51页。

二、经济制度与宪法的关系

根据上述对经济制度的认识，本书认为经济制度与宪法的关系不能被简单地视为经济基础和上层建筑的关系，而应该作更深入的分析。

（一）宪法是经济制度发展到一定阶段的产物

从历史发展来看，每一种社会形态都有与该社会形态的经济基础相联系的经济制度。国家产生后，经济制度主要表现为有一定联系的法律、政策。经济制度的发展应与生产关系的发展相适应，资本主义生产关系的建立对经济制度提出了新的要求。资本主义生产关系是建立在发达生产力基础上的，因而先前建立在小生产基础上的生产关系制度化的形式已经不能满足它的要求了。资本主义生产关系需要有更权威、更有效、更能反映其本质并促进其发展的制度化形式。作为资产阶级革命的产物，宪法是经济制度发展到需要用根本法予以制度化时产生的。

（二）宪法是经济制度化的基本形式

从经济制度各种表现形式的关系来看，经济制度是国家确认为调整经济关系的制度，它由宪法、法律、政策等构成。宪法是国家根本法，是国家制定一切法律、法规和政策的依据。在确认经济关系的诸法律、法规和政策中，宪法是最重要的形式。宪法对经济关系，特别是对生产关系的确认与调整构成一个国家的基本经济制度。

（三）经济制度是宪法的重要内容

既然近代宪法是经济制度发展到一定阶段的产物，宪法是经济制度化的基本形式，因此，确认和调整一定的经济关系就是宪法不可缺乏的一个重要内容。从宪法发展史来看，无论是近代宪法还是现代宪法和当代宪法，无论是资本主义的宪法还是社会主义的宪法，尽管规定的内容和侧重点不一样，但它们都毫无例外地涉及生产关系方面的内容。第一次世界大战以后，特别是社会主义国家建立后，宪法法规的内容越来越多，越来越系统，规定经济制度已成为宪法不可缺少的重要内容。如果说《人权宣言》所昭示的"凡权利无保障和分权未确立的社会，就没有宪法"，是衡量有无近代宪法的标志的话，那么，宪法中是否有较为完备的经济制度，则是衡量一个国家有无现代宪法的标准之一。

综上所述，从社会形态的角度考察，经济制度与宪法的关系是社会上层建筑构成要素间的关系，而不是经济基础与上层建筑的关系。尽管如此，正如理解上层建筑各要素之间的关系一样，理解经济制度与宪法的关系也必须从它们赖以建立的经济基础出发。

三、现阶段我国经济制度的特点

经济制度的特点根源于其赖以建立的经济基础,不同类型国家的经济制度有本质的区别。即使是同一类型的国家或者同一国家,由于在不同的时期所实行的经济体制和基本经济政策不同,其经济制度也呈现出不同的特点而具有鲜明的时代特色。我国是社会主义国家,我国历部宪法都比较系统地规定了经济制度。1954年《宪法》对国家在过渡时期总任务的规定以及对四种所有制及其地位的确认,使其具有过渡时期的特点。1982年《宪法》是在我国社会主义初级阶段的历史条件下制定的。它在总结我国社会主义经济制度建立发展过程中正反两方面的经验与教训的基础上,确立了一整套基本适应我国生产力发展水平和生产关系状况的基本经济制度。特别是在建设中国特色社会主义理论的指导下,经过1988年4月、1993年3月、1999年3月、2004年3月和2018年3月的5次修正后,现行宪法对经济制度的规定更加符合我国社会主义初级阶段的生产关系的实际情况,具有浓厚的社会主义初级阶段的中国特色,具体表现在以下几个方面:

(一)宪法通过规定国家的根本任务,确立了我国社会主义初级阶段经济制度的目的

《宪法》序言第七自然段指出:"我国将长期处于社会主义初级阶段。国家的根本任务是,沿着中国特色社会主义道路,集中力量进行社会主义现代化建设。"经济建设是我国社会主义现代化建设的重要组成部分,在整个社会主义现代化建设中起着关键的作用。经济建设又是通过经济制度的调整和经济体制的运作得以开展和实现的。因此可以说,保证社会主义经济建设的顺利进行,促进经济的有序发展,是我国现阶段经济制度的主要目的。

(二)从生产资料的所有制看,现行宪法确立了以社会主义公有制为主体、多种所有制并存的所有制结构

我国是社会主义国家,社会主义制度是我国的根本制度。《宪法》第6条明确规定生产资料的社会主义公有制,即全民所有制和劳动群众集体所有制,是我国社会主义经济制度的基础,从而确立了生产资料的社会主义公有制在经济制度的所有制结构中的主体地位。此外,宪法还通过规定国有经济和集体经济在国民经济中的地位,进一步强调了公有制的主体地位。由于我国还处于社会主义初级阶段,生产力发展水平还比较低,非社会主义的生产关系在一定范围内和一定程度上仍有存在的合理性和必要性。为此,1999年《宪法修正案》第14条、第16条规定:"国家在社会主义初级阶段,坚持公有制为主体、多种所有制经济共同发展的基本经济制度";"在法律规定范围内的个体经济、私营经济等非公有制经济,是社会主义市场经济的重要组成部分"。这些经济形式从所有制上看是

私有制或公私混合所有制。宪法规定国家鼓励、支持和引导它们的发展,实际上是确认了私有制和公私混合所有制在我国经济制度的所有制结构中的应有地位,从而构成了具有中国特色的以公有制为主体、多种所有制并存的所有制结构。

(三)从分配制度上看,现阶段我国实行以按劳分配为主体、多种分配方式并存的分配制度

分配制度是经济制度的重要组成部分。《宪法》明确规定:"社会主义公有制消灭人剥削人的制度,实行各尽所能、按劳分配的原则。"1999年《宪法修正案》第14条也明确规定,国家在社会主义初级阶段,"坚持按劳分配为主体、多种分配方式并存的分配制度"。实行按劳分配是公有制经济的特征之一。公有制经济在国家经济中的地位决定了按劳分配在我国分配制度中的主体地位。由于我国现阶段还存在非公有制的经济形式,还有非公有制经济与公有制经济的经济交往,因而不可避免地存在与这些经济形式和经济交往相联系的一些非按劳分配的分配方式。这些分配方式主要有各种风险收入、机会收入、利息收入和股份收入等。它们是我国分配制度的重要组成部分,是对按劳分配为主体的社会主义分配制度的必要补充。这种以按劳分配为主体的多种分配方式和分配政策并存的分配制度,是在共同富裕的基础上,兼顾效率与公平,鼓励一部分人先富起来的适合现阶段生产关系状况的有中国特色的社会主义分配制度。

(四)完善社会主义市场经济体制是现阶段我国经济制度的重要任务

现行宪法在制定时,已经注意到了市场因素在社会主义经济建设中的作用。随着生产力的发展和经济体制改革的不断深入,市场因素的作用日益突出和明晰,终于使人们突破了把计划经济当作社会主义制度的基本特征的传统观念,认识到了市场经济本身并不存在姓"资"姓"社"的问题。社会主义公有制并不排斥市场经济,而是兼容的。《宪法修正案》第7条规定:"国家实行社会主义市场经济"。因此可以说,社会主义市场经济体制是我国经济制度的重要内容,摆脱计划经济的观念和体制束缚,不断巩固、完善和发展社会主义市场经济体制是现阶段我国经济制度建设的重要任务,它关系到社会主义现代化建设的成败。以宪法精神为指导,中国共产党在社会主义经济建设和改革实践中一直贯彻和坚持社会主义市场经济改革方向。当前社会主义市场经济体制已经发展为我国社会主义基本经济制度的重要内涵。

第二节 社会主义公有制经济

一、公有制经济的建立

社会主义公有制经济是由社会全体劳动者或社会部分劳动者成员共同占有

生产资料并实现按劳分配的经济形式,包括全民所有制经济即国有经济和劳动群众集体所有制经济两种。

根据马克思主义基本理论,社会主义公有制不可能在以私有制为基础的旧制度内部产生,只能在"空地上"建立起来。社会主义公有制经济的建立必须以无产阶级革命和无产阶级专政为前提条件。我国的社会主义公有制经济是中华人民共和国成立后,凭借人民民主专政政权的强大力量,主要是通过下列途径"剥夺剥夺者"建立起来的:

(一)取消帝国主义在华经济特权,没收官僚资本

新中国成立前,我国是一个半封建半殖民地国家,帝国主义和少数官僚资本控制和垄断了中国的经济。新中国成立以后,国家立即废除了一切不平等条约,取消了帝国主义在华特权,收回了被帝国主义长期把持的海关,实行了对外贸易管制。帝国主义在华企业由于丧失了经济特权纷纷倒闭或被国家"征用""代管"或"冻结",变为国有经济。根据《共同纲领》的规定,国家没收了以蒋、宋、孔、陈四大家族为首的官僚资本归人民民主专政的国家所有。没收官僚资本消灭了中国资本主义经济中的主要成分,把官僚资本企业变成了社会主义全民所有制企业。

(二)通过"赎买"方式,对民族资本主义工商业进行社会主义改造,使其逐步成为社会主义全民所有制经济

中国的民族资本不同于官僚资本,它对社会经济的发展具有两重作用。一方面它代表了中国生产力的发展水平,并同帝国主义、封建主义和官僚资本主义存在矛盾和斗争;另一方面,它又同它们有着千丝万缕的联系,具有软弱性和落后性。在新中国成立初期,它一方面在一定范围内对国计民生具有积极作用,另一方面又具有资本主义生产方式的消极作用。民族资本的这种特点决定了民族资产阶级政治上的两重性,即在民主革命时期,它有革命的一面,又有妥协的一面;在社会主义革命时期,有剥削工人、获取利润的一面,又有拥护宪法、愿意接受改造的一面。正是基于民族资本和民族资产阶级的上述特点,国家对民族资本主义工商业的改造采取了马克思预言的、列宁曾经试图采用而没有实现的赎买方式。所谓赎买方式就是采用国家资本主义的形式改造民族资本主义工商业。在我国,国家资本主义经历了初级和高级两个发展过程。国家资本主义的初级形式是在流通领域从企业外部对资本主义经济进行改造。如在工业方面采取加工订货、统购包销,在商业方面采取经销、代销等方式对其活动进行控制。初级形式的国家资本主义并没有改变资本主义工商业的资本主义性质。国家资本主义的高级形式是采取公私合营的形式,对民族资本主义工商业从所有制的性质上予以改造。首先是在个别企业实行公私合营,使企业中的社会主义经济成分居于主导地位,对资本主义剥削进一步限制。其次是在全行业进行公私合

营，国家根据合营时核定的资产总额，在一定时期内(10年)，每年支付给资本家固定息率(年息5厘)的股息。到1956年底，国家基本上完成了对民族资本主义的社会主义改造。

（三）改造个体所有制，建立社会主义集体经济

改造个体所有制主要是对农村农民个体经济和城乡手工业个体经济的改造。土地改革胜利完成后，农村的封建土地所有制被农民土地所有制所取代，在广大农村形成了汪洋大海般的农民个体经济。另外在城乡还存在为数不少的个体手工业者。社会主义建设和无产阶级专政客观上要求把个体经济改造成为社会化的社会主义集体经济。国家对个体所有制的社会主义改造是通过合作化道路进行的。在农村，合作化经过了带有某些社会主义萌芽的互助组、半社会主义性质的初级农业生产合作社、完全社会主义性质的高级农业生产合作社三种互相衔接、逐步前进的步骤和形式。到1956年底，基本上实现了农业合作化，在农村建立了社会主义集体经济。对城乡手工业个体经济的合作化，是根据手工业的特点，从供销入手，先组织手工业供销小组，进而发展成为手工业供销合作社，最后发展成为完全社会主义性质的手工业生产合作社。在农业合作化的推动下，1956年也基本上完成了对个体手工业的社会主义改造，建立了社会主义集体经济。

二、国有经济

（一）国有经济的概念和范围

国有经济，即社会主义全民所有制经济。它是由社会主义国家代表全体人民占有生产资料并实行按劳分配的一种经济形式。国有经济的特点主要在于：全体社会劳动成员占有生产资料，在全社会的范围内实现了劳动者和生产资料的结合；实行按劳分配，消灭了人剥削人的现象；在国有经济里，人与人之间的关系是平等的，并实行民主管理。

在1993年以前，社会主义全民所有制经济一般被称为国营经济。如1982年《宪法》第7条规定："国营经济是社会主义全民所有制经济，是国民经济中的主导力量。国家保障国营经济的巩固和发展。"1993年通过的《宪法修正案》第5条将"国营经济"修改为"国有经济"，其意义主要在于：(1)从概念上看，社会主义全民所有制经济最本质的特征是生产资料的全民所有。因此虽然事实上一般是由国家在统一进行经营管理，但从经营方面的属性来界定社会主义全民所有制经济这一概念，并不符合对概念进行定义的逻辑要求。(2)随着体制改革的不断深入，许多大中型全民所有制企业的经营体制发生了变化，不再由国家统一进行经营管理了。实际上，在1993年《宪法修正案》通过之前，国营经济只不过是全民所有制经济的一种主要形式。因此，将国营经济等同于全民所有制经济

已与客观情况不相符,并在一定程度上限制了全民所有制经济经营体制的进一步改革和转轨。(3)最重要的是,国营经济与我国经济体制改革的目标模式——市场经济体制存在矛盾。这是因为市场经济强调由市场来进行资源配置,它要求自主经营、自负盈亏的商品生产者和经营者作为市场主体,是独立的法人;社会再生产的全过程都通过商品货币关系在市场中进行;由市场机制调节资源配置和整个社会经济。由国家对全民所有制经济统一进行经营管理,不可能充分满足市场经济体制的要求,市场的作用不能得到有效发挥。应该指出的是,将"国营经济"修正为"国有经济"并不完全排斥国家经营企业,国家仍然可以作为经营主体经营某些行业的企业,如邮电、铁道等。

根据宪法的规定,国有经济即全民所有制经济的范围主要包括:(1)矿藏、水流、森林、山岭、草原、荒地、滩涂等法律规定属集体所有以外的自然资源;(2)城市的土地以及根据法律规定属于国家所有的农村和城市郊区的土地;(3)银行、邮电、铁路、公路、航空、海运等国有企业、事业单位及其设施。

(二)国有经济的地位

国有经济的地位是指国有经济在国民经济中的作用和在社会主义国家应有的位置。1993年《宪法修正案》第5条规定,《宪法》第7条修改为:"国有经济,即社会主义全民所有制经济,是国民经济中的主导力量。国家保障国有经济的巩固和发展。"国有经济在国民经济中的主导作用主要表现在以下几个方面:

1. 国有经济控制着国民经济的命脉。从国有经济的范围看,国家拥有在国民经济中占重要地位的资源和产业,这是国有经济控制国民经济命脉的物质基础。国有经济有助于国家通过其强大的经济实力,来实现对国民经济的宏观调控,保证国民经济平稳、稳定和协调发展。

2. 国有经济是实现社会主义现代化的重要物质力量。这是因为:(1)国有经济的性质决定了我国现代化建设的社会主义性质;(2)国有经济强大的经济实力和生产的高度社会化,不仅能保证国民经济根据全社会的利益有效运行,而且还能为社会创造大量的物质财富;(3)国有经济在国民总收入中占有重要地位。

3. 国有经济影响并制约其他经济的发展。我国现阶段存在着多种经济形式,由于国有经济控制着国民经济中的支柱性产业,因而必然影响和决定其他经济形式的发展。

国有经济在国民经济中的主导力量使其成为我国政权的重要物质基础。因此,宪法修正案明确规定保障国有经济的巩固和发展。

(三)国有大中型企业的经营机制转换

国有大中型企业是国有经济的支柱。随着市场经济体制的逐步建立和健全,国有大中型企业必须按照市场经济的要求,尽快实行转轨改制,建立现代企业制度。这也是宪法修正案将"国营企业"修正为"国有企业"的目的和要求。公司制度是现代企业制度的主要组成部分和核心内容,是市场经济下国家大中型企业普遍采用的企业组织形式。我国国有大中型企业转换经营机制主要就是要实行公司制度。这是因为:(1)公司制度有助于理顺国有企业的产权关系;(2)公司制度有助于国有大中型企业在社会上融资;(3)公司制度能够对国有大中型企业进行评价,并为督促其改进和提高经营效率提供了客观、便利的方式;(4)公司制度有利于国有大中型企业按国际惯例参与国际市场的合作和竞争。当然,随着市场经济和法治建设的进一步发展,国有企业制度的改革还需进一步深化。

三、集体经济

(一)集体经济的概念

集体经济即社会主义劳动群众集体所有制经济。它指的是部分劳动群众共同占有生产资料,劳动者与生产资料在该集体范围内结合,并实行按劳分配的一种经济形式。劳动群众集体所有制经济是社会主义公有制经济,它与社会主义全民所有制经济的不同之处主要在于,其生产资料分别属于各个不同集体单位的劳动者,生产资料与劳动者的结合局限于该集体单位内部。作为一种重要的公有制经济形式,集体经济的特点具体表现在以下几个方面:

1. 集体经济的生产资料属于该集体的劳动者共同所有,劳动者既是生产资料的集体所有者,又是参加集体劳动的一员。

2. 集体经济实行独立核算,自负盈亏,其效益取决于自身经营管理的好坏。

3. 集体经济的全部收入除了以利税形式上交国家和用以扩大再生产外,大部分作为个人消费品在集体经济组织内部实行按劳分配。

从我国社会主义公有制经济的建立、发展和现实状况看,集体经济主要分为农村集体经济组织和城镇集体经济组织两类。

(二)农村集体经济

1. 农村集体经济的形式。农村集体经济是通过合作化道路对个体农户的社会主义改造而建立起来的。20世纪50年代中期,农村集体经济有层次不同的农业生产合作社、农村供销合作社和农村信用合作社三种形式。1958年公社化后,政社合一的人民公社是农村集体经济组织的唯一形式。1982年《宪法》根据农村生产力发展水平和农村生产关系的实际状况,在总结农村经济体制改革的基础上实行政社分开,建立了农村基层政权。根据1982年《宪法》第8条的规定,农村集体经济的形式主要有:人民公社、农业生产合作社和其他生产、供销、信用、消费等各种形式的合作经济。

随着农村生产力和生产关系的进一步发展,根据建立社会主义市场经济体制的需要,1993年通过的《宪法修正案》第6条对1982年《宪法》第8条的规定作了修改,规定"农村中的家庭联产承包为主的责任制和生产、供销、信用、消费等各种形式的合作经济,是社会主义劳动群众集体所有制经济"。这一修正从集体经济形式来看有两个方面的变化:第一,人民公社不再作为法定的农村集体经济的形式。这是因为"政社分开"后,人民公社虽然在法律上成了单纯的经济组织,但由于人民公社本身所固有的缺陷,它作为农村集体经济组织已名存实亡。第二,实行家庭联产承包为主的责任制的家庭经济是农村集体经济分散经营的一种形式,是农村集体经济的重要组成部分。应该注意的是,家庭经济在农村具有双重性。作为承包户,它是集体经济组织的一种形式;作为对自留地、自留山、家庭副业的经营者和自留畜的饲养者,它又具有劳动者个体经济的性质,是对农村集体经济的补充。

2. 家庭联产承包责任制。经济领域的责任制是经济组织内部明确经济组织和生产者、经营者个人在生产经营过程中的责任和权利的一种经济管理制度。经济体制改革使各种不同的责任制得到了提倡和推广,对我国国民经济的发展起到了巨大的作用,因此《宪法》第14条明确规定要"实行各种形式的社会主义责任制"。在农村,家庭联产承包责任制是农村集体经济实行的主要责任制。所谓家庭联产承包责任制,是指以承包为纽带,家庭为基础,实行统、分经营相结合,联系产量计酬的经营管理制度。家庭联产承包责任制的主要特点是:第一,把家庭经营引进了农村集体经济,使生产资料(如土地)公有制和家庭经营相结合,即统一经营和分散经营相结合。第二,实行联产计酬,即把劳动报酬与最终产品相结合,体现了按劳分配、多劳多得的原则。

家庭联产承包责任制是在农村经济体制改革中出现的社会主义责任制,是对20世纪50年代合作化时期"三包一奖"等农业生产责任制的继承和发展。它经过了兴起、阻滞、全面发展等几个阶段后,到1982年转入了总结、完善、稳定的新阶段。由于这个阶段尚未完成,所以在1982年《宪法》中只是一般性地规定了要实行社会主义责任制,并未对农村集体经济的责任制作进一步的明确规定。经过十年的发展,家庭联产承包责任制在制度上不断完善,并经受了生产实践的检验。因此,家庭联产承包责任制作为一种稳定、成熟的农村集体经济的经营管理制度,被《宪法修正案》第6条载入宪法,从而成为宪法规定的农村集体经济责任制的主要形式。此外,在农村还有一些其他的责任形式,如小段包工、专业承包等,它们同家庭联产承包一起构成了农村集体经济的责任体制。

农村集体经济要长期稳定家庭联产承包为主的责任制,完善统分结合的双层经营体制。1999年的修宪,就是将实践已经证明是正确的党中央的政策通过国家权力机关形成法律,形成全国人民的共同意志。党的十九大报告指出,要巩固和完善农村基本经营制度,深化农村土地制度改革,完善承包地"三权"分置制度。保持土地承包关系稳定并长久不变,第二轮土地承包到期后再延长30年。深化农村集体产权制度改革,保障农民财产权益,壮大集体经济。

进入新时代以来,中央陆续出台了许多扶持农村集体经济发展的政策文件,对宪法规定的集体经济制度进行了有益探索。第十三届全国人大常委会第二十八次会议通过的《中华人民共和国乡村振兴促进法》第21条第2款规定:"国家采取措施支持农村集体经济组织发展,为本集体成员提供生产生活服务,保障成员从集体经营收入中获得收益分配的权利。"为落实这一规定,该法第46条进一步明确指出:"各级人民政府应当引导和支持农村集体经济组织发挥依法管理集体资产、合理开发集体资源、服务集体成员等方面的作用,保障农村集体经济组织的独立运营。县级以上地方人民政府应当支持发展农民专业合作社、家庭农场、农业企业等多种经营主体,健全农业农村社会化服务体系。"

(三) 城镇集体经济

《宪法》第8条第2款规定:"城镇中的手工业、工业、建筑业、运输业、商业、服务业等行业的各种形式的合作经济,都是社会主义劳动群众集体所有制经济。"这是我国宪法第一次明确规定城镇集体经济。城镇集体经济在我国公有制经济中占有重要地位,是对国有经济的必要补充。这主要表现在:第一,到目前为止,城镇集体经济工业产值在全部工业总产值中一直占有一定比重;第二,为国有大中型性企业从事辅助性生产和加工;第三,城镇集体经济中的传统手工业具有很强的创汇能力;第四,在扩大劳动就业方面也起着重要作用。

四、按劳分配

(一) 按劳分配的含义

按劳分配是社会主义公有制经济的分配原则。《宪法》第6条规定:"社会主义公有制消灭人剥削人的制度,实行各尽所能、按劳分配的原则。"所谓按劳分配,按照马克思主义经典作家的论述,指的是按照劳动者向社会提供的劳动数量和质量来分配个人消费品的分配制度。马克思指出:"每一个生产者,在作了各项扣除之后,从社会方面正好领回他所给予社会的一切。他所给予社会的,就是他个人的劳动量……他以一种形式给予社会的劳动量,又以另一种形式全部领回来。"[①]列宁则把它概括为"对等量劳动给予等量产品"[②]。

(二) 按劳分配的必要性

按劳分配是社会主义的分配原则,它从根本上否定以私有制为基础的"按资分配",又不同于共产主义社会的"按需分配"。在社会主义社会,特别是在社会

[①] 《马克思恩格斯选集》第3卷,人民出版社1972年版,第10—11页。
[②] 《列宁选集》第3卷,人民出版社1995年版,第196页。

主义初级阶段实行按劳分配原则的必要性在于：第一，按劳分配是社会主义公有制的要求。在公有制条件下，社会成员共同占有生产资料，因而对生产资料的占有已经不能成为分配消费品的尺度了，从而否定了"按资分配"。第二，实行按劳分配是由社会主义社会生产力水平决定的。生产力水平决定了可供用来分配的社会产品的总量，也就最终决定了分配方式的选择。由于社会主义社会生产力水平较之于共产主义社会还很低，社会产品还没有极大地丰富，加上思想觉悟还没有极大地提高，不能实行"按需分配"。第三，在社会主义社会，劳动还没有从一种负担变成人们生活的第一需要，劳动仍然是谋生的手段。在这种情况下，只有实行按劳分配，才能调动劳动者的积极性，促进生产力的发展。

（三）按劳分配的作用和意义

按劳分配作为我国宪法规定的社会主义分配方式，其作用和意义主要表现为：第一，实行按劳分配，有利于巩固社会主义制度。按劳分配是劳动者共同占有生产资料的结果和实现经济利益的公平方式。劳动者共同占有生产资料，共同进行生产，通过生产过程的各个环节直至按劳分配是社会主义公有制实现的全过程。因此坚持按劳分配有利于巩固社会主义制度。第二，实行按劳分配有利于促进生产力的发展。按劳分配把劳动和报酬直接联系起来，实行多劳多得，能够调动劳动者的劳动积极性，兼顾国家、集体和个人的利益，从而能够促进生产力的发展。第三，按劳分配是我国现阶段分配制度的主体，它能保证在共同富裕的基础上让一部分人先富起来。

（四）促进收入分配改革

在我国，市场经济和社会主义是结合在一起的，我国的市场经济除了具有市场经济的一般特征外，它需要积极追求人民群众的整体利益和社会利益。随着我国全面建成小康社会、开启全面建设社会主义现代化国家新征程以后，我们必须完善以按劳分配为主体、多种分配方式并存的分配制度。以宪法为根本依据，加快推动收入分配领域改革，缩小贫富差距，促进共同富裕，进一步凸显社会主义分配制度的显著优势。

五、宪法关于土地问题的规定

我国宪法历来重视土地问题，几部宪法都规定了土地问题，其中尤以1982年《宪法》规定得最为完备。形成了我国基本的土地制度。1982年《宪法》对土地的规定主要有以下几项内容：第一，确认了土地公有制的两种形式，即"城市的土地属于国家所有"，"农村和城市郊区的土地，除由法律规定属于国家所有的以外，属于集体所有"。第二，规定了土地使用的基本原则，即"国家为了公共利益的需要，可以依照法律规定对土地实行征收或者征用并给予补偿"，"任何组织或者个人不得侵占、买卖、出租或者以其他形式非法转让土地"，"一切使用土地的组织和个人必须合理地利用土地"。这些规定为保护土地的所有权、合理使用土地奠定了宪法基础，也为修改《中华人民共和国农村土地承包法》《中华人民共和国土地管理法》提供了宪法依据。2018年修改的《农村土地承包法》通过增设土地经营权使农村土地"三权分置"改革制度化。2019年修改的《土地管理法》进一步解决了现行农村土地制度与社会主义市场经济体制不相适应的问题。

随着商品经济和经济体制改革的进一步发展，社会和经济发展对土地使用需求日益增加，1982年《宪法》对土地使用的有关规定已不能适应需要，一定程度上影响了对土地的合理使用，制约了经济的发展。1988年通过的《宪法修正案》第2条对《宪法》第10条第4款作了修改，规定"任何组织或者个人不得侵占、买卖或者以其他形式非法转让土地。土地的使用权可以依照法律的规定转让。"这一修正是对我国基本土地制度的重大发展和完善，具有重要意义：第一，进一步明确了土地的所有权属于国家和集体，不得（非法）转让。《宪法修正案》第2条删除了《宪法》第10条第4款关于"任何组织或者个人不得侵占、买卖、出租或者以其他形式非法转让土地"中的"出租"二字，表明修正案中规定的"任何组织或者个人不得侵占、买卖或者以其他形式非法转让土地"，指的是土地所有权不得"非法"转让。第二，在土地公有制的基础上，确认了土地所有权与使用权的分离，使经济体制改革中出现的两权分离的理论与实践第一次有了宪法依据。它意味着既然像土地这样重要的生产资料的所有权和使用权都可以分离，那么，其他生产资料和财产的两权分离在宪法上就是不言而喻的了。第三，为土地使用权的合法转让提供了宪法依据，使土地的使用制度符合了市场经济体制的要求。2004年《宪法修正案》第20条对《宪法》第10条第3款作了修改，规定"国家为了公共利益的需要，可以依照法律规定对土地实行征收或者征用并给予补偿"。

第三节　非公有制经济

一、社会主义公有制条件下多种经济形式并存的必然性

以社会主义公有制经济为主体的多种经济形式并存的经济结构，是我国现阶段经济制度的重要特点。劳动者个体经济、私营企业和三资企业是我国社会主义市场经济的重要组成部分，它们在一定范围内的存在和发展有客观必然性。第一，由于我国是在半封建半殖民地基础上建立起社会主义制度的，生产力发展水平还不高，不可能立即建成马克思设想的发达的社会主义，因而为其他经济形式的存在和发展留下了一定的余地。第二，受生产力发展水平的影响，我国经济布局存在一些不合理的地方，如偏向发展重工业，而对一些与人民日常生活密切

相关的领域缺少必要投入,因而需要其他经济形式在这样的领域"拾遗补漏"。第三,社会主义的根本任务是大力发展生产力,这需要大量的资金、先进的科学技术和管理经验。这就要求解放思想,进一步对外开放,引进资金、科学技术和管理经验为我所用,发展生产力。

因此《中共中央关于经济体制改革的决定》指出:"坚持多种经济形式和经营方式的共同发展,是我们长期的方针,是社会主义前进的需要,决不是退回到建国初期那种社会主义公有制尚未在城乡占绝对优势的新民主主义经济,决不会动摇而只会有利于巩固和发展我国的社会主义经济制度。"[①]长期以来,非公有制经济在支撑增长、促进创新、扩大就业、增加税收等方面发挥了重要作用。《中共中央关于制定国民经济和社会发展第十四个五年规划和二〇三五年远景目标的建议》明确要求优化民营经济发展环境,构建亲清政商关系,促进非公有制经济健康发展和非公有制经济人士健康成长。实践证明,宪法规定多种经济形式存在和发展是正确的,它极大地促进了我国经济的发展。

二、劳动者个体经济

劳动者个体经济是城乡劳动者个人占有生产资料,并以个人及其家庭成员的劳动为基础的一种自负盈亏的经济形式。个体经济自负盈亏,经济效益的好坏取决于劳动者自身的经营管理。劳动者个体经济主要存在于城乡小型手工业、零售商业、饮食业、服务业、修理业和运输业等行业。

劳动者个体经济是社会主义公有制经济占绝对优势下的私有制经济,它依附于公有制经济并受其制约,不会影响我国经济制度的社会主义性质,劳动者个体经济是社会主义公有制经济的重要组成部分。保护和发展劳动者个体经济有助于经济发展和满足人民生活的多方面需求,有助于减轻社会和政府的就业压力,有助于市场体制运作和竞争机制的形成。

因此,《宪法修正案》第 16 条规定:"在法律规定范围内的个体经济、私营经济等非公有制经济,是社会主义市场经济的重要组成部分。"国家保护个体经济、私营经济的合法的权利和利益。应该指出,劳动者个体经济作为私有制经济,不可避免地存在与社会主义公有制经济不协调的一面,具有一定的自发性、盲目性和投机性。因此,只有对其予以正确引导,才能限制它的消极因素,发挥它的积极作用。所以,《宪法修正案》第 21 条又规定:"国家鼓励、支持和引导非公有制经济的发展,并对非公有制经济依法实行监督和管理。"

---

① 中共中央文献研究室编:《改革开放三十年重要文献选编》(上册),中央文献出版社 2008 年版,第 357 页。

三、私营企业

私营经济是一种私人占有生产资料,使用雇佣劳动,自负盈亏的经济形式。它是私有制经济。私营经济是劳动者个体经济发展的产物,是在劳动者个体经济规模扩大的基础上形成的,因此,私营经济的存在从某种意义上讲也具有必然性。到20世纪80年代后期,私营经济作为一种经济形式,在我国国民经济中已占有一定的地位。截至2019年底,私营企业达3516万户,私营企业就业人数达2.28亿人,户均6.5人。私营企业主要分布在工业、建筑业、交通运输业、商业、饮食业乃至金融行业等领域,其经营规模和经济实力已不容忽视。同劳动者个体经济一样,私营企业也是社会主义市场经济的重要组成部分,它们不可能影响国有经济在重要行业和关键领域的支配地位,也不可能改变我国社会主义经济制度的性质。

四、中外合资经营企业、中外合作经营企业和外商独资企业

《宪法》第18条第1款规定:"中华人民共和国允许外国的企业和其他经济组织或者个人依照中华人民共和国法律的规定在中国投资,同中国的企业或者其他经济组织进行各种形式的经济合作。"根据我国有关法律的规定和外商在中国的情况,中外合资经营企业、中外合作经营企业和外商独资企业是外商投资的三种形式。

中外合资经营企业是指由中国的企业或者其他经济组织与外商共同投资、共同经营,按照注册资本的比例分配利润和承担风险的一种经济形式。中外合作经营企业是由中国的企业或者其他经济组织与外商合作,由中方提供土地使用权、劳务、厂房和其他设施,由外商提供资金、技术、设备和原材料,合作兴办企业,双方的责任、权利义务、收益分配根据协议由合同加以规定的一种经济形式。外商独资企业是外商根据我国法律的规定,投资经营,产品自销,自负盈亏的一种经济形式。"三资"企业是我国对外开放的产物,对于我国吸引外资、引进科学技术和先进的管理经验具有重要作用。《宪法》第18条第2款规定:"在中国境内的外国企业和其他外国经济组织以及中外合资经营的企业,都必须遵守中华人民共和国的法律。它们的合法的权利和利益受中华人民共和国法律的保护。"

第四节 我国的经济体制和基本经济政策

一、社会主义市场经济是我国的经济体制

(一)社会主义市场经济的特征

市场经济是与自然经济和计划经济相对而言的、建立在发达的商品货币

关系基础上的以市场机制为主导的资源配置方式。一般而言,市场经济的特点主要有:自由的企业制度、完备的市场体系、发达的契约关系和开放的经济市场。

社会主义市场经济是在社会主义国家宏观调控下,使市场成为资源配置的决定性方式,从而对社会经济活动进行调节的一种市场经济体制。正如党的十四大报告所指出的:"我们要建立的社会主义市场经济体制,就是要使市场在社会主义国家宏观调控下对资源配置起基础性作用,使经济活动遵循价值规律的要求,适应供求关系的变化;通过价格杠杆和竞争机制的功能,把资源配置到效益较好的环节中去,并给企业以压力和动力,实现优胜劣汰,运用市场对各种经济信号反应比较灵敏的优点,促进生产和需求的及时协调。"[①]党的十四大以来的多年间,我们党一直在探索社会主义市场经济的科学定位。党的十八大提出要在更大程度更广范围发挥市场在资源配置中的基础性作用。党的十八届三中全会作出了"使市场在资源配置中起决定性作用和更好发挥政府作用"的全新论断。可以看到,社会主义市场经济除了具备市场经济的一般特点外,还有自身的特征。这就是:第一,社会主义市场经济是在以公有制为主体的包括私人经济在内的多种经济成分共同发展的条件下运行的;第二,社会主义市场经济要实现共同富裕的社会主义原则;第三,社会主义市场经济有强大的社会主义国家宏观调控;第四,社会主义市场经济是法治经济。

(二)建立社会主义市场经济的必然性

1993年通过的《宪法修正案》第7条规定"国家实行社会主义市场经济",使实行了几十年的计划经济失去了宪法依据,从而确立了市场经济体制的地位。宪法修正案的这一规定是我国经济发展的必然反映,是经济体制改革的产物。自党的十一届三中全会以后,我国对经济体制进行了一系列改革,主要表现在以下六个方面:(1)在农村实行家庭联产承包责任制和统分结合的双层经营体制;(2)赋予国有企业经营自主权,使国有企业进入市场;(3)调整和放开价格;(4)改变单一的统购包销的流通形式,建立了多渠道的流通网络;(5)初步建立了国家宏观间接调控体系;(6)发展对外经济关系,实行国内市场与国际市场的接轨,开始按国际市场的一般规则处理涉外经济关系。这些改革的成功及其带来的前所未有的经济发展,既表明社会主义具有实行市场经济的基础,两者具有兼容性,又表明计划经济不再适合现阶段社会主义经济发展的要求,市场经济比计划经济更能促进社会主义生产力的发展。

(三)建立社会主义市场经济体制的基本内容

根据宪法修正案的有关规定和党的十四届三中全会通过的《中共中央关于

---

① 《江泽民文献》第1卷,人民出版社2006年版,第226页。

建立社会主义市场经济体制若干问题的决定》,建立健全社会主义市场经济体制的基本内容主要有:(1)建立健全以社会主义公有制为主体、多种经济成分并存的所有制结构,坚持多种经济形式共同发展的方针;(2)进一步转换国有企业经营机制,从而建立适应市场经济要求、产权清晰、权责明确、政企分开、管理科学的现代企业制度;(3)建立统一的、开放的、有序竞争的市场体系和符合市场要求的价格机制;(4)转变政府职能,建立完善的以间接手段为主的宏观调控体系;(5)建立以按劳分配为主体的、多种分配方式并存的、兼顾效率与公平的分配制度。

(四)实行由计划经济向社会主义市场经济体制过渡

社会主义市场经济是宪法修正案确定的我国经济体制,实行由计划经济向市场经济的过渡、建立市场经济体制是实施宪法的要求。根据党的十四大报告的精神和有关决定,实行由计划经济向市场经济的过渡,应做好下列环节的工作:(1)要加快企业改革的步伐,建立现代企业制度;(2)要加快市场体制的培育,特别是发展金融市场、劳动力市场、房地产市场和信息市场;(3)深入分配制度和社会保障制度的改革;(4)要加快政府职能的转变和机构改革;(5)加强经济立法,建立社会主义市场经济法律体系。

(五)社会主义市场经济体制的深入发展

在确立社会主义市场经济体制的基本内容后,经过十余年的不断探索,我国于2002年左右初步建立了社会主义市场经济体制,社会主义市场经济体制改革进入下一个阶段。2003年党的十六届三中全会通过的《中共中央关于完善社会主义市场经济体制若干问题的决定》,重新部署了经济体制改革的指导思想、战略目标以及重点任务。又经过十余年的发展,我国的市场经济改革进程进入攻坚期和深水区。2013年党的十八届三中全会的《中共中央关于全面深化改革若干重大问题的决定》指出,经济体制改革是全面深化改革的重点,处理好政府与市场的关系是关乎经济体制改革成功与否的核心问题。同时,该《决定》将合理划定市场与政府作用边界;加快完善现代市场体系;加快转变政府职能,简政放权;深化财税体制改革;推进开放型经济建设,积极参与国际经济合作等作为全面深化社会主义市场经济体制改革的重要举措。经过近几年的努力,社会主义市场经济体制更加完善,高标准市场体系基本建成。未来,构建高水平社会主义市场经济体制是我国经济改革的重要方向。

二、我国的基本经济政策

(一)坚持改革开放

改革开放是我国现行宪法的指导思想和基本特色之一。作为一项基本经济政策和发展国民经济的指导方针,坚持改革开放在宪法中主要表现在以下几个方面：

1. 1993年通过的《宪法修正案》第3条进一步明确强调"坚持改革开放"。现行《宪法》在总结十一届三中全会以来改革开放的成功经验的基础上，在序言中将"不断完善社会主义的各项制度，发展社会主义民主，健全社会主义法治"作为国家战略任务的组成部分作了规定，体现了坚持改革开放的精神。《宪法修正案》第3条在"不断完善社会主义的各项制度"之前，增加了"坚持改革开放"的内容，进一步明确了要坚持改革开放的原则。

2. 《宪法》在第14条中明确规定，要完善经济管理体制和企业经营管理制度，改进劳动组织，不断提高劳动生产率和经济效益，发展社会生产力。这不仅明确了作为基本经济政策的坚持改革开放的内容，而且指出了它的目的。

3. 宪法对经济体制改革成就的不断确认表明了对改革开放原则的坚持。宪法制定以来，我国经济体制改革取得了许多新的成就。可以说，对宪法的历次修正就是对改革开放成就的总结和确认。这也表明了宪法对改革开放的支持和坚持。习近平在庆祝改革开放40周年大会上发表讲话时指出："改革开放是党和人民大踏步赶上时代的重要法宝，是坚持和发展中国特色社会主义的必由之路，是决定当代中国命运的关键一招，也是决定实现'两个一百年'奋斗目标、实现中华民族伟大复兴的关键一招。"①在开始全面建设社会主义现代化国家的新征程后，我们仍需坚定不移推进改革，坚定不移扩大开放。

（二）坚持社会主义生产目的和手段

任何社会生产都有一定目的。社会生产目的是由生产资料的所有制性质决定的，同时又受生产资料所有制不同发展阶段劳动者与生产资料所有制结合方式的不同特点的影响。在我国社会主义初级阶段，生产资料的公有制以及劳动者与生产资料公有制结合的社会方式的特点决定了我国社会主义生产目的是满足人民日益增长的美好生活需要，包括劳动者的个人需要和公共需要两个方面。所以，《宪法》第14条第3款规定："国家合理安排积累和消费，兼顾国家、集体和个人的利益，在发展生产的基础上，逐步改善人民的物质生活和文化生活。"

应该指出的是，生产目的是通过与之相适应的手段来实现的。这里的"发展生产"就是社会主义生产目的实现的手段。我国是社会主义国家，社会主义生产目的决定了只能以发展生产作为生产目的实现的手段。发展生产一是要增加投入，二是要提高劳动生产率。在我国现阶段，发展生产主要是要在适当增加投入的基础上提高劳动生产率，包括提高生产技术、实行科学管理、厉行节约、降低生产成本等。因此，《宪法》第14条规定的"国家通过提高劳动者的积极性和技术水平，推广先进的科学技术，完善经济管理体制和企业经营管理制度"；"实行各

---

① 《十九大以来重要文献选编》（上册），中央文献出版社2019年版，第729页。

种形式的社会主义责任制,改进劳动组织";"国家厉行节约,反对浪费";"国家合理安排积累和消费"等都是社会主义生产目的手段的要求。

（三）保护公共财产和公民个人合法财产

社会主义公共财产是社会主义国家的物质基础,是实现国家根本任务、巩固社会主义制度的物质保证。宪法对公共财产的保护主要表现在以下几个方面：第一,宪法明确宣布："社会主义的公共财产神圣不可侵犯。"这既表达了宪法对公共财产进行特殊保护的立场,又表明了与资本主义宪法的根本区别。第二,宪法明确规定了社会主义公共财产的范围,即国家财产和集体财产。具体而言,公共财产包括：国家机关、武装力量、社会团体所有的财产；国家和集体经济组织所有的财产；国家和集体所有的土地等自然资源。第三,宪法规定了保护国有经济和集体经济的政策。如宪法规定"国家保障国有经济的巩固和发展"；"国家保护城乡集体经济组织的合法的权利和利益,鼓励、指导和帮助集体经济的发展"。

马克思和恩格斯在《共产党宣言》中指出："共产主义并不剥夺任何人占有社会产品的权力,它只剥夺利用这种占有去奴役他人劳动的权力。"[①]所以我国宪法在宣布"社会主义的公共财产神圣不可侵犯"的同时,明确规定："公民的合法的私有财产不受侵犯""国家依照法律规定保护公民的私有财产权和继承权。"

（四）公有制企业实行民主管理

公有制企业的民主管理有两种含义。一是指国家代表人民,通过法律、经济政策、计划政策对企业进行的宏观经济管理,反映的是国家与企业的关系；二是指在企业内部,由企业的职工（劳动者）通过职工代表大会等形式对企业管理的参与,反映的是企业与职工（劳动者）之间的关系。宪法中使用的企业民主管理概念指的是后一种,即作为基层民主形式,反映企业与职工关系的企业民主管理。

对企业实行民主管理是公有制的要求。生产资料的社会主义公有制使劳动者成为企业的所有者,因此参与企业的管理是劳动者的一项重要权利。《宪法》规定："国有企业依照法律规定,通过职工代表大会和其他形式,实行民主管理。""集体经济组织实行民主管理,依照法律规定选举和罢免管理人员,决定经营管理的重大问题。"对企业实行民主管理绝不应只是一个原则,一句空话。要实现对企业的民主管理必须解决好两个问题：(1) 要解决企业与国家的关系问题,即经营自主权的问题。只有企业有了经营自主权,企业的效益与职工（劳动者）的利益直接相关,职工（劳动者）参与管理才有意义,才有参与的积极性。可见,企业的经营自主权是实现对企业民主管理的前提条件。所以《宪法》第 16 条、第

[①] 《马克思恩格斯选集》第 1 卷,人民出版社 1995 年版,第 288 页。

17条规定:"国有企业在法律规定的范围内有权自主经营",集体经济组织依法"有独立进行经济活动的自主权"。(2)要有切实可行的实行民主管理的方式和途径。这显然是一个值得探索的问题。根据宪法的规定,职工代表大会是对企业进行民主管理的基本形式,此外职工还可以通过工会等对企业进行民主管理。党的十九届四中全会《决定》强调"健全以职工代表大会为基本形式的企事业单位民主管理制度,探索企业职工参与管理的有效方式,保障职工群众的知情权、参与权、表达权、监督权,维护职工合法权益"①,为进一步完善公有制企业的民主管理制度指明了方向。

一、前沿问题

1. 关于经济制度的概念

在宪法学论著中,对经济制度概念的使用和定位,通行的观点是将经济制度界定为生产关系的总和,是社会的经济基础。本书认为,在宪法学中,经济制度是宪法调整经济关系的制度,是一种宪法制度,不能简单地将其与生产关系的总和、经济基础等画上等号。每一学科都有特定的概念、范畴,宪法学在借用其他学科的概念、范畴时一定要注意将有关概念、范畴宪法学化,否则将会导致逻辑体系的矛盾。

2. 关于经济制度在宪法和宪法学中的地位问题

(1) 关于经济制度在宪法中的地位

从宪法的历史发展来看,在近代宪法时期,宪法具有政治法的特色,涉及经济制度的规定很少或几乎没有。在现代宪法中,有关经济制度的规定越来越多,并呈现出专门化、系统化和制度化的趋势。因此,经济制度是宪法的重要内容和组成部分,其意义主要在于通过规定和调整宪法主体间的基本经济关系,促进宪法经济秩序乃至整个宪法秩序的形成。由于经济是最活跃的社会因素,必然导致经济制度的多变性,从而不可避免地引发经济制度的变化、发展与宪法稳定性之间的紧张关系。因此,宪法规定经济制度的哪些方面、怎样规定是宪法学应该认真研究的问题。

(2) 关于经济制度在宪法学中的地位

在我国现有的宪法学论著中,对经济制度的位置主要有两种安排,一是将其

---

① 《中共中央关于坚持和完善中国特色社会主义制度 推进国家治理体系和治理能力现代化若干重大问题的决定》,载《人民日报》2019年11月6日,第1版。

作为一个独立的制度以专章讲述,一是将其作为国家性质的一部分予以讲述。本书认为前者能较好地反映经济制度作为一项制度的地位。但总的来看,宪法学对经济制度的研究还很不够,停留在政治经济学的一般叙述层面,几乎没有宪法学的学科特色。本书认为,宪法学对经济制度的研究,有待以国家的经济权力与其他宪法主体的经济权利为核心作进一步的展开和深入。就国家的经济权力而言,一方面,国家是全民所有财产的所有权人,另一方面,国家拥有管理经济的权力。这种权力的合理性一般而言来自于国家的正当性,对我国而言则更来自于国家作为全民所有财产的所有权人的身份和地位,它的合法性则表现为宪法和法律的确认和授予。就公民和其他经济主体而言,经济权利十分广泛,如财产所有权、经营自主权、平等竞争权等。所有这一切都应成为宪法学有关经济制度研究的内容。

3. 关于社会主义市场经济与宪法的关系

市场经济是一种通过市场配置社会资源的经济形式。后凯恩斯时代的经济学者就市场经济与宏观调控的关系,即政府与市场的关系展开过许多的争论,但是市场经济的良性发展需要法治的保障已成基本共识。在社会主义条件下发展市场经济是我们党的伟大创举,党的十八届四中全会《决定》中指出:"社会主义市场经济本质上是法治经济。"这表明社会主义市场经济需要法治的保驾护航;宪法作为国家根本法应担负起保障社会主义市场经济健康发展的使命。不过当前社会主义市场经济在宪法中的地位仍然存在争议。有人认为宪法中的"社会主义市场经济"是一种综合性的政治经济结构,在市场经济的目标引领下,宪法赋予市场主体以经济权利,塑造了国家经济权力的功能与运行方式,框定了国家与市场的基本关系。有人认为社会主义市场经济是一项宪法原则,充满了对人的尊严与个体基本权利的保障,属于典型的"保障型纲领性条款"。还有人认为"社会主义市场经济"作为宪法规范,是有关市场经济的政策与原则的法治化,具有严格的法律规范要素,对整个国家的经济生活、经济政策、企业自主权以及贸易等领域发挥统一规范的作用。

4. 关于完善市场经济体制和经济立法的问题

关于市场经济体制的完善,宪法学还需要更加深入的研究。本书认为,国家的经济管理权的范围和方式是其核心问题。如何根据现代市场经济的要求界定国家的经济管理权的范围和方式,是宪法学当下应该研究的课题。在法治建设的进程中,国家的经济管理权的范围和方式应以宪法性法律予以表现,因此宪法学还应该加强经济立法的研究。

5. 关于三权分置下农村土地经营权的问题

2018年修改的《农村土地承包法》新设土地经营权,通过赋予土地独立的经营权来增强土地的流动性,为农地资源的市场化提供了有力的制度保障。新法规定的土地经营权亟待进一步进行理论探索。如何保障土地经营权的有效行使以及土地经营市场的合理运行不仅是一般意义的法律问题,更关涉到宪法土地利用原则。因此,只有继续深入土地经营权的理论研究才能为农地的充分利用及农地经营权市场的健全提供理论指导,促进现代农业土地制度的持续、稳定、高效发展。

二、参考文献

1. 〔美〕R. H. 科斯等:《财产权利与制度变迁》,刘守英等译,上海三联书店、上海人民出版社 1994 年版。
2. 何新:《思考:新国家主义的经济观》,时事出版社 2001 年版。
3. 蒋碧昆主编:《宪法学》(第 7 版),中国政法大学出版社 2012 年版。
4. 刘军宁等编:《市场社会与公共秩序》,生活·读书·新知三联书店 1996 年版。
5. 杨祖功等:《国家与市场》,社会科学文献出版社 1999 年版。
6. 邓建鹏:《财产权利的贫困》,法律出版社 2006 年版。
7. 余文烈等:《市场社会主义》,经济日报出版社 2008 年版。
8. 任治俊:《财产权利与制度创新》,经济科学出版社 2006 年版。
9. 吴汉东:《无形财产权制度研究》,法律出版社 2005 年版。
10. 〔美〕A. 爱伦·斯密德:《财产、权力和公共选择》,黄祖辉等译,上海三联书店、上海人民出版社 2006 年版。
11. 谢思全等:《转型期中国财产制度变迁研究》,经济科学出版社 2003 年版。
12. 〔美〕查尔斯·K. 罗利编:《财产权与民主的限度》,刘晓峰译,商务印书馆 2007 年版。
13. 张五常等:《国家与市场》,译林出版社 2013 年版。
14. 韦森:《市场、法治与民主》,上海人民出版社 2008 年版。
15. 吴弘:《法治经济的理论探索与市场实践》,法律出版社 2017 年版。
16. 顾功耘主编:《政府与市场关系的重构》,北京大学出版社 2015 年版。
17. 何干强:《论公有制在社会主义基本经济制度中的最低限度》,载《马克思主义研究》2012 年第 10 期。
18. 荣兆梓:《生产力、公有资本与中国特色社会主义——兼评资本与公有制不相容论》,载《经济研究》2017 年第 4 期。
19. 张卓元:《混合所有制经济是什么样的经济》,载《求是》2014 年第 8 期。
20. 张翔:《财产权的社会义务》,载《中国社会科学》2012 年第 9 期。
21. 王澜明:《社会主义市场经济体制下的政府职能定位》,载《中国行政管理》2005年第1期。

22. 韩大元:《中国宪法上"社会主义市场经济"的规范结构》,载《中国法学》2019年第2期。

23. 黄卉:《宪法经济制度条款的法律适用——从德国经济宪法之争谈起》,载《中外法学》2009年第4期。

24. 王建均:《关于完善社会主义市场经济体制的思考》,载《中央社会主义学院学报》2013年第1期。

25. 潘昀:《论宪法上的"社会主义市场经济"——围绕宪法文本的规范分析》,载《政治与法律》2015年第5期。

26. 李响:《我国宪法经济制度规定的重新审视》,载《法学家》2016年第2期。

三、思考题

1. 如何理解经济制度的概念?
2. 试述经济制度与宪法的关系。
3. 现阶段我国经济制度有哪些主要特点?
4. 现行宪法规定实行社会主义市场经济有什么意义?
5. 试析《宪法修正案》第2条的意义。
6. 宪法修正案将"国营经济"改为"国有经济"的意义有哪些?
7. 试析"市场经济是法治经济"命题的合理性与局限性。
8. 市场经济对我国宪法发展有哪些意义?
9. 宪法学如何拓展和加强对经济制度的研究?

第七章 国家基本文化制度

内容提要

"文化"的内涵十分丰富，文化制度中的"文化"，系指在观念文化的指导下所从事的文化活动及其所形成的社会关系，包括教育、科学、体育、宗教、文艺等内容。所谓文化制度，就是国家制定和认可的规范有关文化活动、调整文化领域社会关系的法律、政策的总和。文化制度的范围很广泛，主要包括：教育制度、科技制度、体育制度、文艺政策、宗教制度以及新闻出版制度和其他文化事业的管理制度。文化制度是社会上层建筑的组成部分，具有阶级性、历史性和民族性的特点。宪法与文化制度的关系十分密切，宪法本身是一种文化现象，是文化发展到一定阶段的产物，是近代文明标志性的成就之一。文化制度是宪法的重要内容，宪法是文化制度化的基本形式。

我国现行《宪法》在序言、总纲以及公民基本权利义务、国家机构等部分中均不同程度地规定了文化制度，基本内容包括：教育制度、科技制度、体育制度、宗教制度以及其他文化制度等。从公民与国家的关系来看，文化制度主要包括公民的文化权利和国家的文化管理权力。后者又具体表现为国家基本的文化政策和国家机关的文化管理职权。

精神文明是宪法调整文化关系的基本原则，是我国各种文化制度的目的和基本追求，也是各种宪法主体参与文化关系和从事文化活动应遵循的基本准则。我国宪法直接使用了"精神文明"的概念，并把精神文明建设作为国家的根本任务之一作了规定。思想道德建设和文化建设是《宪法》关于精神文明建设的重要内容。

我国现行《宪法》对精神文明和文化制度的系统规定，不仅具有鲜明的中国特色，而且在世界制宪史上也具有重要意义。

关键词

文化　文化制度　教育制度　科技制度　文艺制度　体育制度　宗教制度　精神文明　精神文明建设　思想道德建设　文化建设

第一节 国家基本文化制度概述

一、文化制度的含义

"文化"是一个内涵十分丰富的概念,对它的界定众说纷纭,有上百种之多。根据《辞海》的通俗解释,广义的文化是指人类社会历史实践过程中所创造的物质财富和精神财富,狭义的文化是指社会的意识形态以及与之相适应的制度和机构。此外,文化还泛指一切知识。概言之,文化概念包括了三个层面的内容:一是物质文化层面,即器物文化;二是制度文化层面,即制度文化;三是观念文化层面,即观念文化。文化制度中的文化,系指在观念文化的指导下所从事的文化活动及其所形成的社会关系,包括教育、科学、卫生、体育、宗教、文艺等内容。所谓文化制度,就是国家制定和认可的规范有关文化活动、调整文化领域社会关系的法律、政策的总和。文化制度的范围很广泛,主要包括:教育制度、科技制度、体育制度、文艺政策、宗教制度以及新闻出版制度和其他文化事业的管理制度等。文化制度本身是一种文化现象,具有以下特点:

1. 文化制度属于上层建筑的范畴。上层建筑是建立在一定社会经济基础之上的社会思想、观点以及与之相应的制度、设施和组织的总和。文化制度是上层建筑的重要组成部分。一方面,经济基础决定了文化制度的产生、发展和性质,另一方面,文化制度又具有相对的独立性,反作用于经济基础,表现为以各种特有的形式和方式服务于自己赖以建立的经济基础。

2. 文化制度具有鲜明的阶级性。文化制度是统治阶级以国家名义制定或认可的,体现了统治阶级文化价值观,并以不同的方式表现着统治阶级的利益、思想和情感,起着建立有利于统治阶级文化社会秩序的作用。正如毛泽东所说:"在现在世界上,一切文化或文学艺术都是属于一定的阶级,属于一定的政治路线的。为艺术的艺术,超阶级的艺术,和政治并行或互相独立的艺术,实际上是不存在的。"[1]

3. 文化制度具有历史性。文化制度的历史性根源于文化的历史性。文化是一种社会历史现象,有其产生、发展的历史过程。作为规范文化活动和调整文化社会关系的文化制度因此也具有历史性的特点。文化制度的历史性表现在两方面:一是文化制度的时代性。文化制度的时代性是文化时代性的反映。不同历史时期因其物质生产方式、人际关系甚至人与自然的关系所具有的特殊性,使得其文化具有很强的时代特色,表现在制度上就是不同历史时期的文化制度的

---

[1] 《毛泽东选集》第3卷,人民出版社1991年版,第865页。

性质、内容、目的不一样。二是文化制度的连续性。文化制度的连续性是文化历史连续性的表现,它通过对以往时期的文化制度的批判继承来维系文化制度历史发展的连续性。

4. 文化制度具有民族性。文化是人类智慧、思想、情感凝聚成的社会财富,不同民族有自己特殊的智慧、思想和情感,因而使得各种文化现象都具有很强的民族特色。不同民族的国家的文化制度所体现出的这种民族特色就是文化制度的民族性。文化制度的民族性在宗教制度、教育制度中表现得尤为鲜明。

二、文化制度与宪法的关系

宪法是国家根本法,宪法和文化制度一样都是国家上层建筑的重要组成部分。文化制度与宪法的关系是上层建筑组成要素间的关系,具体表现在以下几个方面:

1. 宪法是文化发展到一定阶段的产物。近代意义宪法的产生,有深刻复杂的社会背景,民主的、大众的和科学的文化是宪法产生的重要条件。伴随着近代商品经济和资本主义民主政治而产生、发展起来的近代资本主义文化,与传统文化相比有一定的先进性。它是民主的文化,与专制文化相对立,服务于民主政治;它是大众的文化,具有平民性的特点,是对贵族文化的否定,肯定了文化权利的平等性;它是科学的文化,是对各种神秘文化的否定,形成了较为合理和科学的自然科学和社会科学体系,极大地促进了社会政治、经济的发展。近代民主的、大众的和科学的文化,对近代宪法的产生起到了主要作用。首先,近代资产阶级的文化革命对近代宪法的产生起到了直接的促进作用。宗教改革是资产阶级文化革命的重要内容,它按照资产阶级的要求,以宗教改革的形式对封建制度的精神支柱进行批判,确立了反映资本主义精神的资产阶级新教伦理和个人的宗教信仰自由观念,为清除宪法产生的宗教障碍作出了贡献。思想启蒙运动也是资产阶级文化革命的重要组成部分。启蒙思想家高举理性的大旗,运用自然法理论的武器,用科学批判神学,用人权反对专制,使自由、平等、博爱等思想观念得到了传播和普及,为宪法的产生创造了思想条件。其次,近代的资本主义文化为宪法产生提供了理论和技术条件。一方面,随着社会生产力的发展,社会分工越来越细,客观要求法律以部门法的形式对社会关系进行分门别类的调整,这必然导致旧的诸法合体的法律形式的解体;另一方面,社会又在分工的基础上走向了新的综合,它要求用法律对社会关系进行更深入、更系统的整体调整,因而需要有一种法律凌驾于其他法律之上,对社会关系进行统一调整,这种法律就是作为国家根本法的宪法。近代的社会科学,特别是政治学、社会学和法律学为这一过程的完成提供了理论和技术支持。可以说,没有资产阶级的文化革命,没有近代的社会科学,特别是法学和职业法学家的创造性劳动,就不会有近代意义的宪法。正是从这种意义上说,近代宪法是文化发展到一定阶段的产物。

2. 文化制度是宪法的重要内容,宪法是文化制度化的基本形式,宪法对文化制度的规定构成了一个国家的基本文化制度。综观世界各国宪法,无论是近代宪法还是现代宪法,无论是资本主义国家的宪法还是社会主义国家的宪法,都有文化制度方面的内容,文化制度是宪法不可缺少的一个重要组成部分。这是因为国家管理不可避免地要涉及文化活动,需要相应的法律制度作为依据。文化生活是公民社会生活的重要领域,法定的文化权利是文化生活正常进行的必要保障。文化自身的发展对文化制度化提出了新的要求,以一般法律和政策对文化进行制度化,已不足以表明文化在近现代社会关系中的重要性。这一切都要求宪法对文化进行规定,以满足国家、公民以及文化自身发展的需要。

宪法对文化制度的规定,在宪法的不同发展时期有不同的内容,大体上展示了由简单到复杂、由个别文化权利的规定到系统规定文化制度的发展过程。早期的宪法对文化的规定仅限于教育和宗教方面的内容,且是通过规定公民权利予以体现的,因而较为简单,没有形成系统的文化制度。1919年的德国《魏玛宪法》对文化制度进行了较为全面的规定,是资产阶级宪法对文化制度化的经典之作,标志着资产阶级宪法对文化制度的规定进入了一个新的时期。第二次世界大战后的资产阶级宪法进一步发展和加强了文化制度方面的规定,其中尤以1947年的《意大利宪法》和1949年《德意志联邦共和国基本法》最为典型。社会主义国家宪法一经产生就表现出了对文化制度的高度重视,1918年的《苏俄宪法》、1924年的《苏联宪法》和1936年的《苏联宪法》对文化制度作了较为系统全面的规定。

应该指出的是,宪法的性质和文化丰富多彩的内容决定了宪法对文化制度的规定,只能涉及文化生活和文化关系的一些基本方面,因此宪法对文化制度的规定,只能是一个国家基本的文化制度,而不可能取代文化制度化的其他形式。

第二节 我国宪法规定的文化制度

一、我国宪法对文化制度的规定概述

我国宪法十分重视文化制度,历部宪法都规定了文化制度,其中现行宪法的规定最为完备。现行宪法在序言中对文化制度方面的规定主要有:(1)明确指出了我国文化的民族性和历史性特点。现行《宪法》序言指出:"中国是世界上历史最悠久的国家之一。中国各族人民共同创造了光辉灿烂的文化,具有光荣的革命传统。"(2)总结了新中国成立以来文化建设的成就,指出"教育、科学、文化

等事业有了很大的发展"。(3)强调了知识分子的作用,指出"社会主义的建设事业必须依靠工人、农民和知识分子,团结一切可以团结的力量"。(4)要求在和平共处五项原则的基础上发展同各国的文化交流。现行《宪法》在总纲中从第19条到第24条对我国的文化制度的基本内容作了规定。此外,《宪法》还在公民基本权利与义务中规定了公民的文化教育方面的基本权利与义务,在国家机构中规定了国家机关管理文化教育的职权。宪法对文化制度方面的上述规定,构成了我国基本的文化制度。

二、我国文化制度的基本内容

(一)教育制度

教育制度是文化制度的重要组成部分,《宪法》第19条从以下几个方面对我国的教育制度作了规定:(1)国家发展社会主义的教育事业,提高全国人民的科学文化水平。社会主义教育事业关系到我国社会主义现代化建设的成败和中华民族的兴亡。发展教育事业是国家的一项基本教育政策,也是我国教育制度的目的。(2)国家举办各种学校,普及初等义务教育,发展中等教育、职业教育和高等教育,并且发展学前教育。这表明,我国的教育制度由学前教育、初等教育、中等教育和高等教育等层次的教育构成。学校是专门的教育机构,要举办从事不同层次教育的学校。初等教育是基础教育,实行义务教育,《中华人民共和国义务教育法》规定义务教育为九年。职业教育是我国教育制度的重要组成部分。(3)国家发展各种教育设施,扫除文盲,对工人、农民、国家工作人员和其他劳动者进行政治、文化、科学、技术、业务的教育,鼓励自学成才。这表明我国教育制度十分重视对劳动者进行全方位的综合教育。(4)国家鼓励集体经济组织、国家企业事业组织和其他社会力量依照法律规定举办各种教育事业。(5)国家推广全国通用的普通话。此外,宪法还规定了我国公民受教育的权利和义务。我国教育制度的上述内容必将极大地推动文化强国战略的实施。根据《中共中央关于制定国民经济和社会发展第十四个五年规划和二〇三五年远景目标的建议》的规定,我国要在2035年建成文化强国、教育强国以及人才强国。在这个过程中,国家将进一步建设高质量教育体系。具体包括:推动义务教育均衡发展和城乡一体化;完善普惠性学前教育和特殊教育、专门教育保障机制,鼓励高中阶段学校多样化发展;增强职业技术教育适应性,深化职普融通、产教融合、校企合作,探索中国特色学徒制,大力培养技术技能人才;提高高等教育质量,分类建设一流大学和一流学科,加快培养理工农医类专业紧缺人才;提高民族地区教育质量和水平;支持和规范民办教育发展,规范校外培训机构;发挥在线教育优势,完善终身学习体系,建设学习型社会等。2021年第七次全国人口普查结果数据结果显示,我国具有大学文化程度的人口为21836万人,与2010年相比,每10万人中具有大学文化程度的由 8930 人上升为 15467 人,15 岁及以上人口的平均受教育年限由 9.08 年提高至 9.91 年,文盲率由 4.08％下降为 2.67％。受教育状况的持续改善反映了 10 年来我国大力发展高等教育以及扫除青壮年文盲等措施取得了积极成效,人口素质不断提高。

(二) 科技制度

《宪法》第 20 条规定:"国家发展自然科学和社会科学事业,普及科学和技术知识,奖励科学研究成果和技术发明创造。"这表明,发展自然科学和发展社会科学在我国科技制度中处于同等重要的位置,发展自然科学和社会科学事业是我国科技制度的基本要求。国家对于科学和技术的重视程度也在逐步加强,例如第十三届全国人民代表大会常务委员会第十次会议对《中华人民共和国商标法》进行修订,明确"不以使用为目的的恶意商标注册申请"的后果,提高了"恶意侵犯商标专用权"的赔偿限额,进一步对商标代理机构的违法行为进行惩处等方面作出了法律规定。奖励科学研究成果和技术发明创造,普及科学和技术,是国家科技制度的重要内容,也是推动科学技术发展的重要途径。随着文化强国战略的确立,科学技术作为第一生产力的作用也越来越突出,这对进一步加强科技制度建设具有重要意义。党和国家致力于科技制度的完善,以及科教兴国战略的部署。科技体制改革是加强和完善科技制度的重要措施,1995 年,国务院根据《中共中央、国务院关于加速科学技术进步的决定》中"深化科技体制改革"的精神,作出了《关于"九五"期间深化科技体制改革的决定》,规定了我国科技体制改革的主要目标、主要任务、主要措施,极大地促进了我国科技制度的完善和科学技术的发展。当前,《中共中央关于制定国民经济和社会发展第十四个五年规划和二〇三五年远景目标的建议》中明确指出要继续深入推进科技体制改革,完善国家科技治理体系,优化国家科技规划体系和运行机制,推动重点领域项目、基地、人才、资金一体化配置。

(三) 体育制度

体育制度也是我国文化制度的组成部分。《宪法》第 21 条第 2 款规定:"国家发展体育事业,开展群众性的体育活动,增强人民体质。"这是我国关于体育问题的基本国策,是体育制度的重要内容。《中华人民共和国体育法》第 2 条规定:"国家发展体育事业,开展群众性的体育活动,提高全民族身体素质。体育工作坚持以开展全民健身活动为基础,实行普及与提高相结合,促进各类体育协调发展。"为推进社会体育、学校体育、竞技体育事业的全面发展,该法设专章对体育事业经费、公共体育设施以及体育专业教育等重要内容进行了规范。体育既是国家强盛的应有之义,也是人民健康幸福生活的重要组成部分。进入新时代以来,党和国家提出要"加快推进体育强国建设",由体育大国向体育强国迈进。按照《国务院办公厅关于印发体育强国建设纲要的通知》的规定,体育强国建设目标和主要任务是:落实全民健身国家战略,助力健康中国建设;提升竞技体育综合实力,增强为国争光能力;加快发展体育产业,培育经济发展新动能;促进体育文化繁荣发展,弘扬中华体育精神;加强对外和对港澳台体育交往,服务中国特色大国外交和"一国两制"事业等。应当指出,加快建设体育强国,发展体育事业不仅是为了推进竞技体育的发展,更是为了满足人民日益增长的体育和健康需求。

(四)宗教制度

宗教制度是国家对待宗教的基本政策以及管理宗教事务的制度,内容一般涉及宗教信仰、宗教组织同政权的关系等方面。根据现行《宪法》第36条的规定,我国的宗教制度包括下列内容:(1)中华人民共和国公民有宗教信仰的自由;(2)国家保护正常的宗教活动;(3)宗教活动不得破坏社会秩序、损害公民身体健康、妨碍国家教育制度;(4)我国的宗教团体和宗教事务不受外国势力的支配。

(五)其他文化制度

其他文化制度是指教育制度、科技制度和体育制度以外的规定文化方面问题的制度。它包括文学艺术方面的制度、新闻广播电视管理方面的制度、出版方面的制度以及有关图书馆、博物馆、文化馆和名胜古迹、珍贵文物等管理方面的制度。

这些文化制度的基本宗旨是为人民服务、为社会主义服务。党的领导是社会主义文化的本质特征,也是公民文化权利得以实现的重要保证。

第三节 社会主义精神文明建设

一、精神文明概述

(一)精神文明的含义

文明同文化一样,也是一个很难界定的概念,人们一般在需要表明人类社会整体进步与发展的程度和状态的时候使用它。按照摩尔根的见解,人类社会的发展经过了蒙昧时代、野蛮时代和文明时代三个阶段。文明是相对于蒙昧、野蛮而言的一种社会发展与进步的状态。它以铁器的使用和文字的产生为标志。就传统的观念而言,文明的内容包括物质文明和精神文明两个方面。这就是福泽谕吉所谓"文明有两个方面,即外在的事物和内在的精神"[1]。党的十六大报告正式提出了政治文明概念,2004年通过的《宪法修正案》第18条将政治文明载

---

[1] 〔日〕福泽谕吉:《文明论概略》,北京编译社译,商务印书馆2011年版,第12页。

入宪法，强调物质文明、政治文明、精神文明的协调发展。党的十七大报告提出了生态文明概念。党的十八大报告把中国特色社会主义建设格局确定为"五位一体"总体布局，即经济建设、政治建设、文化建设、社会建设、生态文明建设。党的十九大报告首次提出"社会文明"概念，将社会建设提升到社会主义文明的高度。2018年通过的《宪法修正案》在序言第七自然段加入了"生态文明"与"社会文明"，强调推动物质文明、政治文明、精神文明、社会文明、生态文明协调发展。至此，宪法明确了社会主义文明的基本内容。

物质文明指的是人类社会改造客观世界所获得的物质成果，表现为物质生产的进步和物质生活的改善。政治文明以政治制度和政治行为为核心内容，标识着人类政治生活进步与发展的状态，人权、民主、法治是近现代政治文明的标志。精神文明是人类社会在改造客观世界的同时对自己主观世界改造所获得的精神成果，一般表现为教育的发达、科学的进步和思想道德观念的提高。社会文明（取其狭义概念）指的是在社会建设领域中取得的积极成果，主要表现在社会全体成员共同福祉的增进和社会生活状况的提升。生态文明指人与自然和谐相处的状态，表现为国家形成节约能源资源和保护生态环境的产业结构、增长方式、消费模式。物质文明、政治文明、精神文明、社会文明和生态文明是以人类社会生活的领域为标准对文明所作的一种学理上的划分，它们分别反映了人类社会经济、政治、文化（狭义）、社会（狭义）及生态的进步与发展状态。物质文明是基础，政治文明是保障，精神文明是目标，社会文明和生态文明是条件，五者的协调发展标志着一个社会整体的发展程度和文明状态。

明确精神文明的含义，首先，必须了解精神文明与物质文明的关系。精神文明是伴随着物质文明的产生而产生的，是生产实践中的精神产品。物质文明是精神文明的基础，没有一定的物质文明，不可能有精神文明。精神文明不仅决定了物质文明的社会性质，还为物质文明提供了智力支持。没有精神文明，物质文明也搞不好，甚至遭受破坏。其次，还必须明确精神文明与政治文明的关系。就广义而言，精神文明涵盖了政治文明，政治文明是精神文明的一个方面。精神文明是思想的上层建筑，政治文明属于政治的上层建筑。精神文明是政治文明的追求和目标，政治文明是精神文明的保障。再次，必须明确精神文明与社会文明、生态文明的关系。精神文明是社会文明、生态文明的追求，同时也能为社会文明、生态文明提供指引。最后，还必须了解精神文明的范围，精神文明的范围涉及面极广，大体上可以分为两个方面的内容：一是指教育、科学、文化、艺术等有关人类智能方面的因素，二是指理想、信念、道德等有关人类思想道德方面的因素。

我国社会主义精神文明是阶级社会最高类型的一种精神文明，是有中国特色社会主义的重要组成部分。它是以马克思主义、毛泽东思想、邓小平理论、"三个代表"、科学发展观和习近平新时代中国特色社会主义思想为指导,建立在社会主义公有制基础之上的,由人民大众创造的为人民大众服务的精神文明。社会主义精神文明建设就是在物质文明、政治文明的建设过程中,通过理想教育、道德教育、文化教育、纪律和法制教育以及其他有关的途径和形式,提高全民族思想道德素质和发展社会主义文化事业。

(二)精神文明与宪法的关系

精神文明是随着社会生产方式的变更不断向前发展的,先后经历了奴隶制社会的精神文明、封建社会的精神文明后,迈进了近代的资本主义精神文明和现代的社会主义精神文明。作为国家根本法的宪法是近代的产物,精神文明同宪法的关系,从历史性的角度看,是指近现代精神文明同宪法的关系;从性质上看,则包括资本主义精神文明同宪法的关系和社会主义精神文明同宪法的关系。精神文明同宪法的关系概括地说表现在两个方面:

1. 宪法是近现代精神文明的重要标志。列宁在《落后的欧洲和先进的亚洲》一文中,把资产阶级统治下的欧洲称为"技术十分发达、文化丰富全面、实行立宪、文明又先进的欧洲"①。从这里可以看出,列宁把完备的宪法、发达的技术和丰富的文化看成了资产阶级文明先进的欧洲的标志。就广义而言,资本主义的精神文明集中表现为资本主义的政治制度、文化制度及其观念,包括代议制、普选制等,是由资本主义宪法予以确认和保护的,因而宪法理所当然地成为了资本主义精神文明的标志。社会主义精神文明是比资本主义精神文明更高形态的一种精神文明,社会主义宪法是社会主义精神文明的重要标志。

2. 宪法对精神文明的发展起着巨大的作用。近现代宪法通过确认精神文明的重要内容和形式,对精神文明发挥着保护和促进的作用。随着宪法的发展,宪法对精神文明的内容和形式规定变得越来越多、越来越直接,它对精神文明所起的作用也会越来越大。

(三)精神文明与文化制度的关系

文化制度与精神文明密不可分。文化制度是文化发展的要求和表现,文化制度化的程度反映了文化发展的水平。因此,文化制度本身就是精神文明的重要内容和组成部分。文化制度直接的目的和作用在于发展文化教育事业,所以文化制度又是加强精神文明建设的手段。精神文明是文化制度的价值取向和基本追求,指导着文化制度的发展方向。

二、我国宪法关于社会主义精神文明建设的规定

我国现行宪法是一部比较全面系统地规定精神文明方面的内容并直接使用

---

① 《列宁选集》第 2 卷,人民出版社 1995 年版,第 317 页。

"精神文明建设"概念的宪法。对精神文明建设的规定是现行宪法作为具有中国特色社会主义宪法的重要标志之一。现行宪法对精神文明建设的规定主要表现在两个方面：

1. 在序言中，宪法把精神文明建设作为国家根本任务进行了规定。《宪法》序言明确指出："国家的根本任务是，沿着中国特色社会主义道路，集中力量进行社会主义现代化建设。中国各族人民将继续在中国共产党领导下，在马克思列宁主义、毛泽东思想、邓小平理论、'三个代表'重要思想、科学发展观、习近平新时代中国特色社会主义思想指引下，坚持人民民主专政，坚持社会主义道路，坚持改革开放，不断完善社会主义的各项制度，发展社会主义市场经济，发展社会主义民主，健全社会主义法治，贯彻新发展理念，自力更生，艰苦奋斗，逐步实现工业、农业、国防和科学技术的现代化，推动物质文明、政治文明、精神文明、社会文明、生态文明协调发展，把我国建设成为富强民主文明和谐美丽的社会主义现代化强国，实现中华民族伟大复兴。"1993年通过的《宪法修正案》第3条指出"把我国建设成为富强、民主、文明的社会主义国家"，是国家的根本任务。2004年通过的《宪法修正案》第18条强调"推动物质文明、政治文明和精神文明协调发展"。2018年通过的《宪法修正案》第32条增加了"社会文明"和"生态文明"，"五个文明"协调发展。可见精神文明建设仍是宪法序言规定的国家根本任务之一。

2. 在总纲中，宪法对精神文明的主要内容进行了规定。《宪法》第24条规定："国家通过普及理想教育、道德教育、文化教育、纪律和法制教育，通过在城乡不同范围的群众中制定和执行各种守则、公约，加强社会主义精神文明的建设。""国家倡导社会主义核心价值观，提倡爱祖国、爱人民、爱劳动、爱科学、爱社会主义的公德，在人民中进行爱国主义、集体主义和国际主义、共产主义的教育，进行辩证唯物主义和历史唯物主义的教育，反对资本主义的、封建主义的和其他的腐朽思想。"2018年通过的《宪法修正案》将《宪法》第24条第2款中"国家提倡爱祖国、爱人民、爱劳动、爱科学、爱社会主义的公德"修改为"国家倡导社会主义核心价值观，提倡爱祖国、爱人民、爱劳动、爱科学、爱社会主义的公德"。第十三届全国人大第一次会议关于《中华人民共和国宪法修正案（草案）》的说明指出，社会主义核心价值观是当代中国精神的集中体现，凝结着全体人民共同的价值追求。作这样的修改，贯彻了党的十九大精神，有利于在全社会树立和践行社会主义核心价值观，巩固全党全国各族人民团结奋斗的共同思想道德基础。

宪法关于精神文明建设的上述规定为我国深入开展精神文明建设提供了根本法保证。依据宪法的规定，1986年中共中央十二届六中全会通过了《关于社会主义精神文明建设指导方针的决议》，极大地促进了我国社会主义精神文明建设。但是，由于对两个文明一起抓的方针在执行过程中出现过不一致的情况，以及一些部门和地方"一手比较硬、一手比较软"的问题还没有解决,在我国精神文明建设中还存在一些问题。为了在发展社会主义市场经济和对外开放的新条件下进一步加强社会主义精神文明建设,中共中央十四届六中全会通过了《中共中央关于加强社会主义精神文明建设若干重要问题的决议》(以下简称《决议》)。《决议》明确指出,加强社会主义精神文明建设是一项重要的战略任务,关系到跨世纪宏伟蓝图的全面实现,关系到我国社会主义事业的兴旺发达。《决议》是在新的条件下实施宪法关于精神文明建设规定、进行精神文明建设的指导性文件。当前,国家文化软实力已经有了较大幅度的提升,文化事业和文化产业呈现繁荣发展的景象。随着坚定文化自信和建设文化强国战略的提出,《中共中央关于制定国民经济和社会发展第十四个五年规划和二〇三五年远景目标的建议》强调要继续加强社会主义精神文明建设,促进满足人民文化需求和增强人民精神力量相统一。

三、我国社会主义精神文明建设的指导思想和奋斗目标

(一)精神文明建设的指导思想

加强社会主义精神文明建设是一项重大的战略任务。我国社会主义精神文明建设的指导思想是:以马克思列宁主义、毛泽东思想、邓小平理论、"三个代表"重要思想、科学发展观和习近平新时代中国特色社会主义思想为指导。坚持党的基本路线和基本方针,加强思想道德建设,发展教育科学文化,以科学的理论武装人,以正确的舆论引导人,以高尚的精神塑造人,以优秀的作品鼓舞人,培养有思想、有道德、有文化、有纪律的社会主义公民。提高全民族的思想道德素质和科学文化素质,团结和动员各族人民把我国建设成为富强、民主、文明、和谐、美丽的社会主义现代化国家。这也是我国精神文明建设的总要求。

(二)精神文明建设的主要目标

根据《宪法》的规定和有关政策文件的规定,我国社会主义精神文明建设的主要目标是:(1)在全民族牢固树立建设中国特色社会主义的共同理想,牢固树立坚持党的基本路线不动摇的坚定信念;(2)实现以思想道德修养、科学教育水平、民主法治观念为主要内容的公民素质的显著提高,实现以积极健康、丰富多彩、服务人民为主要要求的文化生活质量的显著提高,实现以社会风气、公共秩序、生活环境为主要标志的城乡文明程度的显著提高;(3)在全国范围形成物质文明、政治文明、精神文明、社会文明和生态文明协调发展的良好局面;(4)把精神文明建设贯穿改革开放全过程,纳入社会主义现代化建设总体布局,全面展开精神文明建设各项工作,为社会主义物质文明建设提供有力的思想指导、精神支撑和智力支持,为经济社会发展创造良好的精神文化条件。

四、精神文明建设的内容

按照宪法规定,我国社会主义精神文明建设的内容主要包括思想道德建设和文化教育建设两个方面。

(一)思想道德建设

社会主义思想道德建设集中体现着精神文明建设的性质。党的十九大报告中提出加强思想道德建设。为了加强公民道德建设、提高全社会道德水平,促进全面建成小康社会、全面建设社会主义现代化强国,2019年中共中央、国务院印发《新时代公民道德建设实施纲要》指出,要把社会公德、职业道德、家庭美德、个人品德建设作为着力点。推动践行以文明礼貌、助人为乐、爱护公物、保护环境、遵纪守法为主要内容的社会公德,鼓励人们在社会上做一个好公民;推动践行以爱岗敬业、诚实守信、办事公道、热情服务、奉献社会为主要内容的职业道德,鼓励人们在工作中做一个好建设者;推动践行以尊老爱幼、男女平等、夫妻和睦、勤俭持家、邻里互助为主要内容的家庭美德,鼓励人们在家庭里做一个好成员;推动践行以爱国奉献、明礼遵规、勤劳善良、宽厚正直、自强自律为主要内容的个人品德,鼓励人们在日常生活中养成好品行。

思想建设要坚持以马克思列宁主义、毛泽东思想为指导,以习近平新时代中国特色社会主义思想来进行理论武装全党,教育干部和人民,进行共产主义理想教育,坚持辩证唯物主义和历史唯物主义教育。构建德智体美劳全面培养的教育体系。要推动道德实践养成,广泛开展弘扬时代新风行动。良好社会风尚是社会文明程度的重要标志,涵育着公民美德善行,推动着社会和谐有序运转。

道德建设要以为人民服务为核心,以集体主义为原则,以爱祖国、爱人民、爱劳动、爱科学、爱社会主义为基本要求。社会主义道德建设主要包括社会公德教育、职业道德教育和家庭美德教育三个内容。社会公德教育要大力倡导文明礼貌、助人为乐、爱护公物、保护环境、遵纪守法的社会公德。职业道德教育就是在广大职工中倡导爱岗敬业、诚实守信、办事公道、服务群众、奉献社会的职业道德。家庭美德教育则要提倡尊老爱幼、男女平等、夫妻和睦、勤俭持家、邻里团结的家庭美德。

思想道德建设要加强青少年思想道德教育,通过各种形式和途径帮助青少年树立远大理想,培育优良品德。社会主义法治对精神文明建设具有促进作用,要进一步加强法制教育,增强人们的民主法治观念,以推动社会主义道德风尚的形成、巩固和发展。

(二)文化教育建设

文化教育建设是精神文明建设的重要组成部分。文化教育建设主要包括发展文化事业、教育事业和科学事业三个方面的内容。鉴于发展教育事业和科学事业在教育制度和科技制度中作了介绍,这里着重就发展社会主义文化事业作一些说明。

社会主义文化事业主要包括文学艺术、文化传播、哲学、社会科学等文化事业。发展文化事业对于满足人民群众日益增长的精神文化需求、提高民族素质、促进经济发展和社会进步,具有重要作用。

1. 发展文化事业需要繁荣文学艺术,它要求:(1) 创作生产出思想性艺术性观赏性相统一、人民喜闻乐见的优秀文艺作品;(2) 提升文艺原创力;(3) 坚持文艺为人民大众服务的方向;(4) 加强对文艺事业的领导和管理;(5) 提倡健康的文艺批评;(6) 弘扬中华优秀传统文化;(7) 丰富群众性文化活动;(8) 完善公共文化服务体系。

2. 发展现代文化传播体系。提高社会主义先进文化辐射力和影响力,必须加快构建技术先进、传输快捷、覆盖广泛的现代传播体系。要加强党报党刊、通讯社、电台、电视台和重要出版社建设,进一步完善采编、发行、播发系统,加快数字化转型,扩大有效覆盖面。完善国家数字图书馆建设。推进电信网、广电网、互联网三网融合,建设国家新媒体集成播控平台,创新业务形态,发挥各类信息网络设施的文化传播作用,实现互联互通、有序运行。

3. 进一步发展哲学、社会科学。发展哲学、社会科学对于精神文明建设具有重要意义。坚持和发展中国特色社会主义,必须大力发展哲学社会科学,使之更好地发挥认识世界、传承文明、创新理论、咨政育人、服务社会的重要功能。要巩固发展马克思主义理论学科,坚持基础研究和应用研究并重,传统学科和新兴学科、交叉学科并重,结合我国实际和时代特点,建设具有中国特色、中国风格、中国气派的哲学社会科学。坚持以重大现实问题为主攻方向,加强对全局性、战略性、前瞻性问题研究,加快哲学社会科学成果转化,更好地服务经济社会发展。

4. 构建现代文化产业体系。加快发展文化产业,必须构建结构合理、门类齐全、科技含量高、富有创意、竞争力强的现代文化产业体系。要在重点领域实施一批重大项目,推进文化产业结构调整,发展壮大出版发行、影视制作、印刷、广告、演艺、娱乐、会展等传统文化产业,加快发展文化创意、数字出版、移动多媒体、动漫游戏等新兴文化产业。推动文化产业与旅游、体育、信息、物流、建筑等产业融合发展,增加相关产业文化含量,延伸文化产业链,提高附加值。

5. 创新文化管理体制。深化文化行政管理体制改革,加快政府职能转变,强化政策调节、市场监管、社会管理、公共服务职能,推动政企分开、政事分开,理顺政府和文化企事业单位关系。完善管人管事管资产管导向相结合的国有文化资产管理体制。健全文化市场综合行政执法机构,推动副省级以下城市完善综合文化行政责任主体。加快文化立法,制定和完善公共文化服务保障、文化产业振兴、文化市场管理等方面的法律法规,提高文化建设的法治化水平。

一、前沿问题

1. 宪法学关于文化制度研究的基本状况

我国宪法学对文化制度的研究尚处于制度解释的层面,主要表现为:(1)满足于对现行宪法总纲所规定的文化制度进行说明和解释;(2)从国家的文化权力和公民文化权利相互关系的角度对文化制度作深层次的研究较少;(3)除宪法学教科书外,宪法学缺乏对文化制度的相关问题的专门研究。因此,宪法学亟待进一步加强文化制度方面的研究。

2. 关于文化和文化制度的概念问题

如本书正文所述,文化的内涵十分丰富,可以说一切与人类活动相关的现象都是文化现象。在宪法和宪法学中,文化是与政治、经济等并列使用的概念,文化制度也是与政治制度、经济制度等概念相对应的概念。因此,本书认为,在宪法学中,文化乃是指宪法主体的文化行为以及由此形成的文化关系,而文化制度则是规范宪法主体文化行为、调整文化关系的制度。

3. 关于精神文明的含义及其宪法地位的问题

对精神文明和精神文明建设的规定,是现行宪法的重要特色。但我国宪法学对精神文明及其建设的研究并没有形成我国宪法学的理论优势,对精神文明内涵的宽泛化解释和缺乏明确的宪法定位是其存在的主要问题。就精神文明的内涵而言,虽然从文化学的角度看,它是与物质文明相对的一个概念,但在宪法学中它应该是与文化制度密切相关的一个概念,不应该赋予它与文化制度不相关的含义。

4. 关于宪法文本中的国家与文化之关系的问题

宪法文本中的国家与文化之关系问题主要源于国家义务边界不明。宪法文本中与文化相关的纲领性条款虽然设定了国家在文化领域的积极行为边界,但未能解决国家权力在文化领域中规范运行的问题。宪法文本中通过授权国家机关在文化领域的职权范围,进一步明确国家积极义务的内容,但依然未创设对国家积极义务履行的监督审查机制。

二、参考文献

1. 〔日〕福泽谕吉:《文明论概略》,北京编译社译,商务印书馆 1959 年版。

2. 〔俄〕马林诺夫斯基:《文化论》,费孝通等译,中国民间文艺出版社 1987 年版。

3. 司马云杰:《文化社会学》,山东人民出版社 1987 年版。

4. 《中共中央关于加强社会主义精神文明建设若干重要问题的决议》,人民出版社 1996 年版。

5. 《中共中央关于社会主义精神文明建设指导方针的决议》,人民出版社 1986 年版。

6. 张西山:《中国特色社会主义的制度文化分析》,社会科学文献出版社 2013 年版。

7. 蒋碧昆主编:《宪法学》(第七版),中国政法大学出版社 2012 年版。

8. 莫纪宏:《论文化权利的宪法保护》,载《法学论坛》2012 年第 1 期。

9. 王锴:《论文化宪法》,载《首都师范大学学报(社会科学版)》2013 年第 2 期。

10. 任喜荣:《宪法基本文化政策条款的规范分析》,载《社会科学战线》2014 年第 2 期。

11. 秦小建:《精神文明的宪法叙事:规范内涵与宪制结构》,载《中国法学》2018 年第 4 期。

12. 黄明涛:《从"文化"到"文化权"——文化的宪法解释学建构及其实践意义》,载《政法论坛》2020 年第 6 期。

三、思考题

1. 试析文化制度、精神文明的概念及其相互关系。
2. 如何理解文化制度与宪法的关系?
3. 我国宪法对文化制度的规定有哪些主要内容?
4. 试述文化制度对我国公民文化教育权利实现的意义。
5. 试述我国文化制度的主要特点。

第八章　国家基本社会制度

在宪法学中,社会制度是调整国家与公民社会生活关系的制度。社会主义宪法自产生之日起就特别重视国家基本社会制度的建设。国家基本社会制度主要包括社会保障制度、医疗保险制度、劳动保障制度、养老保障制度以及法治社会建设等内容。社会制度是生产社会化的产物,它以维护社会公平为核心价值,以社会和谐为目标。社会制度受国情的限制,对经济发展水平具有依赖性。社会制度与宪法具有密切的关系。宪法本身就是一种社会现象,它是社会活动的产物,是社会文明进步的重要标志。社会制度是宪法的重要内容,宪法是表现社会制度的基本形式。

1954年《宪法》就已经明确规定了基本社会制度的相关内容,现行宪法在此基础之上完善并发展了这些内容。从内容上看,基本社会制度主要包括:社会保障制度、医疗保险制度、劳动保障制度、养老保障制度以及法治社会建设等。从国家与公民的关系看,社会制度主要是公民的社会权利和国家社会制度建设职责两者之间的关系。

法治社会建设是国家基本社会制度的重要表现形式,实施法治社会建设有助于国家基本社会制度的完善,宪法对于法治社会建设实际上起着主要的引领和指导作用,法治社会建设的过程实际就是宪法在社会中的现实运用。宪法作为根本大法,是法治社会建设的根本依据。法治社会建设的思想和精神渗透在多个宪法条文中。《法治社会建设实施纲要(2020—2025年)》对我国法治社会建设作了具体安排。

　　社会　社会制度　医疗保险　社会保障　劳动保障　养老保障　社会治理体制　法治社会建设　社会和谐

第一节 国家基本社会制度概述

一、社会制度的含义

理解社会的产生与发展是理解社会制度的基础,社会制度是人们在社会生活实践中形成的,在这个过程中生产劳动起了决定性作用。为了抵御自然界的风险和维持自身生存,人类结成群体共同进行生产生活。这种天然的集合关系为人类社会的形成奠定了基础。在此基础上,人类的生产能力不断提高,人与人之间结成了社会生产关系,原来的自发群体活动逐渐转变为自觉的劳动生产活动。劳动生产越来越高效,交往形式越来越丰富,除了生产关系,人们还从事其他社会活动,形成其他社会关系。在物质资料生产领域,劳动分工和产品交换使私有制得到确立,不同社会阶级逐步产生。在社会分工中处于支配地位的阶级为了将社会矛盾控制在一定范围内,利用自己在资源占有上的优势地位,建立起了统治国家。正如恩格斯总结的那样:"在社会发展的某个很早的阶段,产生了这样一种需要:把每天重复着的产品生产、分配和交换用一个共同规则约束起来,借以使个人服从生产和交换的共同条件。这个规则首先表现为习惯,不久便成了法律。随着法律的产生,就必然产生出以维护法律为职责的机关——公共权力,即国家。"[①]

社会制度本质上是对人类社会关系的体现。因此,从不同角度观察人类社会关系当然会对社会制度形成不同认识。从自然与社会的关系来理解,社会制度就是自然界里大规模的人类组织,社会制度正是区别人的"自然属性"与"社会属性"的关键。如果从社会整体生活状态来理解社会制度的话,社会制度是维系团体生活与人类关系的法则,它是整体社会关系的规范体系。随着人类社会的进化与发展,尤其是生产力的不断提高,社会分工越来越细,形成了经济、政治、文化和社会建设等专门领域,在这些领域都形成了具有普遍性的规则和行为模式,所以社会建设领域的专门规范也被称为社会制度,它是狭义的社会制度。宪法产生以后,它对整体社会生活进行着引导和调整,一方面它赋予国家组织、管理和引导社会秩序之职权,另一方面它保障公民社会生活的基本权利。可见宪法内容涉及社会生活的方方面面。但宪法学意义上的社会制度是狭义的社会制度,它应当排除宪法关于政治、经济、文化等领域之规定(唯有如此,谈论社会制度才有意义)。因此,本书认为,社会制度是宪法和法律规定的调整国家与公民社会生活关系的制度。基本社会制度是社会制度的基础,它以宪法为表现形式,

---

① 《马克思恩格斯选集》第 3 卷,人民出版社 1995 年版,第 211 页。

以公民基本社会权利和国家对社会生活的管理职能为内容。具体而言,公民基本社会权利包括社会保障、医疗保险、劳动保障以及参与社会自治等权利;国家对社会生活领域的管理职能主要包括规范和协调公民社会生活、指导和建设社会组织、积极保障公民社会权利等。除社会自治制度部分(宪法关于基层社会自治组织的安排已经十分成熟,关于它们的主要内容将在后面章节详细论述),基本社会制度具有以下的特点:

1. 社会制度是生产社会化的产物。人类社会早期主要由初级社会群体(如家庭)构成,个人与社会处于浑然一体的状态。随着生产力的发展,生产社会化的程度不断提高。初级社会群体的组织形式已经不能与之相适应,从事专门生产活动的社会群体纷纷产生,规范和调整特定社会领域的制度如经济制度、政治制度、文化制度等也随之产生,通过制度组织社会生活逐渐成为各国追求发展的基本途径。在生产社会化的条件下,个人受到社会风险侵害的几率不断增加,与此同时,家庭的保障功能被大大削弱,就业环境、生产事故以及市场经济的副作用等社会问题急需人类通过理性化的制度设计加以解决,于是社会制度便应运而生,即制度设计将这部分义务转嫁给国家,让国家直接参与国民收入的分配环节从而改善公民社会生活状况。

2. 社会制度受经济发展程度的制约。无论何种层面的社会制度,其存在基础都是一定的物质生产活动。正如马克思所言:"无论是政治的立法或是市民的立法,都只是表明和记载经济关系的要求而已。"[①]社会制度则更是如此,一个国家的经济总体水平是支持社会制度建设的经济来源,其总体发展程度从根本上制约着社会制度的发展水平。经济发展程度越高,社会制度的落实和发展就越有保障,反观经济落后的国家,其多数公民的生活状况总是处于较低的水平,社会制度更是难以健全。当然应该指出,社会制度也受到各国政治、历史和文化因素的影响。从各国宪法的内容来看,虽然当今世界绝大部分国家都已经在宪法中规定了公民的社会权,但是每个国家对其公民社会权利的保障范围与保障程度持有不同态度。一些很好规定了社会制度的国家其公民的社会权利未必就能得到充分的保障,而一些只是笼统规定社会制度的国家的社会权利却能得到较好的保障。因此,社会制度的实现程度也是多种因素综合作用的结果。随着现代宪法调整范围的扩大,宪法关于社会制度的内容正呈现不断扩大的趋势,新兴的社会权利类型和更加刚性的国家保障义务正在对公民的社会生活发挥更大的影响。

3. 社会制度以维护社会公平为核心价值。受诸多因素的影响,个体的现实社会生活状况必然会存在较大的差别,有些社会成员的基本生活条件无法达到

---

① 《马克思恩格斯全集》第 4 卷,人民出版社 1958 年版,第 121—122 页。

与社会发展状态相适应的水平。因此,需要通过社会制度来保障社会成员在社会生活中的相对公平,以及在基本生活权利满足上的相对均衡。社会制度维护社会公平主要从以下方面展开:一是社会制度通过价值体系与规则体系的统一来营造公平的社会环境,社会制度通过价值体系引领和促进社会公平、社会正义观念的培育,同时以相应的规则系统的建构更有力地促进社会机会公平和过程公平的达成;二是社会制度以其弱势群体扶助制度体系的建构来促进社会实质公平的形成,社会弱势群体或特殊群体受其弱势条件的影响而处于不公平的地位,只有通过相应的制度扶助,才能保障其大体上获得相对公平的权利保障。另外,社会制度通过收入再分配调节机制,进一步缩小差别,促进相对分配公平的实现。

4. 社会制度以社会和谐为目标。只有公民的基本生活状况受到保障,社会安定团结,国家的兴盛与发展才具备现实基础,否则就极容易对社会稳定产生威胁。而对公民基本社会生活的调节只靠社会自身是无法实现的。一方面,它需要通过宪法将对处于困境中的公民的保障设定为国家的法定义务,再通过法律的实施把法定的义务转化为公民实际享有的社会权利。另一方面,国家需要对社会结构和规模进行调节,以形成适合公民生活的社会环境,这又需要宪法将国家权力约束在法定范围内以符合法治精神。因此,可以说这种调节过程就是不断促进社会和谐稳定的过程。

二、宪法与社会制度的关系

宪法是国家根本法,宪法和社会制度一样都是国家上层建筑的重要组成部分。社会制度与宪法的关系是上层建筑要素之间的关系,具体表现为以下几个方面:

1. 宪法是社会发展到一定阶段的产物。近代意义宪法的产生有着复杂的社会背景,市民社会的生成与壮大是宪法产生的重要条件。随着市场经济的飞速发展和对人们生活的深入影响,市民社会从与国家浑然一体的状态中分离,市民等级成为重要的社会力量。这个阶级要求社会从国家封建统治权力中解放出来以求得平等自由发展,因此它注定成为现代平等要求的代表者。可以说,市民阶层逐步壮大成为资产阶级在法律上的表征就是近代宪法产生并发展的过程。从市民阶层的经济活动看,工商业在各地的繁荣为市民阶层带来了巨大收益,为追逐利润,他们致力于将生产推向更高峰。但是他们依靠平等契约来获取社会资源的方式却遭到了贵族强权、自然经济及封闭社会的束缚。为促进商品流通和统一市场的形成,他们必须逐步摆脱对政治国家的依附,形成各利益主体间平等自由交往的社会领域。而彼时他们的力量还不足以一举摧毁封建制度。在这种条件下,他们只能逐步打破封建人身依附关系,让经济活动、财产关系、私人交往变成他们生活的主要内容。但在这个过程中经济自由权的扩大、个性的增长和利益的满足已经为宪法的诞生埋下了伏笔。从市民阶层的政治生活看,虽然在封建社会末期,由市民阶层长成的资产阶级已开始拥有了一定的经济地位,但由于封建权贵的政治垄断使他们无法参与到国家管理活动中,这种经济地位与政治地位的严重不对等促使他们不断地掀起推翻封建专制统治、争取政治权力的斗争。17 到 18 世纪英美等国的资产阶级先后夺取了政权,实现了自己的政治统治。一方面,为了巩固和正当化胜利果实,他们需要将自己阶级的愿望和要求以制度化的形式确认或固定下来;另一方面,资产阶级已经意识到国家权力具有很强的扩张性,为了将权力控制在政治国家范围内行使,他们需要一种高于一切法律的法律来支配和限制国家政治权力。总之,市民社会的形成和发展是近代宪法产生的必要条件和社会基础。

2. 社会制度是宪法的重要内容。从形式上看,社会制度是国家通过宪法、法律以及政策调整社会生活关系的制度,其中宪法是表现社会制度的基本形式。国家的基本社会制度是国家制度体系中的重要组成部分,它可以反映国家的社会文明程度。近代宪法产生初期,主要资本主义国家仍处于自由资本主义阶段。在政治自由主义思想的指导下,宪法的主要内容是确认主权在民,保障公民权利和限制国家权力。因此宪法极少规定关于社会制度的内容。19 世纪末期主要资本主义国家过渡到垄断资本主义阶段,一些庞大的垄断组织控制着社会经济命脉,这直接加剧了无产阶级和资产阶级的贫富差距。一些资本主义国家为了缓和社会矛盾,开始在宪法中直接规定公民从社会获得基本生活条件的权利,典型的如德国《魏玛宪法》对其国民的社会权作出了规定,还为国家设定了使"劳动阶级得最低限度之社会权利者,联邦应赞助之"的积极义务。20 世纪 20 年代末期爆发的世界资本主义经济危机使广大民众的生存状况严重恶化,进一步激化了阶级矛盾。多数资本主义国家认识到"守夜人"政府模式已无法适应经济转型和社会变迁的需要。为摆脱经济危机,缓和社会矛盾,他们利用国家权力积极干预经济来保障民众的基本生活,以立法的形式为生活困苦的民众提供福利,有的国家借鉴社会主义国家的某些原理,推行国家福利政策。在这种思潮和时代背景下,社会制度与政治制度、经济制度和文化制度一样逐渐发展成为国家基本制度的重要组成部分。

与资本主义国家宪法不同,社会主义国家宪法中社会建设和公民社会权利占了很大的比例,这是由社会主义国家的本质所决定的。资本主义国家虽然也在加强其国民的社会保障水平,但资本主义私有制的本质仍然会加剧社会贫富分化,关心民众生活福祉也不是他们的自觉自愿行动。而社会主义国家坚持走共同富裕的道路,自觉促进人的全面发展。因此社会主义宪法自产生之日起就特别重视国家基本社会制度建设。1918 年《苏俄宪法》第一编"被剥削劳动人民权利宣言"以及第二编"总纲"中集中规定了劳动权、物质帮助权、休息权,从而对劳动人民的社会权利形成了较为细致的规定。中国基本社会制度的形成与发展大致可以分为两大时期,前期为以计划经济体制为基础的单位福利制阶段,后期为市场经济体制影响下的基本社会制度的改革和完善阶段。1954年《宪法》中已经确定了全体劳动者的物质帮助权,并规定国家举办社会保险、社会救济和群众卫生等事业。而随着我国社会主义改造的完成以及计划经济体制的确立,在城镇逐渐建立起了"单位制"这一组织形式。"单位制"的社会保障和福利分配具有鲜明的国家统揽特质,单位下的企业工人、政府干部及事业单位人员享有包括公费医疗、养老金、福利分房、生活补贴等福利。在广大农村地区,人民公社是农村公共物品的提供者,参加劳动的社员可以享有医疗、教育、文娱康乐、儿童护理等服务项目。对于城市体制外的"三无"人员,政府建立了民政福利制度;农村生活困苦无助的居民则可以申请成为"五保户"。1978年中共中央决定实施改革开放后,中国进入了由计划经济向市场经济的转型期。1978年《宪法》规定国家逐步发展社会保险、社会救助、公费医疗和合作医疗等事业以及劳动者的物质帮助权。1982年《宪法》除了将物质帮助权的主体扩充外,还确立了抚恤金以及帮助残疾公民的特殊优抚制度。自20世纪90年代中期起,我国加大了基本社会制度立法的步伐,基本涉及公民的医疗、养老、卫生、失业等绝大多数社会保障问题;公民的社会权利保障和实现得到很大提升。

党的十八大以来,我国经济社会发展出现了很多新变化,国民经济持续快速增长,人民生活水平显著提高。特别是中国特色社会主义进入新时代以来,中国已经全面建成小康社会,实现中华民族伟大复兴的中国梦及满足人民对美好生活的向往和追求为新时期发展中国特色社会主义社会制度指明了方向。因此中国社会制度的完善和发展必须要贯彻共享发展理念,做到发展为了人民、发展依靠人民、发展成果由人民共享;坚持促进社会公平正义,不但把"蛋糕"做大,更要把"蛋糕"分好,在发展中保障和改善民生;重点要多谋民生之利,多解民生之忧,在学有所教、劳有所得、病有所医、老有所养、住有所居上持续取得新进展。总之,中国特色社会主义社会制度要让社会主义制度的优越性得到更充分体现,增进人民福祉,让人民群众有更多获得感。

第二节 基本社会制度的内容

一、社会保障制度

社会保障是以国家强制立法的形式对本国年老、疾病、伤残、失业、丧失劳动能力等公民给予物质帮扶和经济救助,以保障公民能够在国家的帮扶下维系基本生存条件的一项制度。社会保障的力度随着救助对象的现实生存状况和当地社会经济发展水平进行适当调整。关于社会保障的具体内容,我国在 1985 年颁布的《中共中央关于制定第七个五年计划的建议》中已将社会保障划分为社会保险、社会救济、社会福利和优待抚恤四大部分。这也是较为典型的分类:社会保险是指国家通过建立相关的社会保险基金,对疾病、自然灾害等原因丧失劳动能力或者年老失去生活保障的公民提供救助的一项制度。社会救助主要是国家向短期致贫或长期陷入贫困的公民提供物质帮扶和经济救助,以确保其能维持最低的生活标准的制度。生活福利是国家为所有社会公民提供各项福利性补助和补贴,主要为职工福利、社会福利等。社会优抚是指国家为维护社会的稳定和谐,对为国家作出巨大贡献或牺牲的公民及其家属提供一定程度上的优待和抚恤的制度。

社会保障具有以下几个特点:第一,社会保障的实施主体以国家、政府为主,这是由该制度设立之初的目标所决定的,社会主义国家的目标就是要消除贫困,实现共同富裕,在这个过程中国家和政府起着重要的协调、指导作用;第二,社会保障具有强制性,这是根据它的实施主体所自然形成的特点,因为国家与政府在实施政策、制定法律时,自然会借助公权力主体的强制力进行执行;第三,社会保障以实现社会公平正义为目标,社会保障从制定到实施实际上就是借助国家公权力对社会财富进行再次分配,这不仅是为了保证所有公民的宪法性权益得到有效保障,也是为了维护社会的稳定与和谐。

中国社会经济在快速发展的过程中,始终十分重视对维持公民基本生存的必要物资进行有效合理分配,在这个过程中社会保障制度发挥了至关重要的作用。我国对该项制度的重视程度在进一步加深,2004 年修改宪法时,在第 14 条中增加一款,即"国家建立健全同经济发展水平相适应的社会保障制度",这是国家首次将建立健全社会保障制度通过宪法的形式予以明确。它既是社会主义制度的本质需求,也是中国改革开放进入新阶段的一次重新布局。将社会保障制度提升到宪法的高度,其根本出发点是为了更好地保障公民的基本生存发展权利不受侵犯。现行《宪法》第 45 条就对社会保障制度的范围作了明确规定:"中华人民共和国公民在年老、疾病或者丧失劳动能力的情况下,有从国家和社会获得物质帮助的权利。国家发展为公民享受这些权利所需要的社会保险、社会救济和医疗卫生事业。国家和社会保障残废军人的生活,抚恤烈士家属,优待军人家属。国家和社会帮助安排盲、聋、哑和其他有残疾的公民的劳动、生活和教育。"这是国家针对上述不同主体进行有效的帮扶和救助,也是国家实行社会保障制度的根本依据。

因为社会保障是围绕着公民基本生存发展权利而展开的,所以国家对社会保障制度的重视程度也在随着社会的不断发展进步而逐渐提高,《中共中央关于全面深化改革若干重大问题的决定》提出要建立更加公平、可持续的社会保障制度。在党的十九大报告也提到要加强社会保障体系建设。党的十九届四中全会《决定》更加系统地提出："增进人民福祉、促进人的全面发展是我们党立党为公、执政为民的本质要求。必须健全幼有所育、学有所教、劳有所得、病有所医、老有所养、住有所居、弱有所扶等方面国家基本公共服务制度体系，尽力而为，量力而行，注重加强普惠性、基础性、兜底性民生建设，保障群众基本生活。"①这些都是我们党自十八大以来不断探索社会保障制度的深入发展而进行的伟大创造和尝试。

二、医疗保险制度

医疗保险是社会制度的重要组成部分，它是指依照国家相关法律规定许可具备特定资质的组织或机构办理医疗领域的保险，让参保者在身患疾病、健康遭受侵害之时能获得一定医疗经济补偿的制度。医疗保险也是将国民经济收入在医疗救助领域进行再次分配的一种表现形式。

医疗保险的类别主要可以分为以下几种：(1) 根据医疗保险的性质不同，可以分为社会医疗保险与商业医疗保险；(2) 根据保险对象的不同，可以区分为城镇职工医疗保险和新型农村合作医疗保险；(3) 根据医疗保险的主体不同，可以区分为医疗责任保险和普通医疗保险。现实之中的医疗保险类别比上述列举的更为复杂多样，此处不再赘述。

医疗保险的法律关系的参与者主要有以下几个：首先是政府，主要负责为医疗保险的运行提供制度性框架和法律依据，并规范指导医疗保险的正常实施以及推进公共卫生事业的发展，以此维护医疗保险的稳定秩序；其次是医疗保险机构，主要担任医疗服务和确定合适的医疗支付方式、根据不同的条件确定合适的医疗保险费用等工作；再次是被保险人，在整个医疗保险中作为享受医疗服务和获得医疗保险救助的权利主体；最后是医疗服务机构，它是我国医疗保险所指定的医疗服务机构，通过与医疗保险单位订立合同，为被保险者按照合同和法律要求提供医疗服务的专门机构。

《宪法》第 21 条明确规定："国家发展医疗卫生事业，发展现代医药和我国传统医药，鼓励和支持农村集体经济组织、国家企业事业组织和街道组织举办各种医疗卫生设施，开展群众性的卫生活动，保护人民健康。"这是对公民身体健康权利的根本维护，也是专门针对医疗保险给予的宪法上的保障。2010 年 10 月 28 日，《社会保险法》获得全国人大常委会通过，这是我国首次以立法的形式对所有

---

① 《中共中央关于坚持和完善中国特色社会主义制度 推进国家治理体系和治理能力现代化若干重大问题的决定》，载《人民日报》2019 年 11 月 6 日，第 1 版。

城乡居民的基本医疗保险制度的确定。2018年12月29日第十三届全国人大常委会第七次会议通过了《全国人民代表大会常务委员会关于修改〈中华人民共和国社会保险法〉的决定》。修改后的《社会保险法》包括总则、基本养老保险、基本医疗保险、工伤保险、失业保险、生育保险、社会保险费征缴、社会保险基金、社会保险经办、社会保险监督、法律责任、附则,共计12章98条。

医疗保险制度对于保障人民群众就医需求、减轻医药费用负担、提高健康水平有着重要作用。十八大以来党和国家对公民的健康问题一直保持着高度重视与关注,健全全民医保体系,建立重特大疾病保障和救助机制,完善突发公共卫生事件应急和重大疾病防控机制,巩固基本药物制度等方面都有了详细规定。《中共中央关于全面深化改革若干重大问题的决定》中提到深化基层医疗卫生机构综合改革,健全网络化城乡基层医疗卫生服务运行机制。为完善统一的城乡居民基本医疗保险制度和大病保险制度,不断提高医疗保障水平,确保医保资金合理使用、安全可控,推进医疗、医保、医药"三医联动"改革,更好地保障病有所医,《深化党和国家机构改革方案》重新组建了国家医疗保障局,将人力资源和社会保障部的城镇职工和城镇居民基本医疗保险、生育保险职责,国家卫生和计划生育委员会的新型农村合作医疗职责,国家发展和改革委员会的药品和医疗服务价格管理职责,民政部的医疗救助职责进行了整合。作为国务院直属机构,国家医疗保障局在坚持和加强党对医疗保障工作的集中统一领导,在满足人们对于"病有所医"的美好生活需要等方面发挥重要作用。

三、劳动保障制度

劳动保障是指国家针对劳动者的合法权益进行有效维护和救济的一项制度,它包括劳动就业、劳动者的休息权、获得劳动报酬等重要内容。劳动保障在宪法中有着明确的规定:(1)《宪法》序言中规定:"社会主义的建设事业必须依靠工人、农民和知识分子,团结一切可以团结的力量。在长期的革命、建设、改革过程中,已经结成由中国共产党领导的,有各民主党派和各人民团体参加的,包括全体社会主义劳动者、社会主义事业的建设者、拥护社会主义的爱国者、拥护祖国统一和致力于中华民族伟大复兴的爱国者的广泛的爱国统一战线,这个统一战线将继续巩固和发展。"明确了劳动者在国家中的重要地位和作用。(2)《宪法》第14条规定:"国家通过提高劳动者的积极性和技术水平,推广先进的科学技术,完善经济管理体制和企业经营管理制度,实行各种形式的社会主义责任制,改进劳动组织,以不断提高劳动生产率和经济效益,发展社会生产力。"这是对劳动者的技能提升、先进技术的推广和对企业管理制度等方面的明确规定。(3)《宪法》第42条规定:"中华人民共和国公民有劳动的权利和义务。国家通过各种途径,创造劳动就业条件,加强劳动保护,改善劳动条件,并在发展生产的基础上,提高劳动报酬和福利待遇。劳动是一切有劳动能力的公民的光荣职责。国有企业和城乡集体经济组织的劳动者都应当以国家主人翁的态度对待自己的劳动。国家提倡社会主义劳动竞赛,奖励劳动模范和先进工作者。国家提倡公民从事义务劳动。国家对就业前的公民进行必要的劳动就业训练。"该条规定明确了劳动者报酬和福利的保障,进一步丰富和明确了劳动就业的内容。(4)《宪法》第43条规定:"中华人民共和国劳动者有休息的权利。国家发展劳动者休息和休养的设施,规定职工的工作时间和休假制度。"该条是对劳动者休息权的保障,也是为了公民能够在整个休息过程中实现对身体健康的保护。(5)《宪法》第48条规定:"中华人民共和国妇女在政治的、经济的、文化的、社会的和家庭的生活等各方面享有同男子平等的权利。国家保护妇女的权利和利益,实行男女同工同酬,培养和选拔妇女干部。"这是在劳动就业领域明确对男女的合法权益进行平等保护。

我国劳动保障制度的内容更加详细地规定在《劳动法》中,该法律是国家为了明确劳动法律关系、维护劳动者的合法权益、维护社会主义市场经济下的劳动制度而颁布的一部基本法律。我国《劳动法》分为13章,共107条,每一章涉及一个单独的领域。各章的内容分别为:总则;促进就业;劳动合同和集体合同;工作时间和休息休假;工资;劳动安全卫生;女职工和未成年工特殊保护;职业培训;社会保险和福利;劳动争议;监督检查;法律责任;附则。

对于我国劳动保障制度的建立健全,早在十八大报告之中就已经提出。它指出要推动实现更高质量的就业,将其视为民生之本。在此后的政策里对有关创新创业、提升劳动者个人技能以及增加劳动者福利待遇等方面也作了较为详细的说明,这也是为了更进一步提升公民经济收入、帮助公民实现个人价值以及推进社会主义市场经济制度深化改革的重要措施。

四、养老保障制度

养老保障是指我国借助立法的形式建立起养老保险基金,以保障达到法定退休年龄的公民在退休之后可以从中领取一定的金额,从而保证其能够维持基本生活的一项社会制度。养老保障实际上也是国家根据宪法和法律的规定,为了保证达到退休年龄公民的基本生存条件能够符合社会的一般标准而设立的制度。宪法和法律对养老保障制度的设置有重要特点,可以从以下几个方面进行理解:首先,养老保障制度是在公民达到法定退休年龄或退出社会劳动生活后才发生作用;其次,养老保障制度以提供稳定可靠的生活来源的形式保障老年人的基本生活需求为其最终目标;最后,养老保障制度借助社会保险手段达到维持养老保障的目标。

我国现行宪法中也有许多与养老保障相关的规定,《宪法》第44条、45条就是关于退休制度和退休人员获得养老保障,年老者从国家和社会获得物质帮助的具体规定。根据宪法的这些规定,我国建立了以宪法相关规定为统领,劳动法等法律法规为主体的养老保险法律制度。除此之外,《劳动法》第70条、73条、76条,都是关于养老保障制度的重要法律规范,这也意味着我国对于劳动人民的养老保障正在逐步加强。

我国养老保障的相关规定可以追溯到1951年政务院颁布的《中华人民共和国劳动保险条例》,其中明确规定男职工年满60周岁、女职工年满50周岁退休,退休后享受退休养老金待遇等内容。1953年、1956年扩大了《劳动保险条例》的实施范围。1955年12月,国务院颁布《国家机关工作人员退休处理暂行办法》,规定国家机关工作人员退休年龄为男年满60周岁,女年满55周岁。改革开放后,我国在养老保险领域主要进行了三个方面的改革和完善:第一是统筹养老基金;第二是扩大养老保险的覆盖范围;第三是统一基本养老保险制度。1991年6月,国务院发布《关于企业职工养老保险制度改革的决定》,根据该决定,劳动部于1993年7月制定的《企业职工养老保险基金管理规定》明确了企业职工养老金的征集、支付和管理等内容。1993年国务院颁布的《国家公务员暂行条例》再次规定,公务员退休年龄为男年满60周岁,女年满55周岁。为了使我国农村地区居民也能享受到养老保险待遇,2009年国务院发布《关于开展新型农村社会养老保险试点的指导意见》,在部分农村地区进行了养老保险试点。此外,全国人大及其常委会先后制定的《社会保障法》《劳动法》《劳动合同法》等也是养老保险制度重要的法律依据。

随着人口老龄化问题日趋严重,养老保障制度在整个社会制度中的作用也越来越明显,这同时要求我们应该对养老保险制度进行进一步完善。《中共中央关于全面深化改革若干重大问题的决定》明确指出要"坚持社会统筹和个人账户相结合的基本养老保险制度,完善个人账户制度,健全多缴多得激励机制,确保参保人权益,实现基础养老金全国统筹,坚持精算平衡原则。推进机关事业单位养老保险制度改革"。[①] 应当指出,养老保障是推进城乡社会保障体系发展中尤为重要的一部分,对于养老保障制度的维护和完善以坚持全覆盖、保基本、多层次、可持续为工作方针,同时又要以增强公平性、适应流动性、保证可持续性为原则。

五、基层群众自治制度

社会自治制度是社会制度的重要组成部分,社会自治制度在我国宪法中具体表现为基层群众自治制度。它是在社会制度的大背景下,为了实现自治目的

---

① 《十八大以来重要文献选编》(上册),中央文献出版社2014年版,第537—538页。

而建立起的制度,也是为了更好地实现公民基本权利。设立基层群众自治制度最根本的宪法依据是《宪法》第 2 条第 3 款。基层群众性自治组织是一个具有自治性质的社会组织,自治是其最重要的特色。依照宪法和有关法律规定,基层群众性自治组织由城市居民委员会和村民委员会以及职工代表大会等组织构成。《居民委员会组织法》以及《村民委员会组织法》等法律对基层自治组织的形式、人员的任期和工作任务等方面都作了详细规定。因为后面有专门的章节对基层群众自治组织进行论述,在此不再赘述。

第三节 法治社会建设

一、法治社会建设概述

(一) 法治社会建设的含义

国内对于"法治社会"一词的运用最早可以追溯到 1959 年前后,时至今日其被运用到的语境与场合众多。在改革开放之初所使用的"法治社会"主要指代法制社会,为与"文化大革命"时的人治作出明确区分,十五大报告提出"依法治国,建设社会主义法治国家"的方略和目标,并于 1999 年载入宪法。此后,党和国家对法治社会建设十分重视,并将法治社会建设纳入法治国家建设的总体战略之中。2012 年,习近平总书记在纪念现行宪法公布施行 30 周年大会和新一届中共中央政治局第四次集体学习等场合提出"法治国家、法治政府、法治社会一体建设"的重大命题,法治社会建设全方位展开。法治社会建设理念的确立不仅是坚定不移地推进法治国家、法治政府与法治社会的一体化建设,更是为了将宪法中确立的"依法治国,建设社会主义法治国家"理念进行进一步落实。法治社会建设的提出,主要有以下几点现实理由:第一,它是中国改革开放步入深水区的实际需求。公民对于自身合宪性权利的保护意识和主动履行宪法义务的能力在逐步加强,这就需要与此相匹配的法治社会环境。第二,伴随着社会公民受教育程度、贫富差异以及法治意识等方面的内容在不断发生变化,需要建立起一个法治、和谐的社会,而推进法治社会建设有其重要的现实意义。第三,国家、政府与社会是一个有机整体,彼此之间是相互影响、彼此依存的关系,推进法治社会建设有助于不断巩固法治国家与法治政府建设的社会基础。

法治社会建设的理论基础,主要有以下几个方面:首先,法治社会建设是为了推进公平正义理念。公平正义不仅只是一种现实需求,更是现代法治国家的核心价值。它是基本社会制度能够建立健全的根基。其次,法治社会建设是对基本人权的保障。法治社会就是要凭借法治推动社会的发展与进步,保证公民的基本权利不受国家、政府以及他人的侵犯,让公民能够在和谐稳定的社会中有尊严地生活。最后，法治社会建设最终的目标是为了构建和谐社会。为保证社会能够在一个稳定的秩序下运行，法治社会建设从提出到实践，都是为了实现"和谐"这个宪法规定的国家目标。应当指出，中共中央印发的《法治社会建设实施纲要（2020—2025年）》（以下简称《纲要》）这一政策文件对为何推进法治社会建设以及怎样推进法治社会建设进行了更为系统化、理论化的回答。《纲要》从总体要求、推动全社会增强法治观念、健全社会领域制度规范以及加强权利保护等七大方面进行了详细阐释，为国家基本社会制度中的法治社会建设提供了更加准确和全面的指导。

（二）法治社会建设的意义

从法治社会理念的提出到现如今不断地深化实践，其建设的意义已经逐步明晰。对其意义的分析主要基于以下几点：

1. 法治社会建设是社会转型阶段的必然选择。自改革开放以来，我国不仅实现了经济领域的迅速腾飞，在其他领域也都取得显著成绩。社会成员对于自身权益的维护意识也在不断加强。社会关系的日趋复杂化以及各种社会组织的多样化，需要对国家、政府以及社会成员之间关系的变化投入更多重视，借助法治社会建设的途径，将其本质内涵与核心精神渗透在各个法律规定中，更好地规范社会公民的行为以及保护其合宪性权益免受侵犯，并对社会组织的活动范围和准则作出积极指引。

2. 法治社会建设是提升社会法治化程度的重要考量。国家、政府与社会之间存在着相互作用、相互影响的关系，社会治理的法治化程度的高低必然影响着法治国家与法治政府的程度，法治国家与法治政府的实现需要以法治社会的推行和完善作为前提基础；法治社会主要是将公民赖以生存的社会生活作为重要规范对象，这也是法治国家与法治政府对于公权力基础的分配，以及实现对机关的权力划分与义务明确；法治国家与法治政府必然是以法治社会作为重要依托，因为法治社会辐射着社会经济、政府、文化等各个层面，社会法治化程度的不断提升，也是为了推进法治政府与法治社会的不断加强。

3. 法治社会建设是扶持社会组织法治化进程不断加强的积极举措。对于社会组织的划分主要分为以下两个方面：一是基于社会基层自治原则而建立的居民委员会与村民委员会，该类组织主要处理本自治区域内的生存发展与公民基本权利密切相关的内容；二是在社会发展过程中，为维护某种特殊诉求或维护某类群体的特殊权益，以发挥组织的公益性和互助性功能而建立起的行业协会、商会等组织。由于公民实现宪法权利之时自身能力可能过于弱小，而法治社会建设的提出也是为了更好地帮助上述两类组织维护自身基本权利并帮助组织内的成员更好地实现人生与社会价值。

（三）法治社会建设与宪法的关系

法治社会是构筑法治国家的基础，法治社会建设是实现国家治理体系和治理能力现代化的重要组成部分。而宪法作为国家的根本大法，是所有法律规范制定的主要来源和依据，这要求我们必须对法治社会建设与宪法之间的关系有清晰明确的认识。法治社会建设同宪法的关系主要表现为以下两个方面：

1. 法治社会建设必须要以宪法为根本依据。法治社会是国家规则和其自身治理规则进行良性互动的一种社会状态，国家政权力量和自治空间必须要相互协调，尤其需要厘清国家与社会之间的界限，承认社会的基础性地位，发挥社会组织的基础性作用，政府不能随意越界干预社会自治。宪法作为限制国家权力、保障公民权利的根本法，能最大程度防止政府权力随意扩展到社会自治领域，实现国家对社会建设的合理干预。所以《纲要》要把维护宪法权威作为法治社会建设重要任务进行谋划部署。从宪法文本来看，现行宪法中不少条款都渗透着法治社会建设的思想和精神。例如，《宪法修正案》第 32 条将"法制"修改为"法治"，并加入"贯彻新发展理念"，为法治社会建设奠定了理论基础。又如，《宪法》第 5 条第 1 款规定："中华人民共和国实行依法治国，建设社会主义法治国家。"这是宪法关于法治社会建设最直接的规范来源。因为法治社会建设是整体法治国家建设的组成部分，所以宪法在确定实施法治国家方略的同时也自然包含了法治社会建设的必要性。

2. 法治社会建设有效推动着宪法的全面实施，将宪法对政治、经济、文化等领域的关照进一步延伸至基层社会生活。法治社会是法治政府生存的社会空间，也是法治国家存在的根基。没有社会整体的法治化，法治政府只能浅浮在非法治社会的基础上，法治国家的高楼大厦更加难以搭建。而全面贯彻实施宪法，是建设社会主义法治国家的首要任务和基础性工作。[①] 因此，法治社会建设和宪法之间存在必然关联。法治社会建设的过程会推动宪法的全面实施，让宪法真正落地。一个国家有了宪法，其国民也不会自然而然地产生对宪法的尊崇与信仰，而是需要社会整体不断地创造越来越多的福祉，不断地减少和消除权力的任性、恣意、滥用。而法治社会建设正好能够满足这种需求，因为法治社会建设必须符合宪法精神，体现社会成员的共同意志，反映社会成员的利益需求，突出社会成员的主体地位。亿万人民都投身法治社会建设实践，人人都能享受到其带来的成果，也都能受到其全面的保护。宪法的规定必将随之深入每个人的政治、经济、文化生活，深入基层社会的每个角落。

---

① 习近平：《在首都各界纪念现行宪法公布施行 30 周年大会上的讲话》，载《中国人大》2012 年第 23 期。

二、《纲要》关于法治社会建设的规定

《纲要》围绕法治社会建设的总体要求、重点任务以及实施机制进行了全面、系统的阐述，进一步揭示了法治社会的内涵与建设法治社会的重大意义。基于法治社会建设与宪法的密切关系，《纲要》的出台与实施，某种程度上也对宪法的全面实施具有重要现实意义。纵观《纲要》全文，法治社会建设的总体要求、重点任务以及实施机制可以分别归纳如下：

首先，《纲要》提出建设法治社会的总体要求，主要包括指导思想、主要原则和总体目标。

就指导思想而言，《纲要》同我国宪法精神存在内在一致性，在此基础上着重遵循吸收了十九大以来党中央历届全会精神以及习近平法治思想，强调法治道路的中国属性。就主要原则而言，坚持党的集中统一领导；坚持以中国特色社会主义法治理论为指导；坚持以人民为中心；坚持尊重和维护宪法法律权威；坚持法律面前人人平等；坚持权利与义务相统一；坚持法治、德治、自治相结合；坚持社会治理共建共治共享。就总体目标而言，《纲要》力求经过五年建设，在法治观念、社会领域制度、社会主义核心价值观与法治的结合、社会各主体权益保障、社会领域的治理水平等方面取得长足进步，为2035年基本建成法治社会奠定坚实基础。

其次，《纲要》主要从推动全社会增强法治观念、健全社会领域制度规范、加强权利保护、推进社会治理法治化、依法治理网络空间等五个方面明确了当前法治社会建设的重点内容与主要任务，提出了具体举措。

法治建设观念先行，法治信仰与共识的形成是法治社会建设的基石和精神动力。就推动全社会增强法治观念而言，《纲要》从维护宪法权威的宣传与教育、增强全民法治观念的宣传与教育、普法责任机制的健全、社会主义法治文化的建设四个方面作了深入而细致的剖析与展开，力求为法治社会建设的全面展开，打下坚实的精神基础。

良法是善治的前提和依据，只有形成层次分明、覆盖全面、重点突出的社会制度规范体系，法治社会建设才能规范且有序地得以展开。就健全社会领域制度规范而言，《纲要》从加快建立健全社会领域法律制度、完善多层次多领域社会规范、强化道德规范建设、深入推进诚信建设制度化四个方面对社会制度领域良法的形成与发展，社会善治的实现作了多维度与全方位的建设要求。

社会各主体的权益得到全面且有效的保护是法治社会建设的主要目标和内在要求。为切实保障公民基本权利，有效维护各类社会主体合法权益。《纲要》从健全公众参与重大公共决策机制、加强人权司法保障、为群众提供便捷高效的公共法律服务、引导社会主体履行法定义务承担社会责任等五个方面，详细论

述、阐明了在法治社会建设过程中保护公民、法人及其他社会组织的合法权益所应当遵循的程序、机制与实践要求。

社会治理是国家治理的重要组成部分和基础领域,社会治理法治化对推进国家治理现代化具有不言而喻的重要作用,就社会治理法治化,《纲要》从引导社会主体履行法定义务承担社会责任、推进多层次多领域依法治理、发挥人民团体和社会组织在法治社会建设中的作用、增强社会安全感等方面,对全面提升社会治理法治化水平作出战略部署,以促进社会充满活力又和谐有序。

随着互联网科技的迅猛发展,人们的沟通方式和生活方式发生改变,人类社会进入万物互联时代。网络空间构成了"社会"的重要领域,与现实社会相比,网络治理面对的问题更为复杂。依法治理网络空间,是维护社会和谐稳定、维护公民合法权益、促进网络空间健康有序发展的必然之举和迫切需要。为依法治理网络空间,《纲要》要求要完善网络法律制度、培育良好的网络法治意识、保障公民依法安全用网。以推动社会治理从现实社会向网络空间覆盖,建立健全网络综合治理体系,加强依法管网、依法办网、依法上网,全面推进网络空间法治化,营造清朗的网络空间。

最后,《纲要》围绕法治社会建设实施机制,提出加强组织保障,坚持党对法治社会建设的集中统一领导,凝聚全社会力量,扎实有序推进法治社会建设。

组织是开展法治社会建设的生动主体,在多元共治的治理新形式下,在法治社会建设的实践中,优化组织结构,突出不同组织的地位与职能是法治社会建设的关键所在。中国特色社会主义的本质是"中国共产党的领导",为此在法治社会建设中要坚持党对法治社会建设的集中统一领导,凝聚全社会力量,扎实有序推进法治社会建设。《纲要》主要就强化组织领导、加强组织间统筹协调、健全责任落实和考核评价机制、加强理论研究和舆论引导等各项工作作出安排部署。

一、前沿问题

1. 宪法学关于社会制度的研究状况

当前宪法学对于基本社会制度的研究主要集中于对具体制度和相关立法的完善领域,尤其关注对劳动权、物质帮助权以及社会保障权等基本权利的解释和完善,而对基本社会制度与社会福利社会保障以及弱势群体保护等制度之间的关系缺乏清晰的认识和学理的阐释。如何构建完整的宪法基本社会制度体系、如何规定社会制度的具体内容、如何实现社会制度与其他基本制度的衔接等都是宪法学应该认真研究的问题。

2. 关于社会制度的概念问题

人类具有社会属性,每个人皆生活在社会之中。社会是由个体的人组成的矛盾和利益的集合体,因此社会生活具有多样性和复杂性的特点。社会生活是社会科学共同的研究对象,不同的社会学科如经济学、政治学、历史学、社会学和心理学等从不同的角度观察、认识、分析社会事物和现象,揭示社会生活规律。在宪法学中,社会是与经济、政治、文化并列使用的概念,社会制度也是与经济制度、政治制度及文化制度对应的概念。宪法学意义上的社会与社会制度都是取其狭义概念。因此,本书认为社会是指宪法主体的宪法行为以及由此形成的社会关系,而社会制度则是宪法为了保护公民的社会权利,维护社会秩序,促进社会公平而形成的规范总和。

3. 关于福利国家与中国社会制度的区别问题

福利国家是资本主义国家20世纪以来广泛发展起来的一种社会福利制度。其理论渊源可以追溯到更加久远的时期,18世纪经济理论家尤斯蒂所著的《国家权力和福利的基础》中已经开始主张君主推行的经济政策要为了全体臣民的利益。[①] 19世纪中后期一些资产阶级改良主义者观察到了资本主义社会分配不公的问题,他们呼吁改变国家的职能,加强国家对社会医疗、卫生、劳动事业的保护力度,改善劳工、老弱病残及失业群体的基本生活状况。到20世纪初期福利国家理论开始系统化,1920年英国经济学家庇古发表《福利经济学》一书标志着福利经济学的形成。[②] 此后不久,主要资本主义国家爆发了经济大危机,无数劳工失业,民众生活状况极度恶化,这引起了资本家的恐慌,他们意识到必须进行全面的社会改革。1936年凯恩斯发表《就业、利息和货币通论》,提出一套由国家干预经济、调节社会分配以解决失业和改善社会生活状况的方案。[③] 这套方案被资本主义国家普遍吸收,以此为指导,资本主义国家推行了较为全面的社会改革,并颁布了大量的有关劳动和社会保障领域的立法。到20世纪50年代后期,资本主义国家的福利制度的社会影响进一步扩大,社会福利的规模和项目进一步增加,"福利国家"开始成为一些资本主义国家的代名词。

一些资本主义国家将福利国家标榜为"民主社会主义"或者"社会民主国家",但无论是自由资本主义时期的国家放任政策还是垄断资本主义时期的国家干预政策,其实都是资产阶级为了巩固其阶级统治、缓和社会矛盾的权宜之计。福利国家理论美化了资本主义的阶级本质,福利国家的目的是资本主义和国家政权的紧密结合以便垄断资本控制社会,保证其最大限度地剥削工人阶级的利

---

① 参见宋承先等主编:《当代西方经济思潮》,湖南人民出版社1986年版,第266页。
② 参见厉以宁:《西方福利经济学述评》,商务印书馆1984年版,第12页。
③ 参见《高鸿业选集》,山西经济出版社1999年版,第44页。

润。到20世纪70年代以后福利国家主义开始遇到严重危机。一方面社会福利开支数额过大,政府需要大量的资源来提供公共产品和公共服务;另一方面,政府通过重税来保证巨大的公共开支。这些状况受到了公众的强烈抨击。可以看出,福利国家理论与中国的社会制度具有本质区别,中国的社会制度虽然也是国家主导型的社会福利制度,但中国的社会福利制度是以人民为中心的社会主义福利制度,它是对马克思主义人民主体利益内涵的实践和延伸。具体而言,建立在全面小康社会基础上的社会福利制度,是以全体人民的"美好生活"为目标、贯彻"共享发展"理念、以增进人民福祉为出发点和落脚点的社会福利制度。一方面,中国特色社会主义福利制度以改革和发展成果更多更公平地惠及全体人民为宗旨;另一方面,中国特色社会主义福利制度以共享发展理念为指导思想,努力使全体人民在学有所教、劳有所得、病有所医、老有所养、住有所居上持续取得进展。

4. 关于公民社会权的研究

(1) 社会权的概念与特征

"公民社会权是什么"是一个十分重要的问题,它是准确认识宪法基本社会制度的基础,更关键的是对其内涵和外延的界定直接影响了公民社会权的保障范围和实现程度。长期以来,学界对公民社会权的概念和特征进行了广泛讨论。关于公民社会权的概念主要形成了以下几种观点:一是社会权就是各类经济、社会、文化权利的总和;二是社会权是与传统自由权利相区别的基本权利;三是社会权是国家对经济社会的积极介入而保障的所有人的社会生活或经济生活的权利;四是结合宪法的规定认为社会权是劳动权、社会保障权、受教育权、文化权等权利的总和。可以看出,对于社会权概念的界定存在概括和概括加列举两种方式。本书认为,无论采取哪种界定方式,对社会权内涵和外延不同的理解将得出不同的结论。广义上的社会权是公民享有的与社会生活密不可分的一些基本权利;狭义上的社会权应当与经济权、文化权等基本权利相区别。迄今为止,由于社会权还没有完全从经济文化权利的内容中分离出来,有关社会权的基本权利理论还不是很成熟。

关于公民社会权的特征主要有以下几点认识:一是基本共识性的观点,即认为社会权和传统自由权利存在差别,社会权是一种积极权利,需要国家权力积极作为方能实现;一是认为社会权不仅是一种积极权利,它具有消极权利和积极权利的双重属性,相应地国家对社会权负有消极尊重和积极保障的双重义务;还有人认为简单地将社会权划分为积极权利与消极权利并不能全面地阐释它的特质,对不同的社会权利要作具体的分析。

(2) 公民社会权的实现方式

公民社会权的实现方式是宪法学界讨论的一个重点话题,各家观点不统一,主要有以下几种认识:一种观点认为要尽可能多地将具体的社会权利纳入宪法中,以实现对公民社会权利更加全面的保障,针对这种观点也有人提出了质疑,认为不宜将过多的社会权利写入宪法。另一种观点认为国家义务是实现社会权的关键,国家义务的充分履行需要立法权和司法权的相互分工协作和配合,也有人认为是立法、行政及寻求国际合作三种方式。还有一种观点认为社会权的实现不仅应当以国家责任和政府责任的保障为基础,也需要以家庭、学校和社会组织等全社会承担相应的保障义务为前提。最后一种观点认为要实现公民社会权必须强调司法救济途径,肯定社会权的可司法性,赋予公民社会请求权。这也是当前讨论得最多的观点。社会权是否可以交由司法判断,在各国理论界都还存在种种争议。

5. 关于基本社会制度的完善与发展

当前理论界对于完善与发展社会制度的讨论主要集中在各个具体的领域,如社会保障制度的完善、劳动服务体系的完善及社会安全治理等。进入新时代以来,根据宪法精神,中国共产党为基本社会制度的完善与发展作了重大部署。主要有以下几个方面:一是创新社会治理体制,维护社会和谐稳定,为人民安居乐业创造有利条件;二是完善公共服务管理体制,健全公共服务体系,推进基本公共服务均等化、普惠化、便捷化,推进城乡区域基本公共服务制度统一;三是健全多层次社会保障体系,健全覆盖全民、统筹城乡、公平统一、可持续的多层次社会保障体系;四是全面推进健康中国建设,把保障人民健康放在优先发展的战略位置;五是实施积极应对人口老龄化国家战略,制定人口长期发展战略,促进人口长期均衡发展,提高人口素质。这些措施为我们讨论基本社会制度的完善与发展提供了指引。

二、参考文献

1. 〔美〕P. 诺内特、P. 塞尔兹尼克:《转变中的法律与社会:迈向回应型法》,张志铭译,中国政法大学出版社2004年版。

2. 〔德〕马丁·莫洛克:《宪法社会学》,程迈译,中国政法大学出版社2016年版。

3. 〔挪〕A. 艾德、C. 克罗斯、A. 罗萨斯编:《经济、社会和文化的权利》,黄列译,中国社会科学出版社2003年版。

4. 夏勇主编:《走向权利的时代》,中国政法大学出版社2000年版。

5. 梁治平:《变化中的法律与社会》,商务印书馆2020年版。

6. 许崇德、胡锦光主编:《宪法》,中国人民大学出版社2018年版。

7. 刘茂林、杨贵生、秦小建:《中国宪法权利体系的完善:以国际人权公约为参照》,北京大学出版社2013年版。

8. 郑贤君:《基本权利原理》,法律出版社 2010 年版。

9. 龚向和:《作为人权的社会权:社会权法律问题研究》,人民出版社 2007 年版。

10. 龚向和:《社会权的可诉性及其程度研究》,法律出版社 2012 年版。

11. 郑功成:《社会法总论》,人民出版社 2020 年版。

12. 林嘉:《劳动法和社会保障法》,中国人民大学出版社 2009 年版。

13. 汪世荣、郭武军:《基层社会治理体系和治理能力现代化》,西北大学出版社 2021 年版。

14. 任喜荣:《"社会宪法"及其制度性保障功能》,载《法学评论》2013 年第 1 期。

15. 郑贤君:《社会权利的司法救济》,载《法制与社会发展》2003 年第 2 期。

16. 龚向和:《论社会权的经济发展价值》,载《中国法学》2013 年第 5 期。

17. 莫纪宏:《论对社会权的宪法保护》,载《河南省政法管理干部学院学报》2008 年第 3 期。

18. 邓炜辉:《论社会权的国家保护义务:起源、体系结构及类型化》,载《法商研究》2015 年第 5 期。

19. 郑功成:《中国社会保障改革:机遇、挑战与取向》,载《国家行政学院学报》2014 年第 6 期。

20. 韩大元:《宪法实施与中国社会治理模式的转型》,载《中国法学》2012 年第 4 期。

21. 江必新、王红霞:《社会治理的法治依赖及法治的回应》,载《法制与社会发展》2014 年第 4 期。

三、思考题

1. 简述我国社会制度的主要特点。
2. 如何理解社会制度与宪法之间的关系?
3. 简述我国基本社会制度的主要内容。
4. 试述我国公民社会权的概念与特征。
5. 如何理解中国特色社会主义发展道路与社会治理现代化之间的逻辑关系?
6. 简述社会制度对于公民基本生存发展权利的积极意义。

第九章　国家生态文明制度

内容提要

　　生态文明是社会发展到一定阶段所形成的社会状态,有着十分丰富的内涵。广义的生态文明强调的是人与人、人与社会、人与自然之间等各种生态关系发展到一定阶段所要达到的文明形态,涵盖了政治文明、物质文明以及精神文明各个领域,是政治文明、物质文明以及精神文明得以发展的基础。狭义的生态文明强调的是人与自然之间和谐相处的文明程度。无论是广义的还是狭义的生态文明,都属于人类社会发展进步的重大成果,是实现人与自然和谐共生的必然要求。生态文明制度,就是国家制定和认可的规范有关生态环境建设的活动、调整生态文明领域所有关系的法律、政策的总和。生态文明制度的范围十分广泛,涉及政治、经济、文化、社会的方方面面。

　　生态文明入宪对中国宪法发展产生深刻影响。首先,生态文明被正式写入宪法,是宪法对国家根本问题、根本制度发展变革与时代发展需要的积极回应。其次,生态文明写入宪法,预示着"五位一体"中国特色社会主义事业总体布局在宪法规范层面的确认,标示着宪法确立的国家发展目标的进一步更新与完善,强化了自然资源保护与环境治理的国家义务。再次,生态文明写入宪法本质上是对人的生存与发展的进一步关照,加深了对基本人权的尊重与保障。最后,生态文明理念的提出以及以宪法修正案的形式将生态文明写入宪法,生动展示出我国宪法与宪治中所蕴含的党的领导、人民当家作主与依法治国的有机统一。而宪法中关于生态文明的阐述和规定,为全面、系统、持续地贯彻生态文明理念,建设生态文明制度提供了根本法律依据。

　　我国现行《宪法》在序言、总纲、国家机构等部分中从不同层面规定了生态文明制度。2018年《宪法》修改后,生态文明被正式写入《宪法》序言第七自然段,生态文明所蕴含的价值在法律制度中得以合理体现。现行《宪法》序言明确了生态文明制度建设的发展方向与最终目标。从生态文明制度建设的主体来看,现行宪法从国家、个人、组织三个维度明确了生态文明建设的主体。从生态文明制度建设的客体来看,现行宪法构造下的生态文明制度主要包含两大内容:合理利用资源、保护生活与生态环境。

　　生态环境是关系党的使命和宗旨的重大政治问题,也是关系民生的重大社会问题。面对国内外生态文明建设的压力和挑战,必须要不断提高社会主义生态文明制度的生命力,推进生态文明制度的实施,坚持党对生态文明法治建设的领导,以宪法为根本依据,从立法、司法、执法和守法等层面,全方位推进生态文明制度建设。

生态文明　美丽中国　保护环境　节约资源　绿色发展　环境公益诉讼

第一节　生态文明制度概述

一、生态文明制度的含义

党的十八大报告明确提出,"建设生态文明,是关系人民福祉、关乎民族未来的长远大计"。党的十八大以来,以习近平同志为核心的党中央将生态文明建设纳入"五位一体"总体布局,作为协调推进"四个全面"战略布局的重要内容。党的十九大报告进一步指出,"建设生态文明是中华民族永续发展的千年大计"。面对资源紧缺、环境恶化的现状,为了实现可持续发展,构建人类生态命运共同体,建设美丽中国,必须要大力加强生态文明建设。2018 年通过的《宪法修正案》提出要推动生态文明建设,并将"美丽"纳入建设社会主义现代化强国的建设目标。

生态文明是社会发展到一定阶段所形成的社会状态,这种社会状态经历了石器文明、农业文明和工业文明几种文明形态。现代意义的生态文明起源于 20 世纪 70 年代西方的环境保护运动,1995 年美国作家莫里森在其著作《生态民主》中首次提出了"生态文明"这一概念。① 生态文明内涵广泛,不同领域的学者对其有不同的认识,生态学家、管理学家、政治学家以及环境管理专家都曾就生态文明提出过不同的定义。如政治学者指出,生态文明是人类在改造自然以造福自身的过程中为实现人与自然之间的和谐所作的全部努力和所取得的全部成果,它表征着人与自然相互关系的进步状态。② 另有观点认为,生态文明是指实现人与自然、人与人、人与社会之间以及各个系统之间以和谐共生、全面发展、良性循环、持续繁荣为基本宗旨的文化伦理形态。③ 综合学界关于生态文明的定义,可以分为广义与狭义两种观点:广义的生态文明强调的是人与人、人与社会、

---

① 〔美〕罗伊·莫里森:《生态民主》,刘仁胜、张甲秀译,中国环境出版社 2016 年版,第 6 页。
② 俞可平:《科学发展观与生态文明》,载《马克思主义与现实》2005 年第 4 期。
③ 刘燕、薛蓉:《生态文明内涵的解读及其制度保障》,载《财经问题研究》2019 年第 5 期。

人与自然之间等各种生态关系发展到一定阶段所要达到的文明形态，涵盖了政治文明、物质文明以及精神文明各个领域，是政治文明、物质文明以及精神文明得以发展的基础。狭义的生态文明强调的是人与自然之间和谐相处的文明程度。无论是广义的还是狭义的生态文明，都属于人类社会发展进步的重大成果，是实现人与自然和谐共生的必然要求。

在生态文明建设实践中，生态文明制度应运而生。习近平指出，"保护生态环境必须依靠制度、依靠法治。只有实行最严格的制度、最严密的法治，才能为生态文明建设提供可靠保障。"①所谓生态文明制度，就是宪法规定的为调整公民与国家的生态关系而制定的各种法律、政策等的总和。生态文明制度的范围十分广泛，涉及政治、经济、文化、社会的方方面面。生态文明制度是人类社会建设生态环境智慧的结晶，体现出以下几个特点：

1. 生态文明制度属于上层建筑的范畴。一方面，生态文明制度是从生态治理和保护过程中形成和确立的制度，涉及经济建设、政治建设、文化建设和社会建设等多种上层建筑的内容。我们在经济建设的过程中，对自然资源的攫取和生态环境的毁坏已经达到了不得不对其进行保护的严峻地步，经济建设的可持续发展决定了生态文明制度的产生。另一方面，生态文明制度的发展，是为了解决发展的绿色和可持续问题，生态文明制度以自身独有的方式反作用于经济建设的各个环节，服务于政治建设、文化建设和社会建设等各个领域。

2. 生态文明制度具有长期性。"万物各得其和以生，各得其养以成。"②在人与自然和谐共生的应然模式中，人与自然始终是同生同存，相互依赖，无法相互脱离，只有尊重自然、顺应自然、保护自然，才能实现人民所追求的美好生态环境需要和经济发展的有机统一。生态环境没有替代品，在人类社会的永续发展中，应当明确人与自然是生命共同体的理念，坚持落实生态文明制度。

3. 生态文明制度具有协同性。党的十八大以来，生态文明建设成为中国特色社会主义事业"五位一体"总体布局的一项重要内容，并融入经济建设、政治建设、文化建设、社会建设的各方面和全过程。与此同时，生态文明制度也成为中国特色社会主义制度建设的重要有机组成部分，并与其他社会主义制度协同发展，相互作用，共同致力于中国特色社会主义伟大事业。

4. 生态文明制度具有基本性。生态文明制度并不是单一的规范体系，而是内涵广泛的规范系统，在生态文明建设过程中能够发挥指导性和规范性作用的规则、制度等都属于生态文明制度。在生态环境遭到破坏和生态资源紧张稀缺

---

① 中共中央文献研究室编：《习近平关于社会主义生态文明建设论述摘编》，中央文献出版社2017年版，第99页。

② 参见《荀子·天论》。

的情况下,人们已经意识到了节约资源和保护环境的重要性,生态文明制度是生态文明建设中具有根本性作用的制度保障,建立健全生态文明制度是推进生态文明建设的内在要求。生态文明问题在本质上是发展方式和生活方式的问题,要在根本上解决生态文明问题,就必须依赖于生态文明制度。

二、生态文明制度与宪法的关系

宪法是国家的根本法。近现代意义的宪法普遍以组织和构造国家的基本政治制度为起点,伴随着人类社会进步,国家的基本经济制度、基本文化制度、基本社会制度也逐渐成为宪法不可缺少的内容。2018年通过的《宪法修正案》正式写入生态文明,进一步丰富了中国宪法的内涵,同时,宪法中规定的生态文明条款也为生态文明制度建设提供了根本法律依据。

(一)生态文明制度是宪法的重要内容,是宪法更好地关照人的生存与发展的重要体现

良好的生态环境是经济社会可持续发展的重要基础,也是人与自然和谐共处的重要条件。随着人类社会工业发展进程的快速推进,由自然资源不合理利用以及自然环境破坏而引起的生态环境恶化不断成为困扰经济社会可持续发展、危及公众生命健康的重要因素,并带有区域性乃至全球性影响。自然资源的合理开发与利用以及生态环境保护成为全球性议题。党的十九大报告强调,我国社会主要矛盾已经转化为人民日益增长的美好生活需要和不平衡不充分的发展之间的矛盾。这其中也蕴含着人民对生态友好型社会的期待与经济社会粗放型发展之间的矛盾。在社会主义民主政治日趋完善,物质生活水平显著提高,文化生活日益繁荣,社会治理水平不断提升之余,人民群众对于绿色健康生活与美好环境的需求日益强烈。在此背景下,2018年通过的《宪法修正案》将"生态文明"写入宪法,提出:"推动物质文明、政治文明、精神文明、社会文明、生态文明协调发展,把我国建设成为富强民主文明和谐美丽的社会主义现代化强国,实现中华民族伟大复兴。"

生态文明写入宪法对中国宪法的影响与意义主要包括以下几个方面:首先,生态文明被正式写入宪法,既是宪法对国家根本问题、根本制度发展变革与时代发展需要的积极回应,也是宪法规范自我发展与完善的重要步骤。[①] 其次,生态文明写入宪法,预示着"五位一体"中国特色社会主义事业总体布局在宪法规范层面的确认,标示着宪法确立的国家发展目标的进一步更新与完善,强化了自然资源保护与环境治理的国家义务。再次,生态文明写入宪法本质上是对人的生存与发展的进一步关照,加深了对基本人权的尊重与保障。生态文明入宪是将

---

① 张震:《生态文明入宪及其体系性宪法功能》,载《当代法学》2018年第6期。

环境人权提升到宪法层面并予以保障,是对生存权、发展权和代际人权的肯定,是实现人类永续发展的前提。① 最后,生态文明理念的提出和以宪法修正案的形式将生态文明写入宪法,标示出我国宪法与宪治中所蕴含的党的领导、人民当家作主与依法治国的有机统一。党的十七大报告首先提出生态文明,党的十八大以来,生态文明建设作为"五位一体"总体布局的一个重要部分,在制度层面得以展开。建设社会主义生态文明是党领导人民基于对经济社会治理的综合经验而作出的一项政治决断。2018年的《宪法修正案》将生态文明写入作为国家根本法的宪法规范中,为生态文明制度建设提供了根本法律依据,生动体现了党的领导、人民当家做主、依法治国的有机统一。

(二) 宪法是生态文明制度建设的根本法律依据

宪法中关于生态文明的阐述和规定,为全面、系统、持续地贯彻生态文明理念,建设生态文明制度提供了根本法律依据。在"生态文明"正式写入宪法之前,节约资源与保护环境条款的逐渐完善是生态文明制度成果积累的重要表现。1954年《宪法》和1975年《宪法》没有对保护环境问题进行专门规定,而是规定了自然资源的国家所有权等问题。1954年《宪法》第6条第2款规定:"矿藏、水流,由法律规定为国有的森林、荒地和其他资源,都属于全民所有。"1975年《宪法》第6条第2款规定:"矿藏、水流,国有的森林、荒地和其他资源,都属于全民所有。"这些条款背后隐含着相应的环境保护逻辑,反映了当时所倡导的蕴含于中国社会文化中的朴素环境观,这一朴素环境观来自全民对自然资源及生态环境的内心维护。② 1978年《宪法》第11条第3款规定:"国家保护环境和自然资源,防治污染和其他公害。"这一条款首次在宪法文本中明确了国家是环境保护的义务主体,并为环境立法提供了宪法依据,也意味着我国宪法开始了生态化转型并呈现出"生态宪法"的面向与规范功能。

1982年《宪法》进一步丰富了自然资源和环境保护条款。2018年宪法修改后,生态文明被正式写入《宪法》序言第七自然段,生态文明所蕴含的价值在法律制度中得以合理体现。在《宪法》正文部分,第9条第2款规定:"国家保障自然资源的合理利用,保护珍贵的动物和植物。禁止任何组织或者个人用任何手段侵占或者破坏自然资源。"这一规定与1978年《宪法》规定的"国家保护环境和自然资源"形成了对比,以"合理利用"代替了单一的"保护",突出了人类与自然之间的和谐关系,建立了对生态文明建设的初步认知。第14条第2款规定"国家厉行节约,反对浪费"。第22条第2款规定:"国家保护名胜古迹、珍贵文物和其

---

① 江国华、肖妮娜:《"生态文明"入宪与环境法治新发展》,载《南京工业大学学报(社会科学版)》2019年第2期。
② 张震、杨茗皓:《论生态文明入宪与宪法环境条款体系的完善》,载《学习与探索》2019年第2期。

他重要历史文化遗产。"其中,一些珍贵的、具有独特意义的自然资源及景观属于名胜古迹、珍贵文物和其他重要历史文化遗产的行列,因而此条款同样构成对部分自然资源与生态环境的保护条款。第 26 条规定:"国家保护和改善生活环境和生态环境,防治污染和其他公害。国家组织和鼓励植树造林,保护林木。"第 89 条规定国务院具有"领导和管理经济工作和城乡建设、生态文明建设"的职权。上述规定进一步阐明了生态文明建设是国家的基本职责。从这些条款可以看出,现行宪法已经形成了相对完整的生态文明制度建设规范体系。宪法对生态文明方面的上述规定,构成了我国基本的生态文明制度。

第二节 我国生态文明制度的基本内容

党的十八大以来,以习近平同志为核心的党中央把生态文明建设作为中国特色社会主义"五位一体"总体布局和"四个全面"战略布局的重要内容,从新的历史起点出发,作出"大力推进生态文明建设"的战略决策。在全面深化改革进程下,宪法既是对改革成果的确认,也是对改革进程的引领。现行《宪法》序言明确了生态文明制度建设的基本理念与最终目标。从生态文明制度建设的主体来看,现行宪法从国家、个人、组织三个维度明确了生态文明建设的主体。从生态文明制度建设的客体来看,现行宪法构造下的生态文明制度主要包含两大内容:合理利用资源、保护生活与生态环境。这也是生态文明制度建设区别于国家的基本政治制度、基本经济制度、基本文化制度、基本社会制度建设的独特内涵。宪法指明了生态文明制度建设的法治框架。在全面依法治国进程中,生态文明制度建设最终需要通过法治化的方式实施。宪法通过对生态文明及环境保护的主体、客体、手段与目标等内容的规定,诠释出了生态文明的宪法规范体系,为部门法的制定以及生态文明制度具体内容的填充提供了规范依据。

一、生态文明建设的理念与目标

宪法序言写入生态文明不仅显示出生态文明建设的重要战略意义,而且明晰了生态文明建设的基本理念与总体目标。首先,宪法确立了生态文明制度建设的基本理念。生态环境问题具有跨区域以及全球化属性。2018 年《宪法修正案》将"推动构建人类命运共同体"写进了宪法序言当中,宪法中的人类命运共同体理念从个体利益诉求出发并关怀到整个人类社会,构成了生态文明制度建设的最高精神指引。其次,宪法揭示了生态文明制度建设的总体目标。生态文明制度建设的直接目标指向"美丽中国",需要落位于"五位一体"的总体布局与"物质文明、政治文明、精神文明、社会文明、生态文明协调发展",围绕"富强民主文明和谐美丽的社会主义现代化强国"之目标,实现中华民族伟大复兴。

二、生态文明建设的基本国策

关于生态文明建设,党的十八大报告指出要坚持节约资源和保护环境的基本国策。从宪法规范层面分析,生态文明建设的基本国策主要表现为合理利用自然资源、保护生活与生态环境。

1. 合理利用自然资源。一般认为,自然资源是指自然界形成的可供人类利用的一切物质和能量的总称。结合宪法规定,需要合理利用并受保护的自然资源主要包含矿藏、水流、森林、山岭、草原、荒地、滩涂等自然资源。按照自然资源的属性,可以分为土地资源、水资源、海洋资源、气候资源、生物资源、矿产资源、旅游资源以及能源等类型。《宪法》第9条第2款规定:"国家保障自然资源的合理利用,保护珍贵的动物和植物。禁止任何组织或者个人用任何手段侵占或者破坏自然资源。"据此,负有合理利用与保护自然资源职责或义务的宪法主体包括国家、组织和个人,其中:(1)国家享有合理利用自然资源及保护珍贵的动物和植物之职权;(2)国家负有合理利用自然资源及保护珍贵的动物和植物之义务;(3)组织和个人负有不侵占或破坏自然资源之义务;(4)国家有权而且应当禁止任何组织或者个人侵占或者破坏自然资源。土地资源是人类生存最基本的自然资源。《宪法》第10条第5款规定:"一切使用土地的组织和个人必须合理地利用土地。"对此,可以进一步解释为:(1)使用土地的组织和个人负有合理利用土地之义务;(2)使用土地的组织和个人不得浪费或破坏土地;(3)国家有权而且应当确保使用土地的组织和个人合理地利用土地。

根据《宪法》规定的合理利用自然资源之要求,国家制定了《土地管理法》《矿产资源法》《水法》《森林法》《草原法》《渔业法》《野生动物保护法》《节约能源法》等多部自然资源保护性法律,围绕各类自然资源的规划、合理开发、利用、治理和保护开展了进一步的制度建设,形成了节约与保护自然资源的法律制度体系。

2. 保护生活与生态环境。节约资源与保护环境是我国的一项基本国策。《宪法》第26条规定:"国家保护和改善生活环境和生态环境,防治污染和其他公害。国家组织和鼓励植树造林,保护林木。"其显示出:(1)国家享有保护和改善生活环境和生态环境、防治污染和其他公害、组织和鼓励植树造林、保护林木之职权;(2)国家负有保护和改善生活环境和生态环境、防治污染和其他公害、组织和鼓励植树造林、保护林木之义务;(3)根据上述职权与义务履行之需要,国家有权而且应当禁止组织和个人破坏环境、制造污染和公害及破坏林木。从环境保护的手段来看,宪法确立了防范、治理、组织与鼓励等多重环境保护手段。从环境保护的目标层级来,宪法提出了"保护"与"改善"两种目标层级。其中,"保护"在于强调保持现有的良好的环境条件,"改善"则强调环境保护的持续性,表达出对更好环境条件的追求。从保护的内容来看,《宪法》第26条将环境分为生活环境和生态环境。对于生活环境与生态环境的不同理解，有观点指出，生活环境是与人类生存直接相关的环境，城市、街道、公园等人为因素和空气、水等自然因素都是生活环境的因素；整体上的生态环境不属于人类环境，它是以生物为中心的环境，但生态环境又与人类有关，构成人类环境的必要内容。① 简言之，生活环境主要强调人的因素，而生态环境主要强调自然因素。《宪法》规定的"国家保护和改善生活环境和生态环境"正契合了生态文明所蕴含的人与自然和谐发展的必然要求。

根据宪法规定的国家保护和改善生活环境和生态环境的相关要求，《环境保护法》《水污染防治法》《大气污染防治法》《土壤污染防治法》《固体废物污染环境防治法》《环境噪声污染防治法》《环境保护税法》等环境保护性法律相继出台并历经更新修订，建构起了生活环境与生态环境法律保护制度体系。

第三节　生态文明制度的实施

自然是生命之母，是人类赖以生存和发展的根基。生态环境是关系党的使命和宗旨的重大政治问题，也是关系民生的重大社会问题。② 党的十八大以来，党和国家将生态文明建设纳入制度化、法治化的轨道。习近平总书记强调，只有实行最严格的制度、最严密的法治，才能为生态文明建设提供可靠保障。面对国内外生态文明建设的压力和挑战，必须要不断提高社会主义生态文明制度的生命力，加强生态文明制度的实施。具体来讲，生态文明制度的实施，需要结合宪法的规定和党的十八大、十九大精神，从立法、司法、执法和守法四个方面做起，坚持党对生态文明法治建设的领导，将党的领导贯穿到生态文明法治建设的各方面和全过程。

一、健全生态文明制度立法

党的十九大报告指出，推进科学立法、民主立法、依法立法，以良法促进发展、保障善治。在这一重大的历史机遇之下，需要迫切地审视生态文明领域的相关立法，树立绿色发展理念，构筑科学的生态文明法治体系，以生态文明领域的立法来促进生态文明制度的实施。具体来讲，要从以下几点来展开：一是在立法理念上，遵循宪法中关于生态文明制度的要求。坚持人与自然和谐共生，人因自然而生，人与自然是一种共生关系，对自然的伤害最终会伤及人类自身。③ 恩格

---

① 徐祥民主编：《环境法学》，北京大学出版社2005年版，第5页。
② 《习近平谈治国理政》第3卷，外文出版社2020年版，第359页。
③ 《习近平谈治国理政》第2卷，外文出版社2017年版，第394页。

斯曾指出,"我们不要过分陶醉于我们人类对自然界的胜利。对于每一次这样的胜利,自然界都对我们进行报复。"①当人类粗暴地对待自然时,必然会得到自然的报复。只有把握自然资源的规律,合理利用自然资源,才能最终实现可持续发展的目标。"绿水青山就是金山银山"是新时代经济发展的重要原则,它阐述了经济发展与生态文明建设的关系,揭示了生态文明建设就是在解放和发展绿色生产力的发展规律。坚持良好的生态环境是最普惠的民生福祉。生态环境具有公共产品的属性②,事关人民群众的生存和发展,与每一个人都息息相关。只有保持良好的生态环境,才能实现人民群众的全面发展。坚持山水林田湖草是生命共同体。生态是一个紧密联系的、环环相扣的有机链条,任何一个环节出现了问题都将导致整个生态的破坏,因此要树立和坚持山水林田湖草是生命共同体的理念。坚持绿色发展。绿色是永续发展的必要条件,坚持绿色发展,就是要坚持节约资源和保护环境的基本国策,构建生态文明体系,促进经济社会发展,全面绿色转型建设,人与自然和谐共生的现代化。③ 坚持人类生态命运共同体。地球是人类共同的家园,建设绿色家园是人类共同的使命,任何一个国家都不能独善其身。坚持人类生态命运共同体理念,参与全球生态环境治理,是世界各国义不容辞的责任。二是在立法规划上,要以宪法为核心,以《环境保护法》等宪法性法律为依托,加强生态文明重点领域立法,坚持人大对生态文明立法的主导作用,不断推进生态文明法治体系建设,满足人民群众对美好生态环境的期待。

二、推进生态文明制度执法

2018年通过的《宪法修正案》将"领导和管理生态文明建设"确定为国务院的新增职权,《宪法》第9条和第26条规定了节约资源和保护环境两大基本国策,这就在宪法层面确立了行政机关的生态文明执法权。在机构与权限改革层面,2018年第十三届全国人民代表大会第一次会议审议并批准的国务院机构改革方案,不再保留国土资源部、国家海洋局和国家测绘地理信息局,将相关部门的职责进行整合,组建自然资源部。不再保留环境保护部,将相关部门的职责进行整合,组建生态环境部。新组建的自然资源部和生态环境部将原本分散的职责集中起来,明确了生态文明的执法主体和责任主体,避免权责不一和出现问题后相互推诿与责任难以确定的情况,为生态文明制度的实施提供了更加有利的条件。在具体政策层面,党中央提出要实行最严格的源头保护制度、损害赔偿制

---

① 《马克思恩格斯全集》第26卷,人民出版社2014年版,第769页。
② 穆艳杰、魏恒:《习近平生态文明思想研究》,载《东北师大学报(哲学社会科学版)》2019年第1期。
③ 中共中央宣传部:《习近平新时代中国特色社会主义思想学习问答》,学习出版社、人民出版社2021年版,第231页。

度、责任追究制度,完善环境治理和生态修复制度,用制度保护生态环境。[①] 2015年9月,中共中央、国务院印发《生态文明体制改革总体方案》,提出要健全自然资源资产产权制度、建立国土空间开发保护制度、建立空间规划体系、完善资源总量管理和全面节约制度、健全资源有偿使用和生态补偿制度、建立健全环境治理体系、健全环境治理和生态保护市场体系、完善生态文明绩效评价考核和责任追究制度,搭建起了生态文明体制改革的"四梁八柱"。在执法机制层面,推进河长制、湖长制等环境保护机制,建立跨区域执法联动机制、信息共享机制、联席会议机制、定期联系机制等。在执法监督层面,认真履行生态环境监管职能,开展环境督察专项行动,建立健全统筹强化监督制度等。党的十九大报告提出,中国特色社会主义进入新时代,我国社会主要矛盾已经转化为人民日益增长的美好生活需要和不平衡不充分的发展之间的矛盾。要想满足人民群众日益增长的美好生活需要,建设良好生态环境是必要的前提条件,这已经成为新时代党和国家工作的重中之重。生态环境保护的成败,归根结底取决于经济结构和经济发展方式。要想从根本上解决问题,必须要深化生态文明体制改革,提高生态文明建设的基础性地位,解放和发展绿色生产力,为生态文明建设提供有效激励和约束,严格落实责任。

三、强化生态文明制度的司法保障

近年来,党和国家对生态问题愈加重视,确立了一系列生态文明领域的方针路线,对生态环境进行极为严格的保护。在此背景之下,一些生态文明领域的司法案件逐渐涌向了司法机关。将生态文明推向法治轨道,司法机关无疑成为主阵地。为全面加强生态文明建设,司法层面作出了一系列的努力,如建立环境公益诉讼制度,设立环境法庭,推进专门化环境司法制度和系统环境司法机制等,为生态文明建设提供了严密的司法保障。但是,还应当继续深化生态文明司法体制改革,具体来讲要做到以下几点:(1)司法机关要以习近平生态文明思想和习近平法治思想为指引,牢固树立以人民为中心的司法理念,贯彻落实绿色发展理念,充分认识到生态文明建设对于实现美丽中国的重要战略意义。(2)司法机关要尽职尽责,积极提供生态文明司法服务,明确"努力让人民群众在每一个司法案件中感受到公平正义"的司法工作目标,切实保障人民群众的合法权益。支持行政机关依法开展生态文明执法,支持环境公益诉讼,在司法活动中贯彻实施节约资源和保护环境两大基本国策,不断提高生态文明建设的司法水平,全面推进美丽中国建设。(3)完善相关司法制度,不断提升司法机关服务和保障生

[①] 中共中央委员会:《中共中央关于全面深化改革若干重大问题的决定》,人民出版社2013年版,第52页。

态文明建设的效能。完善环境公益诉讼制度,提升司法机关办理环境公益诉讼案件的专业化水平。

四、提升生态文明全民教育与参与水平

制定生态文明制度的出发点和落脚点是广大人民群众的根本利益以及国家与民族未来的恒久发展。① 在中国的革命、建设和改革时期,人民群众始终是中国共产党的力量之源和胜利之本。正如习近平总书记所强调的,"人民群众有着无尽的智慧和力量,只有始终相信人民,紧紧依靠人民,充分调动广大人民的积极性、主动性、创造性,才能凝聚起众志成城的磅礴之力"。② 生态文明制度的实施也离不开人民群众的奋斗和支持,要发挥人民群众在生态文明建设中的主体作用,让人民群众积极、广泛地参与到生态文明建设中来,使每一个人都成为生态文明建设的践行者和推动者,才能更好地实施生态文明制度。当代生态文明领域出现的一系列问题,一个重要的原因就在于生态意识和守法意识薄弱。因此,要注意培养公民的生态意识和守法意识,宣传和弘扬习近平生态文明思想,培养正确的社会主义生态文明观,在全社会形成节约资源和保护环境的风气。积极学习并遵守生态文明制度相关法律法规,树立绿色消费的理念,掌握生态文明方面的科学知识,提高自身的生态认知水平,进而更为积极有效地参与生态文明建设。

附 录

一、前沿问题

1. 关于生态文明制度的概念

2018年通过的《宪法修正案》将生态文明写入宪法以来,有关生态文明、生态文明制度、生态文明建设以及生态文明制度体系的研究迎来了高峰期。关于生态文明制度的概念有很多不同的定义,尚没有达成共识。国内有部分研究从微观的角度出发,认为生态文明制度就是关于推进生态文明建设的行为规则,是关于推进生态文化建设、生态产业发展、生态消费行为、生态环境保护、生态资源开发、生态科技创新等一系列制度的总称。③ 也有从宏观的角度出发,认为生态

---

① 陈文斌、袁承蔚:《以民为本:加快生态文明制度建设的根本》,载《生态经济》2018年第5期。
② 习近平:《在纪念红军长征胜利80周年大会上的讲话》,载《中共党史研究》2016年第10期。
③ 沈满洪:《生态文明制度建设:一个研究框架》,载《中共浙江省委党校学报》2016年第1期。

文明制度是人类社会在长期与大自然相处过程中形成的理念、政策、做法。① 在此基础之上,生态文明制度还有正式制度和非正式制度之分。侧重点不同,导致目前对生态文明制度的理解出现了诸多偏差。

2. 关于环境权入宪问题的讨论

面对日益严重的生态问题,宪法必须及时作出回应,从国家根本法的高度制定建设美丽中国的目标。自从生态文明被写入宪法,理论界关于环境权是否入宪的争论日益高涨。其中,有观点认为,那些已经规定了宪法环境权的国家,并没有在环境保护和人权保障方面积极地、富有成效地作出实施,反而是一些在环境保护和人权保障领域成效卓著的国家却从原则上反对将这种环境权利宪法化。② 因此,有学者指出,宪法如果单独确认一项作为个人权利的环境权,环境权在与其他权利的竞争中不具有优势,反而不利于环境保护。对环境权入宪的争论应转向对我国宪法中环境权保障性规定的实施问题的探讨,关注环境立法质量和实施效果。③ 但仍有不少学者呼吁应将环境权作为公民基本权利引入宪法,其中较为有代表性的观点认为应当启动宪法修改程序,把党章中关于生态文明的阐述和要求用法律思维和方法转化到宪法之中,并根据宪法的特点,将公民环境权作为基本权利予以确定。④ 还有观点将世界各国环境权入宪进行比较研究,认为环境权入宪已经成为一种宪法发展规律,借以论证我国环境权入宪的可能。⑤ 在此基础之上,应当基于功能主义立场而采用"明确的基本权利模式"。⑥ 由此可知,在宪法层面确定国家生态义务、确立节约资源和保护环境两大基本国策还远远不够,理论界的呼声和世界各国宪法的通行做法是将环境权引入宪法。

3. 深化生态文明体制改革研究

生态文明体制改革是一项复杂而又重要的系统性工程,需要持续发力,不断探索和优化,以满足人民日益增长的美好生活需要为目标。改革开放以来,我国生态文明体制建设面临着一系列的挑战,要完善社会主义生态文明制度,就必须深化生态文明体制改革,进行生态文明建设的体制机制创新与发展。生态文明体制改革是一个需要不断发展和完善的命题,它涉及国家进行生态文明建设的一系列规则体系,包括组织建设、制度建设等诸多重要内容。党的十八大以来,生态文明建设进入攻坚期和深水区,更加需要全力推进改革,建立生态文明建设的长效机制。

---

① 中国行政管理学会、环境保护部宣传教育司联合课题组:《如何建立系统完整的生态文明制度体系》,载《环境保护》2014 年第 20 期。
② 〔英〕蒂姆·海沃德:《宪法环境权》,周尚军、杨天江译,法律出版社 2014 年版,第 3 页。
③ 彭峰:《论我国宪法中环境权的表达及其实施》,载《政治与法律》2019 年第 10 期。
④ 吕忠梅:《环境权入宪的理路与设想》,载《法学杂志》2018 年第 1 期。
⑤ 吴卫星:《环境权入宪的比较研究》,载《法商研究》2017 年第 4 期。
⑥ 赖虹宇:《环境权入宪的规范模式:选择及其实现》,载《北京行政学院学报》2018 年第 6 期。

二、参考文献

1. 《习近平关于社会主义生态文明建设论述摘编》,中央文献出版社2017年版。
2. 〔英〕海沃德:《宪法环境权》,周尚君、杨天江译,法律出版社2014年版。
3. 张震:《作为基本权利的环境权研究》,法律出版社2010年版。
4. 蔡守秋:《生态文明建设的法律和制度》,中国法制出版社2017年版。
5. 陈海嵩:《国家环境保护义务论》,北京大学出版社2015年版。
6. 中共中央、国务院:《生态文明体制改革总体方案》,人民出版社2015年版。
7. 《中共中央国务院关于加快推进生态文明建设的意见》,人民出版社2015年版。
8. 张翔:《环境宪法的新发展及其规范阐释》,载《法学家》2018年第3期。
9. 张震:《中国宪法的环境观及其规范表达》,载《中国法学》2018年第4期。
10. 张震:《新时代中国生态宪法学的体系构建》,载《厦门大学学报(哲学社会科学版)》2020年第3期。
11. 王建学:《论生态文明入宪后环境条款的整体性诠释》,载《政治与法律》2018年第9期。
12. 陈海嵩:《中国环境法治中的政党、国家与社会》,载《法学研究》2018年第3期。
13. 杜健勋:《国家任务变迁与环境宪法续造》,载《清华法学》2019年第4期。
14. 姜峰、郑晓军:《厘清与重构:生态文明建设的宪法规范内涵》,载《江汉学术》2019年第6期。
15. 李艳芳:《论生态文明建设与环境法的独立部门法地位》,载《清华法学》2018年第5期。

三、思考题

1. 试析生态文明制度的概念。
2. 如何理解生态文明制度与宪法的关系?
3. 如何理解公民的环境权?
4. 生态文明制度入宪有哪些意义?
5. 生态文明制度建设应当遵循哪些原则?
6. 宪法学如何拓展和加强对生态文明制度的研究?
7. 试论生态文明制度的发展与完善。

第十章　公民的基本权利和义务

从宪法理论上看,公民基本权利及其与国家权力的关系是宪法的核心问题;从宪法制度层面看,公民基本权利及其保障是宪法的重要内容。因此,了解公民的基本权利和义务是理解宪法的关键环节。

公民是一个有特定内涵的法律概念。一般而言,可将其定义为具有一个国家国籍,根据该国宪法和法律享受权利、履行义务的自然人。在宪法学上,公民主要是与国家相对而言的宪法主体,公民概念与国民和人民等概念既有区别又有联系。公民的基本权利和义务是公民权利和义务的重要组成部分和核心,从形式上看,它是宪法规定的公民权利和义务,可称之为宪法权利和义务。公民基本权利是人权的宪法化,是公民成其为公民所不可缺少的权利,具有不可缺乏性、不可取代性、不可转让性和普遍性等特点。公民的基本义务是与公民基本权利相对而言的概念,是公民成其为公民必须履行的义务。人权是一个不断发展的概念,一般是指人作为人所享有的权利,保障人权日益受到国际社会的重视。我国十分重视人权的保障,先后签署了《经济、社会和文化权利国际公约》与《公民权利和政治权利国际公约》,并从我国的实际出发致力于人权保障,形成了我国关于人权问题的基本立场,为国际人权保障作出了重要贡献。

公民的基本权利和义务是资产阶级国家最先以宪法的形式加以确认的。公民的基本权利和义务的发展经历了近代宪法和现代宪法两个时期。在近代宪法中,公民的基本权利和义务体现了以个人为中心的自由主义思想,公民个人自由在基本权利中具有重要地位。进入20世纪后,宪法中公民基本权利和义务又有了新的发展,社会经济与文化方面的权利和义务成为公民基本权利和义务的重要内容。我国历部宪法都有关于公民基本权利和义务及其保障的规定。同以往几部宪法相比,现行《宪法》在公民基本权利和义务的内容、形式结构和保障措施等方面的规定都有重要发展,且更加强调权利和义务的一致性。

根据现行《宪法》的规定,我国公民的基本权利可以分为:平等权,政治权利和自由,人身权利和自由,批评建议权、申诉检举控告权和取得赔偿权,社会经济权利,社会文化权利,宗教信仰自由,婚姻自由权八类。公民的基本义务主要有:维护国家的统一和民族的团结的义务,遵守宪法和法律、保守国家秘密、爱护公共财产、遵守劳动纪律、遵守公共秩序、尊重社会公德的义务，维护国家的安全、荣誉和利益的义务，依法服兵役、参加民兵组织的义务和依法纳税的义务。

根据我国宪法和法律的规定，公民权利和自由的广泛性、公民权利和自由的现实性、公民权利和义务的平等性、公民权利和义务的一致性是我国公民基本权利和义务的主要特点。

随着我国社会政治、经济和文化的发展、公民素质的提高以及国际人权保障的进一步加强，我国公民的基本权利和义务的内容、体系及其保护有待进一步完善和加强。

关键词

公民　国籍　基本权利　基本义务　人权　平等权　选举权　被选举权　言论自由　出版自由　结社自由　集会自由　游行自由　示威自由　人身权　人身自由　人格尊严　住宅权　通信自由　批评权　建议权　申诉权　控告权　取得赔偿权　社会经济权　财产权　劳动权　生活保障权　物质帮助权　社会文化权　受教育权　宗教信仰自由　婚姻自由　服兵役义务　纳税义务　劳动义务　受教育义务

第一节　公民的基本权利和义务概述

一、公民的概念

（一）公民的含义

从近代以来公民概念的使用情况来看，可对公民概念作如下定义：公民是指具有一个国家的国籍，根据该国宪法和法律享受权利、履行义务的自然人。该定义表明：(1) 公民概念以国籍为形式要件。要成为某一国家的公民，首先要取得这个国家的国籍。一个人取得了某一国家的国籍，就成为该国家的公民。(2) 一个人成为某国的公民，他与这个国家就形成了一定的法律关系，就可以根据该国宪法和法律的规定享受权利、履行义务。享受权利并履行义务是公民概念的实质与内容。(3) 公民是自然人。所谓自然人是因出生而取得法律资格的人，是相对于法人的法律主体。在宪法学上，公民主要是与国家相对而言的宪法主体。

公民作为一个法律概念，在不同的历史时期有着不同的内涵。在古希腊的法律上，曾经出现过"公民"一词，但当时的公民指在法律上享有特权、能参与城邦公共生活的人，主要包括奴隶主和自由民，不包括奴隶和外来人。在整个中世纪，公民也是指享受特权的少数人。公民普遍适用于国家每一个成员，是从资产阶级取得革命胜利、建立资产阶级国家开始的。在资产阶级革命时期，资产阶级思想家提出了"天赋人权""主权在民"等口号，要求彻底否定封建等级特权制度，以国籍确定公民的资格，将公民的范围扩展到一国所有的成员，并提出公民在法律面前一律平等的原则。这一新的公民观在1789年法国的《人权和公民权利宣言》(《人权宣言》)以及美国的《独立宣言》中得到确认，随后为资产阶级立法所接受，被规定在宪法和一系列其他法律之中。

我国古代的法律文件和法律方面的著作中没有"公民"概念的记载。直到清朝末年，公民的观念才逐步被引入我国。1909年清朝政府制定了《大清国籍条例》，1914年袁世凯政府又颁布了《修正国籍法》。这些法律文件将公民(国民)概念和国籍联系了起来，近代意义的公民概念在形式上被确认。新中国成立后，我国确立了以国籍作为公民资格标准的原则。

《宪法》第33条规定："凡具有中华人民共和国国籍的人都是中华人民共和国公民。"这一规定是对公民概念的宪法界定，在我国制宪史上具有重要意义。我国从1954年《宪法》到1978年《宪法》都没有规定公民的概念，只是规定了公民的基本权利和义务。现行宪法是第一部以国家根本法的形式对公民的概念进行界定的宪法。以往宪法中只有关于权利和义务的规定，而没有对权利和义务主体的明确规定，这在立法逻辑结构上的缺陷是不言而喻的。现行宪法在规定公民的权利和义务之前，首先界定了公民的概念，从而使权利和义务有了明确的主体，并有助于完善"公民的基本权利和义务"一章的结构。此外，这一规定对规范公民概念的使用、培养和提高公民意识也具有重要的意义。

（二）国籍的意义

国籍是近现代国家从法律上确认公民身份的资格标准。由于各国国情的不同，对国籍的规定也不尽相同。有的采用血缘主义原则，有的采用出生地主义原则，有的采用血缘主义和出生地主义相结合的原则。根据《国籍法》的规定，取得我国国籍有两种方式：出生国籍和继有国籍。出生国籍是指基于出生而获得国籍的方式。我国对于出生国籍按照血缘主义和出生地主义相结合的原则予以确定：父母双方或一方为中国公民，本人出生在中国的，具有中国国籍；父母双方或一方为中国公民，本人出生在外国的，具有中国国籍，但如果父母双方或一方定居在外国，本人出生时即具有外国国籍的，则不具备中国国籍；父母无国籍，或国籍不明，定居在中国，本人出生在中国，具有中国国籍。我国《国籍法》不承认双重国籍。继有国籍是指因加入而取得国籍的方式。我国《国籍法》规定，当事人申请加入国籍是以继有国籍方式获得我国国籍的唯一方法。凡是出于本人自愿并愿意遵守我国宪法和法律的外国人可以申请加入中国国籍。申请人符合下列条件之一，便可申请取得中国国籍：(1) 中国公民的近亲属；(2) 定居在中国的；

(3) 有其他正当理由的。申请人取得中国国籍还必须办理相关手续。按照我国《国籍法》的规定,我国受理国籍申请的机关,在国内为申请人所在地的县、市公安机关;在国外为中国外交代表机关和领事机关。县、市公安机关以及外交代表机关和领事机关负责对申请人是否符合法律规定的条件进行审查,经公安部批准,有关公安机关发给取得国籍证书后,申请人就具有了中国国籍。

不具有本国国籍的人称为外国人,包括外国公民和无国籍人。在我国境内的外国人不是中华人民共和国公民,他们的合法权利和利益不属于宪法规定的公民基本权利和义务的范围。但随着我国社会主义现代化建设事业的发展,改革、开放的不断深化,来我国投资、旅游、工作、学习的外国人不断增加,我国宪法对中国境内的外国人的法律地位作了专门规定。《宪法》第32条第1款规定:"中华人民共和国保护在中国境内的外国人的合法权利和利益,在中国境内的外国人必须遵守中华人民共和国的法律。"根据宪法这一规定,在中国境内的外国人的合法权利和利益均受我国法律保护,任何人不得非法侵犯。同时,他们必须遵守中国的法律。《宪法》第32条第2款规定:"中华人民共和国对于因为政治原因要求避难的外国人,可以给予受庇护的权利。"受庇护权也叫"政治避难权""居留权",是指一国公民因为政治原因请求另一国准予其入境、居留,经该国政府批准,而享有受庇护的权利。受庇护的外国人在所在国的保护下不被引渡或驱逐。根据宪法这一规定,受庇护对象必须是基于政治原因,而不能因为刑事犯罪。同时,对于避难申请者,我国政府可以给予也可以不给予受庇护权。现行宪法的这一规定,既遵循了国际惯例,又维护了国家主权。

国籍作为确定公民身份的法律资格,是一个人能够得到一个国家法律保护的前提,国际社会十分重视国籍问题。《世界人权宣言》第15条明确规定:"人人有权享有国籍。任何人的国籍不得任意剥夺,亦不得否认其改变国籍的权利。"

(三) 公民与国民、人民的关系

新中国成立初期在《中国人民政治协商会议共同纲领》等法律文件中曾使用过国民一词。从1953年制定《中华人民共和国全国人民代表大会及地方各级人民代表大会选举法》起,我国宪法和法律不再使用"国民"。"国民"与公民只是语言符号不同,作为指称相同事物的概念,在内涵和外延上是相同的。尽管这样,我国宪法和法律用公民概念代替国民概念,仍具有重要意义。公民是一个普遍的、通用的概念,除少数几个国家外,世界各国和联合国的立法均使用公民概念。再者,宪法是组织人类社会共同体的根本规则,国家只是人类社会共同体的一种形式,国民概念只适合用以指称国家这种共同体内具有公民概念内涵的成员或法律主体,而公民概念则可以泛指一切共同体内具有公民概念内涵的成员或法律主体。从这种意义上而言,公民较之于国民概念更具有普适性。

人民也是一个立法和法学论著经常使用的概念,有时与公民具有相同内涵,有时则指公民全体。在我国,公民与人民是两个不同的概念,主要有以下几方面区别:第一,范畴不同。人民和敌人相对称,是一个政治概念,主要以政治标准进行划分,用以区别敌我。公民是个法律概念,它依据国籍来确定,而国籍又是《国籍法》专门规定的。第二,范围不同。人民的范围要小于公民,人民只是公民中的一部分。第三,公民的范围比较固定,而人民的范围在不同的历史时期有所不同。第四,人民是一个集合概念,是指具有共同的利益和相同政治立场的群体,而公民则是指具有本国国籍的个人。

二、公民的基本权利与义务的概念

(一) 权利和义务的概念

权利是指公民在宪法和法律规定的范围内,可作某种行为以及要求国家和其他公民作或不作某种行为的资格。换言之,就是受到国家宪法和法律保障的公民以作为或不作为的方式实现某种愿望或获得某种利益的可能性。是否将此可能性转变为现实,公民有选择的自由,国家机关、社会组织及其他公民应尊重公民所作的选择。当公民的权利实现遭受侵犯或阻挠时,国家有责任运用法律的强制手段保护或帮助公民实现其权利。权利具有合法性、不受侵犯性和选择性等特点,是一定利益的法律化。

义务是指宪法和法律规定的公民应当履行的责任,表现为国家通过法律要求公民必须为某种行为或禁止公民为某种行为。如果公民不加以履行或不依法履行,国家就要强制其履行甚至给予制裁。义务具有法定性、不能自由加以选择和必须履行等特点。

(二) 基本权利和基本义务

公民基本权利是指公民成其为公民所不可缺少的那些权利。基本权利有以下特点:(1) 不可缺乏性。在民主政治国家里,基本权利是作为公民的基本保障规定于宪法之中的,没有这些权利,公民就难成其为公民。(2) 不可取代性。被称为基本权利的权利,构成一个国家权利体系的核心,是其他权利的基础,并衍生其他权利。(3) 不可转让性。基本权利不像其他权利如债权那样可以出借,也不像物权那样可以易主。它与人终生相始终,具有不可转让性。(4) 普遍性。公民基本权利是人权在主权国家的表现,国家制度不同,基本权利的范围也不相同,但基本权利在内容和形式上有许多相似之处,具有普遍性。(5) 法定性。公民基本权利是人权的法律化,具有法定性的特点,且一般以宪法的形式予以表现,也被称为宪法权利。

公民基本义务是与公民基本权利相对而言的一个概念,是指公民成其为公民必须履行的那些义务。公民在享有基本权利的同时必须履行基本义务,不允许任何人以任何借口不去履行。基本义务构成了其他法定义务的基础,其他法定义务是基本义务的延伸。基本义务的最终履行又有赖于其他义务的履行。公民基本义务也称为宪法义务。

三、关于人权问题

（一）人权的概念

人权问题已是当今国际政治中的热门话题。所谓人权是作为一个人享有的权利，标志着人的生存与发展的状态。公民权是作为个体的人（公民）在特定的社会共同体（主权国家）中，依据宪法和法律所享有的权利。公民权与人权是既有区别又有联系的两个概念。人权是公民权的基础，公民权是人权的法律化。国家根据政治、经济、文化发展的需要通过法律的形式将人权的一部分法律化为公民权。人权概念是一个不断发展的概念，人类的生存和发展必将赋予其更加丰富的内涵，各国立法也必将随之扩大公民权利的范围。

（二）人权的保障

人权概念是资产阶级在反对封建专制和宗教特权的斗争中明确提出的。17、18世纪，以英国的洛克和法国的卢梭等人为代表的资产阶级启蒙思想家提出了"天赋人权"口号，强调人生而平等自由。资产阶级在革命过程中，以纲领性文件确认了人权。被马克思称为第一个人权宣言的1776年美国《独立宣言》就宣布："一切人生来都是平等的，他们享有不可侵犯的天赋人权，包括生存、自由和追求幸福的权利。"1789年法国制宪会议通过了《人权宣言》，宣布"在权利方面，人们生来是而且始终是自由平等的"，"任何政治联盟的目的，都是保护人的不可剥夺的自然权利。这些权利是自由、财产、安全和对压迫的抵抗"。1791年《法国宪法》将人权正式转化为宪法中的权利。从此人权与宪法结下了不解之缘。19世纪人权主要强调个体人权，侧重于政治方面的权利。20世纪初德国《魏玛宪法》的颁布，标志着人权由政治权利向经济权利深入，特别是第二次世界大战后，人权问题进入国际领域。《联合国宪章》宣布："决心要保全后世以免再遭我们这一代人类两度经历的惨不堪言的战况，重申对基本人权、人格尊严和价值以及男女平等权利和大小各国平等权利的信念。"1948年联合国大会通过了《世界人权宣言》，1960年通过了《给予殖民地国家和人民独立宣言》，1966年通过了两个人权公约即《经济、社会和文化权利国际公约》《公民权利和政治权利国际公约》。1977年通过了关于人权新概念的决议案。决议指出：人权不仅是个人的权利和基本自由，而且包括民族和人民的权利和基本自由。1979年联合国人权委员会又通过了有关人权的决议，强调国家主权、民族自决权、发展权为基本人权。人权的概念突破了个人的范围发展为集体人权，而且从政治权利领域发展到经济、文化权利的领域，从国内管辖发展到国际保护，成为国际法的基本原则之一。人权保障将随着人权概念的发展而发展。

(三) 我国对人权的基本立场

1949年新中国成立后,我国宪法和法律确认了公民权,为促进和保护人权作出了不懈的努力。1991年国务院新闻办公室发表了《中国的人权状况》(白皮书),随后又颁布了一系列人权保障的报告及相关法律,系统地阐述了我国在人权问题上的立场。

1. 我国承认人权、发展人权并保障人权。《中国的人权状况》(白皮书)在前言中指出:"享有充分的人权,是长期以来人类追求的理想。从第一次提出人权这个伟大的名词后,多少世纪以来,各国人民为争取人权作出了不懈的努力,取得了重大成果。"可见,我国不仅承认人权,而且把实现充分的人权作为一项奋斗目标来完成。1997年10月和1998年10月我国政府分别签署了《经济、社会和文化权利国际公约》和《公民权利和政治权利国际公约》,积极加入人权的国际保护行列。此后,中国在2002年8月8日加入《禁止和立即行动消除最有害的童工形式公约》;2008年加入《残疾人权利公约》等,表明中国对于人权的关注与保护都在逐步提升。

2. 生存权是我国的首要人权。人权的主体尽管包括个人和集体,但不论从哪一方面理解,生存权仍然是第一位。新中国成立以来,特别是实行改革开放政策以来,我国经济建设取得了举世瞩目的成就,人民的温饱问题基本解决。但温饱问题并不是生存权的全部内容,我们还需作不懈的努力。与生存权有着密切关系的工作权、休息权、劳动权、受教育权等都在我国现行宪法中有明确的规定,进一步奠定了生存权在我国人权中的核心地位。

3. 我国重视发展权。生存权和发展权是紧密相连的,生存权是发展权的基础,发展权是生存权的保障。从主体的角度分类,发展权包含着个体的发展权和集体的发展权。集体的发展权又突出表现为民族的发展权。我国属发展中国家,争取发展权是整个中华民族的共同心愿。1986年《发展权利宣言》的通过,标志着国际上对于发展权从法定人权到实然人权这一转化的开始。该《宣言》指出:"发展权利是一项不可剥夺的人权,由于这种权利,每个人和所有各国人民均有权参与、促进、享受经济、社会、文化和政治发展,在这种发展中,所有人权和基本自由都获得充分实现"。中国宪法对于发展权的规定也是遵循着该《宣言》的核心精神。

4. 我国强调人权的社会性。人是社会的人,人不可能脱离社会而独立存在,当个人的人权和集体的人权相矛盾时,个人应服从社会和集体。如我国推行的计划生育政策就属于人权社会性的突出表现,是集体人权的必然要求。

5. 在人权与主权的关系上,我国强调人权的保护虽然具有普遍性和国际性,但主要是国家的内政,只有国家主权不被侵犯,人权才能得到有效保障。"人权高于主权""不干涉内政原则不适用于人权问题"等滥调,借人权问题干涉别国内政,推行自己的意识形态、价值观念、政治标准和发展模式,把自己的人权观点强加于他国人民,是霸权主义行径。我国一贯认为,人权问题主要是一国内部管辖的事务,丧失国家主权必然丧失人权,维护人权必须捍卫国家主权。我国承认和一贯尊重《联合国宪章》,积极参与联合国人权领域的有益活动,对进步的人权斗争始终予以积极支持,坚决反对借人权问题干涉别国内政。

6. 现行《宪法》明确规定了"国家尊重和保障人权"。2004年通过的《宪法修正案》第24条规定:"国家尊重和保障人权","人权入宪"也被视为宪法修改中最重要的修改内容之一。这不仅表明了我国对人权的尊重与保障的基本立场,体现了国家价值观的变化,而且实现了人权由一般的政治原则向规范的宪法原则的转化。同时,也在宪法学理论上和文本上较好地解决了人权与公民基本权利的关系,凸显了人的主体性价值。

第二节 公民基本权利和义务的历史发展

一、公民基本权利和义务的历史发展概况

(一) 资本主义国家公民基本权利和义务的历史发展

公民的基本权利和义务是资本主义国家最先以宪法的形式加以确认的。17世纪英国的一些宪法性法律,如1679年的《人身保护法》、1689年的《权利法案》最早确认了公民的权利和自由。美国《独立宣言》颁布以前,弗吉尼亚州最早把公民的基本权利写入1776年6月制定的宪法,开创了将公民的基本权利列入宪法的先例。1791年法国第一部宪法将《人权宣言》作为序言,同时规定公民有迁徙、集会、请愿、言论、宗教信仰等自由,以及根据财产状况享有选举权。美国通过的《宪法修正案》第1条至第10条(一般称为《权利法案》)规定了公民的权利和义务。自此以后,各国宪法都规定了一系列公民的基本权利和义务。这一时期的基本权利体现了以个人为中心的早期资本主义的自由主义思想。进入20世纪后,资本主义国家公民基本权利和义务又有了新的发展。1919年德国制定了《魏玛宪法》,规定了有关社会经济方面的权利,反映了公民的基本权利由政治权利向社会经济和文化方面的权利的发展。第二次世界大战后这一趋势更加鲜明,如1946年《法国宪法》除重申法国1789年《人权宣言》中的权利和自由外,还规定了男女平等、工作就业权、罢工权、工人参加企业管理、任何人尤其是儿童、母亲及年老的、没有工作的公民在健康、物质安全、休息及娱乐等方面的保障权、生存权、受教育权等。

(二) 社会主义国家公民基本权利和义务的历史发展

1917年俄国无产阶级建立了世界上第一个社会主义国家,使劳动人民成为

国家的主人。1918年1月全俄苏维埃第三次代表大会批准的《被剥削劳动人民权利宣言》确认了劳动者的各项民主权利以及这些权利的政治经济保障。1918年《苏俄宪法》以《被剥削劳动人民权利宣言》为序言,明确规定了劳动者享有宗教信仰、出版、集会、结社、游行示威等自由以及受教育权和民族平等权等,并详细列举了实现其中某些权利所必需的物质保障。1936年《苏联宪法》取消了公民基本权利中的某些限制,将公民基本权利的范围扩大,在公民基本权利中增加了劳动权、休息权、物质保障权,同时还增加了各项权利的物质保障内容。第二次世界大战以后,随着社会主义国家的纷纷建立,公民基本权利呈现出以下特点:公民的社会经济权利不断扩大,公民的政治权利显著增加,公民的文化教育权利日益充实,公民人身自由的法律保障进一步加强。

二、我国公民基本权利和义务的发展

（一）我国公民的基本权利是中国人民革命斗争的胜利成果

早在太平天国革命时期,农民革命政权颁布了《天朝田亩制度》,主张均天下田给天下农民耕种,反映了广大农民的平均主义的革命思想和争取生存权利以及政治经济权利的强烈愿望。1911年辛亥革命结束了封建统治,产生了中国历史上第一个具有资产阶级宪法性质的宪法文件——《中华民国临时约法》。它规定了中华民国人民一律平等,人人享有人身、财产、居住、迁徙、言论、出版、集会、结社、信仰等自由以及选举权、考试权。后来《临时约法》被袁世凯撕毁,自此以后,我国进入北洋军阀混战时期。北洋军阀政府和国民党政府虽然制定了宪法,确认了公民拥有一定的权利和自由,但都没有得到有效实施。

1921年中国共产党诞生以后,领导中国人民进行了艰苦卓绝的斗争。1931年11月,在江西中央苏区召开的第一次全国苏维埃代表大会通过了《中华苏维埃共和国宪法大纲》,规定了工农劳动群众享有各项民主权利。1941年11月陕甘宁边区带有根本法性质的文件《陕甘宁边区施政纲领》明确规定:"保证一切抗日人民的人权、政权、财权及言论、出版、集会、结社、信仰、居住、迁徙的自由权。"1946年陕甘宁边区第三届参议会通过了《陕甘宁边区宪法原则》,该宪法原则从政治、经济、文化等方面规定了人民的基本权利。1949年9月中国人民政治协商会议第一次会议通过了《共同纲领》。《共同纲领》规定人民享有选举权和被选举权;有言论、思想、出版、集会、结社、通信、人身、居住、迁徙、宗教信仰及示威游行的自由权;男女平等和婚姻自由;各民族一律平等,都有发展其语言文字、保持或改革其风俗习惯及宗教信仰的自由等。《共同纲领》还规定:"中华人民共和国国民均有保卫祖国、遵守法律、遵守劳动纪律、爱护公民公共财产、应征服兵役和缴纳赋税的义务。"《共同纲领》规定的公民的基本权利和自由的物质保障还不够充分,但它却为制定中华人民共和国宪法奠定了基础。

(二) 我国宪法规定的公民基本权利和义务的发展变化

新中国成立后,我国先后颁布了四部宪法,这四部宪法都专门规定了公民的基本权利和义务。1954年《宪法》关于公民基本权利和义务的条文共19条,除了肯定《共同纲领》中的有关规定外,还增加规定了公民享有劳动权、休息权、物质帮助权,并对公民权利和自由的行使规定了物质保证。1975年《宪法》是我国社会处于特定时期的一部宪法,它只用了4个条文规定公民的基本权利和义务。1978年《宪法》对公民基本权利和义务的规定共16条,内容较之1975年《宪法》更为充实,但由于受"左"的思想影响,它还不能完全满足我国公民的权利要求。

1982年《宪法》在总结历史经验的基础上,根据我国的实际情况,以1954年《宪法》规定的公民基本权利和义务为基础规定了公民的基本权利和义务,同时在许多方面有了重大发展,表现在如下几个方面:

1. 形式结构的发展变化。我国前三部宪法都将"公民的基本权利和义务"作为第三章置于"国家机构"之后,1982年《宪法》则将该部分作为第二章置于"国家机构"之前。这表明了我国对公民基本权利和义务的高度重视。

2. 内容更充实、具体、符合实际。1982年《宪法》将公民基本权利和义务的条文发展为24条。它在前三部宪法的基础上新增加了一些公民的基本权利和义务,如公民的人格尊严不受侵犯(第38条);对国家机关和国家工作人员的批评、建议权,对失职的国家工作人员的检举权(第41条);公民有劳动的权利和义务(第42条);公民有受教育的权利和义务(第46条)等。1982年《宪法》对公民基本权利和自由的规定建立在实际的基础上,避免了权利的虚设。2004年通过的《宪法修正案》进一步完善了公民基本权利。

3. 强调了权利和义务的一致性。1982年《宪法》第33条第4款就规定:"任何公民享有宪法和法律规定的权利,同时必须履行宪法和法律规定的义务。"第51条规定:"中华人民共和国公民在行使自由和权利的时候,不得损害国家的、社会的、集体的利益和其他公民的合法的自由和权利。"这两条规定体现了权利和义务的一致性原则。这些规定是前几部宪法所没有的,是1982年《宪法》对公民基本权利和义务规定的发展。

4. 注重公民基本权利和自由的保障。同前几部宪法的规定相比,1982年《宪法》更加注重公民基本权利和自由的保障,主要表现在以下几个方面:第一,宪法在规定公民基本权利和自由的同时,均规定了相应的保障措施;第二,宪法规定的公民政治、经济和文化等方面的基本权利和自由,在宪法"总纲"中都有国家相应的政治、经济和文化等方面的制度保障;第三,宪法规定的某些公民基本权利和自由,在第三章"国家机构"中有国家机关的具体职权与之相对应。

第三节 我国公民的基本权利

我国现行宪法规定了公民广泛的权利和自由。根据宪法的规定和宪法学关于公民基本权利分类的有关研究,可以将我国公民的基本权利分为平等权,政治权利和自由,人身权利与自由,批评、建议、申诉、控告、检举权和取得赔偿权,社会经济权利,文化教育权利,宗教信仰自由和婚姻自由等几类。

一、公民的平等权

(一) 平等权的概念

平等权是指公民在政治、经济和社会一切领域内依法享有同其他公民同等的权利,不因任何外在差别而予以区别对待的一种权利。平等权包括两方面的含义:一是法律面前人人平等,这是平等权的固有含义;二是对弱者给予特别保护,这是平等权的引申含义。

从宪法理论上看,平等权上述两个方面的含义具体表现为以下几个方面的要求:第一,公民平等地享有宪法和法律规定的权利。凡是宪法和法律规定公民应享有的权利,每个公民都平等地享有,并在行使权利时受到同样待遇。第二,所有公民都平等地履行宪法和法律规定的义务。第三,国家机关在适用法律时,对于所有公民的保护或惩罚一视同仁,不得因人而异。第四,任何组织或者个人都不得有超越宪法和法律的特权。第五,对弱者给予特别的法律保护。我国宪法对平等权的规定体现和反映了平等权的要求。

(二) 关于法律面前人人平等

"法律面前人人平等"的口号,最初是在资产阶级革命时期提出的。1776年美国《独立宣言》第一次将它变为法律的原则。1789年法国《人权宣言》第1条宣布:"在权利方面,人们生来是而且始终是自由平等的。"1793年《法国宪法》进一步明确规定:公民平等权是各种人权中的一种。于是,公民在法律面前人人平等及其所表现的平等权演变成为一项普遍的宪法原则。但在资本主义社会里,由于私有制和财产多寡的限制,平等权只是一种形式上的平等,并没有得到很好的实现。最早确定这一原则的社会主义国家宪法是1918年的《苏俄宪法》。《世界人权宣言》对法律面前人人平等也从不同角度作了多方面的规定,如:"法律面前人人平等,并有权享受法律的平等保护","不分种族、肤色、性别、语言、宗教、政治或其他见解、国籍或社会出身、财产、出生或其他身份等任何区别。"

我国《宪法》第33条第2款规定:"中华人民共和国公民在法律面前一律平等。"宪法这一规定既确立了一项重要的法治原则,也确认了公民的平等权。我国现行宪法规定的公民平等权,具有重要意义。从理论上讲,平等权是其他权利的基础,离开了平等权,其他任何权利都没有基础;从实践上讲,宪法对平等权的规定有利于对公民权利的平等保护,也有利于公民平等地行使自己的权利。应该说明的是,现行宪法的规定与1954年《宪法》的有关规定在表述上有所不同,1954年《宪法》的规定是"中华人民共和国公民在法律上一律平等"。我国宪法学一般认为,"在法律面前一律平等"只包括执行法律的平等、守法的平等和适用法律的平等,而不包含立法的平等[1];而"在法律上一律平等"则不能反映出这种区别[2]。本书认为,"在法律面前一律平等"与"在法律上一律平等"就字面意义而言并不存在这种区别,现行宪法用"在法律面前一律平等"取代"在法律上一律平等"的表述,主要意义在于与各国立法的用语相一致。立法平等是其他一切平等的法律前提和法律基础,在我国当前的社会条件下,不应该再强调立法上的不平等,甚至应该改变立法上不平等的观念。

(三) 关于对弱者的特别保护

所谓弱者,是指基于自身原因和所处的社会条件的限制,不能同其他公民一样平等地享受权利、履行义务的公民。在我国宪法学论著中,一般使用"特定的人"[3]和"特定主体"[4]的说法。根据我国宪法和法律规定,我国法律上的弱者主要有妇女、儿童、老人、华侨、归侨、侨眷、残疾人和少数民族的公民。我国历来重视弱者的平等权,宪法和法律规定了许多对弱者进行特别保护的措施。

1. 关于对妇女的特别保护

《宪法》第48条规定:"中华人民共和国妇女在政治的、经济的、文化的、社会的和家庭的生活等各方面享有同男子平等的权利。国家保护妇女的权利和利益,实行男女同工同酬,培养和选拔妇女干部。"现行宪法在新中国制宪史上首次把保护妇女的权利单列为一条规定,体现了国家对妇女权益的特别保护。我国不仅以根本大法的形式确认了妇女享有同男子平等的权利,而且还通过《选举法》《妇女权益保障法》以及《民法典》等一系列法律,更具体地规定了对妇女权利的保护。

2. 关于对老人和儿童的特别保护

我国宪法和法律还致力于保护老人、儿童的合法权益。《宪法》第49条规定:"婚姻、家庭、母亲和儿童受国家的保护。""禁止虐待老人、妇女和儿童。"除此之外,国家还通过一系列法律,如《未成年人保护法》《义务教育法》《民法典》中有关收养、继承、婚姻家庭的篇章,以及《刑法》等对老人和儿童进行特别保护。对老人的保护主要表现在:(1) 实行退休制度,保证老年人生活保障权的实现;

---

[1] 魏定仁主编:《宪法学》,北京大学出版社1999年版,第174—175页。
[2] 蒋碧昆主编:《宪法学》(第七版),中国政法大学出版社2012年版,第221页。
[3] 周叶中主编:《宪法》,高等教育出版社2020年版,第260页。
[4] 蒋碧昆主编:《宪法学》(第七版),中国政法大学出版社2012年版,第236页。

(2) 规定子女有赡养父母的义务;(3) 老人有获得物质帮助的权利;(4) 严禁虐待老人,构成犯罪的依法追究刑事责任。对儿童的保护主要表现在:(1) 规定父母抚养、教育子女的义务;(2) 奸淫不满 14 周岁的幼女,以强奸论,从重处罚;(3) 少年儿童有受义务教育的权利等。

3. 关于对华侨、归侨和侨眷的特别保护

我国宪法也专门对华侨、归侨和侨眷合法权益的保护作了规定。《宪法》第 50 条规定:"中华人民共和国保护华侨的正当的权利和利益,保护归侨和侨眷的合法的权利和利益。"所谓华侨是指定居在国外的中国公民;归侨是指回国定居的华侨;侨眷是指华侨、归侨在国内的眷属,包括华侨、归侨的配偶、父母、子女及其配偶、兄弟姐妹、祖父母、外祖父母、孙子女、外孙子女以及同华侨、归侨有长期扶养关系的其他亲属。根据《归侨侨眷权益保护法》的规定,华侨、归侨和侨眷享有广泛的权利,包括:(1) 有权依法申请成立社会团体;(2) 接受境外亲友捐赠的物资,用于公益事业的,依照法律、行政法规的规定享受减征、免征关税与增值税的优惠待遇;(3) 归侨学生、归侨子女和华侨在国内的子女升学、就业,按照规定予以照顾;(4) 国家保护归侨、侨眷出境定居的权利等。

4. 关于对残疾人的特别保护

我国历来重视对残疾人权益的保护,关心发展残疾人事业。《宪法》第 45 条第 3 款规定:"国家和社会帮助安排盲、聋、哑和其他有残疾的公民的劳动、生活和教育。"在我国,残疾人是指在心理、生理、人体结构上,某种组织、功能丧失或者不正常、全部或部分丧失,不能以正常人方式从事某种活动的人,包括:视力残疾、听力残疾、言语残疾、肢体残疾、智力残疾、精神残疾、多重残疾的人。由于残疾人不能同健康的公民一样,通过自己的活动同等地享受宪法和法律赋予的权利,国家必须在康复、教育、劳动就业、文化生活等方面对残疾人提供特别扶助和保护。《残疾人保障法》对残疾人的权益作了专门规定,具体有以下几个方面:(1) 康复权。国家和社会采取康复措施,帮助残疾人恢复或者补偿功能,增强其参与社会生活的能力。(2) 接受教育的权利。国家保障残疾人受教育的权利。国家要解决残疾儿童、少年就学存在的实际困难,帮助其完成义务教育,并根据实际情况减免杂费。残疾人教育应根据残疾人的身心特性和需要实施进行。(3) 劳动就业的权利。国家保障残疾人劳动的权利。各级人民政府应当对残疾人劳动就业统筹规划,为残疾人创造劳动就业条件。国家对安排残疾人就业达到、超过规定比例或者集中安排残疾人就业的用人单位和从事个体经营的残疾人,依法给予税收优惠,并在生产、经营、技术、资金、物资、场地等方面给予扶持。国家对从事个体经营的残疾人,免除行政事业性收费。(4) 享受文化生活的权利。国家保障残疾人享有平等参与文化生活的权利。各级人民政府和有关部门鼓励、帮助残疾人参加各种文化、体育、娱乐活动,努力满足残疾人精神文化生活

的需求。残疾人文化、体育、娱乐活动应当面向基层,融入社会公共文化生活,适应各类残疾人的不同特点和需求,使残疾人广泛参与。(5) 享受福利的权利。国家保障残疾人享有各项社会保障的权利。政府和社会采取扶助、救济和其他福利措施,保障和改善残疾人的生活。对生活确有困难的残疾人,通过多种渠道给予生活、教育、住房和其他社会救助。地方各级人民政府对无劳动能力、无扶养人或者扶养人不具有扶养能力、无生活来源的残疾人,按照规定予以供养。这些规定体现了宪法保护残疾人权益的精神。

二、公民的政治权利和自由

政治权利和自由是公民参加国家政治生活所享有的权利和自由。根据我国宪法规定,公民的政治权利和自由主要包括选举权和被选举权以及政治自由。

(一) 选举权和被选举权

1. 选举权和被选举权的概念

在宪法学上,选举权有广义和狭义之分。当选举权和被选举权并用时,选举权一般是在狭义上使用的。《宪法》第 34 条规定:"中华人民共和国年满十八周岁的公民,不分民族、种族、性别、职业、家庭出身、宗教信仰、教育程度、财产状况、居住期限,都有选举权和被选举权;但是依照法律被剥夺政治权利的人除外。"这里的选举权就是狭义的选举权。所谓选举权是指按照法律规定,公民享有参加选举国家权力机关代表或者某些国家公职人员的权利。被选举权则是指公民享有被选举为国家权力机关代表和某些国家公职人员的权利。选举权和被选举权是保证人民当家作主、管理国家事务的基本政治权利。

根据宪法和有关法律、法规的规定,享有选举权应同时具备三个条件:(1) 享有选举权和被选举权的人必须是中华人民共和国的公民;(2) 必须年满 18 周岁;(3) 没有被剥夺政治权利。我国是人民民主专政的社会主义国家,公民依法享有的选举权具有普遍性和平等性特点。

2. 选举权和被选举权的内容

公民的选举权和被选举权包括三个方面的内容:第一,公民有依照法律规定,按自己的意愿选举他人为国家权力机关代表或公职人员的权利;第二,公民有被选举为国家权力机关代表或公职人员的权利;第三,公民有罢免权,即享有选举权的公民根据法律规定的条件和程序,可以罢免不称职或违法乱纪的代表。《宪法》和《选举法》对公民的选举权作了必要的限制:凡是依法被剥夺政治权利的公民没有选举权和被选举权,如危害国家安全、被判处死刑和无期徒刑的犯罪公民等都会被判处附加剥夺政治权利的刑罚,而没有选举权和被选举权。此外,按照选举法的规定,精神病患者不能行使选举权利的,经选举委员会确认,不列入选民名单。

(二) 公民的政治自由

政治自由是指公民自由发表意见、进行正当社会活动和政治活动以及参与国家管理的必不可少的一种政治权利。《宪法》第 35 条规定："中华人民共和国公民有言论、出版、集会、结社、游行、示威的自由。"

1. 言论自由和出版自由

言论自由是指公民有权通过各种语言形式表达自己的思想和观点。言论自由有广义和狭义之分，我国宪法所指的言论自由是狭义的言论自由概念。从广义上讲，言论自由应包括出版自由，出版自由是言论自由的一种形式。出版自由是指公民有权通过出版物表达和宣传自己的各种观点和思想，它和其他的言论自由的区别主要在于表现形式的不同。

我国公民享有的言论自由是广泛的。公民有权用言论的形式自由地交谈，自由地讨论国内外的各种问题，向国家机关提出批评、意见和建议；公民也可以自由地发表各自的学术见解，进行各种学术争鸣和科学探讨；自由地传播社会新闻。国家保障公民的言论自由，为公民实现言论自由提供必要的条件。

相对于言论自由来说，对出版自由有一些具体的法律、法规和司法解释予以规定。早在 1952 年政务院就公布了《管理书刊出版业印刷业发行业暂行条例》和《期刊登记暂行办法》，1980 年国务院批准了国家出版事业管理局等部门的一份报告，重申了期刊登记制度和其他管理办法。现阶段，我国《民法典》以及《著作权法》就如何保护公民的著作权作了比较完备的具体规定。

言论自由并不意味着公民可以不分场合、对象，想说什么就说什么。言论自由必须在法律许可的范围内行使。那些有害于国家和社会的言论、反对四项基本原则的言论以及侮辱他人的言论都是对言论自由的滥用，是非法的。出版自由权也不得滥用，它必须以不危害国家、社会和他人的合法权益为前提，并且要遵守有关出版方面的法律规定。

2. 结社自由

结社自由是公民依法为一定宗旨组成某种社会组织并进行团体活动的自由。1998 年国务院通过的《社会团体登记管理条例》（以下简称《条例》）是公民行使结社自由的具体依据。根据《条例》的规定，结社的范围主要有协会、学会、联合会、研究会、基金会、联谊会、促进会、商会等社会团体，此外，还有民主党派等政治性结社和各种人民团体。根据宪法规定，我国公民可以自由地组织各种社会公益团体、文艺工作团体、学术研究团体、宗教团体以及其他各种人民群众团体。依法成立的社团，受国家法律的保护。《条例》规定，国家保护社会团体依照法律、法规及其章程开展活动，任何组织和个人不得非法干涉。

社会团体必须遵守宪法、法律、法规和国家政策，不得反对宪法确定的基本原则，不得危害国家的统一、安全和民族的团结，不得损害国家利益、社会公共利益以及其他组织和公民的合法权益,不得违背社会道德风尚。社会团体不得从事营利性经营活动。在具体行使这一自由权时,应当经过有关业务主管部门审查同意后,向民政部门申请登记,并提供相关材料。未经核准登记而擅自以社团名义进行活动不听劝阻的,应依法解散并停止活动。

3. 集会、游行、示威自由

集会、游行、示威自由是指公民按照法律规定,享有通过集会、游行、示威等活动,发表意见、表达某种共同意愿的政治自由。集会是指聚集于露天公共场所,发表意见、表达共同意愿的活动;游行是指在公共道路、露天场所列队行进,表达共同意愿的活动;示威是指在露天公共场所或者公共道路上以集会、游行、静坐等方式,表达要求、抗议或者支持、声援等共同意愿的活动。根据《宪法》和《中华人民共和国集会游行示威法》(以下简称《集会游行示威法》)的规定,法律意义上的集会、游行和示威具有以下特点:(1) 集会、游行和示威是公民组织和参与的活动。(2) 集会、游行和示威是在露天公共场所进行的活动。(3) 集会、游行和示威的目的是表达某种政治意愿和诉求。

集会、游行、示威的自由是公民的基本权利,各国宪法和法律都很重视对该项自由权利的保护,《国际人权宪章》的有关宣言和公约也对此作了一些规定。如1993年的《俄罗斯联邦宪法》第31条规定:"俄罗斯联邦公民享有不携带武器和平集会、召开各种会议和组织游行、示威及纠察的权利。"《世界人权宣言》第20条规定:"人人有权享有和平集会和结社的自由。"集会、游行和示威由于是在公共露天场所进行的活动,对社会秩序有较大的影响,为保障公民行使此项自由,除宪法外,许多国家还有专门的法律进行规定和调整,形成了各具特色的集会游行示威管理制度,主要有许可制和追惩制两种。

我国十分重视保障公民的集会、游行、示威自由,根据《集会游行示威法》的规定,有关保障主要有以下几个方面:第一,在审批时限上予以保障。规定主管机关接到集会、游行、示威申请书后,应当在申请举行日期的2日前,将许可或者不许可的决定书面通知其负责人。不许可的,应当说明理由。逾期不通知的,视为许可。第二,在具体措施上予以保障。对于依法举行的集会、游行、示威,主管机关应当派出人民警察维持交通秩序和社会秩序,保障集会、游行、示威的顺利进行。第三,通过行政复议和行政诉讼制度予以保障。集会、游行、示威的负责人对主管机关不许可的决定不服的,可在法定期限内向同级人民政府申请复议,人民政府应当在接到复议申请书之日起3日内作出决定。法律还规定,当事人不服主管机关处罚的,可以向上一级主管机关提出申请,对上一级主管机关裁决仍然不服的,可以向法院提起行政诉讼。

公民在行使集会、游行、示威自由的同时也应当依法进行,不得损害国家的、社会的、集体的利益和其他公民的合法的自由和权利,不得进行非法活动或煽动犯罪。否则,应依法追究法律责任。

三、公民的人身权利与自由

人身权利与自由是公民最基本的权利,也是行使其他权利和自由的前提条件,包括人身不受伤害、人身自由不受侵犯、公民的人格尊严不受侵犯、公民的住宅不受侵犯以及与人身自由相联系的通信自由和通信秘密受法律保护五个方面的内容。

（一）公民的人身不受伤害

人身不受伤害主要是指人的身体本身不受伤害,它是最基本的一种权利,是享受其他一切权利的基础。许多国家的宪法和《世界人权宪章》对人身不受侵犯的权利都有专门规定。我国现行宪法没有对此项权利作专门的列举,但从宪法精神和有关宪法性法律的规定来看,人身不受伤害是我国公民的一项基本权利。这一权利主要包括生命权和健康权两个方面的内容。

1. 生命权

生命权是指公民依法保全自己的生命、排除他人侵害的权利。生命权的基本内容有:(1)任何组织和个人都不能非法剥夺他人的生命,违反法律规定故意或过失剥夺他人生命的都要承担相应的法律责任。(2)公民在自己的生命受到非法侵害时,有权进行正当防卫、紧急避险和依法控告。

2. 健康权

健康权是公民依法保护其身体组织完整、维护正常生理机能的权利。健康权的基本内容有:(1)任何组织和个人都无权损害他人的身体健康。在我国,公民的健康权不受侵犯是绝对的,只要是损害他人身体健康的行为,一定是违法的。(2)公民在自己的身体健康受到非法侵害时,有权进行正当防卫、紧急避险和依法控告。

（二）公民的人身自由不受侵犯

人身自由是指公民依法享有人身活动自由,不受非法逮捕、拘禁和搜查的权利。《宪法》第37条规定:"中华人民共和国公民的人身自由不受侵犯。任何公民,非经人民检察院批准或者决定或者人民法院决定,并由公安机关执行,不受逮捕。禁止非法拘禁和以其他方法非法剥夺或者限制公民的人身自由,禁止非法搜查公民的身体。"人身自由权的基本内容有:(1)公民的人身自由不受侵犯。任何公民非经人民检察院批准或决定,或者人民法院决定并由公安机关执行,不受逮捕;禁止以非法拘禁和其他方法非法剥夺或限制公民的人身自由;禁止非法搜查公民的身体。(2)公民在自己的人身自由受到非法侵犯时,有权进行正当防卫、紧急避险和依法控告。

应当指出,公民的人身自由是指公民在法律允许范围内的人身活动自由,并不是指公民人身活动不受任何限制,任何公民都必须严格遵守国家的法律。国家机关依职权的需要对公民人身自由作必要限制时,必须遵守法定的程序。任何人侵犯公民的人身自由都应当承担相应的法律责任,如《刑法》第 238 条第 1 款规定:"非法拘禁他人或者以其他方法非法剥夺他人人身自由的,处三年以下有期徒刑、拘役、管制或者剥夺政治权利。具有殴打、侮辱情节的,从重处罚。"

（三）公民的人格尊严不受侵犯

《宪法》第 38 条规定:"中华人民共和国公民的人格尊严不受侵犯。禁止用任何方法对公民进行侮辱、诽谤和诬告陷害。"人格乃是人作为人必须具有的心理和精神品质的总和,是公民做人所必须具有的资格,也是公民作为权利和义务主体参与法律关系的自主性资格。公民的人格权主要包括:姓名权、肖像权、名誉权和荣誉权等。

1. 公民的姓名权

姓名是一个人的姓氏名称称号。公民的姓名权是指公民有权决定、使用和依法改变自己的姓氏名称,其他任何人不得干涉、滥用和假冒公民的姓名。姓名权的基本内容有:(1) 公民有权使用和变更自己的姓名。姓名权是专有的,每个公民都有权使用自己的姓名,必要时可依一定程序改变姓氏,变更自己的名字。(2) 任何人无权非法使用或变更他人的姓名。(3) 在姓名权遭受侵害时,公民有权要求对方停止侵害,有权向法院起诉,追究对方的法律责任。《民法典》第 1012 条规定:"自然人享有姓名权,有权依法决定、使用、变更或者许可他人使用自己的姓名,但是不得违背公序良俗。"《民法典》第 1015 条规定:"自然人应当随父姓或者母姓,但是有下列情形之一的,可以在父姓和母姓之外选取姓氏:(一) 选取其他直系长辈血亲的姓氏;(二) 因由法定扶养人以外的人扶养而选取扶养人姓氏;(三) 有不违背公序良俗的其他正当理由。少数民族自然人的姓氏可以遵从本民族的文化传统和风俗习惯。"

2. 公民的肖像权

肖像是描绘具体人物形象的图画、照片。肖像权是指公民保护自己的相貌的完整和独占自己肖像的权利。肖像权的基本内容是:(1) 公民有权根据自己的意愿制作肖像。(2) 公民有权独占和使用自己的肖像,未经本人同意,其他任何人不得占有和使用其肖像。(3) 在肖像权受到侵犯时,公民有权要求侵害人停止侵害并向法院起诉,要求追究其法律责任。对此,《民法典》第 1018 条规定:"自然人享有肖像权,有权依法制作、使用、公开或者许可他人使用自己的肖像。肖像是通过影像、雕塑、绘画等方式在一定载体上所反映的特定自然人可以被识别的外部形象。"《民法典》第 1019 条规定:"任何组织或者个人不得以丑化、污损,或者利用信息技术手段伪造等方式侵害他人的肖像权。未经肖像权人同意,不得制作、使用、公开肖像权人的肖像,但是法律另有规定的除外。未经肖像权人同意,肖像作品权利人不得以发表、复制、发行、出租、展览等方式使用或者公开肖像权人的肖像。"

3. 公民的名誉权

名誉是社会对公民在品德、声望、信誉等方面的评价。任何一个正常的人都顾全自己的名誉,因为名誉关系到社会对公民的尊重和看法。名誉权的基本内容有:(1)公民有权享有适当的名誉。人不是孤立的,每个人都参加社会生活,都是社会的成员。共同的社会生活有共同的生活准则,也就是说社会对每个人的社会活动和人生价值都有一个评价标准,在此评价标准之下人们有权获得自己的一定的名声。因此,在我国,公民都有权享有适当的名声,其他任何组织和个人都不得无根据地施加干涉。(2)公民有权维护其名誉不受侵犯。对于公民享有的名誉,任何组织和个人都不得侵犯。我国法律禁止捏造事实对他人进行诽谤、诬告陷害和使用暴力或其他手段进行侮辱,否则追究相关的法律责任。对此,《民法典》第1024条规定:"民事主体享有名誉权。任何组织或者个人不得以侮辱、诽谤等方式侵害他人的名誉权。名誉是对民事主体的品德、声望、才能、信用等的社会评价。"《民法典》第1025条规定:"行为人为公共利益实施新闻报道、舆论监督等行为,影响他人名誉的,不承担民事责任,但是有下列情形之一的除外:(一)捏造、歪曲事实;(二)对他人提供的严重失实内容未尽到合理核实义务;(三)使用侮辱性言辞等贬损他人名誉。"

4. 公民的荣誉权

荣誉是国家和社会组织给予公民的一种光荣称号。它和名誉的区别在于:名誉是社会和他人对公民的评价,一般没有正规的法律形式,是民间的认可;而荣誉则是国家和社会组织授予的正式称号,是国家和社会承认的具有较大社会影响的、肯定的评价,如"劳动模范""战斗英雄""三八红旗手""优秀工作者"等。

荣誉权是指公民享有和维护自己的荣誉的权利。荣誉权的基本内容是:(1)公民的荣誉不受非法剥夺。只有当获得荣誉的人犯有较为严重的过错时,有关组织才能依规定的要求和程序予以剥夺,任何单位和个人都无权任意剥夺他人的荣誉。(2)公民的荣誉不受非法侵占。将别人的荣誉据为己有,就是严重的侵犯他人荣誉权的行为,为法律和社会主义道德所不容许。(3)公民的荣誉不受各种形式的非法影响和损害。每个公民都有维护他人荣誉的义务,禁止以任何形式抹杀或贬低他人的荣誉,否则要承担相应的法律责任。对此,《国家勋章和国家荣誉称号法》第4条第1款规定:"国家设立国家荣誉称号,授予在经济、社会、国防、外交、教育、科技、文化、卫生、体育等各领域各行业作出重大贡献、享有崇高声誉的杰出人士。"第11条规定:"国家勋章和国家荣誉称号获得者应当受到国家和社会的尊重,享有受邀参加国家庆典和其他重大活动等崇高礼遇和国家规定的待遇。"《民法典》第1031条规定:"民事主体享有荣誉权。任何组织或者个人不得非法剥夺他人的荣誉称号,不得诋毁、贬损他人的荣誉。获得的荣誉称号应当记载而没有记载的,民事主体可以请求记载;获得的荣誉称号记载错误的,民事主体可以请求更正。"

(四) 公民的住宅不受侵犯

住宅是公民居住和生活的场所,它与公民的人身自由有紧密联系。《宪法》第39条规定:"中华人民共和国公民的住宅不受侵犯。禁止非法搜查或者非法侵入公民的住宅。"住宅不受侵犯包括下列基本内容:(1)任何人不得非法侵入他人住宅。非法侵入一般是指在违背住宅主人意愿的情况下强行进入或者秘密进入的行为。(2)任何组织和个人不得非法搜查他人住宅。在我国,只有公安机关、安全机关、检察机关与监察机关才可以依法对特定对象的住处和有关处所进行搜查。(3)任何组织和个人不得强占他人住宅。对此,《民法典》第1033条中也规定,除法律另有规定或者权利人明确同意外,任何组织或者个人不得进入、拍摄、窥视他人的住宅、宾馆房间等私密空间。非法入侵公民住宅还可能承担刑事法律责任。对此,《刑法》第245条第1款规定:"非法搜查他人身体、住宅,或者非法侵入他人住宅的,处三年以下有期徒刑或者拘役。"

(五) 公民的通信自由和通信秘密受法律保护

《宪法》第40条规定:"中华人民共和国公民的通信自由和通信秘密受法律的保护。除因国家安全或者追查刑事犯罪的需要,由公安机关或者检察机关依照法律规定的程序对通信进行检查外,任何组织或者个人不得以任何理由侵犯公民的通信自由和通信秘密。"通信自由和通信秘密是指公民通过信件、电话、电报、传真以及其他手段表达自己的意愿和想法,与他人进行交流的一种人身自由。公民通信自由的内容包括:公民有选择通信手段的自由,有选择通信内容的自由,有选择通信时间的自由,有选择通信对象的自由,有要求保守通信秘密和放弃通信秘密的自由。公民的通信自由和通信秘密权利,要求他人不得隐匿、毁弃、拆阅或者窃听公民的信件、电话、电报等。任何组织或者个人不得以任何理由侵犯公民的通信自由和通信秘密。《邮政法》规定,公民的通信自由和通信秘密受法律保护。除因国家安全或者追查刑事犯罪的需要,由公安机关、国家安全机关或者检察机关依照法律规定的程序对通信进行检查外,任何组织或者个人不得以任何理由侵犯公民的通信自由和通信秘密。除法律另有规定外,任何组织或者个人不得检查、扣留邮件、汇款。邮政管理部门、公安机关、国家安全机关和海关应当相互配合,建立健全安全保障机制,加强对邮政通信与信息安全的监督管理,确保邮政通信与信息安全。为了进一步保障公民通信自由不受侵犯,我国《刑法》第252条规定:"隐匿、毁弃或者非法开拆他人信件,侵犯公民通信自由权利,情节严重的,处一年以下有期徒刑或者拘役。"

通信自由是一种依法受到保护的权利,如果利用通信手段危害国家与公共利益就不属通信自由了。《宪法》第 40 条规定,因国家安全或者追查刑事犯罪的需要,公安机关或者检察机关依照法律规定的程序可以对通信进行检查。《刑事诉讼法》第 143 条规定:"侦查人员认为需要扣押犯罪嫌疑人的邮件、电报的时候,经公安机关或者人民检察院批准,即可通知邮电机关将有关的邮件、电报提交扣押。不需要继续扣押的时候,应即通知邮电机关。"第 145 条规定:"对查封、扣押的财物、文件、邮件、电报或者冻结的存款、汇款、债券、股票、基金份额等财产,经查明确实与案件无关的,应当在三日以内解除查封、扣押、冻结,予以退还。"

四、公民的批评、建议、申诉、控告、检举权和取得赔偿权

《宪法》第 41 条规定:"中华人民共和国公民对于任何国家机关和国家工作人员,有提出批评和建议的权利;对于任何国家机关和国家工作人员的违法失职行为,有向有关国家机关提出申诉、控告或者检举的权利,但是不得捏造或者歪曲事实进行诬告陷害。""由于国家机关和国家工作人员侵犯公民权利而受到损失的人,有依照法律规定取得赔偿的权利。"这一规定为我国公民行使批评、建议权,申诉、控告、检举权和取得赔偿权提供了宪法依据。

(一)公民的批评、建议权

批评权是指公民对国家机关和国家工作人员工作中存在的缺点和错误,有提出意见和要求改正的权利。建议权是指公民对国家机关和国家工作人员的工作有提出建设性意见并要求改进工作的权利。批评权和建议权的共同点是提出批评和建议的主体都是公民,接受批评和建议的对象是国家机关和国家工作人员,公民提出批评和建议的事由都是针对国家机关和国家工作人员的工作中的问题。批评权和建议权的主要区别是:批评权主要是针对国家机关和国家工作人员在行使职权过程中存在的缺点和错误;建议权是公民为了帮助国家机关和国家工作人员更好地改进工作、提高工作质量和工作效率而提出的建设性意见。在现实生活中批评权和建议权往往是一并予以行使,所以批评权和建议权可以合称为批评建议权。批评建议权行使的途径多种多样,公民既可以通过广播、电视、报纸、邮件以及网络等媒体,也可以通过来信、来访等方式行使批评建议权。

(二)公民的申诉、控告和检举权

申诉权是指公民的合法权益因国家机关作出违法的决定或裁判而受到侵犯和损害,公民有向有关国家机关申述理由、要求重新处理的权利。提出行政复议、提起各种诉讼以及向监察机关和国家权力机关提出请求都属于申诉的范畴。控告权是指公民对任何国家机关和国家工作人员的违法失职行为,有向国家机关进行揭发和指控的权利。所谓检举权是指公民对于违法失职的国家机关和国家工作人员,有向国家机关揭发违法犯罪、滥用职权、失职、渎职的事实,要求依

法追究法律责任的权利。

申诉、控告和检举权与批评建议权都属于公民对国家监督性质的权利，但二者之间又有所不同：(1) 提出的事由不相同。批评建议权是针对国家机关和国家工作人员工作中不合理的行为；申诉、控告和检举权则是针对国家机关和国家工作人员违法失职的行为。(2) 行为的目的不完全相同。批评建议权是为了改进工作，公民行使的目的主要是基于对社会公益的考虑；申诉、控告和检举权利的行使除了考虑国家和社会的利益之外，更直接的目的是为了维护公民自身的合法权益。当然其中也有不同的情形，如检举和控告权相比较，控告是当事人为了维护自己的合法权益而提出，要求依法处理的行为；而检举人则可能与事件有关，也可能是出于维护国家和社会利益而作出检举揭发的行为。

为保障公民批评、建议、申诉、控告和检举权利的行使，《宪法》第 41 条第 2 款规定："对于公民的申诉、控告或者检举，有关国家机关必须查清事实，负责处理。任何人不得压制和打击报复。"《刑法》第 254 条规定："国家机关工作人员滥用职权、假公济私，对控告人、申诉人、批评人、举报人实行报复陷害的，处二年以下有期徒刑或者拘役；情节严重的，处二年以上七年以下有期徒刑。"当然，公民应正确行使监督权，无论是申诉、控告或者是检举都应实事求是，不允许捏造或者歪曲事实进行诬告、陷害。《宪法》第 41 条规定，我国公民对于任何国家机关和国家工作人员的违法失职行为，有向有关国家机关提出申诉、控告或者检举的权利，但是不得捏造或者歪曲事实进行诬告陷害。否则应承担相应的法律责任。例如《刑法》第 243 条规定："捏造事实诬告陷害他人，意图使他人受刑事追究，情节严重的，处三年以下有期徒刑、拘役或者管制；造成严重后果的，处三年以上十年以下有期徒刑。国家机关工作人员犯前款罪的，从重处罚。不是有意诬陷，而是错告，或者检举失实的，不适用前两款的规定。"

（三）公民取得国家赔偿的权利

取得赔偿权是指公民因国家机关和国家工作人员的违法失职行为侵犯了其权利而受到损失时，有依照法律规定取得国家赔偿的权利。现行宪法有关公民有取得国家赔偿权利的规定，具有重要意义：(1) 有助于对受损公民进行必要的救济；(2) 有助于公民对国家机关及其工作人员管理国家的活动进行监督；(3) 为我国建立国家赔偿制度提供了宪法依据。

国家赔偿是指国家机关和国家机关工作人员在行使职权过程中，因其行为违法而侵犯了公民、法人或者其他组织的合法权益并造成了损害，国家机关给予经济赔偿的一种法律制度，是国家承担法律责任的重要形式。国家赔偿根据侵权主体的不同可分为行政赔偿和刑事赔偿，凡是由行政机关及其工作人员在行使行政职权过程中侵权而引发的赔偿叫做行政赔偿；由行使侦查、检察、审判、监狱管理职权的机关及其工作人员在行使职权过程中侵权而引发的赔偿叫做刑事赔偿。

我国十分重视对公民取得国家赔偿权的保护，1954年《宪法》曾规定，由于国家机关工作人员侵犯公民权利而受到损失的人，有取得赔偿的权利。现行宪法在此基础上进一步将国家机关也作为侵权行为主体作了明确规定，指出："由于国家机关和国家工作人员侵犯公民权利而受到损失的人，有依照法律规定取得赔偿的权利。"此后《治安管理处罚法》《国家赔偿法》《民法典》等一系列法律都规定了国家赔偿责任。应当指出，1995年实施的《国家赔偿法》标志着我国国家赔偿制度的建立，它为公民依法取得国家赔偿权提供了有力的法律制度保障。2012年10月26日第十一届全国人大常委会第二十九次会议通过了《全国人民代表大会常务委员会关于修改〈中华人民共和国国家赔偿法〉的决定》，对于该法中的赔偿范围、赔偿请求人和赔偿义务机关、赔偿程序等方面进行了更为准确全面的修订。这是对该法的第二次修订，也是公民获得国家赔偿权利的优化。

五、公民的社会经济权利

公民的社会经济权利是指公民依照宪法规定参与社会经济活动和享有经济及物质利益方面的一系列基本权利的总称。根据我国宪法的规定，公民的社会经济权利包括财产权、劳动权、休息权、生活保障权和物质帮助权。

（一）公民的财产权

《宪法》第13条规定："公民的合法的私有财产不受侵犯。国家依照法律规定保护公民的私有财产权和继承权。国家为了公共利益的需要，可以依照法律规定对公民的私有财产实行征收或者征用并给予补偿。"可见，我国公民的财产权包括财产的所有权和继承权以及获得国家财产补偿的权利。

1. 公民的财产所有权。公民的财产所有权是指公民对其合法取得的财产享有的占有、使用、收益和处分的权利。财产所有权是公民的一项重要宪法权利，各国宪法历来都十分重视对公民财产所有权的保护。私有财产神圣不可侵犯是资本主义宪法的重要原则，社会主义宪法在宣布公共财产神圣不可侵犯的同时，一般都对公民财产所有权作了保护的规定。《世界人权宣言》也将公民的财产所有权作为基本人权进行了规定，其第17条指出："人人都有单独的财产所有权以及同他人合有的所有权。任何人的财产不得任意剥夺。"

我国历部宪法都有关于公民财产所有权的规定，所不同的是有关内容依当时的社会财产状况和经济制度的不同而有所不同。1954年《宪法》根据当时四种所有制并存的特点，一方面分别规定了国家财产所有权、集体财产所有权、个体劳动者财产所有权和资本家财产所有权等四种财产所有权，其中个体劳动者财产所有权和资本家财产所有权主要是对生产资料所有权的规定，性质上是公民的财产所有权。另一方面，又以第11条专门规定了公民的生活资料的财产所有权。该条规定:"国家保护公民的合法收入、储蓄、房屋和各种生活资料的所有权。"应该说,1954年《宪法》对公民的财产所有权的规定,比较符合当时社会的财产状况,且较为完备。1975年《宪法》和1978年《宪法》则只有关于公民的合法收入、储蓄、房屋和各种生活资料的所有权的规定。现行宪法关于公民财产所有权的规定克服了1975年《宪法》和1978年《宪法》仅限于保护公民生活资料所有权的局限,扩大了公民财产所有权的范围。

根据现行宪法和有关法律的规定,我国公民的财产所有权主要包括:(1)公民合法收入的所有权;(2)公民合法的生活资料所有权;(3)公民合法的生产资料所有权;(4)公民合法财产的使用权、收益权和处分权;(5)公民其他合法财产的所有权。

公民的财产所有权受法律保护,国家、社会组织和任何其他公民都不得非法侵犯和剥夺。当公民个人财产受到侵犯、损害时,公民有权提出归还原物、恢复原状、赔偿损失或者其他合法请求。对于任何侵害公民合法财产的行为,国家都要依法处理。宪法关于保护公民个人财产权的规定,为国家建立保护公民财产所有权的其他制度提供了宪法依据。在社会主义市场经济的条件下,建立完备的公民财产所有权的法律保护制度,是我国当前法治建设的重要任务。

2. 公民的私有财产的继承权。公民的私有财产的继承权,简称继承权,是指公民依照法律规定承受死者遗留的合法财产的权利,是我国宪法规定的公民的一种财产权,与公民的财产所有权具有十分密切的关系。从理论上看,继承权是公民财产所有权的延伸;从法律上看,继承权是宪法和法律规定的公民取得财产权的一种方式。因此,保护公民的私有财产的继承权对于保护公民的财产权和公民的财产所有权具有重要意义,现行宪法恢复了1954年《宪法》关于保护公民私有财产继承权的规定。为了保护公民私有财产的继承权,根据《宪法》的规定,现阶段《民法典》专设"继承"一编对公民的继承权进行了规定。它在《中华人民共和国继承法》的基础上,建立了较为完备的关于继承权的法律制度,它的施行对保护公民的私有财产的继承权起到了积极的作用。

3. 公民获得国家财产补偿的权利。公民获得国家财产补偿的权利是指国家为了公共利益的需要,依法对公民的合法的私有财产进行征收或者征用,如给公民造成损失,公民依法享有的获得补偿的权利。虽然公民获得国家财产补偿的权利和公民取得国家赔偿的权利都是以财产为内容,但是二者的条件不同:(1)合法行为和财产损失是前者的基本构成要件;违法行为是后者的构成要件之一。(2)公民取得国家赔偿既可能是国家的违法行为侵害了公民的财产权,也可能是国家的违法行为侵害了公民的其他权利(如人身权)。而公民获得国家财产补偿的权利只是因为国家合法行为对公民财产权造成了损失。(3)公民取得国家赔偿的权利侧重于对国家违法行为责任的追究和受损权利的救济,而公民获得国家财产补偿权主要侧重于对公民财产的损失给予适当的补偿性救济。

(二) 公民的劳动权

《宪法》第 42 条第 1 款规定:"中华人民共和国公民有劳动的权利和义务。"劳动权是指公民依法有获得劳动的机会和取得适当劳动报酬的权利。劳动权是我国公民的基本权利,主要包括三个方面的内容:(1) 公民都应有就业的机会;(2) 公民有按其劳动的数量和质量获得相应劳动报酬的权利;(3) 公民有获得与其劳动相适应的劳动条件和劳动保障的权利。

公民的劳动权是公民的一项最基本的社会经济权利,我国历部宪法都对公民的劳动权进行了确认。1995 年 1 月 1 日起施行的《劳动法》对公民所应享有的劳动权利及其相关权利作了详细规定,主要包括:(1) 平等就业和选择职业的权利;(2) 获得劳动报酬的权利;(3) 获得劳动安全卫生保护的权利;(4) 接受职业技术培训的权利;(5) 获得社会保险和福利的权利;(6) 合法权益受侵犯时提请劳动争议处理的权利。后《劳动法》于 2009 年和 2018 年进行了两次修订。2008 年 1 月 1 日开始实施的《中华人民共和国劳动合同法》进一步加强了对公民劳动合同权利的保护。后该法于 2012 年也进行了修订。

劳动既是我国公民的权利,同时又是有劳动能力的公民的义务。每个有劳动能力的公民都要履行劳动的义务。因为只有通过每个公民的创造性劳动,国家才能繁荣富强,公民的劳动权才能够实现,所以《宪法》第 42 条第 3 款规定:"劳动是一切有劳动能力的公民的光荣职责。"

(三) 公民的休息权

休息权是指有劳动能力的公民在履行劳动义务的过程中,为保护身体健康,根据国家的宪法和法律的规定,享有的休息和休养的权利。休息权有以下特点:(1) 休息权的主体不是一般意义上的公民,而是有劳动能力且在从事劳动的公民,即劳动者;(2) 休息权虽然与劳动权相关,但主要是与劳动的义务相对而言的一种权利。

《宪法》第 43 条规定:"中华人民共和国劳动者有休息的权利。国家发展劳动者休息和休养的设施,规定职工的工作时间和休假制度。"为保护劳动者的休息权,《劳动法》具体规定了有关休息的制度,主要内容有:国家实行劳动者每日工作时间不超过 8 小时、平均每周工作时间不超过 44 小时的工时制度。对实行计件工作的劳动者,用人单位应当根据工时制度合理确定其劳动定额和计件报酬标准。用人单位应当保证劳动者每周至少休息 1 日。用人单位由于生产经营需要,经与工会和劳动者协商后可以延长工作时间,一般每日不得超过 1 小时,特殊情况下每日不得超过 3 小时,每月累计不超过 36 小时。除了公休日制度,国家实行的劳动者休假制度还包括法定节假日制度、带薪年休假制度。

另外,随着人民生活水平的不断提高,国家重建和扩建了许多疗养所、文化宫、俱乐部、图书馆、博物馆以及社区文化活动中心，为广大劳动者提供了积极的休息场所。特别是最近国内兴起的旅游热潮，更说明我国劳动者休息的质量在进一步提高。

（四）退休人员的生活保障权

《宪法》第44条规定："国家依照法律规定实行企业事业组织的职工和国家机关工作人员的退休制度。退休人员的生活受到国家和社会的保障。"2004年《宪法修正案》第23条规定："国家建立健全同经济发展水平相适应的社会保障制度。"

退休人员的生活保障权是指退休后的企业事业组织的职工和国家机关工作人员依法享有的生活受国家和社会保障的权利。这是我国公民的一项重要的社会经济权利，依照法律的规定退休、离休的人员，生活应有保障，国家和社会对此负有责任。根据宪法和有关法律的规定，国家和社会对退休人员的生活保障主要是通过离退休制度来实现的。1958年国务院《关于工人、职员退职处理的暂行规定》、1978年国务院《关于工人退休、退职的暂行办法》、1980年国务院《关于老干部离职休养的暂行规定》等规范性文件对离退休的条件、离退休后的工资和生活待遇作了一系列规定，构成了我国的离退休制度，是我国离退休人员生活保障权的制度和法律依据。

（五）公民物质帮助权

《宪法》第45条规定："中华人民共和国公民在年老、疾病或者丧失劳动能力的情况下，有从国家和社会获得物质帮助的权利。"

物质帮助权主要是指公民在特定的情况下，不能以自己的劳动获得物质生活资料，有依法从国家和社会获得生活保障、享受集体福利的一种权利。公民的物质帮助权主要表现在如下方面：（1）老年人的物质帮助权。如农村的孤寡老人可以从集体获得"五保"。（2）患疾病公民的物质帮助权。我国公民在患病时有从国家和社会获得物质帮助的权利。如医疗帮助、经济帮助。（3）其他丧失劳动能力的公民的物质帮助权。主要表现为残疾人的物质帮助权。如因公致残的，公民有权从原单位获得终身的物质救济。

六、公民的文化教育权利

公民的文化教育权利是指公民依照宪法规定参与文化教育活动和享有文化教育利益方面的一系列基本权利的总称。根据我国宪法的规定，公民的文化教育权利主要包括公民的受教育权和公民的科学研究、文艺创作和从事其他文化活动的自由。

（一）公民的受教育权

公民的受教育权是指公民达到一定年龄并具备可以接受教育的智力时，有进入各种学校或通过其他教育设施和途径学习科学文化知识的权利。《宪法》第46条规定:"中华人民共和国公民有受教育的权利和义务。国家培养青年、少年、儿童在品德、智力、体质等方面全面发展。"

受教育权是我国宪法赋予公民的一项基本的文化教育权利,是公民享受其他文化教育权的前提和基础。按照宪法和有关法律的规定,公民的受教育权的内容主要包括:(1)学龄前儿童接受学前教育的机会;(2)适龄儿童有接受初等教育的权利,以及在完成初等教育后,符合一定条件的公民有接受中等教育、高等教育的机会;(3)成年人有继续接受教育的权利,在职职工有接受培训和专业教育的机会;(4)公民可以从社会力量以及私人举办的教育机构接受教育;(5)公民还可以从其他各种合法途径接受思想教育、道德教育、文化教育、纪律教育和法制教育等。

受教育不仅直接关系到公民个人的健康成长和自我的完善与发展,而且还与国家和社会的发展密切相关。科教兴国已成为我国的一项战略方针,因此对国家和社会来说,受教育又是每一个公民应尽的义务。按照我国宪法规定,受教育既是公民的权利,又是公民的义务,是权利与义务相一致的具体表现。我国公民在享受教育权的同时,又要履行受教育的义务,只有这样,公民才能正确行使受教育权。

(二)公民的科学研究、文艺创作和其他文化活动的自由

《宪法》第47条规定:"中华人民共和国公民有进行科学研究、文学艺术创作和其他文化活动的自由。国家对于从事教育、科学、技术、文学、艺术和其他文化事业的公民的有益于人民的创造性工作,给予鼓励和帮助。"根据宪法的这一规定,我国公民享有进行科学研究的自由、从事文学艺术创作的自由和从事其他文化活动的自由。

公民有进行科学研究的自由,是指公民依照法律规定,有权对任何一个感兴趣的科学问题进行研究,根据自己的研究,提出和坚持自己的学术见解,对学术问题进行自由讨论。

公民有从事文学艺术创作的自由,是指按照法律的规定,公民可以自由充分地发挥自己的文学艺术创作才能,根据自己的兴趣,创作各种形式的文学艺术作品。如诗歌、小说、散文、电影、电视等。

公民有从事其他文化活动的自由,是指公民有依法从事文学艺术创作以外的其他文化活动的自由,包括体育活动和其他各种文化娱乐活动等。

我国重视对公民从事科学研究、文学创作和其他文化活动权利的法律保护,主要措施有:(1)对科学研究、文学创作和其他文化活动进行鼓励。国务院先后制定了《自然科学奖励条例》《科学技术进步奖励条例》《国家科学技术奖励条例》《发明奖励条例》等法规,对上述文化教育权予以保护。(2)国家积极发展科学、

教育、文化事业,建立各种机构和设施,从物质上予以保障。

公民进行科学研究、文艺创作和其他文化活动必须在宪法和法律允许的范围内,有益于人民群众的身心健康,不得损害社会和公共利益。

七、公民的宗教信仰自由

宗教信仰自由,是指公民依法享有信仰或不信仰宗教的自由。宗教信仰自由作为一项基本权利,主要包括以下内容:(1) 公民有信仰宗教的自由,也有不信仰宗教的自由;(2) 有信仰此种宗教的自由,也有信仰彼种宗教的自由;(3) 有信仰同一宗教不同教派的自由;(4) 有过去不信仰宗教而现在信仰宗教的自由,也有过去信仰宗教而现在不信仰宗教的自由。宗教信仰自由意味着任何国家机关、社会团体和个人不得强制公民信仰宗教或者不信仰宗教。

宗教是一种相信并崇拜超自然神灵的社会意识形态,是自然力量和社会力量在人们意识中一种虚幻的、歪曲的反映,是不科学的。宗教作为一种社会历史现象,有它自己的产生、发展和消亡的过程和规律。当社会还没有发展到使宗教赖以存在的条件完全消灭的时候,宗教就有其存在的必要性。我国宪法关于公民有宗教信仰自由的规定,是尊重客观事实,从实际情况出发的。《宪法》第 36 条第 1 款、第 2 款规定:"中华人民共和国公民有宗教信仰自由。任何国家机关、社会团体和个人不得强制公民信仰宗教或者不信仰宗教,不得歧视信仰宗教的公民和不信仰宗教的公民。"

公民在行使宗教信仰自由的权利时,不得利用宗教进行破坏社会秩序、损害公民身体健康、妨碍国家教育制度的活动,不得进行封建迷信活动,否则将承担相应的法律责任。在我国,宗教团体和宗教事务不受外国势力支配,这是我国宗教自治的基本原则,也是每一个信仰宗教的公民必须遵守的义务。

八、公民的婚姻自由权

《宪法》第 49 条规定:"婚姻、家庭、母亲和儿童受国家的保护。夫妻双方有实行计划生育的义务。父母有抚养教育未成年子女的义务,成年子女有赡养扶助父母的义务。禁止破坏婚姻自由,禁止虐待老人、妇女和儿童。"这是我国公民婚姻自由权的宪法依据。

婚姻自由作为公民的一项基本权利,是指公民依照法律的规定自由缔结婚姻、不受其他人强制和干涉的权利。根据《宪法》和《民法典》的有关规定,公民的婚姻自由权的基本内容包括:结婚自由、离婚自由、复婚自由。

(一) 结婚自由

结婚又称婚姻的成立,是男女公民依法确定夫妻关系的法律行为。结婚自由是指男女公民完全基于双方的自愿,不受任何一方或任何第三者的强迫和干涉,依法确定夫妻关系。《民法典》规定的结婚的条件和程序,是公民行使结婚自由权的准则和法律保障。

(二) 离婚自由

离婚是夫妻双方依法解除婚姻关系的法律行为。离婚自由是指作为婚姻关系双方当事人的公民有权要求解除婚姻关系,并依法定条件和程序解除婚姻关系,不受对方或任何第三者强迫和干涉的自由。《民法典》规定的离婚的条件和程序,是公民正确行使离婚自由权的准则和法律保障。

(三) 复婚自由

复婚是指离婚后男女双方自愿恢复夫妻关系的法律行为。复婚自由是指男女双方有权要求恢复夫妻关系,不受任何第三者强迫和干涉的自由。《民法典》第 1083 条规定:"离婚后,男女双方自愿恢复婚姻关系的,应当到婚姻登记机关重新进行结婚登记。"

婚姻是家庭的基础,家庭是社会的细胞,保护公民的婚姻自由权具有重要的意义。

第四节 我国公民的基本义务

我国宪法在规定公民的基本权利和自由的同时,也规定了公民必须承担的相应义务,体现了权利和义务一致的原则。我国宪法规定的公民的基本义务主要表现在如下几方面:

一、公民维护国家统一和民族团结的义务

《宪法》第 52 条规定:"中华人民共和国公民有维护国家统一和全国各民族团结的义务。"我国是统一的多民族国家,维护祖国统一和民族团结,是我国革命和建设事业取得胜利的基本保证,是全国各族人民的根本利益所在。因此,每一个公民都必须自觉履行维护国家统一和民族团结的义务。为了维护国家统一,2005 年我国通过《反分裂国家法》进一步规定:"维护国家主权和领土完整是包括台湾同胞在内的全中国人民的共同义务。"

维护国家统一主要是指:(1)维护国家领土的完整,任何公民都不得破坏、变更和以其他各种形式肢解国家领土;要同一切分裂国家领土、破坏领土完整的行为作斗争。(2)维护国家主权的统一。中华人民共和国中央人民政府是我国唯一的合法的政府,不允许任何公民分裂国家主权,搞地方独立。(3)维护国家主权不被分割。不允许任何人以任何方式把国家主权割让给外国,同时反对任何外国势力干涉我国内政。

维护全国各民族团结,是指公民有责任维护各民族之间的和睦、平等、合作

和融洽的民族关系。具体要做到：(1) 要实现民族平等，保证各民族在政治、经济、文化、社会生活等方面享有平等的权利；禁止对任何民族的歧视和压迫，禁止破坏民族团结和制造民族分裂的行为；反对大汉族主义和地方民族主义。(2) 要认真落实党和国家的民族政策，根据《宪法》和《民族区域自治法》，贯彻执行民族区域自治制度，帮助少数民族加速发展经济文化建设事业，促进各民族的共同繁荣，为民族平等和民族团结奠定坚实的基础。

二、公民遵守宪法和法律、保守国家秘密、爱护公共财产、遵守劳动纪律、遵守公共秩序、尊重社会公德的义务

(一) 公民有遵守宪法和法律的义务

宪法和法律是我国广大人民意志和利益的体现。遵守宪法和法律，是我国宪法规定的公民必须履行的一项基本义务。公民必须遵守宪法和法律，意味着一切公民都必须以宪法和法律作为自己的活动准则，平等地享有宪法和法律赋予的权利，平等地承担宪法和法律规定的义务，任何人都不得有超越宪法和法律的特权，一切违反宪法和法律的行为，都必须依法予以追究。遵守宪法和法律的义务，包括遵守宪法和遵守法律两种具体的义务情形，其中遵守宪法的义务具有根本性。

(二) 公民有保守国家秘密的义务

所谓国家秘密是指关系到国家的安全和利益，依照法律规定，在一定时间内只限于一定范围的人员知悉的事项。根据《中华人民共和国保守国家秘密法》的规定，保密的范围一般有：国家事务的重大决策中的秘密事项、国防建设和武装力量活动中的秘密事项、外交和外事活动中的秘密事项以及对外承担保密义务的事项、国民经济和社会发展中的秘密事项、科学技术中的秘密事项、维护国家安全活动和追查刑事犯罪中的秘密事项以及经国家保密行政管理部门确定的其他秘密事项，政党的秘密事项中符合前述规定的，属于国家秘密。保守国家秘密是关系到维护国家的安全和利益、关系到改革开放和国家建设事业的顺利进行的大事，一切公民都有保守国家秘密的义务。

(三) 公民有爱护公共财产的义务

公共财产是指社会主义全民所有的财产和劳动群众集体所有的财产。公共财产是进行社会主义现代化建设和提高人民物质文化生活水平的物质基础，是公民享受权利自由的物质保证。《宪法》第 12 条规定："社会主义的公共财产神圣不可侵犯。国家保护社会主义的公共财产。禁止任何组织或者个人用任何手段侵占或者破坏国家的和集体的财产。"这表明了国家对公共财产的特别保护。公民爱护公共财产的义务主要表现在：(1) 自己不损害公共财产；(2) 自己不浪费公共财产；(3) 当公共财产遭受人为的或者自然的破坏或侵害时，任何公民都有维护公共财产的责任,同损害和浪费公共财产的行为作斗争。

（四）公民有遵守劳动纪律的义务

所谓劳动纪律不仅包括生产过程中的纪律,而且还包括一切机关、团体所应遵守的各种工作纪律。劳动纪律是维护正常生产秩序的主要行为规范,是人们进行共同生产劳动和工作的必要条件之一,劳动纪律既保证劳动义务的履行,又保证劳动权利的实现,所以遵守劳动纪律是公民的一项重要义务。

（五）公民有遵守公共秩序的义务

公共秩序是指统治阶级按照自己的意志和利益建立起来的,要求人们在社会生活中为维护公共事业和集体利益所必须遵守的行为规范。包括:社会秩序、生产秩序、工作秩序、教学科研秩序以及人民群众生活秩序。公共秩序是公民进行正常的社会生活的必要条件。公民遵守公共秩序对维护社会的安定、保证社会生活的正常进行有重要作用。我国法律禁止扰乱和破坏公共秩序的行为,对于那些严重破坏公共秩序的行为,将给予相应的法律制裁。

（六）公民有尊重社会公德的义务

社会公德也称公共生活准则,是指一个社会里全体居民为了维护正常生活秩序所必须共同遵守的最起码的道德准则。社会公德包括两大方面的内容:一是指人们在一些事关重大的社会关系、社会生活和社会交往中,应当遵守并往往由国家提倡认可的道德规范;二是指在公共生活中所形成的起码的公共生活准则,如尊重他人、诚实守信等。我国提倡的社会公德,集中体现为《宪法》第24条规定的"五爱",即"爱祖国、爱人民、爱劳动、爱科学、爱社会主义",2018年《宪法修正案》第39条在此基础上增加规定"国家倡导社会主义核心价值观"。总之,社会公德是在人类公共生活的实践中产生的,反映了人类共同生活的要求,对公共生活协调起着极为重要的作用。尊重社会公德是我国公民的一项重要义务。

三、公民维护国家的安全、荣誉和利益的义务

《宪法》第54条规定:"中华人民共和国公民有维护祖国的安全、荣誉和利益的义务,不得有危害祖国的安全、荣誉和利益的行为。"国家的安全包括国家的领土、主权不受侵犯;国家的各项秘密得以保守,社会秩序不被破坏。国家的荣誉包括国家的尊严不被侵犯,国家的信誉不受损害,国家的荣誉不受玷污,国家的名誉不受侮辱。国家的利益包括国家的政治、经济、外交、军事等多方面内容,它是全国人民共同利益的体现。维护祖国的安全就是要保卫祖国免受外国的侵略和威胁。维护祖国的荣誉就是要在国际交往中维护国家的尊严,不得有损害国家荣誉的言行,并敢于同各种损害祖国荣誉的言行作斗争。维护国家的利益就是要把国家的利益摆在首位,正确处理国家、集体和个人三者之间的利益关系。

四、公民保卫祖国、依法服兵役和参加民兵组织的义务

《宪法》第 55 条规定:"保卫祖国、抵抗侵略是中华人民共和国每一个公民的神圣职责。依照法律服兵役和参加民兵组织是中华人民共和国公民的光荣义务。"国防是国家生存与发展的重要保障,公民必须依法履行国防义务。《中华人民共和国兵役法》也规定,我国公民不分民族、职业、家庭出身、宗教信仰和教育程度,都有依照法律规定服兵役的义务。公民依法服兵役和参加民兵组织,是公民履行保卫祖国、抵抗侵略的神圣职责的重要途径;是建立一支保卫祖国主权独立、领土完整和维护和平的强大的人民武装力量的需要。

我国现行的兵役制度是以义务兵役制为主体,将义务兵与志愿兵相结合、民兵与预备役相结合的兵役制度。我国公民依法服兵役和参加民兵组织的义务可分为服现役义务和服预备役义务两大类,具体表现为:符合条件的公民必须依法应征;现役士兵和军官必须依法忠实履行自己的职责;现役士兵和军官服役期满后,符合条件的,应依法转预备役;符合条件的公民必须参加民兵组织或进行预备役登记;服预备役的人员必须进行军事训练;高等学校和初级中学的学生就学期间必须接受基本的军事训练;符合条件的公民必须响应和遵守国家的战时兵员动员等。

五、公民依法纳税的义务

《宪法》第 56 条规定:"中华人民共和国公民有依照法律纳税的义务。"税收是国家为了满足社会的共同需要,凭借国家权力,按照国家法律规定的标准,强制地、无偿地取得财政收入的一种分配关系。税收具有强制性、无偿性、固定性特征。新中国成立以来,税收一直是国家财政收入的重要来源之一,现在税收占国家财政收入的 90% 左右,对实现国家财政收支平衡具有举足轻重的作用。同时,税收又是我国用来调节生产、流通、分配和消费的重要经济杠杆。我国税收取之于民,用之于民,其最终目的是不断改善和提高人民的物质和文化生活。因此,我国公民应自觉地履行依法纳税的义务。

新中国成立以来,我国先后颁布了一系列有关税收的法律、法规。1980 年通过并发布了《个人所得税法》。同年 12 月 14 日财政部经国务院批准发布了《个人所得税法施行细则》。1986 年 9 月 25 日公布了《个人收入调节税暂行条例》。1987 年 1 月 1 日起,对中国公民的个人所得征税适用《个人收入调节税暂行条例》。1986 年国务院公布了《城乡个体工商业户所得税暂行条例》,该条例适用于对工商个体户个人所得、个人承包、承租所得征收所得税。为了适应形势发展的需要,我国先后于 1993 年、1999 年、2005 年、2007 年、2011 年、2018 年对《个人所得税法》进行了七次修订,明确了公民缴纳个人所得税的义务及个人所

得税的征收与计算。1992年全国人大常委会还通过了《中华人民共和国税收征收管理法》,1995年、2001年、2013年、2015年又进行了修改。从此我国税收征收工作走上了规范化、法治化的轨道。我国每个公民都应依照税法的规定,自觉履行纳税的义务。

六、公民其他方面的义务

我国宪法规定的公民的基本义务除上述列举之外,还包括:夫妻双方有实行计划生育的义务;父母有抚养教育未成年子女的义务,成年子女有赡养扶助父母的义务,以及受教育的义务和劳动的义务。

实行计划生育、控制人口增长是我国的一项基本国策,关系到我国经济发展、社会稳定。因此人口的增长必须同经济和社会的发展相适应。夫妻双方都有责任按照宪法和法律的规定,自觉地履行计划生育的义务。

子女赡养、扶助父母和父母抚养、教育子女不仅是公民的一项法律义务,而且还是一种伦理道德中的义务。父母对子女的抚养指父母应当对子女的生活和学习提供一定的物质条件,承担必要的法律责任。子女对父母赡养和扶助主要指子女对没有劳动能力、没有经济来源的父母给予物质上的帮助,当父母在生活不能自理的情况下,有妥善照顾的责任。我国法律严禁父母虐待和遗弃未成年子女或成年子女虐待和遗弃父母的行为。否则,要受到法律制裁。

第五节 我国公民基本权利和义务的特点

一、公民基本权利和自由的广泛性

我国公民基本权利和自由的广泛性主要表现在两个方面:

1. 依照宪法和法律的规定享有基本权利和自由的主体是公民中的多数人,而不是少数人。享有基本权利和自由主体的广泛性是由我国现阶段政治力量对比关系的客观现实所决定的。在社会主义初级阶段,我国的权利主体的范围主要包括一切社会主义劳动者、拥护社会主义的爱国者和拥护祖国统一的爱国者。以选举权和被选举权为例,在成年公民中,除了极个别被剥夺政治权利的公民以外,我国绝大多数成年公民享有选举权和被选举权。即使被剥夺政治权利的公民和人身自由受到限制的人,也依法享有一定的基本权利和自由。

2. 公民享有基本权利和自由的内容是丰富的。根据我国经济和社会发展的实际情况,宪法赋予公民享有政治、经济、文化等各个方面的基本权利和自由。因此,公民享有的不是一个方面的基本权利,而是多方面的基本权利和自由。我们相信,随着我国经济和社会的发展,人们文化水平的不断提高,公民的基本权利和自由的范围还会继续扩大,公民将会享有更加广泛的基本权利和自由。

二、公民基本权利和自由的现实性

我国公民基本权利和自由的现实性可以从两个方面认识:

1. 宪法在规定公民基本权利和自由的时候,遵循实事求是的立法原则,充分考虑了我国社会主义初级阶段政治、经济、文化发展的实际水平,在此基础上实事求是地确认公民的基本权利和自由。立宪时考虑了三种情况:(1)应该由宪法予以规定的基本权利,就坚决规定。如公民在法律面前人人平等的基本权利,1954年《宪法》曾经规定过,后来遭到错误批判从宪法中取消。1982年《宪法》重新恢复并作了必要的修改。再如,鉴于"文化大革命"的经验教训,为了保护公民的人格尊严,宪法新增加了"中华人民共和国公民的人格尊严不受侵犯。禁止用任何方法对公民进行侮辱、诽谤和诬告陷害"的条文。随着我国社会政治、经济和文化的发展,公民素质的提高,以及国际人权保障的进一步加强,我国公民的基本权利和基本义务及其保护有待进一步加强和完善。(2)考虑权利自由的实现程度,能做到的就规定,做不到的就不规定;能做到什么程度,就规定到什么程度。例如,1954年《宪法》曾规定公民有迁徙自由,现在许多城市人口高度密集,城乡差别和地区差别还比较大,要做到保障公民迁徙自由还不现实,所以,现行宪法取消了1954年《宪法》关于有关公民迁徙自由的规定。再比如劳动权和有劳动力的公民之间存在着一定的不协调,即有劳动力的公民并不一定能够享有劳动的权利。待业青年和下岗职工等社会现象仍然大量存在,国家无法在短期内完全解决这些问题。面对现实情况,宪法规定国家通过各种途径创造劳动就业条件。(3)不宜规定的,就坚决取消。如1978年《宪法》曾规定有"大鸣、大放、大字报、大辩论"的所谓"四大自由",这是"文化大革命"的产物,不利于保护公民的人身权利和维护社会的安定团结。所以,1980年第五届全国人民代表大会第三次会议通过修改宪法的决议,取消了"四大自由"。

2. 公民基本权利和自由的现实性还体现在宪法上的基本权利和自由通过普通法律和物质条件能够转换成现实生活中的基本权利和自由。宪法是国家根本大法,宪法所规定的基本权利和自由具有原则性,需要由普通法律将宪法权利具体化和专门化,从而具有权利实现的可操性。比如,行使选举权要有选举法,行使劳动权要有劳动法,行使受教育权要有教育法,等等。我国现在基本上制定了与宪法权利和自由配套的法律、法规,为公民行使权利和自由提供了有力的法律武器。在公民行使权利和自由的时候,还需要国家和社会提供许多必要的物质条件。例如,行使通信自由和秘密的权利就要有比较先进的通信设施;保证公民享有言论和出版自由,国家就要提供相关的条件,大力发展新闻、广播电视、出版发行等事业。

三、公民基本权利和基本义务的平等性

公民基本权利和基本义务的平等性表现为两个方面：

1. 公民基本权利和基本义务是对等的。任何公民都平等地享有宪法和法律规定的权利和自由，同时应平等地履行宪法和法律规定的义务。在我国，公民不分民族、性别、出身、职业、宗教信仰、教育程度、财产状况和职位的高低，都一律平等享有宪法和法律规定的权利，履行宪法和法律规定的义务。国家维护公民权利和义务的平等性，反对任何组织和个人有超越宪法和法律以外的特权。

2. 公民权利和义务的平等性，还表现为国家行政机关和司法机关在适用法律上一律平等。任何公民的合法权利和利益都应受法律保护；任何公民的违法犯罪行为，都应依法追究其责任。国家努力做到依法行政和公正司法，只有这样才能保证公民权利和义务的平等性，才能逐步消除违反宪法和法律的特权现象。

四、公民基本权利和基本义务的一致性

我国公民基本权利和基本义务的一致性，具体表现在以下四个方面：

1. 公民享有基本权利，同时应履行基本义务。不允许任何公民只享有权利和自由而不履行义务，因为这样就会使权利和义务相分离和脱节，导致特权现象的产生。所以，《宪法》第33条第4款规定："任何公民享有宪法和法律规定的权利，同时必须履行宪法和法律规定的义务。"

2. 基本权利和基本义务是相互依存的，是一个事物的两个方面。例如，《宪法》规定父母有抚养教育未成年子女的义务，成年子女有赡养扶助父母的义务。在这一宪法规范中父母和子女之间互有权利和义务，父母对子女抚养是一种义务，而子女接受父母的抚养就是一种权利；成年子女赡养父母是一项义务，父母接受成年子女的赡养又是一种权利。由此可以看出，义务的履行就是权利的实现，权利的享有必然会产生义务的履行。

3. 公民的某些权利和义务彼此结合在一起，使权利本身具有权利、义务的双重性。例如，宪法规定公民有劳动的权利和义务，公民有受教育的权利和义务。所以，劳动和教育既是权利，又是义务，是权利与义务科学的结合。

4. 基本权利和基本义务在运作过程中相互促进、相辅相成。公民享受广泛的权利和自由，就可以激发人民群众的建设社会主义国家的热忱和劳动创造的积极性，更好地尽职尽责。国家经济文化发展，人民生活水平提高，又会进一步丰富和保障公民基本权利和自由的享有。应培养公民自觉履行义务的观念，不要以为只有享有权利才是积极的，而履行义务则是被动和消极的。这种思想不利于公民基本权利的享有，容易使权利和义务分离并很可能最终阻碍权利和自由的行使。所以，在倡导权利本位理念的同时，要大力倡导积极自觉履行义务的

思想,应当把履行义务看作是享有权利的一部分,是享有权利和自由的应有之义。否则,仅仅强调权利意识,就容易使一些人把权利和义务对立起来,从而割裂了权利和义务的一致性。

我国公民基本权利和义务的上述特点,也是它的优点。随着我国社会政治、经济和文化的发展,公民素质的提高,以及国际人权保障的进一步加强,我国公民的基本权利和义务的内容、体系及其救济和保护也不断地完善和加强。

一、前沿问题

1. 关于公民的基本权利和义务的概念

公民的基本权利和义务是宪法学中的重要概念,对其含义一般是从比较的角度进行界定的。有的从法的形式上着眼,认为基本权利和义务就是由宪法所规定的权利和义务;有的侧重于基本权利、义务的重要性,认为基本权利和义务就是宪法规定的作为其他权利和义务基础的最重要的权利和义务;有的从"基本"一词的学理意义推导出基本权利和义务的六种属性,即不可缺乏性、不可取代性、不可转让性、稳定性、在现代文明国家的共性以及母体性。本书认为基本权利和义务与权利和义务的区别,不仅表现在法的表现形式上的不同,即基本权利和义务一般以宪法的形式表现,权利和义务以法律的形式表现,而且在来源和表达的利益上也有区别。基本权利和义务直接来源于人权,是公民根本利益的宪法表达;权利和义务相对而言,是公民一般利益的法律表达,与人权的关系较为间接。

在宪法学中,与基本权利和义务概念一并使用的还有宪法权利和义务、宪法的基本权利和义务等几个概念。有的学者认为这几个概念在含义上是相同的,只是称谓有差异;有的认为这些概念存在着区别,不仅所包括的内容不同,而且适用范围也有差异。本书认为,以上概念在内涵上并无质的区别,宪法学应规范概念的使用,避免出现不必要的概念使用上的混乱。

2. 关于公民权与人权的关系

公民权与人权的关系,也是宪法学中一个很关键的问题。公民权与人权的关系,首先涉及对人权的理解。不可否认,人们对人权概念的理解和使用存在着分歧和混乱。有的在道德意义上使用,有的在法律意义上使用。有的学者从人权概念的起源和发展史的角度,认为人权概念由权利和人道两个概念所构成,具有三个方面的属性,即人权是一种道德权利,在根本上是由道德支持的;人权是一种普遍权利;人权是一种保障自己最基本的合法权益且具有反抗性的权利。

应该说明的是,公民权虽然是一个重要的宪法术语,但在我国宪法学中并未严格界定,泛指的是宪法权利和其他法定权利。

在人权和公民权的关系上,学者一般认为两者具有内在的一致性,但也存在内容和适用范围上的差异,即人权在内容上要多于公民权,适用范围上要广于公民权,宪法规定的公民的基本权利是对人权的保障与体现。有学者认为,根据马克思主义人权理论,人权和公民权存在差异是源于作为国家的公民和作为市民社会成员的彼此分离,源于市民社会和政治国家的分离。本书认为,人权是人作为人所享有的权利,反映和表达的是人及其生存和发展的正当性,公民权则是国家或特定政治共同体通过法对这种正当性的认可。因此,人权是人与生俱来的权利,随着人的发展而不断丰富,从逻辑上讲人权具有无限性,并基于人性的异同而具有普遍性或特殊性;公民权是法定权利,以公民资格的拥有为前提,从逻辑上讲公民权也应是有限的。人权是源,公民权是流,人权是公民权合理性的判断标准。虽然宪法中或同时使用或交替使用人权和公民权两个概念,但其宪法意义不同。人权是宪法的目的和终极价值追求,公民权无论是与公民义务相对应还是与国家权力相对应,都是宪法借以保护和实现人权的手段。

3. 关于公民权利与国家权力

公民权利与国家权力是宪法学中的两个基本概念。宪法学对公民权利和国家权力的研究主要涉及两个方面的内容:一是公民权利与国家权力的关系,二是该关系的宪法学定位。

关于公民权利与国家权力的关系,可概括为是一种对立统一关系,其中童之伟教授的社会权利(法权)理论最有代表性。公民权利与国家权力的关系是一种对立统一关系的观点,辩证地揭示了二者的关系,克服了宪法学长期以来将二者对立起来的缺陷。例如,"国家权力以公民权利为范围和界限","宪法是保障公民权利、限制国家权力的根本法"等说法,都存在将二者对立起来的嫌疑。但同时也应当指出,关于公民权利与国家权力是对立统一的观点存有某种简单化的倾向:(1)表现在二者的统一性方面,学者们一般认为,国家权力来源于公民权利,在根本上统一于公民权利。从理论上看,公民权利与国家权力的统一性,乃是二者所具有的共性或同一性,不会仅存在于二者中的某一方面。这种共性或同一性,从本源上看,是公民权利与国家权力所共同追求的人权,或者说人权是公民权利与国家权力的统一体。人权所表达的人的生存和发展,既需要国家和国家权力,又需要公民和公民权利。当然,这种共性、同一性、统一体也可以用其他概念如社会权利或法权等来进行理论概括和指称。不过,如果说国家权力来源于公民权利,并统一于公民权利的话,那么用其他概念(包括人权)来对公民权利与国家权力统一体或共性、同一性进行理论概括和指称,可能并没有实质性的意义。从形式上看,公民权利与国家权力共存于宪法之中,宪法是二者的统一体。这种显而易见的形式统一,往往被忽视。(2)表现在二者的对立性方面,简单化的倾向主要表现为,许多学者将这种对立作了扩大化和绝对化的理解。本书认为,公民权利与国家权力的对立反映的是个体意义的人权与整体意义的人权的差异,这种差异在具体的宪法关系中,一般表现为公民权利指向国家机关的责任,国家权力指向公民的义务。

关于公民权利与国家权力的宪法学定位,宪法学者的认识基本上是一致的,即认为公民权利与国家权力是宪法学的核心问题,有学者将其具体表述为:公民权利与国家权力是最基本的宪法现实;公民权利与国家权力及其关系是宪法规范最重要的规范对象;公民权利与国家权力的关系是宪法关系最基本的内容;公民权利与国家权力的协调实现是宪法得到实施的最根本标志;公民权利与国家权力的关系问题是宪法思想流变的最基本线索。之所以如此,本书认为这是因为公民权利与国家权力的关系中潜藏着宪法学的逻辑起点。

4. 关于公民基本权利和义务的分类

(1) 关于公民基本权利的分类。对宪法中所规定的公民基本权利和义务进行分类,在一般的宪法学教材和著作中反映得较为直接。综观各种对公民基本权利的分类,主要有以下几种观点:一是将公民的基本权利分为十种:平等权;政治权利和自由;宗教信仰自由;人身自由;批评、建议、申诉、控告、检举权和取得赔偿权;社会经济权利;文化教育权利和自由;妇女的权利和自由;有关婚姻、家庭、老人、妇女和儿童的权利;华侨、归侨和侨眷的权利。二是将基本权利分为八种,但在具体构成上亦有差异,有学者认为包括人格权、平等权、精神自由、经济自由、人身自由、政治权利、社会权利、获得权利救济的权利等八大类;也有学者认为包括人的生命权与尊严、平等权、参政权、表达自由、人身自由、宗教信仰自由、文化教育权利、社会经济权利、监督权与请求权等八大类。三是将公民的基本权利分为平等权、政治权利和自由、人身自由和信仰自由、社会经济文化权利和特定人的权利五种。四是将公民的基本权利分为参政权、人身自由和信仰自由、经济和文化教育权以及特定人的权利四种。五是将公民的基本权利分为参政权、人身自由和信仰自由、经济和文化教育权以及特定人的权利四种。

基本权利的分类之所以有如此大差异,除了分类标准及权利之间关系的影响之外,在深层次上反映的则是基本权利的内涵属性、基本权利体系等更为根本的问题。基本权利体系包括不同的基本权利,而每一项基本权利又具体分为若干不同的权利形态。而我国当前基本权利体系存在的问题主要表现在:理念上缺乏立足本国传统文化下的理论探索;内容上部分基本权利的内涵与性质不明确,以及与国际人权公约的不协调;类型上缺乏对基本权利程序性价值的必要关注。因此,我国基本权利体系既要反映当今世界权利发展的普遍性要求,继承传统宪法学的基本权利内容,也要反映我国社会与宪法发展的基本特点呈现出开放性与多样性的发展趋势。

(2) 关于公民基本义务的分类。根据宪法对公民基本义务的规定,有学者对此进行类型划分,包括:第一义务(不随意侵犯他人),组建国家的义务(纳税和服兵役),基本道德观所要求的义务(爱护公共财产、保守国家秘密、遵守劳动纪律等)。也有学者根据基本义务的国家导向,以《宪法》第 53 条为核心,将其归纳为:"国家统一""秩序生成""抽象意义上的国家维护""从外部捍卫国家""从内部维系国家"五项基本义务。

对宪法义务条款的认识,有学者从权利义务统一论、宪法规范的纲领性、宪法发展趋势论、国家认同和集体价值论等在公民负担意义上展开的观点进行全面梳理,提出也可以从权利视角理解公民义务,义务条款具备同基本权利相同的控权功能。针对宪法公民基本义务的内涵界定,主要表现为权利义务统一论、基本义务否定论、基本权利限制论等三种不同进路。也有学者通过对基本义务的概念产生与发展轨迹进行梳理,指出在"臣民之义务""人民之义务"与"基本义务"这三项概念中,随着时代发展与社会变迁,具体的公民义务类型也相应发生了变化。所谓基本义务,即宪法所规定的构建作为共同体的国家并维系其存续而要求公民必须履行的责任。

5. 关于对几种公民基本权利的研究

对公民基本权利的具体关注,是近年来宪法学研究公民基本权利的一个显著特色。进入宪法学视野中的公民基本权利,都是与现实社会生活密切相关并受到社会普遍关注的权利。这些权利主要有:平等权、选举权、罢工权、私有财产权、迁徙自由权、表达自由权和环境权等。这里仅对平等权、私有财产权、迁徙自由权、宗教信仰自由权和环境权的有关问题作一些介绍和说明。

(1) 关于平等权。宪法学对平等权的研究,首先涉及平等是一项法律原则,还是一项公民基本权利。对此,宪法学有几种不同的看法:原则说认为平等是宪法上的一个基本原则;权利说则认为它是一项与生命权、自由权具有同等价值的基本权利;结合说则认为它具有双重性质,既是宪法的一般原则,又是一项基本权利。本书认为,从对平等的法律规定的历史发展来看,平等首先是作为一项法律原则或宪法原则出现的,然后演变成一项法律权利或宪法权利。从我国宪法规定来看,平等作为一项宪法原则的属性显得更为充分一些。但从我国宪法发展的现实来看,将平等作为一项公民基本权利有其现实意义和理论意义。因此,本书同意结合说的看法。其次,宪法学还对平等权的内涵、性质、内容和司法保护进行了研究。学者们认为,在宪法中平等权主要作为一种基本权利而存在,它是一种概括性的权利,对宪法规定的其他基本权利起引领作用,但平等权的内容还有待其他基本权利加以具体化。本书认为,平等权的本质在于权利主体在法律上具有同等地位,防止差别待遇和歧视是它的基本要求,对弱者进行特别保护是其引申的要求。因此,学者们对民族平等、男女平等以及城乡平等进行的讨论,也具有重要意义。

(2) 关于私有财产权。关于私有财产权的讨论,宪法学界存在着两种不同的观点。一种观点认为,宪法关于公民财产权的保护存在着不足,在公民的基本权利中未包括公民个人财产权一项;保护范围只限于保护财产的所有权,未包括其他物权、债权以及被称为无形财产的著作权或者范围更为广泛的知识产权;对公民个人财产的保护程度要差于对公有财产的保护;未规定关于财产权的正当补偿问题等。因此市场经济体制下的财产权,不仅包括国家、集体的财产不容侵犯,而且公民个人的合法财产也不容侵犯。另一种观点认为,宪法已明确无误地表明国家对公民合法财产所有权的保护;将对财产的保护条款放在"总纲"中而未放在"公民的基本权利和义务"一章中,是为了将其作为国家的重要任务来加以规定并保障其实现;私有财产不能像社会主义公有财产一样写上"神圣不可侵犯"六个字,"社会主义公共财产神圣不可侵犯"的规定是由我国的国家性质决定的,而不能套用维护资产阶级财产制度的资产阶级法制原则把"私有财产神圣不可侵犯"写进我国社会主义的根本大法。本书认为,公民个人合法财产,本质上是私有财产。因此,我国宪法是保护私有财产权的,也可以说我国公民有私有财产权。《宪法》在"公民的基本权利和义务"一章中,没有规定公民私有财产权,只是一个形式上的缺陷。随着2004年《宪法修正案》的通过,以及在2021年开始施行的《民法典》,如何界定私有财产权,如何加强私有财产权的保护力度,如何进一步加强私有财产权的相关立法等,仍然是宪法和宪法学应该关注的问题。

(3) 关于迁徙自由权。随着市场经济的发展,宪法学对公民迁徙自由权的研究呈现出不断深入的趋势。从研究内容上看,一是探讨宪法规定公民迁徙自由权的必要性。如有学者对我国1954年《宪法》中有关于公民的迁徙自由的规定而后来的三部宪法均未规定的原因进行了分析,认为是1956年以前的社会主义改造尚未完成,我国实行的是国家资本主义,社会性质是新民主主义社会,经济性质具有相当程度的市场经济性质,人力资源的配置方式当然也要受市场规律的支配,确认公民享有迁徙自由权势属必然;社会主义改造完成以后,资源配置完全由计划经济控制,故以市场机制配置人力资源的迁徙自由便被取消。除了从市场经济的角度论证宪法承认公民享有迁徙自由权的必要性外,还有学者认为,迁徙自由有其独立价值,它是现代社会公民应当享有的一项基本权利,有利于培养个人的独立、自治意识,有助于塑造独立人格和个人理念的"自由"形象,进而提高一个民族的整体素质,从而论证了宪法规定迁徙自由权的必要性。二是探讨公民迁徙自由权与户籍制度改革的关系。基本观点认为,户籍制度制约了公民的迁徙自由,改革户籍制度是保障迁徙自由的客观需要。本书认为,在宪法中规定公民迁徙自由权是我国社会发展的客观需要,但公民迁徙自由权的实现不可能一蹴而就,迁徙自由立法也不可能一步到位,必须与户籍管理制度的改革协调推进,并与经济、社会发展水平和城市综合承受能力相适应。

(4) 关于公民的宗教信仰自由。由于宗教带来的深远影响,学者们对宗教信仰自由权也给予了较多的关注。有学者提出,在性质上应将宗教信仰自由分为内心的信仰自由和外在的宗教行为自由两个部分,对于前者国家采取的是绝对保护的原则,后者则运用法律等加以规范。有的学者认为宗教信仰自由包括信仰自由、择教自由、举行宗教仪式自由、宗教集会自由等几个方面的内容,我国宪法、法律、法规及有关政策应作明确的规定和程序上的规范,以保证宗教活动在法律范围内进行。也有的学者提出应从全球性的角度出发探讨信仰自由,履行国际公约,真正使宗教立法具有社会主义法律性质、使命和目的,做到依法管理宗教事务。本书认为,宗教信仰不单是一个信仰本身的问题,还涉及宗教行为的问题,而且宗教行为比信仰本身更应受到法律的重视,宪法仅仅规定宗教信仰自由是远远不够的。如何规范宗教行为,是我国宪法学必须解决的理论和现实课题。

(5) 关于公民的环境权。作为一项权利,环境权在世界范围已被广泛接受,但对环境权的性质,学界存在着人权说、人格权说、财产权说和人类权说等不同的观点。我国对环境权的研究,早期主要见于环境法学者,而随着生态文明建设和环境保护的现实需求,从基本权利角度研究环境权,宪法学者的研究逐渐深入。基于公民环境权和国家环境权的区分,有学者指出,从环境权产生的背景、理论基础、含义及特点来看,环境权主要地或根本上是公民环境权。作为基本权利的环境权,其规范效力主要表现在对立法权的规范效力、对行政权的规范效力和对司法权的规范效力。

6. 关于公民基本权利体系的重构

有关宪法公民权利体系的重构,宪法学有所研究,但还不够深入,尚未形成共识和有关宪法权利体系的框架。本书认为,下列问题应成为研究的重点:(1) 重构公民基本权利体系的必要性,包括对现行宪法公民基本权利体系的评价;(2) 对新的权利和权利要求进入宪法权利体系的可行性分析;(3) 根据社会发展的需要和有关国际公约的规定,对现有权利进行必要的界定和解释;(4) 探讨公民宪法权利保护的宪法救济机制,使之成为宪法权利体系的组成部分。这里,本书提出一个公民宪法权利体系的初步设想,供读者参考:建立以经济权利为基础、以政治权利为保障、以自由权和平等权的实现为目标的权利体系,并建立相应的宪法权利救济制度。

7. 关于我国公民基本权利发展的国际化趋势

随着国际化和人类命运共同体的发展需要,公民基本权利的国际化,也是宪法学中基本权利研究的重要内容。学者们认为,两个人权公约在一定程度上可以与我国宪法规定兼容,但也存在着冲突,如相对应的权利表述上的差异、规定上的缺失等,如何协调两者的关系是公民权利国际化的重要内容。将人权公约中的普遍性规定和我国的具体实践相结合,进一步发展和完善我国的权利义务体系,这是学者们的共识。有学者还提出,应通过比较两个人权公约与我国现行宪法人权规定的一致性和差异性,重新建构、规范和完善我国现行宪法的人权保障制度。有学者建议,应运用条约在国内法的地位,解决国际法和国内根本法的效力问题;强化宪法基本权利的直接效力和适用性,确立宪法诉讼制度;对国家机关的立法和行政行为的合宪性实行违宪审查,防止国家公共权力对公民基本权利的侵害。

8. 关于公民基本权利行使的保障

公民基本权利行使的保障是宪法学研究的最终目的,我国在立法、执法、司法等方面为保障公民的基本权利进行了卓有成效的改革,但当公民的基本权利受到侵犯时如何进行有效救济,还是一个值得研究的问题。近年来关于平等权、受教育权、劳动权等的案件以及违宪审查建议的不断增加,也彰显了公民基本权利保障的现实需求。

围绕基本权利的保障,学者们进行了进路不同、观点各异的深入探讨:在问题症结上,有学者指出当前我国基本权利面临的困境,是权利文本上的根本性和实践中保障机制的缺位,基本权利的民主属性产生和决定基本权利的其他属性,使基本权利不仅成为一种国家权力的约束力量,而且成为公民权利的最后保障和权利底线;有学者通过比较研究方法,以德国的宪法理论为基点,分析基本权利具有"主观权利"与"客观法"的双重性质,在"客观价值秩序"理论下,基本权利对国家权力产生直接约束力,这也构成了对基本权利的宪法解释的基本框架。有学者从基本权利的立法保障角度出发,提出基本权利条款具有抽象性,有赖于立法的具体化,立法者对基本权利的保障,不得低于最低限度,应当对基本权利的内容、限制、救济作出基本的规定;有学者则从基本权利的司法保障出发,特别是围绕宪法中"人民法院依照法律独立行使审判权"的规定,指出保护公民基本权利不受其他主体侵犯,仍然是法院不可推卸的宪法义务,只是在不同情形下法院履行职责的方式有所差别。有学者则重点研究了紧急状态下基本权利的保障,并指出按照基本权利保护性质与国家利益的价值,当国家处于紧急状态时可以对宪法规定的基本权利进行限制,但任何形式的限制都应在合理的限度内进行,在客观上保持个体利益与国家利益的平衡。

9. 我国公民基本权利和义务的主要特点

首先,权利和义务的广泛性,因为"公民"这个限定范围就表明了其赋予权利和义务的群体是极其广泛,包括工人、农民、知识分子、社会主义事业的建设者、拥护社会主义的爱国者、拥护祖国统一的爱国者。在宪法中公民基本权利也不仅表现在政治、经济、文化等方面,而且在其他章节也有涉及基本权利和义务的内容。其次,是权利和义务的平等性,公民在法律上所享有的权利和应该履行的义务都是平等的,也就是说公民不仅平等地享受宪法和法律中赋予其享受的权利,而且也平等地承担着宪法和法律所规定的义务,公民不得只享有权利而不履行义务,也不能只履行义务而剥夺其享有的权利。最后,是权利和义务的统一性,权利和义务是相互依存、相互协调并且互为前提的辩证统一关系,公民的某些权利和义务是相互结合的存在,比如劳动权和受教育权,它们既是权利又是义务。

10. 宪法权利体系理论的价值

从价值层面而言,宪法权利体系理论是公民宪法权利体系得以建构的根本性法则。宪法权利体系理论以维护人的基本生存与发展权利为前提,并以个体与共同体间的相互依存的关系为重点。对其价值可以从以下几个方面进行理解:第一,宪法权利体系理论是基于人的生存和全面发展而衍生的体系法则,在宪法权利体系型构进程中具有普适性的意义,它使宪法权利体系摆脱了先验性与无逻辑的指控,并阐明了宪法作为人权保障之法的真实内涵;第二,宪法权利体系理论植根于人、共同体与宪法三者之间的逻辑关联与互动,从理论上超越了西方自由主义权利理论在个人与共同体关系方面的偏差以及由此所致的现代权利困境;第三,宪法权利体系理论尝试建构普适性与中国特殊性相结合的中国宪法权利理论,并以此指引着中国宪法权利体系的完善。

二、参考文献

1. 韩大元、胡锦光:《当代人权保障制度》,中国政法大学出版社1993年版。
2. 沈宗灵、黄枬森主编:《西方人权学说》,四川人民出版社1994年版。
3. 刘茂林等:《中国宪法权利体系的完善——以国际人权公约为参照》,北京大学出版社2013年版。
4. 王世杰、钱端升:《比较宪法》,中国政法大学出版社1997年版。
5. 夏勇:《人权概念的起源》,中国社会科学出版社2007年版。
6. 〔日〕阿部照哉等编:《宪法(下)——基本人权篇》,周宗宪译,中国政法大学出版社2006年版。
7. 白桂梅主编:《法治视野下的人权问题》,北京大学出版社2003年版。
8. 朱晓青:《欧洲人权法律保护机制研究》,社会科学文献出版社2019年版。
9. 〔德〕格奥尔格·耶利内克:《人权与公民权利宣言》,安娜译,中国法制出版社2019年版。
10. 〔美〕查尔斯·贝兹:《人权的理念》,高景柱译,江苏人民出版社2018年版。

11. 〔美〕卡尔·威尔曼:《人权的道德维度》,肖君拥译,商务印书馆 2018 年版。

12. 陈雄:《国家权力与公民权利的规范理论》,法律出版社 2012 年版。

13. 郑贤君:《基本权利原理》,法律出版社 2010 年版。

14. 张翔:《基本权利的规范建构》,法律出版社 2017 年版。

15. 夏正林:《从基本权利到宪法权利》,法律出版社 2018 年版。

16. 王广辉:《中国公民基本权利发展研究》,湖北人民出版社 2015 年版。

17. 莫于川、胡锦光:《基本权利及其公法保障》,法律出版社 2013 年版。

18. 汪进元:《基本权利的保护范围》,法律出版社 2013 年版。

19. 何志鹏:《权利基本理论》,北京大学出版社 2012 年版。

20. 〔德〕格奥格·耶利内克:《主观公法权利体系》,曾韬、赵天书译,中国政法大学出版社 2012 年版。

21. 韩大元、王建学编著:《基本权利与宪法判例》,中国人民大学出版社 2012 年版。

22. 李忠夏:《基本权利的社会功能》,载《法学家》2014 年第 5 期。

23. 张翔:《基本权利的双重性质》,载《法学研究》2005 年第 3 期。

24. 张薇薇:《"人权条款":宪法未列举权利的"安身之所"》,载《法学评论》2011 年第 1 期。

25. 陈征:《论部门法保护基本权利的义务及其待解决的问题》,载《中国法律评论》2019 年第 1 期。

26. 张翔:《财产权的社会义务》,载《中国社会科学》2012 年第 9 期。

27. 刘茂林、秦小建:《论宪法权利体系及其构成》,载《法制与社会发展》2013 年第 1 期。

28. 秦小建:《宪法为何列举权利？——中国宪法权利的规范内涵》,载《法制与社会发展》2014 年第 1 期。

29. 王进文:《宪法基本权利限制条款权利保障功能之解释与适用——兼论对新兴基本权利的确认与保护》,载《华东政法大学学报》2018 年第 5 期。

30. 翟国强:《"82 宪法"实施以来基本权利理论的发展趋势》,载《法学论坛》2012 年第 6 期。

三、思考题

1. 如何理解公民概念？
2. 试析公民基本权利和义务的含义。
3. 简述公民权利与人权的关系。
4. 如何理解公民权利与国家权力的关系？

5. 公民基本权利的发展有何特点？

6. 我国公民有哪些基本权利和义务？现行宪法规定的基本权利和义务有哪些特点？

7. 什么是平等权？如何理解法律面前人人平等？

8. 什么是财产权？保护公民的财产权有何意义？

9. 试述政治权利与自由的意义。

10. 如何理解宗教信仰自由？

11. 试述完善我国公民基本权利体系的必要性。

12. 如何进一步保障公民基本权利的实现？

13. 简述我国公民基本权利发展的国际化趋势。

14. 公民基本权利和自由的界限。

15. 宪法文本中没有列举的基本权利的保护方式。

16. 紧急状态下对于公民基本权利限制的研究。

17. 人身自由的界限。

18. 现行宪法中的基本义务规范的具体化。

第十一章 国家机构

内容提要

　　国家机构是国家的组织载体,是宪法组织国家的具体表现。国家机构是用以指称国家机关体系的宪法学概念,指的是在分工合作基础上形成的具有内在有机联系的国家机关的总和。国家机构具有阶级性、历史性、强制性和组织性等特点。

　　我国国家机构有一个不断完善的发展过程,现已形成分工合理、职责明确、组织比较完备的国家机关体系。民主集中制、责任制和社会主义法治原则等是现行宪法规定的国家机关组织和活动的主要原则。

　　全国人民代表大会和地方各级人民代表大会是国家权力机关,代表人民行使国家权力,是我国国家机构的核心。

　　全国人民代表大会是最高国家权力机关,由省、直辖市、自治区和军队选举产生的代表组成,每届任期5年。全国人大依据宪法的规定行使修改宪法、监督宪法的实施、制定和修改基本法律、任免中央国家机关领导人、决定国家重大问题、监督中央国家机关及其活动等职权。全国人大主要以会议的形式开展工作,全国人大的会议制度和工作程序对全国人大行使职权具有重要作用。全国人民代表大会常务委员会是全国人大的常设机关,是全国人民代表大会闭会期间经常行使最高国家权力的机关。全国人大常委会由全国人民代表大会选举产生的委员长一人、副委员长若干人、秘书长一人和委员若干人组成。全国人大常委会的组成人员不得担任国家行政机关、监察机关、审判机关和检察机关的职务。全国人民代表大会常务委员会每届的任期和全国人民代表大会每届的任期相同,委员长、副委员长连续任职不得超过两届。依据宪法规定,全国人大常委会的职权主要有:解释宪法,监督宪法的实施,制定、修改和解释法律,依法任免国家机关的负责人,依法决定国家的重大事项,依法行使监督权以及全国人大授予的其他职权。全国人民代表大会的专门委员会是全国人大的常设工作机关,也是全国人大常委会的工作机关,依照法律规定从事各项专门工作。全国人大现有10个专门委员会,全国人大及其常委会还可以组织对于特定问题的调查委员会。全国人民代表大会是最高国家权力机关,按照法定程序选举产生,代表全国各族人民行使国家权力、管理国家事务。全国人大代表依照宪法和法律的规定,行使代表权利,履行代表义务。

地方各级人民代表大会是地方各级国家权力机关,由直接选举或间接选举产生的代表组成,每届任期5年。地方各级人大的主要职权有:制定地方性法规,决定地方重大事务,监督地方各级国家机关的工作,任免地方国家机关的负责人以及法律规定的其他职权。县级以上地方各级人大设常务委员会,地方各级人大常委会由主任、副主任若干人、委员若干人和秘书长组成,任期与本级人大相同。地方各级人大常委会依法行使重大事项的决定权、人事任免权、监督权、地方性法规的制定权和其他职权。地方各级人大常委会还可以根据需要依法设立专门委员会和调查委员会。乡镇人大主席在乡镇人大闭会期间,行使法律规定的职权,是乡镇人大常设的经常性的工作机构。

中华人民共和国主席是我国的国家元首。我国国家元首制度经历了一个曲折的历史发展过程,现行宪法规定设立国家主席对于完善我国的国家机关体系具有重要意义。国家主席、副主席由年满45周岁、有选举权和被选举权的中华人民共和国公民担任,经全国人民代表大会选举产生。国家主席行使宪法规定的职权,副主席协助主席履行职责。

国务院和地方各级人民政府是我国的国家行政机关。

国务院是中央人民政府,是最高国家权力机关的执行机关,是最高国家行政机关。国务院由总理、副总理若干人,国务委员若干人,各部部长,审计长和秘书长组成。国务院每届任期5年,总理、副总理、国务委员连续任职不得超过两届。国务院依法行使行政立法权、行政管理权、行政监督权和其他法定职权。国务院设有部、委员会等职能部门和直属机构以及办事机构。随着社会政治、经济的发展,转变政府职能和进行机构改革是国务院机构设置面临的重要任务。国务院实行总理负责制。

地方各级人民政府是地方各级权力机关的执行机关,是地方各级行政机关。地方各级人民政府实行双重负责制,对同级国家权力机关和上级人民政府负责,并在中央人民政府统一领导下进行行政管理。地方各级人民政府依法组成并行使法定职权,实行首长负责制。

中央军事委员会是我国武装力量的领导机关,对全国人民代表大会负责,由主席、副主席若干人、委员若干人组成,每届任期5年。中央军事委员会实行主席负责制。

监察委员会是国家的监察机关,是行使国家监察职能的专责机关。监察委员会由主任、副主任和委员组成,监察委员会主任每届任期同本级人民代表大会每届任期相同,国家监察委员会主任连续任职不得超过两届。监察委员会由同级人大产生,对同级人大负责,受同级人大监督。上级监察委员会领导下级监察委员会的工作,下级监察委员会向上级监察委员会负责。监察委员会依法独立行使监察权,不受行政机关、社会团体和个人的干涉。监察机关办理职务违法和职务犯罪案件,应当与审判机关、检察机关、执法部门互相配合,互相制约。

人民法院和人民检察院是我国的司法机关。人民法院行使审判权,是国家的审判机关。人民法院系统由最高人民法院、地方各级人民法院和专门法院构成。人民法院审理案件实行两审终审制,遵循独立审判、公开审判等原则。人民检察院行使检察权,是国家的法律监督机关。人民检察院系统由最高人民检察院、地方各级人民检察院和专门检察院组成。人民检察院实行双重领导体制,遵循独立行使检察权等原则。分工负责、互相配合、互相制约是公检法三机关在办理刑事案件中处理相互关系的准则。

民族自治地方的人民代表大会和人民政府是我国民族自治地方的自治机关。民族自治地方的自治机关依法行使自治权。

香港和澳门是我国的特别行政区。特别行政区的国家机关由行政长官、行政机关、立法会和司法机关构成。特别行政区的国家机关依据有关特别行政区基本法的规定,行使各自的职权。

关键词

国家机构　国家机关　民主集中制　法治原则　责任制　国家权力机关　全国人民代表大会　全国人民代表大会常务委员会　全国人民代表大会的专门委员会　地方各级人民代表大会　地方各级人民代表大会常务委员会　国家元首　国家主席　国家行政机关　国务院　国务院总理负责制　地方各级人民政府　中央军事委员会　国家监察机关　司法机关　国家审判机关　最高人民法院　地方各级人民法院　专门法院　国家检察机关　最高人民检察院　地方各级人民检察院　专门检察院　自治机关　行政长官　立法会　终审法院

第一节　国家机构概述

一、国家机构的概念

国家机构是一定社会的统治阶级按照行使职权的性质和范围不同建立起来的进行国家管理和执行统治职能的国家机关体系的概念。通常解释为一定时期内在分工、合作的基础上形成的具有内在有机联系的国家机关的总和。

国家机构具有以下几个主要特点:(1)阶级性。国家是阶级矛盾不可调和的产物,是统治阶级实行专政的暴力机器,因此作为国家组成要素及其存在形式的国家机构,具有鲜明的阶级性。它一般由统治阶级的分子担任各种职务,并按统治阶级的意志和利益要求去组织和开展活动。国家机构的性质决定于国家的阶级本质,按照国家的阶级本质的不同,可将国家机构分为四种类型,即奴隶主阶级的国家机构、封建主阶级的国家机构、资产阶级的国家机构和无产阶级的国家机构。(2)历史性。国家是一种社会历史现象,有一个产生、发展、消亡的历史过程,在不同历史时期的国家,国家机构的组织、活动、职能是不一样的,并随着国家的发展变迁而变化。(3)强制性。国家机构的目的和任务是实行国家管理和执行统治职能,因而具有不以人的意志为转移的强制性,有些国家机关本身就具有强制性。(4)组织性。国家机构是按照一定原则和程序组织并开展活动的国家机关体系。国家机构的组织性表现在国家机构的建立、活动以及国家机关间的相互关系等方面。

二、我国国家机构的种类

按照不同的标准,可以对国家机构进行不同的分类。例如,按照国家机构的性质不同,可将国家机构分为剥削阶级国家的国家机构和无产阶级国家的国家机构。按照国家机构行使权力的属性不同,可将国家机构分为立法机关、行政机关和司法机关等。

根据我国宪法规定,我国国家机构从行使权力的属性来看,可分为国家权力机关、国家元首、国家行政机关、国家军事机关、国家监察机关、国家审判机关和国家检察机关。从行使权力的范围来看,可分为中央国家机关和地方国家机关。中央国家机关行使权力的效力范围及于全国,地方国家机关行使权力的效力范围限于某一特定的行政区域。中央国家机构包括:全国人民代表大会、国家主席、国务院、国家监察委员会、中央军事委员会、最高人民法院和最高人民检察院。地方国家机构包括:地方各级人民代表大会、地方各级人民政府、地方各级监察委员会、地方各级人民法院和地方各级人民检察院以及民族自治地方的自治机关和特别行政区的各种地方国家机关。

三、我国国家机构设置的历史沿革

我国国家机构的设置经历了一个不断调整、完善的发展过程,大致经历了以下四个阶段:

(一)从1949年中华人民共和国成立至1954年宪法的颁布

1949年10月1日,中华人民共和国宣告成立。在打碎旧的国家机关的基础上,根据《中国人民政治协商会议共同纲领》(以下简称《共同纲领》)和《中华人民共和国中央人民政府组织法》的规定,国家机构的设置情况如下:

1.中国人民政治协商会议。中国人民政治协商会议是人民民主统一战线的组织,在普选的全国人民代表大会召开前,它代行全国人民代表大会的职权,选举产生中华人民共和国中央人民政府委员会，行使国家立法权、人事任免权、组织领导权等职权。

2. 中央人民政府委员会。中央人民政府委员会由全国政协全体会议选举主席1人、副主席6人、委员56人和由委员互选产生的秘书长1人所组成。它对外代表中华人民共和国，对内领导国家政权，规定国家的大政方针；批准或修改国家预算和决算；批准和决定同外国订立的条约或协定；处理战争与和平问题；组织其他国家机关并监督其工作等。

3. 政务院。政务院由中央人民政府委员会任命总理1人，副总理若干人，委员若干人和秘书长1人组成，是国家政务的最高执行机关，其职权有：发布决议和命令并审查其执行；向中央人民政府委员会提出议案；领导和监督其下属各部门以及全国地方各级人民政府的工作等。

4. 人民革命军事委员会。人民革命军事委员会由中央人民政府委员会任命主席1人、副主席和委员若干人组成，是国家的最高军事统辖机关，统一管辖并指挥全国的武装力量。

5. 最高人民法院和最高人民检察署。最高人民法院由中央人民政府委员会任命院长1人、副院长2至4人、委员13至21人、秘书长1人组成，是国家的最高审判机关，并负责领导和监督全国各级审判机关的工作。最高人民检察署由中央人民政府委员会任命检察长1人、副检察长2至3人、委员11至17人组成，是国家的最高检察机关，有权领导下级检察署，并对政府机关、公务人员和公民是否严格遵守法律负最高的检察责任。

6. 大行政区行政委员会。新中国成立初期，全国分为东北、华北、中南、华东、西南、西北6个大行政区。其中东北地区已召开人民代表大会产生了东北人民政府委员会，其他大区则设立了军政委员会，它们既是比省高一级的地方政权机关，同时又是中央的派出机构。1952年11月15日中央人民政府委员会第十九次会议决定把大行政区人民政府委员会或军政委员会一律改成大行政区行政委员会，作为中央在地方的派出机关，而不具有地方政权的性质。1954年6月19日，中央人民政府委员会第三十二次会议又作出决定，撤销各大区的行政委员会，各省和直辖市改由中央直接领导，减少了组织层次，有利于提高工作效率和克服官僚主义。

（二）从1954年宪法的颁布至1966年"文化大革命"开始

1954年9月20日，第一届全国人民代表大会第一次全体会议通过了《中华人民共和国宪法》，根据宪法和有关法律的规定，我国的国家机关的设置如下：

1. 全国人民代表大会及其常务委员会。全国人民代表大会是最高国家权力机关，是行使国家立法权的唯一机关。国家的行政机关、审判机关、检察机关由它选举产生并向它负责。它有权修改宪法、制定法律、监督宪法的实施，有权选举、决定和罢免其他中央国家机关的组成人员。全国人民代表大会常务委员会为全国人民代表大会的常设机关,由全国人大在代表中选出委员长1人、副委员长和委员若干人组成,有解释法律,监督其他国家机关的工作,在全国人大闭会期间决定国家行政机关、审判机关和检察机关的部分组成人员的任免等广泛的职权。

2. 中华人民共和国主席。中华人民共和国主席由全国人民代表大会选举产生,任期4年。对外代表中华人民共和国,根据全国人大及其常委会的决定,公布法律、发布命令、任免国务院组成人员、接受外国使节、派遣和召回驻外全权代表;国家主席还是全国武装力量的最高统帅,担任国防委员会主席;国家主席在必要时可以召开最高国务会议,讨论国家生活中的重大问题。

3. 国务院。国务院即中央人民政府,是最高权力机关的执行机关,对全国人民代表大会及其常务委员会负责并报告工作。国务院由总理1人、副总理若干人、各部部长、各委员会主任和秘书长组成,在国务院总理的领导下统一管理全国的行政工作。

4. 最高人民法院和最高人民检察院。最高人民法院由院长1人、副院长若干人、审判员若干人组成,院长由全国人民代表大会选举产生,任期4年。最高人民法院是国家的最高审判机关,并且监督地方各级人民法院和专门人民法院的审判工作。

最高人民检察院由检察长1人、副检察长和检察员若干人组成,检察长由全国人民代表大会选举产生,任期4年。最高人民检察院对国务院所属各部门、地方各级国家机关、国家机关工作人员和公民行使检察权,并统一领导地方各级人民检察院和专门人民检察院的工作。

总之,1954年《宪法》设置的国家机关,吸取了新中国成立初期国家机关的建设经验,同时又有了新的发展,各机关分工明确、相互配合、相互协作,形成了较为完备的国家机构体系,较好地发挥了国家的职能。

(三) 从1966年"文化大革命"开始至1982年宪法颁布

这一阶段,国家机构由于受到"文化大革命"的冲击而陷入了比较混乱的状况,表现在以下几个方面:

1. 1954年《宪法》所规定的国家机构体系被打乱。第一,全国人民代表大会长期不举行会议,第三届全国人大于1965年1月4日结束第一次全体会议之后连续10年未召开会议,全国人大常委会自1966年7月7日至1975年1月20日之间也没有举行过会议。第二,中华人民共和国主席实际上空缺,国家主席的去职和国家主席缺位的继任均未按照宪法的规定来进行。第三,国家机关被大量裁并和撤销,国务院从原来领导79个部门削减到实际上只领导19个部门,国务院领导全国的行政工作的职能严重削弱。第四,人民检察院被撤销。

2. 1975年《宪法》确认了"文化大革命"期间国家机构的混乱状态,规定"全国人民代表大会是在中国共产党领导下的最高国家权力机关",取消了1954年《宪法》规定的中华人民共和国主席、国防委员会和最高人民检察院的设置。

3. 1978年《宪法》虽然恢复了人民检察院的设置,适当调整了国家机关的部分职权,但并未从根本上改变我国国家机关的非正常状态。1979年6月,第五届全国人大第二次会议对宪法进行了部分修改,把地方各级革命委员会改为地方各级人民政府,县级以上地方各级人民代表大会设立常务委员会,这次会议还修订、通过了《全国人民代表大会和地方各级人民代表大会选举法》《地方各级人民代表大会和地方各级人民政府组织法》《人民法院组织法》和《人民检察院组织法》等重要宪法性法律,使我国国家机构的设置又开始走上了健康发展的道路。

(四)从1982年宪法的颁布至现在

1982年《宪法》总结了我国政权建设的经验和教训,对国家机构作了许多重要的规定:加强和完善了人民代表大会制度;恢复了国家主席的建制;设立了中央军事委员会领导全国武装力量;规定行政机关实行首长负责制;扩大了民族自治机关的自治权;改变政社合一体制,建立乡镇政权,等等。这些规定既是对1954年《宪法》的继承和发展,同时又反映了我国政治体制改革的成果和方向,有利于国家机关在相互分工、相互配合的基础上更好地行使国家权力。之后,我国对1982年《宪法》先后进行了5次修改,特别是2018年宪法修改,设置了监察委员会,是我国国家机构的重要变革。随着国家改革的持续深化和推进,我国积极推进国家机构改革,对有关国家机构的组织法进行多次修订,它们的职能不断优化、逐步规范,成功步入法治化轨道,实现了从计划经济条件下的机构职能体系向社会主义市场经济条件下的机构职能体系的重大转变,推动了改革开放和社会主义现代化建设,也将逐步推动国家治理体系和治理能力现代化。

四、我国国家机构的组织与活动原则

国家机构的组织与活动原则是国家机构的重要内容,是国家机关相互关系的准则。根据现行宪法和有关组织法的规定,我国国家机关的组织与活动原则是:

(一)民主集中制原则

《宪法》第3条第1款规定:"中华人民共和国的国家机构实行民主集中制的原则。"民主集中制是指在民主基础上的集中,在集中指导下的民主,体现了民主与集中的辩证统一。民主集中制原则在国家机关的组织和活动中主要体现在以下几个方面:第一,在国家机构与人民的关系方面,体现了国家权力来自人民,由人民组织国家机构。《宪法》第2条第1款、第2款规定:"中华人民共和国的一

切权力属于人民。人民行使国家权力的机关是全国人民代表大会和地方各级人民代表大会。"《宪法》第3条第2款规定:"全国人民代表大会和地方各级人民代表大会都由民主选举产生,对人民负责,受人民监督。"选民或原选举单位有权依法罢免不称职的人民代表。在法律和重大问题的决策上,由权力机关充分讨论,民主决定,实行集中负责制,以求真正代表和集中人民的意志和利益。第二,在国家机构中,国家权力机关居于核心地位。《宪法》第3条第3款规定:"国家行政机关、监察机关、审判机关、检察机关都由人民代表大会产生,对它负责,受它监督。"即由各级国家权力机关产生同级其他国家机关,并监督这些国家机关的工作,使这些国家机关的组织和活动奠定在民主基础上;同时,国家行政机关、监察机关、审判机关和检察机关在宪法和法律赋予的职权范围内活动,监察机关独立行使监察权,审判机关、检察机关独立行使审判权和检察权,不受行政机关、社会团体和个人的干涉。第三,在中央和地方机构的关系方面,实行"中央和地方的国家机构职权的划分,遵循在中央的统一领导下,充分发挥地方的主动性、积极性的原则"。中央和地方国家机构间的关系是国家机构组织和活动的重要领域和方面。中央统一领导下的地方的主动性和积极性体现了民主集中制原则的下级服从上级、地方服从中央的要求。

(二)联系群众,为人民服务原则

《宪法》第27条第2款规定:"一切国家机关和国家工作人员必须依靠人民的支持,经常保持同人民的密切联系,倾听人民的意见和建议,接受人民的监督,努力为人民服务。"这是国家机构密切联系群众、为人民服务的组织活动原则的宪法依据。它要求一切国家机关的组织与活动必须在制度上和实践中有与人民进行联系的渠道和途径,并置于人民的监督之下,其出发点和目的是为人民服务。首先,必须在思想上树立密切联系群众、一切为人民服务的意识,认识到自己手中的权力来自人民的赋予。其次,国家机关及其工作人员要坚持"从群众中来,到群众中去"的工作方法。根据人民的意愿和利益,在经过"从群众中来,到群众中去"的反复多次的基础上,制定切实可行的法律、法规、政策以及各种措施。最后,广泛吸收人民群众参加管理国家并接受人民监督。例如,组织人民群众参加宪法以及其他重要法律草案的讨论;接受人民来信来访;建立人民代表联系群众的制度等。人民有权利对国家机构及其工作人员进行监督,《宪法》第41条对此作了专门规定。

(三)社会主义法治原则

有法可依、有法必依、执法必严、违法必究是社会主义法治原则的基本要求。作为国家机构组织与活动原则的社会主义法治原则就是要在国家机构的组织与活动中严格遵守有法可依、有法必依、执法必严、违法必究的原则,做到:(1)依法组织和建立国家机关及其职能部门,做到一切行使国家权力的机关设置都有宪法和法律依据,防止任意因人因事设立机构。(2)国家立法机关要在市场经济条件下进一步加强立法工作,完善立法制度,不断完善社会主义法律体系,使国家机关的组织和活动都能有明确的法律依据。(3)所有国家机关的职权都应有法律的依据,国家机关只能行使宪法和法律赋予的属于本机关的职权,不得有任何超越宪法和法律的特权。(4)各级各类国家机关必须依法定程序行使宪法和法律赋予的职权,严格依法办事。(5)国家权力机关要加强法律监督,保证同级其他国家机关在宪法和法律的范围内活动。

(四)责任制原则

责任制原则是指国家机关依法对其行使职权、履行职务的后果承担责任的原则。现行宪法规定,一切国家机关都必须实行工作责任制。由于各种国家机关行使国家权力的性质不同,我国宪法规定了两种责任制,即集体负责制和个人负责制。

集体负责制是合议制机关在决定问题时,由全体组成人员集体讨论,按照少数服从多数的原则作出决定。集体组织每个成员的地位和权利平等,任何人都没有特殊的权利,由集体承担责任。全国人民代表大会及其常委会、地方各级人大及其常委会在行使职权时,就是实行的集体领导和集体负责制。

个人负责制亦称首长负责制。它是指国家特定机关在行使职权时,由首长个人决定并承担责任的一种领导体制。首长负责制分工明确,在执行决定时可以避免出现无人负责或推卸责任现象,能够充分发挥首长个人的智慧和才能,提高工作效率。根据宪法规定,国务院和其所属各部、各委员会以及中央军事委员会和地方各级人民政府都实行个人负责制。

(五)精简和效率原则

《宪法》第27条第1款规定:"一切国家机关实行精简的原则,实行工作责任制,实行工作人员的培训和考核制度,不断提高工作质量和工作效率,反对官僚主义。"国家机构是否精简,直接影响着工作效率。因此,搞好机构改革,克服官僚主义,做到廉政、勤政,提高工作质量和效率是精简和效率原则的基本要求。

精简机构、实行机构改革必须做到:(1)按照经济体制改革和政企分开的原则,合并、裁减专业管理部门和综合部门内部的专门机构,使政府对企业由直接管理为主转变为间接管理。(2)必须切实实行精简原则,依法设置机构,定岗定员,改变国家机关臃肿、层次重叠、人浮于事、职责不清、互相推诿、办事效率低、官僚主义严重的状况。(3)实行工作责任制,使每一个国家机关及其工作人员都完成其职能和任务,明确每个国家机关及其工作人员的职责和权限,做到有章可循、各司其职、责任分明。(4)改革干部人事制度,完善和推广国家公务员制度。

第二节 国家权力机关

一、全国人民代表大会

(一) 全国人民代表大会的性质、地位

现行宪法规定:"中华人民共和国全国人民代表大会是最高国家权力机关";"全国人民代表大会和全国人民代表大会常务委员会行使国家立法权"。这表明全国人民代表大会的性质及其在整个国家机构中的地位,即全国人民代表大会是最高国家权力机关,具体表现在以下几个方面:(1) 全国人民代表大会是全国人民的代表机关,统一行使国家权力。全国人民按照选举法的规定,在普选的基础上产生代表组成全国人民代表大会,通过它把人民的意志变成国家法律,在根本上实现人民的国家权力。(2) 全国人民代表大会行使的职权是最高国家权力,主要表现为只有全国人民代表大会及其常务委员会才能行使国家立法权。(3) 全国人民代表大会行使最高决定权,其权力及于全国。(4) 同级其他国家机关所行使的权力,都是全国人大依法赋予的。这些国家机关要接受全国人大的监督。

(二) 全国人民代表大会的组成、任期

依据《宪法》第59条的规定,全国人民代表大会由省、自治区、直辖市、特别行政区和军队选出的代表组成。各少数民族在全国人民代表大会中都应当有适当名额的代表。全国人大代表名额和代表的产生办法由选举法规定,代表名额的分配按照一定的人口比例为基础,同时又适当地照顾民族之间、城乡之间及某些地区人口比例的差别。《宪法》第60条规定,全国人民代表大会任期届满的两个月以前,全国人大常委会必须完成下届全国人大代表的选举。如果遇到不能进行选举的非常情况,由全国人民代表大会常务委员会以全体组成人员的2/3以上的多数通过,可以推迟选举,延长本届全国人民代表大会的任期。在非常情况结束后一年内,必须完成下届全国人民代表大会代表的选举。

(三) 全国人民代表大会的职权

全国人民代表大会的职权,既是全国人民代表大会作为最高国家权力机关所特有的权力,同时也是它必须承担和完成的工作职责。依据宪法有关规定,全国人民代表大会的职权大致可归纳为以下几个方面:

1. 修改宪法,监督宪法实施。《宪法》第64条规定,宪法的修改,由全国人大常委会或者1/5以上的全国人大代表提议,并由全国人大以全体代表的2/3以上的多数通过。《宪法》第62条直接规定了全国人民代表大会关于修改宪法以及监督宪法实施的职权。

2. 制定和修改基本法律。现行宪法规定全国人民代表大会有权制定和修改刑事、民事、国家机构的和其他的基本法律。基本法律在我国法律体系中占有重要地位，涉及国家和社会生活的各个领域，由全国人大制定基本法律既体现了这部分法律的权威性，同时也有利于保持社会主义法制的统一性、稳定性、严肃性和有效性。

3. 最高国家机关领导人的任免权。全国人民代表大会作为最高国家权力机关，享有广泛的人事任免权。根据现行宪法规定，全国人民代表大会有权选举全国人民代表大会常务委员会的组成人员；选举中华人民共和国主席、副主席；根据国家主席的提名，决定国务院总理的人选；根据国务院总理的提名，决定国务院其他组成人员的人选；选举中央军事委员会主席；根据中央军事委员会主席的提名，决定中央军事委员会其他组成人员的人选；选举国家监察委员会主任、最高人民法院院长和最高人民检察院检察长。对以上人员，全国人大有权依法定程序予以罢免。

4. 国家重大问题的决定权。全国人民代表大会作为最高国家权力机关，享有就国家的重大问题作出决定的权力。全国人大享有下列方面的决定权：审查和批准国家的预算及其执行情况的报告；批准省、自治区和直辖市的建置；决定特别行政区的设立及其制度；决定战争和和平的问题等。

5. 最高监督权。全国人民代表大会对国家生活行使最高监督权。依据现行宪法和法律的规定，全国人大对全国人大常委会、国务院、中央军事委员会、国家监察委员会、最高人民法院、最高人民检察院实行监督。全国人民代表大会常务委员会、国务院、中央军事委员会、国家监察委员会、最高人民法院和最高人民检察院必须对全国人民代表大会负责。全国人民代表大会有权改变或者撤销全国人民代表大会常务委员会不适当的决定。必要时可以组织特定问题调查委员会，以便对国家生活中的重大问题进行监督。

6. 应当行使的其他职权。依据宪法规定，全国人民代表大会还有权行使宪法和法律未明确规定，但在性质上应当由最高国家权力机关行使的职权。这种规定能为人大处理一些新问题提供宪法依据，也表明了全国人大至高无上的地位。

(四) 全国人民代表大会的会议制度和工作程序

1. 会议制度。全国人大开展工作的方式主要是举行会议。根据宪法规定，全国人民代表大会会议每年举行一次，会议召开的日期、地点，由全国人民代表大会常务委员会决定并予以公布。遇有特殊情况，全国人民代表大会常务委员会可以决定适当提前或者推迟召开会议。提前或者推迟召开的会议的日期由全国人民代表大会常务委员会或者委员长会议决定并予以公布。如果全国人大常委会认为必要，或者有1/5以上的全国人大代表提议，可以临时召集全国人民代表大会会议。全国人大会议均由全国人大常委会召集,每届全国人大第一次会议在本届全国人大代表选举完成的两个月内,由上届全国人大常委会召集,以后的历次会议均由本届人大常委会负责召集。全国人民代表大会常务委员会在全国人民代表大会会议举行的一个月前,将开会日期和建议会议讨论的主要事项通知代表。准备提请会议审议的法律草案一般应当在会议举行的一个月前发给代表,必要时,可以在会议举行前组织代表研读讨论有关法律草案。

根据《中华人民共和国全国人民代表大会组织法》(以下简称《全国人民代表大会组织法》)的规定,全国人大代表按照各自所属的选举单位组成代表团,并分别推选团长和副团长。代表团在每次人大开会前讨论全国人大常委会提交的有关会议的准备事项;在会议期间审议各项议案;代表团团长或代表推派的代表在主席团会议或者大会全体会议上代表本团对审议的议案发表意见。

全国人大的会议形式主要有预备会议、全体会议和小组会议等。根据《全国人民代表大会组织法》第11条的规定,全国人民代表大会每次会议举行预备会议,选举本次会议的主席团和秘书长,通过本次会议的议程和其他准备事项的决定。预备会议后,全国人民代表大会便正式举行全体会议,在全体会议期间,根据需要举行小组会议,审议和讨论有关事项。

全国人大每次会议由主席团主持。主席团是临时性机构,由每次会议在预备会议上选举,主席团推选常务主席若干人召集并主持主席团会议,主席团推选大会执行主席主持和掌握大会的进程。全国人民代表大会会议设立秘书处,在秘书长领导下处理工作。《全国人民代表大会组织法》第14条规定,主席团处理下列事项:根据会议议程决定会议日程;决定会议期间代表提出议案的截止时间;听取和审议关于议案处理意见的报告,决定会议期间提出的议案是否列入会议议程;听取和审议秘书处和有关专门委员会关于各项议案和报告审议、审查情况的报告,决定是否将议案和决定草案、决议草案提请会议表决;听取主席团常务主席关于国家机构组成人员人选名单的说明,提名由会议选举的国家机构组成人员的人选,依照法定程序确定正式候选人名单;提出会议选举和决定任命的办法草案;组织由会议选举或者决定任命的国家机构组成人员的宪法宣誓;其他应当由主席团处理的事项。

国务院的组成人员,中央军事委员会的组成人员,国家监察委员会主任,最高人民法院院长和最高人民检察院检察长,列席全国人民代表大会会议;其他有关机关、团体的负责人,经全国人民代表大会常务委员会决定,可以列席全国人民代表大会会议。

全国人民代表大会全体会议公开举行,在必要时经主席团和各代表团长会议决定,可以举行秘密会议。

2. 议案通过程序。全国人民代表大会的工作以讨论、审议并通过议案为主。其法定程序是：第一，议案的提出。全国人民代表大会主席团、全国人大常委会、全国人大各专门委员会、国务院、国家监察委员会、中央军事委员会、最高人民法院和最高人民检察院、全国人大的一个代表团或者 30 名以上代表都可以向全国人大提出属于全国人大职权范围内的议案，由主席团决定列入会议议程。第二，议案的审议。对国家机关提出的议案，由主席团决定交各代表团审议或交有关的专门委员会审议，提出报告，然后由主席团审议决定提交大会表决。代表团、30 名以上的代表联名提出的议案，经主席团决定不列入本次会议议程的，交有关的专门委员会，在全国人民代表大会闭会后审议。有关的专门委员会进行审议后，向全国人民代表大会常务委员会提出审议结果的报告，经常务委员会审议通过后，以适当形式及时向代表反馈。第三，议案的表决。议案审议后，主席团决定采用投票、举手或其他方式对议案进行表决，宪法修正案用投票方式表决并由全体代表的 2/3 以上的多数通过，其他议案由全体代表的过半数通过。第四，议案的公布。法律由国家主席发布命令公布，选举结果及重要决议案由全国人民代表大会主席团发布公告予以公布，或由国家主席发布命令予以公布。

（五）全国人民代表大会常务委员会

1. 全国人大常委会的性质、地位、组成和任期。全国人民代表大会常务委员会是全国人民代表大会的常设机关，是最高国家权力机关的组成部分，是在全国人民代表大会闭会期间经常行使最高国家权力的机关，也是行使国家立法权的机关。全国人民代表大会常务委员会对全国人民代表大会负责并报告工作，接受其监督；在全国人民代表大会闭会期间，最高国家行政机关、监察机关、审判机关、检察机关对全国人民代表大会常务委员会负责并报告工作。全国人大常委会通过的决议、制定的法律，其他国家机关和全国人民都必须遵守执行。

按照宪法规定，全国人大常委会由全国人大选举委员长一人、副委员长若干人、秘书长一人和委员若干人组成。在组成人员中，还应当有适当名额的少数民族代表。全国人大常委会的组成人员在每届全国人大举行第一次会议时从代表中选举产生。全国人大常委会的组成人员不得担任国家行政机关、监察机关、审判机关和检察机关的职务。全国人民代表大会常务委员会每届的任期和全国人民代表大会每届的任期相同。委员长、副委员长连续任职不得超过两届。

2. 全国人大常委会的职权。根据宪法规定，全国人大常委会主要行使以下几方面的职权：(1) 解释宪法和法律，监督宪法的实施。依据宪法规定，全国人大常委会有权对宪法和法律作出具有法律效力的解释，和全国人大一起监督宪法的实施。(2) 立法权。全国人大常委会的立法权包括：制定和修改除应当由全国人民代表大会制定的基本法律以外的其他法律；在全国人民代表大会闭会期间，对全国人民代表大会制定的法律进行部分补充和修改，但是不得同该法律的基本原则相抵触。(3) 国家某些重大事项的决定权。在全国人民代表大会闭会期间,审查和批准国民经济和社会发展计划、国家预算在执行过程中所必须作的部分修改方案;决定同外国缔结的条约和重要协定的批准和废除;规定军人和外交人员的衔级制度和其他专门衔级制度;规定和决定授予国家的勋章和荣誉称号;决定特赦;在全国人民代表大会闭会期间,如果遇到国家遭受武装侵犯或者必须履行国家间共同防止侵略的条约的情况,决定战争状态的宣布;决定全国总动员或者局部动员,决定全国或者个别省、自治区、直辖市进入紧急状态等。(4)人事任免权。在全国人民代表大会闭会期间,根据国务院总理的提名,决定部长、委员会主任、审计长、秘书长的人选;根据中央军事委员会主席的提名,决定中央军事委员会其他组成人员的人选;根据国家监察委员会主任的提请,任免国家监察委员会副主任、委员;根据最高人民法院院长的提请,任免最高人民法院副院长、审判长、审判委员会委员和军事法院院长;根据最高人民检察院检察长的提请,任免最高人民检察院副检察长、检察员、检察委员会委员和军事检察院检察长,并批准省、自治区、直辖市的人民检察院检察长的任免;决定驻外全权代表的任免等。(5)监督权。监督国务院、中央军事委员会、国家监察委员会、最高人民法院和最高人民检察院的工作;撤销国务院制定的同宪法、法律相抵触的行政法规、决定和命令;撤销省、自治区、直辖市国家权力机关制定的同宪法、法律和行政法规相抵触的地方性法规和决议;审查自治区人民代表大会制定的自治条例和单行条例是否合宪。还可以组织关于特定问题的调查委员会,对国家生活中的重大问题进行监督。(6)全国人民代表大会授予的其他职权。

3. 全国人大常委会的会议制度与工作程序。(1)会议制度。全国人大常委会是合议制机关,举行会议并通过决议是其行使职权的主要方式。全国人大常委会的会议有两种形式,一是常委会全体会议,一般每两个月举行一次,必要时可临时召集。会议由委员长召集和主持,常委会全体组成人员参加。二是委员长会议,由委员长、副委员长和秘书长参加,其任务是处理常委会的重要日常工作。(2)工作程序。全国人大常委会举行会议期间,全国人大各专门委员会、国务院、国家监察委员会、中央军委、最高人民法院和最高人民检察院、常委会组成人员10人以上联名可以向全国人大常委会提出属于常委会职权范围内的议案。

向全国人大常委会提出的议案由委员长会议决定提请常务委员会会议审议,或者先交有关的专门委员会审议,提出报告后再提请常委会会议审议。

议案经过审议后,由常委会全体会议进行表决,获得全体组成人员的半数以上同意方能通过。法律通过后由国家主席公布,其他决议由全国人大常委会自行公布。

(六)全国人民代表大会的专门委员会

1. 全国人大专门委员会的性质、地位、组成和任期。全国人民代表大会的专门委员会是最高国家权力机关常设的工作机关,是全国人民代表大会的组成部分,同时也是全国人大常委会的工作机构。各专门委员会受全国人大领导,在全国人大闭会期间,根据全国人大常委会的要求进行经常性的工作,它不是独立行使职权的国家机关,不能对外发号施令。专门委员会的组成人员从全国人民代表中选举产生,并且按照专业分工开展工作。

《宪法》第70条规定,全国人民代表大会设立民族委员会、宪法和法律委员会、财政经济委员会、教育科学文化卫生委员会、外事委员会、华侨委员会和其他需要设立的专门委员会。1988年3月,第七届全国人民代表大会第一次会议通过决议增设了内务司法委员会。1993年3月,第八届全国人大第一次会议又增设了环境保护委员会。根据第九届全国人大第一次会议的决定,全国人大共设九个专门委员会。2018年3月,第十三届全国人大第一次会议决定组建全国人大社会建设委员会,全国人大内务司法委员会更名为全国人大监察和司法委员会,全国人大法律委员会更名为全国人大宪法和法律委员会。至此,全国人大共设十个专门委员会,分别为:民族委员会、宪法和法律委员会、监察和司法委员会、财政经济委员会、教育科学文化卫生委员会、外事委员会、华侨委员会、环境与资源保护委员会、农业与农村委员会、社会建设委员会。依据法律规定,全国人民代表大会和它的常务委员会如果认为必要,还可以组织对于特定问题的调查委员会。调查委员会是一种临时委员会,任务完成后随即撤销。

各专门委员会由主任委员、副主任委员若干人和委员若干人组成,其组成人员的人选由人大主席团在代表中提名,大会通过。全国人大闭会期间,人大常委会可以补充任命专门委员会的个别副主任委员和部分委员,由委员长会议提名,常务委员会会议通过。专门委员会根据工作需要,可由全国人大常委会任命若干专家为顾问,列席专门委员会会议。专门委员会的任期和全国人民代表大会每届的任期相同。

2. 全国人大专门委员会的工作任务。根据法律规定,各专门委员会共同的任务有下列几项:审议全国人民代表大会主席团或者全国人民代表大会常务委员会交付的议案;向全国人民代表大会主席团或者全国人民代表大会常务委员会提出属于全国人民代表大会或者全国人民代表大会常务委员会职权范围内同本委员会有关的议案;对国务院的行政法规、决定和命令,国家监察委员会的监察法规,省、自治区、直辖市的人民代表大会及其常务委员会的地方性法规和决议,设区的市、自治州的人民代表大会及其常务委员会的地方性法规,民族自治地方的自治条例和单行条例,经济特区法规,最高人民法院、最高人民检察院具体适用法律问题的解释是否同宪法、法律相抵触进行审查,提出意见;听取受质询机关对质询案的答复,必要时向全国人民代表大会主席团或全国人民代表大会常务委员会提出报告;协助全国人民代表大会常务委员会听取和审议专项工作报告;具体组织实施执法检查;受委员长会议委托,听取国务院有关部门和国家监察委员会、最高人民法院、最高人民检察院的专题汇报,提出建议;对属于全国人民代表大会或者全国人民代表大会常务委员会职权范围内同本委员会有关的问题,进行专题调查研究,提出建议;办理代表建议、批评和意见,负责有关建议、批评和意见的督促办理工作;按照全国人民代表大会常务委员会的安排开展对外交往;承担全国人民代表大会及其常务委员会交办的其他工作。此外,民族委员会还可以对加强民族团结问题进行调查研究,提出建议;可以审议自治区报请全国人民代表大会常务委员会批准的自治条例和单行条例,向全国人民代表大会常务委员会提出报告。宪法和法律委员会承担推动宪法实施、开展宪法解释、推进合宪性审查、加强宪法监督、配合宪法宣传等工作职责;统一审议向全国人民代表大会或者全国人民代表大会常务委员会提出的法律草案。其他专门委员会就有关的法律草案向宪法和法律委员会提出意见。

(七)全国人民代表大会代表

全国人民代表大会的代表是最高国家权力机关的组成人员,按照法定程序选举产生,代表全国各族人民行使国家权力、管理国家事务。

1. 全国人大代表的权利。按照宪法和有关法律的规定,全国人大代表的权利主要有以下几种:(1)出席全国人民代表大会的会议,参与讨论和决定国家重大问题的权利。为便于全国人大代表行使该项权利,我国法律规定在全国人民代表大会每次会议召开前一个月,常务委员会必须把开会日期和建议大会讨论的主要事项通知给每个代表。(2)提出议案、质询案以及询问和提出建议、批评和意见的权利。全国人大代表有权在全国人大职权范围内,按法定程序提出议案。在全国人大会议期间,一个代表团或30名以上的代表,可以书面提出对国务院及其部委、国家监察委员会、最高人民法院和最高人民检察院的质询案,由主席团决定交受质询机关,受质询机关在会议期间答复。询问是全国人大代表就有关国家机关及其工作情况基于了解的需要而进行的提问。作为全国人大代表的权利,它不要求特定的联名人数,受询问的机关只在代表小组或代表团会议上进行说明。全国人大代表还可以就国家和社会生活的各个方面提出建议、批评和意见。提出建议、批评和意见也不要求法定人数的联名,而且也不限定在议案提出的时间范围。(3)人身受特别保护权。全国人大代表的人身受特别保护的权利,主要包括两个主要的内容:其一,全国人大代表非经全国人民代表大会主席团许可,在全国人大闭会期间非经全国人大常委会许可,不受逮捕和刑事审判。如果是现行犯拘留,执行拘留的机关应当立即向全国人大主席团或全国人大常委会报告。其二,如果依法对全国人大代表采取除逮捕和刑事审判等法律规定以外的限制人身自由的措施,如行政拘留、监视居住等,应当经全国人大主席团或者全国人大常委会许可。(4)言论免责权。言论免责权是指全国人大代表在全国人大各种会议上的发言和表决享有不受法律追究的权利。全国人大的会议包括大会全体会议、小组会议、代表团会议、专门委员会会议、主席团会议、常委会全体会议和分组会议。(5) 物质便利权。全国人大代表在出席全国人大会议和履行其他属于代表职责范围内的责任时,国家应依法给予适当的补贴和物质条件上的便利。

2. 全国人大代表的义务。本着权利与义务相一致的原则,全国人大代表在履行代表职责期间,依法承担下列义务:(1) 出席会议,参与对国家事务的讨论和决定,积极参加代表视察等活动的义务。(2) 遵守宪法和法律,宣传法制,协助宪法和法律的实施的义务。(3) 保守国家秘密的义务。(4) 接受原选举单位和群众的监督。(5) 密切联系群众和原选举单位,倾听意见,尽可能多地列席原选举单位的人民代表大会会议。

二、地方各级人民代表大会

(一) 地方各级人民代表大会的性质、地位、组成和任期

地方各级人民代表大会是地方各级国家权力机关,包括省、自治区、直辖市、自治州、县、市、市辖区、乡、民族乡、镇的人民代表大会。它们是本地方人民行使国家权力的机关,并在本地方保证宪法、法律、行政法规的执行,依照法律规定的权限决定本行政区域内的重大事项。同级人民政府、监察委员会、人民法院和人民检察院均由它产生,对它负责,受它监督。地方各级人民代表大会统一行使本地方的国家权力,在同级国家机关中处于支配和核心地位。地方各级人民代表大会和全国人民代表大会一起构成了我国的国家权力机关体系。

地方各级人民代表大会由人民选举产生的代表组成。省、自治区、直辖市、自治州、设区的市的人民代表大会由下级人民代表大会选出的代表组成。县、不设区的市、市辖区、乡、民族乡、镇的人民代表大会由选民直接选举的代表组成。地方各级人民代表大会每届任期5年。地方各级人民代表大会代表的名额,由省、自治区、直辖市的人民代表大会常务委员会按照便于召开会议、讨论问题和解决问题,并使各民族、各地区、各方面都有适当数量代表的原则另行规定,并报全国人民代表大会常务委员会备案。

(二) 地方各级人民代表大会的职权

根据宪法和有关法律的规定,地方各级人民代表大会的职权,可概括为以下几个方面:

1. 地方性法规的制定权。地方性法规是指有地方立法权的地方国家权力机关依法定职权和程序制定并颁布的规定、实施细则、办法等规范性文件的总称。地方性法规只在本行政区域内产生法律效力,并不得与宪法、法律和行政法规相抵触。根据《宪法》第100条和《地方组织法》的规定,省、自治区、直辖市的人民代表大会根据本行政区域的具体情况和实际需要,在不同宪法、法律、行政

法规相抵触的前提下,可以制定和颁布地方性法规,报全国人民代表大会常务委员会和国务院备案。2015年修订的《立法法》赋予设区的市地方立法权,设区的市的人民代表大会及其常务委员会根据本市的具体情况和实际需要,在不同宪法、法律、行政法规和本省、自治区的地方性法规相抵触的前提下,可以对城乡建设与管理、环境保护、历史文化保护等方面的事项制定地方性法规,法律对设区的市制定地方性法规的事项另有规定的,从其规定。设区的市的地方性法规须报省、自治区的人民代表大会常务委员会批准后施行。省、自治区的人民政府所在地的市,经济特区所在地的市和国务院已经批准的较大的市已经制定的地方性法规,涉及《立法法》第72条第2款规定事项范围以外的,继续有效。

2. 地方重大事项的决定权。根据宪法和法律规定,地方各级人大有权讨论和决定本行政区域内的政治、经济、教育、文化、科学、卫生、生态环境保护、自然资源、城乡建设、社会保障、民政、民族工作的重大事项;县级以上地方各级人大有权审查批准本行政区域内的国民经济和社会发展计划、预算以及它们的执行情况的报告;有权依照法律规定的权限通过和发布决议;审查和决定地方经济建设、文化建设和公共建设的计划。

3. 监督权。地方各级人民代表大会是地方国家权力机关,根据宪法规定,它在本行政区域内保证宪法、法律、行政法规的遵守和执行。为履行这一职责,宪法和法律赋予它以广泛的监督权。第一,地方各级人大有权改变或者撤销本级人民政府不适当的决定和命令;第二,县级以上地方各级人大有权审查本级人民代表大会常务委员会、本级监察委员会、人民政府、人民法院和人民检察院的工作报告;乡镇人大听取和审议乡镇人大主席团的工作报告;第三,县级以上的地方各级人民代表大会举行会议的时候,主席团、常务委员会或者1/10以上代表联名,可以提出对本级人大常委会组成人员、人民政府组成人员、监察委员会主任、人民法院院长、人民检察院检察长的罢免权,代表10人以上联名可以书面提出对本级人民政府和它所属的各工作部门、监察委员会以及人民法院、人民检察院的质询案,由主席团决定由受质询机关在主席团会议、大会全体会议或有关专门委员会会议上口头答复,或者由受质询机关书面答复。县级以上地方各级人大有权审查监督政府债务,有权监督本级人民政府对国有资产的管理。乡镇人大有权监督本级预算的执行,审查和批准本级预算的调整方案,审查和批准本级决算。

4. 人事任免权。地方各级人大有权选举和罢免省长、副省长,自治区主席、副主席,市长、副市长,州长、副州长,县长、副县长,区长、副区长,乡长、副乡长,镇长、副镇长。县级以上地方各级人大有权选举和罢免本级人民代表大会常务委员会的组成人员、本级监察委员会主任、本级人民法院院长或者人民检察院检察长,但选举和罢免人民检察院检察长须报经上一级人民检察院检察长提请该级人民代表大会常务委员会批准。

5. 其他职权。地方各级人民代表大会有权保护全民所有的和劳动群众集体所有的财产,保护公民私人所有的合法财产;维护社会秩序,保障公民的人身权利、民主权利和其他权利;有权保护各种经济组织的合法权益;保障少数民族的权利,保障宪法和法律赋予妇女的男女平等、同工同酬和婚姻自由等权利。

(三) 地方各级人民代表大会的工作程序

地方各级人民代表大会工作的方式主要是举行会议。根据法律规定,地方各级人民代表大会每年至少召开一次,乡、民族乡、镇的人民代表大会会议一般每年举行两次,经1/5以上的代表提议,还可由本级人大常委会临时召集会议。地方各级人民代表大会会议有2/3以上的代表出席,始得举行。县级以上的地方各级人民代表大会每次会议举行预备会议。预备会议的目的是选举本次会议的主席团和秘书长,通过本次会议的议程和其他准备事项的决定。县级以上地方各级人民政府组成人员、监察委员会主任和人民法院院长、人民检察院检察长、乡级人民政府组成人员,列席本级人民代表大会会议。县级以上的其他有关机关、团体负责人经本级人民代表大会常务委员会决定,可以列席本级人民代表大会会议。按照法律规定,地方各级人民代表大会通过决议和选举、罢免国家机关负责人的具体程序如下:

1. 议案通过的程序。地方各级人民代表大会在举行会议时,会议主席团、本级人大常委会、各专门委员会和本级人民政府,可提出属于本级人民代表大会职权范围内的议案,由主席团决定是否提交人大表决。县级以上的地方各级人民代表大会代表10人以上联名,乡、民族乡、镇的人民代表大会5人以上联名,也可以向本级人民代表大会提出属于本级人民代表大会职权范围内的议案,由主席团决定是否列入大会议程,或者先交有关的专门委员会审议,提出是否列入大会议程的意见,再由主席团决定是否列入大会议程。任何议案在交付大会表决前,提案人如果要求撤回,对该议案的审议即行终止。议案的通过必须经过全体代表的过半数同意。

2. 选举国家机关负责人的具体程序。县级以上的地方各级人大常委会的组成人员,乡、民族乡、镇的人民代表大会主席、副主席,省长、副省长,自治区主席、副主席,市长、副市长,州长、副州长,县长、副县长,区长、副区长,乡长、副乡长,镇长、副镇长,人民法院院长、人民检察院检察长的人选,由本级人大主席团或者代表联合提名。省、自治区、直辖市的人民代表大会代表30人以上书面联名,设区的市和自治州的人民代表大会代表20人以上书面联名,县级的人民代表大会代表10人以上书面联名,可以提出本级人民代表大会常务委员会组成人员、人民政府领导人员、人民法院院长、人民检察院检察长的候选人。乡、民族乡、镇的人民代表大会代表10人以上书面联名,可以提出本级人民代表大会主席、副主席、人民政府领导人员的候选人。不同选区或者选举单位选出的代表可以酝酿联合提出候选人。其中,人民代表大会常务委员会主任、秘书长,乡、民族乡、镇的人民代表大会主席,人民政府正职领导人员,人民法院院长、人民检察院检察长的候选人数可以多1人,进行差额选举,如果提名的候选人只有1人,也可以等额选举。

3. 罢免程序。县级以上地方各级人民代表大会举行会议时,大会主席团、常务委员会或者1/10以上代表联名,可以提出对本级人大常委会组成人员、人民政府组成人员、监察委员会主任、人民法院院长、人民检察院检察长的罢免案,由主席团提请大会审议。乡、民族乡、镇的人民代表大会举行会议的时候,主席团或1/5以上代表联名,可以提出对人民代表大会主席、副主席、乡长、副乡长、镇长、副镇长的罢免案,由主席团提请大会审议。各级人民代表大会的罢免案经全体代表的过半数通过。

(四)县级以上地方各级人民代表大会常务委员会

1. 县级以上地方各级人民代表大会常务委员会的性质、地位、组成和任期

县级以上地方各级人民代表大会常务委员会是本级人民代表大会的常设机关,是在本级人民代表大会闭会期间经常行使地方国家权力的机关,是本级国家权力机关的组成部分,对本级人民代表大会负责和报告工作。

县级以上地方各级人民代表大会常务委员会由主任、副主任若干人和秘书长、委员若干人组成,其组成人员均由本级人民代表大会每届第一次会议从代表中选举产生。省、自治区、直辖市人民代表大会常务委员会组成人员的名额为45—75人,人口超过8000万的省不超过95人;设区的市、自治州为29—51人,人口超过800万的设区的市不超过61人;县、自治县、不设区的市、市辖区为15—35人,人口超过100万的县、自治县、不设区的市、市辖区不超过45人。常务委员会的组成人员不得担任同级国家行政机关、监察机关、审判机关和检察机关的职务。常务委员会根据工作需要,可以设立办事机构。常务委员会的任期和本级人民代表大会每届的任期相同。

2. 县级以上地方各级人民代表大会常务委员会的职权

(1)重大事项决定权。讨论、决定本行政区域的政治、经济、文化、教育、卫生、民政、民族工作的重大事项,决定本行政区域国民经济和社会发展计划、预算的部分变更,决定授予地方的荣誉称号。(2)人事任免权。在本级人民代表大会闭会期间,决定副省长、自治区副主席、副市长、副州长、副县长、副区长的个别任免;在省长、自治区主席、市长、州长、县长、区长和人民法院院长、人民检察院检察长因故不能担任职务的时候,从本级人民政府、人民法院、人民检察院副职领导人中决定代理的人选;决定代理检察长,须报上一级人民检察院和人大常委会备案。根据省长、自治区主席、市长、州长、县长、区长的提名,决定本级人民政

府秘书长、厅长、局长、委员会主任、科长的任免,报上一级人民政府备案。监察委员会的副主任、委员由监察委员会主任提请本级人大常委会任免;按照人民法院组织法和人民检察院组织法的规定,任免人民法院副院长、庭长、副庭长、审判委员会委员、审判员,任免人民检察院副检察长、检察委员会委员、检察员。批准任免下一级人民检察院检察长。在大会闭会期间,县级以上地方各级人大常委会在地方国家机构正职领导人因故不能担任职务的时候,根据主任会议的提名,从副职领导人员中决定代理人选。(3) 监督权。监督本级人民政府、监察委员会、人民法院和人民检察院的工作;撤销本级人民政府的不适当的决定和命令,撤销下一级人民代表大会及其常务委员会的不适当的决议;受理人民群众对本级人民政府、监察委员会、人民法院、人民检察院和国家工作人员的申诉意见。(4) 制定地方性法规的权限。省、自治区、直辖市的人民代表大会常务委员会在不同宪法、法律、行政法规相抵触的前提下,可以制定和颁布地方性法规;设区的市的人民代表大会常务委员会,在不同宪法、法律、行政法规和本省、自治区的地方性法规相抵触的前提下,可以制定地方性法规。(5) 组织工作方面的权限。领导或主持本级人民代表大会代表选举;联系本级人民代表大会代表,组织他们进行视察。(6) 听取和审议有关专项工作报告,组织执法检查,开展专题询问;听取和审议本级人民政府关于年度环境状况和环境保护目标完成情况的报告;听取和审议备案审查工作情况报告。

  3. 县级以上地方各级人民代表大会常务委员会的会议制度

  县级以上地方各级人民代表大会常务委员会是合议制机关,其工作方式主要是举行会议。常务委员会会议由主任召集,每两个月至少举行一次。主任可以委托副主任主持常委会会议。本级人大常委会主任会议可以向常委会提出议案,由常委会会议审议。本级人民政府、各专门委员会可以向常务委员会提出议案,由主任会议决定提请常务委员会会议审议,或者先交有关专门委员会审议,提出报告,再提请常务委员会会议审议。县级人大常委会组成人员 3 人以上联名,省、自治区、直辖市、自治州、设区的市的人大常委会组成人员 5 人以上联名,可以向本级人大常委会提出属于常务委员会职权范围内的议案,由主任会议决定是否提请常委会会议审议,或者先交有关的专门委员会审议、提出报告,再提请常务委员会会议审议。常务委员会的决议以全体组成人员的过半数通过。

  省、自治区、直辖市、自治州、设区的市的人民代表大会常务委员会主任、副主任和秘书长组成主任会议;县、自治县、不设区的市、市辖区的人民代表大会常务委员会主任、副主任组成主任会议。主任会议的任务是处理常务委员会的重要日常工作。

  (五) 县级以上地方各级人民代表大会的专门委员会和调查委员会

  1. 专门委员会。根据宪法和法律的规定,省、自治区、直辖市、自治州、设区的市的人民代表大会根据需要,可以设法制委员会、财政经济委员会、教育科学文化卫生委员会、环境与资源保护委员会、社会建设委员会和其他需要设立的专门委员会。县、自治县、不设区的市、市辖区的人民代表大会根据需要,可以设法制委员会、财政经济委员会等专门委员会。各专门委员会的主任委员、副主任委员和委员的人选,由主席团在代表中提名,大会通过。在大会闭会期间,常务委员会可以任免专门委员会的个别副主任委员和部分委员,由主任会议提名,常务委员会会议通过。各专门委员会受本级人民代表大会领导,在大会闭会期间受本级人民代表大会常务委员会领导,它们的任务是研究、审议和拟订有关议案,对同本委员会有关的问题进行调查研究,提出建议和议案。乡、民族乡、镇的每届人大第一次会议设立代表资格审查委员会,行使职权到本级人大任期届满为止。

2. 调查委员会。县级以上的地方各级人民代表大会可以组织关于特定问题的调查委员会。主席团或者 1/10 以上的代表书面联名,可以向本级人民代表大会提议组织关于特定问题的调查委员会,由主席团提请全体会议决定。调查委员会的主任委员、副主任委员和委员由主席团在代表中提名,提请全体会议通过。人民代表大会根据调查委员会的报告可以作出相应的决议。

(六) 乡镇人民代表大会主席

1986 年 12 月,第六届全国人大常委会第十八次会议通过修改的《地方组织法》对乡镇代表大会主席团的产生、职责作了规定,加强了主席团的职能,初步完善了乡镇人民代表大会制度,但对主席团的性质并没有作出明确的规定。乡镇人大由于没有自己的常设机构而使其工作在闭会期间基本处于停滞状态,从而成为人大工作中的薄弱环节。针对这一情况,1995 年 2 月第八届全国人大常委会第十二次会议通过的第三次修改的《地方组织法》第一次对乡镇人民代表大会主席的性质、产生、任期和职责作了较为明确的规定。2004 年《地方组织法》对于地方各级人民代表大会和地方各级人民政府每届的任期进行了修改,对于县级以上的地方各级人民代表大会常务委员会、各专门委员会作了细致规定。2022 年《地方组织法》进行了修改,细化了主席团及主席、副主席的职责。

1. 乡镇人大主席的性质、产生、任期。《地方组织法》第 18 条第 1 款规定:"乡、民族乡、镇的人民代表大会设主席,并可以设副主席 1 人至 2 人"。结合本法关于主席、副主席职权的规定,我们可以把主席、副主席视作乡镇人大闭会期间开展经常性工作的常设机构,负责处理乡镇人大闭会期间的日常性工作。

《地方组织法》规定,主席、副主席由本级人民代表大会从代表中选出,任期同本级人大任期相同。为了使主席、副主席更好地行使职权、履行职责,《地方组织法》第 18 条第 2 款明确规定:"乡、民族乡、镇的人民代表大会主席、副主席不得担任国家行政机关的职务;如果担任国家行政机关的职务,必须向本级人民代表大会辞去主席、副主席的职务。"

2. 乡镇人大主席的职责。依据《地方组织法》的规定，主席、副主席在乡镇人大闭会期间行使的职责主要有：(1) 联系本级人大代表、组织代表开展活动。(2) 反映代表和群众对本级人民政府工作的建议、批评和意见。(3) 负责处理主席团的日常工作。

由上可见，地方组织法对乡镇人大主席、副主席的规定是对各地乡镇人大工作经验的总结和改革成果的肯定，是对人大制度的进一步完善，它加强了乡镇人大的职能，为发挥乡镇国家权力机关的作用、扩大基层民主、推动政府工作、促进乡镇经济发展提供了组织保证。

(七) 地方各级人民代表大会代表

我国地方各级人民代表大会代表依法由间接或直接选举产生。省、自治区、直辖市、设区的市、自治州的人大代表由下一级人大选举产生，每届任期5年；县、自治县、不设区的市、市辖区、乡、民族乡、镇的人民代表大会代表由直接选举产生，每届任期5年。

1. 地方各级人民代表大会代表的权利。地方各级人民代表大会的代表依法享有下列权利：(1) 有权提出议案。在人民代表大会会议期间，县级以上的地方各级人民代表大会代表10人以上联名，有权向本级人民代表大会提出属于本级人民代表大会职权范围内的议案。乡级人民代表大会代表5人以上联名，有权向本级人民代表大会提出属于本级人民代表大会职权范围内的议案。(2) 有权提出建议、批评和意见。县级以上的地方各级人民代表大会代表，有权向本级人民代表大会及其常委会提出对各方面工作的建议、批评和意见。代表提出的建议、批评和意见，由本级人民代表大会常务委员会的办事机构交有关机关和组织研究处理并负责答复。乡、民族乡、镇的人民代表大会代表有权向本级人民代表大会提出对各方面工作的建议、批评和意见，并由本级人民代表大会主席团交有关机关和组织处理并负责答复。(3) 有权提名推荐本级人大常委会组成人员和一府两院的主要领导人。我国《地方组织法》规定，省、自治区、直辖市的人民代表大会代表30人以上书面联名，设区的市和自治州的人民代表大会代表20人以上书面联名，县级的人民代表大会代表10人以上书面联名，可以提出本级人民代表大会常务委员会组成人员、人民政府领导人员、人民法院院长、人民检察院检察长的候选人。乡、民族乡、镇的人民代表大会代表10人以上书面联名，可以提出本级人民代表大会主席、副主席，人民政府领导人员的候选人。(4) 有权提出罢免案。县级以上的地方各级人民代表大会举行会议的时候，1/10 以上代表联名，可以提出对本级人民代表大会常务委员会组成人员、人民政府组成人员、监察委员会主任、人民法院院长、人民检察院检察长的罢免案。乡、民族乡、镇的人民代表大会举行会议的时候，1/5 以上代表联名，可以提出对乡人大主席、副主席,乡长、副乡长,镇长、副镇长的罢免案。(5)质询权。地方各级人民代表大会举行会议的时候,代表10人以上联名可以书面提出对本级人民政府和它所属各工作部门、监察委员会以及人民法院、人民检察院的质询案。(6)人身受特别保护权。人大代表非经人大主席团许可,在大会闭会期间非经本级人大常委会许可,不受逮捕或刑事审判。如果因为是现行犯被拘留,执行拘留的公安机关应立即向该级人大主席团或常委会报告。(7)发言和表决的免责权。地方人大代表和常委会组成人员在人大各种会议上的发言和表决不受法律追究。

2. 地方各级人民代表大会代表的义务。地方各级人大代表应当与原选区选民或者原选举单位和人民群众保持密切联系,听取和反映他们的意见和要求,充分发挥在发展全过程人民民主中的作用,向原选区选民或者原选举单位报告履职情况,宣传法律和政策,并向人民代表大会及其常委会、人民政府反映群众的意见和要求。省、自治区、直辖市、自治州、设区的市的人民代表大会代表可列席原选举单位的人民代表大会会议。县、自治县、设区的市、市辖区、乡、民族乡、镇的人民代表大会代表分工联系选民,有代表3人以上的居民地区或者生产单位可以组织代表小组,协助本级人民政府推行工作。代表应当接受原选举单位和选民的监督,原选举单位和选民有权依照法律规定的程序随时撤换所选出的代表。

第三节 国 家 主 席

一、国家元首概述

(一)国家元首的含义

世界各国都有国家元首的设置。国家元首作为国家机构的组成部分,是一个国家实际上或名义上对外对内的最高代表。

根据不同的标准,国家元首可以有多种分类。以政体为划分标准,国家元首可分为君主制国家元首和共和制国家元首。君主制国家元首的产生方式为世袭制并终身任职,如英国、日本等国。共和制国家元首由民选方式产生,如美国;还有一些国家规定总统由代表机关选举产生,如马耳他、新加坡等。按照国家元首在国家政治生活中的地位和作用为划分标准,国家元首可分为实权元首和虚权元首。所谓实权元首是指国家元首既是对内对外的最高代表,又是政府首脑,拥有广泛的职权,一般总统制国家的总统(如美国、法国)以及二元君主制国家的国王(如科威特、沙特阿拉伯)是实权元首。所谓虚权元首是指国家元首虽是对内对外的最高代表,但却只能根据内阁和议会的决定来行使权力,国家元首本身没有实际的权力,一元君主立宪制国家的国王以及议会内阁制国家中的总统均属于虚权元首。此外,还可以把元首分为集体元首和独任元首等。

(二)我国元首制度的历史发展

根据我国宪法的有关规定,我国元首制度经过了以下几个发展时期:

1.《共同纲领》时期的元首制度。《共同纲领》时期,即从1949年中华人民共和国成立到1954年《宪法》通过前。这一时期,按照《中华人民共和国中央人民政府组织法》的规定,中央人民政府委员会对外代表中华人民共和国,对内领导国家政权。中央人民政府委员会由中央人民政府主席1人、副主席若干人、委员56人和秘书长1人组成,享有国家元首的职权。可见,这一时期实行的是集体元首制度。

2. 1954年《宪法》时期的元首制度。这一时期指1954年《宪法》实施到1975年《宪法》公布。根据1954年《宪法》的规定,设立中华人民共和国主席,作为一个独立的国家机关,国家主席同全国人大常委会联合行使国家元首的职权。虽然国家主席与上一个时期的中央人民政府主席相比有许多不同特点,但我国的元首制度仍被认为是集体元首。

3. 1975年《宪法》到1982年《宪法》实施时期的元首制度。这个时期,宪法没有国家主席的设置,由全国人民代表大会常务委员会行使应该由国家主席行使的职权。

4. 我国现行元首制度。现行宪法恢复了国家主席的设置,在我国民主法制建设方面具有重要意义:(1)有利于国家机关的合理分工;(2)有利于国际交往;(3)符合我国的历史传统和人民的习惯。但国家主席不再统率全国武装力量,不再具有召开最高国务会议的职权,国家主席所行使的职权只是履行特定的法律手续。国家主席不参与国家行政工作,不对全国人大负行政责任,不是行政首脑,是独立的国家机关,对内对外代表国家,由全国人民代表大会选举产生。2018年宪法修改,取消了国家主席连续任期的限制。

二、中华人民共和国主席

(一)国家主席的性质和地位

中华人民共和国主席是我国国家机构的重要组成部分,是一个独立的国家机关,对内对外代表国家。国家主席是我国的国家元首,依法行使宪法规定的国家主席职权。

(二)国家主席的产生

《宪法》第79条第2款规定:"有选举权和被选举权的年满四十五周岁的中华人民共和国公民可以被选为中华人民共和国主席、副主席。"这一规定表明当选国家主席、副主席必须具备三个条件,即具有公民资格、有选举权和被选举权、年满45周岁。国家主席、副主席由全国人民代表大会选举产生。在每届全国人大第一次会议上,由会议主席团提名并根据多数代表的意见确定主席、副主席的正式候选人,由大会全体代表中过半数以上的代表选举通过。国家主席、副主席的每届任期同全国人民代表大会每届任期相同。

(三) 国家主席的职权

按照现行宪法和宪法修正案的规定,国家主席有下列职权:

1. 公布法律、发布命令。国家主席根据全国人民代表大会及其常务委员会的决定,公布法律。根据全国人民代表大会和它的常务委员会的决定发布特赦令,宣布进入紧急状态,宣布战争状态,发布动员令。

2. 任免国务院组成人员。国家主席根据全国人民代表大会及其常务委员会的决定,任免国务院总理、副总理、国务委员、各部部长、各委员会主任、审计长、秘书长。

3. 外交权。国家主席对外代表中华人民共和国,代表国家进行国事活动,接受外国使节。根据全国人民代表大会常务委员会的决定,派遣和召回驻外全权代表,批准和废除同外国缔结的条约和重要协定。

4. 荣典权。国家主席根据全国人民代表大会及其常务委员会的决定,授予国家勋章和荣誉称号。

宪法没有规定国家副主席独立享有的职权。副主席的职责是协助国家主席工作,即受主席的委托,代行主席的部分职权。国家主席缺位将由副主席继任。主席、副主席都缺位时,由全国人民代表大会补选。补选之前的国家主席职位由全国人大常委会委员长暂时代理。

第四节 国家行政机关

一、国务院

(一) 国务院的性质、地位、组成和任期

《宪法》第 85 条规定:"中华人民共和国国务院,即中央人民政府,是最高国家权力机关的执行机关,是最高国家行政机关。"这一规定表明了国务院的性质和地位。首先,国务院是我国的中央人民政府,对外以国家政府的名义活动,对内统一领导地方各级人民政府。其次,国务院是最高国家权力机关的执行机关,表明它从属于最高国家权力机关,由最高国家权力机关产生并对它负责和报告工作。最后,国务院是最高国家行政机关,表明了国务院在国家行政机关系统中处于最高的领导地位。它统一领导各部、各委员会以及地方各级行政机关的工作。

按照宪法和有关法律的规定,国务院由国务院总理、副总理若干人、国务委员若干人、各部部长、各委员会主任、审计长和秘书长组成。在每届新选出的全国人大第一次会议上由中华人民共和国主席提名总理的人选,然后由全国人民代表大会全体会议讨论、表决通过,再由国家主席根据全国人大的决定,发布任命令。国务院其他组成人员的人选,由国务院总理提名,全国人大全体会议表决通过后,由国家主席发布任命令。在全国人大闭会期间,根据实际需要,经国务院总理提名,全国人大常委会有权变更除副总理、国务委员以外的国务院其他组成人员。

国务院每届任期5年。国务院组成人员中,总理、副总理和国务委员连续任职不得超过两届。

(二) 国务院的职权

根据《宪法》第89条的规定,国务院拥有广泛的职权,概括起来主要有以下几个方面:

1. 行政立法权。根据宪法的规定,国务院有权"规定行政措施,制定行政法规,发布决定和命令"。但是,国务院的行政立法活动不是行使国家立法权,而是行使行政立法权。因为国务院制定的行政法规和规章虽然具有法的一般特征,但它的调整对象通常是行政管理事务,行政立法的主要目的是执行和实施权力机关制定的法律,这些都是为实现行政管理职能服务的,故行政法学界把行政机关制定具有普遍约束力的法规、规章以及发布具有普遍约束力的决定和命令的活动称为抽象行政行为;将行政机关针对特定的对象并对其权利义务产生影响的行为称为具体行政行为。而国家立法权根据宪法的规定由国家权力机关行使,国家权力机关制定的法律所调整的对象通常是有关国家政治、经济和文化生活中的重大问题,其立法程序相当严格,因此,国家权力机关制定法律的活动才是行使国家立法权的表现。

国务院制定的行政法规的法律效力低于宪法和法律,其内容不能与宪法和法律相抵触,否则无效。

国务院的行政立法除依职权进行立法活动外还包括依授权立法,如上所述,国务院制定行政法规的权力来自宪法的规定,它只能在自己的职权范围内行使。此外,国务院根据国家权力机关的特别授权可以就应由权力机关管辖的事务制定行政法规,如,1985年第六届全国人大第三次会议决定,授权国务院在必要的时候对于有关经济体制和对外开放方面的问题,可以制定暂行的规定或者条例,颁布实施,并报全国人大常委会备案。这些问题本属于国家权力机关的立法事项,需要国家权力机关制定法律,但是国家权力机关制定法律的条件尚不成熟,而实际工作中的问题又迫切需要得到及时和妥善的解决,以保证各项工作的顺利进行,因此,授权国务院制定暂行的规定或者条例是十分必要的。

2. 行政管理权。国务院是国家的最高行政机关,行政管理权是它的主要职权。根据宪法的规定,国务院有权规定各部和各委员会的任务和职责,统一领导各部、各委员会的工作;国务院还统一领导全国地方各级国家行政机关的工作,规定中央和省、自治区、直辖市的国家行政机关的职权的具体划分。

国务院有权管理全国性的行政工作,包括编制和执行国民经济和社会发展计划以及国家预算;领导和管理经济工作和城乡建设、生态文明建设;领导和管理教育、科学、文化、卫生、体育和计划生育工作;领导和管理民政、公安、司法行政等工作;管理对外事务,同外国缔结条约和协定;领导和管理国防建设事业;领导和管理民族事务;保护华侨的正当的权利和利益,归侨和侨眷的合法的权利和利益;批准省、自治区、直辖市的区域划分,批准自治州、县、自治县、市的建置和区域划分;依照法律规定决定省、自治区、直辖市的范围内部分地区进入紧急状态。

3. 行政监督权。为了有效地行使行政管理权,宪法赋予国务院以广泛的监督权。国务院的监督权同全国人大和全国人大常委会的监督权不同,属于行政监督的范围,其监督的对象是国务院各部委及地方各级行政机关,即对它们是否履行法定职责、它们的工作是否符合法律和法规进行监督。全国人大及其常委会的监督主要是法律监督,其监督的对象包括国务院、最高人民法院和最高人民检察院,即对它们遵守宪法、执行法律的情况进行监督。

根据宪法规定,国务院的监督权主要有:第一,对各部委、地方各级行政机关及其工作人员是否履行法定职责进行监督;对各级行政机关及其工作人员的违法失职行为进行处理;依照法律规定任免、培训、考核和奖惩行政人员。第二,国务院设立审计机关——审计署,对国务院各部门和地方各级政府的财政收支,对国家财政金融机构和企事业组织的财务收支进行审计监督。为保障审计监督的顺利开展,宪法规定审计机关受国务院总理领导,依照法律独立行使审计监督权,并领导和监督地方各级审计机关的工作。审计机关根据其审计的情况有权作出审计结论,对违反国家财政法规和财政纪律的机关和个人作出处理决定。第三,国务院有权对其各部委及地方各级行政机关的抽象行政行为进行监督,根据宪法规定,国务院有权改变或者撤销各部、委员会发布的不适当的命令、指示和规章;有权改变或者撤销地方各级国家行政机关的不适当的决定和命令。

4. 提出议案权。根据宪法规定,国务院有权向全国人大和全国人大常委会提出议案。其范围包括:(1)国民经济计划及其执行情况;(2)国家预算和决算;(3)由全国人大常委会批准的同外国缔结的条约和重要协定;(4)必须由全国人大或全国人大常委会决定的任免事项;(5)其他必须由全国人大或全国人大常委会以法律或者法令规定的事项。

5. 全国人大及其常委会授予的其他职权。全国人大及其常委会授予的其他职权系指宪法和有关法律没有明确授权,但在行政管理中,应该由国务院行使而由全国人大及其常委会以决议、决定等形式专门授予国务院的职权。如上述第六届全国人大第三次会议作出的《关于授权国务院在经济体制改革和对外开放方面可以制定暂行的规定或条例的规定》就属于这种情况。

(三)国务院的领导体制

国务院的领导体制经历了一个长期的历史发展过程。我国最高行政机关的领导体制在新中国成立初期实行集体领导制度,政务院每周举行一次政务会议,重大问题由集体讨论并由集体决定。1954年以后,国务院虽然在组织形式上与政务院不同,但在领导体制上仍实行集体领导,国务院全体会议或者常务会议决定重大问题,国务院发布的决议和命令亦须经全体会议或者常务会议通过。我国现行宪法在总结历史经验的基础上规定国务院实行首长负责制,《宪法》第86条规定:"国务院实行总理负责制。各部、各委员会实行部长、主任负责制。"

国务院总理负责制表现在:第一,国务院总理由国家主席提名,经全国人大决定后由国家主席任命,因此,总理担负起管理全国行政事务的职责,他须向全国人大及其常委会承担行政责任。第二,国务院其他组成人员的人选由总理提名,由全国人大或全国人大常委会决定,在必要的时候,总理有权向全国人大或全国人大常委会提出免除他们职务的请求。第三,国务院总理领导国务院的工作,副总理、国务委员协助总理工作,各部部长、各委员会主任负责某一方面的专门工作,他们均须向国务院总理负责。第四,总理主持和召集国务院常务会议和国务院全体会议,会议议题由总理确定,重大问题必须经全体会议或常务会议讨论,总理在集体讨论的基础上形成国务院的决定。第五,国务院发布的决定、命令,国务院制定的行政法规,国务院向全国人大或者全国人大常委会提出的议案,国务院任免的政府机关工作人员,均须由总理签署才有法律效力。

国务院所属各部委也实行首长负责制。各部部长、各委员会主任领导本部、委的工作并向国务院总理负行政责任,部长和主任召集和主持部务会议或委员会会议并就重大问题作出决定,副部长、副主任协助部长、主任进行工作并向部长或主任负行政责任。

国务院实行首长负责制有利于提高行政工作效率,避免职责不清、权限不明等弊端。国务院作为国家最高行政机关,每天都要处理大量行政事务,因此,必须办事果断,指挥灵敏,首长负责制强调总理的权力与责任的统一,便于总理发挥行政才干,及时解决各种重要问题,因此符合国务院的性质和我国社会主义现代化建设的需要。

(四)国务院的会议制度

1. 国务院常务会议。国务院常务会议由总理、副总理、国务委员和秘书长组成,一般每星期召开一次,由总理召集或由总理委托副总理召集,议题由总理确定,主要讨论、决定国务院工作中的重大问题,如讨论向全国人大或全国人大常委会提出的议案；讨论由国务院发布的行政法规；讨论国务院各部门、各地区向国务院请示的重要事项。

2. 国务院全体会议。国务院全体会议由总理、副总理、国务委员、各部部长、各委员会主任、审计长和秘书长组成，一般每两个月召开一次，由总理召集或由总理委托副总理召集。会议议题由总理确定，主要讨论和部署国务院的重要工作，或者通报国内形势和协调各部门的工作。

（五）国务院的机构设置和机构改革

1. 国务院的机构设置。按照现行宪法和国务院组织法的规定，国务院设有部、委员会和直属机构以及办事机构。部、委员会是分管某一方面的行政事务的职能部门。各部设部长1人，副部长2—4人，各委员会设主任1人，副主任2—4人，委员5—10人。各部和各委员会有权根据法律和国务院的行政法规、决定、命令，在本部门的权限内，发布命令、指示和规章。各部、各委员会工作中的方针、政策、计划和重大行政措施，应向国务院报告，由国务院决定。国务院直属机构是国务院设立的主办各项专门业务的机关，如国务院机关事务管理局、国家统计局、海关总署等，它们都是在国务院统一领导下工作。国务院还设有办公厅和若干办事机构，主要职能是协助总理办理专门事项。办公厅由秘书长领导，并设副秘书长若干人，协助秘书长工作。国务院的办事机构如国务院研究室、国务院港澳办公室等，每个机构可设负责人2—5人。

此外，国务院还设有审计机关。根据宪法规定，国家审计机关是在国务院领导下的职能部门，审计长是国务院的组成人员。国务院审计机关的职权是对国务院各部门和地方各级政府的财政收支，对国家的财政金融机构和企业事业组织的财务收支，进行审计监督。审计机关依照法律规定独立行使审计监督权，不受其他行政机关、社会团体和个人的干涉。我国国家审计机关称审计署。

2. 国务院的机构改革。1982年《宪法》颁布实施后，为适应改革开放的新形势，提高工作效率，进行了一次大规模的政府机构改革。国务院的机构由100个减至61个，部、委一级干部减少67％，司、局级干部减少43％，整个机关人员精简了25％。但时隔不久，因政府职能未转变，国务院的机构又陆续增至1986年的72个。1988年第七届全国人民代表大会第一次会议通过决议，决定把政府机构改革作为政府的中心工作之一，并逐步建立一个具有中国特色的功能齐全、结构合理、运转协调、灵活高效的行政管理体制。这次改革将国务院的常设机构由72个减为66个，非常设机构由75个减为49个。然而，这次改革刚过去4年，国务院的常设机构增至86个，非常设机构增至85个。1993年第八届全国人民代表大会第一次会议通过了《关于国务院机构改革方案的决定》。《决定》规定把适应社会主义市场经济发展的要求作为改革的目标，要理顺中央与地方的关系、国务院各职能部门的关系，改革的重点是政企分开、转变职能，通过这次改革,国务院的机构由 86 个减到 59 个。

1998 年 3 月 10 日,第九届全国人大第一次会议通过了《关于国务院机构改革方案的决定》。根据规定,国务院机构改革的目标是"建立办事高效、运转协调、行为规范的行政管理体系,完善国家公务员制度,建设高素质的专业化行政管理干部队伍,逐步建立适应社会主义市场经济体制的有中国特色的行政管理体制"。这次国务院机构改革,撤销了电力工业部等 15 个部委,新组建了 4 个部委,有 3 个部委更换了名称,保留了 22 个部、委、行、署。改革后,除国务院办公厅外,列入国务院组成部门的共有 28 个部、委、行、署。

2008 年 3 月 15 日,第十一届全国人大第一次会议通过了《关于国务院机构改革方案的决定》,再次对国务院机构进行改革。"大部制"是这次改革的一个特色,主要内容有:提高行政效率,推进政府事务综合管理与协调,按政府综合管理职能合并政府部门,组成大部制的政府组织体制。这次改革,涉及调整变动的机构 15 个,正部级机构减少 4 个。除国务院办公厅外,国务院部门有 27 个部、委、行、署。

2018 年 3 月 17 日,第十三届全国人大第一次会议通过了《国务院机构改革方案》的议案,新一轮改革开启。目标是构建系统完备、科学规范、运行高效的国家机构职能体系,职责明确、依法行政的政府治理体系,全面提高国家治理能力和治理水平。改革后,国务院正部级机构减少 8 个,副部级机构减少 7 个,除国务院办公厅外,国务院设置组成部门 26 个。

二、地方各级人民政府

(一)地方各级人民政府的性质、地位、组成和任期

我国的地方各级人民政府是指省、自治区、直辖市、市辖区、市、自治州、县、乡、民族乡、镇的人民政府。关于地方各级人民政府的性质和地位,《宪法》第 105 条第 1 款作了专门规定,即"地方各级人民政府是地方各级国家权力机关的执行机关,是地方各级国家行政机关"。地方各级人民政府是地方各级权力机关的执行机关,表明地方各级人民政府从属于同级国家权力机关,必须执行同级人大及其常委会的决定和决议,接受人大及其常委会的监督,对它负责并报告工作。地方各级人民政府是地方各级行政机关表明了地方各级人民政府的地位,即地方各级政府是本地方的行政管理机关,是国家行政机关的重要组成部分,在中央人民政府统一领导下,实行国家行政管理。因此,地方各级人民政府实行双重负责制,既要对同级人大及其常委会负责,又要对上级人民政府负责,并受国务院统一领导。

对于地方各级人民政府的组成和任期,《宪法》和《地方组织法》有明确规定。省、自治区、直辖市、自治州、设区的市的人民政府分别由省长、副省长,自治区主

席、副主席,市长、副市长,州长、副州长和秘书长、厅长、局长、委员会主任等组成。县、自治县、不设区的市、市辖区的人民政府分别由县长、副县长,市长、副市长,区长、副区长和局长、科长等组成。乡、民族乡的人民政府设乡长、副乡长。镇人民政府设镇长、副镇长。地方各级人民政府每届任期5年。

(二)地方各级人民政府的职权

根据现行《宪法》和《地方组织法》的规定,地方各级人民政府有下列职权:

1. 规章制定权。省、自治区、直辖市,设区的市、自治州的人民政府可以根据法律、行政法规和本省、自治区、直辖市的地方性法规,制定规章,报国务院和本级人大常委会备案。省、自治区的人民政府所在地的市和经国务院批准的较大的市的人民政府,可以根据法律、行政法规和本省、自治区的地方性法规,制定规章,报国务院和省、自治区的人民代表大会常务委员会、人民政府以及本级人大常委会备案。另外,2022年修订的《地方组织法》明确了行政规范性文件的制定程序。

2. 执行决议和发布命令。执行本级人民代表大会或常委会的决议,执行上级国家行政机关的决定和命令,编制和执行国民经济和社会发展规划纲要、计划和预算,规定行政措施,发布决定和命令。

3. 管理各项行政工作。管理本行政区域内的经济、教育、科学、文化、卫生、体育事业、环境和资源保护、城乡建设事业和财政、民政、公安、民族事务、司法行政、计划生育、国有资产等行政工作;依照法律规定任免、培训、考核和奖惩国家行政机关工作人员;领导所属各工作部门和下级人民政府的工作,根据应对重大突发事件的需要,可以建立跨部门指挥协调机制,办理上级国家行政机关交办的其他事项。

4. 监督权。县以上地方各级人民政府有权改变或者撤销所属各工作部门的不适当的命令、指示和下级人民政府的不适当的决定、命令;依照法律的规定设立审计机关,审计机关依法独立行使审计监督权。

5. 依法保护和保障公民的权利。保护社会主义的全民所有的财产和劳动群众集体所有的财产,保护公民私人所有的合法财产,维护社会秩序,保障公民的人身权利、民主权利和其他权利;保护各种经济组织的合法权益;保障少数民族的权利和尊重少数民族的风俗习惯,帮助本行政区域内各少数民族聚居的地方依照宪法和法律实行区域自治,帮助各少数民族发展政治、经济和文化的建设事业;保障宪法和法律赋予妇女的男女平等、同工同酬和婚姻自由等各项权利。

(三)地方各级人民政府的领导体制

地方各级人民政府分别实行省长、自治区主席、市长、州长、县长、区长、乡长、镇长负责制,即实行行政首长负责制,他们分别主持地方各级人民政府的工作。实行行政首长负责制是由行政工作的性质决定的,也是行政管理的客观需要和经过实践对行政管理工作规律的总结。

（四）地方各级人民政府的工作部门

地方各级人民政府按照精简、效率的原则设立组织、领导和管理本行政区域行政工作的工作部门。省、自治区、直辖市的人民政府的厅、局、委员会等工作部门的设立、增加、减少、合并由本级人民政府报请国务院批准。自治州、县、自治县、市、市辖区的人民政府的局、科等工作部门的设立、增加、减少或者合并,由本级人民政府报请上一级人民政府批准。县级以上地方人民政府设审计机关,依法独立行使审计权,对本级人民政府和上一级审计机关负责。

（五）地方各级人民政府的派出机关

地方组织法规定,省、自治区、县、自治县、市辖区和不设区的市的人民政府,在必要时经上一级人民政府批准,可分别设若干派出机关。行政公署简称行署,是省、自治区人民政府的派出机关。区公所是县人民政府的派出机关,街道办事处是市辖区和不设区的市的派出机关。

第五节　国家军事机关

一、中央军事委员会的性质和地位

军队是国家的武装力量和国家机器的重要组成部分,国家军事机关是领导国家武装力量的国家机关。《宪法》第 93 条第 1 款规定:"中华人民共和国中央军事委员会领导全国武装力量。"这一规定表明,中央军事委员会是我国武装力量的领导机关,是我国国家机构的重要组成部分。中央军事委员会是从属于全国人民代表大会的专门从事武装力量组织和管理的国家机关。中央军事委员会对全国人大及其常委会负责。中央军事委员会的职责是领导全国的武装力量,享有对国家武装力量的决策权和指挥权。

二、中央军事委员会的组成、任期和领导体制

中央军事委员会由主席、副主席若干人和委员若干人组成。主席由全国人大选举产生,副主席、委员由全国人大根据军委主席的提名决定。在全国人大闭会期间,全国人大常委会根据中央军事委员会主席的提名,决定中央军事委员会其他组成人员的人选。全国人大有权罢免中央军事委员会主席和中央军事委员会其他组成人员。

三、设立中央军事委员会的意义

根据《共同纲领》和 1954 年《宪法》的规定,在新中国成立初期以及以后相当

长的一段时期,国家武装力量的最高领导机关一直是国家机构的重要组成部分。1975年《宪法》规定,中国人民解放军是中国共产党领导的人民子弟兵,中国共产党中央委员会主席统率全国武装力量,没有有关国家军事机关的规定。这一方面造成了许多不良现象,另一方面也使国家机关的设置很不合理。现行宪法设立中央军事委员会作为国家武装力量的领导机关,有助于国家机构的健全和实现必要的分工。

第六节 国家监察机关

监察委员会是2018年宪法修改后新增加的国家机构。宪法第三章"国家机构"中专门增加一节作为第七节"监察委员会",该节共五条内容,对国家监察委员会和地方各级监察委员会的性质、人员组成、任期、组织体系、领导体制和职权等进行规定,为深化国家监察体制改革提供了宪法依据。

一、监察委员会的性质和地位

《宪法》第123条规定:"中华人民共和国各级监察委员会是国家的监察机关。"根据这一规定,监察委员会是行使国家监察职能的专责机关,其他任何机关、团体和个人都无权行使监察职能。

监察委员会行使国家监察职能,依照法律对所有行使公权力的公职人员进行监察,调查职务违法和职务犯罪,开展廉政建设和反腐败工作,维护宪法和法律的尊严。国家设立监察委员会,通过整合行政监察、预防腐败和检察机关查处贪污贿赂、失职渎职及预防职务犯罪等工作力量,同党的纪律检查机关合署办公,形成监督合力。国家设立监察委员会,不是行政监察、反贪反渎、预防腐败等职权转隶后的简单叠加,而是在人民代表大会的政权组织形式中,依循国家权力的划分和配置原理,为整合监督力量、加强对公权力监督的国家监察体制的重大创新,对实现国家监察全面覆盖,深入开展反腐败工作,推进国家治理体系和治理能力现代化,具有重要意义。

二、监察委员会的组成和任期

《宪法》第124条规定:"中华人民共和国设立国家监察委员会和地方各级监察委员会。监察委员会由下列人员组成:主任,副主任若干人,委员若干人。监察委员会主任每届任期同本级人民代表大会每届任期相同。国家监察委员会主任连续任职不得超过两届。监察委员会的组织和职权由法律规定。"

依据宪法,监察法对国家、省、自治区、直辖市、自治州、县、自治县、市、市辖区设立监察委员会作出具体规定。国家监察委员会由全国人民代表大会产生,负责全国监察工作。这意味着将行政监察权上升为国家监察权。国家监察委员会由主任、副主任若干人、委员若干人组成，主任由全国人民代表大会选举，副主任、委员由国家监察委员会主任提请全国人大常委会任免。国家监察委员会主任每届任期同全国人民代表大会每届任期相同。国家监察委员会对全国人民代表大会和全国人民代表大会常务委员会负责，并受其监督。

地方各级监察委员会在省、自治区、直辖市、自治州、县、自治县、市、市辖区等三级地方设立监察委员会。县级以上地方各级监察委员会由本级人民代表大会产生，负责本行政区域内的监察工作。县级以上地方各级监察委员会由主任、副主任若干人、委员若干人组成，主任由本级人民代表大会选举，副主任、委员由主任提请本级人民代表大会常务委员会任免。县级以上地方各级监察委员会主任每届任期同本级人民代表大会每届任期相同。县级以上地方各级监察委员会对本级人民代表大会及其常务委员会和上一级监察委员会负责，并受其监督。

各级监察委员会可以向本级党的机关、国家机关、经法律法规授权或者委托管理公共事务的组织和单位以及所管辖的行政区域、国有企业等派驻或者派出监察机构、监察专员。监察机构、监察专员对派驻或者派出它的监察机关负责。派驻或者派出的监察机构、监察专员根据授权，按照管理权限依法对有关单位和行政区域的公职人员进行监督，提出监察建议；依法对公职人员进行调查、处置。

三、监察委员会的领导体制

根据宪法和监察法的规定，监察委员会实行双重负责制，既要对同级国家权力机关负责，又要对上一级监察委员会负责。《宪法》第125条规定："中华人民共和国国家监察委员会是最高监察机关。国家监察委员会领导地方各级监察委员会的工作，上级监察委员会领导下级监察委员会的工作。"第126条规定："国家监察委员会对全国人民代表大会和全国人民代表大会常务委员会负责。地方各级监察委员会对产生它的国家权力机关和上一级监察委员会负责。"

国家权力机关对监察委员会的领导，主要体现在人大及其常委会选举、罢免或者任免监察委员会的组成人员，对其进行各种形式的监督。《监察法》第53条规定，各级人大常委会听取和审议本级监察委员会的专项工作报告，组织执法检查。县级以上各级人大及其常委会举行会议时，人民代表大会代表或常委会组成人员可以依照法律规定的程序，就监察工作中的有关问题提出询问或者质询。

国家监察委员会领导地方各级监察委员会的工作，上级监察委员会领导下级监察委员会的工作，地方各级监察委员会要对上一级监察委员会负责。各级监察机关按照管理权限管辖本辖区内监察事项。上级监察机关可以办理下一级监察机关管辖范围内的监察事项，必要时也可以办理所辖各级监察机关管辖范围内的监察事项。监察机关之间对监察事项的管辖有争议的，由其共同的上级监察机关确定。同时,上级监察机关可以将其所管辖的监察事项指定下级监察机关管辖,也可以将下级监察机关有管辖权的监察事项指定给其他监察机关管辖。监察机关认为所管辖的监察事项重大、复杂,需要由上级监察机关管辖的,可以请求移送上级监察机关管辖。

四、监察委员会的职能职责

根据监察法的规定,监察机关的主要职能是调查职务违法和职务犯罪,开展廉政建设和反腐败工作,维护宪法和法律的尊严。

监察机关对下列公职人员和有关人员进行监察:(1) 中国共产党的机关、人民代表大会及其常务委员会机关、人民政府、监察委员会、人民法院、人民检察院、中国人民政治协商会议各级委员会机关、民主党派各级组织机关和各级工商业联合会机关的公务员,以及参照《中华人民共和国公务员法》管理的人员;(2) 法律、法规授权或者受国家机关依法委托管理公共事务的组织中从事公务的人员;(3) 国有企业管理人员;(4) 公办的教育、科研、文化、医疗卫生、体育等单位中从事管理的人员;(5) 基层群众性自治组织中从事集体事务管理的人员;(6) 其他依法履行公职的人员。

监察机关的主要职责是监督、调查、处置,即对公职人员开展廉政教育,对其依法履职、秉公用权、廉洁从政从业以及道德操守情况进行监督检查;对涉嫌贪污贿赂、滥用职权、玩忽职守、权力寻租、利益输送、徇私舞弊以及浪费国家资财等职务违法和职务犯罪进行调查;对违法的公职人员依法作出政务处分决定;对履行职责不力、失职失责的领导人员进行问责;对涉嫌职务犯罪的,将调查结果移送人民检察院,依法提起公诉;向监察对象所在单位提出监察建议。

监察机关的主要权限包括谈话、讯问、询问、查询、冻结、调取、查封、扣押、搜查、勘验检查、鉴定、留置等。被调查人涉嫌贪污贿赂、失职渎职等严重职务违法或者职务犯罪,监察机关已经掌握其部分违法犯罪事实及证据,仍有重要问题需要进一步调查,并有涉及案情重大、复杂,可能逃跑、自杀,可能串供或者伪造、隐匿、毁灭证据等情形之一的,经监察机关依法审批,可以将其留置在特定场所。监察机关采取留置措施,应当由监察机关领导人员集体研究决定。设区的市级以下监察机关采取留置措施,应当报上一级监察机关批准;省级监察机关采取留置措施,应当报国家监察委员会备案。留置时间不得超过 3 个月,特殊情况下经上一级监察机关批准可延长一次,延长时间不得超过 3 个月;监察机关发现采取留置措施不当的,应当及时解除。采取留置措施后,除有碍调查的,应当在 24 小时以内,通知被留置人员所在单位和家属。同时,应当保障被留置人员的饮食、休息和安全,提供医疗服务。此外,监察机关需要采取技术调查、通缉、限制出境措施的,经过严格的批准手续,按照规定交有关机关执行。

监察机关根据监督、调查结果，依法作出如下处置：(1) 对有职务违法行为但情节较轻的公职人员，按照管理权限，直接或者委托有关机关、人员，进行谈话提醒、批评教育、责令检查，或者予以诫勉；(2) 对违法的公职人员依照法定程序作出警告、记过、记大过、降级、撤职、开除等政务处分决定；(3) 对不履行或者不正确履行职责负有责任的领导人员，按照管理权限对其直接作出问责决定，或者向有权作出问责决定的机关提出问责建议；(4) 对涉嫌职务犯罪的，监察机关经调查认为犯罪事实清楚、证据确实、充分的，制作起诉意见书，连同案卷材料、证据一并移送人民检察院依法审查、提起公诉；(5) 对监察对象所在单位廉政建设和履行职责存在的问题等提出监察建议。监察机关经调查，对没有证据证明被调查人存在违法犯罪行为的，应当撤销案件，并通知被调查人所在单位。

五、监察委员会工作的基本原则

根据我国宪法与监察法的规定，监察机关在开展监察工作中，必须遵守以下基本原则：(1) 坚持党的全面领导的原则。党的领导是人民当家作主和依法治国的根本保证，人民当家作主是社会主义民主政治的本质特征，依法治国是党领导人民治理国家的基本方式，三者统一于我国社会主义民主政治伟大实践。在我国政治生活中，党是居于领导地位的，加强党的集中统一领导，支持人大、政府、政协、监察委员会、法院和检察院依法依章程履行职能、开展工作、发挥作用，这两个方面是统一的。(2) 独立行使监察权的原则。监察机关依法独立行使监察权，"依法"是前提。监察机关作为行使国家监察职能的专责机关，履行职责必须遵循社会主义法治原则的基本要求，必须严格依照法律进行活动，既不能滥用或者超越职权，违反规定的程序，也不能不担当、不作为，更不允许利用职权徇私枉法，放纵职务违法犯罪行为。(3) 法治原则。严格遵循宪法和法律，时刻遵循着以事实为依据，以法律为准绳。(4) 平等原则。坚持在法律的适用上遵循一律平等的原则，保障当事人的合法权益。

六、监察委员会与审判机关、检察机关、执法部门的关系

《宪法》第127条规定："监察委员会依照法律规定独立行使监察权，不受行政机关、社会团体和个人的干涉。监察机关办理职务违法和职务犯罪案件，应当与审判机关、检察机关、执法部门互相配合，互相制约。"监察机关履行监督、调查、处置职责，行使调查权限，行政机关、社会团体和个人无权干涉。同时，监察机关办理职务违法犯罪案件，应当与审判机关、检察机关、执法部门互相配合、互相制约。这是监察权行使的基本行为准则，它对调整监察委员会与审判机关、检察机关、执法部门的关系具有宪法上的指导意义。

1. 监察委员会依法独立行使监察权是前提。监察委员会成立后，人民法院、人民检察院、公安机关、审计机关等国家机关在工作中发现公职人员涉嫌贪污贿赂、失职渎职等职务违法或者职务犯罪的问题线索,应当移送监察机关,由监察机关依法调查处置。被调查人既涉嫌严重职务违法或者职务犯罪,又涉嫌其他违法犯罪的,一般应当由监察机关为主调查,其他机关予以协助。

2. 各机关间的互相配合是指各机关在各司其职的基础上,通力合作、密切配合,依法办理职务违法犯罪案件。监察机关在工作中需要协助的,有关机关和单位应当根据监察机关的要求依法予以协助。在办理职务违法犯罪案件的程序上,对涉嫌职务犯罪的行为,监察委员会享有监督调查处置权限,监察委员会调查终结后移送检察机关依法审查、提起公诉,由人民法院负责审判。此外,互相配合还体现在:(1)监察机关对涉嫌职务犯罪的被调查人以及可能隐藏被调查人或者犯罪证据的人的身体、物品、住处和其他有关的地方进行搜查时,可以根据工作需要提请公安机关配合,公安机关应当依法予以协助。(2)监察机关调查涉嫌重大贪污贿赂等职务犯罪,根据需要,经过严格的批准手续,可以采取技术调查措施,按照规定交有关机关执行。(3)依法应当留置的被调查人如果在逃,监察机关可以决定在本行政区域内通缉,由公安机关发布通缉令,追捕归案。(4)监察机关为防止被调查人及相关人员逃匿境外,经省级以上监察机关批准,可以对被调查人及相关人员采取限制出境措施,由公安机关依法执行。

3. 各机关间的互相制约是监督原则的体现,也是监督权依法行使的制度保障。对监察机关移送的案件,人民检察院认为犯罪事实已经查清,证据确实、充分,依法应当追究刑事责任的,应当作出起诉决定。人民检察院经审查后,认为需要补充核实的,应当退回监察机关补充调查,必要时可以自行补充侦查。人民检察院对于有刑事诉讼法规定的不起诉的情形的,经上一级人民检察院批准,依法作出不起诉的决定。对于监察委员会所作结论,检察院认为不构成犯罪的可以退回补充调查,也可以作出不起诉的决定,这是监督原则的体现。监察机关认为不起诉的决定有错误的,可以要求复议。

七、对监察委员会的监督

任何职权都应受到监督,作为国家监察机关的监察委员会,同样不能例外,并且应当受到更为严格的监督。对监察委员会的监督,主要包括国家权力机关的监督、社会监督和自我监督。

1. 监察委员会应当接受本级人民代表大会及其常务委员会的监督。

2. 监察委员会应当依法公开监察工作信息,接受民主监督、社会监督、舆论监督。

3. 监察委员会通过设立内部专门的监督机构等方式,加强对监察人员执行职务和遵守法律情况的监督,建设忠诚、干净、担当的监察队伍。监察法赋予了被调查人及其近亲属向内设监督机构的申诉权,这是对监察委员会进行监督的重要方式。监察机关及其工作人员有违法行为的,被调查人及其近亲属有权向该机关申诉;受理申诉的监察机关应当及时处理。申诉人对处理不服的,可以向上一级监察机关申请复查,上一级监察机关应当及时处理,情况属实的,予以纠正。

第七节 国家审判机关和检察机关

一、司法权与司法机关概述

所谓司法权是指国家进行审判和监督法律实施的权力。因此,司法权包括审判权和检察权两个方面。在封建社会,封建君主集国家权力于一身,司法权力为君主权力的一部分。资产阶级革命时期,资产阶级启蒙学者提出三权分立学说,将国家权力分为立法权、行政权和司法权三种,由三个不同的机关执掌,彼此既互相分立又互相制衡。英国在1679年《人身保护法》和1701年《王位继承法》中确立了司法独立原则,司法权由法院独立行使。美国1787年宪法依据三权分立原则也确认司法权属于法院。可见,近代意义上的司法权是独立于立法权、行政权之外的一种国家权力。

司法权的范围在各国表现不尽一致,在普通法系国家,司法权仅指审判权,检察权属于行政权的范围。而在大陆法系国家,司法权包括审判权和检察权两个方面。但是不论是普通法系国家还是大陆法系国家,审判权都是司法权的核心。我国的国家机关实行分工与合作的原则,一般将人民法院和人民检察院行使的审判权与检察权统称作司法权,以区别于国家权力机关所行使的国家权力和行政机关行使的行政权。

在我国,哪些机关属于司法机关的范围,有两种不同的观点:一种认为我国的司法权由各级人民法院、各级人民检察院、各级公安机关及司法行政机关依法行使,这些机关都是司法机关;另一种认为我国的司法机关只包括审判机关与检察机关。本书赞同第二种观点,根据现行宪法规定,我国的司法机关应该是指人民法院和人民检察院,公安机关和司法行政机关虽与人民法院和人民检察院有工作上的密切联系和合作,但是它们仍属于行政机关的范围,其所行使的职权是行政权的一部分。人民法院行使国家的审判权,是国家审判机关。人民检察院行使国家的检察权,是国家检察机关。

二、人民法院

(一)人民法院的性质、任务、组成和任期

1. 人民法院的性质和任务。按照宪法和有关法律的规定,人民法院是行使国家审判权的机关。国家审判权是国家权力的重要组成部分，人民法院代表国家通过行使审判权，即通过审理和判决刑事、民事、经济、行政和其他案件，来具体实现国家权力和国家职能。我国审判权只能由人民法院统一行使，其他任何机关、团体和个人都无权进行审判活动。

根据宪法和有关法律的规定，人民法院的任务是：审判刑事案件、民事案件、经济案件和行政案件，并且通过审判活动，惩办犯罪分子，解决民事纠纷，维护社会主义法制和社会秩序，保护社会主义公共财产，保护人民民主专政制度，保护公民的合法权益，保障国家的社会主义现代化建设。此外，人民法院还要以它的全部活动教育公民忠于社会主义国家，自觉地遵守社会主义法律，以预防和减少犯罪和纠纷的发生，这些也是人民法院的重要任务。

2．人民法院的组成、任期。依照宪法和有关法律的规定，最高人民法院院长由全国人民代表大会选举或者罢免。最高人民法院的工作受全国人民代表大会及其常务委员会的监督。最高人民法院副院长、审判员、审判委员会委员和军事法院院长由全国人大常委会根据最高人民法院院长的提请任免。县级以上地方人民法院院长由县级以上的地方各级人民代表大会选举和罢免。县级以上地方各级人民代表大会及其常务委员会监督本级人民法院的工作，县级以上地方各级人大常委会按照《人民法院组织法》的规定，任免人民法院副院长、庭长、副庭长、审判委员会委员、审判员；在人民法院院长因故不能担任职务的时候，从本级人民法院副院长中决定代理的人选。省、自治区、直辖市人民代表大会常务委员会决定在省、自治区内按地区设立的和在直辖市设立的中级人民法院院长的任免。

人民法院院长的任期与同级人民代表大会相同，即最高人民法院院长、高级人民法院院长、中级人民法院院长、基层人民法院院长、军事法院院长等每届任期5年。此外，宪法还规定，最高人民法院院长连续任职不得超过两届。

（二）人民法院的组织系统和审级制度

根据宪法和人民法院组织法的规定，人民法院的组织系统由最高人民法院、地方各级人民法院和专门法院构成。地方各级人民法院分为基层人民法院、中级人民法院、高级人民法院，专门法院包括军事法院、海事法院、铁道运输法院和森林法院等。

1．人民法院的组织系统。最高人民法院是我国的最高审判机关和最高审判监督机关。它由院长一人、副院长、庭长、副庭长和审判员若干人组成。最高人民法院审理的案件包括：法律规定由它管辖的和它认为应当由自己审判的第一审案件；对高级人民法院、专门人民法院判决和裁定的上诉案件和抗诉案件；最高人民检察院按照审判监督程序提出的抗诉案件。

省、自治区、直辖市设高级人民法院。高级人民法院由院长一人、副院长、庭长、副庭长和审判员若干人组成。它所审理的案件包括:法律规定由它管辖的第一审案件;下级人民法院移送审判的第一审案件;对下级人民法院判决和裁定的上诉案件和抗诉案件;人民检察院按照审判监督程序提出的抗诉案件。

省、自治区按地区(盟)设立中级人民法院,直辖市设立中级人民法院;省辖市、自治区辖市和自治州设立中级人民法院。中级人民法院由院长一人、副院长、庭长、副庭长和审判员若干人组成,它所审理的案件包括:法律规定由它管辖的第一审案件;基层人民法院移送审判的第一审案件;对基层人民法院判决和裁定的上诉案件和抗诉案件;人民检察院按照审判监督程序提出的抗诉案件。

基层人民法院是指县、自治县、不设区的市、市辖区的人民法院。基层人民法院由院长一人、副院长和审判员若干人组成,它可以设刑事审判庭、民事审判庭和经济审判庭等。法庭设庭长、副庭长。它审理刑事、民事和行政的第一审案件,但是法律另有规定的案件除外。

专门人民法院是指根据需要设立的审理特定案件的法院。它的设立不以行政区划为依据,而是按特定的组织系统或特定案件(如海事案件)设立的审判机关。目前我国设立的专门人民法院主要有军事法院、铁路运输法院、海事法院、森林法院、知识产权法院、金融法院、互联网法院等。它不受理一般的刑事案件、民事案件,而是审理与其组织系统有关的案件或特定的案件。如军事法院受理现役军人的刑事犯罪案件、军队在编职工的刑事犯罪案件;森林法院受理破坏森林资源案件、严重责任事故案件以及涉外森林案件;知识产权法院专司知识产权案件,目前,北京、上海、广州三地设立了知识产权法院。

巡回法庭指法院为方便群众诉讼,在辖区设置巡回地点,定期或不定期到巡回地点受理并审判案件的制度。2014年10月,党的十八届四中全会提出,最高人民法院设立巡回法庭,审理跨行政区域重大行政和民商事案件。设立巡回法庭具有重大意义,它是保证公正司法和提高司法公信力的必然要求;是落实司法为民和诉讼便民利民原则的具体举措;也是深化司法改革和探索人民法院未来模式的战略部署。目前,最高人民法院已经分别在广东省深圳市、辽宁省沈阳市、江苏省南京市、河南省郑州市、重庆市、陕西省西安市设立了六个巡回法庭。

最高人民法院是国家最高审判机关,它对全国人民代表大会及其常务委员会负责;地方各级人民法院既对产生它的本级国家权力机关负责,又受上级人民法院和最高人民法院的监督。人民法院上下级之间的关系不是领导与被领导的关系,而是审判监督的关系,即最高人民法院监督地方各级人民法院和专门人民法院的审判工作,上级人民法院监督下级人民法院的工作。

2. 人民法院的审级制度。我国实行的审级制度是两审终审制,即案件经过两级人民法院审判即告终结的一种制度。对于地方各级人民法院审判的第一审案件所作出的判决和裁定,如果当事人或者其代理人不服,可以按照法定程序向上一级人民法院上诉；如果人民检察院认为确有错误，应当向上一级人民法院提出抗诉；上一级人民法院对上诉和抗诉案件所作出的判决和裁定为终审的判决和裁定，不得上诉。最高人民法院作为第一审法院审判的一切案件，都是终审审判。因此，它所作出的判决和裁定，也是终审的判决和裁定，不能上诉。但任何一级人民法院的终审判决和裁定，在发生法律效力之后，还可以依照法律规定的审判监督程序，对发生的错误进行纠正。

（三）人民法院的审判原则

人民法院在行使审判权的过程中，应遵循下列审判原则：

1. 依法独立审判原则。宪法规定人民法院依法独立行使审判权，是指人民法院在审理具体案件时，要坚持以事实为依据，以法律为准绳，严格依照法律程序办事，行政机关、社会团体和个人不得非法干涉人民法院的审判活动。这一原则对人民法院正确、合理地行使审判权，保障审判活动的严肃性和公正性具有重大意义。依法独立审判并不意味着人民法院可以不接受合法的监督，依据宪法和人民法院组织法的规定，人民法院必须对本级国家权力机关负责并报告工作，自觉接受国家权力机关的监督，同时，人民法院的审判活动还要受到上级人民法院和人民检察院依法进行的监督。

2. 公民适用法律上一律平等原则。公民在法律面前一律平等，既是我国公民的一项基本权利，又是我国社会主义法治的一项重要原则。它要求人民法院审判案件，对于一切公民，不分民族、种族、性别、职业、社会出身、宗教信仰、教育程度、财产状况、居住期限，在适用法律上一律平等，不允许有任何特权，做到法律适用上的一律平等。

3. 公开审判原则。人民法院在审判案件中，除了涉及国家机密、个人隐私和未成年人犯罪案件外，一律公开进行，允许旁听、采访和报道。公开审判可以把人民法院的审判活动置于人民群众的监督之下，促使人民法院严格依法审判，也能使被告有机会在公开场合为自己辩护，有助于保护当事人的诉讼权利和合法权益。

4. 被告有权获得辩护的原则。依据人民法院组织法的规定，被告除自己进行辩护外，有权委托律师为他辩护，也可以由人民团体或者被告人所在单位推荐的或者经人民法院许可的公民为他辩护，或者由被告人的近亲属、监护人为他辩护。人民法院认为必要时，可以指定辩护人为他辩护。这项原则有助于人民法院全面地认定事实、客观地定罪量刑、公正地作出判决。

5. 合议制原则。人民法院组织法规定，人民法院审判案件实行合议制。人民法院审判第一审案件时，除简单的民事案件、轻微的刑事案件和法律另有规定的案件可以由审判员一人独任审判外，须由审判员组成合议庭或者由审判员和人民陪审员组成合议庭进行审判。人民法院审判上诉和抗诉的案件，也要由审判员组成合议庭进行。合议制还体现在各级人民法院都设立审判委员会,总结审判经验,讨论重大或疑难案件和其他有关审判工作的问题。

6. 回避原则。回避原则是指当事人如果认为审判人员与本案有利害关系或其他关系不能公正审理,有权请求审判人员回避的一项原则。审判人员是否应当回避,由本院院长决定。审判人员如果认为自己与本案有利害关系或者其他关系,需要回避时,应当报告本院院长决定。

7. 对不通晓当地通用的语言文字的当事人,应当为他们提供翻译。在少数民族聚居或者多民族杂居的地区,人民法院应当用当地通用的语言进行审理,用当地通用的文字发布起诉书、判决书、布告和其他文书。这些规定有助于在审判实践中贯彻民族平等原则。

三、人民检察院

(一) 人民检察院的性质、任务、组成和任期

1. 人民检察院的性质和任务。人民检察院是国家的法律监督机关,依法独立行使检察权。在我国,人民检察院是专门执行法律监督的国家机关,它通过行使检察权对各级国家机关、国家机关工作人员和公民是否遵守宪法和法律实行监督,以保障宪法和法律的统一实施。

人民检察院的任务是通过行使检察权,镇压一切叛国的、分裂国家的犯罪分子和其他犯罪分子,维护国家统一,维护人民民主专政制度;维护社会主义法制和社会秩序、生产秩序、工作秩序、教学科研秩序和人民群众的生活秩序;保护社会主义全民所有的财产和劳动群众集体所有的财产,保护公民私人所有的合法财产;保护公民的人身权利、民主权利和其他权利不受侵犯,保卫社会主义现代化建设顺利进行。

2. 人民检察院的组成和任期。根据宪法和人民检察院组织法的规定,各级人民检察院由检察长一人、副检察长和检察员若干人组成。人民检察院检察长领导本院检察工作,管理本院行政事务。人民检察院副检察长协助检察长工作。最高人民检察院检察长由全国人大选举和罢免。最高人民检察院副检察长、检察委员会委员和检察员由最高人民检察院检察长提请全国人大常委会任免。

地方各级人民检察院检察长由本级人民代表大会选举和罢免,副检察长、检察委员会委员和检察员由检察长提请本级人大常委会任免。省、自治区、直辖市人民检察院检察长、副检察长、检察委员会委员和检察员,由省、自治区、直辖市人民检察院检察长提请本级人民代表大会常务委员会任免。自治州、省辖市、县、市、市辖区人民检察院检察长由本级人大选举和罢免,副检察长、检察委员会委员和检察员由该级人民检察院检察长提请本级人大常委会任免。地方各级人民检察院检察长的任免,须由上一级人民检察院检察长提请该级人大常委会

批准。

各级人民检察院的任期与本级人大每届任期相同。即最高人民检察院检察长，省、自治区、直辖市、自治州、设区的市、县、自治县、不设区的市、市辖区人民检察院的检察长每届任期5年。最高人民检察院检察长连续任职不得超过两届。

(二) 人民检察院的组织系统和领导体制

1. 人民检察院的组织系统。根据宪法和人民检察院组织法的规定，中华人民共和国设立最高人民检察院、地方各级人民检察院和军事检察院等专门人民检察院。地方各级人民检察院包括：省级人民检察院，包括省、自治区、直辖市人民检察院；设区的市级人民检察院，包括省、自治区辖市人民检察院，自治州人民检察院，省、自治区、直辖市人民检察院分院；基层人民检察院，包括县、自治县、不设区的市、市辖区人民检察院。省级人民检察院和设区的市级人民检察院根据检察工作需要，经最高人民检察院和省级有关部门同意，并提请本级人民代表大会常务委员会批准，可以在辖区内特定区域设立人民检察院，作为派出机构。专门人民检察院包括军事检察院、铁路运输检察院等。

2. 人民检察院的领导体制。根据宪法和人民检察院组织法的规定，我国人民检察院的领导体制为双重领导体制，即最高人民检察院对全国人大和全国人大常委会负责。地方各级人民检察院对产生它的国家权力机关和上级人民检察院负责。最高人民检察院领导地方各级人民检察院和专门人民检察院的工作，上级人民检察院领导下级人民检察院的工作。

人民检察院内部领导关系是检察长统一领导检察院的工作。为了发挥集体领导作用，各级人民检察院设立检察委员会。检察委员会实行民主集中制，在检察长的主持下，讨论决定重大案件和其他重大问题。

(三) 人民检察院的职权和工作原则

1. 根据有关法律规定，人民检察院行使的职权如下：(1) 法纪监督。法纪监督包括特种法纪监督和普通法纪监督，前者是对叛国案、分裂国家案以及严重破坏国家的政策、法律、法令、政令统一等重大犯罪案件行使检察权的监督；后者是对直接受理的刑事案件进行检察监督。(2) 侦查监督。人民检察院对于公安机关、监察机关侦查的案件进行审查，决定是否逮捕、起诉或者免予起诉；对公安机关的侦查活动是否合法实行监督。(3) 支持公诉和进行审判监督。支持公诉和进行审判监督是人民检察院对刑事案件提起公诉、支持公诉以及对人民法院的审判活动是否合法实行监督。(4) 监所监督。监所监督是人民检察院对于刑事案件的判决、裁定的执行和监狱、看守所、劳动改造机关的活动是否合法实行监督。

2. 人民检察院的工作原则。按照宪法和法律规定，人民检察院的工作原则主要有如下几点：(1)公民在适用法律上一律平等。《人民检察院组织法》规定，各级人民检察院行使检察权，对于任何公民在适用法律上一律平等，不允许有任何特权。人民检察院作为国家的法律监督机关，为了维护国家法制的统一和尊严，必须坚持适用法律上一律平等的原则。(2)依法独立行使检察权的原则。人民检察院依法独立行使检察权，不受其他行政机关、社会团体和个人的干涉。依法独立行使检察权的原则是人民检察院正确行使检察权的重要保证。依法独立行使检察权要求检察院及检察人员以事实为依据，以法律为准绳，忠于自己的职责，不屈从权势，不徇私情，秉公执法。人民检察院依法独立行使检察权并不是独立于一切监督之外，它要对本级权力机关负责，受同级人大及其常委会的监督并受上一级人民检察院的领导。(3)坚持实事求是，重证据不轻信口供的原则。人民检察院在工作中必须实事求是，贯彻群众路线，倾听群众意见，接受群众监督，重证据不轻信口供。各级人民检察院及其工作人员在行使职权时，必须忠实于事实真相，忠实于法律，全心全意为人民服务，保证办案质量，防止错案的发生。(4)使用本民族语言文字进行诉讼的原则。人民检察院在办案过程中，对于不通晓当地通用语言文字的诉讼参与人，应当为他们提供翻译。在少数民族聚居或者多民族杂居的地区，人民检察院应用当地的语言进行讯问，发布起诉书、布告和其他文件。

四、公、检、法三机关的相互关系

《宪法》第140条规定："人民法院、人民检察院和公安机关办理刑事案件，应当分工负责，互相配合，互相制约，以保证准确有效地执行法律。"分工负责、互相配合、互相制约是我国宪法确立的公、检、法三机关在办理刑事案件时的相互关系，同时对我国司法机关在其他方面的关系也具有宪法指导意义。

分工负责是指公、检、法三机关根据法律规定的责任，依照法定程序，各司其职，各尽其责。办理刑事案件时，三机关要严格按照法律规定的职责进行工作，不能因为案件复杂、难度大或某些干扰而互相推诿或者越权。

互相配合是指公、检、法三机关在分工负责的基础上，又必须通力合作。三机关职责不同，但目的和任务是一致的，执行法律和政策的标准是统一的。在办理刑事案件时，必须坚持原则，依法办事，密切配合。

互相制约指公、检、法三机关在分工配合的基础上，依照法律的规定，互相监督，防止错案的发生，保证准确有效地执行法律。

公、检、法三机关的相互关系在办案过程中的具体表现为：按照法律规定，公安机关要求逮捕犯罪嫌疑人，必须经过人民检察院审查批准；检察机关对公安机关的侦查活动是否合法有权监督；公安机关对于检察机关不批准逮捕的决定认为有错误时，可以要求人民检察院复议，还可以要求上级人民检察院复核。上级人民检察院应当及时作出决定,通知下级人民检察院和公安机关执行;公安机关对侦查终结的案件应报人民检察院决定起诉或不起诉。人民检察院审查后,如果认为证据不充分,可以退回公安机关补充侦查。人民检察院对人民法院的审判活动是否合法进行监督,同时对人民法院的判决或裁定可依法提出抗诉。

五、关于司法体制改革

（一）司法体制改革的意义

以20世纪80年代中期开始的民事、刑事审判方式的改革为序曲,我国司法制度改革实践迄今已有三十多年的时间,对其意义的认识也是在实践中逐步发展和深化的,将其上升到治国理政的高度则是在党的十五大和1999年《宪法修正案》确定依法治国的基本方略之后。进行司法体制的改革,既有历史的必然性,也有现实的迫切性。

1. 司法体制改革是社会主义市场经济发展的必然要求。作为政治制度之一的司法体制,当然属于上层建筑的范畴,它由经济基础决定,并对其产生能动作用。在计划经济时期,司法机关和司法权未能发挥其应有的效能和作用。但随着社会主义市场经济体制的建立,经济基础也对上层建筑提出了新的要求,司法体制必须适应经济体制的变化和发展,以保障社会主义市场经济健康、有序地发展。在市场经济体制下,公民成为平等、自由的主体,有维护自身利益的强烈愿望和诉求,简单通过行政命令的手段解决纠纷的方式难以满足市场经济的发展需求。出于对个人利益的保护和市场经济秩序的维护,客观上要求对司法制度进行相应的改革以适应社会和经济的发展,并为其提供法律支持和制度保障。

2. 司法体制改革是优化权力结构体系、促进民主政治发展的重要途径。司法权是司法体制的核心,对司法权的重新分配和调整是司法体制改革的关键。西方资本主义国家长期以来盛行将立法权、行政权和司法权并列的"三权分立"的思想理论,并在政治实践中把司法权作为与立法权、行政权相抗衡的重要力量。我国的宪法和组织法在国家机构体系中也有权力机关、行政机关、监察机关、司法机关的划分,并且对各机关行使的职权作了明确的划分。司法体制改革就是要达到权力结构体系优化,做到权力机关、行政机关、监察机关和司法机关各自按宪法和法律的规定行使职权:行政机关、监察机关和司法机关要向权力机关负责。行政机关、监察机关和司法机关之间既彼此独立也有一定的制约,这对于司法体制改革的目标和进程意义重大。

2014年中央全面深化改革领导小组通过的《关于司法体制改革试点若干问题的框架意见》第一次明确提出"建立法官、检察官员额制"。司法员额制,是指有关司法机关(包括法院和检察院)在编制内根据办案工作量、辖区人口、经济发展等因素确定的司法官(包括法官和检察官)的职数限额的制度。实行员额制主要出于以下三个方面的原因：第一，为了更好地优化司法资源配置，将一部分法官入额以此保证他们能够将工作仅限于审理案件，而其他与审判工作无关的任务可以转交给法官助理或者行政部门代为处理；第二，提升法官综合素质，设置法官员额制实际上也是在体制内为法官建立起一个正向激励机制，让符合条件的法官获得更好的待遇和荣誉；第三，也是为了让法官的工资收入能够与法律相关行业的其他职业相平衡，为了保证法官的工资待遇同工作压力、肩负的社会责任等方面能够统一。

2014年，《关于全面推进依法治国若干重大问题的决定》提出"完善确保依法独立公正行使审判权和检察权的制度"，"健全公安机关、检察机关、审判机关、司法行政机关各司其职、侦查权、检察权、审判权、执行权相互配合、相互制约的体制机制"，为司法制度改革提供了明确指引。

2019年《关于政法领域全面深化改革的实施意见》中指出，"推进政法领域改革，要坚持党的绝对领导，加强统筹谋划和协调推进，加快构建优化协同高效的政法机构职能体系，优化政法机关职权配置，深化司法体制综合配套改革，全面落实司法责任制，深化诉讼制度改革，完善维护安全稳定工作机制，构建普惠均等、便民利民的政法公共服务体系，推进政法队伍革命化正规化专业化职业化建设，推动科技创新成果同政法工作深度融合，抓紧完善权力运行监督和制约机制。"

3. 司法体制改革是实现依法治国的重要举措。党的十九大报告指出，"深化司法体制综合配套改革，全面落实司法责任制，努力让人民群众在每一个司法案件中感受到公平正义"，并将其确定为我国深化依法治国实践的重要举措。依法治国不仅仅是完善法律体系、完备法律制度等形式上的要求，更重要的是作为一种观念和意识深植人心，公民依法享有权利、履行义务，国家机关依法行使职权。因此适时地推进司法改革，构建一个适应法治国家要求的现代司法体系，是法治建设的必然要求。

司法体制改革是维护公民权利、促进人权保障事业的有力措施。充分保障公民在司法活动中享有的各项权利，是司法活动的基本出发点与归宿，这在我国的宪法和加入的两个人权公约中均有明确的规定。公民的权益得到充分的保障主要体现在两个方面，一是司法活动中要确立公民的主体地位；二是公民在司法活动中享有的程序权利及实体权利得到保障。通过改革建立的司法体制要真正实现对公民基本权利保障的有效性、公正性和终局性，否则会导致对公民权利的任意损害和人们对司法保障人权功能信任程度的降低。

4. 司法体制改革对于司法体制自身的完善有着极为重大的现实意义。我国已经在审判方式、程序等方面进行了卓有成效的改革，对我国政治体制的优化、市场经济的发展和公民权利的保障都起到了积极的作用。但现实中还有些问题未得到根本的或深层次的解决，如国家机构体系中各机关的地位和关系尚待理顺；法院的行政化、地方化倾向严重，检察院的检察监督权未得到有效的发挥；审判活动中的"重实体轻程序"问题未得到有效根治，"关系案""人情案"屡禁不止，司法不公和腐败问题依然严重；法官和检察官队伍建设实现职业化、专门化的任务艰巨。这些问题的解决，都有赖于司法体制自身的完善。

（二）司法体制改革的目标

对司法体制改革意义的认识是可能性的思考，那么司法体制改革的目标则是改革的可行性设计。从宪法学的角度讲，司法体制改革的目标可以从以下两个方面说明：

1. 司法体制改革的目标模式。从我国现状出发实现司法体制的最优化，还是以崭新的基础为起点达到司法体制的完美化，是两种截然不同的目标设计模式，反映了法律体制的本土化和国际化、现实性和长远性的关系，核心便是对外国司法体制的借鉴问题。我国司法体制改革的目标设计应着眼于整个社会的未来发展，在方法论上要反对那种"言必称英美，论必及接轨"的不良倾向，对待外国发达的司法体制要结合我国国情有选择地借鉴。正如习近平总书记所指出的："实现中国梦必须走中国道路、弘扬中国精神、凝聚中国力量。"

2. 司法体制改革目标的重要内容。依法独立行使审判权、检察权作为司法体制改革目标的重中之重，也是近年来理论界和实务界讨论最多的话题。依法独立行使审判权、检察权包括审判独立和检察独立两方面的内容，宪法规定人民法院依照法律规定独立行使审判权，人民检察院依照法律规定独立行使检察权，不受行政机关、社会团体和个人的干涉。其实作为庞大工程的司法体制改革，其目标不是单一的，它具有多层次性和位阶性。随着现代社会的发展和公民权利意识的加强，将司法公正纳入司法体制改革的价值目标体系也就尤为迫切。同时，市场经济的发展和社会高效有序地运转，也要求将司法效率作为司法体制改革的价值目标之一。随着社会的发展和人们价值追求的变动，价值体系中某些目标也会凸现出来，为司法体制改革增添新的内容和要求。司法体制改革应以司法公正、效率为价值追求，以依法独立行使审判权、检察权为目标，结合我国人民代表大会制度的宪法体制的要求来进行制度设计。

（三）司法体制改革的措施

司法体制改革迄今已有三十余年之久，采取的措施和手段也因历史时期、工作重点的差别而不同。司法体制改革进程中采取的措施主要有以下几个方面：

1. 完善确保依法独立公正行使审判权和检察权的制度。该方面主要涉及各党政机关和司法机关的关系。由于在现阶段仍然存在党政机关干部对司法案件进行干预的现象，在一定程度上影响了司法机关工作独立、公正、高效进行。我国的司法体制改革在这方面作了很大的努力，如建立领导干部干预司法活动、插手具体案件处理的记录、通报和责任追究制度;健全行政机关依法出庭应诉、支持法院受理行政案件、尊重并执行法院生效裁判的制度;建立健全司法人员履行法定职责保护机制。

2. 优化司法职权配置。该方面主要涉及司法机关内部的职权处理,主要有:健全公安机关、检察机关、审判机关、司法行政机关各司其职,侦查权、检察权、审判权、执行权相互配合、相互制约的体制机制。完善司法体制,推动实行审判权和执行权相分离的体制改革试点。完善刑罚执行制度,统一刑罚执行体制。改革司法机关人财物管理体制,探索实行法院、检察院司法行政事务管理权和审判权、检察权相分离。最高人民法院设立巡回法庭,审理跨行政区域重大行政和民商事案件。探索设立跨行政区划的人民法院和人民检察院,办理跨地区案件。完善行政诉讼体制机制,合理调整行政诉讼案件管辖制度,切实解决行政诉讼立案难、审理难、执行难等突出问题。改革法院案件受理制度,变立案审查制为立案登记制,对人民法院依法应该受理的案件,做到有案必立、有诉必理,保障当事人诉权。加大对虚假诉讼、恶意诉讼、无理缠诉行为的惩治力度。完善刑事诉讼中认罪认罚从宽制度。完善审级制度,一审重在解决事实认定和法律适用,二审重在解决事实和法律争议、实现二审终审,再审重在解决依法纠错、维护裁判权威。完善对涉及公民人身、财产权益的行政强制措施实行司法监督的制度。检察机关在履行职责中发现行政机关违法行使职权或者不行使职权的行为,应该督促其纠正。探索建立检察机关提起公益诉讼制度。明确司法机关内部各层级权限,健全内部监督制约机制。司法机关内部人员不得违反规定干预其他人员正在办理的案件,建立司法机关内部人员过问案件的记录制度和责任追究制度。完善主审法官、合议庭、主任检察官、主办侦查员办案责任制,落实谁办案谁负责。加强职务犯罪线索管理,健全受理、分流、查办、信息反馈制度,明确纪检监察和刑事司法办案标准和程序衔接,依法严格查办职务犯罪案件。

3. 推进严格司法。该方面主要涉及:坚持以事实为根据、以法律为准绳,健全事实认定符合客观真相、办案结果符合实体公正、办案过程符合程序公正的法律制度。加强和规范司法解释和案例指导,统一法律适用标准。推进以审判为中心的诉讼制度改革,确保侦查、审查起诉的案件事实和证据经得起法律的检验。全面贯彻证据裁判规则,严格依法收集、固定、保存、审查、运用证据,完善证人、鉴定人出庭制度,保证庭审在查明事实、认定证据、保护诉权、公正裁判中发挥决定性作用。

4. 保障人民群众参与司法。坚持人民司法为人民,依靠人民推进公正司法,通过公正司法维护人民权益。在司法调解、司法听证、涉诉信访等司法活动中保障人民群众参与。完善人民陪审员制度,保障公民陪审权利,扩大参审范围,完善随机抽选方式,提高人民陪审制度公信度。逐步实行人民陪审员不再审理法律适用问题,只参与审理事实认定问题。构建开放、动态、透明、便民的阳光司法机制,推进审判公开、检务公开、警务公开、狱务公开,依法及时公开执法司法依据、程序、流程、结果和生效法律文书,杜绝暗箱操作。加强法律文书释法说理,建立生效法律文书统一上网和公开查询制度。

5. 加强人权司法保障。保障人权是司法活动的最终目的,对之应采取以下措施:强化诉讼过程中当事人和其他诉讼参与人的知情权、陈述权、辩护辩论权、申请权、申诉权的制度保障。健全落实罪刑法定、疑罪从无、非法证据排除等法律原则的法律制度。完善对限制人身自由司法措施和侦查手段的司法监督,加强对刑讯逼供和非法取证的源头预防,健全冤假错案有效防范、及时纠正机制。切实解决执行难,制定强制执行法,规范查封、扣押、冻结、处理涉案财物的司法程序。加快建立失信被执行人信用监督、威慑和惩戒法律制度。依法保障胜诉当事人及时实现权益。落实终审和诉讼终结制度,实行诉访分离,保障当事人依法行使申诉权利。对不服司法机关生效裁判、决定的申诉,逐步实行由律师代理制度。对聘不起律师的申诉人,纳入法律援助范围。

6. 加强对司法活动的监督。司法活动既要受到保障,也要受到监督,具体措施有:完善检察机关行使监督权的法律制度,加强对刑事诉讼、民事诉讼、行政诉讼的法律监督。完善人民监督员制度,重点监督检察机关查办职务犯罪的立案、羁押、扣押冻结财物、起诉等环节的执法活动。司法机关要及时回应社会关切。规范媒体对案件的报道,防止舆论影响司法公正。依法规范司法人员与当事人、律师、特殊关系人、中介组织的接触、交往行为。严禁司法人员私下接触当事人及律师、泄露或者为其打探案情、接受吃请或者收受其财物、为律师介绍代理和辩护业务等违法违纪行为,坚决惩治司法掮客行为,防止利益输送。对因违法违纪被开除公职的司法人员、吊销执业证书的律师和公证员,终身禁止从事法律职业,构成犯罪的要依法追究刑事责任。坚决破除各种潜规则,绝不允许法外开恩,绝不允许办关系案、人情案、金钱案。坚决反对和克服特权思想、衙门作风、霸道作风,坚决反对和惩治粗暴执法、野蛮执法行为。对司法领域的腐败零容忍,坚决清除害群之马。

7. 加强司法工作队伍建设。高素质的司法队伍不仅是法律制度的实践主体,而且是法律文化和法律制度文明的创造者。在我国的司法体制实践中,某些司法工作人员法律素养、办案能力和道德自律的缺乏,不能不说是影响司法体制发展的一大障碍。基于此,我国在提高司法工作人员的素质、加强队伍建设方面作了很大的努力:在司法机关人员的准入上,严格司法工作人员任职资格条件,并且建立了国家司法考试制度,以达到司法人员从业资格的一体化;在提高司法工作人员的工作能力上,注重对司法工作人员的培训,使其适应工作需要;在司法工作人员的任职制度上,我国宪法、法官法、检察官法明确规定了法官、检察官的任职以及免职、辞退和惩戒等制度。但我国在对司法工作人员的身份保障、经济保障制度以及惩戒制度的具体程序上还缺乏相应的规定。故需进一步加强司法队伍的职业化建设,具体措施如下:其一,建设高素质法治专门队伍。把思想政治建设摆在首位,加强理想信念教育,深入开展社会主义核心价值观和社会主义法治理念教育,坚持党的事业、人民利益、宪法法律至上,加强立法队伍、行政执法队伍、司法队伍建设。抓住立法、执法、司法机关各级领导班子建设这个关键,突出政治标准,把善于运用法治思维和法治方式推动工作的人选拔到领导岗位上来。畅通立法、执法、司法部门干部和人才相互之间以及与其他部门具备条件的干部和人才交流渠道。其二,推进法治专门队伍正规化、专业化、职业化,提高职业素养和专业水平。完善法律职业准入制度,健全国家统一法律职业资格考试制度,建立法律职业人员统一职前培训制度。建立从符合条件的律师、法学专家中招录立法工作者、法官、检察官的制度,畅通具备条件的军队转业干部进入法治专门队伍的通道,健全从政法专业毕业生中招录人才的规范便捷机制。加强边疆地区、民族地区法治专门队伍建设。加快建立符合职业特点的法治工作人员管理制度,完善职业保障体系,建立法官、检察官、人民警察专业职务序列及工资制度。其三,建立法官、检察官逐级遴选制度。初任法官、检察官由高级人民法院、省级人民检察院统一招录,一律在基层法院、检察院任职。上级人民法院、人民检察院的法官、检察官一般从下一级人民法院、人民检察院的优秀法官、检察官中遴选。

当然,作为庞大工程的司法体制改革,其内容不是上述几项措施就可以涵盖全部的,关键是以宪法和有关法律为依据进行制度上的架构和完善。现行的司法体制改革必须坚持一个基本前提,即以宪法为基本依据,坚持人民代表大会制度的政权组织形式,保持我国的政治体制和各国家机关之间相互关系的基本格局。在这一前提下,根据我国现代化建设的进程和社会主义市场经济体制的要求进行制度创新,对司法机关的机构设置、职权划分、管理体制、财政体制以及监督机制等方面进行必要的改革和完善,从而保证司法机关独立公正地行使审判权和检察权。

第八节 民族自治地方的自治机关

一、民族自治地方自治机关的组成和任期

(一)民族自治地方的人民代表大会及其常务委员会

1. 民族自治地方的人民代表大会。民族自治地方的人民代表大会是各民族自治地方的地方国家权力机关,它的常设机关是本级人大常委会,在本级人大

闭会期间行使自治地方的国家权力。民族自治地方的地方国家行政机关、审判机关和检察机关都由本级人大产生,对它负责,受它监督。

自治区、自治州的人民代表大会代表由下一级人民代表大会选举产生,自治县的人民代表大会代表由选民直接选举产生。自治区人民代表大会代表的名额,由全国人民代表大会常务委员会依照《中华人民共和国全国人民代表大会和地方各级人民代表大会选举法》(以下简称《选举法》)确定。依照《宪法》第113条的规定,民族自治地方的人民代表大会中,除实行区域自治的民族的代表外,其他居住在本行政区域内的民族也应当有适当名额的代表。《选举法》第21条规定,散居的少数民族应选当地人民代表大会的代表,每一代表所代表的人口数可以少于当地人民代表大会每一代表所代表的人口数。自治区、自治州、自治县和有少数民族聚居的乡、民族乡、镇的人民代表大会,对于散居的其他少数民族和汉族代表的选举,适用前款的规定。第22条规定,有少数民族聚居的不设区的市、市辖区、县、乡、民族乡、镇的人民代表大会的产生,按照当地的民族关系和居住状况,各少数民族选民可以单独选举或者联合选举。自治县和有少数民族聚居的乡、民族乡、镇的人民代表大会,对于居住在境内的其他少数民族和汉族代表的选举办法,适用前款的规定。

2. 民族自治地方的人民代表大会的常务委员会。依照《地方组织法》第47条的规定,自治区、直辖市、自治州、设区的市的人民代表大会常务委员会由本级人民代表大会在代表中选举主任、副主任若干人、秘书长、委员若干人组成。县、自治县、不设区的市、市辖区的人民代表大会常务委员会由本级人民代表大会在代表中选举主任、副主任若干人和委员若干人组成。根据地方组织法的规定,自治区、自治州和自治县人大常委会组成人员的名额分别与省、设区的市、县相等。民族自治地方的人民代表大会常务委员会中应当有实行区域自治的民族的公民担任主任或者副主任。民族自治地方的人民代表大会所属工作部门要尽量配备实行区域自治的民族和其他少数民族的人员。

自治区、自治州和自治县的人民代表大会及其常务委员会每届任期均为5年。

(二)民族自治地方的人民政府

民族自治地方的人民政府是本级人民代表大会的执行机关,是民族自治地方的行政机关,它对本级人民代表大会和上级国家行政机关负责,在本级人民代表大会闭会期间,对本级人民代表大会常务委员会负责并报告工作。各级自治地方的人民政府都受国务院的统一领导,都服从国务院。

根据地方组织法的规定,自治区、自治州的人民政府分别由自治区主席、副主席,州长、副州长和秘书长,厅长,局长,委员会主任等组成。自治县的人民政府由县长、副县长和局长、科长等组成。自治区主席、自治州州长和自治县县长必须由实行区域自治的民族的公民担任,自治区、自治州和自治县的人民政府的其他组成人员和所属工作部门的干部中,要尽量配备实行区域自治的民族的人员和其他少数民族的人员。根据地方组织法,省、自治区、直辖市的人民政府的厅、局、委员会等工作部门的设立、增加、减少或者合并,由本级人民政府报请国务院批准,并报本级人民代表大会常务委员会备案。自治州、县、自治县、市、市辖区的人民政府的局、科等工作部门的设立、增加、减少或者合并,由本级人民政府报请上一级人民政府批准,并报本级人民代表大会常务委员会备案。

自治区、自治州和自治县的人民政府由本级人民代表大会选举产生,任期与本级人大相同。自治区、自治州、自治县的人民政府实行主席、州长和县长负责制,主席、州长和县长召集和主持本级人民政府全体会议和常务会议,政府工作的重大问题须经政府常务会议或全体会议讨论决定。

二、民族自治地方自治机关的自治权

鉴于民族自治地方的自治机关既是一级地方国家机关又是民族自治机关的双重性质,民族自治地方的自治机关除依法享有省、市、县地方国家机关的职权外,还享有广泛的自治权。民族自治机关作为地方国家机关依法享有的职权,参见本章有关地方各级人民代表大会和地方各级人民政府的职权。作为自治机关所享有的自治权,参见本书第五章第三节的有关内容,在此不再赘述。

第九节 特别行政区的国家机关

特别行政区的国家机关是我国国家机构的组成部分,性质上属于地方国家机关。根据《香港特别行政区基本法》和《澳门特别行政区基本法》的规定,特别行政区的国家机关包括行政长官、行政机关、立法会和司法机关。

一、特别行政区行政长官

(一) 行政长官的法律地位

特别行政区的行政长官是特别行政区的首长,对中央人民政府和特别行政区负责;领导特别行政区政府即特别行政区行政机关,执掌行政管理权,代表特别行政区处理对外对内事务。

(二) 行政长官的任职资格

根据《香港特别行政区基本法》的规定,香港特别行政区行政长官由年满40周岁、在香港通常居住连续满20年并在外国无居留权的香港特别行政区永久性居民中的中国公民担任。除此之外,行政长官还必须拥护香港特别行政区基本法并效忠香港特别行政区。《澳门特别行政区基本法》规定,澳门特别行政区行政长官由年满40周岁,在澳门通常居住连续满20年的澳门特别行政区永久性居民中的中国公民担任。它与《香港特别行政区基本法》的规定相比,没有关于外国居留权的限制性规定,但《澳门特别行政区基本法》规定:"行政长官在任职期间不得具有外国居留权。"

(三)行政长官的产生和任期

特别行政区行政长官的产生办法,基本法规定,在当地通过选举或协商产生,由中央人民政府任命。

根据《香港特别行政区基本法》第45条的规定,香港特别行政区行政长官在当地通过选举或协商产生,由中央人民政府任命。香港特别行政区行政长官的产生办法根据香港特别行政区的实际情况和循序渐进的原则而规定,最终达至由一个有广泛代表性的提名委员会按民主程序提名后普选产生的目标。行政长官产生的具体办法由附件一《香港特别行政区行政长官的产生办法》规定。根据该规定,选举委员会委员共1500人,由下列各界人士组成:工商、金融界300人,专业界300人,基层、劳工和宗教等界300人,立法会议员、地区组织代表等界300人,香港特别行政区全国人大代表、香港特别行政区全国政协委员和有关全国性团体香港成员的代表界300人。选举委员会委员必须由香港特别行政区永久性居民担任。选举委员会每届任期五年。行政长官由选举委员会选举产生,中央人民政府任命。第一任行政长官则按照《全国人民代表大会关于香港特别行政区第一届政府和立法会产生办法的规定》产生,即由全国人民代表大会香港特别行政区筹备委员会负责筹组的由400人组成的香港特别行政区第一任政府推选委员会在当地以协商方式产生,或协商以后提名选举产生,报中央人民政府任命。

澳门特别行政区行政长官的产生办法与香港基本相同,但澳门特别行政区没有关于"根据循序渐进的原则,最终达到由普选产生"的规定;其选举委员会和推选委员会的人数比香港少得多。从1999年12月20日到2019年期间的第一、第二、第三、第四、第五任行政长官分别按照《全国人民代表大会关于澳门特别行政区第一届政府、立法会和司法机关产生办法的决定》和《澳门特别行政区行政长官产生办法》产生。

香港特别行政区和澳门特别行政区的行政长官任期为5年,均可以连选连任一次。

(四)行政长官的职权

根据基本法的规定,行政长官具有广泛的职权,概括起来主要有:

1. 执行基本法和依照基本法适用于特别行政区的其他法律的权力。基本法是全国人大依照宪法制定的在特别行政区内实施的宪法性法律,是特别行政区的立法基础。因此基本法的实施关系到特别行政区的繁荣、稳定和发展,负责执行基本法是行政长官的职责,行政长官本人必须遵守基本法并按照基本法管理特别行政区事务;行政长官还要监督和保证特别行政区的一切机关、团体和个人遵守基本法。此外,行政长官还应负责执行基本法所规定的香港和澳门的原有法律、特别行政区立法机关制定的法律。

2. 行政权。行政管理权和决策权是行政长官的主要职权之一。主要有:(1)领导特别行政区政府;(2)决定特别行政区的政策和发布行政命令;(3)主持行政会议;(4)处理请愿或申诉事项;(5)根据国家和特别行政区的安全或重大公共利益的需要,决定政府官员是否向立法会或其他所属委员会作证和提供证据;(6)临时拨款申请权和临时短期拨款批准权。

3. 与立法有关的职权。行政长官有权签署立法会通过的法案并公布法律;有权批准立法会提出的有关财政收入和支出的动议;行政长官如认为立法会通过的法律不符合特别行政区的整体利益,可在3个月内将法案发回立法会重议;行政长官如拒绝签署立法会再次通过的法案或立法会拒绝通过政府提出的财政预算案或其他重要法案,经协商仍不能取得一致时,行政长官在征询行政会的意见后可以解散立法会。

4. 人事任免权。行政长官提名并报请中央政府任命特别行政区主要官员,建议中央人民政府免除上述官员的职务;委任行政会议成员或行政会委员。行政长官有权依法定程序任免各级法院法官,依照法定程序任免公职人员。澳门特别行政区行政长官还可依照法定程序任免各级法院院长、法官和检察官;提名并报请中央人民政府任命检察长并建议中央人民政府免除检察长的职务;委任部分立法会议员。

5. 其他职权。行政长官还须执行中央人民政府就基本法规定的有关事务发出的指令;代表特别行政区政府处理中央授权的对外事务和其他事务;有权依法赦免或减轻罪犯的刑罚。

(五)行政会议(行政会)

为保障行政长官有效地行使职权,基本法规定设立协助行政长官决策、向行政长官提供咨询的智囊团机构。这种机构在香港特别行政区称作行政会议,而在澳门特别行政区称作行政会。

香港特别行政区行政会议的成员由行政长官从行政机关的主要官员、立法机关成员和社会人士中委任,其任免由行政长官决定,其任期应不超过委任他们的行政长官的任期,同时,他们必须是在外国无居留权的香港特别行政区永久性居民中的中国公民。

澳门特别行政区行政会的性质、地位、作用与香港行政会议相同,但其任职资格中,没有关于"外国居留权"的限制,《澳门特别行政区基本法》规定行政会由7至11人组成,每月至少要举行一次会议。

二、特别行政区的行政机关

特别行政区的行政机关即特别行政区政府,其首长为特别行政区行政长官。

(一)行政机关的组成

根据《香港特别行政区基本法》第 60 条的规定,特别行政区政府由政务司、财政司、律政司和各局、处、署组成。各司的主管官员为"司长";各局是有权拟订政策的部门,其主管官员为"局长";各处是负责执行行政事务而不拟订政策的部门,其主管官员为"处长";各署则是工作较有独立性质的部门,如廉政公署、审计署等,其主管官员称为"署长"或"专员"。

《澳门特别行政区基本法》第 62 条规定,澳门特别行政区设司、局、厅、处,其主管官员分别称作司长、局长、厅长、处长。澳门特别行政区的检察机关属于司法机关,不包括在行政机关内,这与香港特别行政区是不同的。

(二)行政机关主要官员的任职资格及任免程序

根据基本法的规定,香港特别行政区的主要官员包括各司司长、副司长、各局局长、廉政专员、审计署署长、警务处处长、入境事务处处长和海关关长。澳门特别行政区政府的主要官员包括各司司长、廉政专员、审计长、警察部门的主要负责人和海关主要负责人。

基本法对主要官员任职资格的规定是比较严格的,香港特别行政区的主要官员必须由在香港通常居住连续满 15 年并在外国无居留权的香港特别行政区永久性居民中的中国公民担任。澳门特别行政区的主要官员由在澳门通常居住连续满 15 年的澳门特别行政区永久性居民中的中国公民担任,主要官员在任职期内必须宣誓效忠中华人民共和国。

香港和澳门特别行政区政府的主要官员均由行政长官提名并报请中央人民政府任命,其免职也由行政长官向中央人民政府提出建议。

(三)特别行政区政府的职权

根据《香港特别行政区基本法》第 62 条和《澳门特别行政区基本法》第 64 条的规定,特别行政区政府行使下列主要职权:(1)制定并执行政策;(2)管理各项行政事务;(3)办理基本法规定的中央人民政府授权的对外事务;(4)编制并提出财政预算、决算;(5)拟定并提出法案、议案、附属法规;(6)委派官员列席立法会会议听取意见或者代表政府发言。除此之外,特别行政区政府还依法管理境内属于国家所有的土地和自然资源;负责维持社会治安;自行制定货币金融政策并依法管理金融市场;经中央人民政府授权管理民用航空运输;经中央人民政府授权在境内签发特别行政区护照和其他旅行证件;对出入境实行管制等。

三、特别行政区立法会

(一)立法会的性质、产生和任期

特别行政区立法会是特别行政区的立法机关,它拥有广泛的立法权限,包括制定刑法、民法、诉讼法等重要的法律,因此立法会的立法权是特别行政区高度自治权的表现。

香港特别行政区立法会由选举产生,根据1990年颁布的《香港特别行政区立法会的产生办法和表决程序》以及第七届全国人大第三次会议通过的《关于香港特别行政区第一届政府和立法会产生办法的决定》的规定,立法会议员由60人组成,第一、二届立法会由功能团体选举、选举委员会选举和分区直接选举三种方式产生,从第三届起,立法会不再有由选举委员会选举的议员。1996年3月24日全国人民代表大会香港特别行政区筹备委员会决定设立香港特别行政区临时立法会,由第一届政府推选委员会全体委员选举产生的60名议员组成,其工作至香港特别行政区第一届立法会产生为止。香港立法会议员的任期,第一届为2年,以后每届均为4年。2010年4月政府向立法会提交新的政改方案,建议将第五届立法会的议席由60席增至70席,方案于6月获得立法会通过。2012年第五届立法会成立,由70名议员组成。在新增的10个议席中,5名议员由地方选区选出,5名议员由新增的区议会(第二)功能界别选出。2021年3月30日第十三届全国人大常委会第二十七次会议修订了《香港特别行政区立法会的产生办法和表决程序》,立法会议员由70席增至90席,其中选举委员会选举的议员40人,功能团体选举的议员30人,分区直接选举的议员20人。

澳门特别行政区立法会的议员采用直接选举、间接选举和委任三种方式产生,并逐届增加直选议员的比例。第一届立法会由23名议员组成,任期到2001年10月15日。第二届和第三届分别为27名和29名,任期均为4年。2009年10月16日第四届立法会由29名议员组成,其中直接选举议员12人,间接选举议员10人,行政长官委任议员7人。根据修订的《澳门特别行政区立法会选举法》,2013年第五届立法会直接选举产生的议员由12名增加至14名;间接选举产生的议员由10名增加至12名;委任议员维持7名。2017年10月16日,澳门特别行政区第六届立法会展开为期4年的任期。第一次全体会议中,贺一诚高票当选立法会主席,33名立法会议员宣誓就任。2021年10月16日,澳门特别行政区第七届立法会展开为期4年的任期,高开贤当选立法会主席,33名议员在特别行政区长官贺一诚的监督下宣誓就职。

(二)立法会的议员资格

《香港特别行政区基本法》第67条规定,香港特别行政区立法会由在外国无居留权的香港特别行政区永久性居民中的中国公民组成。但非中国籍的香港特别行政区永久性居民和在外国有居留权的香港特别行政区永久性居民也可以当选为香港特别行政区立法会议员,其所占比例不得超过立法会全体议员的20%。

《澳门特别行政区基本法》第68条规定,澳门特别行政区立法会议员由澳门特别行政区永久性居民担任。同香港相比,没有"国籍"和"在外国无居留权"的限制。

(三)立法会的职权

根据《香港特别行政区基本法》和《澳门特别行政区基本法》的有关规定,特别行政区立法会的职权主要有以下几个方面:

1. 立法权。根据基本法的规定,特别行政区立法会有权依照基本法的规定和法定的程序制定、修改和废除法律。立法会制定的法律须由行政长官签署、公布方有法律效力,并须报全国人大常委会备案。如果全国人大常委会认为特别行政区制定的法律不符合基本法关于中央管理的事务及中央和特别行政区的关系的条款时,在征询基本法委员会的意见后,可将法律发回,法律一经发回,立即失效。

2. 财政权。香港特别行政区立法会有权根据政府的提案,审核、通过财政预算;有权批准税收和公共开支。澳门特别行政区立法会有权审核、通过政府提出的财政预算案;审议政府提出的预算执行情况报告;有权根据政府提案决定税收,批准由政府承担的债务。但立法会通过的财政预算案须由行政长官签署并由行政长官报送中央人民政府备案。

3. 监督权。立法会有权听取行政长官的施政报告并进行辩论;对政府工作提出质询;就公共利益问题进行辩论。

基本法规定,行政长官如有严重违法或渎职行为而不辞职,可以进行弹劾。香港特别行政区立法会全体议员的 1/4 以上,澳门特别行政区立法会全体议员的 1/3 以上可以提出弹劾联合动议。动议经立法会通过以后,立法会应组成调查委员会进行调查,如调查以后认定有足够的证据证明行政长官有严重违法和渎职行为,立法会以全体议员 2/3 多数通过,可以提出弹劾案,报请中央人民政府决定。

4. 其他职权。立法会有权接受当地居民的申诉并进行处理,香港立法会还有权同意终审法院法官和高等法院首席法官的任免。

四、特别行政区的司法机关

《香港特别行政区基本法》和《澳门特别行政区基本法》均设专节规定司法机关。由于香港属普通法系地区,因而香港的司法机关只有法院,检察机关则作为行政机关的一部分。澳门属大陆法系地区,因此,澳门的司法机关除法院外,还包括检察机关。

(一)香港特别行政区的司法机关

《香港特别行政区基本法》第 80 条规定:"香港特别行政区各级法院是香港特别行政区的司法机关,行使香港特别行政区的审判权。"

按照《香港特别行政区基本法》的规定,除因设立香港特别行政区终审法院而产生变化外,香港原有的司法体制基本不变。但为了行使终审权,必须对原有的法院系统进行适当调整。根据《香港特别行政区基本法》第81条的规定,香港特别行政区设立终审法院作为最高法院;将原香港最高法院更名为高等法院,仍设上诉法庭和原讼法庭;将原地方法院更名为区域法院;原裁判司法庭和其他专门法庭仍予以保留。

关于法官的任职资格和任免程序,《香港特别行政区基本法》也作出了新的规定。法官的任用,应根据其本人的司法和专业才能选用,并可以从其他普通法适用地区聘用。终审法院和高等法院的首席法官必须由在外国无居留权的香港永久性居民中的中国公民担任。法官的任命,应根据当地法官和法律界及其他方面知名人士组成的独立委员会推荐,由行政长官任命。法官的免职,只有在法官无力履行职责或行为不检的情况下,行政长官才可能根据终审法院首席法官任命的不少于3名当地法官组成的审议庭的建议予以免职;终审法院首席法官只有在无力履行其职责或行为不检的情况下,行政长官才可任命不少于5名当地法官组成的审议庭进行审议,并根据审议庭的建议予以免职。终审法院法官和高等法院首席法官的任免还须行政长官征得立法会同意,并报全国人大常委会备案。

(二)澳门特别行政区的司法机关

澳门特别行政区法院行使审判权,根据《澳门特别行政区基本法》的规定,法院独立进行审判,只服从法律,不受任何干涉;法官履行审判职责的行为不受法律追究。

澳门特别行政区法院的设置,基本保留原有司法体制。由于澳门属于大陆法系地区,其法院分为普通法院和行政法院两套平行的法院系统,对此,《澳门特别行政区基本法》仍予以保留,在普通法院之外仍设行政法院,管辖行政诉讼和税务诉讼的案件。《澳门特别行政区基本法》规定,不服行政法院的判决可向中级法院上诉。澳门的普通法院原称"澳门法院",为隶属于里斯本中级法院的初级法院,对其判决不服可以上诉于里斯本中级法院直至葡萄牙最高法院。澳门回归后,澳门特别行政区享有终审权,因此,必须对原有普通法院进行适度调整。为此,《澳门特别行政区基本法》第84条规定,澳门特别行政区设初级法院、中级法院和终审法院三级,其中终审法院是行使终审权的法院。

根据澳门司法体制的特点,《澳门特别行政区基本法》规定,法官的选任以其专业资格为标准,符合标准的外籍法官也可聘用,但终审法院的院长必须由澳门特别行政区永久性居民中的中国公民担任。关于法官的任命,《澳门特别行政区基本法》规定,各级法院法官根据当地法官、律师和知名人士组成的独立委员会的推荐,由行政长官任命。关于法官的免职,《澳门特别行政区基本法》规定,法官只有在无力履行职责或行为与其所在职务不相称的情况下,行政长官才可根据终审法院院长任命的不少于 3 名当地法官组成的审议庭的建议予以免职,终审法院法官的免职由行政长官根据立法会议员组成的审议委员会的建议决定。终审法院法官的任免须报全国人大常委会备案。法官在就职时必须宣誓效忠特别行政区和《澳门特别行政区基本法》,终审法院院长还须宣誓效忠中华人民共和国。

一、前沿问题

1. 关于立法权与立法体制

(1) 关于立法权。根据《宪法》和《立法法》的规定,立法权在我国应有广义和狭义两种理解。宪法使用的是狭义立法权,即国家立法权,其主体是全国人民代表大会及其常务委员会。《立法法》使用的是广义的立法权,包括国家立法权,行政法规、地方性法规、自治条例、单行条例、国务院部门规章和地方政府规章的立法权,其主体具有多样性和多层次性的特点。本书认为,狭义的立法权概念能较好地反映最高国家权力机关在立法上的地位,广义的立法权则能较好地反映我国立法权的配置状况。

(2) 关于立法体制。立法体制历来是宪法学研究中的重点课题,这是由立法的性质及其对政治体制的深远影响所决定的。我国法的形式的多样性和多层次性,决定了我国立法体制的复杂性。有关立法体制的研究,主要涉及以下几个方面的问题:一是关于我国立法体制的描述;二是关于立法权限的划分;三是关于立法体制的完善。

第一,关于我国立法体制的描述。宪法学和立法学尚没有对我国立法体制进行完整的描述。本书认为,立法体制涉及立法主体、立法权限、立法方式、立法过程、立法监督等许多问题,没有对我国立法体制完整的描述实际上是对上述问题缺乏系统把握的理论反映。我国的立法体制是以全国人大及其常委会的立法权为核心,由中央立法和地方立法所组成,以授权立法为补充,以立法解释和立法监督为保障的两级多层次的立法体制。

第二,关于立法权限的划分。立法权限的划分是宪法学界备受关注的话题,主要集中在三个方面:全国人大和全国人大常委会的立法权限的划分;人民代表大会和政府之间的权限划分;中央和地方立法权限的划分。

针对现行宪法有关全国人大和人大常委会立法的规定,对全国人大常委会应当行使的立法权力,学者们有"扩大说"和"缩小说"两种不同的观点。"扩大说"认为仅靠全国人大来解决立法急需的问题既不现实也不经济,要扩大全国人大常委会的立法权,赋予它"制定和修改其他的基本法律"的权限。扩大全国人大常委会的立法权可以通过三种方式:全国人大通过授权来确认、通过宪法修正案予以规定以及在《立法法》中加以确认,并建立与全国人大常委会平级的宪法监督委员会来监督人大常委会的立法工作。"缩小说"认为全国人大常委会经常并宽泛地行使立法权易使法律的民意基础大打折扣,并且有"违宪"之嫌,使全国人大作为最高立法机关的最高性、统一性和权威性受到了挑战,因此对全国人大制定的"基本法律"和"其他基本法律"应作明确的界定,对于全国人大常委会可以"部分补充和修改全国人大制定的法律"的"补充和修改"也应有一定的界限和标准。因此有学者提出两个标准:一是不得修改法律的指导思想、基本原则,也不能修改根本性的条文;二是部分修改应有数量标准,全国人大常委会对基本法律的修改不能把它修改得面目全非。也有的学者提出应明确以"不得同法律的基本原则相抵触"为标准,既包括明示原则,也包括默示原则,还包括法律的指导思想和基本任务。

对权力机关和行政机关立法权限的划分,首先涉及行政立法的性质这一基本问题。一部分学者认为它是行政权,因为国家的权力分工决定了政府行使的只能是行政权,其立法职权来自全国人大以宪法形式的授予,而不是固有的立法权。也有部分学者认为行政机关行使的就是立法权,即授权立法权,其根据是国务院有权根据宪法和法律制定行政法规,这是全国人大及其常委会对国务院以特别授权形式赋予的部分立法权。这个问题的争论涉及对立法权性质的认定以及职权立法和授权立法相关概念的辨析,本书认为判断一个国家机关是否具有立法权,不仅要看它是否有制定法律的相关行为,还要结合机关本身的性质及其在国家机关体系中所处的地位来综合考察。行政机关根据宪法制定行政法规、规章的行为和根据特别授权立法的行为存在着根本的不同,不能将行政机关根据宪法制定行政法规和规章的行为归为授权立法。

关于国务院和全国人大及其常委会在立法权限上的划分,学术界也存在着三种不同的观点:一是主张加强权力机关的立法,要明确规定行政立法的职权范围,未规定的权力则由权力机关行使;二是主张强化行政立法,除法律规定的权力机关的专属立法权之外,其余的都可以行政立法;三是在权力机关和行政机关立法权的划分上,适当向权力机关集中,但也要充分发挥行政机关的立法功能。综观上述三种观点,每一种说法都有其理论渊源和现实依据。但任何理论的讨论都要为现实服务,立足于我国的国情。在改革开放初期,为了适应社会的发展一度出现过行政机关立法占主导地位的局面,但要真正实现依法治国、克服长期以来的部门保护主义的不良倾向,必须将行政机关的立法工作纳入法治的轨道,实现和权力机关立法的协调统一并加强对国务院行政立法的监督。

对于中央和地方立法权限的划分,首先涉及关于地方有无立法权的争论。肯定说认为立法权包括国家立法权、地方立法权和委托立法权等,可以合法地进行立法的机关当然具有立法权,并因此认为地方有立法权。否定说认为立法权是全国人大及其常委会的一项专有职权,地方并不享有独立、完整的立法权,在立法上的权力只能为"立法规权"。从广义的立法权看,承认地方享有一定程度的立法权,不仅有理论的和法律的依据,也是现实发展所需,但明确中央和地方在立法权限上的划分则是问题的关键所在。在单一制国家明确中央和地方的立法权限,应以明确中央的立法权限为前提,在中央专属立法权之外的领域,地方应有立法权。《立法法》第72条就明确赋予了地方立法的权限,这也是为了进一步对中央与地方的权力分配进行优化,中央没有办法直接对于各个地方的所有事务进行全面监管,这就需要地方权力机关针对本地区的实际发展情形而作出合适的立法、执法与司法。这同样也是为了更好推进地方管理制度的完善。

第三,关于我国立法体制的完善。有关立法体制完善的主张和见解,可以说是众说纷纭,这里不再一一介绍。本书认为,完善我国的立法体制主要涉及三个方面的问题,一是加强立法的民主性;二是在进一步明确立法权限的基础上完善立法程序;三是加强立法监督,对立法违宪和立法违法进行必要的处罚。

2. 关于人大的监督权

人大的监督权,主要是指人民代表大会及其常务委员会对其他国家机关实行监督和督促的职权。近年来学者们对人大监督的主体、对象、特征、存在的问题以及完善等进行了讨论,主要涉及以下几个方面的问题:

(1) 关于人大监督权主体的范围。依据宪法规定,人大监督权的主体是各级人大及其常委会。学者们根据实践的需要就是否扩大人大监督权主体的范围进行了讨论,形成了两种观点:一种观点认为人大专门委员会、人大代表、委员长会议或主任会议也是监督权的主体;一种观点认为上述机关或人员不是监督主体,完整意义上的监督权只能由人民代表大会及其常委会行使。人大监督权的主体只能是各级人民代表大会及其常委会,上述机关或人员不能行使人大监督权,但可以在人大监督制度上和实践中留有更多的发挥作用的空间。

(2) 关于人大监督的对象。毫无疑问,从我国宪法体制上看,一切国家机关,包括人大常委会、下级人大及其常委会都是人大监督的对象。关于人大监督的对象,宪法学讨论比较多的问题主要有以下几个:一是人大能否监督党组织和社会组织、个人;二是人大对法院的个案监督。

关于人大监督的对象能否包括任何组织或个人的问题,主要有三种观点:第一种观点认为人大监督的对象不包括一般公务人员和普通公民,政务类公务员是人大监督的对象,而业务类公务员不是人大监督的对象,只能由行政首长或行政监察机关监督;第二种观点认为社会组织和个人属于人大监督对象的一部分;

第三种观点认为人大能否监督组织和个人不能简单地肯定或否定,要从不同的视角分析这个问题:从职能监督来看,人大监督是指对各类国家机关及其工作人员的监督,不包括对上述对象的监督;但从法律监督来看,人大监督的对象应包括政党、社会组织和个人。从宪法规定的人大监督权来看,其监督对象应该是国家机关,但从人大的性质、宪法监督和法律监督的角度看,一切社会团体和公民个人都应该接受人大的监督。

关于人大对法院的个案监督问题是宪法学的热门话题之一,学者们对此的讨论较多,主要有赞成和反对两种意见:① 赞成个案监督的理由在于:有充分的宪法依据和法律依据,《宪法》第 41 条和《地方组织法》第 50 条都有相应的规定;是促进法院公正司法的必要手段;是对法院独立行使审判权的支持,有利于法院依法办案。② 反对的理由在于:个案监督没有充分的法律依据,使人大陷于具体事务,削弱了其全局性作用的发挥;有损人大的权威和地位,混淆了国家权力机关和具体职能部门的职责;将正常的程序闲置,造成相应的机构、人员、程序的浪费;所得的监督效果与所投入的监督资源不相称,不符合经济与效率的原则。人大对法院的个案监督符合我国人大制度的宪法体制的基本精神,其宪法依据充分。关键问题是如何在人大进行个案监督的同时,保证法院独立行使审判权。

(3) 关于如何完善人大的监督制度问题。学者们对此提出了许多不同的对策和建议,主要集中在以下几个方面:第一,在认识上,提高对人民代表大会监督的认识,确立监督责任,人大代表增强监督法制观念,从"要我监督"向"我要监督"转变;也有学者就人大监督中的政治文化冲突问题进行了研究,提出加强人大监督工作的当务之急是切实增强主流文化对人们政治思想的影响力,消除落后的传统文化和西方政治文化对人们思想意识的负面影响。第二,在机构上,设立专门的监督机构,有学者建议设立人大监督委员会,完善监督机制。第三,在人员上,提高各级人大及其常委会的人员素质,可以引进竞争机制,弱化人员的荣誉感,强化责任感;建立人大监督专员制度。第四,在方法上,针对不同对象采取不同的监督方法,建立人大监督与案例审定发布制度,健全人大监督工作程序制度。

3. 关于国家元首

自现行宪法恢复设置国家主席以来,对国家元首问题的介绍和研究一直是我国宪法学关注的问题,内容涉及国家元首的概念、性质、类型、职权以及我国元首制度的完善等方面。其中具有学术前沿意义的主要有以下三个问题:

(1) 关于现行宪法恢复设置国家主席的意义。对此,学者们的评价是:符合中国的政治传统,有利于国家机关的合理分工,并初步建立了我国的元首制度。在此基础上,鉴于现行宪法对国家主席的规定与 1954 年《宪法》的规定有了很大的不同,本书认为现行宪法对国家主席的规定不是简单地恢复 1954 年《宪法》的规定,而是一种旨在防止国家权力过分集中于国家元首的新的制度设计。这一点,在我国政治体制下尤其具有意义。

(2) 关于我国国家元首的性质和类型。有关方面的研究,主要集中在我国国家元首是个人元首还是集体元首的问题上。一种观点认为,我国国家元首是集体元首,由国家主席和全国人大常委会联合行使国家元首职权。这种观点源于刘少奇同志关于"我国是集体国家元首"的论断,是多数学者和宪法学教科书一般所持的观点。另一种观点认为,我国国家元首是个人元首,国家主席是我国的元首。其理由是全国人大、全国人大常委会、中央军委和国家主席都在一定程度上行使了一般意义上的国家元首的部分职权,按照前一种观点的逻辑,上述主体都应成为集体元首的组成主体,而不只是由国家主席和全国人大常委会构成我国的集体元首。本书同意我国国家元首是个人元首、国家主席是我国元首的观点。本书认为,从比较宪法的角度看,很难从职权上将国家元首与其他国家机关区别开来。作为一个国家机关,国家元首的基本特征有两个:一是国家元首是一个国家机关,具有国家机关的属性;二是国家元首应具有对内对外代表国家的职能属性。因此,法定的对内对外代表国家的国家机关是由一个人组成,还是由一个集体或者由几个国家机关组成,才是判断一国国家元首是个人元首或集体元首的标准。同1954年《宪法》规定的国家主席职权相比,现行宪法规定的国家主席不享有实质性的国家权力,是一种虚权元首。

(3) 关于我国国家元首制度的完善。有学者指出,我国的元首制度存在对国家主席定性不明确、国家副主席地位界定不清、选举条款不全、年龄资格没有上限、职责规定过于分散等不足,并建议通过修改宪法或制定《国家元首法》予以完善。本书认为,现行宪法规定的国家主席制度,总体上看还是比较完备的,学者指出的上述不足,有些是观念上的问题而不是制度上的问题。从制度层面上看,需要完善的主要有两个方面:一是要明确规定国家主席对内对外代表国家;二是要更全面地规定主席与副主席的关系。

4. 关于行政机关的职权和责任制

(1) 关于行政机关的职权。国务院的职权是现行宪法中予以明确规定的,所不同的是学者们归纳表述上的区别。有的将其概括为行政立法权、行政管理权、监督权和提起议案权四个方面;有的在此基础上加了行政领导权、人事任免权和最高国家权力机关的其他授权。也有的总结为行政措施和行政法规制定权,提出议案权,对所属部、委和地方行政机关的领导和监督权,领导和管理各项行政工作权,重大问题决定权以及最高国家权力机关授予的其他职权等六个方面。对地方行政机关的职权,一般是分县级以上的地方各级人民政府的职权和乡镇人民政府的职权两个层次来分析的。总的来看,宪法学对我国政府职权、政府体制、中央政府与地方政府的职权划分等的研究不是很深入。

(2) 行政机关的责任制。根据《宪法》的规定,我国行政机关实行首长负责制，具体是在国务院实行总理负责制，各部、委员会实行部长、主任负责制，地方各级人民政府分别实行省长、市长、县长、区长、乡长和镇长负责制。行政机关行政首长负责制是宪法学长期关注的问题，有关研究主要涉及三个方面：一是关于行政机关实行首长负责制的意义；二是关于行政机关首长负责制的含义；三是关于行政机关首长负责制的完善。

关于行政机关实行首长负责制的意义，学者们一般认为，现行宪法规定行政机关实行首长负责制的意义，主要在于有助于提高行政效率。本书认为，现行宪法规定行政机关实行首长负责制是我国政府体制的一次重大变革，对于建立责任政府和法治政府具有重要意义。

关于行政机关首长负责制的含义，学者们的表述存在着一些差异，但行政首长的主导地位和应承担的责任则是该概念和该制度的核心问题。就行政首长的主导地位而言，根据宪法和有关法律的规定，主要表现在三个方面：一是行政首长全面领导和主持行政机关的工作；二是行政首长签署行政机关的决定、决议、命令和规范性文件；三是行政首长对行政机关的工作人员具有一定的人事任免权。就行政首长的责任而言，应涉及两个方面的问题：① 关于行政首长就行政机关的哪些事项对谁负责的问题。关于这一点，宪法学的研究涉及较少。本书认为，在我国宪法体制下，行政首长对谁负责的问题可分为三种情形：一是政府首长就政府职权范围内的事项对同级权力机关负责；二是政府首长就政府职权具有上下级隶属关系的事项对上级政府负责；三是政府部门首长就本部门职权范围内的事项对本级政府或政府首长负责。② 关于行政首长的责任形式问题。有学者认为，行政首长的责任主要有政治责任、法律责任和人身责任三种。政治责任，即承担由于行使行政职权而引起的政治后果；法律责任，即根据宪法和法律规定应承担的责任，如报告或汇报工作、回答质询、引咎辞职或被罢免；人身责任，即通过司法机关追究行政首长的刑事责任。本书认为，行政首长负责制的责任形式应根据其对谁负责来确定，不可泛泛而论。行政首长的责任形式大体上可分为政治责任和行政责任两种。政府首长对同级人大所负之责，是政治责任；政府首长对上级政府、政府部门首长对本级政府所负之责，属于行政责任。至于行政首长的政治责任和法律责任如何实现，则有待于理论研究的深入和有关制度的完善。不过从总体上看，我国行政首长负责制具有一些委员会制的因素，还不是完全意义上的首长负责制。

关于行政首长负责制的完善，学者们的主张主要集中在两个方面：一是主张强化行政首长的权威，明确地赋予行政首长行政权力，真正做到行政首长的权责一致。二是加强对行政首长的监督，防止其滥用职权、贪污腐败和行政官僚主义。本书认为，我国行政首长负责制的完善必须正视三个方面的问题：其一，要明确完善的目标。我国的首长负责制，尚处于从委员会制向首长个人负责制过渡的阶段,行政机关的一些重大决策主要还是由集体决定的。从现代政府体制发展的趋势看,应将完善目标确立为行政首长的个人负责制。其二,要确立行政首长在行政机关内的绝对权威,而做到这一点的关键是赋予行政首长真正的"组阁权"。其三,要明确行政首长的责任及其实现方式。

5. 关于政府机构改革

从新中国成立到1998年以前,我国政府机构进行了六次比较大的调整,1998年开始的新一轮政府机构改革受到了广泛关注,被称为"第七次革命"。基于深化行政管理体制改革、进一步转变政府职能的目标,国务院相继于2008年、2013年、2018年多次进行了机构改革。宪法学围绕政府机构改革进行了大量的学术研究,主要集中在以下几个方面:

(1) 关于政府机构改革的宪法和法律依据。政府机构改革是国家政治生活和社会生活的重大事情,要有相应的法律依据,首先是要有宪法上的依据。学者们指出,我国宪法为政府机构改革提供的依据主要是:宪法确认改革是我国的基本国策;规定了国家机构改革的基本要求,即一切国家机关实行精简的原则,实行工作责任制,实行工作人员的培训和考核制度,不断提高工作质量和工作效率,反对官僚主义。本书认为政府机构改革不仅要有宪法依据,而且改革的方式、步骤、目标都要有相应的法律依据。1998年的国务院机构改革,在有关方面就是做得比较好的一次。

(2) 关于政府机构改革存在的主要问题。学者们认为,我国政府机构改革存在的主要问题有:政府机构设置和职责划分不够科学,职责缺位和效能不高的问题凸显;机构庞大,人浮于事等仍未从根本上得到解决。政府机构改革出现上述问题的关键在于改革没有深入到政府职能转变这个核心。

(3) 政府机构改革的要求。关于政府机构改革的要求,学者们主要有以下几个方面的见解:其一,建立适应社会主义市场经济的行政管理体制,形成职责明确、依法行政的政府治理体系。其二,在行政组织方面,加强各级行政机关的机构、职能和编制的法律化、制度化。其三,在组成人员上,要建设高素质、专业化的行政管理干部队伍,进一步完善政府公务员制度。其四,完善政府行政管理方面的程序立法。本书认为,政府机构改革应以政府职能转变为核心,以效率、廉洁、法治为目标,以转变政府工作人员的观念和工作作风为手段,以完善有关方面的立法为保障分阶段地进行。

6. 关于我国的军事制度

现行宪法设置中央军事委员会后,军事制度的有关问题成为宪法学研究的一个领域。有关方面的研究主要集中在中央军事委员会设立的意义、我国的军事体制以及依法治军等几个问题。总的来看,有关研究还不够深入。

(1) 关于设立军事委员会的意义。学者们一般认为,现行宪法设立中央军事委员会对于军队国家化、党政分开和国家机关的合理分工具有积极意义。

(2) 关于我国的军事体制。有关军事体制方面的研究,相对来说是研究得比较多的一个方面,涉及军事统率权、军事行政权、军事立法权、军事司法权及其相关制度等问题,特别是军事法律、法规的制定权,学者们的观点还存在较大的分歧。本书认为,军事体制的核心问题是军事权的配置问题,中央军事委员会与全国人大及其常委会、国务院以及法院、检察院有关军事权力的配置关系应是研究的重点问题。

7. 关于监察体制改革

监察体制改革涉及我国的国家权力构造问题,是一场"牵一发而动全身"的深刻变革。改革方案公布伊始,宪法学界就对之表现出强烈关注,对改革的诸多难点重点予以分析。《宪法》的修改以及《监察法》的出台,一定程度上解决了部分问题,但仍存在理论与实践问题值得探讨。

(1) 关于《监察法》的宪法依据。宪法作为根本法,为法律之立法依据。考察我国多数立法,在第一条有"依据宪法,制定本法"之惯常表达,被视为在效力和精神上向宪法的靠拢,也成为立法正当性的表述。而《监察法》草案第一稿并未直言"依据宪法,制定本法",由此引发争议。本书认为,法律之宪法依据、正当性并非来源于上述八字,2018年《宪法修正案》为《监察法》提供了充实的宪法依据。

(2) 关于监察机关的性质。监察机关由多个部门的相关职能整合而成,故对其定性存在疑问。在《监察法》通过前,对监察委员会性质的表述主要有,"党统一领导下的国家反腐败工作机构""独立于一府两院的新型监察机关""履行监督执法职能机关"等。也有学者认为,国监委是"行使国家监察职能的专责机关"。《监察法》对之予以明确,将其定性为行使国家监察职能的专责机关,依照本法对所有行使公权力的公职人员(以下称公职人员)进行监察,调查职务违法和职务犯罪,开展廉政建设和反腐败工作,维护宪法和法律的尊严。监察委员会作为行使国家监察职能的专责机关,与党的纪律检查机关合署办公,从而实现党对国家监察工作的领导,是实现党和国家自我监督的政治机关,不是行政机关、司法机关。值得注意的是,"专责机关"与"专门机关"相比,不仅强调监察委员会的专业化特征、专门性职责,更加突出强调了监察委员会的责任,行使监察权不仅仅是监察委员会的职权,更重要的是职责和使命担当。

(3) 监察机关与其他国家机关的关系。监察机关与其他国家机关的关系特别是监察机关与人民代表大会的关系可谓监察制度改革的重中之重。《监察法》第3条规定,监察委员会依照法律规定独立行使监察权,不受行政机关、社会团体和个人的干涉。监察机关办理职务违法和职务犯罪案件,应当与审判机关、检察机关、执法部门互相配合,互相制约。第8条规定,国家监察委员会由全国人民代表大会产生,负责全国监察工作。国家监察委员会对全国人民代表大会及其常务委员会负责,并接受其监督。关于对人大代表的监察监督,本书认为,对人大代表的监督不是对人民代表大会的监督,监察机关行使监察权,不应也不宜把对人员的监察扩大到对机关的监察,进而违背人民代表大会制度的基本逻辑。

(4)关于对监察委员会的制约。任何权力都可能滥用,监察机关在对行使公权力的公职人员全覆盖监督的同时,会不会自身膨胀而导致腐化,是众多学者所关注的问题。按照"打铁必须自身硬"的要求,《监察法》从以下几个方面加强对监察机关和监察人员的监督:一是接受人大监督;二是强化自我监督;三是明确监察机关与审判机关、检察机关、执法部门互相配合、互相制约的机制;四是明确监察机关及其工作人员的法律责任。可见,《监察法》形成了对监察机关从内到外、由表及里、从实体到程序的多方位监督,但效果如何,有待实践的检验。

8. 关于民族区域自治制度

(1)民族区域自治制度的特点。民族区域自治不仅涉及地方相应国家机构的设置,而且是地方制度的重要内容,备受宪法学者的关注。民族区域自治是区域自治和民族自治的结合,是经济因素和政治因素的结合,这个制度是史无前例的创举。对民族区域自治的特点,学者们从不同的角度出发,得出的结论也不相同:有的从国家统一的角度,认为民族区域自治是在中央统一领导下依照宪法和有关法律行使自治权,管理内部事务;有的从自治机关的组成出发,认为民族区域自治的特征是由实行区域自治的民族的公民担任自治机关领导职务,在人员的配置上尽量照顾区域自治民族的公民和其他少数民族的人员,是民族区域自治和民族平等、民族团结的充分体现;有的从自治权的角度出发,指出区域自治的特征是自治机关不仅享有一般行政区域的职权,也享有广泛的自治权,自治机关行使职权具有双重性。民族自治和地方自治相结合是我国民族区域自治制度的基本特点。

(2)关于自治权及其行使。自治权是民族区域自治的核心,在对我国自治权的认识上学者们也有不同的看法。有的认为我国民族区域自治的自治权有四个特征:广泛性与局限性的统一、从属性与自主性的统一、单享性与众享性的统一、地域性与全局性的统一。也有的认为自治权的特征是:服从党和国家的领导、自主的双重性、广泛多变的实践性、地方独立行使性。

现实中有些民族区域自治地方的自治权行使得不太理想的现象,主要有以下几个方面的表现:自治区的自治条例至今未能出台,即使有自治州、自治县自治条例的出台,但由于自身的科学性及现实的影响,自治权很难落到实处;国家政策和《民族区域自治法》的关系尚待理顺,长期以来人们按政策办事的意识浓厚;存在上级国家机关的行政法规、规章侵犯民族自治权的现象;上级国家机关对民族区域自治地方的职责也需真正落实;民族区域自治地方没有在资源开发和共享问题上得到收益,经济落后成为制约自治权行使的主要障碍。因此,民族区域自治地方自治权的行使,是需要中央和地方、上级和下级、政府和民众之间的通力合作才能达到的目标。

(3) 关于《民族区域自治法》的修改与完善。作为我国民族区域自治基本法的《民族区域自治法》,是1984年颁布的,2001年第九届全国人大进行了修改。在对《民族区域自治法》修改的必要性和合理性的认识上,学者们普遍认为这是市场经济发展的必然趋势,经修订的自治法克服了当时实践条件和认识水平的缺陷,体现了法律民主性、公开性和科学性的要求,并把计划生育、资源开发保护、环境管理等这些敏感的问题增加进去。但学者们也指出了该法的一些不足:某些法律条文的规定过于原则粗疏,可操作性较差;缺乏对执行不力的罚则。在实践中总结经验、逐步完善配套法律,建立起民族区域自治的立法体系,对维护民族团结、平等以及各民族共同繁荣意义重大。

9. 关于特别行政区的相关问题

对特别行政区法律问题的研究,无论是在香港、澳门回归前夕还是回归之后,一直都是学者们关注和研究的热点。这其中涉及两种法律文化传统的交融等一系列问题,但中央和地方的关系则是问题的重点所在。

(1) 关于特别行政区和中央的关系。中央和地方的关系遵循"一国两制"的基本原则,但在具体细节上中央和特别行政区的关系还有待细化。学者们对"剩余权力说""未界定权力说""灰色地带说""零总和分配规律说""对等地位说"等这些违背"一国"前提和历史发展的观点提出了质疑,明确指出中央和特别行政区之间只能是单一制国家下中央和地方的关系,核心是权力关系,具体表现为:"领导与被领导、授权与被授权、监督与被监督的关系。"① 当然在"一国"前提下,我们必须明确的是较之普通行政地方、民族区域自治地方,特别行政区享有范围较广、程度较高的自治权。那么对中央、特别行政区各自行使权力的划分则是享有自治权的基础和核心,中央对特别行政区行使的权力是有节制的,必须在法律规定的范围内行使。对于中央能具体行使的权限学者们又有不同的见解,有的认为涉及国家统一、主权和领土完整的问题由中央管理,对国防、外交等国家行为特别行政区法院则无管辖权;也有的认为中央权力除了负责国防、外交事务外,还有任免监督权、决定权、批准权和授予权。

(2) 关于特别行政区的法律地位。特别行政区是我国单一制国家不可分离的一部分,是我国的一个地方行政区域,具有高度的自治权并且直辖于中央人民政府,这是学者们对特别行政区法律地位的共同认识。但同时也涉及特别行政

---

① 杨海坤主编:《跨入新世纪的中国宪法学——中国宪法学研究现状与评价》(下),中国人事出版社2001年版,第808页。

区在国际上的地位,这个问题由于香港的国际贸易、金融、港口的地位显得极为突出。针对香港以正式会员、准会员和中国代表团成员三种身份参与国际组织,并具有对外交往中相应权利义务主体的现象,学者们认为它以"中国香港"的名义享有准国际法主体的地位,但要受权力来源、范围、身份和权利义务的有限性这四个方面的限制。

(3) 关于特别行政区的政治制度。特别行政区的政治制度主要指的是行政长官、立法会和法院三者之间的关系。这其中包括以下几个问题的讨论:第一,特别行政区政治制度和法律制度的基本特点。香港回归后政治制度的变化是显而易见的,它结束了殖民主义统治体制,建立了坚持"一国两制"、符合香港实际的民主政治体制。对此变化学者指出,香港特别行政区的新宪制有两个特点:一是充分体现了"一国两制"的基本原则,二是体现了大陆法系和普通法系的交汇融通。澳门特别行政区政治体制的特点,则是现代民主制中总统制和半总统制的混合体,与原有政制的本质区别是主权和治权的统一,民众有更大的民主参与性,集中表现则是:选举协商产生,中央任命,立法会维持原有制度,直接选举议员比例逐步扩大以及司法独立。对于香港和澳门这两个特别行政区之间政治体制的异同,学者们也进行了比较,它们都与原有政治体制有着千丝万缕的联系,在三权分立、司法独立等方面有着一定的相似性,但具体的机关组成以及机关之间的关系等又有着很大的差异。第二,国家机关之间的关系。由于香港特别行政区行政首长的法律地位,学者们认为香港的政治体制是独具香港特色的行政主导制,行政机关与立法机关互相制衡又互相配合,司法独立。对于特别行政区政府和立法会之间的关系,学者们认为基本正常,但特别行政区政府主守、政党主攻的政治困局尚待解决,关键是要落实基本法的行政主导体制。

(4) 关于特别行政区的有关法律问题。特别行政区的有关法律问题的研究和讨论,主要涉及以下几个方面的问题:第一,关于宪法在特别行政区的适用、效力以及冲突的解决。由于特别行政区实行的是不同于内地的资本主义制度,这必然会涉及作为社会主义性质的宪法在特别行政区的适用、效力问题。宪法作为一个整体适用于特别行政区,是由宪法的根本法地位所决定的;但也要考虑到特别行政区的具体情况。适用于特别行政区的条款主要包括:宪法关于维护国家主权和领土完整的规定;同"一国"有关的涉及国家主权的宪法条款;有关中央国家机构的条款。不适用的主要包括:涉及社会主义制度和政策的条款;被基本法相关条款所取代的条款。除了不适用以外,特别行政区还可以对宪法的一些具体条款变通适用。第二,关于特别行政区基本法的立法依据。对基本法的制定依据,学术界主要有"事实依据说""政策依据说""联合声明说""宪法第31条依据说"以及"宪法依据说"等五种观点。无论哪种观点都有一定的合理性,但必须明确制定特别行政区基本法的依据只能是宪法,《宪法》第31条的规定是这种依据的直接体现,基本法和其他法律的关系是中央法律和地方性法规的关系。基本法的性质:在法律本质上它是社会主义性质的法律,在法律位阶上它属于特别法、宪法性法律以及全国性的法律。第三,关于特别行政区基本法的解释权。有关这方面的问题,最先是由香港"无证儿童"案引发的,问题的根源在于我国内地是立法机关解释机制,在香港则是司法机关解释机制。该案涉及三个问题:香港终审法院有权自主地决定谁享有居港权;香港法院可以依照宪法对立法和行政政策进行司法审查;香港终审法院无权审查全国人大及其常委会的立法。有学者指出涉及与内地的管辖权有关的事务,应由香港特别行政区法院提请全国人大常委会作出解释,终审法院无权自行作出解释。也有学者建议应设立独立的协调机构,不宜由行政长官提请解释基本法。因此对解释权问题的解释不能采用"一刀切"的方法,既要考虑到我国中央的统一领导和权力机关的最高地位,又要照顾到特别行政区的法律传统。2016年11月,全国人民代表大会常务委员会通过了关于《香港特别行政区基本法》第一百零四条的解释,体现了上述法理。

二、参考文献

1. 徐秀义编著:《宪法学与政权建设理论综述》,北京理工大学出版社1990年版。

2. 夏勇、周健、徐高:《军事行政法律行为研究》,法律出版社1996年版。

3. 许崇德:《国家元首》,江苏人民出版社2016年版。

4. 〔英〕特伦斯·丹提斯等:《宪制中的行政机关》,刘刚等译,高等教育出版社2006年版。

5. 刘松山:《宪法监督与司法改革》,知识产权出版社2015年版。

6. 万国营:《审判权力运行机制改革研究》,人民法院出版社2018年版。

7. 熊文钊主编:《民族法制体系的建构》,中央民族大学出版社2012年版。

8. 杨静辉等:《港澳基本法比较研究》,北京大学出版社2017年版。

9. 马岭:《国家元首的元首权与行政权》,载《上海政法学院学报》2012年第3期。

10. 王建学:《论地方政府事权的法理基础与宪法结构》,载《中国法学》2017年第4期。

11. 张翔:《中国国家机构教义学的展开》,载《中国法律评论》2018年第1期。

12. 张翔:《我国国家权力配置原则的功能主义解释》,载《中外法学》2018年第2期。

13. 程庆栋:《论设区的市的立法权:权限范围与权力行使》,载《政治与法律》2015 年第 8 期。

14. 刘志刚:《地方人大及其常委会的立法权限界分》,载《法治研究》2016 年第 1 期。

15. 刘松山:《当代中国立法与政治体制改革关系的演变》,载《学习与探索》2012 年第 7 期。

16. 郭道晖:《党的领导与人大监督》,载《法学》2001 年第 3 期。

17. 马岭:《我国国家主席制度的规范与实践》,载《法学》2014 年第 4 期。

18. 翟志勇:《国家主席、元首制与宪法危机》,载《中外法学》2015 年第 2 期。

19. 刘茂林:《国家监察体制改革与中国宪法体制发展》,载《苏州大学学报(法学版)》2017 年第 4 期。

20. 冯江峰:《完善中央军事委员会的宪法规范》,载《中国宪法年刊》2016 年。

21. 周叶中:《论特别行政区制度的地位与作用》,载《政治与法律》2014 年第 1 期。

22. 邹平学:《论香港特别行政区制度的内容、特征和实施条件》,载《法学评论》2014 年第 1 期。

23. 黄明涛:《"最高国家权力机关"的权力边界》,载《中国法学》2019 年第 1 期。

24. 王贵松:《国务院的宪法地位》,载《中外法学》2021 年第 1 期。

三、思考题

1. 如何理解民主集中制原则?
2. 试述法治原则在国家机关组织和活动中的要求。
3. 为什么说全国人民代表大会是我国的最高国家权力机关?
4. 试述全国人大常委会的立法权。
5. 人大代表有哪些权利和义务?
7. 试述我国国家主席制度的特点。
8. 试述国务院总理负责制的含义和特点。
9. 谈谈你对司法制度改革的看法。
10. 谈谈你对监察体制改革的理解。
11. 如何进一步完善民族自治权?
12. 特别行政区司法制度有哪些特点?
13. 试述我国各级监察委员会在国家机构中的作用和地位。
14. 试述国家机构与国家机关之间的关系。
15. 人大如何对监察委员会实施监督?

第十二章　基层群众性自治组织

内容提要

基层群众性自治组织的概念,首次出现于现行宪法中,指的是依照有关法律规定,以城乡居民一定的居住地为纽带和范围设立,并由居民(村民)选举产生的成员组成的,实行自我管理、自我教育、自我服务的社会组织。基层群众性自治组织具有群众性、自治性和基层性等特点,有城市的居民委员会和农村的村民委员会两种组织形式。现行宪法设立基层群众性自治组织,对我国加强社会主义民主政治建设,进一步发展社会主义市场经济,完善基层政权以及城乡社区建设具有重要意义。

基层群众性自治组织是具有中国特色的一种自治制度,必将随着我国社会政治经济和文化的发展而发展。进一步完善居民(村民)的民主选举、民主决策、民主管理和民主监督制度,理顺与基层政权、党在农村和城市的基层组织的关系,是我国基层群众性自治组织和基层群众性自治制度发展的关键。

居民委员会是依法设立的我国城市的基层群众性自治组织。居民委员会由居民依法选举产生主任、副主任、委员5—9人组成,每届任期5年,其成员可连选连任。根据工作需要,居民委员会可设人民调解、治安保卫、公共卫生等委员会,还可设立居民小组。居民会议是居民自治的决策机构,由居民委员会辖区内18周岁以上的居民组成。宣传宪法、法律、法规和国家的政策,维护居民的合法权益,办理居住地区的公共事务和公益事业,调解民间纠纷,协助维护社会治安等是居民委员会的重要任务。

村民委员会是依法设立的我国农村的基层群众性自治组织。村民委员会由村民依法选举产生主任、副主任、委员3—7人组成,每届任期5年,其成员可连选连任。根据工作需要,村民委员会可设人民调解、治安保卫、公共卫生与计划生育等委员会,还可分设村民小组。村民会议是村民自治的决策机构,由本村18周岁以上的村民组成。宣传宪法、法律、法规和国家政策,维护村民的合法权益,办理本村的公共事务和公益事业,调解民间纠纷,协助维护社会治安等是村民委员会的重要任务。

第十二章 基层群众性自治组织

村民自治　基层群众性自治组织　基层政权　居民委员会　村民委员会　居民小组　村民小组　居民会议　村民会议　民主选举　民主决策　民主管理　民主监督　居民公约　村规民约

第一节　基层群众性自治组织概述

一、基层群众性自治组织的含义

基层群众性自治组织这一概念，在我国制宪史上首次见于现行宪法。《宪法》第111条规定："城市和农村按居民居住地区设立的居民委员会或者村民委员会是基层群众性自治组织。"然而，作为基层群众性自治组织的一种形式，居民委员会早在20世纪50年代就已经存在了。1954年通过的《城市居民委员会组织条例》规定："为了加强城市中街道居民的组织和工作，增进居民的公共福利，在市辖区、不设区的市的人民委员会或者它的派出机关指导下，可以按照居住地区成立居民委员会。居民委员会是群众自治性的居民组织。"可见，现行宪法使用的基层群众性自治组织的概念来源于居民委员会及其实践，是在对它进一步发展和抽象的基础上形成的。

根据《宪法》《村民委员会组织法》和《居民委员会组织法》的规定，以及现行宪法实施以来我国城乡基层社会组织建设的实际情况，基层群众性自治组织指的是依照有关法律规定，以城乡居民（村民）一定的居住地为纽带和范围设立，并由居民（村民）选举产生的成员组成的，实行自我管理、自我教育、自我服务的社会组织。基层群众性自治组织具有以下几个方面的特点：

1. 基层群众性自治组织是一个群众性的社会组织，不同于国家政权组织和其他政治、经济等社会组织。国家政权组织是建立在一定行政区划范围内的，以实现国家职能为目的的社会政治组织；其他政治、经济组织是基于特定的政治、经济目的而建立的社会组织。基层群众性自治组织是以居民（村民）的居住地为联结纽带，基于一定居住地范围内居民（村民）社会生活的共同需要而建立，目的是解决居住地范围内的公共事务和公益事业方面的社会问题，如社会治安、公共卫生等。它既不是以行政区划为基础设立的，也不具有特殊的政治、经济目的，因而是群众性的社会组织。作为群众性的社会组织，它也区别于按性别、年龄、职业、专业等组织起来的群众团体。

2. 基层群众性自治组织是一个具有自治性质的社会组织，自治是它最重要的特色。这种自治特色具体表现在:其一,从组织上看,基层群众性自治组织既不从属于也不依赖于居民(村民)居住地范围内其他任何社会组织,具有自身组织上的独立性。其二,从它与它所在基层行政区域内的国家机关之间的关系来看,基层群众性自治组织独立于有关国家机关,不是它们的下属或下级组织。其三,从基层群众性自治组织内部来看,它是在居民(村民)自愿的基础上,通过自我管理、自我教育、自我服务等途径来实现自治的组织形式,自治的主体是居民(村民),因而不同于地方自治、民族自治等自治形式。其四,从自治的内容上看,基层群众性自治组织的自治,是在居住地区范围内全方位、综合性的自治,不像人民调解委员会等组织仅限于某一个方面的工作。

3. 基层群众性自治组织具有基层性的特点。基层群众性自治组织的基层性特点主要表现在两方面:一是从组织系统上看,无论是村民委员会还是居民委员会,都没有上级组织,更没有全国性、地区性的统一组织,不像工会、妇联等群众团体除有基层组织外,还有上级的地区性组织和全国性组织。基层群众性自治组织只存在于居住地区范围的基层社区。二是从自治内容上看,基层群众性自治组织所从事的工作,都是居民(村民)居住范围内社区的公共事务和公益事业。

二、宪法设立基层群众性自治组织的意义

现行宪法对基层群众性自治组织的规定,一方面是对自1954年城市设立居民委员会以来我国基层群众性自治组织建设经验的总结及其重要作用的认可,另一方面又是适应经济体制(特别是农村经济体制改革以及由此产生的对农村社会基层组织的性质和功能进行重新界定)和结构调整的需要而采取的重要举措。从立法上看,宪法的有关规定,确认了基层群众性自治组织的宪法地位,使之成为重要的宪法关系主体;奠定了基层群众性自治制度的宪法基础,从而为基层群众性自治组织的存在和有关法律的制定提供了宪法依据。宪法是国家根本法,任何宪法问题都不单是一个法律问题,宪法对基层群众性自治组织的规定,具有更为深远的政治、经济和社会意义。择其要者如下:

1. 宪法规定设立基层群众性自治组织,有助于加强社会主义民主政治建设。加强社会主义民主政治建设,是我国社会主义现代化建设的重要组成部分。社会主义民主就其基本方面而言,是人民对国家的管理,在我国是通过人民代表大会制度实现的。从这种意义上看,加强社会主义民主政治建设,就是要加强和完善人民代表大会制度建设。社会主义民主还要求人民广泛地参与管理社会经济和文化事务。《宪法》第2条第3款规定:"人民依照法律规定,通过各种途径和形式,管理国家事务,管理经济和文化事业,管理社会事务。"基层群众性自治组织就是人民群众管理基层社会事务和文化事业的组织形式,它通过基层群众

自治这种直接民主的途径实现对有关社会事务和文化事业的管理。此外，应该说明的是，基层群众性自治组织的主要特点是群众自治。作为最典型、最直接的民主形式，基层群众自治还可以进一步培养和增强居民(村民)的民主政治意识，训练和提高居民(村民)的民主能力。这也是社会主义民主政治的重要方面。可见，宪法对基层群众性自治组织的规定，有助于加强社会主义民主政治建设。因此，党的十九届四中全会《决定》在论及坚持和完善人民当家作主制度体系、发展社会主义民主政治时，明确指出要进一步健全充满活力的基层群众性自治制度。

2. 宪法规定设立基层群众性自治组织，实行基层群众性自治，有助于社会主义市场经济的建设和发展。这一点，在农村表现得尤为明显。作为基层群众性自治组织的村民委员会在农村的出现，是农村经济体制改革的产物。家庭联产承包责任制的推行，使家庭成为分散经营的主要形式，由此产生对公共服务、公共事业以及社会互助的社会需求。政社分开后，原来政社合一体制下的生产大队、生产小队已向单一的农村集体经济组织转化，它不应该也不可能具有满足这种新的社会需求的职能。因此在农村需要有新的社会组织形式来提供这种服务，村民委员会正是在这种情形下应运而生的。村民委员会的建立和村民自治的实行反过来又促进了农村经济的发展并有力地推动着经济体制改革朝着社会主义市场经济体制的目标发展。这主要表现在以下几个方面：其一，它有效地瓦解了政社合一的人民公社体制的基础，起到了巩固农村经济体制改革成果的作用。这是经济体制进一步改革的前提和出发点。其二，它弥补了农村社会基层组织功能调整后，社会化服务缺乏组织载体的不足，为农村经济组织成为市场经济主体提供了社会条件，满足了市场经济对农村经济组织的主体要求。其三，更为关键的是它在农村基层政权与农村经济组织之间建起了一个缓冲地带。一方面，可以在一定程度和范围内防止基层政权直接干涉农村经济组织的经营管理，另一方面还可以帮助农村经济组织建立应有的自信，摆脱对政府的盲目依赖。这一切都是社会主义市场经济体制所必需的。所以说宪法规定设立基层群众性自治组织有助于社会主义市场经济的建立和发展。

3. 宪法规定设立基层群众性自治组织有助于加强基层政权的建设。在宪法没有规定设立基层群众性自治组织以前，基层政权同城乡社会基层组织之间没有明确的界限。在城市，尽管1954年的《城市居民委员会组织条例》明确规定"居民委员会是群众自治性的居民组织"，但居民委员会仍然是城市基层政权及有关派出机关在社会管理方面伸向基层社区的触角。在农村的公社体制下，作为社会基层组织的生产大队、生产小队，在经济上是人民公社集体经济下的独立核算的经济单位，但公社拥有对它们进行"一平二调"的职权，因而是公社的下级经济单位。与此相应，在行政上则成为公社的下级行政组织。基层群众性自治组织建立后，基层政权和基层群众性自治组织在宪法上有了明确的界限，从而确定了基层政权建设的范围。宪法规定设立基层群众性自治组织,有助于基层政权建设目的的实现。基层政权建设,无论是组织方面的建设,还是职权方面的建设,其目的都是为了有效地实现基层政权的国家职能。基层群众性自治组织通过群众性自治从事了许多基层社区的服务工作,减轻了基层政权服务职能的负担,并为基层政权进行社会管理创造了良好的社会条件。此外,基层群众性自治组织的设立还为基层政权的民主建设,如民主监督机制的建立,提供了一定的社会基础。

4. 宪法规定设立基层群众性自治组织有助于提升基层社会治理水平。基层治理是一个庞大的社会工程,城市的社区治理、农村的村落治理,都属于基层治理的范围。城市的社区与农村的村落的治理涉及面宽、事情多,在整个基层治理体系中占有重要位置,也是基层治理体系的主要组成部分。基层群众性自治组织通过人民调解、治安保护、公共卫生等管理,通过宣传宪法、法律、法规和国家政策,从而充分发挥自治章程、村规民约、居民公约在城乡社区治理中的积极作用,弘扬了公序良俗,促进了法治、德治、自治有机融合。

三、基层群众性自治组织同基层政权的关系

《宪法》第111条第1款规定:"居民委员会、村民委员会同基层政权的相互关系由法律规定。"这虽然是一个非确定的宪法规范,却将基层群众性自治组织同基层政权的相互关系纳入了宪法调整的范围,表明了宪法对二者关系的关注与重视。在介绍和探讨基层群众性自治组织同基层政权的关系之前,有必要明确基层政权的含义和范围。

基层政权这个概念在我国宪法中首次见于1978年《宪法》,1982年《宪法》在第111条中又沿用了这一概念。基层政权是由"基层"和"政权"组成的复合词,明确基层政权的概念,应在先弄清"政权"和"基层"的含义的基础上进行。"政权"在经典作家的论著中一般有两种含义:一是指权力,且主要是指国家权力;一是指国家机关,主要是权力机关和行政机关。综合起来看,可以将政权理解为国家机关与国家权力的统一体。基层政权中的"基层"有特定的政治含义。基层政权是相对于其他层次或级别的政权而言的,因而这里的"基层"应同国家行政区划联系起来理解。它指的是国家最低的一级行政区划,在城市包括不设区的市和市辖区的行政区划,在农村则指乡级行政区划。据此可以说,基层政权是指国家为实现其政治、经济和文化职能依法在基层行政区域内设立的国家机关及其所行使的权力的统一体。在农村,它指的是乡镇人民代表大会和乡镇人民政府及其职权的统一体;在城市,它指的是不设区的市、市辖区的人民代表大会及其常委会和人民政府及其权力的统一体。

因此,基层群众性自治组织同基层政权的相互关系,是基层群众性自治组织

在实现居民(村民)自治过程中与基层政权组织在行使职权的过程中所发生的关系,包括基层群众性自治组织同基层人民代表大会的相互关系和同基层人民政府的相互关系。

(一)基层群众性自治组织同基层人大的相互关系

基层群众性自治组织同基层人民代表大会的相互关系,在我国宪法和有关组织法中没有明确和直接的规定。因此,二者的相互关系只能从它们的性质、职权和任务中进行考察。

从基层群众性自治组织方面看,二者的关系主要表现为:

1. 基层群众性自治组织要严格遵守和贯彻基层人民代表大会及其常委会的决议和决定。基层人民代表大会是基层国家权力机关,它在职权范围内通过并发布的决议和决定,在本行政区域内具有普遍的约束力,一切国家机关、社会团体和组织以及公民都应严格遵守和贯彻执行。基层群众性自治组织应该在遵守和贯彻基层人大决议和决定的前提下,开展有关自治活动。

2. 基层群众性自治组织可以依法参与有关基层人民代表大会的活动。基层人民代表大会是基层行政区域内人民行使国家权力的机关,基层群众性自治组织依法参与有关基层人民代表大会的活动,是人民代表大会制度的要求。基层群众性自治组织参与的有关基层人大的活动,主要有:(1)协助选举组织的选举工作;(2)帮助基层人民代表大会加强同其代表的联系;(3)帮助基层人大代表联系本地区的选民;(4)为本地区选民向基层人民代表大会和基层人大代表反映意见和要求提供帮助。

3. 基层群众性自治组织可以向基层人民代表大会反映居民(村民)的意见和要求。基层群众性自治组织既可以通过本地的人大代表向基层人民代表大会反映意见和要求,也可以自己的名义向基层人民代表大会反映本自治组织辖区内居民(村民)共同的意见和要求。

从基层人民代表大会方面看,二者的关系主要表现为:

1. 基层人民代表大会要依法对基层群众性自治组织进行监督,保证宪法、法律、法规以及有关决定、决议在基层群众性组织内实施。其中最主要的是对《居民委员会组织法》和《村民委员会组织法》的实施情况,包括基层群众性自治组织的设立、基层群众性组织的组成人员的选举、居民公约和村规民约等是否合法进行监督检查,对违法事件和行为予以取缔,保障上述两个组织法的实施。

2. 基层人民代表大会要帮助基层群众性自治组织开展自治活动。基层群众性自治组织依法开展自治活动是实施《居民委员会组织法》和《村民委员会组织法》的关键,帮助基层群众性自治组织开展自治活动是基层人民代表大会的重要职责。基层人民代表大会一方面对基层人民政府进行监督,督促它们依法对基层群众性自治组织的工作给予指导、支持和帮助;另一方面要对基层人民政府及其他有关机关与组织干预和妨碍基层群众性自治组织依法进行群众自治的活动予以取缔,为基层群众性自治组织创造良好的开展群众自治的环境。

(二)基层群众性自治组织同基层人民政府的相互关系

根据宪法的规定,《居民委员会组织法》和《村民委员会组织法》分别对基层群众性自治组织同基层人民政府的关系作了规定。《居民委员会组织法》第2条第2款规定:"不设区的市、市辖区的人民政府或者它的派出机关对居民委员会的工作给予指导、支持和帮助。居民委员会协助不设区的市、市辖区的人民政府或者它的派出机关开展工作。"第20条规定:"市、市辖区人民政府有关部门,需要居民委员会或者它的下属委员会协助进行的工作,应当经市、市辖区的人民政府或者它的派出机关同意并统一安排。市、市辖区的人民政府的有关部门,可以对居民委员会有关的下属委员会进行业务指导。"《村民委员会组织法》第5条规定:"乡、民族乡、镇的人民政府对村民委员会的工作给予指导、支持和帮助,但是不得干预依法属于村民自治范围内的事项。村民委员会协助乡、民族乡、镇的人民政府开展工作。"从这些规定可以看出,基层群众性自治组织与基层人民政府的相互关系有两个方面的内容:一是基层人民政府与基层群众性自治组织的指导与被指导的关系;一是基层群众性自治组织对基层人民政府的协助与被协助的关系。二者之间法定的这种指导与协助关系的意义主要在于从制度上保证了基层群众性自治组织在与基层人民政府的关系中作为自治组织应有的独立性。它表明:(1)基层群众性自治组织不是隶属于基层政府的下级行政机关,基层政府或其派出机关不应对其采取直接的行政命令;(2)基层政府有责任对基层群众性自治组织的工作给予指导,但这种指导不具有法律上的拘束力(它强调的是基层政府具有指导的责任),基层群众性自治组织可以根据自己的需要有选择地接受和采纳;(3)基层群众性自治组织虽有责任协助基层人民政府或其派出机关或基层人民政府有关部门进行工作,但应以与其自治性相适应为前提。

基层群众性自治组织同基层人民政府的这种关系能否顺利实现是基层群众性自治组织能否真正成为群众性自治组织的关键。它除了要求基层政府依法行政和基层群众性自治组织依法开展群众自治外,还要求基层政府进一步加深对基层群众性自治组织的性质及其设立意义的认识与理解,摆脱将其视为下级行政组织的传统观念的束缚,探寻符合这种关系特点的新的管理方式;另一方面也要求基层群众性自治组织树立群众性自治组织的主体意识,走出盲目依赖基层政府的心理误区,将基层群众性自治建立在居民(村民)广泛参与的基础上。

四、基层群众性自治组织的完善

建立基层群众性自治组织,实行基层群众性自治制度是建设中国特色社会主义民主政治的一项重要内容。基层群众性自治组织建立以来,特别是《中华人民共和国村民委员会组织法(试行)》实施后,基层群众性自治组织在保证基层群众直接行使民主权利、改善干群关系、维护城乡社会秩序、推进基层民主建设等方面发挥了重要作用,表现出了强大的政治生命力。随着我国市场经济的深入发展,进一步健全基层民主制度已成为我国社会主义民主政治建设的一个紧迫任务。党的十九届四中全会《决定》中指出:"健全基层党组织领导的基层群众自治机制,在城乡社区治理、基层公共事务和公益事业中广泛实行群众自我管理、自我服务、自我教育、自我监督,拓宽人民群众反映意见和建议的渠道,着力推进基层直接民主制度化、规范化、程序化。"基层群众性自治的实践表明,我国基层群众性自治组织及其有关制度还存在一些不足,特别是在农村表现得尤为突出:(1)自治制度化不足,有关组织法规定的居民(村民)参与民主决策、民主管理、民主监督的制度没有得到很好的落实。(2)自治规范化程度有待加强,基层群众性自治组织同基层政权的关系在现实中与有关法律的规定存在较大的差距,自治空间受到挤压。(3)自治程序化程度不高,居(村)民的自治权利的行使程序仍不够规范。总之,基层群众性自治组织的自治属性尚未完全形成或不充分,村民委员会在现阶段"同时具有行政、经济和自治三重身份,扮演着三个不同的社会角色","不是一个纯粹的自治组织"。[①]《村民委员会组织法》经过 2010 年和 2018 年两次修订,《居民委员会组织法》经过 2018 年修订,使得基层群众自治制度更加完善,有利于克服和缓解村民委员会与居民委员会在自治过程中存在的不足和问题:

第一,2010 年修订后的《村民委员会组织法》完善了村委会成员选举制度,规定了一些新的选举措施,体现了民主选举的特色。例如,新规定村民选举委员会的职责、组成、推选和免职等内容;增加选民登记的具体规定;增加选举候选人资格、候选人与村民见面、村民的委托投票行为等选举程序;细化村民委员会成员罢免程序,改变了罢免表决形式等。

第二,2010 年修订后的《村民委员会组织法》完善了村委会议事制度,体现了民主决策的群众性自治精神。例如,增加村民会议的成员组成、召集方式、参会人员资格和表决方式等规定;完善村民代表会议的人员组成和议事程序;增强村民小组的职权等。

第三,2010 年修订后的《村民委员会组织法》强化了民主监督制度,有助于实行对村民委员会的民主监督。例如,新设负责村民民主理财的村务监督机构;缩短村财务公开时限;增加村委会设立村务档案义务;要求村民委员会成员实行任期和离任经济责任审计等。

[①] 刘茂林等:《农村社会基层组织建设及其法律调整》,载《农民法律意识与农村法律发展》,武汉出版社 1993 年版,第 134—147 页。

第四,2018年修订后的《村民委员会组织法》与《居民委员会组织法》将村民委员会、居民委员会的任期由3年改为5年,使之与村和社区的党委会的任期保持一致。这样一方面强化了党对农村基层群众自治工作的领导;另一方面增强了基层群众性自治组织负责人队伍的稳定性,减少了因频繁换届带来的人力和财力的消耗。

总之,两法的修订对完善我国的基层群众性自治组织进行了有益尝试,但在基层群众性自治组织与基层政权的关系方面还应该有更明确、更具体的规定。

第二节 居民委员会

一、居民委员会的设置

根据《居民委员会组织法》的规定,居民委员会的设置包括设置的原则、设置的范围(即在多大的范围内设立)和设置的机关三个方面的问题,同1954年《居民委员会条例》相比较,《居民委员会组织法》在居民委员会设置的原则、范围和机关方面的规定更明确。

(一)居民委员会设置的原则

依照《居民委员会组织法》第6条第1款的规定,居民委员会根据居民居住状况,按照便于居民自治的原则,一般在100—700户的范围内设立。居民自治是居民委员会的本质,居民委员会的设立必须以实现居民自治为目的。根据居住状况、便于居民自治的设置原则是居民委员会作为基层群众性自治组织的本质要求。所谓根据居住状况、便于居民自治,就是指在一定的居住状况下,从方便于居民自治出发,决定在多大范围内设立居民委员会。居住状况是前提条件,便于居民自治是目的。居住状况主要包括居住地的行政区域状况、地理位置状况、历史状况等因素。便于居民自治主要包括:(1)便于居民参与管理居住地的公共事务;(2)便于居民加强与居民委员会的联系;(3)便于居民享受居住地的公共服务。

(二)居民委员会的范围

居民委员会的范围是指设立居民委员会的住户范围,亦即居民委员会所辖的居民户数。《居民委员会组织法》规定的居民委员会的范围为100—700户,比1954年的《城市居民委员会组织条例》规定的100—600户有所扩大。从居民委员会的设置情况来看,这一范围符合我国城市社会生活的实际,是比较适宜的。

(三)居民委员会设置的机关

《居民委员会组织法》第6条第2款规定:"居民委员会的设立、撤销、规模调整,由不设区的市、市辖区的人民政府决定。"这表明,居民委员会的设置是一种国家行为,由城市基层政府代表国家来进行。

二、居民委员会的组织

根据《居民委员会组织法》的规定,居民委员会的组织包括居民委员会的组成、产生、任期、活动方式、有关机构和经费来源等问题。

（一）居民委员会的组成、产生、任期

居民委员会由主任、副主任和委员5—9人组成。多民族居住地区,居民委员会中应当有人数较少的民族的成员。

居民委员会的组成人员由选举产生。本居住地区年满18周岁没有被剥夺政治权利的居民享有居民委员会组成成员的选举权和被选举权。居民委员会的组成人员既可以由本居住地区全体有选举权的居民选举产生,也可以由每户派代表选举产生,还可以由每个居民小组选举代表2—3人选举产生。

居民委员会每届的任期为5年,其成员可以连选连任。

（二）居民委员会的工作方式、原则和有关组织

居民委员会进行工作,应当采取民主的方法,不得强迫、命令。居民委员会决定问题,采取少数服从多数的原则。居民委员会的成员应当遵守宪法、法律、法规和国家的政策,办事公道,热心为居民服务。

居民委员会根据需要可以设人民调解、治安保卫、公共卫生等委员会。居民委员会成员可以兼任上述下属委员会的成员。居民较少的居民委员会可以不设下属的委员会,由居民委员会的成员分工负责有关工作。居民委员会还可以分设若干居民小组,小组长由居民小组推选。

（三）居民会议和居民公约

居民会议是由居民委员会辖区范围内18周岁以上的居民组成的居民自治的民主决策机构。居民委员会向居民会议负责并报告工作,凡涉及全体居民利益的重大问题,居民委员会必须提请居民会议讨论决定。居民会议有权撤销和补选居民委员会成员。居民应当遵守居民会议的决议。

居民会议由居民委员会召集和主持。有1/5以上的18周岁以上的居民、1/5以上的户或者1/3以上的居民小组提议,应当召集居民会议。

居民公约由居民会议讨论制定,报不设区的市、市辖区的人民政府或者它的派出机关备案,由居民委员会监督执行。居民应当遵守居民公约。居民公约的内容不得与宪法、法律、法规和国家的政策相抵触。

（四）居民委员会的经费来源

居民委员会办理本居住地区公益事业所需的费用,经居民会议讨论决定,可以根据自愿原则向居民筹集,也可以向本居住地区的受益单位筹集,但是必须经受益单位同意,收支账目应当及时公布,接受居民监督。

居民委员会的工作经费和来源,居民委员会成员的生活补贴费的范围、标准和来源,由不设区的市、市辖区的人民政府或者上级人民政府规定并拨付;经居民会议同意,可以从居民委员会的经济收入中给予适当补助。居民委员会的办公用房,由当地人民政府统筹解决。

三、居民委员会的任务

根据宪法的规定,居民委员会的任务是办理本居住地区的公共事务和公益事业,调解民间纠纷,协助维护社会治安,并且向人民政府反映群众的意见、要求和提出建议。《居民委员会组织法》将居民委员会的任务具体列举为以下几个方面:

1. 宣传宪法、法律、法规和国家的政策,维护居民的合法权益,教育居民履行依法应尽的义务,爱护公共财产,开展多种形式的社会主义精神文明建设活动;
2. 办理本居住地区的公共事务和公益事业;
3. 调解民间纠纷;
4. 协助维护社会治安;
5. 协助人民政府或者它的派出机关做好与居民利益有关的公共卫生、计划生育、优抚救济、青少年教育等项工作;
6. 向人民政府或者它的派出机关反映居民的意见、要求和提出建议。

此外,居民委员会还应对编入居民小组的被依照法律剥夺政治权利的人进行监督和教育。

第三节 村民委员会

一、村民委员会的设置

按照《村民委员会组织法》的规定,村民委员会的设置也包括设置的原则、设置的范围和设置的机关三个方面的内容。

(一) 村民委员会设置的原则

根据《村民委员会组织法》第 3 条第 1 款的规定,村民委员会设置的原则是根据村民居住状况、人口多少,便于群众自治,有利于经济发展和社会管理。村民的居住状况和人口多少是设立村民委员会的客观条件和依据,只有从这些客观条件出发,才能使村民委员会的设置符合农村社会的实际情况。便于群众自治是村民委员会设置的目的。所谓便于群众自治,即是要方便群众参与村民委员会所属范围内公共事务和公益事业的管理,方便群众与村民委员会加强联系,方便群众享受村民委员会提供的公共服务。所谓有利于经济发展和社会管理,是要求村民委员会的设立要有利于整合农村的人力、资产、资金、资源,壮大农村集体经济,发展农村公益事业;还要有利于各项方针政策的贯彻落实,农村社会基层治理的有效实施以及村民委员会各项工作的顺利开展。此外,根据该条第2款的规定,村民委员会的设置还应遵守经村民会议讨论同意的原则。村民委员会的设置虽然是有关国家机关的职权,但由于村民委员会是一个群众性自治组织,其目的是要实行群众自治,只有经过村民会议同意后依法设置,它才有广泛的群众基础,才能真正成为群众自治的组织形式。

(二) 村民委员会设置的范围

关于村民委员会设置的范围问题,《村民委员会组织法》没有进行专门规定。根据《村民委员会组织法》的有关规定,结合村民委员会设置的具体情况,村民委员会设置的范围有三种情况:(1) 村民委员会一般设在自然村;(2) 自然村较小、人口不多的,可以由几个自然村联合设立村民委员会;(3) 范围较大、人口较多的自然村,可以设立几个村民委员会。自然村是农村社会历史形成的村民居住点,自然村内的村民居住关系和其他社会联系较为密切。以自然村为范围设立村民委员会较好地体现了村民委员会设置原则的要求。因此,一般可以自然村为范围设立村民委员会。自然村是自然形成的,其范围大小、人口多少没有一定之规,因此还应根据设置村民委员会的原则作适当的调整,既可以由几个自然村联合设立村民委员会,也可以在一个范围较大、人口较多的自然村设立几个村民委员会。

(三) 村民委员会设置的机关

村民委员会设置的机关是指有权批准设立村民委员会的机关。根据《村民委员会组织法》第3条第2款的规定,村民委员会的设置包括村民委员会的设立、撤销、范围调整,其机关是县级人民政府。村民委员会的设置,先由乡、民族乡、镇的人民政府提出,经村民会议讨论同意后,报县级人民政府批准。

二、村民委员会的组织

根据《村民委员会组织法》的规定,村民委员会的组织涉及村民委员会的组成、产生、任期、活动方式、有关机构和经费来源等几个方面。

(一) 村民委员会的组成、产生和任期

村民委员会由主任、副主任和委员3—7人组成。村民委员会成员中,妇女应当有适当的名额,多民族村民居住的村应当有人数较少的少数民族的成员。

村民委员会主任、副主任和委员,必须由村民直接选举产生,任何组织或者个人不得指定、委派或者撤换村民委员会成员。除依照法律规定被剥夺政治权利的人外,凡年满18周岁的村民都有选举权和被选举权。村民委员会的选举,由村民选举委员会主持。村民选举委员会由主任和委员组成，由村民会议、村民代表会议或者各村民小组会议推选产生。村民选举委员会成员被提名为村民委员会成员候选人，应当退出村民选举委员会。村民选举委员会成员退出村民选举委员会或者因其他原因出缺的，按照原推选结果依次递补，也可以另行推选。村民委员会每届任期5年，届满应当及时举行换届选举。其成员可以连选连任。本村1/5以上有选举权的村民或者1/3以上的村民代表联名，可以提出罢免村民委员会成员的要求。罢免村民委员会成员须有登记参加选举的村民过半数投票，并须经投票的村民过半数通过。村民委员会成员丧失行为能力或者被判处刑罚的，其职务自行终止。村民委员会成员出缺，可以由村民会议或者村民代表会议进行补选。补选的村民委员会成员的任期到本届村民委员会任期届满时止。村民委员会成员实行任期和离任经济责任审计。村民委员会成员应当接受村民会议或者村民代表会议对其履行职责情况的民主评议。民主评议每年至少进行一次，由村务监督机构主持。村民委员会成员连续两次被评议不称职的，其职务终止。

（二）村民委员会的活动方式、原则和有关机构

村民委员会实行少数服从多数的民主决策机制和公开透明的工作原则。村民委员会及其成员应遵守宪法、法律、法规和国家的政策，遵守并组织实施村民自治章程、村规民约，执行村民会议、村民代表会议的决定、决议，办事公道，廉洁奉公，热心为村民服务，接受村民监督。对村民委员会成员，根据工作情况，给予适当补贴。村民委员会实行村务公开制度。

村民委员会根据需要设人民调解、治安保卫、公共卫生与计划生育等委员会。村民委员会成员可以兼任下属委员会的成员。人口少的村的村民委员会可以不设下属委员会，由村民委员会成员分工负责人民调解、治安保卫、公共卫生与计划生育等工作。村民委员会可以根据村民居住状况、集体土地所有权关系等分设若干村民小组。

村应建立村务监督委员会或者其他形式的村务监督机构，负责村民民主理财，监督村务公开等制度的落实，其成员由村民会议或者村民代表会议在村民中推选产生，其中应有具备财会、管理知识的人员。村民委员会成员及其近亲属不得担任村务监督机构成员。

（三）村民会议和村规民约

按照《村民委员会组织法》的规定，村民会议是村民群众自治的最高组织形式，村民会议由本村18周岁以上的村民组成。召开村民会议应当有本村18周岁以上村民的过半数参加，或者有本村2/3以上的户的代表参加，必要时，可以邀请本村的企业、事业单位和群众组织派代表参加会议。村民委员会向村民会议负责并报告工作。村民会议审议村民委员会的年度工作报告，评议村民委员

会成员的工作;有权撤销或者变更村民委员会不适当的决定;有权撤销或者变更村民代表会议不适当的决定。村民会议由村民委员会召集,有1/10以上的村民或者1/3以上的村民代表提议,应当召集村民会议。涉及全村村民利益的问题(参见第24条的规定),村民委员会必须提请村民会议讨论决定,方可办理。村民会议有权撤换和补选村民委员会的成员。

村规民约是具有公约性质的规范文件。它由村民会议制定,报乡、民族乡、镇的人民政府备案,由村民委员会监督、执行。村规民约不得与宪法、法律和法规相抵触。它具有群众性、合法性、针对性和规范性等特点,是实行村民自治,进行自我管理、自我教育的重要形式。

三、村民委员会的任务

依据《宪法》第111条的有关规定,《村民委员会组织法》明确了村民委员会的任务,概括如下:

1. 村民委员会应当宣传宪法、法律、法规和国家的政策,教育和推动村民履行法律规定的义务、爱护公共财产,维护村民的合法权益,发展文化教育,普及科技知识,促进男女平等,做好计划生育工作,促进村与村之间的团结、互助,开展多种形式的社会主义精神文明建设活动。

2. 村民委员会办理本村的公共事务和公益事业,调解民间纠纷,协助维护社会治安,向人民政府反映村民的意见、要求和提出建议。

3. 村民委员会协助乡、民族乡、镇的人民政府开展工作。

4. 村民委员会应当支持和组织村民依法发展各种形式的合作经济和其他经济,承担本村生产的服务和协调工作,促进农村生产建设和经济发展。

5. 村民委员会依照法律规定,管理本村属于村农民集体所有的土地和其他财产,引导村民合理利用自然资源,保护和改善生态环境。

6. 村民委员会应当尊重并支持集体经济组织依法独立进行经济活动的自主权,维护以家庭承包经营为基础、统分结合的双层经营体制,保障集体经济组织和村民、承包经营户、联户或者合伙的合法财产权和其他合法权益。

7. 村民委员会应当支持服务性、公益性、互助性社会组织依法开展活动,推动农村社区建设。

8. 多民族村民居住的村,村民委员会应当教育和引导各民族村民增进团结、互相尊重、互相帮助。

9. 村民委员会实行村务公开制度,接受村民的监督,保证所公布事项的真实性,并接受村民的查询。

此外,村民委员会还应当协助有关部门,对被依法剥夺政治权利的村民进行教育、帮助和监督。

一、前沿问题

1. 关于基层群众性自治的基本理论

基层群众性自治组织是现行宪法对居民委员会和村民委员会从性质上所作的统一界定,有关居民委员会和村民委员会的各种制度,一般被称为基层群众性自治制度。多年来基层群众性自治制度有了很大的发展,基层群众性自治组织在基层社会生活中发挥了重要作用。总的来看,宪法学对基层群众性自治制度的理论关注不够,有关方面的研究具有前沿意义的有以下几方面:

(1) 关于基层群众性自治组织的性质。基层群众性自治组织的性质,学者们一般是从该组织的特点上予以分析的,认为其具有基层性、群众性和自治性三个方面的属性。本书认为,基层群众性自治组织作为一种自治组织,与社会团体的区别是显而易见的。从方法上看,明确基层群众性自治组织的性质,主要是要分析它与其他自治组织或自治的不同属性。从这种意义上看,基层群众性自治是一种社会自治,基层群众性自治组织是社会自治组织,不同于地方自治、民族自治等。

(2) 关于建立基层群众性自治组织及其制度的意义。有关基层群众性自治组织及其制度的意义,学者们的研究较多地侧重于分析基层群众性自治组织及其制度对社会政治、经济等方面的影响,虽然也有学者论及现行宪法设立基层群众性自治组织及其制度的必要性,但对实行基层群众性自治的必要条件和社会环境则缺乏深入的研究。本书认为,基层群众性自治组织,特别是村民委员会是改革开放的产物,在我国实行基层群众性自治制度有其客观必然性。可以说,市场经济的培育和实行是基层群众性自治的经济条件,社会主义民主建设和人民代表大会制度是它的政治条件,法治建设是它的社会环境条件。同时也应看到,中国是一个政治经济和社会发展十分不平衡的国度,市场经济还不够健全,并且缺乏自治的传统,在许多地方开展群众自治的条件和环境还不成熟。因此,在制度的选择上不应采取一刀切的强制推行办法,再者强制普遍推行的办法也有悖于自治的精神,比较可行的方法是倡导和在有条件的地方逐步推广。

(3) 关于基层群众性自治组织与基层政权的关系。基层群众性自治组织和基层政权的关系,是宪法学者们讨论较多的一个问题。从制度层面上看,正如学者们所明确指出的,基层群众性自治组织和基层政权之间不是领导与被领导的关系,而是指导与被指导、协助与被协助的关系。实践中不少国家机关工作人员或误解基层群众性自治组织的性质,或习惯上将基层群众性自治组织当作下级机关对待,把不少国家行政管理职能部门的工作摊派给基层群众性自治组织,一方面影响了行政管理工作的完成,另一方面也制约了自治组织功能的发挥。也有学者认为二者间的关系要具体分析,一般情形下是指导与被指导的关系,但也存在着例外,如治保委员会与基层政府、公安机关之间就是领导与被领导的关系。

不可否认,基层群众性自治组织的设立,对原有体制的最大影响莫过于它切断了基层政权同基层社会组织直接的行政隶属关系。指导与被指导、协助与被协助的关系的说法,在基层群众性自治组织建立的初期,作为一种区别于原有关系的定位,具有一定的合理性和积极意义,但这种关系定位仍然过于简单化。基层政权同基层群众性自治组织的关系,从本质上看,是国家与自治组织的关系。国家机关依法从事国家管理,自治机关在法定的范围内开展自治,二者是管理与被管理的关系。一方面,基层群众性自治组织要接受国家机关的依法管理;另一方面,国家机关不得干预依法属于自治范围内的事务。基层政权有指导基层群众性自治组织的义务,基层群众性自治组织既可以接受,也可以不接受,当然也可以有选择地接受这种指导。至于协助与被协助的说法,严格上讲很难成立。国家管理从本质上看,具有国家强制性。群众性自治组织协助国家机关进行管理,这种协助的分寸很难把握,处理得不好会影响基层群众性自治组织的自治属性,特别是在基层群众性自治组织的自治条件和环境不成熟的情况下,尤其如此。同理,国家机关协助群众性自治组织进行自治,也会存在类似的问题。关于二者的关系在"一般情形下是指导与被指导的关系,但也存在着例外,如治保委员会与基层政府、公安机关之间就是领导与被领导的关系"的说法,本书认为在理论上是错误的,在实践上是有害的。

2. 关于居民委员会的有关问题

城市居民委员会虽然设置较早,但其真正进入宪法学的理论视野,则是在现行宪法实施以后。宪法学对居民委员会的研究可以归纳为两个方面,一是对居民委员会存在问题的分析,一是对居民委员会及其制度完善的对策探讨。

(1) 关于居民委员会存在的问题。根据学者们的研究,目前我国居委会运行中存在的问题主要有:行政化倾向,居委会自治职能错位,行政事务多于服务事务,"政府角色"强于自治角色;干部化倾向,居委会工作人员角色和认识错位;非服务化倾向,居委会管理功能强,服务功能相对微弱。加之居委会组成人员数量少、年龄和文化素质难以适应工作要求以及活动经费不足等原因,都在一定程度上制约了自治职能的发挥。有学者指出上述问题的根本症结就是居委会的"权力化"特征,而自治组织的基本要素是权利化特征,即以维护居民的权利和利益为基本工作内容。本书认为,除此以外,从居民委员会的社会环境方面看,城市各级政府倡导的社区建设对居民委员会的建设和居民自治产生了一定的影响,冲淡甚至妨害了居民委员会自治工作的开展。

(2) 关于居民委员会的完善。根据学者们的建议,完善居民委员会的对策主要有:正确认识居民委员会的性质,裁减不符合自治性质的工作,并将政府管理的属于自治范围内的事项逐步下放直至完全下放到居民委员会;作为对居民自治的帮助,给予居民委员会必要的财政支持;改善居民委员会工作人员的待遇,吸收优秀人才到居民委员会工作。本书认为,社区和社区建设没有法律的界定和依据,社区建设应以居民自治为核心和依托,有必要将社区建设具有自治性质的事项纳入居民自治的范围,使社区建设的有关工作成为居民委员会的一项法定工作。

3. 关于村民自治和村民委员会的有关问题

宪法学对于村民委员会的研究,比对居民委员会的研究更为广泛和深入,针对性也更强。从范围上看,除基层群众性自治的基本理论部分涉及的相关问题外,还有以下几个方面的问题:

(1) 关于村民自治的概念及其相关问题。村民自治是农村基层群众性自治制度的核心,有关研究涉及村民自治的含义、范围等问题。

关于村民自治的含义,学者们有五种以上的表述。有关说法并没有质的区别,其中徐勇教授在其所著的《中国农村村民自治》一书中,对村民自治的界定较为全面与合理。本书认为,界定村民自治的概念必须明确以下几个方面的问题:其一,应明确作为自治主体的村民的含义和范围。其二,应合理界定村民自治的范围,尽可能在理论上将村务(即在特定的村民居住范围内的有关公共事务和公益事业的事项)与国家政务区别开来。其三,要进一步明确村民自治的组织和各项程序。

(2) 关于村民委员会的性质及其与村民会议、村民代表会议和村民小组的关系。关于村民委员会的性质在理论上和制度层面上,学者们的认识基本是一致的,即它是农村基层群众性自治组织。但在实践中,村民委员会实际上具有多种属性,至少具有政治、经济、自治组织的三重属性。如何使村民委员会成为真正的基层自治组织,既是一个亟待解决的理论问题,又是一个紧迫的实践问题。本书认为,农村经济组织不发达,村民委员会管理村集体所有的土地,不可避免地使村民委员会具有经济组织的属性。对村民自治性质认识不清,理解不到位,村务和政务法律界限不明确,必然会在实践中出现将村民委员会视为乡镇人民政府的下级机关的做法,从而使村民委员会具有行政组织的属性。

就村民委员会、村民小组与村民会议、村民代表会议的关系而言,本书认为,它们都是村民自治的组织。不同的是,村民会议、村民代表会议是最本质意义上的自治机关,或者说它们是村民自治的民意机关、决策机关或权力机关;村民委员会、村民小组是村民自治的管理机关和执行机关。就村民会议和村民代表会议的关系而言,村民自治是直接民主,只有村民会议才能体现这种直接民主。但是,由于种种原因,村民会议的召开有许多不便之处,影响了正常的村民自治。作为村民会议的补充形式,村民代表会议才在村民自治的实践中应运而生,并得到了法律的认可。因此,村民代表会议只能在村民会议授权的范围内议决村民自治的有关事项,对村民会议负责,并接受村民会议的监督。就村民委员会与村民小组的关系而言,二者是上下级关系,村民小组应接受村民委员会的领导。

(3) 关于村民自治实践中存在的问题及其完善。根据学者们的观点,村民自治中存在的主要问题是:三管齐下的村政运行机制制约了村民自治的实现;组织涣散、内部职权不分导致效能低下;割裂了国家基层政府延伸到农村社会的链条,自治权力缺乏统一性。也有学者认为,目前村民自治所遇到的最大障碍就是有关政府部门干预村民自治活动,其根源在于初始制度安排的失误,即仅局限于在村委会范围内创设制度,而没有把它与县、乡政府部门职能转换结合起来。针对上述问题和不足,学者们提出的完善举措主要有:对村民自治的性质,有学者提出村民自治既不是村民个人自治,也不是村民委员会自治,而是作为自治主体的全体村民的自治。村民自治体应当拥有自治权,具有完整的法人资格。在全体村民组成的自治共同体内部,村民会议是村民自治体的最高权力机关,村民委员会只是村民自治体的执行机关,不能将其称为"自治组织"。有学者还建议,在条件成熟的时候,可以将自治制度作为宪法的独立章节予以明确规定。根据调研,对村民自治实践中存在的问题,本书认为可以从三个方面来看:一是村民自治制度本身的问题,如选举制度、决策制度、管理制度和监督制度的不完善,主要表现为有关制度与村民的自治意识、自治技能和农村的社会条件不能很好地契合,操作性不强。从农村的实际出发,进一步加强有关制度的操作性是完善有关制度的方向。二是党的农村基层组织与村民自治组织的关系方面的问题,特别是村级党支部与村民委员会的关系存在的问题较多。如何发挥农村党员的作用,将党的政策贯彻到村民会议的决定、决议中,是解决村级党支部与村民委员会的关系方面存在的问题的关键。三是村民自治与国家管理的关系方面的问题,集中表现为基层群众性自治组织与基层政权的关系还没有理顺。该方面问题的解决,除了明确村民自治的范围外,还应建立处理有关方面纠纷的制度。

4. 关于基层群众性自治法本身的问题

所谓基层群众性自治法本身的问题,指的是有关规定基层群众性自治的法律形式上存在的问题。关于基层群众性自治的法律从形式看主要包括《宪法》《村民委员会组织法》《居民委员会组织法》和有关两个组织法的实施办法等地方性法规。可以说这些法律、法规构成了我国基层群众性自治法。有关方面的问题主要有两个：一是基层群众性自治法立法定位不准确。本书认为，基层群众性自治制度的核心问题是村民自治和居民自治，村民委员会和居民委员会只不过是基层自治的一种组织形式而已。基层群众性自治法应以基层群众性自治为立法的基础和出发点，而不是以村民委员会和居民委员会作为立法的基础。基层群众性自治在理论上和实践中存在的许多问题，与这种立法定位不准确不无关系。二是有关组织法规定的内容突破了作为组织法所能容纳的范围，不应该作为组织法的内容而予以规定。有关问题的解决，首先是要修改宪法的相关规定，将"城市和农村实行基层群众性自治"作为《宪法》第111条的第1款予以规定。其次是要由全国人民代表大会制定一部《基层群众性自治法》，对自治主体、自治范围、自治方式等一般性问题进行规定，作为基层群众性自治的基本法。最后是在此基础上修改《村民委员会组织法》和《居民委员会组织法》。这样，才能形成完善的基层群众性自治的法律体系。

5. 关于农村基层群众自治组织的发展问题

农村村民自治和城市居民自治是基层民主的两种主要形式，作为基层群众自治组织的村民委员会和居民委员会在宪法层面有着不同的制度设计。但是随着经济社会的快速发展，特别是实施城乡发展一体化战略以来，中国城镇化的进程进一步加快。在这个过程中农村基层群众自治组织受到很大冲击。城乡二元格局下的基层自治向城乡融合发展，大量新型农村社区和城乡结合部的"村改居"涌现。农村基层群众自治转型成为一个复杂的社会问题。有学者认为未有法律明确授权采用法定程序就将两者单向转换，对村民自治造成了伤害。有人认为农村基层群众自治组织的转型已成必然，但关于城镇化过程中原村民委员会的研究存在"消亡"和存续的争论，前者认为农民集中居住尤其是"村改居"后，绝大多数建立在土地集体所有制和集体经济基础上的村庄共同体也因集体所有制和集体经济的瓦解而名存实亡，村民自治失去了原有的社会基础，村民委员会将走向消亡。而后者认为虽然名义上村庄治理模式在向社区治理模式转型，但实践中一段时期内继续保持村民自治具有一定的现实合理性，因此，村民委员会依然具有存在的合理性和必要性。本书认为，加强和改进党对基层群众自治的领导，强化村委会及其下属委员会的自治职能，建构自治、法治、德治相融合的新型基层治理体系，提高基层治理的能力是妥善解决这些问题的可行之策。

二、参考文献

1. 《彭真文选》，人民出版社1991年版。
2. 王振耀、白益华主编：《乡镇政权与村委会建设》，中国社会出版社1996

年版。

3. 徐勇:《中国农村村民自治》,华中师范大学出版社1997年版。

4. 郑永流等:《农民法律意识与农村法律发展》,武汉出版社1993年版。

5. 刘茂林等:《村民自治与国家治理》,法律出版社2019年版。

6. 费孝通:《乡土重建》,岳麓书社2012版。

7. 贺雪峰:《新乡土中国》,北京大学出版社2013年版。

8. 于建伟等编著:《中国基层群众自治制度》,中国民主法制出版社2017年版。

9. 梁漱溟:《乡村建设理论》,上海人民出版社2011年版。

10. 徐勇等:《中国乡村政治与秩序》,中国社会科学出版社2012年版。

11. 袁方成等:《从村民自治到社区自治:基层民主的新发展》,中国社会科学出版社2014年版。

12. 夏建中:《中国城市社区治理结构研究》,中国人民大学出版社2012年版。

13. 周安平:《社会自治与国家公权》,载《法学杂志》2002年第10期。

14. 刘茂林:《村民自治权之规范求证及解题》,载《农村宪法与行政法治理论研讨会论文集》2005年11月。

15. 刘茂林:《法治视野下的社会主义新农村建设》,载《江汉大学学报(社会科学版)》2007年第2期。

16. 汤艳红:《论我国城市社区居民自治的完善——以城市居民自治发展新要求为视角》,载《政治与法律》2012年第12期。

17. 陈颐:《寻找"公民—国家"之外的结构和力量》,载《法学》2014年第11期。

18. 崔智友:《中国村民自治的法学思考》,载《中国社会科学》2001年第3期。

19. 马华:《村治实验:中国农村基层民主的发展样态及逻辑》,载《中国社会科学》2018年第5期。

20. 王勇:《村民自治40年:基层治理法治化变迁的学理分析》,载《社会科学战线》2018年第9期。

21. 公丕祥:《新中国70年进程中的乡村治理与自治》,载《社会科学战线》2019年第5期。

22. 马金芳:《社会组织多元社会治理中的自治与法治》,载《法学》2014年第11期。

23. 詹成付:《健全充满活力的基层群众自治制度》,载《经济日报》2019年12月6日,第011版。

三、思考题

1. 试述我国实行基层群众性自治制度的意义。
2. 什么是基层群众性自治?
3. 如何理解基层群众性自治组织与基层政权的关系?
4. 《村民委员会组织法》在哪些方面完善了村民自治制度?
5. 试述村民委员会的任务。
6. 如何进一步完善我国基层群众性自治的法律体系?

第十三章 国 家 标 志

国家标志是国家的象征和形象表现形式,属于国家形式的范畴。一个国家有关国家标志的制度,是该国国家制度的重要组成部分。根据各国宪法和有关法律的规定,国家标志主要有国旗、国徽、国歌和首都等几种。我国宪法和有关法律规定的我国国家标志有国旗、国徽、国歌和首都。

国旗是象征一个主权国家的旗帜。它通过一定的式样、色彩和图案反映一个国家的政治特色和历史文化传统。我国的国旗是五星红旗,红色的旗面象征着革命,五颗五角星及其相互关系表达了中国共产党领导下的全国人民大团结和人民对党的衷心拥护的政治内涵。国旗代表着国家的尊严,《国旗法》对国旗的制作和使用有严格的规定,尊重和爱护国旗是公民的义务,在公共场合故意侮辱国旗的行为是违法行为。

国徽是以一定的图案,或表现一个国家的自然条件与地理特征,或体现一个国家的历史与传统,或反映一个国家政治体制、民族精神和意识形态的徽章。我国的国徽,中间是五星照耀下的天安门,周围是谷穗和齿轮。国徽用天安门作图案,表示中国人民从"五四运动"以来进行的新民主主义革命斗争的胜利和中华人民共和国的诞生;国徽中用齿轮和谷穗环绕周围,表明我国的性质是工人阶级领导的工农联盟的人民民主国家;国徽中的五个五角星取自国旗中的五星,象征着中国共产党领导下的人民大团结。国徽代表国家的尊严,《国徽法》对国徽使用有严格的规定,尊重和爱护国徽是公民的义务,在公共场合故意侮辱国徽的行为是违法行为。

国歌是代表国家、表现民族精神的歌曲,一般由国家的立法机关或政府制定或认可。我国的国歌是《义勇军进行曲》,表达了中国人民抵抗帝国主义的不屈精神和对中华民族未来的坚定信念。《国歌法》是为了通过国家立法对国歌的奏唱场合、奏唱礼仪和宣传教育进行规范而制定的法律。根据有关规定,在重要庆典、政治性公开集会、正式的外交场合或重大的国际性集会等情况下应奏唱国歌。首都,亦称为国都、首府,是一个国家法定的中央国家机关所在地,通常也是一个国家的政治、文化和经济中心。首都也是各国大使馆以及国际组织在该国的驻在地。我国《宪法》规定:"中华人民共和国首都是北京。"

国家标志　国旗　国徽　国歌　首都　国旗法　国徽法　国歌法　义勇军进行曲

第一节　国　　旗

一、国旗与国旗法

国旗是象征一个主权国家的旗帜。它通过一定的式样、色彩和图案反映一个国家的政治特色和历史文化传统。作为国家标志的国旗，源于欧洲十字军东征时所用的军旗。迄今为止，全世界一百七十多个独立国家都有自己的国旗。为了得到国际社会的承认和使用，并区别于国际、国内用于其他目的的旗帜，各国往往以宪法或其他法律规定国旗的名称、色彩、图案、式样以及使用办法。根据有关统计，宪法规定了国旗的占 57%，没有有关国旗规定的占 43%。[①]

国旗法是指规定国旗名称、式样、图案、色彩和使用办法以及其他国旗有关内容法律规范的总和。这是广义上的国旗法。在我国，广义上的国旗法主要包括下列内容：(1)《中华人民共和国宪法》；(2)《中华人民共和国国旗法》；(3) 全国人大常委会《关于惩治侮辱中华人民共和国国旗国徽罪的决定》；(4) 中央军事委员会制定的有关军事机关、军队营区、军用舰船升挂、使用国旗的具有法律效力的规范性文件；(5) 外交部制定的有关在外交活动中以及国家驻外使馆和其他外交代表机构升挂、使用国旗的行政规章；(6) 国务院交通主管部门制定的有关民用船舶和进入中国领水的外国船舶升挂国旗的行政规章；(7) 国务院公安部门制定的有关公安部门执行边防、治安、消防任务的船舶升挂国旗的行政规章；(8) 民族自治地方的自治机关制定的有关春节是否升挂国旗等的单行条例。狭义的国旗法是指以统一法典形式表现出来的国旗法，即是指规定国旗式样、图案、色彩和使用办法等的专门的法律文件。1990 年 6 月 28 日第七届全国人民代表大会常务委员会第十四次会议通过的《中华人民共和国国旗法》就是狭义上的国旗法。它的颁布与实施，标志着我国国旗的制作、升挂与使用走上了法治轨道。随着党和国家对国旗重要性认识程度的加深，第十一届全国人大常委会第十次会议以及第十三届全国人民代表大会常务委员会第二十二次会议对《国旗法》进行了两次修订。

---

① 〔荷〕亨利·范·马尔塞文、格尔·范·德·唐：《成文宪法的比较研究》，陈云生译，华夏出版社 1987 年版，第 176 页。

二、我国的国旗是五星红旗

《宪法》第141条第1款规定:"中华人民共和国国旗是五星红旗。"《国旗法》第4条第1款规定:"中华人民共和国国旗是中华人民共和国的象征和标志。"五星红旗作为我国的象征和标志,不仅在形式上区别于其他国家的国旗,而且具有深刻的政治内涵。

(一)五星红旗的构成

世界上各国国旗的区别,主要表现在国旗的具体构成不同上。国旗的构成是指国旗的形状、颜色、图案等要素体现在旗面上的相互关系。

1949年9月28日,中国人民政治协商会议第一届全体会议主席团公布的《国旗制法说明》对我国国旗的构成和制作作了法定说明。《国旗法》第2条第2款援用了这一说明。根据《国旗制法说明》的规定,我国国旗的构成为:旗面为红色,长方形,旗帜的长和高的比例为3∶2。旗面左上方缀有黄色五角星五颗。一星较大,其外接圆直径为旗高3/10,居左。四星较小,其外接圆直径为旗高1/10,环拱于大五角星之右,且四颗小五角星都有一角正对大星的中心。旗杆套为白色。

就我国国旗的构成而言,其特色在于色彩简明扼要,五颗星大小呼应,疏密相同,整个旗面浑然一体,稳健生动,充分展示了人民共和国的勃勃生机。

按照《国旗制法说明》的规定,我国国旗大小共5种规格,供使用时选用:(1)长288公分,高192公分;(2)长240公分,高160公分;(3)长192公分,高128公分;(4)长144公分,高96公分;(5)长96公分,高64公分。

(二)国旗的制作

国旗必须按照《国旗法》和《国旗制法说明》的规定制作。根据《国旗法》第3条规定,国旗的通用尺度为国旗制法说明中所列明的五种尺度。特殊情况使用其他尺度的国旗,应当按照通用尺度成比例适当放大或者缩小。国旗、旗杆的尺度比例应当适当,并与使用目的、周围建筑、周边环境相适应。

1. 确定五个五角星的位置。先将旗面对分四个相等的长方形,将左上方的长方形上下分为十等分,左右划分为十五等分。大五角星的中心点在该长方形上五下五、左五右十之处。四个小五角星的中心点分别位于该长方形上二下八、左十右五之处;上四下六、左十二右三之处;上七下三、左十二右三之处;上九下一、左十右五之处。

2. 大五角星的画法。以已确定的大五角星中心点为圆心,以三等分为半径画圆。在此圆周上定出五个等距离的点,其一点位于圆的正上方。然后将此五点中各相隔的两点相连,使各成一直线。此五直线所构成之处的轮廓线,即为所需之大五角星。五角星的一个角尖正向上方。

3. 四枚小五角星的画法。以分别确定的四个小五角星之中心点为圆心,以一等分为半径作四个小圆,在每个小圆圆周上各定出五个等距离的点,其中均须各有一点位于大五角星中心点与以上四个小圆的圆心的联结线上。然后用构成大五角星的同样方法,构成小五角星。此四颗小五角星均各有一个角尖正对大五角星的中心点。

在制定《国旗法》以前,国家对有关国旗制作的企业无统一规定,这是导致国旗制作比较混乱的主要原因之一。按照《国旗法》的规定,国务院办公厅统筹协调全国范围内国旗管理有关工作。地方各级人民政府统筹协调本行政区域内国旗管理有关工作。各级人民政府市场监督管理部门对国旗的制作和销售实施监督管理。县级人民政府确定的部门对本行政区域内国旗的升挂、使用和收回实施监督管理。外交部、国务院交通主管部门、中央军事委员会有关部门对各自管辖范围内国旗的升挂、使用和收回实施监督管理。

(三) 五星红旗的含义

国旗作为一个主权国家的标志和象征,不同于其他用途的普通旗帜,具有深刻的历史背景和政治内涵。我国国旗虽然色彩和构图十分简明扼要,但却形象而且深刻地反映了我国的政治特色。红色的旗面象征着革命。当五星红旗迎风飘扬的时候,展现在人们面前的不仅仅是单纯的一面红色的旗帜,而且是一幅流动的革命历史画卷。她是无数革命先烈和仁人志士的鲜血染红的,是燃烧的革命火焰,是革命的旗帜、胜利的旗帜。

五颗五角星及其相互关系,象征中国共产党领导下的革命人民大团结和人民对党的衷心拥护和无比爱戴。五星红旗是通过表现国家的阶级性质来体现国旗政治内涵的,它所反映的我国政权性质有不同于苏联等其他社会主义国家性质的特殊内容。苏联国旗所体现的政治内容是工农联盟,我国国旗所体现的是比工农联盟更为广泛的统一战线,这是由我国革命的性质和社会阶级结构所决定的。五星红旗上的大五角星代表中国共产党,四个小五角星代表中华人民共和国成立时我国人民所包括的四个阶级:工人阶级、农民阶级、城市小资产阶级和民族资产阶级。四颗小五角星呈椭圆状围绕在大五角星右侧,各有一个角尖正对着大星的中心,这表示万众一心向党,紧密团结在党的周围。大五角星的一个角尖正向上方,象征党的领导坚定有力,稳如泰山。黄色代表温暖,黄色五角星既表达了优美、温和、珍贵的美感,又与红旗相映衬,象征在人民共和国里,人民内部的团结贵如金子,而且黄色还给人一种友谊的温暖的感觉。

随着我国政治、经济的发展,我国的阶级关系发生了变化,作为剥削阶级的城市小资产阶级和民族资产阶级不存在了,他们已经变成了自食其力的劳动者。虽然人民内部的结构和成员有所变化,但我国人民民主专政的性质没有变,五颗五角星及其相互关系所表达的中国共产党领导下的人民大团结和人民对党的衷心拥护的政治内涵没有变。

三、国旗的升挂、使用

我国国旗法对国旗的升挂、使用办法作了明确规定,主要包括升挂国旗的范围、时间和仪式以及下半旗等内容。

(一)升挂国旗的范围

1. 必须升挂国旗和可以升挂国旗的范围。按照《国旗法》的规定,必须升挂国旗的范围包括:(1)北京天安门广场、新华门;(2)中国共产党中央委员会、全国人民代表大会常务委员会、国务院、中央军事委员会、中国共产党中央纪律检查委员会、国家监察委员会、最高人民法院、最高人民检察院;(3)中国人民政治协商会议全国委员会;(4)中国共产党中央各部门和地方各级委员会;(5)国务院各部门;(6)地方各级人民代表大会常务委员会、人民政府、人民法院、人民检察院;(7)中国共产党地方各级纪律检查委员会、地方各级监察委员会;(8)中国人民政治协商会议地方各级委员会;(9)各民主党派、各人民团体;(10)中央人民政府驻香港特别行政区有关机构、中央人民政府驻澳门特别行政区有关机构;(11)在国庆节、国际劳动节、元旦、春节和国家宪法日等重要节日、纪念日,各级国家机关和各人民团体以及大型广场、公园等公共活动场所;(12)学校在除寒暑假和休息日外,有条件的幼儿园参照学校的规定升挂国旗;(13)图书馆、博物馆、文化馆、美术馆、科技馆、纪念馆、展览馆、体育馆、青少年宫等公共文化体育设施应当在开放日升挂、悬挂国旗;(14)企业事业组织,村民委员会、居民委员会,居民院(楼、小区)有条件的应当升挂国旗;(15)民族自治地方在民族自治地方成立纪念日和主要传统民族节日应当升挂国旗;(16)举行宪法宣誓仪式时,应当在宣誓场所悬挂国旗;(17)出境入境的机场、港口、火车站和其他边境口岸,边防、海防哨所。另外,按照《国旗法》的规定,举行重大国事活动、文化活动、大型展览会,可以升挂国旗。

2. 经常升挂、工作日升挂、节假日升挂和特定期间升挂国旗的范围。经常性升挂国旗的范围是指按照《国旗法》的规定,应当每日升挂国旗的场合或机构所在地。主要包括:(1)北京天安门、新华门;(2)中国共产党中央委员会、全国人民代表大会常务委员会、国务院、中央军事委员会、中国共产党中央纪律检查委员会、国家监察委员会、最高人民法院、最高人民检察院;(3)中国人民政治协商会议全国委员会;(4)外交部;(5)出境入境的机场、港口、火车站和其他出入境口岸,边防、海防哨所。

工作日升挂国旗是指按照《国旗法》的规定,应当在工作或者学习时间升挂国旗的场所或机构所在地。工作日升挂国旗的范围包括:(1)中国共产党中央各部门和地方各级委员会;(2)国务院各部委;(3)地方各级人民代表大会常务委员会;(4)地方各级国家机关;(5)中国共产党地方各级纪律检查委员会、地方各级监察委员会;(6)中国人民政治协商会议地方各级委员会;(7)各民主党派、各人民团体;(8)中央人民政府驻香港特别行政区有关机构、中央人民政府驻澳门特别行政区有关机构;(9)学校除寒假、暑假和休息日外,应当每日升挂国旗,有条件的幼儿园参照学校的规定升挂国旗;(10)图书馆、博物馆、文化馆、美术馆、科技馆、纪念馆、展览馆、体育馆、青少年宫等公共文化体育设施应当在开放日升挂、悬挂国旗。

节假日升挂国旗的范围是指在国庆节、国际劳动节、元旦、春节和国家宪法日等重要节日、纪念日等应当或者可以升挂国旗的场所或机构所在地。节假日升挂国旗的范围包括:(1)各级国家机关;(2)人民团体以及大型广场、公园等公共活动场所;(3)企业、事业组织;(4)村民委员会、居民委员会;(5)居民院(楼、小区)。举行宪法宣誓仪式时,应当在宣誓场所悬挂国旗。民族自治地方在自治地方成立纪念日和主要传统民族节日应当升挂国旗也属于这一类。

特定期间升挂国旗,是指《国旗法》规定某些重大活动可以在其进行期间升挂国旗的情形。我国《国旗法》第8条对此作了规定,这些重大活动包括:(1)重大庆祝、纪念活动;(2)大型文化、体育活动;(3)大型展览会。

(二)升挂国旗的时间和仪式

1. 升挂国旗的时间。升挂国旗的时间,按照《国旗法》的规定,是指升降国旗的起止时间。我国国旗法对升降国旗的时间规定有两种情况:(1)属于经常性升挂。工作日升挂和节假日升挂国旗的场合或机构所在地(即《国旗法》第5条、第6条、第7条规定的范围),按照《国旗法》第13条第1款的规定,应当每日早晨升起,傍晚降下。(2)《国旗法》没有明确规定国旗升挂时间的,又可分为两种:一是特定时间升挂国旗范围的国旗升挂起止时间,《国旗法》没有明确规定。该范围国旗升挂的时间应根据特定活动的性质、天气情况和《国旗法》规定的升挂国旗时间的精神,参照《国旗法》第13条第2款的规定确定。二是《国旗法》授权其他机关规定国旗升挂、使用办法的,升挂国旗的时间,《国旗法》没有明确规定,应以各机关规定的升降时间为准。

2. 升挂国旗的仪式。升挂国旗的仪式,简称升旗仪式。《国旗法》第14条对升旗仪式作了规定:参加升旗仪式的人应当面对国旗肃立行注目礼,向国旗致敬,这是升旗仪式的主要内容;举行升旗仪式时,应当奏唱国歌。北京天安门广场每日举行升旗仪式。

《国旗法》对学校的升旗仪式有特别要求。学校除假期外,每周必须举行一次升旗仪式。

(三)关于下半旗的规定

国旗是国家的标志或象征,如果说公民对国旗的尊重和爱护,表达了公民对国家和政府信赖和崇敬的心情,那么下半旗则表示了国家对有功于国家和社会的人的逝世以及其他发生特别重大伤亡的不幸事件或严重自然灾害造成重大伤亡的哀悼。它是国家体现某种立场或态度的重要方式。《国旗法》总结了我国长期以来的经验,对有关下半旗的问题作了明确规定。下列人士逝世,下半旗志哀:(1)中华人民共和国主席、全国人大常委会委员长、国务院总理、中央军事委员会主席;(2)中国人民政治协商会议全国委员会主席;(3)对中华人民共和国作出杰出贡献的人;(4)对世界和平或者人类进步事业作出杰出贡献的人。举行国家公祭仪式或者发生严重自然灾害、突发公共卫生事件以及其他不幸事件造成特别重大伤亡的,可以在全国范围内下半旗志哀,也可以在部分地区或者特定场所下半旗志哀。

四、维护国旗的尊严

《国旗法》第4条第2款规定:"每个公民和组织,都应当尊重和爱护国旗。"因此,尊重和爱护国旗、维护国旗的尊严是每个公民和组织的义务。《国旗法》第9条规定:"国家倡导公民和组织在适宜的场合使用国旗及其图案,表达爱国情感。公民和组织在网络中使用国旗图案,应当遵守相关网络管理规定,不得损害国旗尊严。网络使用的国旗图案标准版本在中国人大网和中国政府网上发布。"为了维护国家的尊严,《国旗法》第19条明确规定:"不得升挂或者使用破损、污损、褪色或者不合规格的国旗,不得倒挂、倒插或者以其他有损国旗尊严的方式升挂、使用国旗。不得随意丢弃国旗。破损、污损、褪色或者不合规格的国旗应当按照国家有关规定收回、处置。大型群众性活动结束后,活动主办方应当收回或者妥善处置活动现场使用的国旗。"第20条规定:"国旗及其图案不得用作商标、授予专利权的外观设计和商业广告,不得用于私人丧事活动等不适宜的情形。"

第二节 国 徽

一、国徽的含义与构成

国徽是国家的象征和标志性徽章。它通过一定的图案或表现一个国家的自然条件与地理特征,或体现一个国家的历史与传统,或表现一个国家政治体制、民族精神和意识形态。国徽通常也是由宪法和有关法律予以规定的。

中华人民共和国国徽,中间是五星照耀下的天安门,周围是谷穗和齿轮。它是由中国人民政治协商会议全国委员会第二次会议提出,经1950年9月18日中央人民政府委员会第八次会议审议通过的《中华人民共和国国徽图案》予以规定的,并在 1950 年 9 月 20 日,根据中央人民政府主席毛泽东的命令,正式公布于《人民日报》。这一图案为历部宪法所确认。现行宪法第 142 条明确规定:"中华人民共和国国徽,中间是五星照耀下的天安门,周围是谷穗和齿轮。"

国徽用天安门作图案,表示中国人民从"五四运动"以来进行的新民主主义革命斗争的胜利和中华人民共和国的诞生;国徽中用齿轮和谷穗环绕周围,表明我国的性质是工人阶级领导的工农联盟的人民民主国家;国徽中的五个五角星取自国旗中的五星,象征着中国共产党领导下的人民大团结。

1991 年 3 月 2 日第七届全国人大常委会第十八次会议通过的《中华人民共和国国徽法》,对我国国徽的制作、使用等作了专门规定。2020 年 10 月 17 日,第十三届全国人大常委会第二十二次会议表决通过关于修改国旗法、国徽法的决定,于 2021 年 1 月 1 日起施行。

二、国徽的制作

《国徽法》第 2 条第 2 款规定:"中华人民共和国国徽按照 1950 年中央人民政府委员会通过的《中华人民共和国国徽图案》和中央人民政府委员会办公厅公布的《中华人民共和国国徽图案制作说明》制作。"1950 年 9 月 20 日中央人民政府委员会办公厅公布的《中华人民共和国国徽图案制作说明》规定:(1) 两把谷穗组成正圆形的环。齿轮安在下方谷穗秆的交叉点上。齿轮的中心交结着红绶。红绶向左右绾住谷穗而下垂,把齿轮分成上下两部。(2) 从图案正中垂直画一直线,其左右两部分完全对称。(3) 图案各部分之地位、尺寸,可根据方格墨线图之比例放大或缩小。(4) 如制作浮雕,其各部位之高低,可根据断面图之比例放大或缩小。(5) 图案之涂色为金红二色,谷穗、五星、天安门、齿轮为金色,圆环内之底子及垂绶为红色;红为正红(同于国旗),金为大赤金(淡色而有光泽之金)。

按照《国徽法》第 16 条的规定,悬挂的国徽由国家指定的企业统一制作,其直径的通用尺度为下列三种:100 厘米;80 厘米;60 厘米。需要悬挂非通用尺度国徽的,应当按照通用尺度成比例适当放大或者缩小,并与使用目的、所在建筑物、周边环境相适应。

三、国徽的使用

(一) 应当悬挂国徽的机构

悬挂国徽是十分严肃的,不是所有的机构或组织都可以悬挂国徽。依照《国徽法》第 4 条的规定,下列机构应当悬挂国徽:各级人民代表大会常务委员会;各级人民政府;中央军事委员会;各级监察委员会;各级人民法院和专门人民法院(如铁路法院、军事法院、海事法院等);各级人民检察院和专门人民检察院;外交部;国家驻外使馆、领馆和其他外交代表机构;中央人民政府驻香港特别行政区有关机构、中央人民政府驻澳门特别行政区有关机构。这里的使馆是指我国政府派往他国进行经常交涉的常驻外交代表机关,表明一国的主权。这里的领馆又叫领事馆,是指我国政府根据与他国之间的协议而派往该国特定地点(城市、区域)执行保护本国及其公民和法人权益职责的正式代表机构。其他外交代表机构是指公使馆、代办处、驻国际组织的代表团等。国徽应当悬挂在机关正门上方正中处,以显示其庄重。

(二)应该悬挂国徽的场所

《国徽法》第5条规定,下列场所应当悬挂国徽:北京天安门城楼,人民大会堂;县级以上各级人民代表大会及其常务委员会会议厅,乡、民族乡、镇的人民代表大会会场;各级人民法院和专门人民法院审判庭;宪法宣誓场所;出境入境口岸的适当场所。因为这些场所都是国家行使权力和主权的正式场所。

(三)应该刻有国徽图案的机构印章

根据《国徽法》第6条的规定,下列机构的印章应刻有国徽图案:全国人民代表大会、国务院、中央军事委员会、国家监察委员会、最高人民法院、最高人民检察院;全国人民代表大会各专门委员会和全国人民代表大会常务委员会办公厅、工作委员会,国务院各部、各委员会、各直属机构、国务院办公厅以及国务院规定应当使用刻有国徽图案印章的办事机构,中央军事委员会办公厅及中央军事委员会规定应当使用刻有国徽图案印章的其他机构;县级以上地方各级人民代表大会常务委员会、人民政府、监察委员会、人民法院、人民检察院、专门人民法院、专门人民检察院;国家驻外使馆、领馆和其他外交代表机构。第7条还规定,本法第6条规定的机构应当在其网站首页显著位置使用国徽图案。网站使用的国徽图案标准版本在中国人大网和中国政府网上发布。

根据《国徽法》第8条的规定,下列文书、出版物等应当印有国徽图案:全国人民代表大会常务委员会、中华人民共和国主席和国务院颁发的荣誉证书、任命书、外交文书;中华人民共和国主席、副主席,全国人民代表大会常务委员会委员长、副委员长,国务院总理、副总理、国务委员,中央军事委员会主席、副主席,国家监察委员会主任,最高人民法院院长和最高人民检察院检察长以职务名义对外使用的信封、信笺、请柬等;全国人民代表大会常务委员会公报、国务院公报、最高人民法院公报和最高人民检察院公报的封面;国家出版的法律、法规正式版本的封面。《国徽法》第9条规定,标示国界线的界桩、界碑和标示领海基点方位的标志碑以及其他用于显示国家主权的标志物可以使用国徽图案。中国人民银行发行的法定货币可以使用国徽图案。

根据《国徽法》第10条的规定,下列证件、证照可以使用国徽图案:国家机关工作人员的工作证件、执法证件等;国家机关颁发的营业执照、许可证书、批准证书、资格证书、权利证书等;居民身份证、中华人民共和国护照等法定出入境证件。国家机关和武装力量的徽章可以将国徽图案作为核心图案。公民在庄重的场合可以佩戴国徽徽章,表达爱国情感。

此外,《国徽法》对外事中和该法规定范围外需要悬挂国徽或者使用国徽图案的问题作了特殊规定。该法第 11 条规定:"外事活动和国家驻外使馆、领馆以及其他外交代表机构对外使用国徽图案的办法,由外交部规定,报国务院批准后施行。"第 12 条规定:"在本法规定的范围以外需要悬挂国徽或者使用国徽图案的,由全国人民代表大会常务委员会办公厅或者国务院办公厅会同有关主管部门规定。"

(四)禁止使用国徽或国徽图案的场合

《国徽法》第 13 条规定,国徽及其图案不得用于:商标、授予专利权的外观设计、商业广告;日常用品、日常生活的陈设布置;私人庆吊活动;国务院办公厅规定不得使用国徽及其图案的其他场合。

《国徽法》第 14 条还规定:"不得悬挂破损、污损或者不合格的国徽。"

此外,《国徽法》第 15 条还规定:"国徽应当作为爱国主义教育的重要内容。中小学应当教育学生了解国徽的历史和精神内涵。新闻媒体应当积极宣传国徽知识,引导公民和组织正确使用国徽及其图案。"

以上规定是进一步对国徽使用的范围和国徽本身质量的限制性规定,目的在于保证国徽的尊严和庄重,维护国家的主权和权力,防止滥用国徽的现象。

四、维护国徽的尊严

《国徽法》第 3 条第 2 款规定:"一切组织和公民,都应当尊重和爱护国徽。"维护国徽的尊严也是公民和一切组织的一项重要义务。为了维护国徽的尊严,《国徽法》第 18 条规定:"在公众场合故意以焚烧、毁损、涂划、玷污、践踏等方式侮辱中华人民共和国国徽的,依法追究刑事责任;情节较轻的,由公安机关处以十五日以下拘留。"

第三节 国 歌

国歌是代表国家、表现民族精神的歌曲。作为国家的象征,国歌一般由国家的立法机关或政府制定或认可。由于民族和历史传统以及国家性质不同,各国国歌的内容不一样,但都体现了自己国家的尊严和民族精神。

我国的国歌是《义勇军进行曲》。我国《宪法》第 141 条第 2 款明确规定:"中华人民共和国国歌是《义勇军进行曲》。"1949 年 9 月 27 日,中国人民政治协商会议第一届全体会议通过了关于国歌的决议,决定在中华人民共和国的国歌未正式确定前,以《义勇军进行曲》为国歌。《义勇军进行曲》是电影《风云儿女》的主题歌,1935年由田汉作词,聂耳作曲。《义勇军进行曲》诞生在抗日战争的烽火之中,曾激励过无数仁人志士投身到民族解放战争的洪流当中,对抗日战争的胜利起到过重大作用。这支歌曲高昂激越,铿锵有力,表达了中国人民抵抗帝国主义的不屈精神和对中华民族未来的坚定信念。

1978年3月5日,第五届全国人民代表大会第一次会议通过了一个关于国歌的决议,决定在保留歌曲曲调的基础上修改国歌的歌词。修改后的国歌,由于没有受到人民的普遍认同,因而流行不广。1982年12月14日,根据广大人民群众的意见和要求,第五届全国人大第五次会议通过决议,决定恢复《义勇军进行曲》为中华人民共和国国歌,撤销了1978年3月5日通过的关于中华人民共和国国歌的决定。2017年9月1日,《中华人民共和国国歌法》获第十二届全国人大常委会第二十九次会议表决通过,于2017年10月1日起施行。经第十二届全国人大常委会表决,《中华人民共和国国歌法》被列入《香港特别行政区基本法》附件三、《澳门特别行政区基本法》附件三。在公共场合侮辱国歌的行为被写入刑法,情节严重的可处3年以下有期徒刑。

一、应当奏唱国歌的场合

根据《国歌法》第4条规定,在下列场合,应当奏唱国歌:全国人民代表大会会议和地方各级人民代表大会会议的开幕、闭幕;中国人民政治协商会议全国委员会会议和地方各级委员会会议的开幕、闭幕;各政党、各人民团体的各级代表大会等;宪法宣誓仪式;升国旗仪式;各级机关举行或者组织的重大庆典、表彰、纪念仪式等;国家公祭仪式;重大外交活动;重大体育赛事;其他应当奏唱国歌的场合。

二、奏唱国歌应当注意的事项

虽然《国歌法》第5条有规定,国家倡导公民和组织在适宜的场合奏唱国歌,表达爱国情感。但是对于国歌的演奏形式和条件都有明确规定,《国歌法》第6条规定,奏唱国歌,应当按照本法附件所载国歌的歌词和曲谱,不得采取有损国歌尊严的奏唱形式。第7条也规定,奏唱国歌时,在场人员应当肃立,举止庄重,不得有不尊重国歌的行为。此外,为了保证良好的奏唱国歌的秩序,《国歌法》第14条规定,县级以上各级人民政府及其有关部门在各自职责范围内,对国歌的奏唱、播放和使用进行监督管理。《国歌法》第15条规定,在公共场合,故意篡改国歌歌词、曲谱,以歪曲、贬损方式奏唱国歌,或者以其他方式侮辱国歌的,由公安机关处以警告或者15日以下拘留;构成犯罪的,依法追究刑事责任。

三、奏唱国歌的版本和情形

关于可以奏唱的国歌版本,在《国歌法》第10条中就有明确规定,在本法第4条规定的场合奏唱国歌,应当使用国歌标准演奏曲谱或者国歌官方录音版本。外交部及驻外外交机构应当向有关国家外交部门和有关国际组织提供国歌标准演奏曲谱和国歌官方录音版本,供外交活动中使用。国务院体育行政部门应当向有关国际体育组织和赛会主办方提供国歌标准演奏曲谱和国歌官方录音版本,供国际体育赛会使用。国歌标准演奏曲谱、国歌官方录音版本由国务院确定的部门组织审定、录制,并在中国人大网和中国政府网上发布。

至于可以奏响国歌的情形,《国歌法》第13条中有规定:国庆节、国际劳动节等重要的国家法定节日、纪念日,中央和省、自治区、直辖市的广播电台、电视台应当按照国务院广播电视主管部门规定的时点播放国歌。

今天,奏、唱《义勇军进行曲》不仅能够使广大人民牢记近代屈辱的百年史和各族人民奋起抵抗帝国主义入侵的艰难岁月,而且还能够激发和增加我们的爱国主义精神,鼓励我们为建设富强、民主、文明、和谐、美丽的社会主义现代化强国而努力奋斗。奏、唱国歌是弘扬我国民族精神和爱国主义精神的严肃事情,必须庄重、肃穆。根据有关规定,在重要庆典、政治性公开集会、正式的外交场合或重大的国际性集会的情况下应奏、唱国歌。在遇有维护祖国尊严的斗争场合,也可奏、唱国歌。禁止在舞会、私人婚、丧、庆、悼等活动中和商业活动中奏唱国歌。

第四节 首　　都

首都,亦称为国都、首府,是一个国家法定的中央国家机关所在地,通常也是一个国家的政治、文化和经济中心。首都也是各国大使馆以及国际组织在该国的驻在地。

我国《宪法》第143条规定:"中华人民共和国首都是北京。"北京作为我国的首都是由1949年9月27日中国人民政治协商会议第一届全体会议作出的决议决定的,以后制定的历部宪法都有明文规定。

北京地理位置和自然条件优越。北京位于北纬39°56′,东经116°20′。西部、北部和东北三面环山,东南面通向平原,东距渤海150公里。北京是重要的交通枢纽,扼中原与东北、西北交通之要冲。北京是历史文化名城,具有光辉灿烂的历史。北京是一座有着3000年历史的文化名城,历史上有许多王朝在此建都。中国历史上的最后三个封建王朝都把都城建在北京。它有雄伟的古代宫殿、秀丽的皇家园林和无数的珍贵文物。此外,北京还具有光荣的革命传统。中国近代史上的一系列重大的历史事件有很多都发生在这里。它是"维新变法"的发源地,是"五四运动"策源地,全民的抗日战争在这里打响第一枪,新中国在这里宣告成立。

新中国成立后,北京作为共和国的首都进入了新的发展时期,成为我国的政治、经济、文化中心,是中华人民共和国的缩影和象征,在国际社会具有崇高的地位。

一、前沿问题

1. 发生在香港的焚烧国旗案及其评述

(1) 案情简介:据报道,2002年10月1日,香港一伙以滋事生非出名的捣乱分子,在公众场所当众焚烧中华人民共和国国旗。这种行为受到社会各界人士强烈谴责。

(2) 评述:聚众焚烧国旗是非常严重的违法行为,不仅要受到社会的谴责,也应受到法律的制裁。这是各国的通行做法。根据《香港特别行政区基本法》附件三的规定,在香港特别行政区实施的全国性法律第一条就是《关于中华人民共和国国都、纪年、国歌、国旗的决议》。《国旗法》是在香港特别行政区实施的全国性法律,香港特别行政区的国家机关和居民都应该遵守。涂污、篡改或损毁国旗等行为均属违反我国《国旗法》的行为。在国庆节当天故意焚烧国旗,情节严重,应依据《国旗法》及相关法律追究违法者的刑事和行政法律责任。

2. "港独"暴徒将国旗扔进海里案及其评价

(1) 案情简介:2019年8月3日,香港反对派煽动发起所谓"旺角再游行"示威,17时40分左右,有暴徒竟拆走海港城购物中心前面旗杆上的国旗,扔入海中。对此,时任全国政协副主席、香港特别行政区行政长官梁振英当晚在社交网站发布文章表示,公开悬赏100万港元(约合人民币88.46万元),向全社会征集线索,缉捕将国旗丢入海中的极端示威者。

(2) 评述:乱港暴徒一系列以"反修例"为幌子的集会游行,"示威者"最后总是将事态引向暴力与破坏。这种极端化的游行示威已经是扰乱社会公共秩序以及危害国家安全的违法犯罪行为,根据香港特别行政区《国旗及国徽条例》第7条规定,任何人公开及故意以焚烧、毁损、涂划、玷污、践踏等方式侮辱国旗或国徽,即属犯罪,一经定罪,可处第5级罚款及监禁3年。《中华人民共和国国旗法》第23条规定,在公共场合故意以焚烧、毁损、涂划、玷污、践踏等方式侮辱中华人民共和国国旗的,依法追究刑事责任;情节较轻的,由公安机关处以15日以下拘留。

3. 发生在浙江的首例侮辱国旗案及其评述

(1) 案情简介:2002年6月7日下午,浙江诸暨市陈宅镇沙塔村人吕伟先冲进该村老年活动室,把悬挂在室内的国旗等物撕破,随后把撕破的国旗拿到村民赵志山的家门口点燃、烧毁。赵志山妻子上前制止,吕伟先恼羞成怒,拿起铁耙冲进赵家,将赵志山殴打致轻微伤。6月8日,吕伟先被警方刑事拘留,后被当地法院以侮辱国旗罪判处有期徒刑2年6个月,以寻衅滋事罪判处有期徒刑2年,决定执行有期徒刑4年。

(2) 评述:这宗首例侮辱国旗案判决的意义,不仅在于对犯罪人的刑事处罚,其背后的法律问题也令人警醒。宪法关于国旗、国徽等国家标志的相关规定是有法律效力的,这是我国维护主权和国家尊严的需要。每个中华人民共和国公民都有义务尊重国旗、国徽等国家标志,并且维护国家标志的庄严性、神圣性,侮辱国旗的行为应受到法律制裁。

4. 一起违法使用国旗的事例及其评述

(1) 事例简介:据南方网报道,从河北省正定到灵寿,沿途的建材企业数不胜数,其标志就是一面面迎风招展的五星红旗。据介绍,这些企业升挂国旗的第一用意却是为了"避邪"。不少企业的国旗自从升挂上去之后就再也没有降下来过,原本鲜艳的五星红旗大多已失去了光泽;有些国旗由于经年遭受风霜雨雪,已经支离破碎,呈布条状。

(2) 评述:这种行为违反《国旗法》。《国旗法》第22条规定:"地方各级人民政府统筹协调本行政区域内国旗管理有关工作。"第19条规定:"不得升挂或者使用破损、污损、褪色或者不合规格的国旗"。我国的《国旗法》颁布实施已有三十年之久,但人们爱护、尊重国旗的意识还相当淡漠,违法或不当使用国旗的现象十分普遍,有关管理机关也没有认真履行相应职责。因此要强化公民和国家机关的国旗法意识,进一步规范国旗的使用和管理,相关管理部门要尽职尽责,对严重违反《国旗法》的行为,应当依法查处。

5. "网红"违法改编国歌事例及其评价

(1) 事例简介:2018年10月7日,"网红"主播"莉哥"在虎牙直播间,公然篡改国歌曲谱。不仅用嬉皮笑脸的方式表现国歌内容,甚至把国歌作为自己所谓"网络音乐会"的"开幕曲",激起网友们一致的愤慨。10月13日深夜,上海市公安局静安分局通报,虎牙直播平台主播"莉哥"因在其住宅内进行网络直播时违反《中华人民共和国国歌法》有关规定,上海市公安局静安分局依法对其处以行政拘留5日。

(2) 评述:此行为明显违反《国歌法》。根据《国歌法》第15条的规定:"在公共场合,故意篡改国歌歌词、曲谱,以歪曲、贬损方式奏唱国歌,或者以其他方式侮辱国歌的,由公安机关处以警告或者十五日以下拘留;构成犯罪的,依法追究刑事责任。"《国歌法》第 8 条也有规定:"国歌不得用于或者变相用于商标、商业广告,不得在私人丧事活动等不适宜的场合使用,不得作为公共场所的背景音乐等。"

二、参考文献

1. 〔日〕小野寺史郎:《国旗·国歌·国庆》,周俊宇译,社会科学文献出版社 2014 年版。

2. 余凌云:《中国宪法史上的国旗、国歌、国徽》,江苏人民出版社 2016 年版。

3. 殷冬水、王灏淼:《缔造国家象征——新中国国旗征选的政治逻辑》,载《社会主义研究》2017 年第 2 期。

4. 梁美芬:《从国旗法看全国性法律在香港适用问题》,载《法学家》2000 年第 3 期。

5. 马正楠:《论全国性法律在香港适用的权力冲突——以香港"侮辱国旗案"为例》,载《法律适用》2012 年第 11 期。

6. 王锴:《论宪法上的首都》,载《中国法律评论》2017 年第 6 期。

7. 王旭:《"国家象征"需要专门机构监管守护》,载《检察日报》2019 年 6 月 5 日。

8. 秦前红、黄明涛:《表达自由的理念与限度——香港特别行政区终审法院国旗案与美国最高法院焚烧国旗案比较研究》,载《北方法学》2012 年第 5 期。

9. 邱可嘉、王利荣:《侮辱国歌行为的入罪分析:基于〈刑法修正案(十)〉的解读》,载《学术论坛》2017 年第 6 期。

10. 陈明辉:《转型期国家认同困境与宪法学的回应》,载《法学研究》2018 年第 3 期。

11. 郑毅:《作为城市的北京与作为首都的北京:基于宪法规范的研究》,载《中外法学》2020 年第 3 期。

12. 杜吾青:《国家象征和标志的宪法学阐释:以国家认同为中心》,载《交大法学》2020 年第 3 期。

三、思考题

1. 试述宪法规定国家标志的意义。
2. 如何理解我国国旗、国徽、国歌的含义?
3. 如何进一步规范我国国旗、国徽、国歌的使用和管理?

参 考 文 献

1. 《马克思恩格斯选集》,人民出版社 1995 年版。
2. 《列宁选集》,人民出版社 1995 年版。
3. 《毛泽东选集》,人民出版社 1991 年版。
4. 《邓小平文选》,人民出版社 1994 年版。
5. 《习近平谈治国理政》第一卷,外文出版社 2014 年版。
6. 《习近平谈治国理政》第二卷,外文出版社 2017 年版。
7. 《习近平谈治国理政》第三卷,外文出版社 2020 年版。
8. 习近平:《论坚持全面依法治国》,中央文献出版社 2020 年版。
9. 薄贵利:《近现代地方政府比较》,光明日报出版社 1988 年版。
10. 蔡定剑:《中国人民代表大会制度》,法律出版社 2003 年版。
11. 蔡守秋:《生态文明建设的法律和制度》,中国法制出版社 2016 年版。
12. 董和平、韩大元、李树忠:《宪法学》,法律出版社 2000 年版。
13. 费孝通:《乡土重建》,岳麓书社 2012 版。
14. 龚祥瑞:《比较宪法与行政法》,法律出版社 1985 年版。
15. 韩大元:《现代宪法解释基本理论》,中国民主法制出版社 2006 年版。
16. 韩大元主编:《中国宪法学说史研究》,中国人民大学出版社 2012 年版。
17. 韩大元、胡锦光主编:《当代人权保障制度》,中国政法大学出版社 1993 年版。
18. 韩大元、胡锦光主编:《新中国宪法发展史》,河北人民出版社 2000 年版。
19. 韩大元:《亚洲立宪主义研究》,中国人民公安大学出版社 1996 年版。
20. 何华辉:《比较宪法学》,武汉大学出版社 2013 年版。
21. 何华辉等主编:《市场经济与社会主义宪政建设》,武汉大学出版社 1997 年版。
22. 何华辉主编:《人民代表大会制度的理论与实践》,武汉大学出版社 1992 年版。
23. 胡建淼主编:《宪法学十论》,法律出版社 1999 年版。
24. 胡锦光:《中国宪法问题研究》,新华出版社 1998 年版。
25. 胡盛仪等:《中外选举制度比较》,商务印书馆 2014 年版。
26. 黄志勇:《港澳基本法要论》,暨南大学出版社 2012 年版。
27. 姜士林主编:《世界宪法全书》,青岛出版社 1997 年版。
28. 蒋碧昆主编:《宪法学》(修订版),中国政法大学出版社 1997 年版。
29. 蒋碧昆主编:《宪法学》(第七版),中国政法大学出版社 2012 年版。
30. 荆知仁:《中国立宪史》,台湾联经出版事业公司 1984 年版。
31. 罗豪才、吴撷英:《资本主义国家的宪法和政治制度》,北京大学出版社 1997 年版。
32. 李步云主编:《宪法比较研究》,法律出版社 1998 年版。
33. 李昌道:《美国宪法史稿》,法律出版社 1986 年版。

34. 李龙:《宪法基础理论研究》,武汉大学出版社1994年版。
35. 林来梵:《从宪法规范到宪法规范》,法律出版社2001年版。
36. 刘茂林主编:《当代中国地方制度》,中国政法大学出版社1992年版。
37. 刘茂林主编:《宪法教程》,法律出版社1999年版。
38. 刘茂林、杨贵生、秦小建:《中国宪法权利体系的完善:以国际人权公约为参照》,北京大学出版社2013年版。
39. 刘茂林等:《村民自治与国家治理》,法律出版社2019年版。
40. 刘嗣元:《宪政秩序的维护》,武汉出版社2001年版。
41. 陆德山等主编:《中国宪法学若干问题讨论综述》,吉林大学出版社1992年版。
42. 李忠夏:《宪法变迁与宪法教义学——迈向功能分化社会的宪法观》,法律出版社2018年版。
43. 梁治平:《变化中的法律与社会》,商务印书馆2020年版。
44. 梁漱溟:《乡村建设理论》,上海人民出版社2011年版。
45. 马起华:《宪法论》,台湾黎明文化事业公司1983年版。
46. 莫纪宏:《宪政新论》,中国方正出版社1997年版。
47. 莫纪宏:《现代宪法的逻辑基础》,法律出版社2001年版。
48. 上海社会科学院法学研究所编译:《宪法》,知识出版社1982年版。
49. 童之伟:《法权与宪政》,山东人民出版社2001年版。
50. 童之伟:《国家结构形式论》,北京大学出版社2015年版。
51. 王广辉:《比较宪法学》,武汉大学出版社2010年版。
52. 王广辉:《中国公民基本权利发展研究》,湖北人民出版社2015年版。
53. 王磊:《宪法的司法化》,中国政法大学出版社2000年版。
54. 王利明:《司法改革研究》,法律出版社2000年版。
55. 王世杰、钱端升:《比较宪法》,中国政法大学出版社1997年版。
56. 王叔文:《现代宪法学导论》,中共中央党校出版社1990年版。
57. 王向明编著:《宪法若干理论问题的研究》,中国人民大学出版社1983年版。
58. 吴家麟主编:《宪法学》,群众出版社1992年版。
59. 吴汉东:《无形财产权制度研究》,法律出版社2005年版。
60. 吴弘:《法治经济的理论探索与市场实践》,法律出版社2017年版。
61. 吴宗慈:《中华民国宪法史》,法律出版社2013年版。
62. 夏勇:《人权概念的起源》,中国政法大学出版社1992年版。
63. 夏勇主编:《走向权利的时代》,中国政法大学出版社1995年版。
64. 肖蔚云等编著:《宪法学概论》,北京大学出版社1982年版。
65. 肖秀梧主编:《中国宪法新论》,中国政法大学出版社1993年版。
66. 谢瑞智编著:《宪法辞典》,台湾文笙书局1979年版。
67. 熊文钊:《大国地方》,法律出版社2008年版。
68. 熊文钊:《民族法制体系的建构》,中央民族大学出版社2012年版。
69. 徐秀义编著:《宪法学与政权建设理论综述》,北京理工大学出版社1990年版。

70. 徐秀义、韩大元主编:《现代宪法学基本原理》,中国人民公安大学出版社 2001 年版。
71. 徐勇等:《中国乡村政治与秩序》,中国社会科学出版社 2012 年版。
72. 许崇德:《国家元首》,江苏人民出版社 2016 年版。
73. 许崇德主编:《港澳基本法教程》,中国人民大学出版社 1994 年版。
74. 许崇德:《中华人民共和国宪法史》,福建人民出版社 2005 年版。
75. 许崇德主编:《宪法学》(外国部分),高等教育出版社 1996 年版。
76. 许崇德主编:《中国宪法》(修订版),中国人民大学出版社 1996 年版。
77. 杨海坤主编:《跨入新世纪的中国宪法学——中国宪法学研究现状与评价》,中国人事出版社 2001 年版。
78. 殷啸虎:《近代中国宪政史》,上海人民出版社 1997 版。
79. 余文烈:《市场社会主义》,经济日报出版社 2008 年版。
80. 俞子清主编:《宪法学》,中国政法大学出版社 2004 年版。
81. 曾广载编著:《西方国家宪法和政府》,湖北教育出版社 1989 年版。
82. 张庆福主编:《宪法学基本理论》,社会科学文献出版社 2015 年版。
83. 张庆福主编:《宪法学研究述略》,天津教育出版社 1989 年版。
84. 张文显:《法学基本范畴研究》,中国政法大学出版社 1993 年版。
85. 张友渔:《宪政论丛》,群众出版社 1986 年版。
86. 张西山:《中国特色社会主义制度的文化分析》,社会科学文献出版社 2013 年版。
87. 张震:《作为基本权利的环境权研究》,法律出版社 2010 年版。
88. 张翔:《基本权利的规范建构》,法律出版社 2017 年版。
89. 张晋藩:《中国宪法史》,中国法制出版社 2016 年版。
90. 赵世义:《资源配置与权利保障》,陕西人民出版社 1998 年版。
91. 赵树民:《比较宪法学新论》,中国社会科学出版社 2000 年版。
92. 郑贤君:《地方制度论》,首都师范大学出版社 2000 年版。
93. 郑贤君:《基本权利原理》,法律出版社 2010 年版。
94. 朱福惠主编:《宪法学新编》,法律出版社 1998 年版。
95. 朱国斌:《中国宪法与政治制度》,法律出版社 1997 年版。
96. 邹立海:《比较宪法》,台湾三民书局 1977 年版。
97. 中国宪法学研究会:《中国宪法学三十年(1985—2015)》,法律出版社 2015 年版。
98. 周叶中主编:《宪法》,高等教育出版社 2020 年版。
99. 周叶中:《代议制度比较研究》,商务印书馆 2018 年版。
100. 〔美〕A. 爱伦·斯密德:《财产、权力和公共选择》,黄祖辉等译,上海三联书店,上海人民出版社 2006 年版。
101. 〔美〕古德诺:《政治与行政》,王元、杨百朋译,华夏出版社 1987 年版。
102. 〔挪〕A. 艾德、C. 克劳斯、A. 罗萨斯编:《经济、社会和文化的权利》,黄列译,中国社会科学出版社 2003 年版。
103. 〔日〕阿部照哉等编:《宪法(下)基本人权篇》,周宗宪译,中国政法大学出版社 2006 年版。

104. 〔美〕查尔斯·K.罗利编:《财产权与民主的限度》,刘晓峰译,商务印书馆 2007 年版。
105. 〔古罗马〕查士丁尼:《法学总论》,张企泰译,商务印书馆 1989 年版。
106. 〔英〕戴雪:《英宪精义》,雷宾南译,商务印书馆 1935 年版。
107. 〔德〕格奥尔格·耶利内克:《人权与公民权利宣言》,安娜译,中国法制出版社 2019 年版。
108. 〔德〕格奥尔格·耶利内克:《主观公法权利体系》,曾韬、赵天书译,中国政法大学出版社 2012 年版。
109. 〔美〕汉密尔顿等:《联邦党人文集》,程逢如等译,商务印书馆 1980 年版。
110. 〔英〕海沃德:《宪法环境权》,周尚君、杨天江译,法律出版社 2014 年版.
111. 〔荷〕亨利·范·马尔赛文等:《成文宪法的比较研究》,陈云生译,华夏出版社 1987 年版。
112. 〔美〕塞缪尔·亨廷顿:《变革社会中的政治秩序》,李盛平等译,华夏出版社 1988 年版。
113. 〔英〕J.S.密尔:《代议制政府》,汪瑄译,商务印书馆 1982 年版。
114. 〔美〕菲利普·方纳:《杰弗逊文选》,王华译,商务印书馆 1965 年版。
115. 〔美〕肯尼斯·W.汤普森编:《宪法的政治理论》,张志铭译,生活·读书·新知三联书店 1997 年版。
116. 〔美〕卡尔·威尔曼:《人权的道德维度》,肖君拥译,商务印书馆 2018 年版。
117. 〔法〕莱昂·狄骥:《宪法论》第 1 卷,钱克新译,商务印书馆 1962 年版。
118. 〔法〕莱昂·狄骥:《宪法学教程》,王文利等译,辽海出版社、春风文艺出版社 1999 年版。
119. 〔法〕卢梭:《论人类不平等的起源和基础》,李常山译,商务印书馆 1962 年版。
120. 〔法〕卢梭:《社会契约论》,何兆武译,商务印书馆 1982 年版。
121. 〔美〕路易斯·亨金等编:《宪政与权利》,郑戈等译,生活·读书新知三联书店 1996 年版。
122. 〔英〕洛克:《政府论》,瞿菊农等译,商务印书馆 1982 年版。
123. 〔英〕M.J.C.维尔:《宪政与分权》,苏力译,生活·读书·新知三联书店 1997 年版。
124. 〔法〕孟德斯鸠:《论法的精神》,张雁深译,商务印书馆 1982 年版。
125. 〔德〕马丁·莫洛克:《宪法社会学》,程迈译,中国政法大学出版社 2016 年版。
126. 〔美〕P.诺内特、〔美〕P.塞尔兹尼:《转变中的法律与社会:迈向回应型法》,张志铭译,中国政法大学出版社 2004 年版。
127. 〔美〕乔治·霍兰·萨拜因:《政治学说史》,盛葵阳等译,商务印书馆 1986 年版。
128. 〔日〕杉原泰雄:《宪法的历史——比较宪法学新论》,吕昶等译,社会科学文献出版社 2000 年版。
129. 〔美〕斯蒂芬·埃尔金等:《新宪政论》,周叶谦译,生活·读书·新知三联书店 1997 年版。
130. 〔英〕托马斯·潘恩:《潘恩选集》,马清槐译,商务印书馆 1982 年版。
131. 〔英〕特伦斯·丹提斯等:《宪制中的行政机关》,刘刚等译,高等教育出版社 2006 年版。
132. 〔日〕小野寺史郎:《国旗·国歌·国庆》,周俊宇译,社会科学文献出版社 2014 年版。
133. 〔美〕约瑟夫·R.斯特雷耶:《现代国家的起源》,华佳等译,格致出版社、上海人民出版社

2011年版。
134. 〔法〕西耶斯:《论特权——第三等级是什么》,冯棠译,商务印书馆1991年版。
135. 〔古希腊〕亚里士多德:《政治学》,吴寿彭译,商务印书馆1983年版。
136. 〔英〕詹宁斯:《法与宪法》,龚祥瑞等译,生活·读书·新知三联书店1997年版。

缩 略 语

现行《宪法》、八二宪法	1982年《中华人民共和国宪法》
宪法修正案、《宪法修正案》	《中华人民共和国宪法修正案》
《共同纲领》	1949年《中华人民共和国政治协商会议共同纲领》
1954年《宪法》、五四宪法	1954年《中华人民共和国宪法》
1975年《宪法》、七五宪法	1975年《中华人民共和国宪法》
1978年《宪法》、七八宪法	1978年《中华人民共和国宪法》
《独立宣言》	1776年美国《独立宣言》
《人权宣言》	1789年法国《人权和公民权利宣言》
《美国宪法》	1787年《美利坚合众国宪法》
《法国宪法》	1958年《法兰西共和国宪法》
《明治宪法》	1889年《大日本帝国宪法》
《日本宪法》	1946年《日本国宪法》
《魏玛宪法》	1919年《德意志共和国宪法》
《德国基本法》	1949年《德意志联邦共和国基本法》
《苏俄宪法》	1918年《俄罗斯社会主义联邦苏维埃共和国宪法（根本法）》
1924年《苏联宪法》	1924年《苏维埃社会主义共和国联盟根本法（宪法）》
1936年《苏联宪法》、斯大林宪法	1936年《苏维埃社会主义共和国联盟宪法（根本法）》
1977年《苏联宪法》	1977年《苏维埃社会主义共和国联盟宪法（根本法）》
《朝鲜宪法》	1948年《朝鲜民主主义人民共和国宪法》
《十九信条》	1911年《重大信条十九条》
《临时约法》	1912年《中华民国临时约法》
天坛宪草	1913年《中华民国约法草案》
袁记约法	1914年《中华民国约法》
贿选宪法	1923年《中华民国宪法》
五五宪草	1936年《中华民国宪法草案》
《宪法大纲》	1931年《中华苏维埃共和国宪法大纲》
《施政纲领》	1941年《陕甘宁边区施政纲领》
《刑法》	2020年《中华人民共和国刑法》
《立法法》	2015年《中华人民共和国立法法》
《民法典》	2020年《中华人民共和国民法典》
《刑事诉讼法》	2018年《中华人民共和国刑事诉讼法》
《民事诉讼法》	2017年《中华人民共和国民事诉讼法》

《行政诉讼法》	2017年《中华人民共和国行政诉讼法》
《国家赔偿法》	2012年《中华人民共和国国家赔偿法》
《行政复议法》	2017年《中华人民共和国行政复议法》
《行政处罚法》	2021年《中华人民共和国行政处罚法》
《治安管理处罚法》	2012年《中华人民共和国治安管理处罚法》
世界人权宪章	《世界人权宣言》《经济、社会和文化权利公约》和《公民权利和政治权利国际公约》
《集会游行示威法》	2009年《中华人民共和国集会游行示威法》
《未成年人保护法》	2020年《中华人民共和国未成年人保护法》
《妇女权益保障法》	2018年《中华人民共和国妇女权益保障法》
《残疾人保障法》	2018年《中华人民共和国残疾人保障法》
《老年人权益保障法》	2018年《中华人民共和国老年人权益保障法》
《专利法》	2020年《中华人民共和国专利法》
《著作权法》	2020年《中华人民共和国著作权法》
《个人所得税法》	2018年《中华人民共和国个人所得税法》
《劳动法》	2018年《中华人民共和国劳动法》
《教育法》	2021年《中华人民共和国教育法》
《保守国家秘密法》	2010年《中华人民共和国保守国家秘密法》
《选举法》	2020年《中华人民共和国全国人民代表大会和地方各级人民代表大会选举法》
《全国人大组织法》	2021年《中华人民共和国全国人民代表大会组织法》
《国务院组织法》	1982年《中华人民共和国国务院组织法》
《人民法院组织法》	2018年《中华人民共和国人民法院组织法》
《检察院组织法》	2018年《中华人民共和国人民检察院组织法》
《地方组织法》	2022年《中华人民共和国地方各级人民代表大会和地方各级人民政府组织法》
《民族区域自治法》	2001年《中华人民共和国民族区域自治法》
《香港特别行政区基本法》	1990年《中华人民共和国香港特别行政区基本法》
《澳门特别行政区基本法》	1993年《中华人民共和国澳门特别行政区基本法》
《国家安全法》	2015年《中华人民共和国国家安全法》
《香港国安法》	2020年《中华人民共和国香港特别行政区维护国家安全法》
《人民代表法》	2015年《中华人民共和国全国人民代表大会和地方各级人民代表大会代表法》
《纲要》	2020年《法治社会建设实施纲要（2020—2025年）》
《土地管理法》	2019年《中华人民共和国土地管理法》
《水法》	2016年《中华人民共和国水法》
《森林法》	2019年《中华人民共和国森林法》

《草原法》	2021年《中华人民共和国草原法》
《渔业法》	2013年《中华人民共和国渔业法》
《野生动物保护法》	2018年《中华人民共和国野生动物保护法》
《节约能源法》	2018年《中华人民共和国节约能源法》
《环境保护法》	2014年《中华人民共和国环境保护法》
全国人大及其常委会	全国人民代表大会及其常务委员会
县级以上地方各级人大及其常委会	县级以上地方各级人民代表大会及其常务委员会
省、自治区、直辖市人大及其常委会	省、自治区、直辖市人民代表大会及其常务委员会
设区的市、自治州人大及其常委会	设区的市、自治州人民代表大会及其常务委员会
县、不设区的市、市辖区人大及其常委会	县、不设区的市、市辖区人民代表大会及其常务委员
乡、民族乡、镇人大	乡、民族乡、镇人民代表大会
全国人大代表	全国人民代表大会代表
地方各级人大代表	地方各级人民代表大会代表
村委会	村民委员会
居委会	居民委员会
街道办	街道办事处
《村民委员会组织法(试行)》	1987年《中华人民共和国村民委员会组织法(试行)》
《村民委员会组织法》	2018年《中华人民共和国村民委员会组织法》
《居民委员会组织条例》	1954年《中华人民共和国城市居民委员会组织条例》
《居民委员会组织法》	2018年《中华人民共和国居民委员会组织法》
《国籍法》	1980年《中华人民共和国国籍法》
《国旗法》	2020年《中华人民共和国国旗法》
《国徽法》	2020年《中华人民共和国国徽法》
《国歌法》	2017年《中华人民共和国国歌法》

第二版后记

《宪法学》的出版，遂了我将多年研习和教授宪法学的心得与感悟以一本独撰的《宪法学》进行梳理和总结的心愿，读者也给予了较高的评价，但书中的缺憾却令人难以释怀。所幸的是2004年对《宪法》的修改、近一年多来宪法学研究的长足发展和中南财经政法大学法学院教材建设的需要，再次为我提供了清理自己学术思路和完善该书的机遇。

此次的修订，我主要从事了如下几个方面的工作：一是力图将2004年《宪法修正案》的精神、内容和意义在书中予以准确、恰当的贯彻和评价；二是将宪法学研究的发展和动向在书中予以反映，补充了较有代表性的学术观点的一些新成果和新资料；三是将已发现的一些疏漏和错误作了必要补正。应该特别说明的是，将书名更改为《中国宪法导论》，主要是基于以下的考虑：其一，本书研究和介绍的主要是中国宪法，《中国宪法导论》更切合本书的内容。其二，宪法在中国，有其特殊的语境和特定的问题，非一般宪法学原理所能解读和解决。本书在此方面作了一些必要的探索，应该说《中国宪法导论》更具针对性。其三，从宪法学的课程设置来看，法学专业目前开设的宪法学方面的课程还有《比较宪法》《港澳基本法》《国家赔偿法》《地方制度》等，《中国宪法导论》更符合课程的设置和教学的要求。

本书的出版应该感谢北京大学出版社的领导、编辑和我的同事刘嗣元教授、王广辉教授、石佑启教授、胡弘弘博士、陈新副教授、王应彪博士、江登琴博士的帮助，还要特别感谢詹卫东先生的支持！

最后，以朱熹"旧学商量加邃密，新知培养转深沉"的名言与读者共勉！

刘茂林

2005年1月10日于晓南湖畔